J. Dwight Pentecost

Manual de Escatologia

uma análise detalhada dos eventos futuros

Tradução
Carlos Osvaldo Cardoso Pinto

EDITORA VIDA
Rua Conde de Sarzedas, 246 — Liberdade
CEP 01512-070 — São Paulo, SP
Tel.: 0 xx 11 2618 7000
atendimento@editoravida.com.br
www.editoravida.com.br
@editora_vida /editoravida

MANUAL DE ESCATOLOGIA
© 1964, de J. Dwight Pentecost
Originalmente publicado nos EUA com
o título *Things to come*
Edição brasileira © 2006, Editora Vida
Publicação com permissão contratual da
ZONDERVAN PUBLISHING HOUSE
(Grand Rapids, Michigan, EUA)

Todos os direitos desta edição em língua portuguesa
reservados e protegidos por Editora Vida pela
Lei 9.610, de 19/02/1998.

É proibida a reprodução desta obra por quaisquer
meios (físicos, eletrônicos ou digitais), salvo em breves
citações, com indicação da fonte.

∎

Todas as citações bíblicas foram extraídas da
Almeida Revista e Atualizada (ARA)
©1995, publicada por Sociedade Bíblica do Brasil,
salvo indicação em contrário.

Todas as citações bíblicas e de terceiros foram adaptadas
segundo o Acordo Ortográfico da Língua Portuguesa,
assinado em 1990, em vigor desde janeiro de 2009.

∎

As opiniões expressas nesta obra refletem o ponto
de vista de seus autores e não são necessariamente
equivalentes às
da Editora Vida ou de sua equipe editorial.

Os nomes das pessoas citadas na obra foram alterados
nos casos em que poderia surgir alguma situação
embaraçosa.

Todos os grifos são do autor, exceto indicação em
contrário.

Coordenação editorial: Reginaldo de Souza
Edição: Andreia Filatro
Revisão: Fabiano Medeiros e Rosa Ferreira
Consultoria e revisão técnica: Luiz Sayão
Diagramação: Imprensa da Fé
Capa: Douglas Lucas

1. edição: 2006
16ª reimp.: jan. 2021
17ª reimp.: abr. 2022
18ª reimp.: jun. 2023
19ª reimp.: ago. 2024

Dados Internacionais de Catalogação na Publicação (CIP)
(Câmara Brasileira do Livro, SP, Brasil)

Pentecost, J. Dwight
  Manual de escatologia / J. Dwight Pentecost; tradução Carlos Osvaldo
Cardoso Pinto — São Paulo: Editora Vida, 2006.

  Título original: *Things to come*.
  Bibliografia.
  ISBN 978-85-7367-578-0

  1. Bíblia - Teologia 2. Escatologia - Ensino bíblico I. Título 1. Quinn, Brenda
  II. Título.

06-2201   CDD - 236

Índice para catálogo sistemático

1. Escatologia : Ensino Bíblico : Escatologia : Cristianismo 236

Esta obra foi composta em *Adobe Garamond*
e impressa por Promove Artes Gráficas
sobre papel *Offset* 63 g/m² para Editora Vida.

À minha amada e devotada

ESPOSA,

fiel companheira no ministério da Palavra,

esta obra é afetuosamente dedicada.

Agradecimentos

A época em que vivemos testemunha uma onda de interesse pela escatologia bíblica. Se há uma geração um teólogo escrevia: "A escatologia é em geral amada na proporção inversa ao quadrado do diâmetro mental daqueles que a amam",[1] hoje outro escreve: "O problema da escatologia pode tornar-se rapidamente, se ainda não for, a viga mestra da discussão teológica americana".[2] O teólogo que apenas uma geração atrás poderia desprezar inteiramente as questões escatológicas ou tratá-las com desdém passa a ser antiquado em sua maneira de pensar se adotar essa atitude hoje. O otimismo fácil da última geração foi abalado por duas guerras mundiais, pela depressão e pela inflação, com os subseqüentes males sociais e morais. A tônica humanística que caracterizava aquele pensamento teológico mostrou-se enganosa. O realismo tomou o lugar do otimismo, e os homens foram forçados a voltar às considerações escatológicas como fonte de esperança num mundo dirigido pelo pecado. A Bíblia e a revelação nela contida comprovam que não há outra fonte de esperança e de confiança no futuro, e os homens têm-se voltado a ela mais e mais em busca de luz nas trevas do presente.

Deus, o arquiteto das eras, achou por bem confiar-nos Seu plano para o futuro e revelar-nos Seu propósito e programa em detalhes na Palavra. A maior parte das Escrituras dedica-se à profecia, mais que a qualquer outro assunto, pois aproximadamente um quarto da Bíblia era profético na época em que foi escrito. Essa parte dedica-se ao desdobramento do programa de Deus. Por sua relevância nas Escrituras, é muito natural que se escreva bastante sobre o assunto, e excelentes obras têm sido publicadas sobre o tema. No entanto, o tratamento da profecia

---

[1] Walter RAUSCHENBUSH, *A theology for the social gospel*, p. 209.
[2] Henry P. VANDUSEN, A preview of Evanston, *Union Seminary Quarterly Review*, IX:8, Mar. 1954.

é em geral apologético ou expositivo, e os tópicos são desenvolvidos individualmente, separados da relação com o todo do plano revelado, de maneira que nosso conhecimento fica fragmentado e desconexo. Há poucas tentativas de sintetizar todo o campo da profecia numa doutrina bíblica unificada, e existe grande necessidade de um estudo e de uma apresentação sintética da profecia bíblica. Num esforço por atender a essa necessidade, o autor tentou, nesta obra, sintetizar as passagens proféticas numa sistemática e completa escatologia bíblica.

Um grato reconhecimento vai para o corpo docente do Seminário Teológico de Dallas, ao qual esses estudos foram primeiramente apresentados como tese de doutorado e por cuja permissão são agora apresentados neste formato. Agradecimentos especiais rendo ao dr. John F. Walvoord, diretor e professor de Teologia Sistemática naquele seminário, sob cuja direção pessoal estes estudos foram feitos, e ao dr. Charles C. Ryrie, professor adjunto de Teologia Sistemática, que leu e corrigiu o manuscrito. Profundos agradecimentos à srta. Nancy Miller por seu trabalho, executado para nós e para o Senhor, de digitar os manuscritos, e ao sr. James H. Kelley e esposa por sua assistência material na publicação desta obra.

Na tentativa de cobrir um vasto campo de estudo tão sucintamente quanto possível, o autor fez amplo uso de material resumido originário de outras fontes. Os reconhecimentos são feitos, portanto, em gratidão aos autores e aos editores, cujos trabalhos muito contribuíram para o conteúdo dessas páginas.

Que Deus, o Pai, que deu Seu Filho, cuja primeira vinda nos trouxe salvação e em cuja segunda vinda seremos glorificados, que deu Seu Espírito Santo, pelo qual Ele "vos ensinará as cousas que hão de vir", se apraze em usar este livro para Sua glória, para que muitos conheçam a Sua verdade.

J. Dwight Pentecost
Professor Emérito do Seminário Teológico de Dallas,
Texas, Estados Unidos

Prefácio

A escatologia bíblica é o ponto culminante da teologia sistemática. Não é apenas o clímax, o desfecho e a consumação do estudo teológico, mas a apresentação da escatologia é também a suprema demonstração de habilidade teológica. Aqui, mais que em qualquer outro campo, exceto talvez na doutrina da pessoa de Cristo, estão expostas as importantes ferramentas da exegese, da síntese, da hermenêutica e do sistema teológico. Exige-se um julgamento refinado para discernir o que deve ser interpretado à letra em contraposição ao que deve ser interpretado de forma espiritual e alegórica. A coerência da revelação de Deus como um todo no Antigo e no Novo Testamento deve ser mantida. Os intricados pormenores da profecia devem ser relatados sem contradição. Uma distinção cuidadosa deve ser observada entre o que é certa e simplesmente revelado e o que permanece obscuro. Devemos distinguir os assuntos mais importantes dos de menor monta. O campo da investigação deve necessariamente compreender tanto as profecias cumpridas quanto as por cumprir, aquelas servindo de guia importante para o caráter de predição adotado por estas.

A escatologia, mais que qualquer outro campo da teologia, tem sofrido muito nas mãos dos intérpretes. Mesmo entre aqueles cuja confiança na Palavra inspirada de Deus é inquestionável, existem escolas de interpretação amplamente divergentes. Por essa razão, alguns teólogos se contentam com a apresentação de alguns poucos acontecimentos da escatologia, como a ressurreição dos mortos, a segunda vinda e o julgamento final, negligenciando vastas partes das Escrituras que tratam de outras questões proféticas.

Apesar de muitos estudiosos terem escrito sobre os temas escatológicos para suprir o que falta nas teologias modelares, poucos tentaram, quando foi o caso, uma apresentação circunstanciada da escatologia pré-milenarista como a apresentada nesta obra. O dr.

Pentecost, com rara habilidade, tratou de muitos assuntos polêmicos, enfrentou abertamente e resolveu muitos problemas proféticos, apresentando em larga escala a substância da Palavra profética de forma sistemática e teológica. Ele condensou um vasto material nem sempre encontrado mesmo nas maiores bibliotecas de profecia e ofereceu uma solução própria a muitas questões controversas. Em grande escala, essas conclusões são compartilhadas pelos pré-milenaristas em geral. O trabalho como um todo merece ser classificado como texto abrangente sobre escatologia bíblica e deve ser útil à nossa geração por muitos anos.

John F. Walvoord
Dallas, Texas

Prefácio à Edição Brasileira

A escatologia bíblica é uma daquelas áreas em que, na melhor das hipóteses, os crentes concordam em discordar. Comentários e teologias recentes na maioria das vezes preferem apenas expor as opções sem tomar partido, pois isso aliena uma ou mais fatias do mercado, e traz o mais odioso xingamento que um teólogo pode receber, "bitolado".

J. Dwight Pentecost não teme essa palavra. Sua bitola é larga — 66 — pois ele percorre hábil e coerentemente os livros das Escrituras na busca de uma definição escatológica. Ele a encontra no pré-milenismo dispensacionalista, e não se envergonha do rótulo. Defende sua posição sem rebaixar os que dele discordam. Critica severamente em tom pacífico, apontando a escatologia não apenas como um conjunto de idéias, mas como um veículo para promover submissão a Cristo e compromisso com Sua obra.

Depois de existir por quarenta anos em inglês e ser traduzido para diversos idiomas, este manual vem enriquecer a Igreja de fala portuguesa. Os que adotam a posição defendida pelo autor poderão defendê-la mais adequadamente. Os que dela discordam terão farto material para uma interação mais informada com o pensamento dispensacionalista. Nenhum dos diversos lados do debate escatológico poderá, todavia, ignorar este livro.

A leitura do *Manual de Escatologia*, que por vezes exigirá perseverança filadelfiana (cf. Ap 3.10), recompensará amplamente os esforços nela despendidos, tanto na vida individual quanto na vida da Igreja.

Carlos Osvaldo Pinto
Reitor
Seminário Bíblico Palavra da Vida

Sumário

Agradecimentos 5
Prefácio 7
Prefácio à Edição Brasileira 9

Primeira Seção: A interpretação da profecia 27

Capítulo 1. Os métodos de interpretação 29
    Introdução 29
        A.   O problema 31
        B.   A importância do estudo 31
    I.   O método alegórico 32
        A.   A definição do método alegórico 32
        B.   Os perigos do método alegórico 33
        C.   O uso da alegoria no Novo Testamento 34
    II. O método literal 37
        A.   A definição do método literal 37
        B.   As evidências a favor do método literal 37
        C.   As vantagens do método literal 39
        D.   O método literal e a linguagem figurada 40
        E.   Algumas objeções ao método literal 41

Capítulo 2. A história da interpretação 44
    I.   O começo da interpretação 44
    II. A interpretação judaica do Antigo Testamento 45
    III. O literalismo da época de Cristo 45
        A.   O literalismo entre os judeus 45
        B.   O literalismo entre os apóstolos 47
    IV. A ascensão da alegorização 49

    V. A Idade Média 53
    VI. O período da Reforma 54
    VII. O período pós-Reforma 58

Capítulo 3. Considerações gerais sobre a interpretação 62
    I. A interpretação das palavras 62
    II. A interpretação do contexto 64
    III. A interpretação histórica 65
    IV. A interpretação gramatical 66
    V. A interpretação da linguagem figurada 67
        A. O uso da linguagem figurada 67
        B. Quando a linguagem é literal ou figurada? 67
        C. A interpretação da linguagem figurada 71

Capítulo 4. A interpretação da profecia 73
    I. Observações gerais referentes à profecia 73
        A. As características da profecia 73
        B. O elemento cronológico da profecia 74
        C. A lei da dupla referência 74
        D. Profecias condicionais 75

    II. Métodos de revelação profética 78
        A. Revelação profética por meio de tipos 78
        B. Revelação profética por meio de símbolos 81
        C. Revelação profética por meio de parábolas 83
        D. Revelação profética por meio de sonhos e êxtases .. 85

    III. Regras para a interpretação da profecia 86
        A. Interprete literalmente 87
        B. Interprete conforme a harmonia da profecia 88
        C. Observe a perspectiva da profecia 89
        D. Observe os relacionamentos de tempo 89
        E. Interprete cristologicamente 90
        F. Interprete historicamente 90
        G. Interprete gramaticalmente 91
        H. Interprete de acordo com a lei da dupla referência ... 91
        I. Interprete coerentemente 91

Sumário 13

Segunda Seção: As alianças bíblicas e a escatologia 93

Capítulo 5. A aliança abraâmica 95
    Introdução 95
    A. O uso bíblico da palavra *aliança* 96
    B. Definição de aliança 97
    C. Os tipos de alianças 98
    D. A natureza das alianças 98

    I. A importância da aliança abraâmica 99
    II. As disposições da aliança abraâmica 101
    III. O caráter da aliança abraâmica 103
        A. O elemento condicional no plano da
            aliança abraâmica 103
        B. Argumentos que sustentam o caráter
            incondicional da aliança 104
        C. Argumentos amilenaristas contra o caráter
            incondicional da aliança 107
        D. O cumprimento parcial das alianças
            apóia a visão premilenar 111
    IV. Implicações escatológicas da aliança abraâmica 112
        A. Quem é a descendência de Abraão? 113
        B. A visão amilenarista sobre a
            descendência de Abraão 115
        C. Os tipos de descendência mencionados
            nas Escrituras 116
        D. A igreja não é Israel 117
        E. A relação da igreja com a aliança 117
        F. A descendência possuirá a terra? 118
        G. A aliança abraâmica já foi cumprida? 119

Capítulo 6. A aliança palestina 123
    I. A importância da aliança palestina 124
    II. As disposições da aliança palestina 124
    III. O caráter da aliança palestina 125
    IV. Implicações escatológicas da aliança palestina 126

Capítulo 7. A aliança davídica 127
    I. A importância da aliança davídica 128
    II. As disposições da aliança davídica 128
    III. O caráter da aliança davídica 130

    A. A aliança davídica é incondicional
       em seu caráter 130
    B. A aliança davídica deve ser interpretada
       literalmente 131
    C. Os problemas do cumprimento literal 138
    D. Essa aliança foi cumprida
       ao longo da história? 140
  IV. Implicações escatológicas da aliança davídica 140

Capítulo 8. Uma nova aliança 142
   I. A importância da nova aliança 142
  II. As disposições da nova aliança 142
 III. O caráter da nova aliança 144
  IV. O cumprimento da nova aliança 145
     A. A nação com quem a aliança é feita 145
     B. O tempo do cumprimento da nova aliança 146
     C. A relação da igreja com a nova aliança 147
   V. Implicações escatológicas da nova aliança 153
     Conclusão 153

Terceira Seção: As profecias da presente era 155

Capítulo 9. O decurso da presente era 157
   I. O plano divino das eras 157
     A. A relação de Cristo com as eras 158
     B. O uso do termo *era* no Novo Testamento 158
     C. A diferença entre a presente era
        e as eras anteriores 160
  II. O propósito divino na presente era 160
 III. O caráter da presente era 162
  IV. O decurso da presente era 166
     A. Mateus 13 166
        1. O uso do método parabólico 166
        2. O contexto do capítulo no evangelho 167
        3. O uso do termo *reino dos céus* 169
        4. O elemento de tempo em Mateus 13 171
        5. A interpretação do capítulo 171
        6. A interpretação das parábolas 172
     B. As cartas às sete igrejas em Apocalipse 2 e 3 176
        1. O período de tempo de Apocalipse 2 e 3 176

Sumário

  2. O propósito das sete cartas 176
  3. O paralelismo entre Mateus 13 e
    Apocalipse 2 e 3 179
 C. O fim da presente era 180

Capítulo 10. A teoria do arrebatamento parcial 182
 I. Definição de termos 182
 II. A teoria do arrebatamento parcial 184
  A. As dificuldades doutrinárias
   da teoria do arrebatamento parcial 184
  B. Passagens problemáticas 187

Capítulo 11. A teoria do arrebatamento pós-tribulacionista 190
 I. A base essencial do arrebatamento
  pós-tribulacionista 190
 II. Os argumentos essenciais do pós-tribulacionista 191
  A. O argumento histórico 191
  B. O argumento contra a iminência 194
  C. A promessa da tribulação 195
  D. O cumprimento histórico de Daniel 9:24-27 196
  E. O argumento baseado na ressurreição 198
  F. O argumento baseado no trigo e no joio 202

Capítulo 12. A teoria do arrebatamento mesotribulacionista 204
 I. A base essencial do mesotribulacionismo 204
 II. Os argumentos essenciais do mesotribulacionismo 205
  A. A negação da iminência 205
  B. A promessa de tribulação 206
  C. A negação da igreja como mistério 206
  D. A natureza dos selos e das trombetas 207
  E. A duração do período tribulacional 209
  F. O argumento baseado em Apocalipse 11 210
  G. A cronologia do livro de Apocalipse 212
  H. A identificação da última trombeta 213

Capítulo 13. A teoria do arrebatamento pré-tribulacionista 217
 I. A base essencial da posição de arrebatamento
  pré-tribulacionista 217
 II. Os argumentos essenciais do arrebatamento
  pré-tribulacionista 217
  A. O método literal de interpretação 217

B. A natureza da septuagésima semana 218
C. A extensão da septuagésima semana 219
D. O propósito da septuagésima semana 220
E. A unidade da septuagésima semana 222
F. A natureza da igreja 222
G. O conceito da igreja como mistério 224
H. As distinções entre Israel e a igreja 225
I. A doutrina da iminência 226
J. A obra do Detentor em 2Tessalonicenses 2 227
L. A necessidade de um intervalo 228
M. Distinção entre o arrebatamento
 e a segunda vinda 229
N. Os vinte e quatro anciãos 230
O. O problema subjacente a
 1Tessalonicenses 4.13-18 231
P. O anúncio de paz e segurança 232
Q. A relação da igreja com os governos 232
R. O silêncio a respeito da tribulação nas epístolas 233
S. A mensagem das duas testemunhas 234
T. O destino da igreja 234
U. A mensagem à igreja de Laodicéia 235
V. Os tempos dos gentios 235
X. O remanescente na segunda vinda 236
Z. Os 144 mil selados de Israel 236
AA. A cronologia do livro de Apocalipse 237
BB. O grande objeto do ataque satânico 237
CC. A apostasia do período 237
DD. As promessas à verdadeira igreja 238
EE. A concordância da tipologia 239

Capítulo 14. Os acontecimentos para a igreja
 após o arrebatamento 241
 I. O tribunal de Cristo 241
  A. O significado do tribunal 241
  B. A ocasião do *bema* de Cristo 242
  C. O lugar do *bema* de Cristo 243
  D. O Juiz no *bema* de Cristo 243
  E. Os participantes do *bema* de Cristo 243
  F. A base da avaliação no *bema* de Cristo 243
  G. O resultado do exame no *bema* de Cristo 245

Sumário

    II. As bodas do Cordeiro 247
        A. A hora das bodas 248
        B. O local das bodas 248
        C. Os participantes das bodas 248

Quarta Seção: As profecias do período tribulacional 251

Capítulo 15. A doutrina bíblica da tribulação 253
    I. O dia do Senhor 253
        A. As épocas dentro do dia do Senhor 253
        B. Os acontecimentos do dia do Senhor 254
        C. O dia de Cristo 255
    II. O período tribulacional nas Escrituras 256
        A. A natureza da tribulação 256
        B. A origem da tribulação 259
        C. O propósito da tribulação 260
        D. A hora da tribulação 262
            1. A importância da profecia da
                septuagésima semana de Daniel 262
            2. Os fatores importantes da
                profecia de Daniel 264
            3. O significado da semana 265
            4. O início das 69 semanas 267
            5. O cumprimento das 69 semanas 268
            6. Existe um espaço entre a sexagésima
                nona e a septuagésima semana? 269
            7. O início da septuagésima semana 272
            8. O plano da septuagésima semana 273

Capítulo 16. A relação da igreja com a tribulação 274
    I. O ministério dos anciãos 275
    II. A identidade dos 24 anciãos 276
        A. Seres angelicais 276
        B. Santos do Antigo e do Novo Testamentos 277
        C. Santos deste século 278

Capítulo 17. A relação entre o Espírito Santo e a tribulação 282
    I. A identidade do "Detentor" 282
        A. Quem é o Detentor? 283
        B. O trabalho do Espírito Santo com
           os crentes na Tribulação 285

II. A salvação no período tribulacional 286
   A. A natureza da salvação no Antigo Testamento 287
   B. Promessas específicas de salvação
      do Antigo Testamento 290
   C. O cumprimento da salvação prometida 291
   D. A base da salvação na tribulação 292
   E. A relação desse evangelho
      com o evangelho do reino 294
   F. Os resultados da salvação 295

Capítulo 18. Israel na tribulação 297
   I. Sermão do Monte das Oliveiras 297
      A. O cenário do sermão 297
      B. As perguntas dos discípulos 298
      C. A interpretação do sermão 299
      D. O período tribulacional 299
      E. O segundo advento do Messias 302
      F. O ajuntamento de Israel 302
      G. As parábolas ilustrativas 302
      H. O julgamento sobre Israel 303
      I. O julgamento sobre as nações dos gentios 305
   II. A identidade da "mulher" de Apocalipse 12 306
      A. Um grande dragão vermelho 306
      B. Um filho varão 307
      C. Uma mulher vestida de sol 307
   III. O remanescente do período tribulacional 311
      A. O caráter indispensável do remanescente 312
      B. O remanescente na história de Israel 313
      C. O remanescente nos profetas 313
      D. O remanescente no Novo Testamento 314
      E. O remanescente no Apocalipse 315
   IV. A retirada da cegueira de Israel 321
   V. As duas testemunhas 323
      A. A interpretação simbólica 323
      B. A interpretação literal 325
   VI. Elias voltará? 328
      A. Elias não virá novamente 328
      B. Elias virá pessoalmente e
         ministrará novamente 329
      C. Alguém virá no espírito e no poder de Elias 330

Capítulo 19. Os gentios na tribulação 332
    I.   A tribulação e os "tempos dos gentios" 332
        A. O plano para os gentios 332
        B. A duração dos "tempos dos gentios" 333
        C. O decurso dos "tempos dos gentios" 334
    II. A forma final do poder mundial gentílico 336
        A. Daniel 2 336
        B. Daniel 7 338
        C. Apocalipse 13.1-3 339
        D. Apocalipse 17.8-14 340
    III. As fronteiras da forma final do Império Romano 341
    IV. Os poderes aliados contra o Império
         Romano nos últimos dias 343
        A. A confederação do norte 343
        B. Os reis do Leste 348
        C. O rei do Sul 348
    V. A pessoa e o ministério da besta,
        o cabeça do império 349
        A. A besta será um indivíduo ressurrecto? 351
        B. A destruição da besta 352
    VI. A pessoa e o ministério do falso profeta,
        o líder religioso 352
    VII. A relação entre o anticristo e as duas bestas 353

Capítulo 20. A campanha do Armagedom 355
        A. A localização da campanha 355
        B. Os participantes da campanha 357
    I. A invasão pela confederação do Norte 357
        A. Identificação do tempo em geral 359
        B. O tempo em relação a acontecimentos
            específicos 361
    II. A invasão pelos exércitos da besta 368
    III. A invasão pelos exércitos do Leste 369
    IV. A invasão do Senhor e seus exércitos 370

Capítulo 21. Os juízos da tribulação 371
    I. Os selos 371
    II. As trombetas 372
    III. As taças 374
    IV. O juízo contra a Babilônia 375
        A. A descrição da grande meretriz 375

B. A identidade da meretriz 376
C. O julgamento da meretriz 379
V. O julgamento da besta e seu império 379

Quinta Seção: As profecias relacionadas ao segundo advento 381

Capítulo 22. A história da doutrina do segundo advento 383
I. As concepções sobre o segundo advento 384
   A. A posição não-literal ou espiritualizada 384
   B. A posição pós-milenarista 384
   C. A posição amilenarista 385
   D. A posição pré-milenarista 385
II. A doutrina do segundo advento na igreja primitiva 386
   A. Expoentes do pré-milenarismo 387
   B. Oponentes da posição pré-milenarista 390
III. A ascensão do amilenarismo 393
   A. A importância de Agostinho 393
   B. A opinião de Agostinho sobre
      a questão quiliástica 394
IV. O eclipse do pré-milenarismo 395
V. O quiliasmo desde a Reforma 396
   A. A ascensão do pós-milenarismo 397
   B. A recente ascensão do amilenarismo 399
   C. O ressurgimento do pré-milenarismo 402
VI. Observações resultantes 404
   A. A segunda vinda é pré-milenar 404
   B. A segunda vinda é literal 404
   C. A segunda vinda é inevitável 404
   D. A segunda vinda será visível 405
   E. Exortações práticas decorrentes
      da segunda vinda 405

Capítulo 23. As ressurreições associadas à segunda vinda 407
I. Os tipos de ressurreição 407
   A. A ressurreição para a vida 407
   B. A ressurreição para condenação 409
II. A hora das ressurreições 410
III. O plano da ressurreição 414
IV. A ressurreição de Israel 418

Capítulo 24. Os julgamentos associados à segunda vinda 423
    I. O julgamento sobre a nação de Israel 424
        A. A ocasião do julgamento 424
        B. O local do julgamento 424
        C. Os julgados 425
        D. A base do julgamento 425
        E. O resultado do julgamento 425
    II. O julgamento dos gentios 426
        A. A hora do julgamento 426
        B. O local do julgamento 426
        C. Os participantes do julgamento 427
        D. A base do julgamento 428
        E. O resultado do julgamento 432
    III. O julgamento dos anjos caídos 432
        A. A hora do julgamento 432
        B. O local do julgamento 432
        C. Os réus do julgamento 433
        D. A base do julgamento 433
        E. O resultado do julgamento 433
    IV. O julgamento do grande trono branco 433
        A. A hora do julgamento 433
        B. O local do julgamento 433
        C. Os réus do julgamento 434
        D. A base do julgamento 434
        E. O resultado do julgamento 434

Sexta Seção: As profecias do milênio 437

Capítulo 25. O conceito de reino no Antigo Testamento 439
    I. O reino eterno 440
        A. O aspecto atemporal 440
        B. O aspecto universal 440
        C. O aspecto providencial 441
        D. O aspecto milagroso 441
        E. O uso da palavra **reino** 441
        F. O reino universal desafiado 442
    II. O reino teocrático 444
        A. O reino teocrático no Éden 446
        B. O reino teocrático sob o governo humano 447
        C. O reino teocrático sob os patriarcas 448
        D. O reino teocrático sob os juízes 449

    E. O reino teocrático sob os reis 450
    F. O reino teocrático sob os profetas 452

Capítulo 26. O plano do reino no Novo Testamento 457
    I. O reino teocrático oferecido na
        primeira vinda de Cristo 457
        A. Foi oferecida a teocracia do Antigo Testamento 458
        B. O reconhecimento do Messias 459
        C. O Messias anunciado por seu precursor 460
        D. A teocracia anunciada por Cristo 460
        E. A mensagem teocrática limitada a Israel 460
        F. A mensagem teocrática confirmada 461
        G. A oferta teocrática em relação
            às profecias do Antigo Testamento 462
        H. A relação de Cristo com a oferta do reino 463
        I. A incerteza da oferta 463
        J. A oferta legítima 464
    II. A apresentação e a rejeição do reino teocrático
        registradas em Mateus 466
        A. A apresentação e a legitimação do Rei 466
        B. A oposição ao Rei e a rejeição dele 468
        C. A rejeição definitiva do Rei 469
    III. A oferta do reino teocrático é retirada e
         adiada depois da rejeição por parte de Israel 472

Capítulo 27. O plano do reino na presente era 477
    I. O reino teocrático oferecido novamente a Israel 481
    II. O reino teocrático instituído na segunda vinda 482

Capítulo 28. A doutrina bíblica do milênio 486
    I. O milênio e as alianças de Israel 486
        A. A aliança abraâmica 486
        B. A aliança davídica 486
        C. A aliança palestina 487
        D. A nova aliança 487
    II. A relação de Satanás com o milênio 487
    III. A relação de Cristo com o milênio 487
        A. Os nomes e títulos aplicados a
            Cristo no milênio 488
        B. A manifestação de Cristo no milênio 489
    IV. O caráter espiritual do milênio 490

Sumário

  A. O reino caracterizado pela justiça 491
  B. O reino caracterizado pela obediência 492
  C. O reino caracterizado pela santidade 493
  D. O reino caracterizado pela verdade 494
  E. O reino caracterizado pela
   plenitude do Espírito Santo 495
 V. Condições existentes no milênio 496
  A. Paz 496
  B. Alegria 496
  C. Santidade 496
  D. Glória 496
  E. Consolo 496
  F. Justiça 496
  G. Pleno conhecimento 497
  H. Instrução 497
  I. A retirada da maldição 497
  J. A doença será eliminada 497
  L. Cura dos deformados 497
  M. Proteção 497
  N. Liberdade em relação à opressão 497
  O. Ausência de imaturidade 497
  P. Reprodução dos povos vivos 497
  Q. Trabalho 497
  R. Prosperidade econômica 498
  S. Aumento da luz 498
  T. Língua unificada 498
  U. Adoração unificada 498
  V. A presença manifesta de Deus 498
  X. A plenitude do Espírito 498
  Z. A perpetuidade do estado milenar 498
 VI. A duração do milênio 499

Capítulo 29. O governo e os governados no milênio 503
 I. O governo no milênio 503
  A. O governo será uma teocracia 503
  B. O Messias é Rei no milênio 505
  C. Davi é o regente no milênio 506
  D. Nobres e governadores reinarão sob Davi 508
  E. Muitas autoridades menores governarão 509
  F. Serão levantados juízes 509
  G. A natureza do reino 510

  II. Os súditos no milênio 511
    A. Israel no milênio 511
      1. A restauração de Israel 511
      2. A regeneração de Israel 513
      3. Israel como súdito do Messias
        durante o milênio 514
    B. Os gentios no milênio 515
  III. Jerusalém e a Palestina no milênio 515
    A. Jerusalém no milênio 515
    B. A Palestina no milênio 516

Capítulo 30. A adoração no milênio **518**
  I. O templo no milênio 518
    A. Os detalhes do templo 520
    B. O propósito do templo 522
  II. Haverá sacrifício literal no milênio? 523
    A. A ordem mosaica é restabelecida? 523
    B. O propósito dos sacrifícios 529
    C. Algumas objeções são consideradas 532

Capítulo 31. A relação entre os santos vivos
    e os santos ressurrectos no milênio **537**
  I. A natureza da esperança do Antigo Testamento 538
    A. Promessas nacionais 538
    B. Promessas individuais 540
  II. A natureza do milênio 541
  III. Os habitantes da Jerusalém celeste 543
  IV. Um exame de passagens relacionadas 546

Sétima Seção: As profecias do estado eterno **551**

Capítulo 32. A preparação para o reino eterno **553**
  I. A purificação para o reino eterno 553
    A. A libertação de Satanás e a rebelião
      satanicamente liderada 553
    B. A purificação da criação 557
    C. O julgamento dos pecadores 558
    D. O destino dos perdidos 560
  II. A criação do novo céu e da nova terra 566

Capítulo 33. Nova Jerusalém, a cidade celestial 568
   I.   Onde Apocalipse de 21.9 a 22.7
        se encaixa no panorama profético? 568
        A. Apocalipse de 21.9 a 22.7 refere-se ao milênio 568
            1. O princípio da retrospectiva no
                livro de Apocalipse 568
            2. O ministério do anjo das taças 569
            3. O uso dos nomes dispensacionais 570
            4. A cura das nações 570
            5. A existência das nações 571
            6. O ministério dos anjos 572
        B. Apocalipse de 21.9 a 22.7 refere-se ao
           estado eterno 573
            1. O adjetivo "novo" como usado em
                Apocalipse 21.1,2 573
            2. A posição da cidade em Apocalipse 21.10 573
            3. As características da cidade são eternas,
                não milenares 574
            4. A duração do reinado 574
            5. A existência das nações na eternidade 575
        C. Apocalipse de 21.9 a 22.7 refere-se à morada
           eterna dos santos ressurrectos durante o milênio 576
            1. A cidade é uma cidade literal 576
            2. Os habitantes da cidade 578
            3. Meios de entrada na cidade 580
            4. A relação dessa cidade com o milênio 581
            5. A relação dessa cidade com a eternidade 583
   II. A vida na cidade eterna 584
        A. Uma vida de comunhão com Ele 584
        B. Uma vida de descanso 584
        C. Uma vida de total entendimento 584
        D. Uma vida de santidade 585
        E. Uma vida de alegria 585
        F. Uma vida de serviço 585
        G. Uma vida de abundância 585
        H. Uma vida de glória 585
        I. Uma vida de adoração 585

Bibliografia 587

Índice de assuntos 599

PRIMEIRA SEÇÃO

A interpretação da profecia

Capítulo I

Os métodos de interpretação

Introdução

Das muitas perguntas que se deparam ao estudioso de escatologia, nenhuma é mais importante que a questão do método empregado na interpretação das Escrituras proféticas. A adoção de diferentes métodos de interpretação produziu as várias posições escatológicas e dá conta das diversas concepções de cada sistema em desafio ao estudioso da profecia. As diferenças básicas entre a escola pré-milenarista e a amilenarista e entre os defensores do arrebatamento pré-tribulacionalista e os do pós-tribulacionalista são hermenêuticas, provenientes da adoção de métodos de interpretação divergentes e inconciliáveis.

A questão fundamental entre pré-milenaristas e amilenaristas foi claramente definida por Allis, que escreve:

> Uma das características mais marcantes do pré-milenarismo em todas as suas formas é a tônica dispensada à interpretação literal das Escrituras. A alegação constante de seus defensores é que somente quando interpretada à letra a Bíblia recebe verdadeira interpretação; e denunciam como "espiritualistas" e "alegoristas" os que não interpretam as Escrituras com o mesmo grau de literalidade que eles utilizam. Ninguém faz essa acusação de modo mais agudo que os dispensacionalistas. *A questão da interpretação literal versus a figurada é, portanto, algo que precisa ser encarado desde o princípio* [grifo do autor].[1]

---

[1] Oswald T. Allis, *Prophecy and the church*, p. 17.

Quando Allis reconhece que "a interpretação literal sempre foi característica marcante do pré-milenarismo",[2] ele concorda com Feinberg, que escreve:

> ... pode-se demonstrar que a razão de a igreja primitiva ter sido pré-milenarista foi o fato de ter interpretado a Palavra de maneira literal, ao passo que o abandono dessa visão nos séculos seguintes da história é diretamente atribuído à mudança do método de interpretação, a começar por Orígenes em particular.[3]

Hamilton afirma:

> É preciso admitir francamente que a interpretação literal das profecias do Antigo Testamento apresenta o cenário de um reino terreno do Messias tal qual proposto pelos pré-milenaristas. Era esse o tipo de reino messiânico que os judeus do tempo de Cristo esperavam, com base numa interpretação literal das promessas do Antigo Testamento. Era o tipo de reino de que os saduceus falavam quando ridicularizaram a idéia da ressurreição do corpo, extraindo do Senhor a declaração mais límpida das características da era vindoura que temos no Novo Testamento, quando Ele lhes disse que erravam por não conhecerem nem as Escrituras nem o poder de Deus (Mt 22.29) [...] os judeus buscavam o mesmo tipo de reino esperado pelos pré-milenaristas, que falam do lugar de primazia ocupado pelos judeus num reino judaico terreno a ser estabelecido pelo Messias em Jerusalém.[4]

Assim, ele reconhece que a diferença básica entre ele mesmo, amilenarista, e o pré-milenarista não é se as Escrituras ensinam um reino terreno, como quer o pré-milenarista, mas como os versículos que ensinam esse reino terreno devem ser interpretados. Allis admite que "as profecias do Antigo Testamento, se interpretadas literalmente, não podem ser consideradas já cumpridas, ou susceptíveis de se cumprir na presente era".[5] Portanto, antes de qualquer debate sobre as passagens proféticas e sobre as doutrinas escatológicas, é preciso estabelecer o método básico de interpretação por ser empregado no processo. Isso é bem observado por Pieters, que escreve:

---

[2] Ibid., p. 244. Cf. p. 99, 116, 218, 227, 242, 256, em que aparecem outras referências à interpretação literal como base do pré-milenarismo.
[3] Charles L. FEINBERG, *Premillennialism or amillennialism*, p. 51.
[4] Floyd E. HAMILTON, *The basis of millennial faith*, p. 38-9.
[5] ALLIS, op. cit., p. 238.

Os métodos de interpretação

A questão de as profecias do Antigo Testamento concernentes ao povo de Deus deverem ou não ser interpretadas em sentido normal, como as demais passagens, ou de poderem ou não ser aplicadas de modo adequado à igreja é a chamada questão da espiritualização da profecia. Esse é um dos maiores problemas da interpretação bíblica diante de todos os que se propõem realizar um estudo sério da Palavra de Deus. Esse é um dos principais segredos da divergência de opinião entre os pré-milenaristas e os outros estudiosos cristãos. Aqueles rejeitam tal espiritualização, estes a empregam; e, *enquanto não houver acordo quanto a essa questão, o debate será interminável e infrutífero* [grifo do autor].[6]

A. *O problema*. Se Rutgers estiver correto ao afirmar sobre o pré-milenarista: "Considero sua interpretação das Escrituras o erro fundamental",[7] e se a diferença reconhecida entre o pré-milenarismo e o amilenarismo se acha na proposta básica do método empregado para interpretar as Escrituras, o problema fundamental por estudar no início de qualquer consideração escatológica é o da hermenêutica da profecia. É propósito deste estudo examinar os importantes métodos defendidos atualmente como o meio correto de interpretar as Escrituras, para adquirir clara compreensão das diferenças entre os métodos, estudar a história da doutrina, a fim de poder identificar a origem dos métodos divergentes, e listar as regras a empregar na interpretação, a fim de poder aplicar corretamente o método oficial de interpretação.

B. *A importância do estudo*. "A necessidade primordial de um sistema hermenêutico é averiguar o significado da Palavra de Deus."[8] É óbvio que concepções tão amplamente divergentes como pré-milenarismo e amilenarismo e pré-tribulacionismo e pós-tribulacionismo não podem ser todas corretas. Já que o intérprete não está manejando um livro de origem humana, mas a Palavra de Deus, deve munir-se de um método preciso de interpretação, caso contrário o erro será o resultado inevitável de seu estudo. O fato de que a Palavra de Deus não pode ser corretamente interpretada a não ser por um método correto e por regras lógicas de interpretação confere a este estudo sua suprema importância.

Embora diversos métodos de interpretação das Escrituras tenham sido propostos no decorrer da história da interpretação,[9] existem hoje

---

[6] Albertus Pieters, *The Leader*, 5 Sept., 1934, ap. Gerrit H. Hospers, *The principle of spiritualization in hermeneutics*, p. 5.
[7] William H. Rutgers, *Premillennialism in America*, p. 263.
[8] Bernard Ramm, *Protestant biblical interpretation*, p. 1.
[9] Cf. Milton S. Terry, *Biblical hermeneutics*, p. 163-74, em que se observam métodos como o haláquico, o hagádico, o alegórico, o místico, o conciliatório, o moral, o naturalístico, o mítico, o apologético, o dogmático e o histórico-gramatical.

apenas dois métodos com influência vital na escatologia: o alegórico e o histórico-gramatical. O método literal é geralmente tido como sinônimo do método histórico-gramatical e será usado ao longo deste debate. Esses dois métodos serão considerados detidamente.

I. O Método Alegórico

Um antigo método de interpretação que passou por um reavivamento nos últimos tempos é o método alegórico.

A. *A definição do método alegórico*. Angus e Green definem alegoria da seguinte forma:

> Qualquer declaração de supostos fatos que aceita interpretação literal e, no entanto, requer ou simplesmente admite interpretação moral ou figurada, é chamada *alegoria*. É para a narrativa ou para a história o que as figuras de linguagem são para as palavras simples, adicionando ao sentido literal dos termos empregados um sentido moral ou espiritual. Às vezes a alegoria é *pura*, ou seja, sem referência direta à sua aplicação, como na história do filho pródigo. Às vezes é mista, como no salmo 80, em que simplesmente se insinua (v. 17) que os judeus são o povo que a videira tem por objetivo representar.[10]

Ramm define o método alegórico da seguinte forma: "Alegorização é o método de interpretar um texto literário considerando o sentido literal veículo para um sentido secundário, mais espiritual e mais profundo".[11] Nesse método, o significado histórico é negado ou desprezado, e a tônica recai inteiramente num sentido secundário, de modo que as palavras ou os acontecimentos primeiros têm pouco ou nenhum significado. Fritsch resume esse pensamento assim:

> De acordo com esse método, o sentido literal e histórico das Escrituras é completamente desprezado, e cada palavra e acontecimento é transformado em alegoria de algum tipo, já para escapar de dificuldades teológicas, já para sustentar certas crenças religiosas estranhas...[12]

Parece que o propósito do método alegórico não é interpretar as Escrituras, mas perverter o verdadeiro sentido delas, embora sob o pretexto de buscar um sentido mais profundo ou mais espiritual.

---

[10] Joseph Angus & Samuel G. Green, *The Bible handbook*, p. 220.
[11] Ramm, op. cit., p.21.
[12] Charles T. Fritsch, Biblical typology, *Bibliotheca Sacra*, 104:216, Apr., 1947.

Os métodos de interpretação

B. Os perigos do método alegórico. O método alegórico é repleto de perigos que o tornam inaceitável ao intérprete da Palavra.

1. O primeiro grande perigo do método alegórico é que ele não interpreta as Escrituras. Terry afirma:

> ... será imediatamente percebido que seu hábito é desprezar o significado comum das palavras e dar asas a todo tipo de especulação fantasiosa. Ele não extrai o sentido legítimo da linguagem de um autor, mas insere nele todo tipo de extravagância ou fantasia que um intérprete possa desejar. Como sistema, portanto, ele se coloca além de todos os princípios e leis bem definidos.[13]

Angus e Green expressam o mesmo perigo quando escrevem:

> Existe [...] uma liberdade ilimitada para a fantasia, basta que se aceite o princípio, e a única base da exposição encontra-se na mente do expositor. O esquema não pode produzir nenhuma *interpretação* propriamente denominada, embora algumas verdades valiosas possam ser ilustradas.[14]

2. A citação anterior deixa prever, também, um segundo grande perigo no método alegórico: a autoridade básica da interpretação deixa de ser a Bíblia e passa a ser a mente do intérprete. A interpretação pode então ser distorcida pelas posições doutrinárias do intérprete, pela autoridade da igreja à qual ele pertence, por seu ambiente social e por sua formação ou por uma enormidade de fatores. Jerônimo

> ... reclama que o estilo mais errôneo de ensino é corromper o sentido das Escrituras e arrastar sua expressão relutante para nossa própria vontade, produzindo mistérios bíblicos a partir de nossa própria imaginação.[15]

Farrar acrescenta:

> ... Quando o princípio da alegoria é aceito, quando começamos a demonstrar que passagens e livros inteiros da Escritura dizem algo que não querem dizer, o leitor é entregue de mãos amarradas aos caprichos do intérprete.[16]

---

[13] TERRY, op. cit., p. 224.
[14] ANGUS & GREEN, loc. cit.
[15] Ap. F. W. FARRAR, *History of interpretation*, p. 232.
[16] Ibid., p. 238.

3. Um terceiro grande perigo do método alegórico é que não há meios de provar as conclusões do intérprete. Ramm, citado anteriormente, afirma:

> Ele não pode estar seguro de coisa alguma, exceto do que lhe for ditado pela igreja, e em todas as eras a autoridade da "igreja" tem sido falsamente reivindicada pela presunçosa tirania das falsas opiniões dominantes.[17]

E acrescenta:

> ... afirmar que o principal significado da Bíblia é um sentido secundário e que o principal método de interpretação é a "espiritualização" é abrir a porta a imaginação e especulação praticamente desenfreadas. Por essa razão, insistimos em que o *controle* na interpretação se encontra no método literal.[18]

Que esses perigos existem e que o método alegórico de interpretação é usado para perverter as Escrituras é reconhecido por Allis, ele próprio defensor do método alegórico no campo da escatologia, quando diz:

> Se a interpretação figurada ou "espiritual" de determinada passagem é justificada ou não depende somente de ela fornecer ou não o sentido verdadeiro. Se for usada para esvaziar as palavras de seu sentido claro e óbvio, privando-as de sua intenção clara, então alegorização ou espiritualização são termos de pejoração bastante merecida.[19]

Assim, os grandes perigos inerentes a esse sistema são a eliminação da autoridade das Escrituras, a falta de bases pelas quais averiguar as interpretações, a redução das Escrituras ao que parece razoável ao intérprete e, por conseguinte, a impossibilidade de uma interpretação verdadeira das Escrituras.

C. *O uso da alegoria no Novo Testamento.* Para justificar o uso do método alegórico, freqüentemente se argumenta que o próprio Novo Testamento o emprega, por isso, só pode tratar-se de um método justificável de interpretação.

---

[17] Ibid.
[18] RAMM, op. cit., p. 65.
[19] ALLIS, op. cit., p. 18.

Os métodos de interpretação

1. Em primeiro lugar, faz-se referência a Gálatas 4.21-31, em que o próprio Paulo teria usado o método alegórico. Quanto a esse suposto emprego da alegoria, Farrar observa:

> ... alegoria que de alguma forma se assemelhe às de Filo, ou à dos pais, ou à dos escolásticos, só consigo encontrar uma no Novo Testamento [Gl 4.21-31]. Ela pode ter sido usada por Paulo como simples *argumento ad hominem*; não é, de maneira alguma, essencial ao argumento; não tem uma partícula de força *demonstrativa* e, além de tudo, deixa intocada a história real. No entanto, seja qual for nossa opinião sobre a passagem, a ocorrência de uma alegoria na epístola de Paulo não sanciona a aplicação universal do método, assim como umas poucas alusões neotestamentárias à *Hagada** não nos obrigam a aceitar todos os *Midrashim*** rabínicos, nem umas poucas citações de poetas gregos provam a autoridade divina dos escritos pagãos...[20]

Gilbert, seguindo a mesma linha, conclui:

> Uma vez que Paulo explicou alegoricamente um acontecimento histórico do Antigo Testamento, parece provável que aceitasse a possibilidade de aplicar em outros lugares o princípio da alegoria; no entanto, o fato de suas cartas não mostrarem nenhuma outra ilustração inconfundível de alegoria mostra que ele não sentiu que fosse cabível desenvolver o sentido alegórico das Escrituras, ou, o que é mais provável, que em geral ele ficava mais satisfeito em oferecer a seus leitores o sentido original simples do texto.[21]

Com respeito ao uso do método por outros autores do Novo Testamento, Farrar conclui:

> A melhor teoria judaica, purificada no cristianismo, toma literalmente os ensinos da velha dispensação, mas vê neles, como Paulo, a sombra e o germe de desenvolvimentos futuros. A alegoria, embora usada uma vez por Paulo a título de ilustração passageira, é desconhecida de outros apóstolos e jamais sancionada por Cristo.[22]

---

*Conjunto de tradições narrativas e interpretativas judaicas, algumas delas lendárias, associadas às narrativas do Antigo Testamento. (N. do T.)
**Interpretações rabínicas em que sentidos secundários e esotéricos eram propostos para passagens do Antigo Testamento. (N. do T.)

[20] FARRAR, op. cit., p. xxiii.
[21] George H. GILBERT, *The interpretation of the Bible*, p. 82.
[22] FARRAR, op. cit., p. 217.

Devemos observar cuidadosamente que em Gálatas 4.21-31 Paulo não está usando o método alegórico de interpretação do Antigo Testamento, mas está explicando uma alegoria. São duas coisas completamente diferentes. As Escrituras estão repletas de alegorias, sejam tipos, sejam símbolos, sejam parábolas. Esses são meios aceitos e legítimos de comunicar o pensamento. Não exigem um método alegórico de interpretação, que negaria o antecedente literal e histórico e usaria a alegoria apenas como trampolim para a imaginação do intérprete. Antes, exigem um tipo especial de hermenêutica que será considerado posteriormente. O uso de alegorias, entretanto, não é justificativa para o uso do método alegórico de interpretação. Conclui-se que o uso do Antigo Testamento em Gálatas seria um exemplo de alegoria e não justificaria a aplicação universal do método alegórico a toda a Escritura.

2. O segundo argumento para justificar o método alegórico é o uso que o Novo Testamento faz de tipos. Sabe-se que o Novo Testamento faz uma aplicação tipológica do Antigo. Com base nisso, argumenta-se que o Novo Testamento emprega o método alegórico de interpretação, afirmando-se que a interpretação e o uso de tipos constituem o método alegórico de interpretação. Allis argumenta:

> Embora os dispensacionalistas sejam literalistas extremados, são também incoerentes. São literalistas ao interpretar profecia. Na interpretação da história, todavia, levam o princípio de tipificação a um extremo que raramente foi alcançado sequer pelo mais ardente alegorista.[23]

Em resposta à acusação de que interpretar tipos é utilizar o método alegórico, devemos enfatizar que a interpretação de tipos não é a mesma coisa que a interpretação alegórica. A eficácia do tipo depende da interpretação literal do antecedente literal. Para comunicar verdades no campo espiritual, com o qual não estamos familiarizados, é preciso haver instrução em um campo que conheçamos, de modo que, por meio da transferência de algo literalmente verdadeiro neste campo, possamos aprender o que é verdadeiro no campo anterior. É necessário haver um paralelismo literal entre o tipo e o antítipo para que o tipo tenha algum valor. Quem alegoriza o tipo jamais chegará à verdadeira interpretação. A única maneira de discernir o significado do tipo é pela transferência de idéias literais do campo natural para o espiritual. Chafer escreve corretamente:

---

[23] ALLIS, op. cit., p. 21.

No estudo de alegorias de várias espécies, ou seja, parábolas, tipos e símbolos, o intérprete precisa ser cuidadoso para não tratar declarações claras das Escrituras segundo o que se exige da linguagem característica das expressões figuradas. Uma verdade já expressa merece ser repetida nesta altura: há toda a diferença do mundo entre interpretar uma alegoria das Escrituras, de um lado, e alegorizar uma passagem literal, de outro.[24]

Conclui-se, assim, que o uso de tipos nas Escrituras não sanciona o método alegórico de interpretação.

II. O Método Literal

Em oposição direta ao método alegórico de interpretação encontra-se o método literal ou histórico-gramatical.

A. *A definição do método literal.* O método literal de interpretação é o que dá a cada palavra o mesmo sentido básico e exato que teria no uso costumeiro, normal, cotidiano, empregada de modo escrito, oral ou conceitual.[25] Chama-se método histórico-gramatical para ressaltar o conceito de que o sentido deve ser apurado mediante considerações históricas e gramaticais.[26] Ramm define o método da seguinte forma:

> *O significado costumeiro e socialmente reconhecido de uma palavra é o sentido literal dessa palavra.*
>
> O sentido "literal" de uma palavra é o seu *significado básico, costumeiro, social.* O sentido espiritual ou oculto de uma palavra ou expressão é o que deriva do significado literal e dele depende para sua existência.
>
> Interpretar literalmente significa nada mais, nada menos que interpretar sob o aspecto do *significado normal, costumeiro.* Quando o manuscrito altera seu significado, o intérprete imediatamente altera seu método de interpretação.[27]

B. *As evidências a favor do método literal.* Podem-se apresentar fortes evidências em apoio ao método literal de interpretação. Ramm apresenta um resumo abrangente. Ele diz:

---

[24] Rollin T. CHAFER, *The science of biblical hermeneutics,* p. 80.
[25] RAMM, op. cit., p. 53.
[26] Cf. Thomas Hartwell HORNE, *An introduction to the critical study and knowledge of the Holy Scriptures,* I, 322.
[27] RAMM, op. cit., p. 64.

Em defesa da abordagem literal, podemos sustentar que:

a) O sentido literal das frases é a abordagem normal em todas as línguas [...]

b) Todos os sentidos secundários de documentos, parábolas, tipos, alegorias e símbolos dependem, para sua própria existência, do sentido literal prévio dos termos [...]

c) A maior parte da Bíblia tem sentido satisfatório se interpretada literalmente.

d) A abordagem literalista não elimina cegamente as figuras de linguagem, os símbolos, as alegorias e os tipos; no entanto, se a natureza das frases assim exigir, ela se presta prontamente ao segundo sentido.

e) Esse método é o único freio sadio e seguro para a imaginação do homem.

f) Esse método é o único que se coaduna com a natureza da inspiração. A inspiração completa das Escrituras ensina que o Espírito Santo guiou homens à verdade e os afastou do erro. Nesse processo, o Espírito de Deus usou a linguagem, e as unidades de linguagem (como sentido, não como som) são palavras e pensamentos. O pensamento é o fio que une as palavras. Portanto, nossa própria exegese precisa começar com um estudo de palavras e de gramática, os dois elementos fundamentais de toda linguagem significativa.[28]

Visto que Deus concedeu Sua Palavra como revelação ao homem, seria de esperar que Sua revelação fosse dada de forma tão exata e específica que Seus pensamentos pudessem ser comunicados e entendidos corretamente quando interpretados segundo as leis da linguagem e da gramática. Tomada como evidência, essa pressuposição favorece a interpretação literal, pois um método alegórico de interpretação turvaria o sentido da mensagem entregue por Deus ao homem. O fato de que as Escrituras continuamente remetem para interpretações literais do que foi anteriormente escrito serve de prova adicional quanto ao método a ser empregado para interpretar a Palavra. Talvez uma das evidências mais fortes a favor do método literal seja o uso que o Novo Testamento faz do Antigo. Quando o Antigo Testamento é usado no Novo, só o é em sentido literal. Basta estudar as profecias que foram cumpridas na primeira vinda de Cristo —em Sua vida, em Seu ministério e em Sua morte— para comprovar esse fato. Nem uma profecia sequer, dentre as que se cumpriram plenamente, foi cumprida de outro modo que não o literal.[29] Embora possa ser citada uma profecia no Novo Testamento como prova de que certo acontecimento cumpre de modo

---

[28] Ibid., p. 54ss.
[29] Cf. FEINBERG, op. cit., p. 39.

Os métodos de interpretação

parcial uma profecia (como em Mt 2.17,18), ou para mostrar que um acontecimento está em harmonia com o plano preestabelecido de Deus (como em At 15), isso não torna necessário um cumprimento não-literal nem nega um cumprimento completo no futuro, pois tais aplicações da profecia não exaurem o seu cumprimento. Portanto, essas referências à profecia não servem de argumentos a favor de um método não-literal.

Com base nessas considerações, podemos concluir que há evidências de apoio à validade do método literal de interpretação. Outras evidências a favor do método literal serão apresentadas no estudo a seguir sobre a história da interpretação.

C. *As vantagens do método literal.* Há certas vantagens neste método que o tornam preferível em relação ao alegórico. Ramm resume algumas delas:

> a) Baseia a interpretação em *fatos*. Procura estabelecer-se sobre dados objetivos — gramática, lógica, etimologia, história, geografia, arqueologia, teologia [...]
>
> b) Exerce sobre a interpretação um controle semelhante ao que a experiência exerce sobre o método científico [...] *a justificação é o controle das interpretações*. Qualquer coisa que não se conforme aos cânones do método literal-cultural-crítico deve ser rejeitada ou vista com suspeita.
>
> Além disso, esse método oferece a única fiscalização fidedigna para a constante ameaça de aplicar uma interpretação de duplo sentido às Escrituras [...]
>
> c) Tem obtido o maior sucesso na exposição da Palavra de Deus. *A exegese não começou a sério até a igreja já ter mais de um milênio e meio de idade*. Com o literalismo de Lutero e de Calvino, a luz da Escritura literalmente se acendeu [...] Esse é o aclamado método da alta tradição escolástica do protestantismo conservador. É o método de Bruce, Lightfoot, Zahn, A. T. Robertson, Ellicott, Machen, Cremer, Terry, Farrar, Lange, Green, Oehler, Schaff, Sampey, Wilson, Moule, Perowne, Henderson Broadus, Stuart — para citar apenas alguns exegetas típicos.[30]

Além dessas vantagens, podemos acrescentar que d) nos fornece uma autoridade básica por meio da qual interpretações individuais podem ser postas a prova. O método alegórico, que depende da abordagem racionalista do intérprete ou da conformidade a um sistema teológico predeterminado, deixa-nos sem uma verificação autorizada por base. No método literal, uma passagem da Escritura pode ser comparada a

---

[30] RAMM, op. cit., p. 62-3.

outra, pois, como Palavra de Deus, tem autoridade e é o padrão pelo qual toda verdade deve ser testada.

Com respeito a isso, podemos observar que e) o método nos livra tanto da razão quanto do misticismo como requisitos da interpretação. Não é necessário depender de treinamento ou de capacidade intelectual, nem do desenvolvimento de percepção mística, e sim da compreensão do que está escrito em sentido comumente aceito. Somente sobre esse fundamento o leitor médio pode compreender e interpretar as Escrituras por si mesmo.

D. *O método literal e a linguagem figurada*. Todos reconhecem que a Bíblia está repleta de linguagem figurada. Com base nisso, muitas vezes afirma-se que o uso de linguagem figurada exige interpretação figurada. Figuras de linguagem, no entanto, são usadas como meios de revelar verdades literais. O que é literalmente verdadeiro em determinado campo, com o qual estamos familiarizados, é transposto literalmente para outro campo, com o qual talvez não estejamos tão familiarizados, para nos ensinar alguma verdade nesse campo menos conhecido. Essa relação entre verdade literal e linguagem figurada é bem ilustrada por Gigot:

> Se as palavras são empregadas em seu significado natural e primitivo, o sentido que expressam é o seu sentido *literal estrito*. Por outro lado, se são empregadas com um significado figurado e derivado, o sentido, embora ainda literal, é geralmente chamado *metafórico* ou *figurado*. Por exemplo, quando lemos em João 1.6 "Houve um homem [...] cujo nome era João", é óbvio que os termos ali empregados são tomados estrita e fisicamente, pois o escritor fala de um homem real, cujo nome real era João. Por outro lado, quando João Batista, apontando para Jesus, disse: "Eis o Cordeiro de Deus" (Jo 1.29), também é claro que ele não usou a palavra "cordeiro" no mesmo sentido literal estrito que teria excluído toda metáfora ou figura de linguagem e denotado um cordeiro *real*: o que ele queria imediata e diretamente comunicar, isto é, o sentido literal de suas palavras, é que no sentido derivado e figurado Jesus podia ser chamado "Cordeiro de Deus". No primeiro caso, as palavras foram usadas em sentido literal estrito; no segundo, em sentido metafórico ou figurado.
>
> O fato de os livros das Sagradas Escrituras terem sentido literal (estrito ou metafórico, conforme explicado), isto é, sentido imediata e diretamente pretendido pelos escritores sacros, é uma verdade tão clara em si mesma e ao mesmo tempo tão universalmente aceita, que seria inútil insistir nela aqui [...] Será que alguma passagem das Sagradas Escrituras tem mais que um sentido literal? [...] todos admitem que, uma vez que os livros sagrados foram compostos por homens e para homens, seus auto-

res naturalmente conformaram-se à mais elementar regra dos relacionamentos humanos, que exige que apenas um sentido preciso seja imediata e diretamente pretendido pelas palavras de quem fala ou de quem escreve...[31]

Craven afirma a mesma relação entre linguagem figurada e verdade literal:

> Dentre os pares terminológicos escolhidos para designar as duas grandes escolas de exegetas proféticos, nenhum poderia ser mais infeliz que *literal* e *espiritual*. Esses termos não são antitéticos, nem retratam da maneira devida as peculiaridades dos respectivos sistemas para cuja caracterização são utilizados. São indiscutivelmente enganosos e tendenciosos. *Literal* não é antônimo de *espiritual*, mas de *figurado*; *espiritual* está em antítese, por um lado, a *material* e, por outro, a *carnal* (num mau sentido). O (chamado) *literalista* não é quem nega o uso na profecia de *linguagem figurada* ou de *símbolos*; tampouco nega que grandes verdades *espirituais* sejam ali propostas; sua posição é, simplesmente, que as profecias devem ser interpretadas *normalmente* (i.e., de acordo com as leis aceitas da linguagem) como quaisquer outros pronunciamentos —considerando-se como tal qualquer que seja manifestamente figurado. A posição dos chamados *espiritualistas* não é o que se entende estritamente pelo termo. Espiritualista é quem afirma que, embora certas partes das profecias devam ser *normalmente* interpretadas, outras devem ser consideradas portadoras de sentido *místico* (i.e., com algum significado secreto). Assim, por exemplo, os chamados espiritualistas não negam que, quando o Messias é descrito como "varão de dores e homem que sabe o que é padecer", a profecia deve ser normalmente interpretada; todavia, afirmam que, quando se diz que Ele "virá com as nuvens do céu", essa linguagem deve ser "espiritualmente" (misticamente) interpretada [...] Os termos que expressam estritamente essas duas escolas são *normal* e *mística*.[32]

Observar-se-á, assim, que o literalista não nega a existência de linguagem figurada. Ele nega, todavia, que tais figuras devam ser interpretadas de modo que destruam a verdade literal pretendida pelo emprego das figuras. A verdade literal deve ser informada por meio dos símbolos.

E. *Algumas objeções ao método literal*. Allis aponta três objeções ao método literal de interpretação:

---

[31] Francis E. Gigot, *General introduction to the study of the Holy Scriptures*, p. 386-7.
[32] John Peter Lange, *Commentary on the Holy Scriptures: Revelation*, p. 98.

1) A linguagem da Bíblia muitas vezes contém figuras de linguagem. É o caso sobretudo da poesia [...] Na poesia dos Salmos, no estilo elevado da profecia e mesmo na simples narrativa histórica, surgem figuras de linguagem que obviamente não tinham o propósito de ser entendidas literalmente, e não podem sê-lo.

2) O grande tema da Bíblia é Deus e Seus atos redentores para com a humanidade. Deus é Espírito; os ensinos mais preciosos da Bíblia são espirituais, e essas realidades espirituais e celestiais são muitas vezes apresentadas sob a forma de objetos terrenos e relacionamentos humanos [...]

3) O fato de que o Antigo Testamento é ao mesmo tempo preliminar e preparatório ao Novo Testamento é tão óbvio que dispensa prova. Ao remeter os crentes de Corinto, a título de advertência, aos acontecimentos do Êxodo, o apóstolo Paulo declarou que aquelas coisas lhes haviam sobrevindo como "exemplos" (tipos). Isto é, prefiguravam coisas por vir. Isso confere a muito do que está no Antigo Testamento significância e importância especiais [...] Tal interpretação reconhece, à luz do cumprimento no Novo Testamento, um sentido mais profundo e muito mais maravilhoso nas palavras de muitas passagens do Antigo Testamento do que aquele que, tomadas em seus antecedentes veterotestamentários, elas parecem possuir.[33]

Em resposta ao primeiro desses argumentos, é necessário reconhecer o uso bíblico das figuras de linguagem. Como se ressaltou previamente, as figuras de linguagem podem ser usadas para ensinar verdades literais de maneira mais vibrante que as palavras corriqueiras, mas nem por isso exigem interpretação alegórica. Com respeito ao segundo argumento, embora se reconheça que Deus é um ser espiritual, a única maneira pela qual Ele poderia revelar a verdade de um reino no qual ainda não entramos seria traçando um paralelo entre esse reino e o reino em que agora vivemos. Por meio da transferência de algo que é literalmente verdadeiro no reino conhecido para o reino desconhecido, este nos será revelado. O fato de Deus ser espiritual não exige interpretação alegórica. É preciso distinguir entre o que é espiritual e o que é espiritualizado. Por fim, com respeito à terceira objeção, embora se reconheça que o Antigo Testamento é preditivo, e que o Novo desenvolve o Antigo, a plenitude não é revelada no Novo por meio da alegorização do que é tipificado no Antigo; é revelada, isto sim, pelo cumprimento literal e pelo desenvolvimento da verdade literal dos tipos. Estes podem ensinar verdade literal, e o uso de tipos no Antigo Testamento não serve de apoio para o método alegórico de interpretação. Feinberg observa a propósito:

---

[33] ALLIS, op. cit., p. 17-8.

Os espiritualistas parecem pensar que, pelo fato de a revelação ter vindo gradativamente, quanto mais recentes forem a profecia ou o assunto revelado, mais valiosos são. A revelação gradativa não tem nenhuma força na determinação do método de interpretação [...] Além do mais, uma interpretação correta de 2Coríntios 3.6 não afeta em nada nossa posição. Quando Paulo diz "a letra mata, mas o Espírito vivifica", não está autorizando a interpretação espiritualizante das Escrituras. Se o literal mata, como é que Deus nos dá Sua mensagem em tal forma? O sentido pretendido pelo apóstolo evidentemente é que a mera aceitação da letra, sem a obra do Espírito Santo a ela relacionada, conduz à morte.[34]

---

[34] FEINBERG, op. cit., p. 50.

Capítulo 2

A história da interpretação

Como a disputa básica entre o pré-milenarista e o amilenarista é hermenêutica, é necessário rever o desenvolvimento dos dois métodos hermenêuticos sobre os quais repousam essas duas interpretações, ou seja, o literal e o alegórico, para que a autoridade do método literal possa ser firmada.

I. O Começo da Interpretação

É fato geralmente aceito por todos os estudiosos da história da hermenêutica que a interpretação começou por ocasião do retorno de Israel do exílio babilônico, sob a liderança de Esdras, conforme registrado em Neemias 8.1-8. Tal interpretação se fez necessária, primeiramente, por causa do longo período da história de Israel em que a lei mosaica foi esquecida e negligenciada. A descoberta do esquecido "livro da lei" por Hilquias, durante o reinado de Josias, recolocou-a numa posição de destaque por breve período, apenas para ser novamente esquecida nos anos do exílio.[1] Fez-se necessária, também, porque durante o exílio os judeus substituíram a língua nativa, o hebraico, pelo aramaico. Quando voltaram à sua terra, as Escrituras haviam-se tornado ininteligíveis para eles.[2] Esdras teve de explicar ao povo as Escrituras, olvidadas e indecifráveis. Dificilmente poderíamos pôr em dúvida o fato de que a interpretação de Esdras do que estava escrito fosse literal.

---

[1] Cf. F. W. FARRAR, *History of interpretation*, p. 47-8.
[2] Cf. Bernard RAMM, *Protestant biblical interpretation*, p. 27.

A história da interpretação 45

II. A Interpretação Judaica do Antigo Testamento

Essa mesma interpretação literal foi característica marcante da interpretação do Antigo Testamento. Ao rejeitar o método estritamente literal de interpretação, Jerônimo "chama a interpretação literal de 'judaica', dando a entender que facilmente pode tornar-se herética, e repetidas vezes afirma ser ela inferior à 'espiritual'".[3] Aparentemente, na opinião de Jerônimo, método literal e interpretação judaica eram sinônimos.

O rabinismo exerceu tamanho domínio sobre a nação judaica dada a união das autoridades sacerdotal e real numa única linhagem. O método empregado pelo rabinismo dos escribas não era alegórico, mas um método literal, que, em seu literalismo, esvaziava a lei de todos os seus requisitos espirituais.[4] Embora levasse a conclusões falsas, isso não era culpa do método literal, mas da aplicação errada do método pela exclusão de qualquer outra coisa que não fosse a letra nua do que estava escrito. Briggs, depois de resumir as treze regras que governavam a interpretação rabínica, diz:

> Algumas das regras são excelentes e, tendo em vista a lógica prática da época, não podem ser questionadas. *O defeito da exegese rabínica não estava tanto nas regras quanto em sua aplicação*, embora não seja difícil descobrir falácias tácitas naquelas e embora não ofereçam proteção suficiente contra deslizes de argumento [grifo do autor].[5]

Devemos concluir, a despeito de todas as falácias do rabinismo judaico, que os judeus seguiam um método literal de interpretação.

III. O Literalismo da Época de Cristo

A. *O literalismo entre os judeus*. O método dominante de interpretação entre os judeus na época de Cristo certamente era o literal. Horne apresenta assim a questão:

> A interpretação alegórica das Escrituras sagradas não pode ser historicamente provada como a que prevalecia entre os judeus a partir do cativeiro babilônico; tampouco se pode provar que tenha sido comum entre os judeus na época de Cristo e de Seus apóstolos.

---

[3] Farrar, op. cit., p. 232.
[4] Cf. ibid., p. 60-1.
[5] Charles A. Briggs, *General introduction to the study of Holy Scripture*, p. 431.

Embora o Sinédrio e os ouvintes de Jesus muitas vezes recorressem ao Antigo Testamento, jamais deram indício de adotar uma interpretação alegórica; mesmo Josefo jamais recorre a ela. Os judeus platônicos do Egito começaram, no primeiro século, em imitação aos gregos pagãos, a interpretar o Antigo Testamento alegoricamente. Filo de Alexandria destacou-se entre os judeus que praticavam esse método. Ele o defende como algo novo e até então desconhecido e, por essa razão, contestado por outros judeus. Jesus nunca esteve, portanto, numa situação em que fosse obrigado a adaptar-se a um costume dominante de interpretar alegoricamente as Escrituras. Tal método não era utilizado na época entre os judeus, certamente não entre os judeus da Palestina, onde Jesus viveu e ensinou.[6]

Os amilenaristas de nossos dias estão essencialmente de acordo com essa posição.[7] Case, defensor ardoroso do amilenarismo, reconhece:

> Sem dúvida os antigos profetas hebreus anunciaram o advento de um dia terrível do Senhor, em que a velha ordem de coisas passaria subitamente. Profetas posteriores predisseram um dia de restauração para os exilados, em que toda a natureza seria milagrosamente modificada e um reino davídico ideal seria estabelecido. Os visionários de épocas seguintes retrataram a vinda de um reino divino verdadeiramente celestial, no qual os fiéis participariam das bênçãos milenares. Os primeiros cristãos esperavam em breve contemplar a Cristo voltando entre as nuvens, assim como o tinham visto subir aos céus literalmente [...] No que diz respeito a esse tipo de imagem, o milenarismo pode de forma bem justa alegar ser bíblico. Inquestionavelmente certos escritores bíblicos esperavam um fim catastrófico para o mundo. Retrataram os dias angustiosos que viriam imediatamente antes da catástrofe final, proclamaram o retorno visível do Cristo celestial e aguardaram ansiosamente a revelação da Nova Jerusalém.
>
> Qualquer tentativa de fugir a essas características literalistas do ideário bíblico é inútil. Desde os dias de Orígenes, certos intérpretes das Escrituras buscam refutar expectativas milenaristas afirmando que mesmo as declarações mais dramáticas sobre a volta de Jesus deveriam ser entendidas figuradamente. Também se diz que Daniel e Apocalipse são livros altamente místicos e alegóricos, que não pretendiam referir-se a acontecimentos reais, quer passados, quer presentes, quer futuros, mas possuíam significado puramente espiritual, como o *Paraíso perdido*, de Milton, ou *O peregrino*, de John Bunyan. Tais recursos são meras evasivas, cujo propósito é tentar harmonizar as Escrituras às condições atuais, ao

---

[6] Thomas Hartwell HORNE, *An introduction to the critical study and knowledge of the Holy Scriptures*, I, 324.

[7] Cf. Floyd HAMILTON, *The basis of millennial faith*, p. 38-9; Oswald T. ALLIS, *Prophecy and the church*, p. 258.

mesmo tempo que se despreza a vívida expectativa dos antigos. Os judeus afligidos no período dos macabeus exigiam não um fim figurado às suas angústias, mas um fim literal. Daniel não lhes prometeu nada menos que o estabelecimento literal de um novo regime celestial. De maneira igualmente realista, um escritor cristão primitivo escreveu: "... vereis o Filho do homem assentado à direita do Todo-poderoso e vindo com as nuvens do céu [Mc 14.62]" ou ainda "... dos que aqui se encontram, alguns há que, de maneira nenhuma, passarão pela morte até que vejam ter chegado com poder o reino de Deus [Mc 9.1]". Imaginem o choque de Marcos se lhe fosse dito que tais expectativas já haviam sido concretizadas nas aparições de Jesus depois da ressurreição, ou nas experiências extáticas dos discípulos no dia de Pentecostes, ou na salvação de crentes por ocasião de sua morte. E quem pode imaginar a sensação de Marcos se lhe fosse dito, de maneira bem moderna, que sua predição da volta de Cristo seria cumprida na Reforma Luterana, na Revolução Francesa, no reavivamento wesleyano, na abolição da escravatura, na democratização da Rússia ou no resultado da guerra mundial? Os pré-milenaristas estão plenamente justificados por protestar contra os oponentes que alegorizam ou espiritualizam passagens bíblicas pertinentes, conservando a fraseologia bíblica, mas pervertendo profundamente seu significado original.[8]

Ninguém sustentaria que o literalismo dos intérpretes judeus era idêntico à moderna interpretação histórico-gramatical. Naquela época o literalismo decadente esvaziava as Escrituras de todo e qualquer significado. Ramm observa corretamente:

> ... o resultado de um bom movimento começado por Esdras foi uma interpretação decadente e hiperliteralista, corrente entre os judeus nos dias de Jesus e de Paulo. A escola literalista judaica é o que de pior o literalismo produziu. É a exaltação da letra a ponto de se perder todo o sentido verdadeiro. Exagera de modo grosseiro o secundário e o fortuito, desprezando o essencial ou dele se desviando.[9]

No entanto, não podemos negar que o literalismo era o método aceito. O uso errado do método não milita contra o próprio método. O que estava errado não era o método, mas o seu emprego.

B. *O literalismo entre os apóstolos.* Esse era o método empregado pelos apóstolos. Farrar afirma:

---

[8] Shirley Jackson Case, *The millennial hope*, p. 214-6.
[9] Ramm, op. cit., p. 28.

A melhor teoria judaica, purificada no cristianismo, toma literalmente os ensinos da velha dispensação, mas vê neles, como Paulo, a sombra e o germe de desenvolvimentos futuros. A alegoria, embora usada uma vez por Paulo a título de ilustração passageira, é desconhecida de outros apóstolos e jamais sancionada por Cristo.[10]

O célebre estudioso Girdlestone escreveu em confirmação:

Somos levados a concluir que havia um método uniforme comumente aceito por todos os escritores do Novo Testamento na interpretação e na aplicação das Escrituras judaicas. É como se todos tivessem freqüentado a mesma escola e estudado com um único professor. Teriam freqüentado a escola rabínica? Seria para com Gamaliel, ou Hillel, ou qualquer outro líder rabínico que estavam em dívida? Todo conhecimento que se pode obter quanto ao modo de ensino vigente na época nega claramente essa hipótese. O Senhor Jesus Cristo, e nenhum outro, foi a fonte original do método. Nesse sentido, como em vários outros, Ele tinha vindo como luz para o mundo.[11]

Briggs, por mais liberal que fosse, reconheceu que Jesus não usava os métodos dos de sua época, nem seguia as falácias de sua geração. Ele diz:

Os apóstolos e seus discípulos no Novo Testamento usam os métodos do Senhor Jesus, e não os dos homens de seu tempo. Os autores do Novo Testamento divergiam entre si nas tendências de seu pensamento [...] em todos eles, os métodos do Senhor Jesus predominavam sobre outros métodos e os enobreciam.[12]

Não foi necessário aos apóstolos adotar outro método para entender corretamente o Antigo Testamento; precisaram, isto sim, purgar o método existente de seus excessos nocivos.

Uma vez que a única citação alegórica do Antigo Testamento feita por autores do Novo Testamento é a explicação que Paulo faz da alegoria em Gálatas 4.24, e uma vez que já foi previamente demonstrado que há uma diferença entre explicar uma alegoria e utilizar o método alegórico de interpretação, devemos concluir que os autores do Novo Testamento interpretaram o Antigo Testamento literalmente.

---

[10] FARRAR, op. cit., p. 217.
[11] R. B. GIRDLESTONE, *The grammar of prophecy*, p. 86.
[12] BRIGGS, op. cit., p. 443.

A história da interpretação 49

IV. A Ascensão da Alegorização

Uma imensidão de dificuldades cercava os escritores dos primeiros séculos. Não possuíam um cânon claramente definido, seja do Antigo, seja do Novo Testamento. Dependiam de uma tradução deficiente das Escrituras. Conheciam apenas as regras de interpretação impostas pelas escolhas rabínicas e, assim, tiveram de libertar-se da aplicação errônea do princípio literal de interpretação. Além disso, estavam cercados pelo paganismo, pelo judaísmo e por heresias de toda sorte.[13] Do meio desse labirinto surgiram três escolas exegéticas distintas no período patrístico posterior. Farrar afirma:

> Os pais do terceiro século em diante podem ser divididos em três escolas exegéticas. Tais escolas são a *literal e realista*, representada predominantemente por Tertuliano; a *alegórica*, da qual Orígenes é o expoente máximo, e a *histórica e gramatical*, que floresceu principalmente na cidade de Antioquia e da qual Teodoro de Mopsuéstia foi o líder reconhecido.[14]

Ao remontar às origens da escola alegórica, Farrar leva-nos até Aristóbulo, a respeito de quem escreve que sua

> ... obra foi de grande importância para a história da interpretação. Ele é um dos precursores a quem Filo recorreu, ainda que sem o identificar, e é o primeiro a enunciar duas teses que visavam a alcançar ampla aceitação e a produzir muitas conclusões falsas na esfera da exegese.
> A primeira delas é a declaração de que a filosofia grega é tomada de empréstimo do Antigo Testamento, em especial da lei mosaica; a segunda afirma que todos os principais dogmas dos filósofos gregos, especialmente os de Aristóteles, podem ser encontrados em Moisés e nos profetas pelos que usam o método correto de investigação.[15]

Filo adotou esse conceito de Aristóbulo e procurou conciliar a lei mosaica com a filosofia grega, de modo que a primeira se tornasse aceitável à segunda. Gilbert diz:

> [Para Filo] a filosofia grega era a mesma coisa que a filosofia de Moisés [...] E o objetivo de Filo era demonstrar e ilustrar essa harmonia entre a religião judaica e a filosofia clássica, ou, em última análise, tornar aceitável a religião judaica ao mundo grego instruído. Essa foi a elevada missão

---
[13] Farrar, op. cit., p. 164-5.
[14] Ibid., p. 177.
[15] Ibid., p. 129.

à qual ele se sentia chamado, o propósito pelo qual expôs as leis dos hebreus na linguagem secular da cultura e da filosofia.[16]

Para poder efetuar essa harmonização, foi necessário Filo adotar um método alegórico de interpretar as Escrituras.

A influência de Filo se fez sentir mais agudamente na escola teológica de Alexandria. Farrar escreve:

> Foi na grande escola catequética de Alexandria, fundada, segundo reza a tradição, por Marcos, que surgiu a maior escola de exegese cristã. Seu objetivo, semelhante ao de Filo, foi unir filosofia e revelação, e assim usar as jóias emprestadas do Egito para adornar o santuário de Deus. Dessa forma, Clemente de Alexandria e Orígenes forneceram a antítese direta a Tertuliano e a Ireneu [...]
>
> O primeiro mestre da escola a galgar os degraus da fama foi o venerável Panteno, convertido do estoicismo, de cujos escritos apenas alguns fragmentos sobreviveram. Ele foi sucedido por *Clemente de Alexandria*, que, crendo na origem divina da filosofia grega, propôs abertamente o princípio de que toda a Escritura deveria ser entendida alegoricamente.[17]

Foi nessa escola que Orígenes desenvolveu o método alegórico aplicado às Escrituras. Schaff, testemunha isenta de idéias preconcebidas, resumiu a influência de Orígenes ao dizer:

> Orígenes foi o primeiro a formular, em relação ao método alegórico aplicado pelo judeu platônico Filo, uma teoria formal de interpretação, a qual pôs em prática numa longa série de obras exegéticas, notáveis pela perícia e pelo engenho, mas esquálidas nos resultados de boa qualidade. Ele considerava a Bíblia um organismo vivo, que consistia em três elementos correspondentes ao corpo, à alma e ao espírito do homem, seguindo a psicologia platônica. De acordo com essa visão, ele atribuiu às Escrituras um sentido tríplice: 1) o sentido somático, literal ou histórico, fornecido diretamente pelas palavras, que serviam apenas de véu para uma idéia superior; 2) o sentido psíquico ou moral, que dava vida ao primeiro e servia de edificação geral; 3) o sentido pneumático, ou místico e ideal, para os que se encontravam num estágio mais avançado de conhecimento filosófico. Na aplicação dessa teoria, Orígenes demonstra a mesma tendência de Filo, de eliminar a letra da Escritura pelo uso da espiritualização [...] e, em vez de extrair o sentido da Bíblia, introduz nela todo tipo de idéias estranhas e fantasias descabidas. Essa alegorização, no entanto, satisfazia o gosto da época e, com sua mente fértil e saber imponente,

---

[16] George Holley GILBERT, *The interpretation of the Bible*, p. 37ss.
[17] FARRAR, op. cit., p. 182-3.

A história da interpretação

Orígenes serviu de oráculo exegético da igreja primitiva, até que sua ortodoxia veio a ser questionada.[18]

Foi a ascensão do eclesiasticismo, com o reconhecimento da autoridade da igreja sobre todas as questões doutrinárias, que deu o grande ímpeto para a adoção do método alegórico. Segundo Farrar, Agostinho foi o primeiro a fazer com que as Escrituras se conformassem à interpretação da igreja.

> A exegese de Agostinho é marcada pelos mais gritantes defeitos [...] Ele demonstrou a regra de que a Bíblia precisava ser interpretada tendo em vista a ortodoxia eclesiástica, e nenhuma expressão bíblica poderia estar em desacordo com alguma outra [...]
> [...] De posse da antiga regra filônica e rabínica, repetida por tantas gerações, de que qualquer coisa nas Escrituras que parecesse heterodoxa ou imoral precisava ser interpretada misticamente, Agostinho introduziu confusão em seu dogma de inspiração sobrenatural das Escrituras ao admitir que havia muitas passagens "escritas pelo Espírito Santo" objetáveis quando tomadas em seu sentido evidente. Ele também abriu as portas à imaginação arbitrária.[19]

E ainda:

> ... Quando o princípio da alegoria é aceito, quando começamos a demonstrar que passagens e livros inteiros da Escritura dizem algo que não querem dizer, o leitor é entregue de mãos amarradas aos caprichos do intérprete. Ele não pode estar seguro de coisa alguma, exceto do que lhe for ditado pela igreja, e em todas as eras a autoridade da "igreja" tem sido falsamente reivindicada pela presunçosa tirania das falsas opiniões dominantes. Nos dias de Justino Mártir e de Orígenes, os crentes foram impelidos a aceitar a alegoria por uma necessidade imperiosa. Era o único meio conhecido para enfrentar o choque que arrancara o evangelho das amarras do judaísmo. Eles a utilizaram para derrotar o literalismo tosco das heresias fanáticas, ou para conciliar os ensinos filosóficos com as verdades do evangelho. Nos dias de Agostinho, todavia, o método havia-se degenerado, transformando-se em mero método artístico de demonstrar engenhosidade e de apoiar o eclesiasticismo. Tinha sido transformado no recurso de uma perfídia que preferia não admitir, de uma ignorância que conseguia apreciar e de uma indolência que se recusava a solucionar as verdadeiras dificuldades abundantemente encontradas no livro sagrado [...]

---

[18] Philip Schaff, *History of the Christian church*, II, 521.
[19] Farrar, op. cit., p. 236-7.

> [...] Infelizmente para a igreja, infelizmente para qualquer verdadeira compreensão das Escrituras, os alegoristas, a despeito de alguns protestos, foram completamente vitoriosos.[20]

O estudo acima deve deixar claro o fato de que o método alegórico não nasceu do estudo das Escrituras, mas de um desejo de unir a filosofia grega à Palavra de Deus. Não surgiu de um desejo de apresentar as verdades da Palavra, mas da determinação de pervertê-las. Não foi filho da ortodoxia, mas da heterodoxia.

Mesmo que Agostinho tenha sido bem-sucedido em injetar novo método de interpretação na corrente sangüínea da igreja, baseado no método origenista de perverter as Escrituras, havia quem naquela época ainda se apegasse ao método literal praticado no princípio. Na Escola de Antioquia havia homens que não seguiam o método introduzido pela Escola de Alexandria. Gilbert observa:

> A respeito de Teodoro e de João, podemos dizer que avançaram em direção a um método científico de exegese, à medida que viram claramente a necessidade de apurar o sentido original das Escrituras para poder empregá-las com alguma valia. O simples fato de terem mantido esse alvo em mente foi uma grande conquista. Fez com que seu trabalho se destacasse fortemente quando comparado ao da escola alexandrina. A interpretação deles era extremamente simples e clara quando comparada à de Orígenes. Rejeitaram de todo o método alegórico.[21]

Com respeito ao valor, ao significado e à influência dessa escola, Farrar escreveu:

> ... a *Escola de Antioquia* tinha percepção mais profunda do verdadeiro método exegético do que qualquer escola que a precedeu ou sucedeu em mil anos [...] seu sistema de interpretação bíblica aproximou-se mais que qualquer outro do que agora é adotado pelas igrejas reformadas em todo o mundo e, se seus representantes não tivessem sido tão impiedosamente anatematizados pela língua irada e esmagados pela mão de ferro da chamada ortodoxia dominante, o estudo de seus comentários e a adoção de seu sistema exegético poderiam ter salvado os comentários produzidos pela igreja de séculos de inutilidade e de erro [...]
> [...]
> *Deodoro de Tarso* precisa ser considerado o verdadeiro fundador da Escola de Antioquia. Homem de eminente saber e de consagração indis-

---

[20] Ibid., p. 238.
[21] GILBERT, op. cit., p. 137.

A história da interpretação

cutível, foi o professor de João Crisóstomo e de Teodoro de Mopsuéstia [...] Seus livros foram dedicados à exposição literal das Escrituras, e ele escreveu um tratado, hoje infelizmente perdido, "sobre a diferença entre a alegoria e a introvisão espiritual".

No entanto, o mais capaz, o mais decidido e o mais lógico representante da Escola de Antioquia foi *Teodoro de Mopsuéstia* (morto em 428). Esse original e claro pensador destaca-se "como uma rocha no pântano da exegese antiga" [...]

[...] Ele era uma voz, não um eco; uma voz em meio a milhares de ecos que apenas repetiam os mais vazios sons. Ele rejeitou as teorias de Orígenes, mas aprendeu deste a importância indispensável da atenção aos pormenores lingüísticos, especialmente ao comentar o Novo Testamento. Ele presta atenção cerrada a partículas, modos, preposições e terminologia em geral. Ele aponta as idiossincrasias [...] do estilo de Paulo [...] É talvez o escritor mais antigo que dá atenção suficiente à questão hermenêutica, como, por exemplo, em suas introduções às Epístolas de Efésios e de Colossenses [...] Seu mérito maior é a constante tentativa de estudar cada passagem como um todo, e não como "um amontoado de textos desconexos". Ele primeiro considera a seqüência de pensamento, depois examina a fraseologia e as orações independentes e por fim oferece uma exegese que muitas vezes é brilhantemente característica e profundamente sugestiva.[22]

Teríamos uma história da hermenêutica bastante diferente se o método da escola de Antioquia tivesse prevalecido. Infelizmente para a interpretação sadia, prevaleceu o eclesiasticismo da igreja oficial, que dependia do método alegórico para manter sua posição, e a posição da escola de Antioquia foi condenada como herética.

V. A Idade Média

Como se poderia esperar da tendência geral do período, não houve esforço para interpretar as Escrituras de maneira exata. Os princípios de interpretação herdados permaneceram inalterados. Berkhof observa:

> *Neste período*, o quádruplo sentido da Escritura (literal, tropológico [metafórico], alegórico e analógico) era geralmente aceito, e tornou-se princípio estabelecido que *a interpretação da Bíblia tinha de adaptar-se à tradição e à doutrina da Igreja.*[23]

---

[22] Farrar, op. cit., p. 213-5.
[23] Louis Berkhof, *Princípios de interpretação bíblica*, p. 26.

As sementes do eclesiasticismo semeadas por Agostinho haviam produzido fruto, e o princípio de conformidade à igreja estava firmemente arraigado. Farrar resume todo o período ao declarar:

> ... somos forçados a dizer que, durante a Idade Média, do século VII ao século XII, e durante o período escolástico, do século XII ao século XVI, apenas alguns, dentre os muitos que labutaram nesse campo, adicionaram algum princípio essencial ou ofereceram contribuição original à tarefa de explanar a Palavra de Deus. Durante esses nove séculos, encontramos muito pouco além "dos últimos lampejos e da degeneração" da exegese patrística. Grande parte do saber ainda existente foi dedicada a algo que tinha por objetivo a exegese, e, no entanto, entre as centenas de autores, nenhum escritor conseguiu demonstrar uma concepção verdadeira do que a exegese de fato significa.[24]

VI. O Período da Reforma

É somente com a chegada da Reforma protestante que podemos achar algum traço de exegese sadia. Todo o movimento da Reforma pode ser tido como o resultado de um retorno ao método literal de interpretação das Escrituras. Esse movimento começou com uma série de precursores cuja influência conduziu outros de volta ao método original de interpretação, o literal. Segundo Farrar:

> Lorenzo Valla, cônego da igreja de São João Laterano [...] é um dos elos principais entre o Renascimento e a Reforma. Ele havia [...] aprendido com o reavivamento dos estudos clássicos que as Escrituras deveriam ser interpretadas segundo as leis gramaticais e de linguagem.[25]

Erasmo de Roterdã é considerado outro elo, uma vez que sublinhou o estudo dos textos originais das Escrituras e lançou o alicerce da interpretação gramatical da Palavra de Deus. Ele, segundo Farrar, pode ser considerado "o principal iniciador da moderna crítica bíblica e textual. Merece ocupar para sempre um lugar de honra entre os intérpretes da Escritura".[26]

Os tradutores, que tanto fizeram para acender a chama da Reforma, foram motivados por um desejo de entender a Bíblia literalmente. Com respeito a esses primeiros tradutores, Farrar afirma:

---

[24] FARRAR, op. cit., p. 245.
[25] Ibid., p. 312-3.
[26] Ibid., p. 320.

A história da interpretação

Wycliff, na verdade, fez a importante observação de que "todo erro no conhecimento das Escrituras e a fonte de sua deturpação e falsificação por pessoas incompetentes resumem-se no desconhecimento da gramática e da lógica".[27]

Quanto a Tyndale, ele escreve:

> "Podemos tomar similitudes ou alegorias de empréstimo às Escrituras", diz o grande tradutor William Tyndale, "e aplicá-las a nossos propósitos, alegorias essas que não constituem o sentido das Escrituras, mas assuntos livres além das Escrituras, na plena liberdade do Espírito. Tal alegoria nada prova; é mero símile. Deus é espírito e todas as Suas palavras são espirituais, e *Seu sentido literal é espiritual*". "Quanto a esses sentidos espirituais", diz Whitaker, oponente de Bellarmine, "certamente é tolice dizer que há tantos sentidos nas Escrituras quanto as palavras forem capazes de transferir e de ajustar. Pois, embora as palavras possam ser aplicadas ou conciliadas metafórica, anagógica e alegoricamente, *ou em qualquer outra maneira, não há nelas, por isso, vários sentidos, várias interpretações, nem há várias interpretações das Escrituras, senão apenas um, e este é o sentido literal*, que pode ser conciliado de formas variadas e a partir do qual muitas coisas podem ser coletadas".[28]

Briggs, que certamente não defende a interpretação literal da Palavra, cita o próprio Tyndale quando diz:

> Tu entenderás, portanto, que a Escritura tem apenas um sentido, que é o sentido literal. E esse sentido literal é a raiz e a base de tudo, a âncora que jamais falha, por meio da qual, se a ela te apegares, jamais errarás ou te desviarás do caminho. Se, todavia, abandonares o sentido literal, não tens como evitar desviar-te do caminho. No entanto, a Escritura usa provérbios símiles, enigmas e alegorias, tal como outros escritos; aquilo, porém, que o provérbio, o símile, o enigma ou a alegoria significam baseia-se no sentido literal, que deves buscar diligentemente...[29]

Os alicerces da Reforma foram lançados no retorno ao método literal de interpretação.

No período da Reforma propriamente dito, dois nomes se destacam entre os expoentes das verdades da Escritura: Lutero e Calvino. Ambos se caracterizam por sua insistência no uso do método literal de interpretação.

---

[27] Ibid., p. 278-9.
[28] Ibid., p. 300.
[29] BRIGGS, op. cit., p. 456-7.

Lutero diz: "Cada palavra deve ter o direito de conservar seu sentido natural, e este não deve ser abandonado a não ser que a fé nos force a isso [...] É uma das qualidades da Escritura Sagrada o fato de se auto-interpretar por passagens associadas por natureza, as quais só podemos entender pela aplicação da regra da fé".[30]

O fato de que Lutero advogava o que hoje conhecemos por método histórico-gramatical é observado em seus próprios escritos.

... Em seu prefácio ao comentário de Isaías (1528) e em outras partes de seus escritos, Lutero demonstra o que considera as verdadeiras regras de interpretação das Escrituras. Ele insiste 1) no caráter indispensável do conhecimento gramatical; 2) na importância de levar em conta tempos, circunstâncias e condições; 3) na observação do contexto; 4) na necessidade de fé e de iluminação espiritual; 5) na conservação do que ele chamou "proporção da fé" e 6) na menção de toda Escritura a Cristo.[31]

Tão grande era o desejo de Lutero não apenas de dar ao povo a Palavra de Deus, mas de ensinar o povo a interpretá-la, que estabeleceu as seguintes regras de interpretação:

i. A primeira delas era a suprema e irrefutável autoridade das próprias Escrituras, à parte de toda autoridade ou interferência eclesiástica [...]
ii. Segundo, ele afirmou não só a suprema autoridade mas a *suficiência* da Escritura [...]
iii. Como todos os outros reformadores, ele pôs de lado a mentira estéril do sentido quádruplo [...] "O sentido literal, e apenas ele", disse Lutero, "é a essência total da fé e da teologia cristã". "Tenho observado que todas as heresias e erros se originaram não das simples palavras da Escritura, mas de negligenciar as simples palavras da Escritura, e da afetação de metáforas e inferências [...] puramente subjetivos." "Nas escolas dos teólogos é uma regra bem conhecida que a Escritura deve ser entendida de quatro maneiras: literal, alegórica, moral e anagógica. No entanto, se quisermos tratar corretamente as Escrituras, nosso único esforço será obter *"unum, simplicem, germanum, et certum sensum literalem"*. "Cada passagem tem um sentido claro, definido e verdadeiro que lhe é peculiar. Todos os demais são opiniões duvidosas e incertas."
iv. Quase não precisamos dizer, portanto, que Lutero, como a maioria dos reformadores, rejeitava a validade da alegorização. Ele negava totalmente a alegação de que se tratava de interpretação *espiritual*.
v. Lutero também sustentava a natureza compreensível da Escritura... Algumas vezes ele se aproximava do dito moderno de que "a Bíblia deve ser interpretada como qualquer outro livro".

---

[30] Ibid.
[31] FARRAR, op. cit., p. 331-2.

A história da interpretação 57

vi. Lutero sustentava, com todo o vigor, e quase pela primeira vez na história, o absoluto e inalienável *direito à opinião pessoal* com respeito às Escrituras, o qual, ao lado do sacerdócio espiritual de todos os crentes, reside na base de todo o protestantismo.[32]

Calvino ocupa um lugar inigualável na história da interpretação. A respeito dele, Gilbert escreve:

> ... Pela primeira vez em mil anos ele ofereceu um exemplo conspícuo de exposição *não-alegórica*. É preciso voltar no tempo até as melhores obras da escola de Antioquia para encontrar rejeição tão intensa do método de Filo quanto a que oferece Calvino. Interpretações alegóricas que haviam sido propostas na igreja primitiva e endossadas por expositores ilustres em todos os séculos seguintes, como a interpretação da arca de Noé e da túnica inconsútil de Cristo, são descartadas como lixo. Esse fato, por si só, ofereceria permanente e distinta honra à obra exegética de Calvino. O que o levou a rejeitar a interpretação alegórica como algo particularmente satânico, fosse sua formação jurídica em Orléans e em Bourges, fosse sua percepção espiritual, é impossível dizer, mas o fato é claro e constitui a marca mais notável de sua interpretação.[33]

Calvino afirma sua posição muito claramente. No comentário a Gálatas, ele escreve: "Saibamos, portanto, que o verdadeiro sentido da Escritura é o sentido natural e evidente; abracemo-lo e permaneçamos nele resolutamente".[34] No prefácio a *Romanos*, Calvino diz: "A primeira ocupação de um intérprete é permitir que seu autor diga o que quer dizer, em vez de atribuir ao autor o que pensa que deve dizer".[35] Com respeito à contribuição de Calvino, Schaff escreveu:

> Calvino é o fundador da exegese histórico-gramatical. Ele defendeu e praticou o sadio princípio hermenêutico de que os autores bíblicos, como todos os escritores sensatos, desejavam transmitir a seus leitores um pensamento definido em palavras que os leitores fossem capazes de entender. Uma passagem pode ter sentido literal ou figurado; não pode, todavia, ter os dois sentidos ao mesmo tempo. A Palavra de Deus é inesgotável e aplicável a todas as épocas, mas há uma diferença entre explicação e aplicação, e a aplicação deve ser coerente com a explicação.[36]

---

[32] Ibid., p. 325-30.
[33] GILBERT, op. cit., p. 209.
[34] John CALVIN, *Commentary on Galatians*, p. 136, ap. Gerrit H. HOSPERS, *The principle of spiritualization in hermeneutics*, p. 11.
[35] Ap. FARRAR, op. cit., p. 347.
[36] Philip SCHAFF, ap. HOSPERS, op. cit., p. 12.

Com respeito ao período como um todo, Farrar escreveu:

> ... os reformadores deram um vigoroso impulso à ciência da interpretação bíblica. Tornaram a Bíblia acessível a todos; dilaceraram e lançaram aos ventos as densas teias da tradição arbitrária, tecidas havia muitos séculos sobre cada livro e sobre cada passagem das Escrituras; colocaram os apócrifos num nível definitivamente inferior ao ocupado pelos livros sagrados; estudaram cuidadosamente as línguas originais; desenvolveram o sentido normal, literal e usaram-no para fortalecer e revigorar a vida espiritual.[37]

Gilbert resume:

> ... Deve-se dizer, para crédito do período que estamos estudando, que o tipo comum de exegese nele praticada valorizou o sentido literal do texto. As palavras de Richard Hooker (1553-1600) têm ampla aplicação a todo o período. "Considero", disse ele, "a mais infalível regra de exposição das Sagradas Escrituras que, quando uma construção literal faz sentido, quanto mais o intérprete se afastar da letra do texto, tanto pior será sua interpretação. Nada há mais perigoso que essa arte ilusória que muda o sentido das palavras como a alquimia se propunha a efetuar com a substância dos metais, fazendo de qualquer coisa o que bem entende, e reduzindo, por fim, toda a verdade a absolutamente nada." Em geral, o exemplo de Calvino de rejeitar a interpretação alegórica foi seguido pelos principais teólogos e peritos dos dois séculos seguintes.[38]

Se alguém deseja voltar aos reformadores para estabelecer sua teologia, precisa também aceitar o método de interpretação sobre o qual repousa a teologia dos reformadores.

VII. O Período Pós-Reforma

O período que se seguiu à Reforma foi marcado pela ascensão de homens que seguiram de perto os passos dos próprios reformadores na aplicação do método literal ou histórico-gramatical de interpretação. Farrar escreve:

> ... Se Lutero foi o profeta da Reforma, *Melâncton* foi o mestre [...] *Zuínglio*, com absoluta independência, havia chegado a opiniões sobre esse assunto que concordavam, em todos os aspectos essenciais, com as de Lutero

---

[37] Farrar, op. cit., p. 357.
[38] Gilbert, op. cit., p. 229-30.

A história da interpretação

[...] Uma vasta quantidade de expositores da Reforma lutaram por espalhar as verdades com que tinham entrado em contato por meio dos reformadores suíços e alemães. Bastará aqui mencionar os nomes de Ecolampádio (1581), Bucer (1551), Brenz (1570), Bugenhagen (1558), Musculus (1563), Camerário (1574), Bullinger (1575), Chemnitz (1586) e Beza (1605). Entre todos esses havia um acordo geral de princípios: rejeição aos métodos escolásticos, recusa em reconhecer a dominação exclusiva da autoridade patrística e da tradição da Igreja Romana; repúdio ao até então dominante sentido quádruplo; bloqueio contra a alegoria; estudo das línguas originais; atenção cerrada ao sentido literal; crença na natureza compreensível e suficiente da Escritura; estudo da Escritura como um todo e remissão de todo o seu conteúdo a Cristo... [39]

Poderíamos esperar, uma vez que o alicerce para o método literal de interpretação já se havia assentado, que testemunharíamos pleno crescimento da exegese das Escrituras com base em tal alicerce. No entanto, a história da interpretação revela tamanha adesão a credos e a interpretações eclesiásticas, que houve pouco progresso na interpretação sadia das Escrituras durante esse período.[40] Apesar disso, datam da época exegetas e peritos como John Koch, professor em Leyden (1669), John James Wetstein, professor em Basiléia (1754), que advogava que os mesmos princípios de interpretação válidos aos livros se aplicavam também à Escritura, John Albert Bengel (1752) e outros que adquiriram renome por suas contribuições para a crítica e a exposição bíblica, os quais prepararam o caminho para exegetas mais recentes como Lightfoot, Westcott, Ellicott e outros.

Um homem de grande influência na sistematização do método literal de interpretação foi John Augustus Ernesti, a respeito de quem Terry escreve:

> Talvez o nome mais proeminente na história da exegese no século XVIII seja o de John Augustus Ernesti, cuja obra *Institutio interpretis Nove Testamenti* (Leipzig, 1761), ou *Princípios de interpretação do Novo Testamento*, foi aceita como compêndio de hermenêutica por quatro gerações de estudiosos bíblicos. "Ele é considerado", diz Hagenbach, "o fundador de uma nova escola exegética, cujo princípio era simplesmente que a Bíblia deve ser rigidamente explicada de acordo com sua própria linguagem e, nessa explicação, não pode ser subornada nem pela autoridade externa da igreja, nem por nossas próprias sensações, nem por caprichos alegóri-

---

[39] FARRAR, op. cit., p. 342.
[40] Cf. ibid., p. 358-9.

cos e irreverentes —algo freqüente entre os místicos— nem, finalmente, por sistema filosófico algum".[41]

A seguinte declaração de Horácio Bonar é considerada uma síntese do princípio exegético que veio a ser o alicerce de toda a verdadeira interpretação das Escrituras. Ele diz:

> ... Sinto maior certeza quanto à interpretação literal de toda a Palavra de Deus —histórica, doutrinária e profética. "Literal, se possível" é, creio eu, a única máxima que o conduzirá com sucesso por toda a Palavra de Deus, do Gênesis ao Apocalipse.[42]

A despeito das algemas que o dogmatismo e o credalismo procuraram impor à interpretação, emergiram desse período certos princípios sadios de interpretação que se tornaram a base das grandes obras exegéticas dos séculos seguintes. Esses princípios foram bem resumidos por Berkhof:

> O começo deste período foi marcado pelo aparecimento de duas escolas opostas — a Gramatical e a Histórica.
> 1) *A Escola Gramatical* — Esta escola foi fundada por *Ernesti*, que escreveu importante trabalho sobre a interpretação do Novo Testamento, *no qual estabelece quatro princípios:* (a) *O sentido múltiplo da Escritura deve ser rejeitado, e somente se deve conservar o sentido literal;* (b) *as interpretações alegóricas devem ser abandonadas, exceto nos casos em que o autor indique o que deseja, a fim de se combinar com o sentido literal;* (c) *visto que a Bíblia tem o sentido gramatical em comum com outros livros, isto deve ser considerado em ambos os casos;* (d) *o sentido literal não pode ser determinado por um suposto sentido dogmático.*
> A Escola Gramatical era essencialmente supernaturalista, prendendo-se "às palavras do texto como legítima fonte de interpretação autêntica da verdade religiosa" (Elliott). Mas esse método era unilateral porque servia exclusivamente a uma pura e simples interpretação do texto, que nem sempre é suficiente na interpretação da Bíblia.[43]

Ao resumir a história da hermenêutica, devemos observar que toda interpretação bíblica começou com a interpretação literal de Esdras. Esse método literal veio a ser o método básico do rabinismo. Foi o método aceito e usado pelos autores do Novo Testamento na interpretação do

---

[41] Milton S. TERRY, *Biblical hermeneutics*, p. 707.
[42] Ap. GIRDLESTONE, op. cit., p. 179.
[43] BERKHOF, op. cit., p. 36-7.

A história da interpretação

Antigo Testamento, e foi assim usado pelo Senhor e por Seus apóstolos. Os pais da Igreja utilizaram o método literal até o tempo de Orígenes, quando se adotou o método alegórico, criado para harmonizar a filosofia platônica com as Escrituras. A influência de Agostinho trouxe o método alegórico para a igreja instituída e pôs fim a toda a exegese correta. Tal sistema continuou até a Reforma, ocasião em que o método literal de interpretação foi firmemente estabelecido e, a despeito de tentativas dos diversos segmentos da igreja de ajustar toda a interpretação a algum credo adotado, a interpretação literal permaneceu e tornou-se a base sobre a qual repousa toda a exegese correta.

Conclui-se, com base no estudo da história da hermenêutica, que o método original e aceito de interpretação bíblica foi o método literal, usado pelo Senhor, o maior de todos os intérpretes, e que outros métodos foram introduzidos para promover heterodoxia. Portanto, o método literal deve ser aceito como o método básico de interpretação sadia em qualquer campo de doutrina hoje.

Capítulo 3

Considerações gerais sobre a interpretação

A história da interpretação mostra-nos que a adoção do método correto de interpretação não garante necessariamente conclusões corretas pelos usuários do método. O rabinismo, que usava o método literal, produziu várias opiniões e interpretações erradas pelo mau emprego desse método. Logo, é necessário definir alguns princípios de interpretação, mesmo depois de estabelecer o método correto, para que o método não seja mal-aplicado e não produza conclusões infundadas.

I. A Interpretação das Palavras

Sabe-se sem dúvida que as palavras formam um meio de transmitir o pensamento. Toda exegese correta precisa, então, começar por uma interpretação das próprias palavras. Horne, em sua preciosa obra *Introduction to the critical study and knowledge of the Holy Scriptures* [Introdução ao estudo crítico e ao conhecimento das Sagradas Escrituras], fez um excelente resumo dos princípios a ser empregados na interpretação das palavras.

1. Devemos verificar o *usus loquendi*, ou a noção vinculada a uma palavra pelas pessoas em geral, pelas quais a língua é falada agora ou o era antigamente, e sobretudo na relação especial a que essa noção está vinculada.

2. O sentido aceito de uma palavra deve ser conservado a não ser que razões fortes e necessárias exijam que seja abandonado ou negligenciado.

3. Quando uma palavra tem vários significados de uso comum, devemos selecionar o que melhor se encaixa na passagem em questão, o qual seja coerente com o caráter, com os sentimentos e com a situação conhecida do autor, de acordo também com as circunstâncias conhecidas sob as quais ele escreveu.

Considerações gerais sobre a interpretação

4. Embora a força de certas palavras só possa ser extraída da etimologia, não podemos atribuir, no entanto, muita confiança a essa ciência freqüentemente incerta; isso porque o significado primeiro de uma palavra muitas vezes é bem diferente de seu significado comum.

5. Devemos examinar e analisar cuidadosamente as diferenças entre palavras aparentemente sinônimas.

6. Os epítetos introduzidos pelos escritores sagrados também devem ser avaliados e examinados cuidadosamente, já que todos eles têm força declarativa ou explicativa, ou servem para distinguir uma coisa da outra, ou unem essas duas características.

7. Termos gerais às vezes são usados em toda a sua extensão, e às vezes em sentido restrito, e ser entendidos de uma maneira ou de outra depende da extensão, do assunto, do contexto e das passagens paralelas.

8. Com relação a qualquer passagem específica, o significado mais simples —ou o que se apresenta mais prontamente a um leitor atento e inteligente, que possua conhecimento aceitável— é com toda a probabilidade o sentido ou significado de fato.

9. Já que a característica da interpretação é proporcionar na nossa própria língua o mesmo discurso que os autores sagrados escreveram originariamente em hebraico ou em grego, é evidente que nossa interpretação ou versão, para ser correta, não deve afirmar nem negar mais que os escritores do original afirmaram ou negaram ao escrever; conseqüentemente, devemos estar mais dispostos a extrair um significado da Bíblia do que acrescentar-lhe sentido.

10. Antes de chegar a conclusões sobre o sentido de um texto, para provar algo por meio dele, devemos ter certeza de que tal sentido não contraria o raciocínio natural.[1]

Angus e Green suplementam Horne dizendo:

> As palavras das Escrituras devem ser analisadas pelo seu significado comum, a não ser que se demonstre que tal significado contrarie outras palavras da frase, o argumento ou contexto ou outras partes das Escrituras. Dos dois significados, o preferido é geralmente o mais evidente à compreensão dos ouvintes ou leitores originários da passagem inspirada, permitindo que as formas de pensamento prevaleçam na sua própria época, assim como as expressões figuradas, tão comuns, que não constituíam exceção à regra.
>
> O verdadeiro significado de qualquer passagem das Escrituras, então, não é cada sentido que a palavra contém, nem cada sentido verdadeiro em si, mas o que é proposto pelos escritores do original, ou mesmo

---

[1] Thomas Hartwell HORNE, *Introduction to the critical study and knowledge of the Holy Scriptures*, I, 325-6.

pelo Espírito Santo, apesar de entendido imperfeitamente pelos próprios escritores...[2]

As palavras devem ser interpretadas, então, no sentido usual, natural e literal.

II. A Interpretação do Contexto

O segundo grande tópico de nosso exame deve ser o contexto em que a passagem está inserida. Há certas regras que guiarão a interpretação contextual. Horne as resume assim:

1. [...] um exame cuidadoso das partes anteriores e posteriores nos possibilitará apurar o significado, seja literal, seja figurado, que melhor se adapte à passagem em questão.
2. O contexto de um discurso ou livro das Escrituras pode compreender um versículo, alguns versículos, períodos, seções, capítulos inteiros ou todo o livro.
3. Às vezes um livro das Escrituras compreende apenas um assunto ou argumento, caso em que todo o livro deve ser relacionado aos anteriores e aos posteriores e analisado conjuntamente com eles.
[...]
Ao examinar o contexto de uma passagem, será necessário:
1. Investigar cada palavra de todas as passagens; e, à medida que a relação for formada pelas *partículas*, estas devem sempre receber o significado que o assunto e o contexto exigem.
2. Examinar a passagem inteira com muita atenção.
3. Não vincular um versículo ou passagem a um contexto remoto, a menos que concorde com ele de forma mais próxima.
4. Procurar saber se o escritor continua seu discurso, evitando a suposição de que ele passou para outro argumento, quando, na verdade, está dando seqüência ao mesmo assunto.
5. Os parênteses que ocorrem nas Escrituras Sagradas devem ser analisados cuidadosamente, mas nenhum parêntese deve ser interposto sem razão suficiente.
6. Nenhuma explicação deve ser admitida, a não ser a que se encaixe no contexto.
7. Quando não se encontrar nenhuma relação com a parte anterior ou posterior de um livro, tal fato deve ser aceito.[3]

---

[2] Joseph Angus & Samuel G. Green, *The Bible handbook*, p. 180.
[3] Horne, op. cit., I, 336ss.

Considerações gerais sobre a interpretação 65

III. A Interpretação Histórica

A terceira consideração sobre a interpretação deve ser a interpretação histórica, em que o contexto histórico imediato e sua influência são analisados cuidadosamente. Berkhof nos dá uma excelente síntese de considerações nessa fase de interpretação.

1) *Afirmações Básicas da Interpretação Histórica*
    (1) *A Palavra de Deus, originada de modo histórico, só pode ser entendida à luz da história.* Isso não significa que tudo que ela contém possa ser explicado historicamente. Como revelação sobrenatural de Deus é natural que contenha elementos que transcendem os limites do histórico. Mas significa que o conteúdo da Bíblia é em grande extensão determinado historicamente e, portanto, na história encontra a sua explicação.
    (2) *Uma palavra nunca é compreendida completamente até que se possa entendê-la como palavra viva, isto é, originada da alma do autor.* Isso implica a necessidade da interpretação psicológica, que é, de fato, uma subdivisão da interpretação histórica.
    (3) *É impossível entender um autor e interpretar corretamente suas palavras sem que ele seja visto à luz de suas circunstâncias históricas.* É verdade que o homem, em certo sentido, controla as circunstâncias de sua vida e determina seu caráter; mas é igualmente verdadeiro que ele é, em grande escala, o produto do seu ambiente histórico. Por exemplo, ele é filho de seu povo, de sua terra e de sua época.
    (4) *O lugar, o tempo, as circunstâncias e as concepções prevalecentes do mundo e da vida em geral naturalmente emprestam cores aos escritos produzidos sob essas condições de tempo, lugar e circunstâncias.* Isso se aplica também aos livros da Bíblia, particularmente aos que são de caráter histórico. Em todas as linhas literárias não há livro que se iguale à Bíblia no que ela diz sobre a vida em todos os seus aspectos.

2) *O Que Se Exige do Exegeta.* Em vista do que foi dito, a interpretação histórica exige do exegeta:
    (1) *Que procure conhecer o autor que deseja interpretar,* seu parentesco, seu caráter e temperamento, suas características morais, intelectuais e religiosas, bem como as circunstâncias externas de sua vida...
    (2) *Que reconstrua, tanto quanto possível a partir dos dados históricos disponíveis e com o auxílio de hipóteses históricas, as circunstâncias em que esses escritos se originaram;* em outras palavras, deve conhecer o mundo do autor. Deve informar-se a respeito dos aspectos físicos da terra em que os livros foram escritos, e considerar o caráter e a história, os costumes, a moral e a religião do povo no meio do qual foram escritos.
    (3) *É de fundamental importância que considere as várias influências que determinaram mais diretamente o caráter dos escritos que se considera,* tais como, os leitores originais, o propósito que o autor tinha em mente, a idade do autor, seu tipo de mente, e as circunstâncias especiais em que escreveu seu livro.

(4) *Além do mais, deve transportar-se mentalmente ao primeiro século A.D. e às condições orientais.* Deve colocar-se na posição do autor, e procurar entrar em sua alma até que seja capaz de viver sua vida e pensar seus pensamentos. Isso significa que ele deve guardar-se do erro de querer transferir o autor para os dias presentes e fazê-lo falar a linguagem do século vinte...[4]

IV. A Interpretação Gramatical

A quarta consideração sobre a interpretação deve ser a interpretação gramatical da língua em que a passagem foi originariamente escrita. Isso, é claro, não pode ser feito sem o conhecimento das línguas originais. Elliott e Harsha, traduzindo Cellerier, declaram a regra básica:

> O intérprete deve começar seu trabalho pelo estudo do sentido gramatical do texto, com o auxílio da filologia sagrada. Como em todos os outros escritos, o sentido *gramatical* deve ser o ponto de partida. O significado das palavras deve ser apurado tendo em vista o uso lingüístico e a conexão.[5]

Terry acrescenta:

> "Interpretação gramatical e interpretação histórica, quando entendidas corretamente", diz Davidson, "são sinônimas. As leis especiais da gramática, segundo as quais os escritores sagrados aplicaram a língua, resultaram de circunstâncias específicas; somente a história nos leva de volta a essas circunstâncias. Não foi criada uma nova linguagem para os autores das Escrituras; eles se adaptaram à língua do país e da época. Suas composições não teriam sido inteligíveis de outra maneira. Tomaram o *usus loquendi* como o encontraram, modificando-o, naturalmente, pelas relações internas e externas em meio às quais pensavam e trabalhavam." O mesmo escritor também observa: "O sentido histórico-gramatical é composto pela aplicação das considerações históricas e gramaticais. O grande objeto a ser verificado é o *usus loquendi*, usando a lei ou os princípios da gramática universal que formam a base de toda língua [...] É o *usus loquendi* dos autores inspirados que forma o objeto dos princípios gramaticais reconhecidos e seguidos pelo expositor [...] chegamos a um conhecimento do *usus loquendi* específico pela via da investigação histórica... "[6]

Terry descreve bem a metodologia e a intenção do método histórico-gramatical. Ele diz:

---

[4] Louis Berkhof, *Princípios de interpretação bíblica*, p. 120-1.
[5] Charles Elliott & W. J. Harsha, *Biblical hermeneutics*, p. 73.
[6] Milton S. Terry, *Biblical hermeneutics*, p. 203-4.

... podemos citar o histórico-gramatical como o método mais recomendado ao julgamento e à consciência dos estudiosos cristãos. Seu princípio fundamental é extrair das próprias Escrituras o significado preciso que os escritores queriam transmitir. Ele aplica aos livros sagrados o mesmo princípio, o mesmo processo gramatical e exercício de bom senso e de raciocínio que aplicamos a outros livros. O exegeta histórico-gramatical, munido de qualificações intelectuais, de instrução e morais adequadas, aceitará as afirmações da Bíblia sem preconceito ou favoritismo adverso e, sem ambição de provar que sejam verdadeiras ou falsas, investigará a linguagem e o significado de cada livro com independência destemida. Ele aprenderá o linguajar do escritor, o dialeto específico que ele usou, e seu estilo e modo peculiar de expressão. Ele pesquisará as circunstâncias sob as quais o autor escreveu, os modos e costumes de sua época e o propósito ou objetivo que ele tinha em mente. O exegeta tem o direito de supor que nenhum autor sensato seria propositadamente incoerente consigo mesmo, nem buscaria surpreender ou enganar seus leitores.[7]

V. A Interpretação da Linguagem Figurada

Um grande problema que o intérprete enfrenta é a interpretação da linguagem figurada. Como as passagens proféticas freqüentemente usam a linguagem figurada, essa forma de comunicação deve ser estudada com cuidado.

A. *O uso da linguagem figurada.* Sabe-se em geral que a linguagem figurada é usada tanto para embelezar uma língua quanto para transmitir idéias abstratas por meio de transferência.

É uma necessidade do intelecto humano que fatos ligados à mente ou à verdade espiritual se revistam de linguagem emprestada de coisas materiais. A palavras exclusivamente espirituais ou abstratas, não podemos impor nenhuma concepção definida.

E Deus se digna a atender a nossa necessidade. Ele nos leva a um novo conhecimento por meio daquilo que já nos é conhecido. Ele Se revela de formas já conhecidas.[8]

B. *Quando a linguagem é literal ou figurada?* O primeiro problema que o intérprete enfrenta é saber se a linguagem é literal ou figurada. As implicações são expostas por Horne:

---

[7] Ibid., p. 173.
[8] Angus & Green, op. cit., p. 215.

Então, para entender completamente a linguagem figurada das Escrituras, é requisito, em primeiro lugar, procurar saber o que realmente é figurado, para não considerar literal o que é figurado, o que faziam muitas vezes os discípulos do nosso Senhor e os judeus, e para não perverter o significado literal com uma interpretação figurada; e, em segundo lugar, quando apurarmos o que realmente é figurado, interpretar isso corretamente e apresentar seu sentido verdadeiro.[9]

Uma regra simples para distinguir o literal do figurado é dada por Lockhart, que diz:

> Se o significado literal de alguma palavra ou expressão faz sentido em suas associações, é literal; mas, se o significado literal não faz sentido, é figurado.[10]

Mais adiante o mesmo autor acrescenta:

> Já que o literal é o significado mais comum de uma palavra e ocorre, portanto, mais freqüentemente que o figurado, qualquer termo será considerado literal até que haja boa razão para uma compreensão diferente [...] O significado literal e mais comum da palavra, se coerente, deve ser preferido ao significado figurado ou menos comum.[11]

Assim, o intérprete procederá com base na pressuposição de que a palavra é literal a menos que haja boa razão para concluir o contrário. Hamilton, que defende o uso da interpretação alegórica na profecia, confirma a mesma conjectura.

> ... uma boa regra para seguir é aquela em que a interpretação literal da profecia deve ser aceita, a não ser que a) as passagens contenham linguagem obviamente figurada, ou b) o Novo Testamento autorize a interpretação em outro sentido além do literal, ou c) uma interpretação literal contradiga verdades, princípios ou afirmações reais contidas em livros não-simbólicos do Novo Testamento. Outra regra clara é que as passagens mais claras do Novo Testamento em livros não-simbólicos são a norma para a interpretação profética, em lugar de revelações obscuras e parciais contidas no Antigo Testamento. Em outras palavras, devemos aceitar as partes claras e simples das Escrituras como base para extrair o significado das mais difíceis.[12]

---

[9] HORNE, op. cit., I, 356.
[10] Clinton LOCKHART, Principles of interpretation, p. 49.
[11] Ibid., p. 156.
[12] Floyd HAMILTON, The basis of millennial faith, p. 53-4.

Considerações gerais sobre a interpretação

Geralmente será bastante inconfundível quando a linguagem for figurada. Fairbairn diz:

> ... deve-se notar que, na grande maioria dos casos em que a linguagem é figurada, esse fato aparece na própria natureza da linguagem ou da relação na qual ela se encontra. Outro tipo de passagens em que a metáfora é também, em grande parte, fácil de detectar é quando predomina a chamada *sinédoque*.[13]

O mesmo autor continua anunciando princípios pelos quais podemos saber se uma passagem é literal ou figurada. Ele diz:

> O primeiro deles é que a linguagem é figurada quando se diz algo que, considerado ao pé da letra, muda a natureza essencial do assunto mencionado. Um segundo princípio aplicável a tais casos é que, se a linguagem considerada literalmente contiver algo incongruente ou moralmente impróprio, o sentido figurado, e não o literal, deve ser o correto. Uma terceira direção pode ser acrescentada: quando ainda temos razão para duvidar se a linguagem é literal ou figurada, devemos procurar solucionar a dúvida consultando passagens paralelas (se houver) que tratem do mesmo assunto em termos mais explícitos ou mais extensos.[14]

Para solucionar esse problema, Cellerier escreve:

> Essa investigação não pode ser alcançada com sucesso unicamente pela ciência intelectual. Sensatez e boa fé, percepção crítica e imparcialidade também são necessárias. Algumas indicações gerais são tudo o que pode ser dado em relação a isso. a) *A priori*. É grande a probabilidade de que a linguagem seja figurada nas passagens poéticas ou nos provérbios e também nos discursos oratórios e populares. Em geral essa probabilidade aumenta quando se supõe justamente que o escritor tenha sido induzido pela situação, assunto ou objetivo a fazer uso de tal linguagem. Há uma probabilidade do mesmo tipo, mas muito mais forte, quando a passagem examinada é animada e parece fazer alusão a objetos de outra natureza. b) *A posteriori*. Há uma probabilidade ainda maior quando o sentido literal seria absurdo [...] Todas essas probabilidades, no entanto, ainda são insuficientes. É necessário examinar a passagem com muito cuidado, de modo crítico, exegético e fiel. O sentido figurado deve ser apoiado por todos esses processos antes de poder ser tomado como a verdadeira interpretação.[15]

---

[13] Patrick Fairbairn, *Hermeneutical manual*, p. 138.
[14] Ibid.
[15] Elliott & Harsha, op. cit., p. 144-5.

Todo o problema de diferenciar a linguagem figurada da literal foi bem resumido por Terry, que comenta:

> Raramente é necessário e, até mesmo, pouco praticável, estabelecer regras específicas para saber quando a linguagem é usada de modo figurado ou literal. Um princípio hermenêutico antigo e muito repetido é que as palavras devem ser entendidas no seu sentido literal, a não ser que tal interpretação implique uma contradição manifesta ou um absurdo. Devemos observar, no entanto, que esse princípio, quando reduzido à prática, torna-se simplesmente recurso à razão de cada homem. E o que para um parece absurdo e improvável pode ser para outro muito simples e coerente [...] Deve haver referência ao caráter e ao estilo geral do livro em causa, ao plano e ao propósito do autor e ao contexto e à extensão da passagem em tela. Atenção especial deve ser dada ao uso dos escritores sagrados, como determinado pela comparação de todas as passagens paralelas. Os mesmos princípios gerais pelos quais apuramos o sentido histórico-gramatical aplicam-se também à interpretação da linguagem figurada, e jamais devemos esquecer que os trechos figurados da Bíblia são tão certos e verdadeiros quanto os capítulos mais comuns. Metáforas, alegorias, parábolas e simbologias são formas divinamente escolhidas para expressar os oráculos de Deus, e não devemos achar que seus significados sejam tão vagos e incertos que não mereçam ser descobertos. Em geral, cremos que as partes figuradas das Escrituras não são tão difíceis de entender quanto muitos imaginam. Por meio de uma discriminação cuidadosa e judiciosa, o intérprete deve procurar identificar o caráter e significado de cada figura específica e explicá-la em harmonia com as leis comuns da linguagem e com os antecedentes, a extensão e o plano do autor.[16]

Cooper formulou uma regra para sabermos quando interpretar literal ou figuradamente. Ele diz:

> Quando o sentido normal das Escrituras faz sentido, não busque outro; assim, considere cada palavra em seu significado primário, normal, comum e literal, a não ser que os fatos do contexto imediato, estudado à luz de passagens relacionadas e verdades estabelecidas e fundamentais, indiquem claramente o contrário.[17]

Esse pode muito bem tornar-se o axioma do intérprete.

---

[16] TERRY, op. cit., p. 159-60.
[17] David L. COOPER, *The God of Israel*, p. iii.

Considerações gerais sobre a interpretação 71

C. *A interpretação da linguagem figurada*. O segundo problema decorrente do uso da linguagem figurada é o método a ser usado para interpretar o figurado.

Devemos observar desde o princípio que o propósito da linguagem figurada é oferecer alguma verdade literal, que pode ser transmitida pelo uso de metáforas mais claramente que de qualquer outra maneira. O sentido literal é de maior importância que as palavras literais. Chafer afirma isso:

> O sentido literal das palavras empregadas numa metáfora não deve ser entendido como o significado da metáfora, mas sim como o sentido pretendido pelo uso do metáfora. Em todas essas ocorrências há, então, apenas um significado. Em tais casos o literal não é o sentido. Em relação a isso Cellerier diz: "A revelação [...] está carregada de formas populares fortemente influenciadas por hábitos do Oriente, ou seja, de formas metafóricas, poéticas e parabólicas que transmitem significado diferente do sentido literal das palavras. Mas mesmo assim não há dois significados, o literal e o metafórico. Apenas o metafórico é o significado real; o literal não existe como significado; ele somente é o veículo do anterior; não contém em si nenhum resultado, nenhuma verdade. Há, portanto, apenas um significado verdadeiro [*Ma. d'Hermen.*, p. 41]".[18]

Horne arrolou uma extensa lista de regras para apurar corretamente o significado implícito de qualquer metáfora:

1. O significado literal das palavras deve ser conservado, mais nos livros históricos das Escrituras que nos poéticos.

2. O significado literal das palavras deve ser desprezado, caso seja impróprio ou implique uma impossibilidade, ou quando palavras, tomadas pelo sentido estrito, contenham algo contrário aos preceitos doutrinários ou morais transmitidos em outras partes das Escrituras.

3. Devemos inquirir em que sentido a coisa comparada e aquilo a que ela é comparada concordam respectivamente, e também em que sentido elas têm alguma afinidade ou semelhança.

a) O significado de uma passagem figurada será conhecido se a semelhança entre as coisas ou os objetos comparados for tão clara que seja percebida imediatamente.

b) Já que, nas metáforas sagradas, certa proposição geralmente é a principal coisa exibida, o significado de uma metáfora será ilustrado pela análise do contexto de uma passagem na qual ela ocorre.

---

[18] Rollin T. CHAFER, *The science of biblical hermeneutics*, p. 80-1.

c) O significado de uma expressão figurada geralmente é conhecido com base em sua explicação pelo próprio escritor sagrado.

d) O significado de uma expressão figurada pode ser apurado pela consulta de passagens paralelas, nas quais a mesma coisa é expressa de forma correta e literal, ou na qual a mesma palavra ocorre, e assim o significado pode ser prontamente extraído.

e) Analisar a história.

f) Analisar a conexão da doutrina, assim como o contexto da passagem figurada.

g) Ao especificar o significado transmitido por uma metáfora, a comparação jamais pode ser estendida em demasia, ou a qualquer coisa que não possa ser aplicada corretamente à pessoa ou à coisa representada.

h) Na interpretação das expressões figuradas em geral, e naquelas que ocorrem particularmente nos trechos morais das Escrituras, o significado de tais expressões deve ser regulado por aquelas que são simples e claras.

4. Por último, ao explicar a linguagem figurada das Escrituras, é preciso ter cuidado para não usar a aplicação de códigos modernos, pois os habitantes do Oriente muitas vezes associam a idéias certos atributos expressos de maneira totalmente diversa da que normalmente ocorre a nossa mente.[19]

Observamos com base nessas regras que os mesmos princípios fundamentais aplicados a qualquer outra linguagem se aplicam também à interpretação da linguagem figurada. O uso da linguagem figurada não exige interpretação não-literal. A mesma sã exegese exigida em outros lugares se faz mister nessa área.

[19] HORNE, op. cit., I, 356-8.

Capítulo 4

A interpretação da profecia

I. OBSERVAÇÕES GERAIS REFERENTES À PROFECIA

O problema de especial interesse para o estudioso de escatologia é a interpretação das passagens proféticas das Escrituras. Antes de considerar as regras específicas que governam a interpretação de profecias, seria bom traçar certas observações gerais a respeito da natureza da linguagem profética.

A. *As características da profecia*. Algumas características gerais que são marcas inconfundíveis das passagens proféticas das Escrituras nos são fornecidas por Oehler, que resume:

> As características das profecias do Antigo Testamento são: 1) Uma vez que a revelação é dada ao profeta sob a forma de intuição, tem-se a impressão de que o futuro é imediatamente presente, completo, ou de que todos os acontecimentos estão em andamento. 2) O fato de que o assunto da profecia é dado em forma intuitiva também é razão pela qual ela sempre vê a concretização desse assunto em certas ocorrências completas em si mesmas; i.e., uma profecia pode aparecer como uma única ocorrência, mas, na verdade, pode haver dois, três ou quatro cumprimentos. 3) Já que o assunto da profecia se apresenta ao leitor como uma série de fatos individuais, pode parecer às vezes que prognósticos individuais se contradizem quando são, na realidade, apenas partes nas quais as idéias reveladas foram separadas, complementando-se mutuamente, e.g., imagens contrastantes do Messias em estados de sofrimento e de glória. 4) O assunto profético está na forma de intuição, o que significa ainda que, no que diz respeito à sua forma, ela está no nível do próprio observador, i.e., o profeta falou da futura glória nos termos de sua própria sociedade e experiência.[1]

[1] Gustav Friedrich OEHLER, *Theology of the Old Testament*, p. 488ss.

Von Orelli adiciona o seguinte a essas observações básicas:

1) A profecia pode ser cumprida logo após pronunciada ou em data muito posterior. 2) A profecia é condicionada eticamente, quer dizer, parte de seu cumprimento está condicionada ao comportamento dos receptores. Ela pode até ser revogada. 3) A profecia pode ser cumprida sucessivamente. 4) Não podemos pedantemente exigir que a profecia seja cumprida exatamente como foi dada. Orelli quer dizer com isso que devemos separar a semente do prognóstico da casca da aparência contemporânea. 5) Muitas profecias, sobretudo as referentes a Cristo, são literalmente cumpridas. 6) A forma e o caráter da profecia são condicionados pela época e pela localização do escritor. 7) As profecias freqüentemente formam partes de um todo e, assim, devem ser comparadas com outras profecias. 8) O profeta vê juntos fatos que são amplamente separados no cumprimento.[2]

B. *O elemento cronológico da profecia*. Devemos observar que o elemento tempo desempenha papel relativamente pequeno na profecia. Angus e Green resumiram os relacionamentos assim:

No que diz respeito à linguagem da profecia, especialmente no seu significado quanto ao futuro, deve-se observar o seguinte:
    1. Os profetas freqüentemente falam de coisas que pertencem ao futuro como se fossem presentes a seus olhos (Is 9.6).
    2. Eles falam de coisas futuras como se fossem passadas (Is 53).
    3. Quando o tempo exato de certos acontecimentos não era revelado, os profetas os apresentavam como contínuos. Viam o futuro mais propriamente no espaço que no tempo; o todo, então, aparece em perspectiva reduzida; e é levada em conta a perspectiva, e não a distância real. Eles parecem, muitas vezes, falar de coisas futuras como um leigo observaria as estrelas, agrupando-as da maneira que aparecem, e não de acordo com suas verdadeiras posições.[3]

C. *A lei da dupla referência*. Poucas leis são mais importantes de observar na interpretação das Escrituras proféticas do que a lei da dupla referência. Dois acontecimentos, muito distantes no que diz respeito à época de cumprimento, podem ser unidos no escopo de uma profecia. Isso acontecia porque o profeta tinha uma mensagem para sua própria época e outra para o futuro. Reunindo dois acontecimentos muitos distantes dentro do escopo da profecia, ambos os propósitos podiam cumprir-se. Horne diz:

---

[2] C. von Orelli, Prophecy, prophets, *International standard Bible encyclopedia*, IV, 2459-66, resumido por Ramm, op. cit., p.158.
[3] Joseph Angus & Samuel G. Green, *The Bible Handbook*, p. 245.

A interpretação da profecia

As mesmas profecias muitas vezes têm sentido duplo e referem-se a diferentes acontecimentos, um próximo, outro remoto; um secular, outro espiritual ou talvez eterno. Uma vez que os profetas tinham em mente vários acontecimentos, suas expressões podem ser parcialmente aplicáveis a um e parcialmente a outro, e nem sempre é fácil fazer as transições. O que não foi cumprido inicialmente deve ser aplicado ao segundo; o que já foi cumprido, muitas vezes pode ser considerado típico do que resta a ser realizado.[4]

Era propósito de Deus dar a visão próxima e distante, para que o cumprimento de uma garantisse o cumprimento da outra. Girdlestone ressalta isso quando diz:

> Ainda outra provisão foi feita para confirmar a fé do homem em pronunciamentos que tratavam do futuro distante. Muitas vezes os profetas que tinham de falar de tais coisas também eram comissionados para predizer outras coisas que aconteceriam em breve; a constatação dessas previsões recentes no seu próprio tempo e geração era justificativa para que os ouvintes acreditassem nos outros pronunciamentos que apontavam para um tempo ainda mais distante. Uma era praticamente um "sinal" da outra e, se uma se mostrasse verdadeira, poder-se-ia confiar na outra. Desse modo, o nascimento de Isaque sob circunstâncias tão improváveis ajudaria Abraão a acreditar que em sua semente todas as famílias da terra seriam abençoadas.[5]

D. *Profecias condicionais*. Allis citou que "... pode haver uma condição numa ordem ou promessa sem ser especificamente declarada. Exemplo disso é a carreira de Jonas".[6] Com base na mensagem de Jonas, muitas vezes se sabe que existem condições ocultas ligadas a cada profecia, as quais podem ser a base do não-cumprimento. Em resposta a tal afirmação, Horne declara:

> As previsões que denunciam julgamentos por vir não falam, em si mesmas, da futuridade absoluta do acontecimento, mas apenas declaram o que deve ser esperado quanto às pessoas às quais se referem, e declaram também o que certamente se dará a não ser que Deus, na Sua misericórdia, intervenha entre a ameaça e o acontecimento.[7]

---

[4] Thomas Hartwell Horne, *Introduction to the critical study and knowledge of the Holy Scriptures*, I, p. 390.

[5] R. B. Girdlestone, *The grammar of prophecy*, p. 21.

[6] Oswald T. Allis, *Prophecy and the church*, p. 32.

[7] Horne, op. cit., I, p. 391.

Girdlestone versa longamente sobre a questão das profecias condicionais. Ele diz:

> Dentre os pontos relacionados à natureza e ao cumprimento da profecia, poucos exigem mais atenção do que este —que algumas previsões são condicionais, enquanto outras são absolutas. Muitas declarações das Escrituras (e.g., Lv 26) apresentam perspectivas alternativas [...]
> Todavia, a natureza condicional de uma previsão nem sempre está evidentemente declarada nas Escrituras. Nesse caso, dizemos que Jonas pregou que dentro de quarenta dias Nínive seria destruída; as pessoas arrependeram-se com a pregação, e Nínive não foi destruída; porém, segundo se sabe, as pessoas não foram avisadas de que, caso se arrependessem, escapariam do juízo.
> Previsões desse tipo são tão numerosas, que nós concluímos a possível existência de algumas condições não-expressas, porém básicas, em todos os casos, para justificar que Deus se desviasse do cumprimento literal do pronunciamento profético. Qual seja essa condição pode ser inferido de capítulos como Jeremias 18 e Ezequiel 33. Depois de Jeremias ter assistido ao oleiro em seu trabalho e aprendido a grande lição da Soberania de Deus, uma mensagem adicional foi apresentada: "No momento em que eu falar acerca de uma nação ou de um reino para o arrancar, derribar e destruir, se a tal nação se converter da maldade contra a qual eu falei, também eu me arrependerei do mal que pensava fazer-lhe. E, no momento em que eu falar acerca de uma nação ou de um reino, para o edificar e plantar, se ela fizer o que é mal perante mim e não der ouvidos à minha voz, então, me arrependerei do bem que houvera dito lhe faria" [Jr 18.7-10]. Agindo com base nesse princípio, Jeremias conseqüentemente fala aos príncipes, sacerdotes e profetas que o queriam ver morto: "Falou Jeremias a todos os príncipes e a todo o povo, dizendo: O Senhor me enviou a profetizar contra esta casa e contra esta cidade todas as palavras que ouvistes. Agora, pois, emendai os vossos caminhos e as vossas ações e ouvi a voz do Senhor, vosso Deus; então, se arrependerá o Senhor do mal que falou contra vós outros" [Jr 26.12,13]. Se as pessoas se arrependessem, em certo sentido o Senhor se arrependeria. E com base em quê? Com base nos atributos originais, essenciais e eternos da natureza divina, e com base nas antigas promessas e alianças que Deus havia firmado com os patriarcas em decorrência desses atributos.[8]

Embora Girdlestone reconheça que as profecias de julgamento podem ser condicionadas pelo arrependimento e, de acordo com a maneira com que Deus lida universalmente com o pecado e com o pecador, o juízo pode ser evitado se o pecador se voltar a Deus, ele não quer dizer

---
[8] GIRDLESTONE, op. cit., p. 25ss.

A interpretação da profecia

que possam ser atribuídas condições a outras classes de profecias para as quais nenhuma condição tenha sido declarada. Ele se protege contra essa conclusão infundada acrescentando:

> Poderíamos dizer que todas as expressões proféticas são condicionais? De modo algum. Existem algumas coisas sobre as quais "o Senhor jurou e não se arrependerá" (Sl 110.4) [...]
> Essas promessas irreversíveis não dependem da bondade do homem, mas de Deus. São absolutas no seu cumprimento, mesmo tendo sido condicionais quanto à hora e ao lugar de seu cumprimento [...]
> Tempos e estações podem ser mudados, dias podem ser abreviados, acontecimentos podem ser acelerados ou atrasados, indivíduos e nações podem inserir-se no escopo da profecia ou ser postos de lado; mas os acontecimentos em si são ordenados e certos, selados com o juramento de Deus, todos garantidos pela Sua própria vida.[9]

O relacionamento entre os aspectos condicionais e incondicionais da profecia foi observado por Peters, que comenta:

> As profecias relacionadas ao estabelecimento do reino de Deus são ao mesmo tempo condicionais e incondicionais.
> Por esse paradoxo quero dizer simplesmente que elas são condicionadas no seu cumprimento pelo agrupamento antecedente dos eleitos, e por isso suscetíveis de adiamento [...] e são incondicionais no que diz respeito ao seu cumprimento final, que a conduta ou ação de um homem não pode reverter [...] O próprio reino pertence ao Propósito Divino, é o assunto de alianças sagradas, é confirmado por juramentos solenes, será o resultado ou fim projetado no processo de redenção e, logo, não pode falhar e não falhará. Os herdeiros do reino, contudo, são condicionados —um número de pessoas conhecido apenas por Deus— e o próprio reino, apesar de predeterminado [...], é dependente [...], na sua manifestação, de que esse número seja completado... [10]

Podemos então concluir que, embora a profecia que depende da atividade humana possa ser condicional, o que depende de Deus não pode ser condicional, a menos que as condições sejam nitidamente declaradas. Profecias baseadas em alianças imutáveis não podem admitir a inserção de nenhuma condição. Desse modo, não há justificativa para supor quaisquer condições para o cumprimento da profecia.

---

[9] Ibid., p. 28ss.
[10] George N. H. Peters, *The theocratic kingdom*, i, p. 176.

II. Métodos de Revelação Profética

Além do pronunciamento profético direto, acontecimentos futuros são revelados por meio de tipos, símbolos, parábolas, sonhos e êxtase profético. Como há problemas que acompanham a interpretação dessas revelações proféticas, é preciso dar atenção a cada um deles antes de considerar o problema da interpretação da profecia como um todo, pois não haverá entendimento da profecia sem que se compreendam os seus canais. O estudioso deve então familiarizar-se com a linguagem profética —suas figuras e seus símbolos, bem como seu método de comunicação. Terry diz:

> A interpretação completa das passagens proféticas das Escrituras Sagradas depende principalmente do domínio dos princípios e das leis da linguagem figurada, e dos tipos e símbolos. Também requer algum conhecimento da natureza dos êxtases e dos sonhos visionários.[11]

A. *Revelação profética por meio de tipos*. Terry oferece uma boa definição sumariada de tipo quando diz: "Na ciência teológica significa estritamente a relação representativa preordenada que certas pessoas, acontecimentos e instituições do Antigo Testamento têm com pessoas, acontecimentos e instituições correspondentes do Novo".[12] Esse conceito básico é desenvolvido por Angus e por Green, que sublinham os seguintes pontos.

1. O que é simbolizado —o "antítipo"— é a realidade ideal ou espiritual, que corresponde ao tipo e ao mesmo tempo o transcende.
2. O tipo pode ter seu próprio lugar e significado, independentemente daquilo que prefigura. Dessa forma a serpente de bronze trazia cura aos israelitas, mesmo à parte da libertação maior que ela simbolizava.
3. Segue-se, logicamente, que naquela ocasião o tipo pode não ter sido entendido em seu caráter ou implicação maior.
4. Em relação aos símbolos em geral, a essência de um tipo deve ser distinguida de seus acessórios.
5. A única autoridade segura para a aplicação de um tipo deve ser encontrada nas Escrituras. A mera percepção de uma analogia não será suficiente. Os expositores muitas vezes imaginam correspondência onde nada de fato existe e, mesmo que existisse, nada haveria para provar uma intenção divina especial [...]

---

[11] Milton R. Terry, *Biblical hermeneutics*, p. 405.
[12] Ibid., p. 336.

A interpretação da profecia

Nas palavras do bispo Marsh: "Para estabelecer uma coisa como tipo da outra, no sentido em que o termo é geralmente entendido com referência às Escrituras, é preciso algo mais que mera semelhança. O anterior não deve apenas assemelhar-se ao posterior, mas deve ter sido *projetado* para assemelhar-se ao posterior. Deve ter sido projetado *na sua instituição original*. Deve ter sido projetado como uma *preparação* para o posterior. O tipo, assim como o antítipo, deve ter sido preordenado, e ambos devem ter sido preordenados como componentes de um mesmo plano da Providência Divina. Esse *projeto prévio* e essa conexão *preordenada* constituem a relação do tipo com o antítipo".[13]

Fritsch não somente define o tipo cuidadosamente, mas também oferece grande ajuda na distinção entre tipo e alegoria. Ele escreve:

A definição que proponho para a palavra "tipo" em seu sentido teológico é a seguinte: Tipo é uma instituição, acontecimento ou pessoa histórica, ordenada por Deus, que prefigura inequivocamente algumas verdades ligadas ao cristianismo [...]

Em primeiro lugar, ao definir o tipo como instituição, acontecimento ou pessoa histórica, estamos frisando que o tipo deve ser significativo e real em si mesmo [...]

Nesse aspecto o tipo se diferencia da alegoria [...] Pois uma alegoria é uma narração fictícia ou, para falar menos abruptamente, numa alegoria a verdade histórica da narrativa tratada pode ou não ser aceita, ao passo que, na tipologia, o cumprimento de um antítipo só pode ser entendido à luz da realidade do tipo original.

Em segundo lugar, deve haver uma conexão divinamente inspirada entre o tipo e o antítipo. Como o bispo Westcott diz: "O tipo pressupõe um propósito na história, forjado de época em época. A alegoria depende, em última análise, da imaginação... ".

Em terceiro lugar, o tipo não é apenas real e válido por si só; é eficaz em seu contexto imediato. Ele só pode prefigurar efetivamente o antítipo porque contém inerente em si mesmo pelo menos algo da eficácia que será completamente realizada no antítipo.
[...]
Em quarto lugar, a característica mais importante do tipo, como se viu acima, é o fato de que ele prediz algumas verdades ligadas ao cristianismo ou ao próprio Cristo [...] Tipologia difere de profecia, no sentido estrito do termo, somente quanto aos meios de predição. A profecia prediz principalmente por meio da palavra, ao passo que a tipologia prediz por meio de instituições, atos ou pessoas.
[...]

[13] Angus & Green, op. cit., p. 225-6.

> É muito importante fazer a distinção [...] entre tipo e alegoria, pois na igreja primitiva o método alegórico de interpretação embaçou o verdadeiro significado do Antigo Testamento a tal ponto que era impossível existir uma tipologia legítima. De acordo com esse método o sentido literal e histórico das Escrituras é completamente desprezado, e toda palavra e acontecimento é transformado em um tipo de alegoria, seja para escapar às dificuldades teológicas, seja para sustentar certas visões religiosas estranhas...[14]

Sem dúvida a incapacidade ou a falta de disposição de observar essa última distinção tem levado alguns a sentir que o uso de tipos nas Escrituras justifica o método de interpretação alegórica. Fairbairn faz essa mesma observação, que deve ser levada a sério, quando escreve:

> ... Quando interpretamos uma profecia à qual se atribui duplo sentido, um relacionado ao judeu, outro relacionado ao cristão, estamos em ambos os casos preocupados com uma interpretação de *palavras*. Pois as mesmas palavras que, de acordo com uma interpretação, se aplicam a um acontecimento, de acordo com outra interpretação se aplicam a outro. Mas na interpretação de uma alegoria estamos preocupados apenas, em *primeira* instância, com a interpretação das palavras; o *segundo* sentido, geralmente chamado alegórico, é, na verdade, uma interpretação de *coisas*. A interpretação das palavras nada fornece além das próprias narrativas simples (a alegoria geralmente assume a forma de uma narrativa), ao passo que a *moral* da alegoria é aprendida pela aplicação das coisas que as palavras significam a coisas semelhantes, intencionalmente sugeridas pelo autor. Existe, portanto, diferença fundamental entre a interpretação de uma alegoria e a interpretação de uma profecia com duplo sentido.[15]

Pela própria natureza, o tipo é essencialmente profético em caráter. Isso foi observado por Fairbairn, que destaca:

> O tipo, conforme explicado e entendido, possui necessariamente caráter profético e difere em sua forma, não na natureza, do que é geralmente designado profecia. Aquele imagina e prefigura, enquanto esta prevê realidades que estão por vir. Naquele atos ou símbolos representativos, nesta delineações verbais servem o propósito de indicar de antemão o que Deus determinou realizar a favor do seu povo no futuro. A diferença não é tal que chegue a afetar a natureza essencial dos dois elementos...[16]

---

[14] Charles T. FRITSCH, Biblical typology, *Bibliotheca Sacra*, 104:214, Apr. 1947.
[15] Patrick FAIRBAIRN, *The typology of Scripture*, p. 131-2.
[16] Ibid., p. 106.

A interpretação da profecia

Na interpretação de profecias reveladas por meio de tipos, é importante observar que as mesmas máximas hermenêuticas previamente estabelecidas são aplicadas também aqui. Angus e Green fornecem um resumo satisfatório, quando dizem:

> Na interpretação de todos esses tipos e da história nas suas alusões secundárias ou espirituais, usamos as mesmas regras empregadas na interpretação de parábolas e de alegorias propriamente ditas: comparar a história ou o tipo com a verdade em geral, que tanto o tipo e antítipo incorporam; esperar concordâncias em várias particularidades, mas não em todas; e deixar a interpretação de cada parte harmonizar com a estrutura do todo e com a revelação clara da doutrina divina dada em outras partes do volume sagrado.
>
> Cuidados. [...] Ao aplicar essas regras, é importante lembrar que os escritores inspirados nunca destruíram o sentido histórico das Escrituras para estabelecer o espiritual; tampouco encontraram um sentido oculto nas palavras, mas apenas nos fatos de cada passagem; um sentido que é fácil, natural e bíblico; e que eles se confinaram a exposições que ilustravam alguma verdade de importância prática ou espiritual. [17]

B. *Revelação profética por meio de símbolos*. O segundo método de revelação profética se dá por intermédio de símbolos. Ramm, seguindo um padrão geralmente aceito, diz que pode haver seis tipos de símbolos de caráter profético: 1) pessoas, 2) instituições, 3) ofícios, 4) acontecimentos, 5) ações e 6) coisas.[18]

Bahr propõe as seguintes regras para guiar a interpretação de tais símbolos:

> 1) O significado de um símbolo deve ser apurado em primeiro lugar pelo conhecimento exato de sua natureza. 2) Os símbolos do culto mosaico podem ter, em geral, apenas significados que concordem com idéias e verdades do mosaísmo e com seus princípios claramente expressos e reconhecidos. 3) O significado de cada símbolo deve ser buscado, primeiramente, no seu nome. 4) Cada símbolo tem, geralmente, apenas um significado. 5) Por mais diferente que seja a conexão que possa ter, cada símbolo tem sempre o mesmo significado fundamental. 6) Em cada símbolo, seja objeto, seja ação, a principal idéia a ser simbolizada deve ser cuidadosamente distinguida do que serve necessariamente apenas para sua devida exibição, e tem, com isso, um propósito secundário.[19]

---

[17] Angus & Green, op. cit., p. 227.
[18] Bernard Ramm, *Protestant biblical interpretation*, p. 147.
[19] Ap. Terry, op. cit., p. 357-8.

Terry apresenta três princípios fundamentais para lidar com os símbolos. Ele escreve:

> ... Aceitamos os seguintes três princípios fundamentais para o simbolismo: 1) os nomes dos símbolos devem ser entendidos literalmente; 2) os símbolos sempre significam algo essencialmente diferente deles mesmos e 3) alguma semelhança, mais ou menos detalhada, pode ser estabelecida entre o símbolo e a coisa que ele simboliza.
>
> A grande pergunta que os intérpretes de símbolos devem ter em mente, portanto, é: "Quais são os prováveis pontos de semelhança entre esse sinal e aquilo que ele pretende representar?". Supostamente seria óbvio a cada ser pensante que, para responder a essa pergunta, nenhum conjunto detalhado e rígido de regras (hipoteticamente aplicável a todos os símbolos) fosse esperado [...] Em geral podemos dizer que, ao responder à pergunta acima, o intérprete deve ter uma consideração rigorosa: 1) para com o ponto de vista histórico do autor ou profeta, (2) para com o lugar e o contexto e 3) para com a analogia e o significado de símbolos e figuras semelhantes usados em outros lugares. Sem dúvida, a verdadeira interpretação de todos os símbolos será a que satisfizer todas essas várias condições e não tentar forçar uma suposta similaridade além da que é claramente garantida por fato, razão e analogia.[20]

Certamente o que foi dito pelos autores anteriormente a respeito da interpretação de símbolos em geral será aplicado à interpretação do simbolismo profético. Terry, contudo, acrescentou uma palavra concernente a esse campo especializado de simbolismo:

> Portanto, na exposição desse tipo de profecias, é muito importante aplicar com discernimento e habilidade os princípios hermenêuticos do simbolismo bíblico. Esse processo requer, especialmente, três coisas: 1) que sejamos claros em discriminar e descobrir o que é e o que não é símbolo; 2) que os símbolos sejam contemplados em seus aspectos amplos e notórios, não nos aspectos secundários de semelhança e 3) que eles sejam amplamente comparados no que diz respeito à sua importância e uso geral, para que um método uniforme e coerente seja seguido em sua interpretação. Uma falha na observação do primeiro destes levará a interminável confusão entre o simbólico e o literal. Uma falha no segundo tende a ampliar pontos pequenos e menos importantes, obscurecendo as lições maiores e causando má compreensão do escopo e significado do todo [...] O cuidado em observar a terceira regra possibilitará que o indivíduo note tanto as diferenças como as semelhanças de símbolos similares.[21]

---

[20] TERRY, op. cit., p. 356-7.
[21] Ibid., p. 415.

A interpretação da profecia

Existe uma observação que parece ter sido negligenciada por muitos estudiosos da interpretação de profecias —o fato de que as Escrituras interpretam seus próprios símbolos. Feinberg diz:

> ... algumas profecias nos são comunicadas por meio de linguagem simbólica. Mas, sempre que for o caso, os símbolos são explicados no contexto imediato, no livro em que ocorrem ou em outro lugar da Palavra, sem deixar espaço para a imaginação do homem inventar explicações.[22]

O mesmo fato é evidenciado por Girdlestone, que escreve:

> Tomando o Apocalipse como um todo, quase não existe uma figura ou visão cuja semente não esteja contida em Isaías, Ezequiel, Daniel ou Zacarias. Provavelmente o estudo desses livros preparou o vidente [de Patmos], em sua idade avançada, para as visões que estavam relacionadas com o futuro próximo ou distante.[23]

Sendo isso verdade, diligência em investigar a Palavra é o preço da exegese precisa de passagens simbólicas das Escrituras.

C. *Revelação profética por meio de parábolas.* Um terceiro método de revelar acontecimentos futuros é o uso do método parabólico de instrução. A parábola, segundo Angus e Green, "denota uma narrativa construída com a finalidade de comunicar verdades importantes... ".[24] O Senhor Jesus fez uso freqüente desse método como canal de revelação profética. Desse modo, a interpretação de parábolas é de extrema importância.

Ramm expôs sucintamente as regras para a interpretação de parábolas.

1) Descubra a natureza e os detalhes exatos de costumes, práticas e elementos que formam a parte material ou natural da parábola [...]

    2) Descubra a verdade central que a parábola está tentando ensinar.

    3) Descubra quanto da parábola é interpretada pelo próprio Senhor Jesus [...]

    4) Descubra se existe alguma pista no contexto a respeito do sentido da parábola [...]

    5) Não force o sentido da parábola [...]

    6) Tenha cuidado com o uso doutrinário da parábola [...]

---

[22] Charles L. FEINBERG, *Premillennialism or amillenniaslism*, p. 37.
[23] GIRDLESTONE, op. cit., p. 87.
[24] ANGUS & GREEN, op. cit., p. 228.

7) Um claro entendimento da época para o qual muitas das parábolas foram enunciadas é necessário para sua total interpretação.[25]

Perseverança parece ser a grande ênfase nas regras dadas por Angus e por Green. Eles escrevem:

> A primeira regra de interpretação é: descobrir o escopo, ou por consulta ao contexto, ou por comparação de passagens paralelas; e captar a verdade que a parábola pretende apresentar, distinguindo-a de todas as outras verdades que a circundam, e deixando que as partes da parábola que podem ser explicadas sejam explicadas em harmonia com essa verdade [...]
> Qualquer interpretação de parábola ou alegoria que seja incoerente com a grande verdade à qual a parábola se relaciona deve ser rejeitada [...]
> ... A partir da interpretação inspirada das parábolas que nos foram dadas pelas Escrituras, podemos inferir que devemos evitar tanto o extremo de supor que apenas o projeto do todo deve ser considerado, quanto o extremo de insistir que cada frase contém duplo sentido.
> Segunda regra de interpretação. [...] Até mesmo em doutrinas coerentes com o modelo da parábola ou tipo, nenhuma conclusão deve ser extraída das partes que seja incoerente com outras claras revelações da verdade divina [...]
> Terceira regra de interpretação. [...] É importante que as parábolas não sejam transformadas na primeira ou única fonte de doutrina bíblica. Doutrinas provadas de outra maneira podem ser posteriormente ilustradas ou confirmadas por elas, mas não devemos formular uma doutrina exclusivamente a partir de suas representações... [26]

Quando lidamos com parábolas, é de extrema importância separar o que é essencial do que é apenas auxiliar no tema. Se isso não for feito, uma tônica indevida poderá ser dispensada à parábola, levando a conclusões erradas.

Horne oferece um sistema cuidadoso e completo de regras para a interpretação de parábolas. Ele escreve:

> 1. A primeira característica de uma parábola é que ela gira em torno de uma imagem bem conhecida e aplicável ao objeto, cujo significado é claro e definido; essa circunstância lhe dá a clareza essencial a todas as espécies de alegorias.
> 2. A imagem, contudo, não deve apenas ser adequada e familiar, também deve ser elegante e bela em si mesma, e todas as suas partes

---

[25] RAMM, op. cit,. p. 179ss.
[26] ANGUS & GREEN, op. cit., p. 230-3.

devem ser claras e pertinentes, uma vez que o propósito da parábola, e especialmente de uma parábola poética, é não apenas explicar perfeitamente uma proposição, mas, com freqüência, proporcionar-lhe vividez e esplendor.

3. Toda a parábola é composta por três partes: 1. A *semelhança perceptível* [...] a casca [...] 2. A *explicação* ou *sentido místico* [...] a seiva ou fruto [...] 3. A *raiz* ou o *escopo* ao qual ela está ligada.

4. Para a correta explicação e aplicação de parábolas, seu *escopo* e propósito devem ser apurados.

5. Sempre que as palavras de Jesus parecerem abrigar diferentes sentidos, podemos certamente concluir que o correto será o que fica mais próximo do nível de compreensão de seus ouvintes.

6. Como toda a parábola tem dois sentidos, o *literal* ou externo e o *místico* ou interno, o sentido literal deve ser explicado primeiro, para que sua correspondência com o sentido místico possa ser percebida mais prontamente.

7. Não é necessário, na interpretação de parábolas, insistirmos ansiosamente que cada palavra tenha um sentido místico; não devemos esperar também uma adaptação ou acomodação muito curiosa de cada parte sobre o seu significado espiritual; muitas circunstâncias são introduzidas em parábolas como meros ornamentos com o propósito de tornar a semelhança mais agradável e interessante.

8. A atenção às *circunstâncias históricas* bem como a familiarização com a natureza e com as propriedades das coisas de onde as semelhanças são extraídas necessariamente contribuirão para a interpretação das parábolas.

9. Finalmente, embora Jesus Cristo tenha delineado o estado futuro da igreja em muitas de suas parábolas, Ele tinha por propósito que elas comunicassem preceitos morais importantes, os quais nunca devemos perder de vista ao interpretar parábolas.[27]

D. *Revelação profética por meio de sonhos e êxtases*. Nos períodos iniciais, a revelação profética era muitas vezes dada por meio de sonhos e transes extáticos. Terry, a respeito dessa fase de revelação profética, escreve:

> Sonhos, visões noturnas e estados de êxtase espiritual são mencionados como formas e condições sob as quais homens receberam tais revelações. Em Números 12.6, está escrito: "Então, disse: Ouvi, agora, as minhas palavras; se entre vós há profeta, eu, o SENHOR, em visão a ele, me faço conhecer, ou falo com ele em sonhos".
> [...]

[27] HORNE, op. cit., I, p. 366-8.

O sonho tem importante destaque dentre as formas primitivas de recepção de revelações divinas, mas torna-se menos freqüente num período posterior. Os exemplos mais extraordinários registrados nas Escritura são os de Abimeleque (Gn 20.3-7), Jacó em Betel (28.12), Labão no monte Gileade (31.24), José a respeito das espigas e dos astros (37.5-10), os midianitas (Jz 7.13-15), Salomão (1Rs 3.5 e 9.2), Nabucodonosor (Dn 2 e 4), Daniel (Dn 7.1), José (Mt 1.20; 2.13,19), os magos vindos do leste (Mt 2.12). As "visões noturnas" parecem ter sido essencialmente da mesma natureza que os sonhos (cf. Dn 2.19; 7.1; At 16.9; 18.9 e 27.23).

[...]

Mas sonhos, observamos, eram na verdade formas mais primitivas e inferiores de revelação divina. Uma forma maior era a do êxtase profético, na qual o espírito do visionário ficava possuído pelo Espírito de Deus e, conquanto mantivesse sua consciência e a capacidade humana de se emocionar, era enlevado em visões do Onipotente e ficava a par de palavras e coisas que nenhum mortal seria capaz de distinguir naturalmente.

[...]

O êxtase profético [...] era evidentemente uma visão espiritual, uma iluminação sobrenatural, na qual o olho natural ou estava fechado [...] ou tinha suspensas as suas funções naturais, e os sentidos internos absorviam ativamente a cena apresentada, ou a palavra revelada.[28]

A interpretação de profecias dadas por meio de sonhos ou de êxtase profético não apresentará problemas especiais de interpretação. Embora o método de revelação fosse singular, o que era comunicado não diferia da profecia citada em linguagem clara. Em tal revelação, o método, não as palavras, se diferenciava, e assim elas podem ser interpretadas sem mais problemas.

III. REGRAS PARA A INTERPRETAÇÃO DA PROFECIA

A última seção tratou dos problemas relacionados à interpretação de profecias, decorrentes da natureza da linguagem em causa. A atenção agora será dirigida para a discussão de princípios gerais da interpretação de profecias, nas quais o que é profetizado é claramente entendido.

A interpretação de profecias exige atenção às mesmas considerações a respeito de palavras, contexto, gramática e situações históricas, que são os princípios aceitos a respeito de qualquer campo de interpretação. Terry diz o seguinte:

[28] TERRY, op. cit., p. 396-7.

A interpretação da profecia

... será visto que, enquanto apreciamos devidamente as peculiaridades das profecias, devemos, todavia, empregar em sua interpretação essencialmente os mesmos grandes princípios usados na interpretação de outras escrituras antigas. Primeiramente, devemos verificar a posição histórica do profeta; em seguida, o escopo e plano de seu livro; depois o uso e significado de suas palavras e símbolos; e, finalmente, devemos proceder a ampla e crítica comparação das passagens paralelas das Escrituras.[29]

Não faltam listas de regras para a interpretação da profecia.[30] Talvez as sugeridas por Ramm sejam as mais úteis:

1) Verificar os antecedentes históricos dos profetas e da profecia. 2) Descobrir o sentido e o significado especial dos nomes próprios, acontecimentos, referências geográficas, referências aos costumes ou à cultura material e referências à flora e à fauna. 3) Descobrir se o trecho é preditivo ou didático. 4) Se for preditivo, verificar se foi cumprido, não cumprido ou condicional. 5) Descobrir se o mesmo tema ou conceito também é tratado em outro lugar. 6) Como lembrete, mantenha vivo em sua mente o fluxo da passagem, i.e., preste atenção ao contexto. 7) Observe qual elemento da profecia é puramente local e temporal. 8) Tome a interpretação literal da profecia como guia limitador da interpretação profética.[31]

A. *Interprete literalmente*. A consideração primordial em relação à interpretação profética talvez seja que, como todas as outras áreas de interpretação bíblica, ela deve ser interpretada literalmente. Independentemente da forma pela qual a revelação profética é dada, por meio dessa forma algumas verdades literais são reveladas. É problema do intérprete descobrir o que é verdadeiro. Davidson afirma:

Considero esse o primeiro princípio da interpretação profética —ler o profeta literalmente— presumindo que o significado literal é o significado dele —que ele se está movendo entre realidades, e não símbolos, entre coisas concretas como povos, e não dentre coisas abstratas como *nossa* igreja, mundo etc.[32]

O motivo pelo qual um método não-literal de interpretação é adotado é, quase sem exceção, o desejo de evitar as interpretações óbvias

---

[29] Ibid., p. 418.
[30] Cf. RAMM, op. cit., p. 157-162 quanto a um resumo de regras por vários autores de hermenêutica.
[31] RAMM, op. cit., p. 163-73.
[32] A. B. DAVIDSON, *Old Testament prophecy*, p. 167.

do trecho. O desejo de harmonizar os ensinamentos das Escrituras com alguns sistemas de doutrinas predeterminados, em vez de pôr a doutrina em harmonia com as Escrituras, tem mantido o método vivo. [33]

Sem dúvida, a maior confirmação do método literal de interpretação vem da observação do método que Deus empregou para cumprir as profecias já cumpridas. Masselink diz:

> Podemos, portanto, deduzir nosso método de interpretação para profecias não-realizadas a partir das profecias que foram cumpridas, porque podemos deduzir seguramente os princípios orientadores de profecias não-realizadas a partir das previsões cumpridas que estão registradas no Novo Testamento.[34]

De nossa posição privilegiada no tempo, a profecia é dividida no que foi cumprido e no que permanece sem cumprimento. Do ponto de vista de Deus, a profecia é uma unidade indivisível pelo tempo. Como unidade, conseqüentemente indivisível, o método usado nas profecias que estão sendo cumpridas agora também será o método usado para as profecias que aguardam cumprimento futuro. No campo de profecias cumpridas não é possível apontar nenhuma profecia que tenha sido cumprida de outra maneira que não a literal. O Novo Testamento não conhece nenhum outro método de cumprimento do Antigo. Deus tem, dessa maneira, estabelecido seu divino princípio. Feinberg diz:

> ... na interpretação de profecias que ainda não foram cumpridas, as profecias que foram realizadas devem servir de padrão. A única maneira de saber como Deus cumprirá as profecias no futuro é verificar como Ele o fez no passado. Todas as profecias do Messias sofredor foram literalmente cumpridas no primeiro advento de Cristo. Não temos nenhum motivo para acreditar que as previsões de um Messias glorificado e reinante ocorrerão de qualquer outra maneira.[35]

A conclusão deve ser que o método literal de cumprimento do Novo Testamento estabelece o método literal como o método de Deus no que diz respeito a profecias ainda não cumpridas.

B. *Interprete conforme a harmonia da profecia.* A segunda regra encontra-se em 2Pedro 1.20,21, em que o autor afirma que nenhuma profecia

---

[33] Cf. ANGUS & GREEN, op. cit., p. 247-8.
[34] William MASSELINK, *Why thousand years?*, p. 36.
[35] FEINBERG, op. cit., p. 39.

A interpretação da profecia

provém de "particular elucidação". A profecia deve ser interpretada em harmonia com todo o plano profético. Feinberg diz:

> Existem várias leis bem definidas para a interpretação de profecias. As Escrituras estabelecem a primeira e mais essencial de todas. Pedro diz em sua segunda carta que "nenhuma profecia da Escritura provém de particular elucidação". Isso não significa que nenhuma particular elucidação pode interpretar profecias. A idéia do apóstolo é que nenhuma profecia da Palavra deve ser interpretada somente com referência a si mesma [...] mas todas as outras passagens de revelação profética devem ser observadas e levadas em consideração. Cada profecia é parte de um plano maravilhoso de revelação; pois, para encontrar o verdadeiro sentido de uma profecia, devemos ter em mente todo o plano profético, bem como a inter-relação entre as partes do plano.[36]

Isso exige estudo cuidadoso não apenas dos temas genéricos da profecia, mas também de todas as passagens relacionadas a qualquer tema, a fim de que se alcance uma visão harmônica, já que uma predição muitas vezes iluminará outra.

C. *Observe a perspectiva da profecia*. Acontecimentos que possuem algum relacionamento mútuo e fazem parte de um plano ou um acontecimento que tipifica outro de modo que haja dupla referência podem ser reunidos numa profecia, apesar de muito distantes em seu cumprimento. Feinberg diz:

> ... na interpretação de profecias [...] deve ser dada à perspectiva a devida atenção. Certos acontecimentos futuros são considerados agrupadamente em uma área de visão limitada, apesar de estarem realmente a diferentes distâncias. É o caso sobretudo no que diz respeito aos chamados profetas maiores, cujas profecias sobre o cativeiro babilônico, os acontecimentos do dia do Senhor, o retorno da Babilônia, a dispersão mundial dos judeus e seu futuro agrupamento de todos os cantos da terra muitas vezes são agrupadas aparentemente de forma quase indiscriminada.[37]

A não-observação desse princípio resultará em confusão.

D. *Observe os relacionamentos de tempo*. Como já dissemos, acontecimentos muito distantes na época de seu cumprimento podem ser tratados dentro de uma única profecia. É o caso sobretudo das profecias a

---

[36] Ibid., p. 37.
[37] Ibid., p. 38.

respeito de Cristo, em que acontecimentos do primeiro e do segundo advento são mencionados conjuntamente como se ocorressem ao mesmo tempo. Da mesma maneira, a segunda e a terceira dispersão dos judeus são previstas na profecia como se acontecessem sem interrupções. Feinberg refere-se a esse princípio dizendo:

> Outra regra de interpretação profética é conhecida como escorço, que, segundo o dr. Arthur T. Pierson, pode assumir muitas formas. Dois ou mais acontecimentos de caráter semelhante podem ser descritos por um perfil comum [...] Além disso, um exemplo comum e importante de escorço é evidente quando os acontecimentos futuros são colocados lado a lado, ao passo que entre seus cumprimentos existe grande intervalo... [38]

É importante observar que o profeta pode contemplar acontecimentos muito separados como contínuos, ou coisas futuras como passado ou presente.

E. *Interprete cristologicamente.* O tema central de todas as profecias é o Senhor Jesus Cristo. Sua pessoa e Suas obras são o grande tema da história profética. Pedro escreveu:

> Foi a respeito desta salvação que os profetas indagaram e inquiriram, os quais profetizaram acerca da graça a vós outros destinada, investigando, atentamente, qual a ocasião ou quais as circunstâncias oportunas, indicadas pelo Espírito de Cristo, que neles estava, ao dar de antemão testemunho sobre os sofrimentos referentes a Cristo e sobre as glórias que os seguiriam [1Pe 1.10,11].

João escreve: "... o testemunho de Jesus é o espírito da profecia" (Ap 19.10). Ambos ressaltam essa verdade.

F. *Interprete historicamente.* Quase não precisamos destacar que, antes de interpretar, devemos conhecer o contexto histórico do profeta e da profecia. Ramm diz: "... o estudo da história é o *primeiro ponto absoluto* de qualquer estudo de profecia, seja ela didática, seja preditiva".[39] Esse contexto histórico compreenderá "... o significado completo dos costumes ou da cultura material e referências à flora e à fauna".[40]

---

[38] Ibid.
[39] RAMM, op. cit., p. 163.
[40] Ibid., p. 164.

G. *Interprete gramaticalmente*. Já foi dito o suficiente, de modo que aqui só é preciso lembrar ao intérprete de profecias que as regras estritas que governam a interpretação gramatical devem ser aplicadas a esse campo de estudos com o mesmo cuidado.

H. *Interprete de acordo com a lei da dupla referência*. Esse tema também foi tratado anteriormente. É suficiente lembrar que muitas vezes uma profecia pode abranger uma visão próxima e outra distante. Dessas, a visão próxima já pode ter sido cumprida, enquanto a visão distante espera cumprimento; ou ambas podem estar na esfera de profecias cumpridas. Mais uma vez, pode ter ocorrido dupla referência a dois acontecimentos de características similares, ambos no futuro distante. O fato de que apenas parte de uma profecia foi cumprida não apóia um método figurado ou não-literal de cumprimento desta parte não-realizada; tal cumprimento parcial promete, isto sim, um futuro cumprimento completo e literal.

I. *Interprete coerentemente*. É impossível misturar os métodos de interpretação no campo da profecia. Um método deve ser adotado e usado do começo ao fim. Podemos declarar seguramente que o problema de interpretação de profecias é um problema de perseverança. À medida que não perseveramos na aplicação de princípios hermenêuticos, erramos em nossas conclusões e interpretações. A observação dessas regras de interpretação profética levará o estudioso de profecias a uma interpretação correta das Escrituras.

Segunda Seção

As alianças bíblicas e a escatologia

Capítulo 5
A aliança abraâmica

Introdução

As alianças contidas nas Escrituras são de grande importância para o intérprete da Palavra e para o estudioso de escatologia. O plano escatológico de Deus é determinado e prescrito por essas alianças, e o sistema escatológico do intérprete é determinado e limitado pela sua correta interpretação. Essas alianças devem ser estudadas diligentemente como a base da escatologia bíblica.

Devemos observar, desde o princípio deste estudo, que as alianças bíblicas são bem diferentes das alianças teológicas propostas pelo teólogo aliancista. Ele vê as épocas da história como o desenvolvimento de uma aliança entre Deus e os pecadores, na qual Deus salvaria, por meio da morte de Cristo, todos os que viessem a Ele pela fé. As alianças do teólogo aliancista podem ser resumidas como se segue:

A aliança da redenção (Tt 1.2; Hb 13.20), na qual, como costumeiramente formulado por teólogos, as pessoas da Divindade entraram antes de todos os tempos, assumindo, cada uma, parte no grande plano de redenção que é sua porção presente, conforme revelado na Palavra de Deus. Nessa aliança o Pai entrega o Filho, o Filho se oferece sem mácula como sacrifício eficaz e o Espírito administra e capacita a execução dessa aliança em todas as suas partes. Sob o aspecto da revelação escrita, essa aliança repousa sobre uma base muito precária. Ela é, antes, sustentada principalmente pelo fato de parecer razoável e inevitável.

A aliança das obras, designação dos teólogos para as bênçãos que Deus ofereceu ao homem e condicionou ao mérito humano. Antes da queda, Adão relacionou-se com Deus pela aliança de obras. Até que seja salvo, o homem tem a obrigação implícita de ser semelhante em caráter a seu Criador e de fazer a Sua vontade.

A aliança da graça, termo usado por teólogos para indicar todos os aspectos da graça divina para com o homem em todas as épocas. O exercício da graça divina torna-se possível e justificado pela satisfação de julgamentos divinos obtidos na morte de Cristo.[1]

Embora na teologia de alianças haja muito que esteja de acordo com as Escrituras, ela é insatisfatória para explicar as Escrituras escatologicamente, pois despreza o grande campo de alianças bíblicas que determinam todo o plano escatológico. O mesmo autor diz:

> Os termos teológicos *aliança de obras* e *aliança da graça* não ocorrem no Texto Sagrado. Se elas forem sustentadas, isso ocorre completamente à parte da autoridade bíblica [...] Foi sobre essa invenção humana das duas alianças que a teologia da Reforma foi construída. Ela considera a verdade empírica de que Deus pode perdoar pecadores apenas pela liberdade assegurada no sacrifício de Seu Filho —previsto na velha ordem e concretizado na nova— mas essa teologia não consegue absolutamente discernir os propósitos das épocas; os relacionamentos variáveis dos judeus, dos gentios e da igreja para com Deus; as obrigações distintas e constantes que surgem direta e inevitavelmente da natureza específica de cada relacionamento com Deus. Uma teologia que não penetra bastante fundo nas Escrituras para fazer mais que simplesmente descobrir que, em todas as épocas, Deus é imutável em Sua graça para com pecadores penitentes, e constrói a idéia de uma igreja universal, que continua através dos tempos, com base na verdade única da graça imutável, não está apenas negligenciando vastas esferas de revelação, mas está colhendo confusão e desorientação inevitáveis que a verdade parcial pode engendrar.[2]

Este estudo, então, não se ocupa das alianças contidas na teologia reformada, mas das alianças determinativas presentes nas Escrituras.

A. *O uso bíblico da palavra* aliança. Se alguém consultar uma concordância, verá que a palavra *aliança* ocorre com freqüência no Antigo e no Novo Testamento. É usada nos relacionamentos entre Deus e o homem, entre os homens e entre as nações. É usada para coisas temporais e coisas eternas. Existem referências a alianças menores e temporais nas Escrituras. São feitas alianças entre outros indivíduos (Gn 21.32; 1Sm 18.3), entre um indivíduo e um grupo de indivíduos (Gn 26.28; 1Sm 11.1,2) ou entre nações (Êx 23.32; 34.12,15; Os 12.1). Existiram alianças no meio social (Pv 2.17; Ml 2.14). Certas leis naturais eram vistas

---

[1] Lewis Sperry CHAFER, *Systematic theology*, I, p. 42.
[2] Ibid., IV, p. 156.

A aliança abraâmica

como alianças (Jr 33.20,25). Com exceção destas, que foram estabelecidas por Deus, todos os usos anteriores regulam relacionamentos feitos por homens.

As Escrituras também contêm referências a cinco grandes alianças, todas feitas por Deus com relação aos homens. Lincoln resume:

> As quatro alianças incondicionais, feitas com juramentos, são encontradas em 1) Gênesis 12.1-3, em que a fórmula é encontrada, expressa ou subentendida sete vezes; 2) Deuteronômio 30.1-10, em que é encontrada, expressa ou entendida doze vezes; 3) 2 Samuel 7.10-16, em que é encontrada sete vezes e 4) Jeremias 31.31-40, em que é encontrada sete vezes. A aliança condicional, com a fórmula "se", é encontrada 5) em Êxodo 19.5ss. e também em Deuteronômio 28.1-68; v. 1-14 [...] "Se atentamente ouvires... bênçãos"; v. 15-68: "Se não deres ouvidos [...] maldições".[3]

É bastante óbvio que os estudos escatológicos não estão preocupados com alianças menores feitas entre os homens, nem com a aliança mosaica feita por Deus com o homem, uma vez que todas essas são temporárias e não determinantes com respeito a coisas futuras; preocupam-se apenas com quatro alianças eternas dadas por Deus, pelas quais Ele se comprometeu com o plano profético.

B. *Definição de aliança*. Uma aliança pode ser definida como se segue:

> Aliança divina é 1) uma disposição soberana de Deus, mediante a qual Ele estabelece um contrato incondicional ou declarativo com o homem, obrigando-se, em graça, por um juramento irrestrito, a conceder, de Sua própria iniciativa, bênçãos definidas para aqueles com quem compactua ou 2) uma proposta de Deus, em que Ele promete, num contrato condicional e mútuo com o homem, segundo condições preestabelecidas, conceder bênçãos especiais ao homem desde que este cumpra perfeitamente certas condições, bem como executar punições precisas em caso de não-cumprimento.[4]

Devemos observar que essa definição não se afasta da definição e do emprego costumeiro da palavra como contrato legal, do qual o indivíduo toma parte e pelo qual seu comportamento é dirigido.

---

[3] Charles Fred LINCOLN, The covenants, p. 26.
[4] Ibid., p. 25-6.

C. *Os tipos de alianças*. Existem dois tipos de alianças que Deus fez com Israel: condicional e incondicional. Numa aliança condicional o cumprimento do que foi acordado depende do receptor da aliança, não do outorgador da aliança. Algumas obrigações ou condições devem ser satisfeitas pelo receptor da aliança antes que o outorgador da aliança se obrigue a cumprir o que foi prometido. É uma aliança na qual está presente um "se". A aliança mosaica, entre Deus e Israel, é uma dessas alianças. Na aliança incondicional, o cumprimento do que foi acordado depende unicamente daquele que faz a aliança. O que foi prometido é soberanamente concedido ao receptor da aliança com base na autoridade e na integridade daquele que faz a aliança, à parte do mérito ou resposta do receptor. É uma aliança sem nenhum "se" vinculado a ela.

Para salvaguardar nosso raciocínio nesse ponto, devemos observar que uma aliança incondicional, a que sujeita aquele que nela entrou a determinado procedimento, pode ter bênçãos condicionadas à reação do receptor da aliança; essas bênçãos surgem da aliança original, mas a existência de tais bênçãos não altera o caráter incondicional da aliança. Não observar que uma aliança incondicional pode ter certas bênçãos condicionais vinculadas tem conduzido muitos à posição de que bênçãos condicionais obrigam uma aliança a ser condicional, pervertendo assim a essência natural das alianças determinativas de Israel.

D. *A natureza das alianças*. Existem certos fatos que devem ser examinados a respeito das alianças firmadas por Deus.

1. Primeiramente, são alianças *literais* e devem ser interpretadas literalmente. Peters declarou bem essa proposição:

> Em todas as transações terrenas, quando se estabelece uma promessa, acordo ou contrato, em que uma parte faz uma promessa valiosa a outra parte, é de costume *universal* explicar tal relacionamento e suas promessas *pelas bem conhecidas leis de linguagem* contidas na nossa gramática ou em nosso uso comum. Seria absurdo que fosse de outra maneira.
> [...]
> [...] a própria natureza da aliança exige que ela seja formulada e expressa tão claramente, que comunique um *significado decisivo*, e não um significado oculto ou místico que exija a passagem de centenas de anos para se desenvolver.[5]

---

[5] G. N. H. Peters, *The theocratic kingdom*, I, p. 290-1.

A aliança abraâmica 99

Tal interpretação estaria em harmonia com o método literal de interpretação estabelecido.

2. Em segundo lugar, de acordo com as Escrituras, essas alianças são *eternas*. Lincoln ressalta:

> Todas as alianças de Israel são chamadas eternas, com exceção da aliança mosaica, que é declarada temporal, i.e., deveria continuar até a vinda da Semente Prometida. Quanto a esse detalhe, observe o seguinte: 1) a aliança abraâmica é chamada "eterna" em Gênesis 17.7,13,19; 1 Crônicas 16.17; Salmos 105.10; 2) a aliança palestina é chamada "eterna" em Ezequiel 16.60; 3) a aliança davídica foi chamada "eterna" em 2Samuel 23.5, em Isaías 55.3 e em Ezequiel 37.25 e 4) a nova aliança é chamada "eterna" em Isaías 24.5, 61.8, em Jeremias 32.40, 50.5 e em Hebreus 13.20.[6]

3. Em terceiro lugar, visto que essas alianças são literais, eternas e dependem solenemente da integridade de Deus para o seu cumprimento, devem ser consideradas *incondicionais* em caráter. Essa questão será vista em detalhes posteriormente.

4. Finalmente, essas alianças foram *estabelecidas com um povo pactual*, Israel. Em Romanos 9.4 Paulo declara que a nação de Israel tinha recebido alianças do Senhor. Em Efésios 2.11,12 ele declara, contrariamente, que os gentios não haviam recebido tal aliança e conseqüentemente não gozavam de relacionamentos pactuais com Deus. Essas duas passagens mostram, de modo negativo, que os gentios não tinham relacionamentos de aliança e, de modo positivo, que Deus tinha firmado um relacionamento de aliança com Israel.[7]

I. A Importância da Aliança Abraâmica

A primeira das quatro grandes alianças determinativas feitas por Deus com a nação de Israel foi a aliança abraâmica, que deve ser considerada a base de todo o plano de alianças.

As Escrituras são ricas em referências à aliança que Deus fez com Abraão, e sua aplicação é vista de maneiras variadas. Essa aliança tem importantes implicações para doutrinas ligadas à soteriologia. Ao escrever aos gálatas, Paulo mostra que os crentes tomam posse das bên-

---

[6] LINCOLN, op. cit., p. 181.
[7] Cf. ibid., p. 174-6.

ções prometidas a Abraão.⁸ O argumento de Paulo em Romanos é baseado na mesma promessa feita a Abraão.⁹ Imediatamente depois da queda do homem, Deus revelou Seu propósito de providenciar salvação para os pecadores. Esse plano foi sendo desdobrado gradativamente por Deus para o homem. A promessa feita a Abraão representa um passo progressivo nessa revelação.

> Nele o Propósito Divino torna-se mais específico, detalhado, focalizado, definitivo e certo. *Específico* por distingui-lo e separá-lo de outros membros da raça; *detalhado* por indicar mais particularidades conectadas ao propósito de salvação; *focalizado* por fazer o Messias vir mais diretamente em sua linhagem, ser sua "semente"; *definitivo* por entrar numa aliança com ele, como o seu Deus, e *certo* em confirmar seu relacionamento de aliança com um juramento.¹⁰

Mais uma vez, essa aliança tem importantes implicações na doutrina da ressurreição. A promessa vinculada à aliança é a base da refutação do Senhor contra a incredulidade dos saduceus no tocante à ressurreição.¹¹ Àqueles que recusaram a possibilidade da ressurreição o Senhor afirmou que a ressurreição não era apenas possível, mas necessária. Desde que Deus se revelou como o Deus de Abraão, de Isaque e de Jacó (Êx 3.15), com quem estabeleceu um relacionamento de aliança, e como esses homens morreram sem receber o cumprimento de suas promessas (Hb 11.13), visto que as alianças não podiam ser quebradas, era necessário que Deus ressuscitasse esses homens para cumprir Sua palavra. Paulo, perante Agripa (At 26.6-8), une "a promessa aos pais" com a ressurreição dos mortos em sua defesa da doutrina. Desse modo, o fato da ressurreição física é provado pelo Senhor e por Paulo com base na necessidade imposta a Deus de cumprir sua aliança, mesmo que ela requeira ressurreição física. Conseqüentemente a ressurreição do crente está unida à questão do tipo de aliança firmado com Abraão.¹²

Além do mais, essa aliança tem a maior importância para as doutrinas escatológicas. Os aspectos eternos dessa aliança, que garantem a Israel existência permanente, posse perpétua da terra prometida e certeza de bênçãos espirituais e materiais por meio de Cristo, garantindo às nações gentias parte dessas bênçãos, determinam todo o plano escatológico

---

⁸ *Gálatas* 3.14,29; 4.22-31.
⁹ *Romanos* 4.1-25.
¹⁰ PETERS, op. cit., I, p. 293.
¹¹ *Mateus* 22.23-32.
¹² Cf. PETERS, op. cit., I, p. 295-7.

A aliança abraâmica

da Palavra de Deus. Essa aliança torna-se uma semente da qual surgem alianças posteriores com Israel. As áreas essenciais da aliança abraâmica, a terra, a semente e a bênção, são ampliadas em alianças subseqüentes firmadas com Israel. Lincoln mostrou-nos a comparação:

> Os relacionamentos de alianças eternas e misericordiosas feitas entre Deus e Israel podem ser graficamente demonstradas da seguinte maneira:

(A aliança geral e básica com Abraão)	(As outras alianças)
1. A promessa de uma terra nacional. Gn 12.1 Gn 13.14,15,17	1. A aliança palestina deu a Israel garantia particular da restauração permanente e definitiva à *terra*. Dt 30.3-5 Ez 20.33-37,42-44
2. A promessa da *redenção* nacional e universal. Gn 12.3 Gn 22.18 Gl 3.16	2. Uma nova aliança está particularmente relacionada à bênção espiritual e à *redenção* de Israel. Jr 31.31-40 Hb 8.6-13 etc.
3. A promessa de numerosos descendentes que formariam uma grande nação. Gn 12.2 Gn 13.16 Gn 17.2-6 etc.	3. A aliança davídica está relacionada a promessas de *dinastia, nação* e *trono*. 2Sm 7.11,13,16 Jr 33.20,21 Jr 31.35-37 etc. [13]

Dessa maneira, podemos dizer que as promessas de terra da aliança abraâmica são desenvolvidas na aliança palestina, as promessas de semente são desenvolvidas na aliança davídica e as promessas de bênção são desenvolvidas na nova aliança. Esta, então, determina todo o futuro plano para a nação de Israel e é um fator de vulto na escatologia bíblica.

II. As Disposições da Aliança Abraâmica

A aliança firmada com Abraão em Gênesis 12.1-3 e confirmada e ampliada em Gênesis 12.6,7; 13.14-17; 15.1-21; 17.1-14; 22.15-18 envolvia certas promessas básicas. Elas foram assim resumidas:

---

[13] LINCOLN, op. cit., p. 206-7.

As coisas prometidas por Deus são as seguintes: 1. O nome de Abraão será grande. 2. Uma grande nação dele se originará. 3. Abraão será uma bênção tão grande que nele todas as famílias da terra serão abençoadas. 4. A Abraão pessoalmente ("a ti") e à semente dele será dada a Palestina como herança para sempre. 5. A multidão da semente abraâmica será como o pó da terra. 6. Quem o abençoar será abençoado, e quem o amaldiçoar será amaldiçoado. 7. Abraão será o pai de muitas nações. 8. Reis viriam a partir dele. 9. A aliança será perpétua, "uma aliança eterna". 10. A terra de Canaã será uma "possessão eterna". 11. Deus será Deus seu e de sua semente. 12. Sua semente possuirá a porta de seus inimigos. 13. Em sua semente todas as nações serão abençoadas.[14]

Analisando essas particularidades, observamos certas promessas *individuais* que foram dadas a Abraão, certas promessas *nacionais* com respeito à nação de Israel, da qual ele era pai, e certas bênçãos *universais* que incluíam todas as nações. Essas promessas foram assim descritas por Walvoord:

> A linguagem da aliança abraâmica é simples e direta. A aliança original é dada em Gênesis 12.1-3, e existem três confirmações e ampliações como as registradas em Gênesis 13.14-17, 15.1-7 e 17.1-18. Algumas das promessas são dadas pessoalmente a Abraão, algumas às sementes de Abraão e algumas aos gentios ou a "todas as famílias da terra" (Gn 12.3).
>
> *A promessa para Abraão*. É prometido ao próprio Abraão que ele seria o pai de uma grande nação (Gn 12.2) [...] incluindo reis e nações além da "própria semente" (Gn 17.6). Deus promete sua benção pessoal a Abraão. Seu nome será grande e ele mesmo será uma bênção [...]
>
> *A promessa da semente de Abraão* [...] A própria nação deveria ser grande (Gn 12.2) e incontável (Gn 13.16; 15.5). É prometida à nação a posse da terra [...] a aliança abraâmica é expressamente chamada de "perpétua" (Gn 17.7) e a posse da terra é definida como "possessão perpétua" (Gn 17.8).
> [...]
> *A promessa para os gentios* [...] é prometida a "todas as famílias da terra" uma bênção (Gn 12.3). A bênção não é especificada. Como uma promessa geral, ela talvez pretenda ter um cumprimento geral.[15]

No desenvolvimento dessa aliança, é muito importante ter em mente as diferentes áreas nas quais a promessa foi claramente dada, pois, se as coisas que formam a aliança em uma área forem transferidas a outra, o resultado será confusão na interpretação posterior. Promessas pesso-

---

[14] PETERS, op. cit., I, p. 293-4.
[15] John F. WALVOORD, Millennial series, *Bibliotheca Sacra*, 108:415-7, Oct. 1951.

A aliança abraâmica

ais não podem ser transferidas para a nação e promessas a Israel não podem ser transferidas para os gentios.

III. O Caráter da Aliança Abraâmica

Como a aliança abraâmica trata da posse da Palestina por Israel, de sua continuidade como nação para possuir essa terra e de sua redenção a fim de que possa gozar a bênção na terra sob seu rei, é de grande importância descobrir o método de cumprimento dessa aliança. Se é uma aliança literal a ser cumprida literalmente, então Israel deve ser preservado, convertido e restaurado. Se é uma aliança incondicional, esses acontecimentos na vida nacional de Israel são inevitáveis. A resposta a essas perguntas determina a posição escatológica do indivíduo.

A. *O elemento condicional no plano da aliança abraâmica.* Enquanto Abraão morava na casa de Terá, um idólatra (Js 24.2), Deus ordenou que ele deixasse a terra de Ur, embora isso exigisse jornada a uma terra estranha e desconhecida (Hb 11.8), e fez promessas específicas que dependiam desse ato de obediência. Abraão, em obediência parcial, visto que não quis separar-se de sua família, viajou a Harã (Gn 11.31). Ele não recebeu nenhuma das promessas ali. Apenas com a morte do pai (Gn 11.32) é que Abraão começa a receber alguma parte da promessa de Deus, pois somente depois desse fato é que Deus o leva para a terra (Gn 12.4) e lhe reafirma a promessa original (Gn 12.7). É importante observar a relação da obediência com o plano da aliança. Quer Deus instituísse um plano de aliança com Abraão, quer não, isso dependia do ato de obediência de Abraão em abandonar a terra. Quando, por fim, esse ato foi cumprido e Abraão obedeceu a Deus, Deus instituiu um plano irrevogável e incondicional. Essa obediência, que se tornou a base da instituição do plano, é citada em Gênesis 22.18, em que a oferta de Isaque é apenas mais uma evidência da atitude de Abraão para com Deus. Walvoord mostra claramente esse fato quando escreve:

> Como apresentado nas Escrituras, a aliança abraâmica dependia de uma única condição. Esta é apresentada em Gênesis 12.1 [...] A aliança original baseava-se na obediência de Abraão em deixar sua terra natal e dirigir-se à terra prometida. Nenhuma revelação adicional lhe foi dada até que ele obedecesse a essa ordem após a morte de seu pai. Na sua entrada em Canaã, o Senhor deu imediatamente a Abraão a promessa de posse definitiva da terra (Gn 12.7), e depois ampliou e repetiu as promessas originais.

Satisfeita a condição única, nenhuma outra é exigida de Abraão; tendo sido solenemente estabelecida, a aliança depende agora da veracidade divina para o seu cumprimento.[16]

A existência de um plano de aliança com Abraão dependia do ato de obediência de Abraão. Quando ele obedeceu, a aliança instituída dependia não da obediência continuada de Abraão, mas da promessa de quem a instituiu. O *fato* da aliança dependia da obediência; o *tipo* de aliança inaugurada era totalmente desvinculado da obediência continuada de Abraão ou de sua semente.

B. *Argumentos que sustentam o caráter incondicional da aliança*. A questão de a aliança abraâmica ser condicional ou incondicional é reconhecida como ponto crucial de toda a discussão relacionada ao cumprimento da aliança abraâmica. Extensos argumentos têm sido apresentados para apoiar a proposta dos pré-milenaristas quanto ao caráter incondicional dessa aliança. Walvoord apresenta dez motivos para acreditar que essa aliança seja incondicional. Ele sustenta:

1) Todas as alianças de Israel são incondicionais, com exceção da mosaica. A aliança abraâmica é expressamente declarada eterna e, por conseqüência, incondicional em várias passagens (Gn 17.7,13,19; 1Cr 16.17; Sl 105.10). A aliança palestina também é declarada eterna (Ez 16.60). A aliança davídica é apresentada da mesma forma (2Sm 7.13,16,19; 1Cr 17.12; 22.10; Is 55.3; Ez 37.25). A nova aliança com Israel é igualmente eterna (Is 61.8; Jr 32.40; 50.5; Hb 13.20).

2) Com exceção da condição original de abandonar sua terra natal e dirigir-se à terra prometida, a aliança é firmada sem condições [...]

3) A aliança abraâmica é confirmada repetidamente por reiteração e por ampliação. Em nenhuma dessas ocasiões as promessas adicionadas se condicionam à fé da semente ou do próprio Abraão [...] nada se diz sobre ela estar sujeita à fé futura de Abraão ou de sua semente.

4) A aliança abraâmica é formalizada por um ritual divinamente ordenado que simboliza o derramamento de sangue e a passagem entre as partes do sacrifício (Gn 15.7-21; Jr 34.18). Essa cerimônia foi dada a Abraão como garantia de que sua semente herdaria a terra nas mesmas fronteiras dadas a ele em Gênesis 15.18-21. Nenhuma condição está conectada à promessa nesse contexto.

5) Para distinguir os que herdariam as promessas como indivíduos dos que eram apenas a semente física de Abraão, foi dado o sinal visível da circuncisão (Gn 17.9-14). Os incircuncisos eram considerados não al-

---

[16] WALVOORD, op. cit., *109*:37.

A aliança abraâmica

cançados pela bênção prometida. O cumprimento último da aliança abraâmica e a posse da terra pela semente não dependiam, contudo, da fidelidade ao pacto de circuncisão. Na verdade as promessas da terra foram concedidas antes que a cerimônia fosse introduzida.

6) A aliança abraâmica foi confirmada pelo nascimento de Isaque e de Jacó, os quais receberam repetições das promessas na forma original (Gn 17.19; 28.12,13) [...]

7) O fato notável é que as repetições da aliança e o seu cumprimento parcial acontecem a despeito da desobediência. É claro que em vários instantes Abraão se afastou da vontade de Deus [...] No próprio ato [...] as promessas são repetidas a ele.

8) As confirmações posteriores da aliança foram feitas em meio a apostasia. Muito importante é a promessa dada por Jeremias de que Israel continuaria como nação para sempre (Jr 31.36) [...]

9) O Novo Testamento declara a aliança abraâmica imutável (Hb 6.13-18; cf. Gn 15.8-21). Ela não foi apenas prometida, mas solenemente confirmada pelo juramento de Deus.

10) Toda a revelação das Escrituras a respeito de Israel e de seu futuro, contida no Novo e no Antigo Testamento, se interpretada literalmente, confirma e sustenta o caráter incondicional das promessas feitas a Abraão.[17]

Com base nessas considerações, devemos reconhecer que a posição prémilenarista descansa sobre argumentos robustos e variados.[18]

Uma palavra de explicação faz-se necessária no que diz respeito ao acontecimento registrado em Gênesis 15, dada sua importância na questão do caráter incondicional dessa aliança. Em Gênesis 14, porque confiava em Deus, Abraão recusou-se a tomar para si as riquezas do rei de Sodoma. Para que não surgisse na mente de Abraão dúvida alguma sobre ter cometido um erro ao confiar em Deus, Abraão recebe de Deus a garantia de que Ele é a sua proteção (escudo) e provisão (recompensa) (Gn 15.1). Em resposta à pergunta de Abraão sobre o herdeiro prometido, Deus afirma que ele terá um filho, e "[Abraão] creu no SENHOR" (Gn 15.6). Em resposta à fé de Abraão, como evidência real de que ele não havia confiado em Deus em vão, é dado um sinal de que a promessa será cumprida (Gn 15.9-17). A fim de reafirmar a Abraão a aliança a respeito de sua *semente* e *terra* (Gn 15.18), Deus ordena que Abraão prepare animais de sacrifício para que entrem numa aliança de sangue. Keil e Delitzsch falam a respeito desse ritual:

---

[17] Ibid., *109*:38-40.
[18] Cf. Charles C. RYRIE, *The basis of the premillennial faith*, p. 53-61.

> O que precedera correspondia ao costume, dominante em muitas nações antigas, de sacrificar animais ao fazer uma aliança, e depois cortá-los em pedaços, colocar os pedaços em lados opostos um ao outro, de modo que as pessoas que participavam da aliança pudessem passar entre eles. Dessa maneira [...] Deus dignou-se seguir o costume dos caldeus, para que pudesse, da maneira mais solene, confirmar sua promessa a Abraão, o caldeu [...] fica evidente em Jeremias 34.18 que isso ainda era costume entre os israelitas de tempos mais recentes.[19]

Abraão estava familiarizado com essa maneira de assumir compromisso. Sem dúvida, a grande quantidade de animais prescritos por Deus impressionaria Abraão pela importância do que estava sendo decretado, visto que um animal seria suficiente para decretar a aliança. Quando o sacrifício foi preparado, Abraão deve ter esperado andar com Deus entre os animais divididos, pois o costume exigia que as duas partes que entrassem numa aliança de sangue deveriam andar juntas entre as partes do sacrifício. Ele reconheceria a solenidade da ocasião, pois o ritual significava que os dois que estavam entrando na aliança eram obrigados pelo sangue a cumprir o que fora pactuado, ou que quem a rompesse exigiria o derramamento de seu próprio sangue, assim como o sangue dos animais que os unia tinha sido derramado. Contudo, quando chegou a hora de formalizar a aliança, Abraão adormeceu, de modo que não pôde ser um participante da aliança, mas um simples receptor de um pacto para o qual ele nada contribuía quanto à obrigação. Keil e Delitzsch explicam assim a passagem:

> Da natureza dessa aliança, segue, contudo, que Deus passou sozinho entre os pedaços, numa representação simbólica de si mesmo, e não também de Abrão. Pois, apesar de uma aliança sempre estabelecer relação recíproca entre dois indivíduos, nessa aliança, que Deus celebrou com Abrão, o homem não ficou em pé de igualdade com Deus, mas Deus estabeleceu o relacionamento de comunhão por Sua promessa e por Sua complacência para com o homem.[20]

Assim, Deus se uniu em soleníssima aliança de sangue a Abraão, para cumprir, incondicionalmente, as promessas concernentes à semente e à terra que lhe seriam dadas. Seria difícil para Deus deixar mais claro que o que fora prometido a Abraão lhe seria dado sem nenhuma condição, dependendo exclusivamente da integridade do próprio Deus para seu cumprimento.

---

[19] C. F. Keil & Franz Delitzsch, *The Pentateuch*, i., p. 214.
[20] Ibid., i, p. 216.

A aliança abraâmica 107

C. *Argumentos amilenaristas contra o caráter incondicional da aliança.* Allis, um dos principais defensores da posição amilenarista, sistematiza o pensamento dessa escola de interpretação. Ele apresenta vários argumentos contra o caráter incondicional da aliança.

1) Primeiramente devemos observar que pode haver uma condição numa ordem ou promessa sem estar especificamente declarada. Exemplo disso é a carreira de Jonas. Jonas recebeu a ordem de pregar juízo incondicional, sem nenhuma reserva: "Em quarenta dias, Nínive será destruída" [...] A condição não declarada foi pressuposta no próprio caráter de Deus como um Deus de misericórdia e compaixão [...] O juízo da família de Eli (1Sm 2.30) é exemplo notável desse princípio.[21]

Assim, Allis argumenta que pode haver condições implícitas, não declaradas.

Em resposta a esse argumento, podemos prontamente observar que Allis começa com uma admissão desconcertante —não existem condições declaradas nas Escrituras nas quais o amilenarista possa buscar confirmação de sua defesa. Toda a sua posição repousa no silêncio, em condições implícitas e não-declaradas. No caso de Eli, não existe nenhuma relação, pois Eli estava vivendo sob a economia mosaica, condicional em seu caráter e sem relação com a aliança abraâmica. O fato de a aliança mosaica ser condicional não significa que a aliança abraâmica também precise ser. E, além disso, no que diz respeito a Jonas, devemos observar que também não existe relação. A mensagem que Jonas pregou não constituía uma aliança e não se relaciona de forma alguma à aliança abraâmica. Era um princípio bem estabelecido das Escrituras (Jr 18.7-10; 26.12,13; Ez 33.14-19) que o arrependimento afastaria o juízo. O povo se arrependeu e o juízo foi retirado. Mas a pregação de Jonas, da qual é dada apenas uma declaração resumida, de forma alguma altera o caráter da aliança abraâmica.

2) É verdade que, nos termos expressos da aliança abraâmica, a obediência não é declarada como condição. Mas dois fatos indicam claramente que a obediência estava pressuposta. Um, é que obediência é a pré-condição de bênção em todas as circunstâncias [...] O segundo fato é que, no caso de Abraão, o dever da obediência é particularmente salientado. Em Gênesis 18.17s. diz-se claramente que, da escolha de Abraão, Deus propôs trazer à existência, por piedosa preparação, uma semente justa que "guardaria o caminho do Senhor", para que em conseqüência e recom-

---

[21] Oswald T. Allis, *Prophecy and the church*, p. 32.

pensa de tal obediência "o Senhor cumpra a Abraão tudo o que a respeito dele falou".[22]

Mais uma vez, Allis reconhece que as Escrituras não contêm, em parte alguma, nenhuma declaração de condições estipuladas. Embora isso devesse ser suficiente em si mesmo, há outras considerações concernentes a esse argumento. Primeiramente, é errado declarar que a obediência é sempre uma condição para a bênção. Se isso fosse verdade, como poderia um pecador ser salvo? Walvoord escreve:

> Não é verdade que a obediência seja sempre uma condição para a bênção. A semente de Abraão tem sido desobediente em todas as categorias morais. Mesmo assim, apesar da desobediência, cumpriram-se muitas promessas da aliança. O mesmo princípio de graça é que Deus abençoa os injustos [...] A segurança do crente [...] é bem independente do valor e da fé humana [...] Como calvinista, onde está a doutrina de eleição incondicional em que Allis acredita?[23]

Mais uma vez, é importante observar que uma aliança incondicional, que confere certeza ao plano pactual, pode conter bênçãos condicionais. O plano será cumprido, mas o indivíduo recebe as bênçãos relacionadas apenas por ajustar-se às condições das quais essas bênçãos dependem. É o caso da aliança abraâmica. Além do mais, já foi dito que, embora a instituição do plano pactual entre Deus e Abraão dependesse do ato de obediência deste em abandonar sua casa, uma vez inaugurada a aliança, ela não impunha condição alguma. E, finalmente, a aliança é reafirmada e ampliada para Abraão depois de atos definidos de desobediência (Gn 12.10-20; 16.1-16).

> 3) A obediência foi vitalmente ligada à aliança abraâmica e isso é demonstrado com clareza especial pelo fato de que havia um sinal, o rito da circuncisão, cuja observância era de fundamental importância. A eliminação do povo da aliança era a punição para quem não o observasse [...] O rito era em si um ato de obediência (1Co 7.19).[24]

Em resposta a essa alegação, é suficiente destacar que o rito da circuncisão, dado em Gênesis 17.9-14, veio muitos anos após a instituição da aliança, e após repetidas reafirmações a Abraão (Gn 12.7; 13.14-17; 15.1-

---

[22] Ibid., p. 33.
[23] WALVOORD, op. cit., 109:40-1.
[24] ALLIS, op. cit., p. 34.

A aliança abraâmica

21). Que motivo há em exigir que um sinal siga a aliança quando a aliança está claramente em vigor antes da instituição do sinal? Então, novamente, a partir de um estudo do rito conclui-se que a circuncisão está relacionada ao gozo das bênçãos da aliança e não à sua instituição ou continuidade. Walvoord observa:

> Todos concordam em que, para que cada pessoa desfrute da bênção sob a aliança, é em grande parte necessário que haja fé e obediência. Isso é bem diferente de afirmar que o cumprimento da aliança como um todo esteja condicionado à obediência de toda a nação.[25]

Relativamente à mesma linha geral de pensamento, Allis continua:

> 4) Os que insistem em que a aliança abraâmica foi totalmente incondicional na verdade não a consideram como tal; isso também é demonstrado pela grande importância que os dispensacionalistas atribuem ao fato de Israel estar "na terra" como condição prévia da bênção sob essa aliança.[26]
>
> 5) Que os dispensacionalistas não consideram a aliança abraâmica totalmente incondicional também se evidencia pelo fato de que jamais os ouvimos falar sobre a reintegração de Esaú à terra de Canaã e à completa bênção sob a aliança abraâmica [...] Mas, se a aliança abraâmica fosse incondicional, por que Esaú foi excluído das bênçãos?[27]

Esses dois argumentos podem ser respondidos juntos. Observamos, em cada caso, que o que se tem em mente é o relacionamento com as bênçãos, não o relacionamento com a continuidade da aliança. Como se afirmou anteriormente, as bênçãos eram condicionadas à obediência, à permanência no lugar da bênção. Mas a aliança em si vigorava quer estivessem na terra, quer fossem contemplados ou não com a bênção. Por outro lado, se a desobediência e a retirada da terra anulassem a aliança, não importaria se Esaú tivesse permanecido na terra ou não. Mas, já que bênçãos cairiam sobre o povo da aliança, Esaú foi excluído porque não estava qualificado para recebê-las, uma vez que não cria nas promessas. Observamos que a primogenitura (Gn 25.27-34) desprezada por Esaú era a promessa de que ele seria o herdeiro da aliança abraâmica. Já que essa se baseava na integridade de Deus, Esaú deve ser visto como homem que não cria que Deus pudesse cumprir ou cumprisse a Sua palavra. Da mesma forma, a bênção desprezada (Gn 27)

[25] WALVOORD, op. cit., 109:42.
[26] ALLIS, loc. cit.
[27] Ibid., p. 35.

lhe pertencia sob a aliança, e dela Esaú foi privado por causa de sua descrença manifesta no desdém em relação à primogenitura. A rejeição de Esaú ilustra o fato de que a aliança era seletiva e deveria ser cumprida por meio da linhagem escolhida por Deus.

> 6) [...] a certeza do cumprimento da aliança não se baseia no fato de ser incondicional, nem seu cumprimento depende da obediência imperfeita de homens pecadores. A certeza do cumprimento da aliança e a segurança do crente sob ela, em última análise, dependem totalmente da obediência a Deus.[28]

É impossível deixar de notar a mudança completa na linha de raciocínio nesse aspecto. Até aqui sustentou-se que a aliança não será cumprida porque ela é uma aliança condicional. Agora se afirma que a aliança será cumprida com base na obediência de Cristo. Como nossas bênçãos espirituais são resultado dessa aliança (Gl 3), o amilenarista é obrigado a reconhecer algum cumprimento. Se ela tivesse sido abrogada, Cristo jamais teria vindo. Se a segurança oferecida sob ela fosse condicional, não haveria certeza de salvação. Conquanto concordemos largamente que todo cumprimento se baseia na obediência de Cristo, esse fato não altera o caráter essencial da aliança que tornou necessária a vinda de Cristo. Se Cristo veio como cumprimento parcial da aliança, Sua segunda vinda promete um cumprimento completo.

Allis segue outra linha de raciocínio quando escreve a respeito do cumprimento dessa aliança:

> 1) Com respeito à *semente,* devemos observar que as mesmas palavras que aparecem na aliança [...] são usadas para a nação de Israel na época de Salomão [...] Isso indicaria que a promessa foi considerada cumprida nesse aspecto na época de ouro da monarquia [...]
> 2) Com respeito à *terra,* o domínio de Davi e de Salomão estendia-se do Eufrates ao rio do Egito [...] Israel tomou posse da terra prometida aos patriarcas. Eles a possuíram, mas não "para sempre". A posse da terra foi perdida pela desobediência [...] ela pode ser considerada cumprida séculos antes do primeiro advento...[29]

Allis argumenta agora que a aliança não terá cumprimento futuro porque já foi cumprida historicamente.

A questão do cumprimento histórico da aliança será examinada mais tarde. Basta dizer por ora que a história de Israel, mesmo sob a

---
[28] Ibid., p. 36.
[29] Ibid., p. 57-8.

A aliança abraâmica 111

glória dos reinados de Davi e de Salomão, nunca realizou a promessa feita a Abraão. Logo, à experiência histórica citada não podemos atribuir cumprimento. Mais ainda, se a aliança fosse condicional, visto que Israel esteve muitas vezes em desobediência entre a instituição da aliança e o estabelecimento do trono de Davi, como explicar algum cumprimento? A incredulidade que se seguiu à era de Davi não se diferenciava da que a precedeu. Se a descrença posterior anulava a aliança, a descrença anterior teria impedido qualquer espécie de cumprimento.

D. *O cumprimento parcial das alianças apóia a visão premilenar.* Qualquer exame das partes da aliança abraâmica que tenham sido cumpridas parcial ou completamente apóia a tese de que a aliança deveria ser interpretada como uma aliança literal e incondicional. Ryrie diz:

... o método de Deus em cumprir as partes da aliança abraâmica tem sido *literal*.
1) No cumprimento de promessas pessoais, Abraão foi especialmente abençoado por Deus. Lincoln destacou:

    a. Abraão foi abençoado pessoalmente com coisas temporais: 1) terra (Gn 13.14,15,17); 2) servos (Gn 15.7 etc.); 3) muito gado, prata e ouro (Gn 13.2; 24.34,35).
    b. Abraão foi abençoado pessoalmente em assuntos espirituais: 1) tinha uma vida feliz de consagração perante Deus (Gn 13.8; 14.22,23); 2) gozava de preciosa vida de comunhão com Deus (Gn 13.18); 3) tinha uma vida de oração constante (Gn 28.23-33); 4) era constantemente suprido por Deus (Gn 21.22); 5) possuía paz e confiança decorrentes de uma vida obediente (Gn 22.5,8,10,12; 16-18).

2) Ele tinha um grande nome [...]
3) Ele era um canal da bênção divina para os outros, pois não apenas abençoava seu lar, sua futura geração, mas o mundo por meio da Bíblia, do Salvador e do evangelho.
4) A história comprova o fato de que nações que perseguiram Israel, mesmo quando em cumprimento à disciplina de Deus, foram punidas por terem perturbado a semente de Abraão. Foi o caso da bênção e da maldição no caso do massacre de reis (Gn 14.12-16); de Melquisedeque (Gn 14.18-20); de Abimeleque (Gn 20.2-18; 21.22-34); de Hete (Gn 23.1-20) e em outras experiências na história de Israel (Dt 30.7; Is 14.1-2; Jl 3.1-8; Mt 25.40-45).
5) Abraão teve um herdeiro com Sara (Gn 21.2) [...]
A negação de que essas promessas tenham sido cumpridas é pueril.[30]

---
[30] Ryrie, op. cit., p. 50-2.

Isso é bem ilustrado no salmo 69. Todas as previsões a respeito da humilhação e da aflição de Cristo foram literalmente cumpridas. O que segue Sua morte é visto como cumprimento de alianças, pois o salmista diz:

> Porque Deus salvará Sião, e edificará as cidades de Judá, e ali habitarão, e hão de possuí-la. Também a descendência dos seus servos as herdará, e os que lhe amam o nome nelas habitarão (Sl 69.35-36).

Assim como o quadro da morte do Messias foi cumprido literalmente, só podemos concluir que o que decorre da morte do Messias também será literalmente cumprido.[31] Não deve haver dúvida de que o método usado por Deus para cumprir historicamente as profecias será o seu método de cumprir todas as profecias. Visto que todas as profecias realizadas foram cumpridas literalmente, a coerência exige que esse método seja adotado para as partes proféticas das Escrituras, que, por ora, não foram cumpridas. Uma vez que as partes da aliança abraâmica realizadas foram cumpridas literalmente, concluímos que as partes ainda irrealizadas serão cumpridas da mesma forma.

Parece bem evidente que os próprios patriarcas entenderam ser a aliança eterna, incondicional, inequívoca e, conseqüentemente, inevitável em seu cumprimento.[32] A declaração de Isaque a Jacó quando este partiu é a seguinte:

> Deus Todo-poderoso te abençoe, e te faça fecundo, e te multiplique para que venhas a ser uma multidão de povos; e *te dê* a bênção de Abraão, a ti *e à tua descendência contigo*, para que *possuas* a terra de tuas peregrinações, concedida por Deus a Abraão (Gn 28.3,4; grifo do autor).

IV. Implicações Escatológicas da Aliança Abraâmica

Uma vez verificado que a aliança abraâmica é uma aliança incondicional feita com Israel, que conseqüentemente não pode ser cumprida nem abolida por nenhum outro povo além da nação de Israel, observamos que Israel tem promessas com respeito à *terra* e à *descendência* que determinam o plano de Deus. Os termos *terra* e *descendência*, juntamente com a palavra *bênção*, resumem os aspectos essenciais da parte escatológica da aliança. Um exame da promessa de Deus a Abraão mostrará a dupla ênfase da promessa.

---

[31] Cf. Peters, op. cit., I, p. 303-4.
[32] Cf. Ibid., I, p. 294.

A aliança abraâmica

> Darei à tua *descendência* esta *terra* (Gn 12.7).
>
> Porque toda essa *terra* que vês, eu ta darei, a ti e à tua *descendência*, para sempre. Farei a tua *descendência* como o pó da terra; de maneira que, se alguém puder contar o pó da terra, então se contará também a tua *descendência* (Gn 13.15,16).
>
> Naquele mesmo dia fez o SENHOR aliança com Abrão, dizendo: À tua *descendência* dei esta *terra*, desde o rio do Egito até ao grande rio Eufrates (Gn 15.18).
>
> Estabelecerei a minha aliança entre mim e ti e a tua *descendência* no decurso das suas gerações, aliança perpétua, para ser o teu Deus e da tua *descendência*. Dar-te-ei e à tua *descendência* a *terra* das tuas peregrinações, toda a *terra* de Canaã, em possessão perpétua, e serei o seu Deus (Gn 17.7,8; grifo do autor).

É impossível deixar de concluir que a promessa incluía aspectos relacionados à descendência física de Abraão e aspectos relacionados à terra concedida a essa descendência. É necessário, então, examinar o raio de ação da *descendência* e da *terra* para verificar seu efeito em acontecimentos futuros.

Ryrie esboça as implicações da aliança. Ele diz:

> Todos concordam em que a aliança abraâmica é uma das principais alianças na Palavra de Deus. As perguntas mais importantes em relação ao pré-milenarismo são duas: 1) A aliança abraâmica promete a existência permanente de Israel como nação? Se promete, então a igreja não está cumprindo as promessas de Israel, mas, antes, Israel, como nação, ainda tem uma perspectiva futura. 2) A aliança abraâmica promete a Israel a posse permanente da terra prometida? Em caso positivo, então Israel deverá tomar pose da terra, pois nunca a possuiu completamente em sua história.[33]

A. *Quem é a descendência de Abraão?* Seria evidente a todos os que não tentam deliberadamente perverter o ensinamento claro das Escrituras que descendência de Abraão necessariamente é o termo aplicado aos descendentes físicos de Abraão. Walvoord escreve:

> Um exame contextual da aliança abraâmica mostra que, em primeiro lugar, ela foi essencialmente ligada à descendência física de Abraão, Isaque.

[33] RYRIE, op. cit., p. 48-9.

Deus disse a respeito de Isaque antes que ele nascesse: "Estabelecerei com ele a minha aliança, aliança perpétua para a sua descendência" (Gn 17.19). De que forma Abraão entendeu o termo *descendência* aqui? Obviamente, em referência à sua semente física, Isaque, e a seus descendentes físicos. Deus não disse que nenhuma bênção espiritual viria sobre os que estivessem fora da descendência física de Abraão, mas que a linhagem física de Isaque herdaria as promessas dadas aos "descendentes de Abraão".

[...] Nada poderia ser mais simples do que Abraão, Isaque e Jacó terem entendido o termo *descendência* em relação à sua linhagem física.[34]

E mais uma vez:

O termo "Israel" [...] Como título dado a Jacó, significando *príncipe de Deus*, tem sido comumente usado para designar os descendentes físicos de Jacó.[35]

Isso parece tão evidente que o leitor ficaria surpreso com a declaração de um importante amilenarista, que diz:

Conduzindo a um extremo quase sem precedentes o literalismo que caracteriza o milenarismo, eles insistem em que Israel deve significar Israel, e que as promessas do reino no Antigo Testamento dizem respeito a Israel e devem ser cumpridas para Israel literalmente.[36]

Podemos frisar que a visão defendida pelos pré-milenaristas dificilmente poderia ser qualificada de "extremo quase sem precedentes" de literalismo, pois outros além dos pré-milenaristas, levados pela coerência na interpretação, sustentam que Israel significa apenas o que as palavras dão a entender. Hodge,[37] pós-milenarista, como também Hendricksen,[38] amilenarista, mantêm essa posição. É importante observar que o intérprete deve distinguir entre as promessas pessoais ao próprio Abraão, as promessas nacionais aos descendentes de Abraão e as promessas universais a "todas as famílias da terra". Não se nega que a aliança abraâmica ofereça bênçãos universais aos que não fazem parte da descendência física de Abraão, mas se afirma que as promessas nacionais só podem ser cumpridas pela própria nação israelita. Desse

---

[34] WALVOORD, op. cit., *109*:137-8.
[35] Ibid., *109*:139.
[36] ALLIS, op. cit., p. 218.
[37] Charles HODGE, *Commentary on Romans*, p. 589.
[38] William HENDRICKSEN, *And so all Israel shall be saved*, p. 33.

A aliança abraâmica

modo, a palavra Israel é tomada em seu sentido usual e literal, significando a descendência física de Abraão.

B. *A visão amilenarista sobre a descendência de Abraão*. Pieters, um dos principais expoentes do sistema amilenarista, define assim a descendência:

> A expressão "descendência de Abraão", no uso bíblico, denota aquela comunidade visível cujos membros se relacionam com Deus por meio da aliança abraâmica e, assim, são herdeiros da sua promessa.[39]

Ele desenvolve o pensamento dizendo:

> Quando nos vemos diante do argumento de que Deus fez certas promessas à raça judaica [...] [certos] fatos são pertinentes. Deus nunca prometeu nada a raça alguma como raça. Todas as promessas foram para a contínua comunidade pactual, sem considerar seus elementos raciais ou a ascendência pessoal dos indivíduos a ela pertencentes. Conseqüentemente, nenhuma prova de que aqueles a quem o mundo denomina "os judeus" descendem de Abraão, se pudesse ser fornecida (o que não é possível), teria valor para provar que lhes está reservado o cumprimento de alguma promessa divina. Essas promessas foram feitas ao grupo pactual chamado "os descendentes de Abraão" e devem ser cumpridas para essa comunidade. O que é necessário é que alguém prove sua associação a esse grupo.[40]

Walvoord resume o argumento dizendo:

> A visão amilenarista, conforme apresentada por Pieters, defende a seguinte posição: 1) Deus nunca fez promessas à descendência física de Abraão como raça; 2) as promessas de Abraão são dadas apenas à descendência espiritual de Abraão ou à "contínua comunidade pactual"; 3) os judeus hoje não têm direito à promessa de Abraão porque a) não são sua descendência espiritual; b) não conseguiriam provar, de nenhuma forma, que são a descendência física.[41]

De acordo com a visão amilenarista, a descendência seria toda a "família da fé", ou todos os crentes de todos os tempos. O fator determinante, então, em toda essa discussão, é o método de interpretação. Se as Escri-

---

[39] Albertus PIETERS, *The seed of Abraham*, p. 19-20.
[40] Ibid.
[41] WALVOORD, op. cit., 109:137.

turas devem ser interpretadas figuradamente, então a visão amilenarista é lógica, mas se interpretadas literalmente, a pré-milenarista é obrigatória.

C. *Os tipos de descendência mencionados nas Escrituras.* Toda a questão pode ser esclarecida se observamos que as Escrituras não apresentam apenas um tipo de descendência nascida de Abraão. Por não se observar essa diferenciação das Escrituras, tem havido confusão. Walvoord escreve:

> Existem, então, três sentidos diferentes nos quais alguém pode ser filho de Abraão. Primeiro, existe a linhagem natural, ou descendência natural. Essa é restrita aos descendentes de Jacó nas doze tribos. A eles, Deus promete ser o seu Deus e a eles foram dadas as leis. Deus lidou com eles de maneira especial. Segundo, existe a linhagem espiritual dentro da linhagem natural. Esses são os israelitas que acreditaram em Deus, guardaram a lei e satisfizeram as condições para que se desfrutassem hoje as bênçãos da aliança. Os que possuirão a terra no futuro milênio também serão do Israel espiritual. Terceiro, existe a descendência espiritual de Abraão que não é por natureza israelita. Aqui entra a promessa de "todas as famílias da terra". Essa é a aplicação clara da expressão de Gálatas 3.6-9 [...] em outras palavras, os filhos (espirituais) de Abraão que vêm dos pagãos ou gentios cumprem esse aspecto da aliança abraâmica que lidou com os gentios em primeiro lugar, e não as promessas concernentes a Israel. A única maneira pela qual os gentios podem ser descendentes de Abraão no contexto de Gálatas é estarem "em Cristo Jesus" (Gl 3.28). Seguido de: "E, se sois de Cristo, também sois descendentes de Abraão e herdeiros segundo a promessa" (Gl 3.29). Os gentios descendem de Abraão apenas no sentido espiritual e são herdeiros da promessa dada a "todas as famílias da terra".
>
> Embora os pré-milenaristas possam concordar com os amilenaristas em que a descendência de Abraão inclui os gentios, negam que isso cumpra as promessas dadas à descendência natural, ou que as promessas feitas à "descendência de Abraão" sejam realizadas por crentes gentios. Igualar a promessa de bênção para todas as nações à bênção dada à descendência de Abraão é conclusão injustificada.[42]

A distinção explicará como a igreja pode estar relacionada à aliança sem ser o povo pactual no qual as promessas nacionais serão cumpridas. O fato de sermos descendentes espirituais de Abraão, mediante o novo nascimento, não significa que sejamos descendentes físicos do patriarca.

---

[42] Ibid., *108*:420.

A aliança abraâmica

D. *A igreja não é Israel*. A única conclusão lógica que podemos extrair do debate é que os crentes gentios do presente, embora reconhecidos como descendentes de Abraão, não são *a* descendência na qual as promessas nacionais serão cumpridas. Isso fica comprovado pela observação de certos fatos no emprego das palavras no Novo Testamento. 1) Israel e os gentios são contrapostos no Novo Testamento (At 3.12; 4.8; 21.28; Rm 10.1). O fato de Israel ainda ser referido como nação depois do estabelecimento da igreja e de que o termo *judeu* continue a ser usado em referência a um grupo que não a igreja (1Co 10.32) mostra que os gentios não suplantam Israel no plano de alianças de Deus. 2) O Israel natural e a igreja são contrapostos no Novo Testamento (Rm 11.1-25; 1Co 10.32). Em Romanos 11 vemos que Deus retirou temporariamente a nação de Israel da esfera de Sua bênção, mas a reintegrará a tal posição quando Seu plano com a igreja terminar. Esta consideração mostra que a igreja não suplanta Israel no plano da aliança de Deus. 3) Os judeus cristãos, que fariam parte do Israel espiritual, e os cristãos gentios são contrapostos no Novo Testamento (Rm 9.6, em que Paulo compara as promessas que pertencem a Israel segundo a carne e as que pertencem a Israel segundo a apropriação pela fé; Gl 6.15,16, em que Paulo menciona especificamente judeus crentes na bênção pronunciada sobre todo o corpo de Cristo).[43] Parece estar bem estabelecido, então, que a igreja de hoje não é o Israel no qual as alianças são cumpridas. É estranho que os amilenaristas, que argumentam que as alianças não precisam ser cumpridas porque são condicionais e porque as condições não foram satisfeitas por Israel, e ainda que elas não serão realizadas porque foram historicamente cumpridas no reino de Salomão, agora argumentam que elas são cumpridas pela igreja. Se eram condicionais ou já foram cumpridas, por que não desprezar completamente as promessas de aliança? Por que fazer delas uma questão de fé? A única resposta é que as alianças constituem de tal forma base para toda a expectativa da Palavra de Deus que não podem ser desprezadas, mesmo por aqueles que negam sua existência ou sua pertinência com o plano escatológico.

E. *A relação da igreja com a aliança*. Uma vez que a igreja não é a descendência na qual as alianças serão definitiva e literalmente cumpridas, é importante examinar sua relação com o plano total das alianças. Qualquer que seja a relação entre a igreja e as promessas, baseia-se não no nascimento físico, mas num novo nascimento, cabendo-lhe ape-

[43] Cf. Ryrie, op. cit., p. 63-70.

nas porque os indivíduos que dela gozam estão "em Cristo". Peters ressalta bem esse fato:

> Diz-se que a "descendência" herdará a terra; muitos afirmam que isso foi cumprido na história dos judeus sob a liderança de Josué, dos juízes e dos reis. Quais, porém, são os *fatos conforme apresentados pelo Espírito Santo?* Certamente, na interpretação da promessa da aliança, devemos dar às Escrituras Sagradas o direito de ser *seu próprio intérprete,* para podermos apurar o sentido pretendido por Deus. Que Deus, então, e não o homem, explique: "Ora, as promessas foram feitas a Abraão e ao seu descendente. Não diz: E aos descendentes, como se falando de muitos, porém como de um só: E ao teu descendente, que é Cristo (Gl 3.16)". Se a linguagem tem algum sentido definido, portanto, sem dúvida alguma temos aqui a declaração de que, quando Deus prometeu "À tua descendência darei esta terra", queria dizer que a terra de Canaã *seria herdada por uma única Pessoa —preeminentemente a Semente— que descendia de Abraão, ou seja, Jesus Cristo.*[44]

A igreja se beneficia das promessas somente por relacionar-se com Aquele em quem as promessas encontram seu cumprimento. A igreja participa em tudo o que Ele faz para levar a termo a aliança. Ao citar a aliança abraâmica em Atos 3.25, Pedro aplica apenas os aspectos universais da aliança àqueles a quem fala. Os aspectos nacionais aguardam cumprimento futuro pela nação de Israel.

F. *A descendência possuirá a terra?* À luz do debate anterior sobre a aliança, é evidente que a descendência física de Abraão recebeu a promessa da posse eterna da terra. Walvoord afirma:

> A promessa da posse da terra pela descendência de Abraão é uma das características marcantes da aliança, e a maneira pela qual a promessa é feita aumenta ainda mais o seu significado. Conforme apresentada, a promessa sublinha que: 1) ela é resultado da graça em seu princípio; 2) a terra é uma herança para a descendência; 3) a posse é concedida perpetuamente; 4) a posse deverá ser desfrutada perpetuamente; 5) a terra prometida incluía um território específico, definido por fronteiras específicas.[45]

Esta promessa é a base da expectativa do Antigo Testamento e a substância da mensagem dos profetas.[46] Se Israel tivesse sido rejeitado

---

[44] Peters, op. cit., I, p. 302.
[45] Walvoord, op. cit., 109:218.
[46] Cf. Is 11.1-11; 14.1-3; 27.12,13; 43.1-8; 49.8-16; 66.20-22; Jr 16.14-16; 30.10,11; 31.8, 31-37; Ez 11.17-21; 20.33-38; 34.11-16; 39.25-29; Os 1.10,11; Jl 3.17-21; Am 9.11-15; Mq 4.4-7; Sf 3.14-20; Zc 8.4-8.

A aliança abraâmica

como nação por causa da incredulidade, toda essa grande corrente de profecias do Antigo Testamento perderia sua possibilidade de cumprimento. Ryrie responde adequadamente aos argumentos de que Israel foi definitivamente posto de lado. Ele argumenta:

> ... Como alguns insistem em que a nação foi complemente rejeitada por Deus, duas passagens das Escrituras precisam ser cuidadosamente examinadas.
>
> A primeira é Mateus 21.43: "Portanto, vos digo que o reino de Deus vos será tirado e será entregue a um povo que lhe produza os respectivos frutos" [...] uma interpretação precisa desse versículo deve responder às seguintes perguntas: o que será tirado, de quem será tirado e a quem será dado?
>
> O que será tirado é o reino de Deus [...] o reino de Deus é a esfera da verdadeira fé em Deus [...] O Senhor está dizendo a esses judeus que, por O terem rejeitado, não poderão entrar no reino de Deus, pois "se alguém não nascer de novo, não pode ver o reino de Deus" (Jo 3.3).
>
> De quem o reino de Deus foi tirado? Parece claro que o pronome "vos" se refere à geração com a qual o Senhor Jesus estava falando...
>
> A quem o reino seria dado? Por aplicação, "um povo que lhe produza os respectivos frutos" pode significar qualquer geração que se volte para Cristo; mas, em seu estrito sentido *interpretativo* refere-se à nação de Israel quando esta se voltar para o Senhor e for salva antes de entrar no reino milenar [...]
>
> A segunda passagem que demonstra conclusivamente que Israel será reintegrado é a que trata de sua salvação futura: Romanos 11.26,27.
>
> "E, assim, todo o Israel será salvo, como está escrito: Virá de Sião o Libertador e ele apartará de Jacó as impiedades. Esta é a minha aliança com eles, quando eu tirar os seus pecados."
>
> [...] Exegetas cuidadosos concordam em que Israel significa Israel nessa passagem [...] Essa passagem ensina, então, que todo o Israel, em contraposição ao remanescente que está sendo salvo hoje, será salvo na segunda vinda de Cristo. A partir dessas duas passagens, fica claro que Israel não foi completamente rejeitado, mas será no futuro reconduzido ao lugar de bênção. Por não ter sido rejeitado como herdeiro, Israel ainda estará em posição de cumprir a aliança abraâmica.[47]

G. *A aliança abraâmica já foi cumprida?* Há quem afirme que a aliança abraâmica não será cumprida no futuro porque já se realizou no passado. Murray representa essa visão, ao dizer:

---

[47] RYRIE, op. cit., p. 70-3.

Há ampla evidência na Palavra de que Deus cumpriu a promessa feita a Abraão e à sua descendência de que possuiriam Canaã. Hoje, as cinzas de Abraão, de Isaque e de Jacó estão misturadas ao solo da "caverna do campo de Macpela, fronteiro a Manre [...] na terra de Canaã", que Abraão comprou, "em posse de sepultura". Ele possuiu Canaã durante sua vida terrena, e suas cinzas repousam em Canaã até a ressurreição. O mesmo pode ser dito de sua descendência, Isaque e Jacó, "herdeiros com ele da mesma promessa". Certamente Deus cumpriu a promessa de dar a Abraão e à sua descendência um lugar permanente na terra.

[Depois de citar Gênesis 15.13,14, ele diz:] Essa aliança não inclui a palavra "perpétua", embora alguns afirmem que seus termos ainda serão plenamente cumpridos, e que os israelitas jamais possuíram a terra na dimensão aqui descrita. Felizmente, a Palavra de Deus nos dá a resposta irrevogável e verdadeira também nesse caso. Convidamos o leitor a abrir sua Bíblia em 1Reis 4.21,24, em que lemos: "Dominava Salomão sobre todos os reinos desde o Eufrates até à terra dos filisteus e até à fronteira do Egito [...] Porque dominava sobre toda região [...] aquém do Eufrates, desde Tifsa até Gaza, e tinha paz por todo o derredor".[48]

Para poder sustentar um cumprimento histórico, é necessário negar que essa aliança foi eterna em seu caráter. É interessante ver o que o amilenarista faz com a palavra *perpétua* (Gn 17.8). O mesmo autor citado anteriormente escreve:

O literalista nos lembra da palavra *perpétua*, que para ele é a palavra mais importante aqui. Somos freqüentemente lembrados que "perpétua" significa PARA SEMPRE. Isso não livra o literalista de dificuldades. A posse humana de qualquer porção da terra nunca é permanente. "Aos homens está designado morrer uma vez, e depois disso o juízo." A posse e os contratos relativos a coisas materiais precisam ter fim. O que, então, Deus quis dizer? O que Abraão teria entendido pela palavra "perpétua"? Se um homem é ameaçado de ser expulso de sua casa, e um amigo de comprovada capacidade para cumprir promessas lhe promete que o homem possuirá aquela casa para sempre, como interpretar essas palavras? Ele não esperaria viver ali eternamente. O máximo que poderia esperar é passar ali toda a sua vida terrena e repousar ali suas cinzas depois da morte. Foi isso que Deus claramente prometeu a Abraão e cumpriu. Ele possui a terra de Canaã em todos os sentidos em que um homem pode possuir uma terra.[49]

---

[48] George MURRAY, *Millennial studies*, p. 26-7.
[49] Ibid., p. 26.

A aliança abraâmica

Quão inútil é afirmar que a posse pactual da terra se cumpre no fato de as cinzas de Abraão repousarem no solo de Canaã!

O argumento favorável ao cumprimento histórico da aliança abraâmica é tratado por Peters, que escreve:

> Afirmar que tudo isso foi cumprido na ocupação da Palestina pela posse preparatória ou inicial dos descendentes de Abraão não é apenas contradito pelas Escrituras, mas uma limitação virtual da promessa. Kurtz [...] observa, como também a história confirma, que os descendentes jamais possuíram a terra prometida a Abraão desde o Nilo até o Eufrates...[50]

Peters acrescenta ainda maior peso ao argumentar:

> Seja lá o que se possa dizer sobre a posse temporária de Canaã [...] seja lá o que se afirme com respeito ao fato de os descendentes ainda estarem "nos seus lombos" etc., uma verdade é afirmada na Bíblia de maneira inequívoca, a saber, que essa promessa não foi cumprida nos patriarcas, em nenhuma das formas propostas pela incredulidade de alguns. O Espírito, prevendo essa mesma objeção, ofereceu prova contrária, para que nossa fé não tropeçasse. Assim Estêvão, cheio do Espírito Santo, diz (At 7.5) que "nela, [Deus] não lhe [Abraão] deu herança, nem sequer o espaço de um pé; mas prometeu dar-lhe a posse dela e, depois dele, à sua descendência, não tendo ele filho". Esse deveria ser um argumento decisivo, especialmente quando confirmado pelo autor de Hebreus (9.8,9; 11.13-40), que nos informa expressamente que os patriarcas foram peregrinos "na terra da promessa", a qual deveriam receber "como herança", e foram "peregrinos e estrangeiros" e que "morreram na fé, sem ter obtido as promessas, vendo-as, porém, de longe, e saudando-as, e confessando que eram estrangeiros e peregrinos sobre a terra". Com tantas provas diante de nós, como podemos atribuir somente à posteridade o que é diretamente afirmado a respeito deles?[51]

A aliança abraâmica, com promessas individuais a Abraão, promessas da preservação de uma nação e promessas da posse de uma terra por essa nação, foi dada a um povo pactual específico. Uma vez que era incondicional e eterna, e jamais foi cumprida, aguarda cumprimento futuro. Israel deve ser preservado como nação, deve herdar sua terra e ser abençoado com bênçãos espirituais que tornem essa herança possível. Walvoord conclui corretamente:

---

[50] PETERS, op. cit., I, p. 297.
[51] Ibid., I, p. 294-5.

A reintegração de Israel é o ponto culminante da grande estrutura doutrinária relacionada à aliança abraâmica. Ao terminar nosso exame dessa aliança e de seu relacionamento com o pré-milenarismo, nossa atenção deve voltar-se uma vez mais à importância estratégica dessa revelação para a verdade das Escrituras. Já observamos que a aliança incluía provisões não só para Abraão, mas para a sua descendência física, Israel, e para sua descendência espiritual, todos os que seguem a fé de Abraão, quer judeus quer gentios desta era. Demonstramos que Abraão interpretou a aliança de forma literal, sobretudo com referência à sua descendência física. O caráter incondicional da aliança foi demonstrado —uma aliança que dependia somente da promessa e da fidelidade de Deus. O cumprimento parcial registrado até o presente confirma a intenção divina de dar pleno cumprimento às Suas promessas. Demonstramos que a promessa feita a Israel de possuir para sempre a terra é parte fundamental e conclusão inevitável das promessas gerais feitas a Abraão e confirmadas a seus descendentes. A continuidade de Israel como nação, implícita nessas promessas, é sustentada pela confirmação contínua em ambos os testamentos. Foi demonstrado que a igreja do Novo Testamento de maneira alguma cumpre essas promessas dadas a Israel. Por fim, a restauração de Israel como o resultado natural dessas promessas foi apresentada como ensino expresso de toda a Bíblia. Se essas conclusões, obtidas depois de cuidadoso exame das Escrituras, são sadias e razoáveis, conclui-se que o pré-milenarismo é o único sistema satisfatório de doutrina que se harmoniza com a aliança abraâmica.[52]

---

[52] WALVOORD, op. cit., *109*:302-3.

Capítulo 6
A aliança palestina

Nos capítulos finais do livro de Deuteronômio, os filhos de Israel, a semente física de Abraão, enfrentam uma crise nacional. Estão prestes a passar da liderança comprovada de Moisés para a liderança iniciante de Josué. Estão na entrada da terra que lhes foi prometida por Deus nos seguintes termos:

> Darei à tua descendência esta terra (Gn 12.7).

> ... porque toda essa terra que vês, eu te darei, a ti e à tua descendência, para sempre (Gn 13.15).

> Estabelecerei a minha aliança entre mim e ti e a tua descendência no decurso das suas gerações, aliança perpétua, para ser o teu Deus e da tua descendência (Gn 17.7,8).

Essa terra, todavia, é possuída pelos inimigos de Israel, que resistirão a qualquer tentativa dos israelitas de entrar na terra prometida. É impossível para eles retornar ao antigo *status* de nação escrava, e a terra em direção à qual viajavam como "estrangeiros e peregrinos" parecia estar fechada diante deles. Por conseguinte, certas considerações importantes precisavam ser enfrentadas pela nação. A terra da Palestina ainda lhes pertencia? A inauguração da aliança mosaica, que todos concordam ter sido condicional, pôs de lado a aliança incondicional feita com Abraão? Israel poderia esperar tomar posse permanente de sua terra diante de tal oposição? Para responder a essas perguntas importantes, Deus reafirmou em Deuteronômio 30.1-10 Sua promessa pactual relativa à posse da terra e à herança de Israel. A essa afirmação chamamos aliança palestina, porque ela responde à pergunta sobre a relação de Israel com as promessas da terra contidas na aliança abraâmica.

I. A Importância da Aliança Palestina

Essa aliança é de grande importância: 1) pelo fato de reafirmar, a Israel, claramente, o título de posse da terra prometida. Apesar da infidelidade e da descrença manifestas tão freqüentemente na história de Israel desde a promessa a Abraão até então, a aliança não foi anulada. A terra ainda era deles por promessa. 2) Além disso, a introdução de uma aliança condicional, sob a qual Israel estava então vivendo, não podia desprezar, nem havia posto de lado a promessa original e misericordiosa referente ao propósito de Deus. Esse fato é a base do argumento de Paulo ao escrever: "Uma aliança já anteriormente confirmada por Deus, a lei, que veio quatrocentos e trinta anos depois, não a pode ab-rogar, de forma que venha a desfazer a promessa" (Gl 3.17). 3) Essa aliança é uma confirmação e uma ampliação da aliança original feita com Abraão. A aliança palestina estende as características da *terra* da aliança abraâmica. A ampliação, vindo após descrença e desobediência intencionais na vida da nação, apóia a tese de que a promessa original seria cumprida a despeito da desobediência.

II. As Disposições da Aliança Palestina

A aliança palestina é apresentada em Deuteronômio 30.1-10, em que lemos:

> Quando, pois, todas estas cousas vierem sobre ti, a bênção e a maldição que pus diante de ti, se te recordares delas entre todas as nações para onde te lançar o Senhor, teu Deus; e tornares ao Senhor, teu Deus, tu e teus filhos, de todo o teu coração e de toda a tua alma, e deres ouvidos à sua voz, segundo tudo o que hoje te ordeno, então, o Senhor, teu Deus, mudará a tua sorte, e se compadecerá de ti, e te ajuntará, de novo, de todos os povos entre os quais te havia espalhado o Senhor, teu Deus [...] O Senhor, teu Deus, te introduzirá na terra que teus pais possuíram, e a possuirás [...] O Senhor, teu Deus, circuncidará o teu coração e o coração de tua descendência, para amares o Senhor, teu Deus, de todo o coração e de toda a tua alma, para que vivas. O Senhor, teu Deus, porá todas estas maldições sobre os teus inimigos [...] De novo, pois, darás ouvidos à voz do Senhor; cumprirás todos os seus mandamentos que hoje te ordeno. O Senhor, teu Deus, te dará abundância [...] porquanto o Senhor tornará a exultar em ti, para te fazer bem...

Uma análise dessa passagem demonstrará que há sete características principais no plano ali revelado: 1) A nação será tirada da terra por

A aliança palestina

causa de sua infidelidade (Dt 28.63-68; 30.1-3); 2) haverá um arrependimento futuro de Israel (Dt 28.63-68; 30.1-3); 3) o Messias retornará (Dt 30.3-6); 4) Israel será reintegrado à terra (Dt 30.5); 5) Israel será convertido como nação (Dt 30.4-8; cf. Rm 11.26,27); 6) os inimigos de Israel serão julgados (Dt 30.7); 7) a nação receberá então bênção completa (Dt 30.9).[1]

À medida que se pesquisam as grandes áreas incluídas nessa única passagem, a qual estabelece o plano da aliança, é quase forçoso reconhecer que Deus considera a relação de Israel com a terra de extrema importância. Deus não só lhes garante a posse, mas Se obriga a julgar e afastar todos os inimigos de Israel, a dar à nação um coração novo e a convertê-los, antes de colocá-los na terra.

Essa mesma aliança é confirmada mais tarde na história de Israel. Ela se torna um dos assuntos da profecia de Ezequiel. Deus confirma Seu amor para com Israel durante a infância (Ez 16.1-7); Ele lembra de que Israel foi escolhido e aparentado a Jeová por casamento (v. 8-14); no entanto, Israel agiu como uma prostituta (v. 15-34); logo, a punição da dispersão foi cumprida contra ele (v. 35-52); essa rejeição de Israel, todavia, não é definitiva, porque haverá uma restauração (v. 53-63). A restauração é baseada na promessa:

> Mas eu me lembrarei da aliança que fiz contigo nos dias da tua mocidade e estabelecerei contigo uma aliança eterna. Então, te lembrarás dos teus caminhos, e te envergonharás quando receberes as tuas irmãs, tanto as mais velhas como as mais novas, e tas darei por filhas, mas não pela tua aliança. Estabelecerei a minha aliança contigo, e saberás que eu sou o SENHOR (Ez 16.60-62).

Assim o Senhor confirma a aliança palestina e a declara aliança eterna, com a qual está comprometido.

III. O Caráter da Aliança Palestina

A aliança feita por Deus referente à relação de Israel com a terra deve ser vista como incondicional. Há várias razões para apoiar isso. Primeiro, é chamada por Deus aliança eterna em Ezequiel 16.60. Seria eterna apenas se seu cumprimento fosse dissociado da responsabilidade humana e repousasse exclusivamente na Palavra do Eterno. Em segundo lugar, é apenas uma expansão de partes da aliança abraâmica, a

---

[1] Lewis Sperry Chafer, *Systematic theology*, IV, p. 317-23.

qual é, ela mesma, incondicional; logo, essa ampliação deve ser também eterna e incondicional. Em terceiro lugar, essa aliança tem a garantia divina de que Deus efetuará a conversão essencial para seu cumprimento. Romanos 11.26,27, Oséias 2.14-23, Deuteronômio 30.6 e Ezequiel 11.16-21 deixam isso claro. A conversão é vista nas Escrituras como ato soberano de Deus e deve ser reconhecida como inevitável dada a Sua integridade. Em quarto lugar, partes dessa aliança já foram cumpridas literalmente. Israel passou pelas dispersões como julgamento de sua infidelidade. Israel passou por retornos à terra e espera o retorno definitivo. A história de Israel está repleta de exemplos de juízos divinos contra seus inimigos. Esses cumprimentos parciais, que foram literais, indicam um cumprimento literal futuro de partes irrealizadas, nos mesmos moldes.

Alguns podem sustentar que essa aliança é condicional por causa das afirmações de Deuteronômio 30.1-3: "quando [...] então". Devemos observar que o único elemento condicional aqui é o elemento temporal. O plano é inevitável; o tempo em que esse plano se cumprirá depende da conversão da nação. Elementos condicionais de tempo não tornam todo o plano condicional, no entanto.

IV. Implicações Escatológicas da Aliança Palestina

A partir da afirmação original das disposições dessa aliança, é fácil perceber que, com base num cumprimento literal, Israel deve ser convertido como nação, reunido de sua dispersão mundial, instalado na sua terra, cuja posse lhe é restaurada, e ainda testemunhar o julgamento de seus inimigos, recebendo bênçãos materiais a ele asseguradas. Essa aliança, então, exerce grande influência na nossa expectativa escatológica. Já que tudo isso jamais foi cumprido, e uma aliança eterna e incondicional exige cumprimento, devemos colocar tal plano no nosso cronograma de acontecimentos futuros. Tal é a expectativa dos profetas que escrevem para Israel: Isaías 11.11,12; 14.1-3; 27.12,13; 43.1-8; 49.8-16; 66.20-22; Jeremias 16.14-16; 23.3-8; 30.10,11; 31.8,31-37; Ezequiel 11.17-21; 20.33-38; 34.11-16; 39.25-29; Oséias 1.10,11; Joel 3.17-21; Amós 9.11-15; Miquéias 4.4-7; Sofonias 3.14-20; Zacarias 8.4-8. Tal era a promessa oferecida aos santos. Quer eles vivessem para testemunhar o Messias confirmar essas promessas, quer alcançassem a terra por meio da ressurreição, gozariam paz enquanto esperavam a promessa de Deus.

Capítulo 7

A aliança davídica

As implicações escatológicas da aliança abraâmica baseiam-se nas palavras *terra* e *descendência*. As promessas sobre a terra foram ampliadas e confirmadas pela aliança palestina. Na grande aliança seguinte de Israel, esta feita com Davi, Deus amplia e confirma as promessas referentes à descendência abraâmica. Isso pode ser observado nas passagens que tratam da formulação da aliança davídica.

> Quando teus dias se cumprirem e descansares com teus pais, então, farei levantar depois de ti o teu *descendente*, que procederá de ti, e estabelecerei o seu reino (2Sm 7.12).

> Fiz aliança com o meu escolhido e jurei a Davi, meu servo: Para sempre estabelecerei a tua *posteridade* e firmarei o teu trono de geração em geração (Sl 89.3,4).

> Como não se pode contar o exército dos céus, nem medir-se a areia do mar, assim tornarei incontável a *descendência* de Davi, meu servo, e os levitas que ministram diante de mim.
> Assim diz o Senhor: Se a minha aliança com o dia e com a noite não permanecer, e eu não mantiver as leis fixas dos céus e da terra, também rejeitarei a *descendência* de Jacó e de Davi, meu servo... (Jr 33.22,25,26; grifo do autor).

A promessa da descendência presente na aliança abraâmica é agora posta no centro da aliança davídica. As promessas da descendência geral e da linhagem de descendência de Davi, com seu reino, sua casa e seu trono, são ampliadas.

I. A Importância da Aliança Davídica

Inerentes à aliança davídica há várias perguntas importantes diante do estudioso de escatologia. Haverá um milênio literal? A igreja é o reino? Que é reino de Deus? Que é reino de Cristo? A nação de Israel será reunida e reintegrada sob o Messias? O reino é presente ou futuro? Essas e muitas outras perguntas importantes apenas podem ser respondidas por uma interpretação correta do que foi prometido a Davi. Berkhof representa os amilenaristas quando diz: "A única base escriturística para essa teoria [a teoria pré-milenarista de um reino de mil anos] é Ap 20.1-6, depois de se ter despejado aí um conteúdo veterotestamentário".[1] Tal teoria será refutada meramente pela ampliação do que ocupa parte tão decisiva das Escrituras —a aliança davídica— com suas promessas de um reino e de um rei.

II. As Disposições da Aliança Davídica

A promessa feita por Deus a Davi é apresentada em 2Samuel 7.12-16, onde lemos:

> Quando teus dias se cumprirem e descansares com teus pais, então, farei levantar depois de ti o teu descendente, que procederá de ti, e estabelecerei o seu reino. Este edificará uma casa ao meu nome, e eu estabelecerei para sempre o trono do seu reino. Eu lhe serei por pai, e ele me será por filho; se vier a transgredir, castigá-lo-ei com varas de homens e com açoites de filhos de homens. Mas a minha misericórdia se não apartará dele, como a retirei de Saul, a quem tirei de diante de ti. Porém a tua casa e o teu reino serão firmados para sempre diante de ti; teu trono será estabelecido para sempre.

Os antecedentes históricos da aliança davídica são bem conhecidos. Visto que Davi subiu ao poder e à autoridade no reino e agora morava numa casa de cedro, parecia incoerente que Aquele de quem ele obtinha sua autoridade e seu governo ainda residisse numa casa feita de peles. O propósito de Davi era construir uma morada adequada para Deus. Pelo fato de ter sido homem de guerra, Davi não pôde terminar a tarefa. A responsabilidade foi deixada para Salomão, o príncipe da paz. No entanto, Deus faz certas promessas a Davi com relação à perpetuidade de sua casa.

---

[1] Louis Berkhof, *Teologia sistemática*, p. 721.

A aliança davídica

Entre as disposições da aliança davídica está, então, o seguinte: 1) Davi terá um filho, ainda por nascer, que o sucederá e estabelecerá seu reino. 2) Esse filho (Salomão) construirá o templo em lugar de Davi. 3) O trono do seu reino será estabelecido para sempre. 4) O trono não será tomado dele (Salomão) apesar de seus pecados justificarem castigo. 5) A casa, o trono e o reino de Davi serão firmados para sempre.[2]

As características essenciais dessa aliança no campo escatológico ficam implícitas em três palavras encontradas em 2Samuel 7.16: *casa, reino, trono*. Walvoord define bem esses termos na aliança. Ele escreve:

> O que significam os termos principais da aliança? Com "casa" de Davi, sem dúvida faz-se referência à posteridade davídica, seus descendentes físicos. É certo que jamais serão mortos *in toto* ou substituídos completamente por outra família. A linhagem de Davi será sempre a família real. Com "trono" é evidente que não se quer indicar um trono material, mas a dignidade e o poder que eram soberanos e supremos em Davi como rei. O direito de reinar sempre perteceu à descendência de Davi. O termo "reino" refere-se ao reino político de Davi sobre Israel. A expressão "para sempre" significa que a autoridade de Davi e o reino ou governo de Davi sobre Israel jamais serão tomados da posteridade davídica. O direito de governar jamais será transferido a outra família, e esse acordo foi planejado para durar eternamente. Assuma qual forma for, a despeito de suas interrupções temporárias ou de seus castigos, a linhagem de Davi sempre terá o direito de governar sobre Israel e, a bem da verdade, exercerá esse privilégio.[3]

Como em outras alianças de Israel, descobrimos que essa é repetida e confirmada em passagens posteriores. No salmo 89, o salmista exalta Deus por Suas misericórdias. No v. 3 essas misericórdias parecem vir porque:

> Fiz aliança com o meu escolhido e jurei a Davi, meu servo: Para sempre estabelecerei a tua *posteridade* e firmarei o teu *trono* de geração em geração (Sl 89.3,4; grifo do autor).

As promessas são certas porque:

> Não violarei a minha aliança, nem modificarei o que os meus lábios proferiram. Uma vez jurei por minha santidade (e serei eu falso a Davi?): A

---

[2] John F. WALVOORD, Millennial series, *Bibliotheca Sacra*, 110:98-9, Apr. 1953.
[3] Ibid.

sua posteridade durará para sempre, e o seu trono, como o sol perante mim (Sl 89.34-36).

Isso é novamente confirmado em passagens como Isaías 9.6,7; Jeremias 23.5,6; 30.8,9; 33.14-17,20,21; Ezequiel 37.24,25; Daniel 7.13,14; Oséias 3.4,5; Amós 9.11 e Zacarias 14.4,9. A promessa davídica é estabelecida por Deus como aliança formal e daí em diante é a base na qual Deus opera em relação ao reino, à casa e ao trono de Davi.

III. O Caráter da Aliança Davídica

Como nas alianças anteriores, o fator determinante é o caráter da própria aliança. Ela é condicional e temporária ou incondicional e eterna? O amilenarista é forçado a defender uma aliança condicional e um cumprimento espiritualizado, para que o trono em que Cristo agora está assentado à destra do Pai se torne o "trono" da aliança, para que a família da fé se torne a "casa" da aliança e para que a igreja se torne o "reino" da aliança. Murray apresenta a teoria amilenarista modelar quando escreve:

> A aliança davídica, a respeito da qual muito foi dito, mostrou que sua descendência sentaria sobre seu trono e teve seu cumprimento natural no reinado de Salomão. Seus aspectos eternos incluem o Senhor Jesus Cristo da descendência de Davi; e, no livro de Atos, Pedro insiste em que a ressurreição e a ascensão de Cristo cumpriram a promessa de Deus de que a descendência de Davi sentaria sobre seu trono. (V. Atos 2.30.) Por que insistir, então, no cumprimento literal de uma promessa que as Escrituras comprovam ter um cumprimento espiritual?[4]

Observe-se que para Murray todos os aspectos temporais da aliança foram cumpridos por Salomão e os aspectos eternos foram cumpridos pelo reino atual de Cristo sobre a igreja. Isso faz da igreja a "descendência" e o "reino" prometidos na aliança. O reino torna-se celestial, não terreno. O governo de Davi torna-se apenas um tipo de governo de Cristo. Somente com considerável alegorização é que tal teoria pode ser aceita.[5]

A. *A aliança davídica é incondicional em seu caráter.* O único elemento condicional na aliança era se os descendentes de Davi ocupariam con-

---

[4] George Murray, *Millennial studies*, p. 44.
[5] G. N. H. Peters, *Theocratic kingdom*, i, p. 344-5.

tinuamente o trono ou não. A desobediência poderia trazer castigo, mas jamais ab-rogar a aliança. Peters diz:

> Alguns [...] erroneamente concluem que toda a promessa é condicional, indo contra as afirmações mais claras do contrário em relação ao mais Distinto dos filhos de Davi, o Descendente preeminente. Ela era, na verdade, condicional quanto à descendência ordinária de Davi (cf. Sl 89.30-34, e ver a força de "mas" etc.) e, se sua descendência tivesse obedecido, o trono de Davi jamais teria vagado até a vinda do Descendente por excelência; no entanto, por terem sido desobedientes, o trono foi derrubado, e permanecerá então "um tabernáculo caído", "uma casa desolada", até ser reconstruída e restaurada pelo Descendente. O leitor não deixará de observar que, se cumpridas em Salomão e não relacionadas ao Descendente, quão incoerentes e irrelevantes seriam as profecias dadas mais tarde, como, por exemplo, Jeremias 33.17-26 etc.[6]

Davi previu que não haveria uma sucessão direta de reis na sua linhagem, mas afirma o caráter eterno da aliança. No salmo 89 Davi previu a derrubada do seu reino (v. 38-45) antes da realização do que tinha sido prometido (v. 20-29). Mas previu o cumprimento da promessa (v. 46-52) e abençoou o Senhor.[7] Tal era a fé de Davi.

Várias razões apóiam a posição de que a aliança é incondicional. 1) Primeiro, como as outras alianças de Israel, ela é chamada eterna em 2Samuel 7.13,16; 23.5; Isaías 55.3 e Ezequiel 37.25. A única maneira pela qual ela pode ser eterna é se for incondicional e baseada na fidelidade de Deus para sua execução. 2) Aqui também essa aliança apenas amplia as promessas da "descendência" da aliança abraâmica original, que demonstrou ser incondicional, e assim compartilhará do caráter da aliança original. 3) Além disso, essa aliança foi reafirmada após repetidos atos de desobediência por parte da nação. Cristo, o Filho de Davi, veio oferecer o reino de Davi após gerações de apostasia. Essas reafirmações não se fariam nem poderiam ser feitas se a aliança fosse condicionada a qualquer reação por parte de Israel.

B. *A aliança davídica deve ser interpretada literalmente*. Peters levanta a questão do cumprimento literal talvez mais profundamente do que qualquer outro autor. Ele assim argumenta a favor da interpretação literal da aliança:

---
[6] Ibid., I, p. 343.
[7] Cf. ibid. I, p. 319.

Antes de censurar os judeus [...] por crerem que Jesus restauraria literalmente o trono e o reino de Davi, devemos levar em consideração justamente que tinham razão de fazer isso pela própria linguagem da aliança. É incrível que Deus, nas questões mais importantes, que influenciavam os interesses e a alegria do homem e quase tocavam Sua própria veracidade, as revestisse de palavras que, se não verdadeiras no sentimento aparente e comum, enganariam os consagrados e tementes a Deus de tantas gerações [...]

1) As palavras e frases na sua aceitação gramatical comum realmente ensinam expressamente a sua crença. Isso não é negado por ninguém, nem mesmo por aqueles que, depois, continuam a espiritualizar a linguagem [...]

2) A aliança é especificamente associada à nação judaica e a nenhuma outra [...]

3) Ela é chamada aliança perpétua, i.e., durará para sempre. Pode, até mesmo, demorar antes de seu cumprimento e até ser temporariamente deixada de lado pela nação, mas deve ser por fim realizada.

4) Ela foi confirmada por juramento (Sl 132.11 e 89.3,4,33), dando assim a segurança mais forte possível de seu cabal cumprimento [...]

5) Para não deixar nenhuma dúvida e tornar a descrença imperdoável, Deus apresenta concisa e veementemente Sua determinação (Sl 89.34): "Não violarei a minha aliança, nem modificarei o que os meus lábios proferiram". Seria pura presunção e cegueira se os judeus alterassem a aliança (com a desculpa —atual— de espiritualidade) e se recusassem a aceitar o significado nítido pretendido pelas palavras; e há uma dura responsabilidade sobre aqueles que, mesmo sob as melhores intenções, propositadamente alterarem as palavras da aliança e a elas adicionarem outro significado.[8]

Peters continua oferecendo uma lista de cerca de 21 razões para crermos que todo o conceito do trono e do reino de Davi deve ser entendido literalmente. Ele escreve:

Se o trono e o reino de Davi forem entendidos literalmente, então todas as outras promessas necessariamente se seguem; e, como a aceitação desse cumprimento literal cria a maior dificuldade mental para muitos, apresentamos uma breve afirmação de razões pelas quais ela deve ser aceita: 1) Ela é prometida solenemente, confirmada por juramento e, logo, não pode ser alterada nem quebrada. 2) O significado gramatical em si lembra uma aliança. 3) A impressão deixada em Davi, se errônea, lança dúvidas sobre sua condição de profeta. 4) A convicção de Salomão (2Cr 6.14-16) de que a aliança se referia ao trono e ao reino literal. 5) Salomão afirma que a aliança foi cumprida nele mesmo, mas só até o ponto em que

---

[8] Ibid., I, p. 315-6.

também ele, como filho de Davi, se assentou no trono de Davi [...] 6) A linguagem é a normalmente usada para denotar o trono e o reino literal de Davi, como ilustrado em Jeremias 17.25 e 22.4. 7) Os profetas adotam a mesma linguagem, e sua constante reiteração sob a liderança divina é evidência de que o significado gramatical comum é o pretendido. 8) A crença dominante por séculos, uma fé nacional, engendrada pela linguagem sob o ensino de homens inspirados, indica como a linguagem deve ser entendida. 9) Esse trono e esse reino provêm de promessa e herança e, portanto, não se referem à divindade, mas à humanidade de Jesus. 10) Com respeito ao Filho de Davi "segundo a carne", promete-se que ele verdadeiramente virá e, logo, ele deve parecer o Rei Teocrático, conforme prometido. 11) Não temos a menor idéia de que a aliança deva ser interpretada de qualquer outra maneira que não a literal; qualquer outra é resultado de pura dedução [...] 12) Qualquer outra interpretação além da literal implica a mais grosseira autocontradição. 13) A negação de uma aceitação literal da aliança tira do herdeiro Sua herança prometida [...] 14) Nenhuma regra gramatical pode ser formulada para fazer do trono de Davi o trono do Pai no terceiro céu. 15) Se tal tentativa for feita sob a rubrica de "simbólica" ou "típica", então a credibilidade e o significado das alianças são deixados à livre interpretação de homens, e o próprio Davi torna-se "símbolo" ou "tipo" (criatura que ele é) do Criador. 16) Se o trono de Davi é o trono do Pai no céu (a interpretação comum), então ele sempre existiu. 17) Se tais promessas pactuais forem interpretadas figuradamente, é inconcebível que elas tenham sido dadas na sua forma atual sem nenhuma afirmação direta, em algum lugar, da sua natureza figurada, prevendo Deus (se não literal) que durante séculos elas seriam preeminentemente calculadas para estimular e criar falsas expectativas, como por exemplo aconteceu desde Davi até Cristo. 18) Deus é fiel nas Suas promessas e não engana ninguém na linguagem de Suas alianças. 19) Não existia nenhuma necessidade de que, se o trono prometido ao Filho de Davi quisesse dizer outra coisa, fosse tão definitivamente prometido na forma dada. 20) O mesmo trono e o mesmo reino derrubados são aqueles restaurados. 21) Mas as razões principais e diretas para aceitar a linguagem literal da aliança [são que] [...] o trono e o reino de Davi [tornam-se] requisito para uma demonstração da ordem teocrática que Deus já instituiu (mas agora mantém suspensa até os preparativos estarem completos) para restauração e exaltação da nação judaica (que é preservada com esse propósito), para salvação da raça humana (que se acha sob a bênção teocrática) e para domínio de um mundo renovado e livre da maldição [...] Tal trono e tal reino são necessários para preservar a Unidade Divina de Propósito na já proposta linhagem teocrática.[9]

---

[9] Ibid., I, p. 343-44.

Toda essa proposição é apoiada por ainda outras provas.

1. As partes da aliança que foram realizadas o foram literalmente. Como já vimos, o cumprimento parcial determina o método a ser usado nas partes irrealizáveis. Ryrie diz:

> Basta mencionar brevemente que Davi teve um filho, que o trono de Davi foi estabelecido, que o reino de Davi foi estabelecido, que Salomão construiu o templo, que seu trono foi estabelecido e que ele foi punido por desobediência.[10]

2. Nova evidência é acrescentada pela maneira em que Davi foi levado a entender a aliança. Vemos que ele não tinha dúvida de que se tratava de uma aliança literal, a ser cumprida literalmente. Peters diz:

> Como o próprio Davi entendeu essa aliança? Isso é afirmado melhor na sua própria linguagem. Leia por exemplo o salmo 72, que descreve um Filho infinitamente superior a Salomão; reflita sobre o salmo 132, e depois observe que "Deus lhe havia jurado que um dos seus descendentes se assentaria no seu trono" (frase que Pedro, em Atos 2.30,31, expressamente atribui a Jesus); considere as numerosas alusões messiânicas nesse e em outros salmos (89, 110, 72, 48, 45, 21, 2 etc.), assim considerados e citados explicitamente no Novo Testamento por homens inspirados; pondere sobre o fato de que Davi O chama de "meu Senhor", "mais alto que os reis da terra" e atribui a Ele posição, poder, domínio, imortalidade e perpetuidade que nenhum Rei mortal jamais alcançaria, e certamente não estamos errados em acreditar que o próprio Davi, de acordo com o teor da aliança —"o teu reino será firmado para sempre diante de ti"— esperava estar nesse reino do Seu Filho e Senhor tanto para testemunhar como para experimentar sua bênção... [11]

E ainda:

> O próprio Davi, em suas últimas palavras (2Sm 23.5), enfaticamente diz: "Pois estabeleceu comigo uma aliança eterna, em tudo bem definida e segura. Não me fará ele prosperar toda a minha salvação e toda a minha esperança?". O profeta Isaías reitera (55.3), denominando-a "uma aliança perpétua, que consiste nas fiéis misericórdias prometidas a Davi". Certamente ninguém pode deixar de ver o que isso denota, como Barnes (Com. loci), "uma aliança imutável e inabalável —aliança que não seria

---

[10] Charles C. Ryrie, *The basis of the premillennial faith*, p. 78.
[11] Peters, op. cit., I, p. 314.

A aliança davídica

revogada"—, aliança que não seria ab-rogada, mas perpétua —e "Deus ratificaria essa aliança".¹²

E também:

> O fato de que o próprio Davi esperava cumprimento literal da promessa é evidente pela linguagem que segue o estabelecimento da aliança; e nessa previsão literal da promessa Davi retribui agradecimentos a Deus e louvores a Ele por ter escolhido sua casa para honrar, estabelecendo-a assim pelas gerações, para sempre (2Sm 7.8 etc.; 1Cr 17.16 etc.). É presunção supor que Davi ofereceria agradecimentos, e também oração, com uma impressão errada da natureza da aliança.¹³

Logo, é evidente que Davi foi levado por Deus a interpretar a aliança literalmente.

3. Há evidência da interpretação literal da aliança a partir da interpretação da aliança pela nação de Israel. Fez-se referência aos aspectos literais frisados em todos os livros proféticos do Antigo Testamento. Essa ênfase literal continuou por toda a história judaica. Ryrie diz:

> O conceito que os judeus tinham do reino nessa época pode ser resumido sob cinco características: terreno, nacional, messiânico, moral e futuro.
> A esperança era de um reino terreno. Quando Israel viu a Palestina sob o governo de uma potência estrangeira, sua esperança se intensificou ainda mais, porque o reino esperado seria estabelecido na terra e naturalmente traria libertação do domínio estrangeiro [...]
> O reino seria nacional; isto é, o reino esperado tinha relação específica com Israel, sendo prometido apenas para aquela nação [...]
> O reino seria moral, porque Israel seria purificado como nação [...]
> Obviamente o reino ainda não existia e, logo, era futuro na época da primeira vinda de Cristo. Mesmo toda a glória sob Davi e Salomão não se comparava à do reino esperado. Conseqüentemente, todas as crenças de Israel a respeito desse reino eram do tipo de esperanças irrealizadas. Israel olhava para o futuro.¹⁴

4. Há evidência da interpretação literal com base nas referências neotestamentárias à aliança feita com Davi. Walvoord fala sobre o Novo Testamento como um todo, quando escreve:

---

¹² Ibid., I, p. 316.
¹³ Ibid., I, p. 342.
¹⁴ RYRIE, op. cit., p. 89-91.

O Novo Testamento comporta ao todo 59 referências a Davi. Também tem muitas referências à atividade presente de Cristo. Uma pesquisa neotestamentária revela que não há nenhuma referência ligando a atividade atual de Cristo com o trono de Davi [...] é quase inacreditável que em tantas referências a Davi e em tantas referências à atividade atual de Cristo no trono do Pai não houvesse referência ligando os dois de maneira autorizada. O Novo Testamento não apresenta nenhum ensinamento positivo de que o trono do Pai no céu deva ser identificado com o trono de Davi. A conclusão clara é que Cristo está sentado no trono do Pai, mas isso de maneira alguma é o mesmo que estar sentado no trono de Davi.[15]

Podemos demonstrar que, em todas as pregações a respeito do reino feitas por João (Mt 3.2), por Cristo (Mt 4.17), pelos doze (Mt 10.5-7), pelos setenta (Lc 10.1-12), em nenhuma ocasião o reino oferecido a Israel é alguma coisa além de um reino literal terreno. Mesmo após a rejeição dessa oferta por Israel e o anúncio do mistério do reino (Mt 13), Cristo prevê tal reino literal terreno (Mt 25.1-13,31-46).[16] O Novo Testamento nunca relaciona o reino prometido a Davi à passagem terrena de Cristo.

É interessante observar que o anjo, que não inventou sua mensagem, mas anunciou o que lhe havia sido entregue por Deus, disse a Maria:

> Eis que conceberás e darás à luz um filho, a quem chamarás pelo nome de Jesus. Este será grande e será chamado Filho do Altíssimo; Deus, o Senhor, lhe dará o *trono* de Davi, seu pai; ele reinará para sempre sobre a *casa* de Jacó, e o seu *reinado* não terá fim (Lc 1.31-33; grifo do autor).

A mensagem angelical centraliza-se em três palavras-chave da aliança original de Davi, o trono, a casa e o reino, todos os quais recebem a promessa de cumprimento.

A aliança davídica assume lugar importante na discussão do primeiro concílio da igreja. Walvoord comenta sobre Atos 15.14-17, em que essa aliança é tratada, da seguinte maneira:

> O problema dessa passagem gira em torno de duas perguntas: 1) O que se quer dizer com "tabernáculo de Davi"? 2) Quando o "tabernáculo de Davi" será reconstruído? A primeira pergunta é respondida por um exame de sua fonte, Amós 9.11, e seu contexto. Os capítulos anteriores e a primeira parte do capítulo 9 lidam com o julgamento de Deus sobre Israel. Ele é resumido em dois versículos imediatamente anteriores à citação: "Porque eis que darei ordens e sacudirei a casa de Israel entre todas as nações,

---

[15] WALVOORD, op. cit., *109*:110.
[16] Cf. RYRIE, op. cit., p. 91-102.

A aliança davídica

assim como se sacode trigo no crivo, sem que caia na terra um só grão. Todos os pecadores do meu povo morrerão à espada, os quais dizem: O mal não nos alcançará, nem nos encontrará" (Am 9.9,10.)

Imediatamente seguinte a essa passagem de julgamento, está a promessa de bênção pós-juízo, da qual o versículo citado em Atos 15 é a primeira [...]

O contexto da passagem trata, então, do julgamento de Israel [...] A passagem inteira confirma que o "tabernáculo de Davi" se refere a toda a nação de Israel, e isso em contraposição às nações dos gentios [...]

Qual então é o significado da citação de Tiago? [...]

Ele afirma, com efeito, que o propósito de Deus era abençoar os gentios assim como Israel, mas em sua ordem. Deus visitaria os gentios *primeiro*, "a fim de constituir dentre eles um povo para o seu nome". Tiago continua dizendo que isso é somente para acompanhar os profetas, pois eles afirmaram que o período de bênção e triunfo dos judeus seguiria ao período gentio [...] Em vez de identificar o período da conversão gentia com a reconstrução do tabernáculo de Davi, os dois são cuidadosamente distintos um do outro pela palavra *primeiro* (referente à bênção gentia) e pela expressão *depois disso* (referente à glória vindoura de Israel.) A passagem, em vez de identificar o propósito de Deus para a igreja e o propósito para a nação de Israel, estabeleceu uma ordem específica de tempo. A bênção de Israel não virá até que se cumpra o "Voltarei" [...] Deus primeiro concluirá Seu trabalho com os gentios no período da dispersão de Israel; depois retornará para trazer as bênçãos prometidas a Israel. É desnecessário dizer que isso confirma a interpretação de que Cristo não está agora no trono de Davi, trazendo bênção para Israel como os profetas previram, mas está no trono do Pai esperando a vinda do reino terreno e intercedendo pelos que formam a igreja.[17]

Ryrie, a respeito da mesma passagem, comenta:

[Em relação à] citação de Amós em Atos 15.14-17 [...] Gaebelein faz excelente análise das palavras de Amós mencionando quatro aspectos da linha de raciocínio. Primeiro, Deus visita os gentios, escolhendo deles um povo para Seu nome. Em outras palavras, Deus prometeu abençoar os gentios assim como Israel, mas cada um na sua própria ordem. A bênção gentia é a primeira. Em segundo lugar, Cristo voltará. Isso *depois* de constituir o povo em Seu nome. Em terceiro lugar, em conseqüência da Vinda do Senhor, o tabernáculo de Davi será reconstruído; isto é, o reino será estabelecido como prometido na aliança davídica. Amós declara nitidamente que essa reconstrução será feita "como fora nos dias da antiguidade" (9.11); isto é, as bênçãos serão terrenas e nacionais e não estarão rela-

[17] WALVOORD, op. cit., *109*:110.

cionadas à igreja. Em quarto lugar, o restante dos homens buscará o Senhor, isto é, todos os gentios conhecerão o Senhor depois que o reino for estabelecido. Isaías 2.2, 11.10, 40.5 e 66.23 ensinam a mesma verdade.[18]

Assim, por todo o Novo Testamento, bem como por todo o Antigo, a aliança davídica é tratada em todos os lugares como literal.

C. *Os problemas do cumprimento literal*. A posição de que a aliança davídica deve ser interpretada literalmente não é isenta de problemas. Daremos atenção a vários desses problemas agora.

1. Há o problema da relação de Cristo com a aliança. Duas respostas contraditórias são dadas.

> O problema do cumprimento não consiste na questão de Cristo ser Aquele que cumpre as promessas, mas na questão de *como* Cristo cumpre a aliança e *quando* a cumpre. Com relação a essa questão, há duas respostas principais: 1) Cristo cumpre a promessa pela Sua presente posição e atividade à direita do Pai no céu; 2) Cristo cumpre a promessa de Seu retorno e reino justo na terra durante o milênio.[19]

Em resposta à primeira dessas interpretações, Peters escreve:

> Nenhum raciocínio falacioso que vise espiritualizar, simbolizar ou tipificar pode transmudar a promessa do trono e do reino de Davi em outra coisa, como, por exemplo, o trono do Pai, a soberania divina, o reino da graça, a dispensação do evangelho etc., pela simples razão de que o mesmo trono e reino, agora derrubado, é aquele que é prometido ao Messias para ser restabelecido por Ele mesmo, como, por exemplo, em Amós 9.11, Atos 15.16, Zacarias 2.12;1.16,17 etc. A coroa teocrática caída, o trono teocrático derrubado, o reino teocrático deposto, são a coroa, o trono e o reino que o Cristo restaurará. Pertencem a Cristo por "direito" (Ez 31.25-27) e serão "dados a Ele". Também estão ligados à restauração da nação judaica, Jeremias 33.14, Miquéias 4.6,8 etc. Esses fatos —a existência do trono numa época, sua não-existência por um período, sua restauração, sua conexão na restauração com o povo e a terra que formaram o reino original—, assim como muitos outros que serão levantados, indicam, tão completamente quanto a linguagem pode expressar, que a fé antiga na linguagem pactual não pode ser descartada...[20]

---

[18] RYRIE, op. cit., p. 102-3.
[19] WALVOORD, op. cit., *109*:110.
[20] PETERS, op. cit., I, p. 347.

A aliança davídica

De acordo com os princípios estabelecidos de interpretação, a aliança davídica exige cumprimento literal. Isso significa que Cristo deve reinar no trono de Davi, na terra, sobre o povo de Davi, para sempre.

2. O segundo problema é o da história de Israel desde a época de Davi e de Salomão. Ryrie lida com esse problema quando escreve:

> A pergunta que deve ser respondida é esta: o cumprimento parcial histórico [...] impede um cumprimento literal futuro? As dificuldades principais que a história levanta são três: 1) não houve nenhum desenvolvimento contínuo ou autoridade contínua do reino político de Davi, 2) o cativeiro de Israel e o fim do reino parecem contradizer uma interpretação literal de cumprimento futuro e 3) os séculos que se passaram desde o primeiro advento de Cristo parecem indicar que um cumprimento literal não deve ser esperado... a posição pré-milenarista afirma que o cumprimento histórico parcial não alivia de forma alguma o cumprimento futuro pelas quatro razões seguintes. Primeiro, o profetas do Antigo Testamento esperavam cumprimento literal mesmo durante os períodos de grande apostasia de Israel. Em segundo lugar, a aliança exige interpretação literal que também significa cumprimento futuro. Em terceiro lugar, o Novo Testamento ensina que a forma de mistério presente do reino não ab-roga de forma alguma o cumprimento literal futuro. Em quarto lugar, as próprias palavras da aliança ensinam que, apesar de Salomão ter sido desobediente, a aliança permaneceria válida, e a descendência de Salomão não teve promessa de perpetuidade. A única característica necessária é que a linhagem não pode ser perdida, não que o trono seja ocupado continuamente.[21]

A interrupção do reino não significou que todo o plano tenha sido deixado de lado. Enquanto os direitos do trono estivessem intactos, o reino poderia ser restabelecido. Walvoord diz:

> ... a linhagem que cumpriria a promessa do trono e do reino eterno sobre Israel foi preservada por Deus mediante uma linhagem que na verdade nem sentou no trono, desde Natã até Cristo. Então não é necessário que a linhagem seja contínua com relação à conduta do reino, mas a linhagem, o direito real e o direito ao trono foram preservados e *jamais perdidos*, mesmo no pecado, cativeiro e dispersão. Não é necessário, então, que o governo político contínuo seja efetivo, mas *é necessário que a linhagem não seja perdida*.[22]

---

[21] RYRIE, op. cit., p. 80.
[22] John F. WALVOORD, The fulfillment of the davidic covenant, *Bibliotheca Sacra* 102:161, Apr. 1945.

Já nos referimos a várias passagens do Novo Testamento para mostrar que havia uma expectativa de cumprimento literal. No entender dos escritores do Novo Testamento, a interrupção do reino de Davi não contraria a expectativa de uma restauração literal desse reino.

D. *Essa aliança foi cumprida ao longo da história?* O amilenarista apresenta o argumento de que ela foi cumprida no império de Salomão. Sua asserção é que a terra sobre a qual Salomão reinou, de acordo com 1Reis 4.21, cumpre a aliança de tal modo que nenhum cumprimento futuro deve ser esperado. A isso se pode responder:

> No próprio fato de usar esse texto, o amilenarista está admitindo que a aliança foi cumprida literalmente! Por que, então, ele procura cumprimento espiritual pela igreja? No entanto, podemos realçar quatro coisas que não foram cumpridas por Salomão. Não houve posse permanente da terra como prometido a Abraão. Nem toda a terra foi possuída. "Desde o rio do Egito" (Gn 15.18) e "até à fronteira do Egito" (1Rs 4.21) não são termos geograficamente equivalentes. Salomão não ocupou toda essa terra; simplesmente coletou tributos. Superioridade temporária não é posse eterna. Por último, centenas de anos após a época de Salomão, as Escrituras ainda estão repletas de promessas a respeito da futura posse da terra. Isso deve provar que Deus e Seus profetas perceberam, quer o amilenarista tenha percebido, quer não, que Salomão não havia cumprido a aliança de Abraão.[23]

Visto que essa aliança não foi cumprida literalmente na história de Israel, deve haver cumprimento futuro literal da aliança em virtude do seu caráter incondicional.

IV. IMPLICAÇÕES ESCATOLÓGICAS DA ALIANÇA DAVÍDICA

Por causa da expectativa de cumprimento literal futuro, certos fatos se apresentam com relação ao futuro de Israel. 1) Primeiro: Israel deve ser preservado como nação. Peters escreve:

> O trono e o reino prometidos em aliança a Davi, ligados como estão à nação judaica [...] necessariamente requerem [...] a preservação da nação. Isso deve ser feito; e hoje vemos essa nação maravilhosamente preservada até o presente, apesar de os inimigos, mesmo as nações mais fortes e os impérios mais poderosos, terem perecido. Isso não ocorre por acaso; pois,

---

[23] RYRIE, op. cit., p. 60-1.

A aliança davídica

se nossa posição estiver correta, isso é algo absolutamente necessário, visto que sem a restauração da nação é impossível restaurar o reino de Davi. A linguagem da aliança, o juramento de Deus, a confirmação da promessa pelo sangue de Jesus, os pronunciamentos proféticos —tudo, apesar da descrença da nação, requer sua perpetuação, para que por meio dela as promessas e a fidelidade de Deus sejam vindicadas. Deus assim cuida para que *Sua Palavra* seja cumprida. Se pensarmos no assunto, todo judeu que encontrarmos na rua é evidência viva de que o Messias algum dia ainda reinará gloriosamente no trono de Davi, e dele estenderá um domínio global.[24]

2) Israel deve ter uma existência nacional e ser trazido de volta à terra de sua herança. Já que o reino de Davi tinha fronteiras geográficas definidas e essas fronteiras foram estabelecidas como característica da promessa a Davi a respeito do reinado de seu filho, a terra deve ser dada a essa nação como o local de sua pátria nacional. 3) O Filho de Davi, o Senhor Jesus Cristo, deve voltar à terra, de forma corporal e literal, para reinar sobre o reino prometido de Davi. A alegação de que Cristo está assentado no trono do Pai reinando sobre um reino espiritual, a igreja, simplesmente não cumpre as promessas da aliança. 4) Um reino terreno literal deve ser constituído, e sobre ele o Messias que retornou reinará. Peters afirma:

> O cumprimento das promessas da aliança implica, em vista do trono e do reino restaurado de Davi, que o reino messiânico é um reino *visível e externo*, não simplesmente espiritual, apesar de conter aspectos espirituais e divinos. Sua visibilidade e correspondente reconhecimento são uma característica inseparável da linguagem da promessa...[25]

5) Esse reino deve tornar-se reino eterno. Já que "trono", "casa", e "reino" são todos prometidos a Davi para toda a eternidade, não haverá fim do reino do Messias sobre o reino de Davi a partir do trono de Davi.

Fica, assim, evidente que a aliança davídica é de importância vital para o entendimento dos acontecimentos futuros.

---

[24] PETERS, op. cit., I, p. 351.
[25] Ibid.

Capítulo 8
Uma nova aliança

A última das quatro grandes alianças determinativas que Deus fez com Israel é a nova aliança.

I. A Importância da Nova Aliança

A nova aliança garante a Israel um coração convertido como fundamento de todas as suas bênçãos. De acordo com o princípio do Antigo Testamento de que tal conversão não pode ser efetivada permanentemente sem derramamento de sangue, essa aliança requer um sacrifício, aceitável a Deus, como fundamento no qual ela é instituída. Visto que o sacrifício do Filho de Deus é o centro do antigo plano de redenção e já que essa aliança inclui tal sacrifício, grande importância deve ser atribuída a ela. A aliança como um todo passa a ser importante, além disso, porque o amilenarismo tenta mostrar que a igreja de hoje está cumprindo as alianças de Israel por ter sido redimida por sangue. Se a igreja cumpre essa aliança, pode cumprir também as outras alianças feitas com Israel, e não há necessidade de um milênio terreno. Por causa dessas considerações, a aliança deve ser examinada.

II. As Disposições da Nova Aliança

A nova aliança prometida a Israel foi declarada em Jeremias 31.31-34, em que lemos:

> Eis aí vem dias, diz o Senhor, em que firmarei nova aliança com a casa de Israel e com a casa de Judá. Não conforme a aliança que fiz com seus pais, no dia em que os tomei pela mão, para os tirar da terra do Egito; porquan-

Uma nova aliança

to eles anularam a minha aliança, não obstante eu os haver desposado, diz o SENHOR. Porque esta é a aliança que firmarei com a casa de Israel, depois daqueles dias, diz o SENHOR: Na mente, lhes imprimirei as minhas leis, também no coração lhas inscreverei; eu serei o seu Deus, e eles serão o meu povo. Não ensinará jamais cada um ao seu próximo, nem cada um ao seu irmão, dizendo: Conhece ao SENHOR, porque todos me conhecerão, desde o menor até ao maior deles, diz o SENHOR. Pois perdoarei as suas iniqüidades e dos seus pecados jamais me lembrarei.

Ryrie resume bem as disposições dessa aliança quando diz:

> As seguintes disposições para Israel, o povo da nova aliança, a ser cumpridas no milênio, o período da nova aliança, são encontradas no Antigo Testamento.
>
> 1) A nova aliança é uma aliança de graça incondicional baseada nos juramentos de Deus. A freqüência do uso desses juramentos em Jeremias 31.31-34 é impressionante. Cf. Ezequiel 16.60-62.
>
> 2) A nova aliança é eterna. Isso está em íntima relação com o fato de ser incondicional e se basear na graça [...] (Is 61.2, cf. Ez 37.26; Jr 31.35-37).
>
> 3) A nova aliança também promete uma mente e um coração renovados, a que podemos chamar regeneração [...] (Jr 31.33; cf. Is 59.21).
>
> 4) A nova aliança proporciona restauração do favor e da bênção de Deus [...] (Os 2.19,20; cf. Is 61.9).
>
> 5) O perdão dos pecados também está incluído na aliança: "Pois perdoarei as suas iniqüidades e dos seus pecados jamais me lembrarei" (Jr 31.34*b*).
>
> 6) A habitação do Espírito Santo também está incluída. Vemos isso ao comparar Jeremias 31.33 com Ezequiel 36.27.
>
> 7) O ministério de ensino do Espírito Santo será manifesto, e a vontade de Deus será conhecida por corações obedientes [...] (Jr 31.34).
>
> 8) Como ocorre sempre quando Israel está na terra, ele será abençoado materialmente de acordo com as disposições da nova aliança [...] Jeremias 32.41; [...] Isaías 61.8 [...] Ezequiel 34.25-27.
>
> 9) O santuário será reconstruído em Jerusalém, pois está escrito "porei o meu santuário no meio deles, para sempre. O meu tabernáculo estará com eles" (Ez 37.26,27*a*).
>
> 10) As guerras cessarão e a paz reinará de acordo com Oséias 2.18. Essa característica definitiva do milênio (Is 2.4) apóia ainda mais o fato de que a nova aliança é milenar em seu cumprimento.
>
> 11) O sangue do Senhor Jesus Cristo é o fundamento de todas as bênçãos da nova aliança, pois "por causa do sangue da tua aliança, tirei os teus cativos da cova em que não havia água" (Zc 9.11).
>
> Para resumir, podemos dizer que, com base nos ensinamentos do Antigo Testamento sobre a nova aliança, a aliança foi feita com o povo judeu. Seu período de cumprimento ainda é futuro, começando quando o

Salvador vier e continuando por toda a eternidade. Suas provisões para a nação de Israel são gloriosas, e todas elas se baseiam na Palavra de Deus e dela dependem.[1]

A confirmação dessa aliança é dada na afirmação de Isaías 61.8,9, em que é declarada eterna, e novamente em Ezequiel 37.21-28. Aí devemos observar os seguintes aspectos:

1) Israel será congregado; 2) Israel será uma nação governada por um rei; 3) Israel não será mais idólatra, mas purificado, perdoado; 4) Israel habitará "para sempre" na terra após a congregação; 5) a aliança de paz será eterna; 6) o tabernáculo de Deus estará com eles, i.e., Deus estará presente com eles de maneira visível; 7) Israel será conhecido entre os gentios como nação abençoada por Deus. Todas essas promessas estão implícitas na passagem básica de Jeremias e confirmam, enriquecem e ampliam a aliança.[2]

Essa aliança, então, está relacionada à regeneração, ao perdão e à justificação de Israel, ao derramamento do Espírito Santo com Seus ministérios subseqüentes, à congregação e reintegração de Israel no lugar de bênção, tudo isso alicerçado no sangue de Jesus Cristo.

III. O Caráter da Nova Aliança

Mais uma vez é observado o princípio de que, como todas as alianças de Israel, essa é literal e incondicional. 1) É chamada eterna em Isaías 24.5; 61.8; Jeremias 31.36,40; 32.40; 50.5. 2) Essa aliança é uma aliança misericordiosa que depende totalmente do juramento de Deus para seu cumprimento, Jeremias 31.33. Ela não depende do homem. 3) Essa aliança amplia a terceira grande área da aliança original de Abraão, a área de "bênção". Visto que essa é apenas uma ampliação da aliança abraâmica, que se demonstrou incondicional e literal, esta também o deve ser. 4) Essa aliança ocupa-se em grande parte com a questão da salvação do pecado e da concessão de um novo coração. A salvação é obra exclusiva de Deus. Logo, a aliança que garante a salvação da nação de Israel deve ser separada de toda ação humana, sendo assim incondicional.

---

[1] Charles C. Ryrie, *The basis of the premillennial faith*, p. 112-4.
[2] John F. Walvoord, Millenial series, *Bibliotheca Sacra*, 110:197, July 1953.

IV. O Cumprimento da Nova Aliança

Os amilenaristas usam as referências do Novo Testamento para provar que a igreja está cumprindo as promessas do Antigo Testamento a Israel. Logo, não há necessidade de um reino milenar futuro, visto que a igreja é o reino. Allis representa essa visão quando comenta Hebreus 8.8-12:

> A passagem fala da nova aliança. Ela declara que essa nova aliança já foi introduzida e, pelo fato de ser chamada "nova", passa a ser a que substitui a "velha", e que a velha está prestes a desaparecer. Seria difícil encontrar referência mais clara à era do evangelho no Antigo Testamento do que nesses versículos de Jeremias...[3]

Em resposta a tais alegações, é necessário observar certos fatos essenciais sobre a nova aliança.

A. *A nação com quem a aliança é feita.* Deve ficar claro pelo estudo das passagens já citadas que essa aliança foi feita com Israel, a descendência física de Abraão de acordo com a carne, e somente com Israel. Isso fica claro por três razões:

> Primeiro, vemos isso nas palavras de instituição da aliança [...] Jeremias 31.31 [...] Outras passagens que apóiam o fato são: Isaías 59.20,21; 61.8,9; Jeremias 32.37-40; 50.4,5; Ezequiel 16.60-63; 34.25,26; 37.21-28.
> Em segundo lugar, o fato de o Antigo Testamento ensinar que a nova aliança é para Israel também é visto pelo seu próprio nome [...] comparado com a aliança de Moisés [...] a nova aliança é feita com o mesmo povo com que foi firmada a aliança mosaica [...] as Escrituras ensinam claramente que a aliança mosaica foi feita com a nação de Israel apenas. Romanos 2.14 [...] Romanos 6.14 e Gálatas 3.24,25 [...] 2 Coríntios 3.7-11 [...] Levítico 26.46 [...] Deuteronômio 4.8.
> Não há dúvida quanto a quem se refere a lei. Ela é somente para Israel, e já que essa aliança antiga foi feita com Israel, a nova aliança é feita com o mesmo povo, não com outro grupo ou outra nação.
> Em terceiro lugar, o Antigo Testamento ensina que a nova aliança é para Israel, e por isso no seu estabelecimento a perpetuidade da nação de Israel e sua restauração à terra estão ligados vitalmente a ela (Jr 31.35-40) [...]
> Logo concluímos, por essas três razões incontestáveis, as próprias palavras do texto, o próprio nome e a conexão com a perpetuidade da

---

[3] Oswald T. Allis, *Prophecy and the church*, p. 154.

nação, que a nova aliança segundo o ensinamento do Antigo Testamento é para o povo de Israel.[4]

B. *O tempo do cumprimento da nova aliança*. Já concordamos em que o tempo da nova aliança era *futuro*. Ela sempre foi vista como futura nas profecias do Antigo Testamento. Oséias (2.18-20), Isaías (55.3), Ezequiel (16.60,62; 20.37; 34.25,26), todos falavam sobre ela como algo futuro. Ela deve ser vista como ainda futura, pois não pode ser desfrutada por Israel até que Deus efetive sua salvação e reintegração à terra. Ryrie diz:

> A seqüência de acontecimentos estabelecida pelo profeta (Jr 32.37,40,41) é que Israel primeiro será congregado e reintegrado à terra e depois receberá as bênçãos da nova aliança *na terra*. A história não registra essa seqüência. Deus não pode cumprir a aliança até que Israel esteja congregado como nação. Sua restauração completa é exigida pela nova aliança, e isso ainda não aconteceu na história do mundo [...] O cumprimento das profecias exige a congregação de todo o Israel, seu renascimento espiritual e o retorno de Cristo.[5]

Essa aliança *deve seguir o retorno de Cristo* no segundo advento. As bênçãos previstas na aliança não se realizarão até a salvação de Israel, e essa salvação segue o retorno do Redentor.

> E, assim, todo o Israel será salvo, como está escrito: Virá de Sião o Libertador e ele apartará de Jacó as impiedades. Esta é a minha aliança com eles, quando eu tirar os seus pecados (Rm11.26,27).

A aliança mencionada aqui deve obrigatoriamente ser a nova aliança, pois é a única que lida expressamente com a remoção dos pecados. E ela operará após a vinda do Redentor.

Essa aliança será *desfrutada no milênio*. Passagens como Jeremias 31.34, Ezequiel 34.25 e Isaías 11.6-9, que dão descrições das bênçãos a serem recebidas durante o cumprimento da nova aliança, demonstram que a nova aliança será desfrutada por Israel no milênio.[6]

A conclusão, portanto, seria que essa aliança, futura na época dos profetas, e futura no Novo Testamento, só pode ser realizada após o segundo advento de Cristo no milênio.

---

[4] RYRIE, op. cit., p. 108-10.
[5] Ibid., p. 111.
[6] Cf. ibid., p. 110-2.

Uma nova aliança

C. *A relação da igreja com a nova aliança*. Há cinco referências claras à nova aliança no Novo Testamento: Lucas 22.20, 1Coríntios 11.25, 2Coríntios 3.6, Hebreus 8.8 e 9.15. Além dessas há seis outras referências a ela: Mateus 26.28, Marcos 14.24, Romanos 11.27, Hebreus 8.10-13 e 12.24. Surge a questão do relacionamento dos crentes deste século com a nova aliança de Jeremias 31.31-34. Essa questão é importante, pois, como vimos anteriormente, a alegação do amilenarista é que a igreja está cumprindo agora essas profecias do Antigo Testamento e portanto não há necessidade de um milênio terreno.

1. Há três teorias pré-milenaristas quanto à relação da igreja com a nova aliança feita com Israel.

a. A primeira é a de Darby. Ele apresentou a teoria de que há uma e somente uma nova aliança nas Escrituras, feita com as casas de Israel e de Judá, a ser realizada num tempo futuro, com a qual a igreja não tem nenhuma relação. Ele escreve:

> Essa aliança da letra é feita com Israel, não conosco; mas nos beneficiamos dela [...] porque Israel não aceitou a bênção, Deus trouxe a igreja, e o mediador da aliança subiu aos céus. Estamos associados ao Mediador. Ela será cumprida com Israel no futuro.[7]

E ainda:

> O evangelho não é uma aliança, mas a revelação da salvação de Deus. Ele proclama a grande salvação. Na verdade gozamos de todos os privilégios essenciais da nova aliança, cuja base, da parte de Deus, é firmada no sangue de Cristo, mas o fazemos em espírito, e não segundo a letra.
>
> A nova aliança será estabelecida formalmente com Israel no milênio.[8]

Além disso:

> ... a base da nova [aliança] foi firmada no sangue do mediador. Não é para nós que os termos da aliança, extraídos de Jeremias pelo apóstolo, foram cumpridos; tampouco somos Israel e Judá; afirma-se, isto sim, que à medida que a aliança está instituída, não sobre a obediência de um povo vivo, ao qual a bênção viria, e sobre o sangue de uma vítima derramado por um mediador vivo, mas sobre a obediência até a morte do próprio

---

[7] William KELLY, org., *The collected writings of J. N. Darby*, XXVII, p. 565-6.
[8] J. N. DARBY, *Synopsis of the books of the Bible*, v, p. 286.

Mediador, nele (como sua base de graça segura e inalterável) a aliança está alicerçada.[9]

E por fim:

> Nós, então, estamos associados aos benefícios circunstanciais da [nova] aliança, não às bênçãos formais que, de certa forma, substituíram as condições da antiga [aliança], embora algumas delas possam, de certa maneira, ser cumpridas em nós.[10]

Parece-nos então que a opinião de Darby é que, em todas as suas citações do Novo Testamento, a nova aliança deve ser igualada à aliança de Jeremias 31. No Novo Testamento, não há referência à igreja nessa época, apesar de a bênção da aliança alcançar outros além de Israel agora, já que o sangue foi "derramado por muitos". No entanto, ela será cumprida literalmente no milênio.

Há certas proposições na teoria apresentada por Darby com as quais há acordo completo. 1) A nova aliança de Jeremias 31 tornava necessária a obra do Mediador, e a morte de Cristo é o que possibilita a nova aliança. 2) A nova aliança foi feita originariamente com as casas de Israel e de Judá e será cumprida com elas literalmente no milênio. A aliança só pode ser cumprida literalmente por aqueles com quem ela foi firmada; já que a igreja não é Israel, não pode cumprir essa aliança. 3) Todas as bênçãos que a igreja recebe hoje estão firmadas no sangue de Cristo, que foi necessariamente derramado para possibilitar a nova aliança.

b. A segunda teoria é a de Scofield. Esta, mais geralmente aceita que a de Darby, diz: "A nova aliança [...] garante a perpetuidade, futura conversão e bênção de Israel... "[11] e "... garante a bênção eterna [...] de todos os que crêem".[12] Logo, de acordo com essa teoria, há uma nova aliança com dupla aplicação: uma para Israel no futuro e uma para a igreja agora. Lincoln diz:

> O sangue da nova aliança derramado na cruz do Calvário é a base de todas as bênçãos do crente hoje. O crente, então, participa do valor da nova aliança para o pecador e, assim, participa da ceia do Senhor em memória do sangue da nova aliança (1Co 11.25), sendo ministro da nova

---

[9] KELLY, op. cit., III, p. 79.
[10] Ibid., p. 82.
[11] C. I. SCOFIELD, org., *The Scofield reference Bible*, p. 1297.
[12] Ibid., p. 1298.

aliança (2Co 3.6). Também se diz que o crente é filho de Abraão porque é da fé (Gl 3.7) e de Cristo (Gl 3.29). Diz-se ainda que participa da raiz e da gordura da oliveira, que é Abraão e Israel (Rm 11.17). Além disso, embora, como gentio descrente, seja "separado" e "estranho" (Ef 2.12), não é mais assim (Ef 2.19), porque foi aproximado pelo sangue de Cristo (Ef 2.13). Beneficia-se da nova aliança como concidadão dos santos e da casa de Deus (Ef 2.19), e não como membro da comunidade de Israel (Ef 2.12).[13]

Grant diz:

... devemos lembrar que Deus está falando aqui explicitamente de Seu povo terreno, e não de um povo celestial [...] o povo com quem essa aliança se firmará, naquele dia, um povo completamente de acordo com a Sua vontade.

Pode-se perguntar como, de acordo com isso, a nova aliança se aplica a todos nós. Outras passagens respondem a isso claramente assegurando-nos de que, mesmo que a aliança não tenha sido *feita* conosco, ainda pode, com todas as bênçãos de que fala, ser *ministrada* a nós.[14]

Essa teoria insere a igreja na nova aliança e vê essa relação como cumprimento parcial da aliança.

Podemos concordar com Scofield em que o sangue de Cristo é a base da nova aliança com Israel e de qualquer relação de aliança que a igreja possa sustentar com Cristo, pois não era necessário para Cristo morrer uma vez por Israel e depois novamente pela igreja. A igreja, no entanto, não pode ser inserida na aliança de Israel. Scofield concorda com Darby completamente no sentido de que a aliança era principalmente para Israel e será cumprida por essa nação. Qualquer aplicação à igreja, como a teoria de Scofield afirma, não anula a aplicação a Israel em primeiro lugar.

c. A terceira teoria é a teoria das duas alianças.[15] Essa teoria afirma que há duas novas alianças apresentadas no Novo Testamento: a primeira com Israel, reafirmando a aliança feita em Jeremias 31, e a segunda com a igreja no presente. Essencialmente essa teoria dividiria as referências à nova aliança no Novo Testamento em dois grupos. As dos evangelhos e de Hebreus 8.6, 9.15, 10.29 e 13.20 dizem respeito à nova

---

[13] C. Fred LINCOLN, The covenants, p. 202-3.
[14] F. W. GRANT, *The numerical Bible*, VII, p. 48.
[15] Lewis Sperry CHAFER, *Systematic theology*, IV, p. 325; WALVOORD, op. cit., 110:193-205; RYRIE, op. cit., p. 105-25.

aliança com a igreja; Hebreus 8.7-13 e 10.16 referem-se à nova aliança com Israel e Hebreus 12.24 refere-se, talvez, a ambas, realçando o fato da mediação alcançada e o plano da aliança estabelecido sem designar os receptores. Essa teoria aceitaria o conceito de Darby de que a nova aliança de Israel deve ser cumprida apenas por Israel. Além disso, veria a igreja inserida na relação com Deus por uma nova aliança estabelecida.

Não pertence à nossa esfera de observação tentar solucionar a divergência de opiniões entre pré-milenaristas sobre a relação da igreja com a nova aliança. Sem considerar o relacionamento entre a igreja e a nova aliança como apresentado nessas três teorias, há um ponto de acordo: a nova aliança de Jeremias 31.31-34 deve e pode ser cumprida somente pela nação de Israel, e não pela igreja. Já que essa foi uma aliança literal com a descendência física de Abraão, qualquer relacionamento da igreja com o sangue por ela exigido não pode mudar as promessas básicas de Deus na própria aliança. Não obstante qualquer relacionamento da igreja com seu sangue, a aliança ainda não foi cumprida e aguarda cumprimento literal futuro.

2. Pode surgir a questão da razão da referência feita a Jeremias 31 em Hebreus 8 se a igreja não está cumprindo aquela aliança. Apesar da alegação de Allis de que Hebreus 8 "declara que essa nova aliança já foi introduzida",[16] nenhuma afirmação ou insinuação é feita na passagem. Pelo contrário, a citação de Jeremias é usada para mostrar que a antiga aliança em si foi reconhecida como inválida e temporária e seria definitivamente substituída por uma aliança válida, para que os hebreus não se surpreendessem de que uma aliança nova e melhor fosse pregada, nem depositassem mais sua confiança naquilo que fora eliminado. Walvoord diz:

> O argumento de Hebreus 8 revela a verdade de que Cristo é o Mediador de uma aliança melhor que a de Moisés, estabelecida sobre promessas melhores (Hb 8.6). O argumento baseia-se no fato de que a aliança de Moisés não era perfeita —jamais teve intenção de ser eterna (Hb 8.7). Para confirmar esse argumento, a nova aliança de Jeremias é amplamente citada, provando que o próprio Antigo Testamento previu o fim da lei mosaica, já que uma nova aliança foi prevista para substituí-la. O autor de Hebreus separa de toda a citação uma única palavra, *nova*, e sustenta que isso tornaria automaticamente velha a aliança de Moisés (Hb 8.12). Afirma-se também que a antiga aliança está "envelhecida" e "prestes a

[16] ALLIS, op. cit., p. 154.

Uma nova aliança

desaparecer". Devemos notar que em nenhum lugar dessa passagem diz-se que a nova aliança com Israel está efetivada. O único argumento é o que sempre foi verdadeiro —a previsão de uma nova aliança automaticamente declara que a aliança de Moisés é temporária e não-eterna.[17]

Assim, em Hebreus 8 a promessa de Jeremias é citada apenas para provar que a aliança antiga, isto é, a de Moisés, era temporária desde o começo, e Israel jamais poderia confiar no que era temporário, mas deveria olhar para o futuro e para o que era eterno. Aqui, como em Hebreus 10.16, a passagem de Jeremias é citada não para afirmar que o que é prometido agora está em pleno vigor, mas sim para dizer que a antiga aliança era temporária e inválida e previa uma nova aliança que estaria permanentemente em vigor. Afirmar que a nova aliança de Israel agora opera na igreja é uma má interpretação do pensamento do autor de Hebreus.

3. Em seus antecedentes históricos, os discípulos que ouviram o Senhor falar sobre a nova aliança no cenáculo, na noite anterior à Sua morte, certamente teriam entendido que Ele se referia à nova aliança de Jeremias 31. Várias coisas devem ser observadas a respeito daquela ocasião. Em Mateus 26.28 e em Marcos 14.24, a afirmação está registrada: "isto é o *meu* sangue, o sangue da nova aliança... " [grifo do autor]. Nessa afirmação, devem-se sublinhar os aspectos soteriológicos daquela aliança. O sangue que estava sendo oferecido era o exigido pela nova aliança prometida e tinha o propósito de remir os pecados. Em Lucas 22.20 e 1Coríntios 11.25, a afirmação está registrada: "Este cálice é a *nova aliança* no meu sangue... " [grifo do autor]. Essa afirmação realçaria os aspectos escatológicos da nova aliança, declarando que ela é instituída com Sua morte. Isso estaria de acordo com o princípio de Hebreus 9.16,17:

> Porque, onde há testamento, é necessário que intervenha a morte do testador; pois um testamento só é confirmado no caso de mortos; visto que de maneira nenhuma tem força de lei enquanto vive o testador.

Já que os discípulos certamente teriam entendido qualquer referência à nova aliança naquela ocasião como referência à aliança com Israel prevista em Jeremias, parece que o Senhor estava afirmando que a mesma

---

[17] WALVOORD, op. cit., *110*:201.

aliança era instituída pela Sua morte, e eles eram ministros do sangue (os aspectos soteriológicos) da aliança (2Co 3.6); mas aqueles com quem ela foi a princípio estabelecida não receberão seu cumprimento nem suas bênçãos até que ela seja confirmada e aplicada no segundo advento de Cristo, quando "todo o Israel será salvo [...] [pois] Esta é a minha aliança com eles, quando eu tirar os seus pecados" (Rm 11.26,27). Certamente há uma diferença entre a instituição da aliança e a aplicação dos seus benefícios. Com Sua morte, Cristo assentou os alicerces da aliança de Israel, mas seus benefícios não serão recebidos por Israel até o segundo advento (Rm 11.26,27).

4. Há várias considerações que apóiam a teoria de que a igreja não está cumprindo a nova aliança de Israel agora. 1) O termo *Israel* não é usado nenhuma vez nas Escrituras para nenhum outro grupo que não os descendentes físicos de Abraão. Já que a igreja hoje é composta por judeus e por gentios sem distinções nacionais, seria impossível que essa igreja cumprisse as promessas feitas à nação israelita. 2) Na nova aliança, conforme as disposições a que já aludimos, havia promessas de bênçãos espirituais e de bênção terrena. Embora a igreja, assim como Israel, desfrute da promessa de salvação, de perdão de pecados, do ministério do Espírito Santo, ela jamais recebe a promessa de herdar uma terra, bênçãos materiais na terra e descanso da opressão, partes fundamentais da promessa a Israel. A nova aliança não só prometeu salvação a Israel, mas uma nova vida na terra do milênio, quando todas as suas alianças são concretizadas. A igreja certamente não está cumprindo as porções materiais dessa aliança. 3) Já que a igreja recebe bênçãos da aliança abraâmica (Gl 3.14; 4.22-31) exclusivamente pela fé, pode então receber bênçãos da nova aliança sem estar sob a nova aliança ou sem cumpri-la. 4) O elemento de tempo contido na aliança, tanto em sua declaração original quanto em sua reafirmação no livro de Hebreus, impede que a igreja seja o agente por intermédio do qual ela é cumprida. A aliança não pode ser cumprida e realizada antes do período da tribulação de Israel e de seu livramento pelo advento do Messias. Embora a igreja tenha enfrentado períodos de perseguição e de tribulação, jamais passou pela grande tribulação da profecia. Certamente a igreja não está agora no milênio. Romanos 11.26,27 mostra claramente que essa aliança só pode ser realizada após o segundo advento do Messias. Já que a tribulação, o segundo advento e o milênio ainda são futuros, o cumprimento da promessa ainda deve ser futuro, portanto a igreja não pode estar cumprindo a aliança.

Uma nova aliança

V. Implicações Escatológicas da Nova Aliança

Uma consulta às disposições dessa aliança, citadas anteriormente, que jamais foram cumpridas com a nação de Israel, mas ainda o serão, demonstrará quão extenso é o plano escatológico que espera cumprimento. De acordo com essa aliança, Israel deve ser reintegrado à terra da Palestina, que possuirá como sua propriedade. Isso também implica a preservação da nação. Israel deve viver uma conversão nacional, ser regenerado, receber o perdão dos pecados e a implantação de um novo coração. Isso acontece logo após o retorno do Messias à terra. Israel deve viver o derramamento do Santo Espírito para que Ele possa produzir justiça no indivíduo e ensiná-lo em plenitude de sabedoria. Israel deve receber bênçãos materiais da mão do Rei em cujo reino entrou. A Palestina deve ser reconquistada, reconstruída e instituída como o glorioso centro de uma nova terra gloriosa, na qual habitam justiça e paz. O Messias que veio e derramou Seu sangue como fundamento dessa aliança voltará pessoalmente à terra para efetuar a salvação, reintegração e bênção de Israel como nação. Todas essas áreas importantes do estudo escatológico são necessidades impostas por tal aliança.

Conclusão

Quatro das cinco alianças com a nação de Israel foram estudadas para mostrar que são incondicionais e eternas, feitas com um povo da aliança, a ser cumpridas por causa da fidelidade daquele que as instituiu. Essas alianças relacionavam-se com a nação na época de sua fundação e serviram de base para Deus tratar com Israel; além disso, comprometem Deus com um plano de ação relacionado a acontecimentos futuros, que determina o curso da escatologia. Quando analisamos as alianças, encontramos as sete principais características determinativas: 1) uma nação para sempre, 2) uma terra para sempre, 3) um Rei para sempre, 4) um trono para sempre, 5) um reino para sempre, 6) uma nova aliança e 7) bênçãos permanentes.[18] Essas sete características serão desenvolvidas no decorrer deste estudo.

---

[18] Chafer, op. cit., IV, p. 315.

TERCEIRA SEÇÃO

As profecias da presente era

Capítulo 9
O decurso da presente era

I. O Plano Divino das Eras

Qualquer indivíduo que se refere às Escrituras como Antigo e Novo Testamento testemunha o fato de que Deus dividiu Seu plano em segmentos de tempo. A história da revelação evidencia o progresso da revelação divina através de eras sucessivas. Chafer expõe esse plano quando escreve:

> O estudo dispensacionalista da Bíblia consiste na identificação de certos períodos de tempo bem definidos que são divinamente indicados, juntamente com o propósito revelado de Deus relativo a cada um [...]
> O propósito soberano e ilimitado de Deus é visto na ordenação da sucessão das eras. O fato de Deus ter um plano de anos é apresentado em várias passagens (cf. Dt 30.1-10; Dn 2.31-45; 7.1-28; 9.24-27; Os 3.4,5; Mt 23.37-25.46; At 15.13-18; Rm 11.13-29; 2Ts 3.1-12; Ap 2.1-22.31). Da mesma forma, há períodos bem definidos relacionados ao propósito divino. O apóstolo Paulo escreve sobre o período entre Adão e Moisés (Rm 5.14); João fala sobre a lei dada por Moisés, mas da graça e da verdade vindas por meio de Cristo (Jo 1.17). Cristo também fala do "tempo dos gentios" (Lc 21.24), que evidentemente deve ser distinto dos "tempos ou épocas" judeus (At 1.7; 1Ts 5.1). Da mesma forma, Ele falou de um período até então desconhecido entre os dois adventos e indicou suas características particulares (Mt 13.1-51), e previu um tempo ainda futuro de "grande tribulação", definindo seu caráter (Mt 24.9-31). Há "últimos dias" para Israel (Is 2.1-5) assim como "últimos dias" para a igreja (2Tm 3.1-5). O apóstolo João prevê um período de mil anos e o relaciona com o reino de Cristo, durante o qual a igreja, Sua noiva, reinará com Ele (Ap 20.1-6). O fato de que Cristo sentará no trono de Davi e reinará sobre a casa de Jacó para sempre é declarado pelo anjo Gabriel (Lc 1.31-33), e o fato de que

haverá novo céu e nova terra permanentes é revelado claramente (Is 65.17; 66.22; 2Pe 3.13; Ap 21.1). Em Hebreus 1.1,2, forte contraste é feito entre "outrora", quando Deus falou aos pais pelos profetas, e "estes últimos dias", quando Ele fala a nós por intermédio de Seu Filho. Da mesma forma, é revelado claramente que há *outras gerações* (Ef 3.5; Cl 1.26), o *presente século* (Rm 12.2; Gl 1.4) e os *séculos* ou *séculos vindouros* (Ef 2.7; Hb 6.5;v. Ef 1.10, em que o tempo futuro aparece como *a dispensação* [...] da plenitude dos tempos...[1]

Quando alguém se volta, então, para a presente era, está examinando apenas parte do plano eterno de Deus.

A. *A relação de Cristo com as eras.* Um exame das passagens do Novo Testamento que se referem ao plano das eras nos mostrará que Cristo é o próprio centro desse plano. Hebreus 1.2 diz que Ele é aquele pelo qual as eras foram ordenadas.[2] Em 1Timóteo 1.17 Cristo é relacionado ao plano dos séculos, no qual Ele é chamado "Rei dos séculos". Em Hebreus 9.26 e em 1Coríntios 10.11 as eras são vistas como centralizadas na Sua obra da cruz pelos pecados do mundo. Esse mesmo trabalho foi planejado antes do começo das eras— 1Coríntios 2.7; 2Timóteo 1.9; Tito 1.2; e outrora o que agora é conhecido não tinha sido revelado— Romanos 16.25. Assim as eras são os períodos de tempo[3] dentro dos quais Deus revela Seu propósito e plano divino centralizado no Senhor Jesus Cristo.

B. *O uso do termo* era *no Novo Testamento.* A palavra *aiōn* (era), freqüentemente traduzida por *mundo*, é essencialmente relativa a tempo. Abbott-Smith a define assim:

1. [...] *espaço de tempo*, como uma vida, uma geração, um período da história, um período indefinidamente longo; no Novo Testamento, período indefinidamente longo, *era, eternidade.* 2. [...] a soma dos períodos de tempo, e de tudo o que neles é manifestado...[4]

Enquanto *kosmos* (mundo) se refere ao universo criado, a ordem das coisas materiais, e *oikoumenē* (mundo) se refere à terra habitada, a palavra *aiōn* (mundo) vê o mundo sob o aspecto do tempo. Em certas ocor-

---

[1] Lewis Sperry CHAFER, *Systematic theology,* I, p. xi-xii.
[2] Cf. B. F. WESTCOTT, *The epistle to the Hebrews,* p. 8.
[3] Cf. CHAFER, op. cit., I, p. 254-5.
[4] G. ABBOTT-SMITH, *Manual Greek lexicon of the New Testament,* p. 15.

rências ela parece ser sinônimo de *oikoumenē*, usada para terra habitada, como em Tito 2.12. Também, às vezes, parece ser usada como sinônimo de *kosmos*, em referência ao sistema organizado sob o domínio de Satanás, como em 2Coríntios 4.4, em Efésios 6.12 e em 2Timóteo 4.10. Quando usada dessa maneira, tem a mesma conotação ética que *kosmos*, que Abbott-Smith diz ser usada "no sentido ético, com relação aos perversos, o mundo separado de Deus e, logo, maligno quanto à sua tendência: João 7.7, 14.17,27, 1Coríntios 1.21, Tiago 1.27 e 1João 4.4... "[5]

Aiōn é muitas vezes usada no sentido de eternidade, a soma de todos os séculos (Mt 6.13; Lc 1.33,55; Jo 6.51,58; 8.35; 12.34; Rm 9.5; 11.36; 2Co 9.9; Fp 4.20; Hb 7.17,21; 1Pe 1.25; Ap 15.7 são apenas alguns exemplos). É também usada muitas vezes em relação às diversas eras da atuação de Deus com os homens. Nesse caso, pode estar referindo-se a uma era passada, à presente era ou a uma era vindoura. Há referências a uma presente era para Israel em Mateus 12.32 e em Marcos 4.19, e também a uma era vindoura para Israel em Mateus 12.32; 13.39-40; 24.3; Marcos 10.30 e Lucas 18.30; 20.35. Com relação ao plano da igreja também há referências à presente era em 1Coríntios 1.20; Gálatas 1.4, e a uma futura em Efésios 1.21. No uso dos termos *presente era* e *era vindoura*, devemos lembrar que a conotação nem sempre é a mesma. A presente era para a igreja, citada por Paulo, não é o mesmo que a presente era para Israel, citada por Cristo. E a expectativa da era vindoura para a igreja também não é a mesma para Israel. Para apurar o uso desses termos, devemos definir claramente a abrangência da passagem e aqueles a quem ela se dirige. Muita confusão tem sido produzida por não se perceber essa diferença.

Usada no Novo Testamento, de acordo com o emprego normal das palavras, a expressão *essa presente era* refere-se ao período de tempo em que o narrador ou autor vivia. Usada em relação a Israel nos evangelhos, *essa presente era* refere-se ao período de tempo em que Israel ansiava pela vinda do Messias para cumprir todas as promessas da aliança. A era vindoura é o período a ser inaugurado pelo Messias no Seu advento. Com relação à igreja, o termo *essa presente era* refere-se ao período entre os adventos, desde a rejeição do Messias por Israel até a recepção vindoura do Messias por Israel na Sua segunda vinda. A expressão *presente era* poderia ser usada no seu aspecto terreno, ao qual a igreja está relacionada (como em Efésios 1.21), ou no seu aspecto eterno (como em Efésios 2.7).

[5] Ibid., p. 255.

De acordo com o Novo Testamento, o presente século tem designação negativa e é chamado "mundo perverso" (Gl 1.4). É assim chamado porque está sob o domínio de Satanás, que é o seu "Deus" (2Co 4.4). Esta era está marcada pelas "trevas" espirituais (Ef 6.12). As trevas produzem sua própria sabedoria, na qual não há luz (1Co 2.6,7). Por conseguinte, esta era é caracterizada por "impiedade" e por "paixões" (Tt 2.12), das quais o crente deve manter-se afastado (Rm 12.2), apesar de antes ter andado segundo sua sabedoria e seus padrões (Ef 2.2).

C. *A diferença entre a presente era e as eras anteriores*. Há várias maneiras pelas quais a presente era se diferencia de todas as precedentes. 1) Em todas as eras anteriores, Cristo foi esperado, mas na presente era Ele não só veio, mas morreu, ressuscitou e é visto à direita do Pai. 2) O Espírito Santo, que em eras anteriores enchia de poder certos homens para que realizassem determinada tarefa, passou a residir em todos os crentes. 3) Em eras anteriores as boas novas anunciadas eram uma prelibação, mas na presente era a declaração das boas novas anuncia salvação completa por meio de Cristo. 4) A revelação em eras passadas era incompleta, mas, na presente era, já que Cristo veio para revelar o Pai, está completa. 5) Já que a presente era está marcada pelo antagonismo contra Deus e Seu ungido, carrega a característica distinta de ser uma era perversa, designação não atribuída a nenhuma era anterior. 6) Esta era está, conseqüentemente, sob o domínio de Satanás, seu deus, de maneira singular e inédita. 7) A nação de Israel foi separada como objeto específico da obra de Deus e não pode esperar o cumprimento de suas promessas durante esta era.[6] Essas sete características estabelecem o fato de que a presente era difere de todas as anteriores.

II. O Propósito Divino na Presente Era

A era do Antigo Testamento, no qual o propósito de Deus para Israel é declarado nas alianças que Deus fez e com as quais está comprometido, termina com esses propósitos irrealizados. Após a morte de Cristo, Deus instituiu novo plano divino, não para substituir o plano de Israel, mas para interromper aquele plano divinamente prometido. O novo plano é previsto pelo Senhor no discurso do cenáculo em João de 13 a 16 e torna-se real após o advento do Espírito Santo no Pentecostes. O concílio de Jerusalém (At 15.14) anunciou que "Deus, primeiramente, visitou os gentios, a fim de constituir dentre eles um povo para

---

[6] Cf. A. C. Gaebelein, *Studies in prophecy*, p. 7-14.

o seu nome". O "constituir de um povo" determina assim o plano de Deus para a presente era. Esse povo forma a igreja, o corpo do qual Ele é o cabeça (Ef 1.22,23), a noiva que Ele desposa (Ef 5.25-27,32), o ramo do qual Ele é a videira (Jo 15.1), o rebanho do qual Ele é o pastor (Jo 10.7-27), o templo do qual Ele é a pedra fundamental (Ef 2.19-22; 1Pe 2.5), os sacerdotes dos quais Ele é o sumo sacerdote (1Pe 2.5-9), a nova criação da qual Ele é o cabeça e as primícias (1Co 15.45). A razão dessa constituição é afirmada em Efésios 2.7: "Para mostrar, nos séculos vindouros, a suprema riqueza da sua graça, em bondade para conosco, em Cristo Jesus". O propósito divino da constituição da igreja é demonstrar a infinidade de Sua graça. Chafer escreve:

> Havia em Deus algo que nenhum ser criado jamais vira. Eles viram Sua glória, Sua majestade, Sua sabedoria e Seu poder; mas nenhum anjo ou homem jamais vira Sua graça. Outros atributos podem ser alvo de uma variedade de demonstrações; mas a manifestação da graça é restrita ao que Deus pode fazer por aqueles entre os homens que, apesar de merecerem Seus julgamentos, são objetos de Sua graça. Como todo outro atributo ou capacidade de Deus deve ter exercício e exibição perfeitos —para Sua própria satisfação— da mesma maneira Sua graça também deve ter revelação infinitamente perfeita na operação restrita pela qual Ele salva os perdidos. Dizer que um pecador é salvo pela graça é declarar que, com base na morte de um Substituto e em resposta à fé nesse Salvador, Deus realizou obra tão perfeita na sua plenitude e tão livre da cooperação de outros seres que é uma demonstração completa e totalmente satisfatória de Sua graça. Uma afirmação desse tipo pode ser feita tão facilmente quanto as palavras formam uma frase; mas quem na terra ou no céu é capaz de compreender a infinidade de tal salvação? Essa demonstração, devemos acrescentar, terá, diante disso, sua excelência demonstrada na vida de cada indivíduo salvo dessa maneira. Podemos deduzir que, se somente uma pessoa de toda a família humana fosse escolhida para a honra suprema de expor eternamente diante de todos os seres viventes a infinidade da graça soberana, a salvação dessa única pessoa não seria diferente da salvação de qualquer pessoa da multidão inumerável de todas as famílias, tribos e povos que são salvos pela graça.[7]

Parece-nos, então, que, na presente era, Deus está cumprindo o plano pelo qual Sua infinita graça será demonstrada perfeitamente por toda eternidade.

[7] CHAFER, op. cit., III, p. 228-9.

III. O Caráter da Presente Era

A presente era, que começa com a rejeição do Messias por Israel até a recepção vindoura do Messias por Israel no Seu segundo advento, é vista nas Escrituras como um mistério. Paulo deixa isso claro quando escreve:

> Agora, me regozijo nos meus sofrimentos por vós; e preencho o que resta das aflições de Cristo, na minha carne, a favor do seu corpo, que é a Igreja; da qual me tornei ministro de acordo com a dispensação da parte de Deus, que me foi confiada a vosso favor, para dar pleno cumprimento à palavra de Deus: o mistério que estivera oculto dos séculos e das gerações; agora, todavia, se manifestou aos seus santos; aos quais Deus quis dar a conhecer qual seja a riqueza da glória deste mistério entre os gentios, isto é, Cristo em vós, a esperança da glória (Cl 1.24-27).

Nessa passagem, o apóstolo Paulo chama de *mistério* o plano divino desenvolvido na igreja, algo que não fora revelado anteriormente, sendo, por isso, desconhecido, mas agora revelado por Deus. Com esse ensinamento concordam outras passagens (Rm 16.25,26; 1Co 2.7; Ef 3.5-9).

Embora o uso atual da palavra relacione o mistério ao que é misterioso ou desconhecido, as Escrituras usam a palavra para o propósito ou plano divino de Deus, conhecido por Ele desde a eternidade, mas que não poderia ser nem seria conhecido se não revelado por Deus; desconhecido em outras eras, mas agora conhecido pela revelação. Os mistérios são segredos sagrados, até então desconhecidos, mas a partir de agora conhecidos por meio da revelação. Nos 27 empregos da palavra *mistério* no Novo Testamento (com exceção de 1Coríntios 2.7, em que se prefere o texto alternativo (marginal)), podemos observar que a verdade apresentada como mistério é a verdade singular relacionada à presente era. Esses mistérios compreendem a revelação dada a respeito da presente era, que suplementa a revelação do Antigo Testamento. Comentando Efésios 3.5, Chafer escreve:

> Nenhuma definição melhor de mistério do Novo Testamento será encontrada que a demonstrada nesse contexto. Mistério no Novo Testamento é uma verdade até então escondida, ou "oculta em Deus" (v. 9), mas agora revelada. A soma total dos mistérios representa todo esse corpo de verdades acrescentado no Novo Testamento, que estava oculto no Antigo. O mistério do Novo Testamento deve, porém, ser diferenciado do mistério das seitas da Babilônia e de Roma, cujos segredos foram selados e mantidos com castigo de morte; pois o mistério do Novo Testamento, quando

for revelado, será declarado aos confins da terra (v. 9) e está restrito apenas às limitações do homem natural (1Co 2.14).⁸

A existência da presente era, que interromperia o plano de Deus estabelecido com Israel, era um mistério (Mt 13.11). O fato de Israel ser cegado para que os gentios entrassem em relacionamento com Deus era um mistério (Rm 11.25). A formulação da igreja, formada por judeus e gentios em um corpo, era um mistério (Ef 3.3-9; Cl 1.26,27; Ef 1.9; Rm 16.25). Todo esse plano de Deus que resulta em salvação foi chamado mistério (1Co 2.7). A relação de Cristo com os homens na redenção foi chamado mistério (Cl 2.2; 4.3). A própria encarnação é chamada mistério (1Tm 3.16), não quanto ao fato, mas quanto ao seu cumprimento. O desenvolvimento do mal até a sua culminação no homem da iniqüidade (2Ts 2.7) e o desenvolvimento do grande sistema de apostasia religiosa (Ap 17.5,7) constituem ambos o que foi chamado mistério. O fato de que haveria novo método pelo qual Deus receberia os homens na Sua presença, sem ser pela morte, era um mistério (1Co 15.51). Esses, então, constituem grande parte do plano de Deus para a presente era, o qual não foi revelado em outras eras, mas agora é conhecido pela revelação de Deus.

A existência de uma era de todo nova, que interrompe apenas temporariamente o plano de Deus para Israel, é um dos argumentos mais fortes da posição pré-milenarista. Alguém que rejeite essa interpretação deve provar que a própria igreja é a consumação do plano de Deus. Para fazer isso, deve provar que não há novo plano revelado de Deus na presente era. Allis, defendendo o amilenarismo, escreve o seguinte a respeito dos mistérios:

> ... referir-se a uma pessoa ou a um assunto como mistério não implica necessariamente que ela ou ele sejam de todo desconhecidos. Eles podem ser conhecidos, mas ainda ser mistério por não são de todo conhecidos [...] Por conseguinte, de acordo com Paulo, um mistério pode ser uma verdade compreendida apenas por crentes ou uma verdade conhecida apenas em parte por eles, mas não necessariamente algo de todo novo ou de todo desconhecido.⁹

Comentando o mistério da unidade do corpo composto por judeus e gentios, ele continua:

---

⁸ Ibid., IV, p. 75-6.
⁹ Oswald T. ALLIS, *Prophecy and the church*, p. 90-1.

Refere-se a ela primeiro como algo que "em outras gerações, não foi dado a conhecer aos filhos dos homens". Essa declaração examinada à parte parece sugerir que era absolutamente nova. Então devemos observar que ela logo é restringida por três afirmações suplementares e limitadoras: 1) "como, agora, foi revelado", 2) "aos seus santos apóstolos e profetas, no Espírito", 3) "a saber, que os gentios são co-herdeiros, membros do mesmo corpo e co-participantes da promessa em Cristo Jesus por meio do evangelho" [...] seria bom examinarmos cuidadosamente essas três orações restritivas... [10]

Allis reconhece que o que se afirma aqui parece ser uma revelação completamente nova da verdade. Ele rejeita o indício indisfarçado de que essa verdade é absolutamente nova ao considerar limitadora ou restritiva a oração iniciada pela palavra "como" em Efésios 3.5. Em resposta a isso, Walvoord escreve:

> Qual é o significado da afirmação "como, agora, foi revelado"? [...]
> Qualquer estudioso de grego do Novo Testamento achará incrível que um especialista desprezasse dessa maneira as outras possibilidades de construção gramatical. Allis supõe que a única interpretação possível é uma oração restritiva. A palavra grega [...] [hōs], aqui traduzida por "como", é passível de várias interpretações. É usada principalmente como advérbio relativo de modo e como conjunção no Novo Testamento. A. T. Robertson, num dos muitos debates a respeito dessa palavra, classifica seus vários usos como "exclamatória", "declarativa", "temporal" e usada com superlativos, comparativos e correlativos. Ele diz ainda que basicamente a maioria das afirmações desse tipo são "adjetivas". Conquanto usada numa oração adverbial nessa passagem, sua força gramatical é explicativa. Significativamente, Robertson diz a esse respeito: "A oração explicativa pode na verdade ter o efeito resultante de causal, condicional, final ou consecutiva, mas por si própria não expressa nenhuma dessas coisas. Ela é como o particípio nesse caso. Não se deve entender mais do que está ali [...]" [Allis] presumiu que uma afirmação que normalmente dá idéia explicativa, i.e., meramente informação adicional, seja restritiva —qualificando de modo absoluto a afirmação precedente. Para apoiar sua classificação arbitrária dessa oração, ele não apresenta um argumento gramatical sequer, e deixa a impressão de que sua interpretação é a única possível.[11]

Paulo então está explicando e não restringindo o mistério aqui apresentado. Deve permanecer o conceito de que toda esta era, com seu

---

[10] Ibid.
[11] John F. WALVOORD, Millennial series, *Bibliotheca Sacra*, III:4-5, Jan. 1954.

O decurso da presente era

plano, não foi revelada no Antigo Testamento, mas constitui novo plano e nova linha da revelação.

Ilustramos assim como toda esta era existia na mente de Deus sem ter sido revelada no Antigo Testamento.

> Há vários lugares nas Escrituras em que a passagem sobre a presente dispensação está evidente; e em que, na nossa leitura, temos, como nosso Senhor, de "fechar o livro". Se não fizermos isso e nos recusarmos a notar essas chamadas "lacunas", jamais poderemos entender as Escrituras que lemos.
>
> Damos alguns como exemplo, colocando este símbolo (...) para indicar o parêntese da presente dispensação, que acontece entre a dispensação anterior, da lei, e a dispensação seguinte, do juízo, que se seguirá à presente dispensação da graça.
>
> Salmos 118.22: "A pedra que os construtores rejeitaram (...), essa veio a ser a principal pedra, angular".
>
> Isaías 9.6: "Porque um menino nos nasceu, um filho se nos deu; (...) o governo está sobre os seus ombros; e o seu nome será: Maravilhoso, Conselheiro, Deus Forte, Pai da Eternidade, Príncipe da Paz". (Cf. Lc 1.31,32.)
>
> Isaías 53.10,11: "Todavia, ao SENHOR agradou moê-lo, fazendo-o enfermar; quando der ele a sua alma como oferta pelo pecado (...), verá a sua posteridade e prolongará os seus dias; e a vontade do SENHOR prosperará nas suas mãos. Ele verá o fruto do penoso trabalho de sua alma e ficará satisfeito".
>
> Zacarias 9.9,10: "Alegra-te muito, ó filha de Sião; exulta, ó filha de Jerusalém: eis aí te vem o teu Rei, justo e salvador, humilde, montado em jumento, num jumentinho, cria de jumenta. (...) Destruirei os carros de Efraim e os cavalos de Jerusalém, e o arco de guerra será destruído. Ele anunciará paz às nações; o seu domínio se estenderá de mar a mar e desde o Eufrates até às extremidades da terra".
>
> Lucas 1.31,32: "Eis que conceberás e darás à luz um filho, a quem chamarás pelo nome de Jesus. (...) Este será grande e será chamado Filho do Altíssimo; Deus, o Senhor, lhe dará o trono de Davi, seu pai".[12]

Deus fez, dessa forma, provisão para a presente era, sem que sua existência fosse revelada especificamente no Antigo Testamento. Pember afirma com propriedade o relacionamento:

> ... os tempos da igreja não são exatamente parte da quinta dispensação, mas um parêntese a ela anexado por causa da perversidade dos judeus;

---

[12] E. W. BULLINGER, *How to enjoy the Bible*, p. 103-4.

um período inserido, desconhecido pela profecia do Antigo Testamento, e separado pela preparação de um povo celestial e não terreno.[13]

IV. O Decurso da Presente Era

O período desde a rejeição do Messias por Israel até Sua recepção por Israel no Seu segundo advento é apresentado em duas partes da Palavra: Mateus 13 e Apocalipse 2 e 3; o primeiro da perspectiva do plano do reino de Deus, e o segundo da perspectiva do plano da igreja. O decurso da presente era será delineado com base nessas duas passagens.

A. Mateus 13

Mateus 13.11 revela que nosso Senhor está falando para apresentar o decurso dos "mistérios do reino dos céus". Essa instrução adquire-se pela interpretação correta das parábolas aqui registradas. Há três formas básicas de interpretação para esse capítulo. Há, primeiro, os que dissociam qualquer significado profético da passagem e a estudam apenas por suas lições espirituais e morais e por como influi nos crentes hoje. Como realçam a união do propósito de Deus desde a queda do homem até o estado eterno, esses intérpretes deixam de diferenciar os planos de Deus para Israel e para a igreja e, conseqüentemente, vêem apenas verdade eclesiástica na passagem. Apesar das contradições que tal método implica, persistem em defendê-lo. Tal é a abordagem interpretativa não-dispensacional do pós-milenarismo e do amilenarismo.

Em segundo lugar, há os que, reconhecendo a diferença entre Israel e a igreja, crêem que essa passagem esteja totalmente limitada ao plano de Deus para Israel e a relegam a uma revelação, relacionada a Israel no período tribulacional em que Deus está preparando a nação para o Rei vindouro. Essa é a forma de interpretação ultradispensacionalista.

E, em terceiro lugar, existem os que crêem que essa passagem das Escrituras mostre as condições terrenas com relação ao desenvolvimento do plano do reino durante o período da ausência do Rei. Essas parábolas referem-se aos acontecimentos de todo o período interadventos. Essa é a forma de interpretação adotada neste estudo.

1. *O uso do método parabólico*. Parece haver um tom de surpresa e de espanto na pergunta "Por que lhes falas por parábolas?" (Mt 13.10). A mudança de ênfase na leitura dessa pergunta mostrará diversas causas

---

[13] G. H. Pember, *The great prophecies*, p. 231.

O decurso da presente era

possíveis para a surpresa. Se lêssemos "Por que *lhes* falas por parábolas?", a pergunta levantaria o problema da razão pela qual o Senhor falaria à multidão, como faz em Mateus 13.1-3, quando, no capítulo anterior, após a rejeição manifesta do testemunho do Espírito Santo à pessoa de Cristo pela nação de Israel, Ele descrevera a multidão como "uma geração má e adúltera" (v. 39). O problema então seria: Por que Ele continua a ensinar a uma nação que declarou publicamente que Ele é filho de Satanás?

A natureza da resposta do Senhor nos versículos seguintes indicaria que a pergunta deve ser entendida como "Por que lhes falas *por parábolas*?". Não havia nada de novo no uso de parábolas em si, pois o Senhor usara tais recursos com freqüência anteriormente, tanto para instruir como para ilustrar as verdades que queria transmitir. Os discípulos devem ter reconhecido uma nova tônica no método de ensino do Senhor.

Em resposta à pergunta dos discípulos, o Senhor dá três propósitos para o uso do método parabólico de instrução. 1) Era um meio de consolidar Sua declaração de messianidade (Mt 13.34,35). Além de outros sinais para provar Sua declaração, havia um sinal relacionado à profecia de Isaías. 2) Era um método para revelar a verdade ao ouvinte crente (Mt 13.11). 3)Era um método para esconder a verdade do ouvinte descrente (Mt 13.13-15). A razão pela qual era necessário esconder a verdade será vista na consideração seguinte.

2. *O contexto do capítulo no evangelho*. Mateus é o evangelho que apresenta o Senhor Jesus Cristo como Rei de Iavé e Messias de Israel. Ele revela a apresentação do Messias a Israel. Scroggie diz:

> Mais que qualquer outro, o evangelho de Mateus está aliado às Escrituras hebraicas em tema e tom; os assuntos delas são seus assuntos: o Messias, Israel, a lei, o reino, a profecia. Idéias e termos judaicos caracterizam todo o registro. Seu testemunho não teria impressionado nem romanos, para quem Marcos escreveu, nem gregos, para quem Lucas escreveu, mas aos judeus sua importância seria certeira.[14]

Esse fato é revelado por numerosas referências ao Filho de Davi (1.1,20; 9.27; 12.23; 15.22; 20.30,31; 21.9,15; 22.42,45), ao cumprimento de profecias (1.22; 2.5,15,17,23; 4.14; 8.17; 12.17; 13.35; 21.4,42; 26.31,54,56; 27.9,10), a costumes judaicos (15.1,2; 27.62), à lei mosaica (5.17-19,21,27,31,

---

[14] Graham Scroggie, *A guide to the gospels*, p. 248.

33,38,43; 7.12; 11.13; 12.5; 15.6; 22.36,40; 23.23), ao sábado (12.1,2,5,8,10,11,12; 24.20; 28.1) e à cidade santa e ao lugar santo (4.5; 24.15; 27.53). Cristo é relacionado à profecia em todo o livro. Isso terá influência importante no significado do termo "reino dos céus".

Esse capítulo 13 tem lugar inigualável no desenvolvimento do tema do evangelho. Por todo o livro, Cristo é visto em Sua apresentação como Messias. Nos capítulos 1 e 2 é afirmado Seu direito legal ao trono; no capítulo 3, é retratada a dedicação do Rei; no capítulo 4, é demonstrado o direito moral do Rei; do 5 ao 7 o direito judicial do Rei é defendido; do 8 ao 10 é apresentada a autoridade do Rei, quando seu direito profético é demonstrado pelo Seu ministério a Israel; e nos capítulos 11 e 12 vemos a oposição ao Rei. A grande questão diante de Israel é: "É este, porventura, o Filho de Davi?" (Mt 12.23). É claro que Israel responde negativamente. Cristo demonstra que tanto Ele quanto Seu antecessor foram rejeitados (11.1-9), e essa rejeição resultará em juízo (11.20-24). Por causa da rejeição total na cruz, Cristo pode fazer novo convite (11.28-30), a todos. No capítulo 12 a rejeição chega ao clímax. A população debatia a pessoa de Cristo (12.23). A resposta dada pelos fariseus foi: "Este não expele demônios senão pelo poder de Belzebu, maioral dos demônios" (12.24). O Espírito Santo apresentara Seus testemunhos da Pessoa de Cristo por meio de Suas palavras e Suas obras, e os líderes que examinaram a evidência decidiram que Suas credenciais eram do inferno, não do céu. A grande advertência de cegueira legal e do julgamento é dada pelo Senhor à nação (12.31,32). À medida que o capítulo termina (12.46-50), o Senhor dá a entender que está deixando de lado todos os relacionamentos naturais, como o que Israel tinha com Ele e com as alianças pelo nascimento físico, e está estabelecendo novo relacionamento, baseado na fé. Kelly afirma:

> Ele renunciou a toda ligação terrena para o tempo presente. A única ligação que *Ele reconhece* agora é com o Pai celeste, formada pela palavra de Deus revelada à alma.
>
> Assim, temos nesse capítulo o Senhor terminando o testemunho para com Israel. No capítulo seguinte encontraremos o que surgirá, dispensacionalmente, das novas relações que o Senhor está prestes a revelar.[15]

Agora que Israel rejeitou o reino oferecido, surge naturalmente a pergunta: "O que aconteceu com o plano do reino de Deus agora que o

---

[15] Wm. KELLY, *Lectures on the gospel of Matthew*, p. 262.

O decurso da presente era 169

reino foi rejeitado e o Rei estará ausente?". Já que esse reino foi objeto de uma aliança irrevogável, é inadmissível que seja abandonado. O capítulo arrola os acontecimentos do plano do reino desde a sua rejeição até ele ser aceito, quando a nação receberá o Rei no Seu segundo advento.

3. *O uso do termo* reino dos céus. Nas Escrituras, o termo *reino* é usado de sete maneiras diferentes: 1) os reinos gentios, 2) os reinos de Israel e de Judá, 3) o reino de Satanás, 4) o reino universal de Deus, 5) o reino espiritual, 6) o reino milenar de Davi e 7) a forma misteriosa do reino. Há um acordo geral entre os teólogos a respeito das quatro primeiras classificações. As três últimas estão relacionadas ao campo da escatologia e são motivo de controvérsia. É necessário fazer algumas observações a respeito.

a. O reino espiritual, relacionado ao reino universal de Deus, é composto pelos eleitos de todas as eras que experimentaram novo nascimento pelo poder do Espírito Santo. Não se pode entrar nesse reino senão por tal nascimento. Ele é mencionado em Mateus 6.33; 19.16,23,24; João 3.3-5; Atos 8.12; 14.22; 19.8; 20.25; 28.23; Romanos 14.17; 1Coríntios 4.20; 6:9,10; 15.50; Gálatas 5.21; Efésios 5.5; Colossenses 4.11; 1Tessalonicenses 2.12; 2Tessalonicenses 1.5.

b. O reino milenar é apresentado como reino literal e terreno, sobre o qual Cristo governa no trono de Davi em cumprimento à aliança davídica (2Sm 7.8-17; Mt 1.1; Lc 1.32). Esse reino é o assunto da profecia do Antigo Testamento (2Sm 7.8-17; Is 9.6,7; 11.1-16; Jr 23.5; 33.14-17; Ez 34.23; 37.24; Os 3.4,5; Mq 4.6-8; 5.2; Zc 2.10-12; 8.20-23; Sl 2.6,8-10; 72.11,17; Ml 3.1-4). Esse reino foi proclamado como "próximo" no primeiro advento de Cristo (Mt 3.2; 4.17; 10.5-7); mas foi rejeitado por Israel e logo adiado (Mt 23.37-39). Será anunciado novamente a Israel no período tribulacional (Mt 24.14) e será recebido por Israel e estabelecido no segundo advento de Cristo (Is 24.23; Ap 19.11-16; 20.1-6).

c. A forma misteriosa do reino abriga um conceito completamente diferente dos anteriores. O fato de que Deus estabeleceria um reino na terra nunca foi nenhum mistério. Desde o primeiro pecado no céu, quando a soberania de Deus foi desafiada, Seu propósito era manifestar soberania pela instituição de um reino sobre o qual Ele governasse. Quando Adão foi criado, recebeu domínio (Gn 1.26) para manifestar a soberania que pertencia a Deus, que era de Adão por atribuição. Mas Adão pecou e não houve tal manifestação da autoridade de Deus. O reinado da consciência deveria evidenciar ao indivíduo sua responsabilidade para com a soberania de Deus, mas o homem fracassou no teste. O governo humano foi ordenado para que os homens o reconhecessem como manifestação da soberania de Deus, mas o homem se rebelou contra isso. Deus designou juízes para manifestar a autoridade divina, mas o homem rejeitou essa demonstração de soberania. Deus instituiu a teocracia, na qual Deus era reconhecido como soberano, mas a nação escolhida se rebelou (1Sm 8.7). Então Deus revelou Seu propósito de manifestar soberania pela descendência de Davi, que reinaria (2Sm 7.16). E, quando Cristo veio, Sua soberania foi rejeitada. O homem pecador rejeitou conscientemente cada manifestação da autoridade de Deus. Dentro desse plano de Deus, estabelecer um reino não era o segredo não-revelado. O mistério era o fato de que, quando o Autor desse plano fosse apresentado publicamente, Ele seria rejeitado e haveria um período entre Sua rejeição e o cumprimento do propósito da soberania de Deus no Seu segundo advento. A forma misteriosa do reino, então, refere-se ao período entre os dois adventos de Cristo. Os mistérios do reino dos céus referem-se às condições reinantes na terra enquanto o rei está ausente. Então esses mistérios relacionam esse presente século aos propósitos eternos de Deus com relação ao Seu reino.

A respeito dessa forma misteriosa do reino, observa-se, primeiramente, que ela não pode ser igualada ao reino milenar, já que isso não era um mistério, mas foi previsto claramente no Antigo Testamento. Em segundo lugar, ela não pode referir-se ao reino espiritual, pois esse reino é constituído apenas por indivíduos salvos, que nele entram pelo novo nascimento, mas a forma misteriosa do reino é composta de salvos e também de não-salvos (trigo e joio, peixes bons e ruins). Em terceiro lugar, Ela não pode referir-se ao reino eterno, pois esses mistérios são limitados no tempo ao período interadventos. Em quarto lugar, ela não pode ser limitada à igreja, pois essa forma misteriosa do reino inclui mais que a igreja. Entretanto, devemos observar que essa forma misteriosa do reino se refere a coisas que até agora não tinham sido reveladas, está definitivamente limitada ao tempo e representa toda a esfera da religião na presente era. É muito importante, no campo escatológico, manter separados e diferenciados esses três usos do termo *reino*.

d. Com relação aos termos *reino de Deus* e *reino dos céus*, observamos que, embora não-sinônimos, são usados de maneira intercambiável. As distinções existentes não são inerentes às palavras propriamente ditas, mas à sua aplicação no contexto. Ambos os termos são usados

O decurso da presente era

para designar o reino milenar, o reino espiritual e a forma misteriosa do reino. Embora reconheçamos as diferenças entre os aspectos terrenos e eternos do plano do reino,[16] devemos evitar tornar absolutos os termos *reino de Deus* e *reino dos céus*. Apenas o contexto pode determinar o significado que se quer comunicar com eles.

4. *O elemento de tempo em Mateus 13*. Ryrie mostra que essas parábolas estão limitadas ao período interadventos. Ele escreve:

> "O reino dos céus é semelhante a." Isso marca o limite de tempo para o *começo* do assunto em pauta. Em outras palavras, o reino dos céus estava assumindo a forma descrita nas parábolas da época em que Cristo ministrava pessoalmente na terra. O fim do período abrangido por essas parábolas é indicado pela expressão "fim do mundo" ou mais literalmente "a consumação do século" (v. 39-49). Esse é o período do segundo advento de Cristo, quando Ele virá em poder e grande glória. Logo, é evidente que essas parábolas se relacionam apenas ao período entre a ocasião em que Cristo as contou na terra e o fim deste século. Isso serve de pista para o significado da expressão "os mistérios do reino dos céus".[17]

5. *A interpretação do capítulo*. Há várias chaves a ser usadas na interpretação dessa passagem que nos ajudam a evitar o erro. 1) Primeiro, algumas das parábolas são interpretadas pelo próprio Senhor. Não pode haver dúvida quanto ao seu significado, nem quanto ao método de interpretação das outras parábolas. Qualquer interpretação deve, por obrigação, estar em harmonia com o que já foi interpretado pelo Senhor. 2) Uma segunda chave importante é observar que, embora várias parábolas se apresentem em linguagem figurada, essas figuras são conhecidas de toda a Palavra e, portanto, terão aqui o mesmo uso constantemente verificado em outros lugares. O fato de que essas não são figuras isoladas torna a interpretação mais fácil.

Scroggie oferece o que ele considera a chave da interpretação:

> Parece-me que a chave da interpretação dessas parábolas está no v. 52 desse capítulo: "Por isso, todo escriba versado no reino dos céus é semelhante a um pai de família que tira do seu depósito *cousas novas e cousas velhas*". Essas palavras falam sobre as coisas que precedem e certamente sobre as parábolas como algumas *novas* e algumas *velhas*. Mas quais são velhas e quais são novas? No v. 1, lemos que, "saindo Jesus de casa, assen-

---

[16] Cf. Chafer, op. cit., VII, p. 223-4.
[17] Charles C. Ryrie, *The basis of the premillennial faith*, p. 94-5.

tou-se à beira-mar" e ensinou; e, no v. 36, "então, despedindo as multidões, foi Jesus para casa" e ensinou. Portanto, temos quatro parábolas contadas em público e três contadas em particular; e a evidência demonstra (se o v. 52 é a chave) que as quatro primeiras são os *novos* tesouros da verdade, e as três últimas são os *velhos* —isto é, verdades reveladas anteriormente. Baseando-nos nisso, a presente era é apresentada numa série de sete figuras progressivas, que descrevem o curso do reino em mistério.

As Coisas Novas
1. A *semente e os solos*: A *proclamação* do reino.
2. O *trigo e o joio*: Falsa *imitação* do reino.
3. O *grão de mostarda*: *Expansão* visível do reino.
4. O *fermento*: *Corrupção* traiçoeira do reino.

As Coisas Velhas
5. O *tesouro escondido*: A nação israelita.
6. A *pérola*: O remanescente judeu durante a tribulação.[18]
7. A *rede*: O julgamento das nações no final da tribulação.[19]

6. *A interpretação das parábolas*. Não é possível nem necessário dar uma exposição pormenorizada dessas parábolas agora. Delinear a revelação do Senhor sobre o decurso da presente era será suficiente nesta consideração escatológica.

a. O semeador e os solos (Mt 13.3-9; 18-23). Com base na interpretação apresentada pelo Senhor, vários fatos importantes são dados a conhecer sobre a presente era. 1) Essa era é um período caracterizado pela semeadura da semente, que, na passagem paralela de Marcos 4.14, é revelada como a Palavra, mas aqui é vista como os filhos do reino. 2) Dentro da era há uma diferença marcante na preparação dos solos para a recepção da semente plantada. 3) A era é marcada pela oposição à palavra por parte do mundo, da carne e do diabo. 4) No decurso da era haverá uma resposta decrescente à semeadura da semente, de "cem", passando por " sessenta" até "trinta por um". Tal é o curso da era. Marcos 4.13 mostra que essa parábola, com a revelação do plano que faz, é básica para entender outras parábolas no discurso. As parábolas restantes lidam com o desenvolvimento do plano de semeadura.

---

[18] Muitos entendem ser essa uma referência à igreja e não a Israel.
[19] Graham Scroggie, *Prophecy and history*, p. 123-5.

b. O trigo e o joio (Mt 13.24-30; 36-43). Essa segunda parábola é interpretada da mesma forma pelo Senhor. Vários fatos importantes sobre o decurso desta era são revelados por ela. 1) A verdadeira semeadura mencionada na primeira parábola será imitada por uma falsa semeadura. 2) Haverá um desenvolvimento paralelo entre o que é bom e o que é mau em conseqüência dessas duas semeaduras. 3) Haverá um julgamento ao fim da era para separar o bom do mau. O bom será recebido no reino milenar, e o mau será excluído. 4) O caráter essencial de cada semeadura pode ser determinado apenas pela colheita frutífera ou infrutífera, não pela observação externa.

Muitos acham que a segunda parábola deve estar relacionada particularmente ao período tribulacional e deve ser diferenciada da semeadura da primeira parábola.[20] Na primeira parábola a tônica reside sobre a "Palavra" e, na segunda, sobre os "filhos do reino" (Mt 13.38). Na primeira parábola a semente é colocada no coração dos homens e, na segunda, no mundo. Na primeira parábola não há menção de julgamento, e na segunda a era termina no julgamento. Isso parece mostrar duas semeaduras; a primeira durante a presente era, principalmente pela igreja, e a segunda no período tribulacional, logo antes do fim desta era, quando Deus está lidando novamente com Israel. Há indícios na segunda parábola de que ela está relacionada a Israel, e não à igreja: 1) o termo *filhos do reino* é usado em Mateus em referência a Israel (Mt 8.11,12); 2) o julgamento descrito refere-se ao período em que Deus estará novamente lidando com Israel como nação, isto é, na consumação dos séculos; 3) o trigo e o joio crescem juntos até o julgamento, mas a igreja será arrebatada antes que a tribulação comece; 4) o julgamento que cai sobre os ímpios acontece por meio dos anjos antes de os justos serem recompensados, por isso a cronologia aqui refere-se à retirada dos ímpios para que somente os justos permaneçam; 5) o reino milenar é estabelecido imediatamente após esse julgamento; 6) a igreja jamais é julgada para determinar quem entrará na glória e quem será excluído. Isso parece mostrar que a parábola faz referência precípua a Israel durante o período tribulacional. É verdade, porém, que toda esta era será caracterizada por uma semeadura falsa em competição com a verdadeira.

c. O grão de mostarda (Mt 13.31,32). No linguajar cotidiano dos judeus, a semente de mostarda era a maneira de classificar e avaliar o que se considerava a menor quantidade passível de medição. Assim, está sendo frisado o começo insignificante da nova forma do reino. A

[20] J. F. Strombeck, *First the rapture*, p. 162-7.

mostarda é uma planta que em apenas um ano passa de simples semente a uma árvore de seis a dez metros de altura. Essa parte da parábola ressalta o grande crescimento do reino, uma vez introduzido. O reino crescerá de um começo insignificante até atingir grandes proporções. Historicamente a nova forma do reino teve início com apenas um punhado de propagadores, mas a despeito disso alcançou enormes proporções. Na profecia de Daniel (4.1-37), a grande árvore representava o reino de Nabucodonosor (v. 20-22). As aves que se aninhavam nos seus ramos representavam os povos que se beneficiavam do reino de Nabucodonosor (v. 12). Aqui, a semente de mostarda revela que o reino em sua nova forma terá começo insignificante, mas crescerá até atingir proporções enormes, e multidões se beneficiarão dele.

d. O fermento (Mt 13.33). Quando mencionado nas Escrituras, o fermento tem muitas vezes conotações negativas (Êx 12.15; Lv 2.11; 6.17; 10.12; Mt 16.6; Mc 8.15; 1Co 5.6,8; Gl 5.9). Seu uso nos sacrifícios que representam a perfeição da pessoa e da obra de Cristo (Lv 2.1-3) mostra que ele nem sempre é usado assim. Nessa passagem a tônica não está no fermento em si, como se para realçar o seu caráter, mas no fato de que o fermento foi escondido na massa, destacando assim a maneira pela qual ele age. Uma vez introduzido na massa, começa um processo irreversível que continuará até que sua ação levedante se complete. A intenção da parábola é destacar a maneira pela qual a nova forma do reino se desenvolverá. O poder do reino não é externo, mas interno. Por sua operação interior efetuará transformação externa. Todos os grandes reinos anteriores haviam sido estabelecidos pelo poderio militar: a Babilônia chegou ao poder derrotando a Assíria; a Medo-Pérsia dominou depois de derrotar Babilônia; a Grécia conquistou o poder derrotando a Medo-Pérsia e Roma dominou depois de superar a Grécia. Esse novo reino, todavia, florescerá não pelo poderio militar, mas por meio de um novo princípio —o poder interior.

As parábolas da semente de mostarda e do fermento na massa sublinham, portanto, o crescimento da nova forma do reino.

e. O tesouro escondido (Mt 13.44). O propósito dessa parábola é retratar o relacionamento de Israel com a presente era. Embora deixado de lado até que esta era se complete, Israel não foi esquecido e a presente era de fato faz referência àquele plano. Observamos que 1) um indivíduo, que é o Senhor Jesus Cristo, está comprando um tesouro. Essa compra foi efetuada na cruz. 2) Esse tesouro está oculto num campo, escondido dos homens, mas conhecido pelo comprador. 3) Durante a presente era, o comprador não toma posse de Seu tesouro comprado, mas apenas do lugar no qual fica o tesouro. A parábola mostra que Cristo estabeleceu o fundamento para a aceitação de Israel nesta era, mesmo que ela termine sem que Ele tenha tomado posse do Seu tesouro. O tesouro será desenterrado quando Ele vier para estabelecer Seu reino. Israel está cego agora, mas já foi comprado por Cristo.

f. A pérola (Mt 13.45,46). Enquanto alguns relacionam a pérola ao remanescente crente salvo no fim do século, a maioria dos intérpretes relaciona a pérola à igreja. O Senhor está mostrando que, neste presente século, além de adquirir o tesouro, Israel, Ele também tomará como Sua posse pessoal o que nasce de um ferimento, a igreja. Observamos que: 1) a igreja, como a pérola, torna-se posse do "negociante", Cristo, por meio de uma compra; 2) a igreja, assim como a pérola, deverá ser formada por acumulação gradual; 3) a igreja, como a pérola, só pode tornar-se Seu adorno ao ser retirada do lugar no qual foi formada. Isso deve relacionar-se ao propósito da presente era, considerado anteriormente.

g. A rede (Mt 13.47-50). Essa parábola mostra que a era terminará com um julgamento, principalmente das nações gentias, já que a rede será lançada ao mar (Mt 13.47). Isso se contrapõe ao julgamento sobre Israel retratado na segunda parábola. Os descrentes serão excluídos do reino a ser estabelecido, como ensinado anteriormente nas parábolas, e os justos serão colocados nele.

Devemos observar que há uma comparação entre os "mistérios do reino dos céus" de Mateus 13 e os mistérios citados por Paulo. O mistério do semeador compara-se ao mistério da divindade de 1Timóteo 3.16. A parábola do trigo e do joio e a parábola da semente de mostarda comparam-se ao mistério da injustiça de 2Tessalonicenses 2.7, que retrata o indivíduo que é o cabeça do sistema. A parábola do fermento compara-se ao mistério da Babilônia de Apocalipse 17.1-7. A parábola do tesouro escondido compara-se ao mistério da cegueira de Israel de Romanos 11.25. A parábola da pérola compara-se ao mistério aplicável à igreja mencionado em Efésios 3.3-9; Colossenses 1.26,27; Romanos 16.25.

Podemos resumir o ensinamento sobre o decurso da era dizendo: 1) haverá semeadura da Palavra durante todo o século, que 2) será imitada por uma falsa semeadura; 3) o reino assumirá dimensões enormes, mas 4) será marcado pela corrupção doutrinal interna; porém, o Senhor tomará para Si 5) um tesouro peculiar dentre Israel e 6) a igreja; 7) a era terminará no julgamento com os injustos excluídos do reino a ser inaugurado e os justos recebidos para desfrutar a bênção do reinado do Messias.

B. As Cartas às Sete Igrejas em Apocalipse 2 e 3

O decurso do presente século é apresentado numa segunda passagem encontrada em Apocalipse 2 e 3. Enquanto Mateus 13 descreveu o presente século na sua relação com o plano do reino, Apocalipse 2 e 3 descreve a presente era em relação ao plano na igreja.

1. *O período de tempo de Apocalipse 2 e 3.* No livro de Apocalipse, João está escrevendo a respeito de coisas passadas, coisas atuais e futuras (Ap 1.19). Scott escreve:

> As grandes divisões do livro estão escritas aqui para instrução da igreja de Deus. "As coisas que viste" referem-se à visão de Cristo (v. 12-16). "As coisas que são" referem-se a várias características sucessivas e genericamente definidas quanto à igreja professante e a relação de Cristo com ela, até sua rejeição final, ainda não realizada (caps. 2 e 3). "As coisas que hão de acontecer depois destas" — nessa terceira divisão, o mundo e os judeus, e, podemos acrescentar, a igreja apóstata e corrupta, i.e., que será "vomitada", são abordados nessa parte estritamente profética de Apocalipse (4-22.5).
>
> Nada contribuiu mais para desacreditar os estudos proféticos do que o princípio errôneo com o qual se buscou interpretar esse livro. Aqui está a chave de sua interpretação pendurada junto à porta; retire-a, use-a e entre. Há simplicidade e coerência em relacionar os conteúdos principais a um *passado*, a um *presente* e a um *futuro*.[21]

Parece evidente, então, que, ao escrever às sete igrejas, João estava retratando a presente era desde a criação da igreja até o julgamento da igreja apóstata antes do segundo advento. Assim, o período de tempo descrito por esses capítulos compara-se essencialmente ao período descrito por Mateus 13.

2. *O propósito das sete cartas.* Um propósito tríplice para a composição das sete cartas pode ser indicado:

a. João está escrevendo às sete congregações locais para suprir as necessidades de cada uma dessas assembléias. Pember diz: "Não há dúvida de que essas cartas são precipuamente dirigidas às comunidades a que foram escritas, e lidam com circunstâncias reais da época".[22]

---

[21] Walter Scott, *Exposition of the Revelation*, p. 50.
[22] Pember, op. cit., p. 278.

O decurso da presente era

Haveria, então, uma aplicação histórica direta do que está registrado aqui a cada uma das sete igrejas.

b. Essas cartas revelariam os vários tipos de indivíduos e assembléias por toda a era. Seiss afirma o seguinte:

> ... as sete igrejas representam sete variedades de crentes, tanto verdadeiros como falsos. Todo cristão nominal é um efésio nas suas qualidades religiosas, um esmirneu, um pergamita, um tiatirense, um sárdico, um filadelfeno ou um laodicense. É desses sete tipos que toda a igreja é composta [...]
> [...] toda a comunidade de cristãos nominais tem um pouco de cada uma das variadas classes que compõem o cristianismo em geral [...] existem papistas protestantes e protestantes papísticos; sectários anti-sectários e partidaristas que não são separatistas; santos em meio a abandono e apostasia crescente, e pecadores no meio da fé mais sincera e ativa; luz nas trevas, e trevas na luz.
> Então encontro as sete igrejas em toda a igreja, dando àquelas epístolas um meio direto de aplicação da maior solenidade e importância a nós, bem como a cristãos nominais de todas as épocas.[23]

Pember diz:

> ... quando consideradas como um todo, elas exibem cada fase da sociedade cristã que sempre será encontrada nas várias partes do reino cristão, e assim capacitaram o Senhor a dar conforto, conselho, exortação, aviso e ameaça, dos quais algo poderia aplicar-se a qualquer circunstância possível de Seu povo até o fim desta era.[24]

Logo, haveria uma aplicação espiritual, além da interpretação histórica.

c. Há nas cartas uma revelação profética quanto ao decurso da era. Pember afirma: "Na ordem em que foram apresentadas, elas prevêem as sucessivas fases predominantes pelas quais a igreja nominal passaria, desde a época em que João teve a visão até quando o Senhor viesse".[25] As sete igrejas, apenas sete entre muitas que João poderia ter escolhido para comentar, parecem ter sido selecionadas especificamente por causa do significado de seus nomes. Éfeso significa "amada" ou talvez "relaxamento". Esmirna significa "mirra" ou "amargura".

---

[23] Joseph Seiss, *Lectures on the Apocalypse*, I, p. 144-5.
[24] Pember, op. cit., p. 289.
[25] Ibid.

Pérgamo significa "torre alta" ou "completamente casada". Tiatira significa "aqueles que escapam" ou "renovação". Filadélfia significa "amor fraterno". Laodicéia significa "o povo reinando ou ensinando" ou "o julgamento do povo".[26] Os nomes em si sugerem o desenvolvimento dos períodos durante o século. A respeito desse desenvolvimento, Scott escreve:

> Pretensão e abandono eclesiástico do primeiro amor caracterizaram o término do período apostólico —*Éfeso* (2.1-7). Depois disso ocorreu o período dos mártires, que nos leva ao fim da décima e última perseguição, sob Diocleciano —*Esmirna* (2.8-11). Espiritualidade decadente e secularismo crescente andaram juntos desde a ascensão de Constantino e seu apoio público ao cristianismo até o século VII —*Pérgamo* (2.12-17). A igreja papal, que é a obra-prima de Satanás na terra, é testemunhada na assunção de autoridade universal e perseguição cruel aos santos de Deus. Seu reinado malévolo compreende "a Idade Média", cujas características morais foram bem descritas como "de trevas". O papado seca tudo que toca —*Tiatira* (2.18-29). A Reforma foi a intervenção de Deus em graça e poder para quebrar a autoridade papal e introduzir na Europa a luz que durante 300 anos queimava com mais ou menos brilho. O protestantismo, com suas divisões e apatia, demonstra claramente quão longe ele está do ideal de Deus da igreja e do cristianismo —*Sardes* (3.1-6). Outra reforma; igualmente a obra de Deus caracterizou o início do última era —*Filadélfia* (3.7-13). O estado geral da atual igreja nominal, o de ser morna, é o mais detestável e nauseante de todos os descritos até agora. Podemos denominar a última fase da história da igreja às vésperas do julgamento de período sem Cristo —*Laodicéia* (3.14-22).
>
> Note que a história das três primeiras igrejas é consecutiva; enquanto a história das três restantes se sobrepõe e praticamente coincide com o fim —a vinda do Senhor.[27]

Embora essas sete épocas sejam vistas como sucessivas, é importante observar que a época sucessiva não elimina a anterior. Pember observa bem:

> O número de parábolas [em Mateus 13] e de epístolas é sete, esse número significando plenitude dispensacional; e, em cada uma das duas profecias, aparentemente temos diante de nós sete fases sucessivas ou épocas características [...] que compreendem o todo [...] Essas épocas começam na ordem em que são dadas; mas qualquer uma delas pode sobrepor a

---

[26] Cf. ibid., p. 279.
[27] SCOTT, op. cit., p. 55-6.

O decurso da presente era

que a sucede, ou até mesmo estender sua influência, num grau maior ou menor, até o fim desta era.[28]

3. *O paralelismo entre Mateus 13 e Apocalipse 2 e 3*. Ainda que a forma misteriosa do reino não seja sinônimo da igreja visível, já que o período de tempo é essencialmente o mesmo nas duas passagens, podemos razoavelmente esperar que haja um paralelismo de desenvolvimento. A tabela seguinte ilustrará o paralelismo geral.

Mateus 13	Apocalipse 2 e 3	Significado do nome	Datas aproximadas	Característica
Semeador	Éfeso	Desejada	Pentecostes a 100 d.C.	Época de semeadura, organização e evangelização
O trigo e o joio	Esmirna	Mirra	Nero a 300 d.C.	Perseguição. Inimigo revelado
O grão de mostarda	Pérgamo	Completamente casada	300 a 800 d.C.	Aliança mundana. Grande crescimento externo
O fermento	Tiatira	Sacrifício contínuo	800 a 1517	Domínio papal, corrupção doutrinária. Profissão vazia.
Tesouro escondido	Sardes	Aqueles que escapam	Reforma	Crescimento da igreja estatal.
A pérola	Filadélfia	Amor fraternal	Os últimos dias	Igreja verdadeira dos últimos dias.
A rede	Laodicéia	Povo reinando	Últimos dias	Apostasia.

[28] Pember, op. cit., p. 233.

Isso não quer dizer que haja identidade na revelação das duas passagens, mas, sim, que há semelhança no decurso da era como revelado nas duas passagens.

C. O Fim da Presente Era

Nesta presente era entre os dois adventos de Cristo, Deus está cumprindo dois planos distintos: um com a igreja, que será completo no arrebatamento da igreja, e outro com Israel, que será completo após o arrebatamento, no segundo advento de Cristo. Ambos têm passagens descritivas a respeito do fim dos tempos de seus respectivos planos. Há uma referência ao "fim dos tempos" para a igreja (1Pe 1.20 e Jd 18) e ao "último tempo" para a igreja (1Pe 1.5 e 1Jo 2.18). Há referência aos "últimos dias" para Israel (Dn 10.14; Dt 4.30) e para a igreja (1Tm 4.1). As Escrituras referem-se aos "últimos dias" para Israel (Is 2.2; Mq 4.1; At 2.17) e também para a igreja (2Tm 3.1; Hb 1.2). Existe ainda uma referência ao "último dia" de Israel (Jo 6.39,40,44,54), embora o uso de "dia" possa referir-se a um plano e não a um período. Nessas observações é importante perceber que as referências a qualquer período devem ser relacionadas ao plano do qual ele é parte. Quando usado em referência ao plano de Israel, não pode referir-se ao plano da igreja. Chafer escreve:

> ... devemos diferenciar os "últimos dias" de Israel —os dias de sua glória no reino na terra (cf. Is 2.1-5)— dos "últimos dias" da igreja, que são os dias de mal e de apostasia (cf. 2Tim 3.1-5). Da mesma forma, devemos fazer distinção entre os "últimos dias" de Israel e da igreja e "o último dia", que, como relacionado à igreja, é o dia da ressurreição dos que morreram em Cristo (cf. Jo 6.39,40,44,54).[29]

Deve ser feita distinção cuidadosa, caso contrário alguém atribuirá à igreja o que constitui acontecimentos finais de Israel ou vice-versa.

Neste presente exame, a atenção não é direcionada aos acontecimentos relacionados ao final da era com referência a Israel. Isso será examinado mais tarde e incluirá todas as profecias que acontecem após o arrebatamento da igreja antes do segundo advento de Cristo. A atenção é direcionada aos acontecimentos ligados ao fim dos séculos em relação ao plano de Deus para a igreja.

Com relação aos últimos dias da igreja, Chafer escreve:

---

[29] Chafer, op. cit., IV, p. 374-5.

Parte considerável das Escrituras lida com os últimos dias da igreja. Refere-se a um tempo restrito no final da presente era, mas completamente inserido nela. Embora esse breve período anteceda imediatamente a grande tribulação e até certo ponto seja uma preparação para ela, esses dois períodos de apostasia e confusão —apesar de incomparáveis na história— são totalmente separados um do outro. As passagens que lidam com os últimos dias para a igreja não fazem nenhuma consideração às condições políticas e mundiais, mas estão confinadas à igreja em si. Essas passagens retratam homens que deixam a fé (1Tm 4.1,2). Haverá uma manifestação de características próprias de homens injustos, apesar de estarem sob a profissão de "uma forma de piedade" (cf. 2Tm 3.1-5). A indicação é que, tendo rejeitado o poder do sangue de Cristo (cf. 2Tm 3.5 com Rm 1.16; 1Co 1.23-24; 2Tm 4.2-4), os líderes dessas formas de piedade serão homens ímpios, dos quais nada mais espiritual que isso poderia proceder (cf. 1Co 2.14). A seguir temos uma lista parcial de passagens que apresentam a verdade com relação aos últimos dias da igreja: 1Timóteo 4.1-3; 2Timóteo 3.1-5; 4.3,4; Tiago 5.1-8; 2Pedro 2.1-22; 3.3-6; Judas 1-25.[30]

Já que a igreja tem a esperança de um retorno iminente de Cristo, não pode haver sinais quanto ao momento em que ele acontecerá. Logo, deixamos de lado o assunto de "sinais dos tempos" referente aos últimos dias da igreja. Porém, com base nas passagens citadas anteriormente, há certas revelações relacionadas às condições dentro da igreja nominal no final da presente era. Tais condições giram em torno de um sistema de negações. Há negação de Deus (Lc 17.26; 2Tm 3.4,5), negação de Cristo (1Jo 2.18; 1Jo 4.3; 2Pe 2.6), negação do retorno de Cristo (2Pe 3.3,4), negação da fé (1Tm 4.1,2; Jd 3), negação da sã doutrina (2Tm 3.1-7), negação da vida separada (2Tm 3.1-7), negação da liberdade cristã (1Tm 4.3,4); negação da moral (2Tm 3.1-8,13; Jd 18), negação da autoridade (2Tm 3.4).[31] Essa condição no fim dos séculos coincide com o estado da igreja de Laodicéia, à porta da qual Cristo precisa colocar-Se para buscar entrada. Em vista de seu fim, não é de admirar que a presente era se chame nas Escrituras "dias maus".

---

[30] Ibid.
[31] D. H. PRICHARD, The last days, p. 51-8.

Capítulo 10

A teoria do arrebatamento parcial

A presente era, em relação à verdadeira igreja, termina com a translação da igreja à presença do Senhor. A doutrina da translação da igreja é uma das considerações mais importantes da escatologia do Novo Testamento (Jo 14.1-3; 2Ts 2.1; 1Ts 4.13-18; 1Co 1.8; 15.51,52; Fp 3.20,21; 2Co 5.1-9). É uma das questões em que os estudiosos da Bíblia mais discordam atualmente. Intérpretes da escola pré-milenarista estão divididos em campos como o parcialista, que levanta a questão de quem participará do arrebatamento, e os pré-tribulacionista, mesotribulacionista e pós-tribulacionista, que levantam a questão da ocasião do arrebatamento em relação ao período tribulacional.

I. Definição de Termos

Seria bom, neste momento, apresentar as várias palavras usadas no Novo Testamento em relação ao segundo advento de Cristo: *parousia*, *apokalupsis* e *epiphaneia*. Embora essas palavras sejam muitas vezes consideradas técnicas, com designações específicas, Walvoord escreve:

> É a opinião do escritor que todos esses três termos são usados em sentido geral e não técnico, e referem-se tanto ao arrebatamento quanto ao retorno glorioso de Cristo à terra [...]

1. *Parousia*

A palavra mais freqüentemente usada nas Escrituras em referência ao retorno de Cristo é [*parousia*] [...] ela ocorre 24 vezes no Novo Testamento numa variedade de conexões. Como a sua etimologia indica, a palavra significa *estar perto* ou *ao lado* [...] Ela envolve tudo o que a palavra portuguesa *presença* denota [...] Passou a significar não só presença, mas o ato pelo qual a presença é realizada, i.e., a *vinda* do indivíduo.

A teoria do arrebatamento parcial

Um breve resumo de seu uso no Novo Testamento inclui [...] 1Coríntios 16.17 [...] 2Coríntios 7.6,7 [...] Filipenses 1.26 [...] 2Tessalonicenses 2.9... 2Pedro 3.12. Todos são forçados a concordar que esses casos são gerais e não técnicos.

[...] O fato de que é usada freqüentemente com relação ao arrebatamento da igreja é claro nas seguintes referências (1Co 15.23; 1Ts 2.19; 4.15; 5.23; 2Ts 2.1 [?]; Tg 5.7,8; 2Pe 3.4 [?]; 1Jo 2.29) [...]

No entanto, a palavra também é usada com relação ao retorno de Cristo à terra com a igreja em várias passagens (Mt 24.3,27,37,39; 1Ts 3.13; 2Ts 2.8; 2Pe 1.16) [...]

É inevitável concluir que a mesma palavra é usada em todas essas passagens em sentido geral e não específico. Sua contribuição à doutrina é realçar a presença corporal de Cristo [...]

II. APOKALUPSIS

A segunda palavra importante para a vinda de Cristo [...] [*apokalupsis*] ocorre [...] 18 vezes na forma de substantivo, 26 vezes na forma de verbo. Ela é obviamente derivada de [...] [*apo*] e... [*kaluptō*], a última significando cobrir, ou esconder, e com o prefixo, descobrir ou desvendar, e assim, revelar [...]

Uma pesquisa daquelas passagens em que a palavra é usada em relação a Cristo demonstra que em várias ocorrências ela é usada para descrever a segunda vinda de Cristo (1Pe 4.13; 2Ts 1.7; Lc 17.30) [...]

Em outras passagens, todavia, ela é claramente usada com referência à vinda de Cristo nos ares para buscar a igreja (1Co 1.7; Cl 3.4; 1Pe 1.7,13) [...]

A doutrina em jogo no uso da palavra em relação a Cristo é uma ênfase na manifestação futura da glória de Cristo [...]

III. EPIPHANEIA

A terceira palavra usada para o retorno de Cristo é [...] [*epiphaneia*] [...] [*epi*] e [*phanēs*]. O significado de *trazer à luz, fazer brilhar, mostrar*, é encontrado de Homero em diante (Thayer). A adição da preposição dá a ela um significado intensivo [...] ela é usada para a primeira vinda de Cristo à terra em Sua encarnação (Lc 1.79; 2Tm 1.10) [...]

Quando empregada em referência ao retorno do Senhor, em dois casos ela se refere ao arrebatamento da igreja, e em dois casos parece referir-se à segunda vinda de Cristo [...] parece sã exegese classificar 1Timóteo 6.14 e 2Timóteo 4.8 como referências ao arrebatamento [...]

Em 2Timóteo 4.1 e Tito 2.13, no entanto, parece haver referência à Sua segunda vinda [...]

A ênfase dada à verdade no uso de [...] [*epiphaneia*] serve para assegurar que Cristo realmente aparecerá, será reconhecido e manifesto de maneira visível.[1]

---

[1] John F. WALVOORD, New Testament words for the Lord's coming, *Bibliotheca Sacra*, 101:284-9, July 1944.

Essas palavras, então, ressaltam três grandes fatos em relação ao segundo advento: Cristo estará visivelmente presente, Sua glória, por conseguinte, será de todo revelada, e Ele mesmo será totalmente manifesto.

II. A Teoria do Arrebatamento Parcial

A primeira teoria associada à translação da igreja não está relacionada ao período tribulacional, mas sim aos indivíduos que sofrerão a translação. Argumenta-se que nem todos os crentes serão levados na translação da igreja, mas apenas os que estiverem "vigiando" e "esperando" por esse acontecimento, que tenham atingido certo nível de espiritualidade que os torne dignos de ser incluídos. Essa teoria foi defendida por homens como R. Govett, G. H. Lang, D. M. Panton, G. H. Pember, J. A. Seiss e Austin Sparks, entre outros. Essa teoria é definida por Waugh, que diz:

> Há, todavia, não poucos homens —alguns deles profundos e devotos estudiosos das Escrituras— que crêem que apenas uma parte preparada e esperançosa dos crentes será então transladada. Eles crêem que uma conclusão clara de Lucas 21.36 é que os crentes que *não* "vigiarem" *não* vão "escapar de todas estas cousas que têm de suceder", e *não* serão dignos de "estar em pé na presença do Filho do Homem". Eles extraem de passagens como Filipenses 3.20, Tito 2.13, 2 Timóteo 4.8 e Hebreus 9.28 o conceito de que somente serão levados os que "aguardarem" e "amarem a sua vinda".[2]

A. *As dificuldades doutrinárias da teoria do arrebatamento parcial.* A posição do arrebatamento parcial baseia-se em certos mal-entendidos com relação às doutrinas da Palavra.

1. A posição do arrebatamento parcial está baseada numa interpretação errônea do valor da morte de Cristo para libertar o pecador da condenação e torná-lo aceitável a Deus. Essa doutrina está ligada a três palavras do Novo Testamento: propiciação, reconciliação e redenção. Com respeito à propiciação, Chafer escreve:

> Cristo, ao derramar Seu próprio sangue, como se aspergido, sobre o Seu corpo no Gólgota, torna-se na realidade o Propiciatório. Ele é o Propiciador e fez propiciação ao suprir dessa maneira as justas exigências da santidade de Deus contra o pecado, de tal maneira que o céu se tornou propício. O fato de a propiciação existir deve ser aceito [...]

---

[2] Thomas Waugh, *When Jesus comes*, p. 108.

A teoria do arrebatamento parcial 185

A propiciação é o lado divino do trabalho de Cristo na cruz. A morte de Cristo pelo pecado no mundo alterou toda a posição da humanidade no seu relacionamento com Deus, pois Ele reconhece o que Cristo fez pelo mundo, quer o homem aceite isso, quer não. Nunca se afirma que Deus foi reconciliado, mas Sua atitude em relação ao mundo foi mudada quando a relação do mundo para com Ele se tornou radicalmente diferente por meio da morte de Cristo.[3]

Com respeito à reconciliação, o mesmo autor diz:

Reconciliação significa que alguém ou algo é totalmente mudado e ajustado a algo que é um padrão, como um relógio pode ser ajustado a um cronômetro [...] Por meio da morte de Cristo em nosso lugar, o mundo inteiro está totalmente mudado no seu relacionamento com Deus [...] O mundo está tão alterado na sua posição com respeito aos santos julgamentos de Deus por meio da cruz de Cristo que Deus não está mais atribuindo-lhes seu pecado. O mundo então é declarado redimível [...]

Já que a posição do mundo diante de Deus está completamente mudada pela morte de Cristo, a própria atitude de Deus com relação ao homem não pode mais ser a mesma. Ele está disposto a lidar com as almas agora à luz daquilo que Cristo fez [...] Deus [...] acredita completamente naquilo que Cristo fez e o aceita, de forma que continua justo apesar de capaz de justificar qualquer pecador que aceite o Salvador como sua reconciliação.[4]

Com respeito à redenção, ele escreve:

A redenção é um ato de Deus pelo qual Ele mesmo paga como um resgate o preço do pecado humano que insultou a santidade e o governo que Deus exige. A redenção oferece a solução ao problema do pecado, como a reconciliação oferece a solução ao problema do pecador, a propiciação oferece a solução ao problema de um Deus ofendido [...]

A redenção proporcionada e oferecida ao pecador é uma redenção do pecado [...] Redenção divina é pelo sangue —o preço do resgate— e pelo poder.[5]

O resultado desse tríplice trabalho é uma salvação perfeita, por meio da qual o pecador é justificado, torna-se aceitável a Deus, é colocado em Cristo posicionalmente para ser recebido por Deus como se fosse o próprio Filho. O indivíduo que tem essa posição com Cristo jamais pode ser algo menos que completamente aceitável a Deus. O

---

[3] Lewis Sperry CHAFER, *Systematic theology*, VII, p. 259.
[4] Ibid., VII, p. 262-3.
[5] Ibid., III, p. 88.

parcialista, que insiste em que apenas os que estão "aguardando" e "vigiando" serão transladados, subestima a posição perfeita do filho de Deus em Cristo e o apresenta diante do Pai na sua própria justiça experimental. O pecador então deve ser menos que justificado, menos que perfeito em Cristo.

2. O parcialista precisa negar o ensinamento do Novo Testamento sobre a unidade do corpo de Cristo. De acordo com 1Coríntios 12.12,13, todos os crentes estão unidos ao corpo do qual Cristo é o Cabeça (Ef 5.30). Essa experiência de batismo está presente em todo indivíduo regenerado. Se o arrebatamento inclui apenas parte dos redimidos, então o corpo, do qual Cristo é o cabeça, será um corpo desmembrado e desfigurado quando levado a Ele. A construção, da qual Ele é a pedra principal, estará incompleta. O sacerdócio, do qual Ele é o Sumo Sacerdote, estará sem uma parte de seu complemento. A noiva, da qual Ele é o Noivo, será desfigurada. A nova criação, da qual Ele é o cabeça, será incompleta. Isso é impossível de imaginar.

3. O parcialista precisa negar a totalidade da ressurreição dos crentes na translação. Já que nem todos os santos poderiam ser arrebatados, logicamente nem todos os mortos em Cristo poderiam ser ressurretos, visto que muitos deles morreram em imaturidade espiritual. Mas, já que Paulo ensina que "transformados seremos todos", e que todos "os que dormem" Deus trará (1Co 15.51,52; 1Ts 4.14), é impossível admitir uma ressurreição parcial.

4. O parcialista confunde o ensinamento bíblico sobre os galardões. Os galardões são dados gratuitamente por Deus como recompensa pelo serviço fiel. O Novo Testamento deixa bem claro o ensinamento sobre os galardões (Ap 2.10; Tg 1.12; 1Ts 2.19; Fp 4.1; 1Co 9.25; 1Pe 5.4; 2 Tm 4.8). Em nenhum lugar no ensinamento sobre os galardões o arrebatamento é incluído como recompensa pela vigilância. Tal ensinamento faria dos galardões obrigação legal por parte de Deus, em vez de presente de misericórdia.

5. O parcialista confunde a distinção entre lei e graça. Se essa posição estivesse correta, a posição do crente diante de Deus dependeria das suas obras, pois o que ele fez e as atitudes que ele desenvolveu seriam então a base de sua aceitação. Não é preciso dizer que a aceitação por Deus estará somente na base da posição do indivíduo em Cristo, não na sua preparação para a translação.

A teoria do arrebatamento parcial

6. O parcialista deve negar a distinção entre Israel e a igreja. Será observado na discussão de passagens problemáticas a seguir que ele usa as passagens aplicadas ao plano de Deus para Israel e as aplica à igreja.

7. O parcialista precisa colocar parte da igreja crente no período tribulacional. Isso é impossível. Um dos propósitos do período tribulacional é julgar o mundo em preparação para o reino a seguir. A igreja não precisa de tal julgamento, a não ser que a morte de Cristo seja ineficaz. A partir dessas considerações, acredita-se então que a teoria do arrebatamento parcial não possa ser sustentada.

B. *Passagens problemáticas.* Há certas passagens que o parcialista usa para apoiar sua posição, as quais, à primeira vista, parecem apoiar essa teoria.

1. Lucas 21.36: "Vigiai, pois, a todo tempo, orando, para que possais escapar de todas estas cousas que têm de suceder e estar em pé na presença do Filho do Homem".[6] Observaremos que a referência principal nesse capítulo é à nação de Israel, que já está no período tribulacional, e portanto isso não se aplica à igreja. As coisas das quais é preciso escapar são os julgamentos associados "àquele dia" (v. 34), isto é, o Dia do Senhor. A igreja tem ordens de estar vigilante (1Ts 5.6; Tt 2.13) sem que isso implique ser digna de participar da translação.

2. Mateus 24.41,42: "Duas estarão trabalhando num moinho, uma será tomada, e deixada a outra. Portanto, vigiai, porque não sabeis em que dia vem o vosso Senhor".[7] Essa passagem também está no discurso em que o Senhor descreve Seu plano para Israel, que já está no período tribulacional. A levada vai ao julgamento e a deixada fica para a bênção milenar. Essa não é a perspectiva futura da igreja.

3. Hebreus 9.28: "... aparecerá segunda vez, sem pecado, aos que o aguardam para a salvação". A expressão "aos que o aguardam" é usada aqui como sinônimo de "crentes" ou a "igreja", já que essa atitude constitui a atitude normal dos redimidos de Deus. Os crentes são os que "aguardam o Salvador" (Fp 3.20) ou esperam a "bendita esperança" (Tt 2.13). Os que esperam por Ele não são comparados aos que não

---

[6] Cf. G. H. Lang, *Revelation*, p. 88-9.
[7] Cf. R. Govett, One taken and one left, *The Dawn*, 22:515-8, Feb. 15, 1936.

o esperam. Essa passagem simplesmente ensina que, da mesma forma que Ele apareceu uma vez para tirar o pecado (v. 26) e agora se encontra no céu intercedendo por nós (v. 24), aparecerá novamente (v. 28) para completar o trabalho de redenção. A conclusão é que o mesmo grupo a quem Ele apareceu, e por quem Ele agora intercede, será aquele a quem Ele aparecerá.

4. Filipenses 3.11: "Para, de algum modo, alcançar a ressurreição dentre os mortos".[8] Alguns acreditam que Paulo duvidava de seu próprio arrebatamento. O contexto não apóia essa teoria. O v. 11 retoma o v. 8, no qual Paulo revela que, por causa do valor superior do conhecimento de Cristo Jesus, ele abriu mão de tudo aquilo em que confiava para "ganhar a Cristo", e, tendo achado Cristo, "alcançar a ressurreição dentre os mortos". A ressurreição, então, é demonstrada como resultado de "ganhar a Cristo", não como resultado de se preparar para a translação. Ele revelou o segredo mais profundo de Seu serviço, uma devoção completa a Cristo desde que O encontrou na estrada para Damasco.

5. 1Coríntios 15.23: "Cada um [...] por sua própria ordem". Isto é usado pelo parcialista para ensinar a divisão em níveis para o crente na ressurreição da igreja. No entanto, devemos lembrar, Paulo não está instruindo sobre a ordem da ressurreição da igreja, mas sim sobre as divisões ou os "grupos" dentro de todo o plano de ressurreição, que incluirá não só os santos da igreja, mas também os santos do Antigo Testamento e os santos da tribulação.

6. 2Timóteo 4.8: "... mas também a todos quantos amam a sua vinda". Isto é usado pelos defensores dessa posição para mostrar que o arrebatamento deve ser parcial. No entanto, devemos notar que não se tem em mente nessa passagem o sujeito da translação, mas sim a questão da recompensa. O segundo advento foi criado por Deus para ser uma esperança purificadora (1Jo 3.3). Por causa de tal purificação, uma nova vida é produzida em vista da expectativa do retorno do Senhor. Portanto, os que realmente "amam a sua vinda" experimentarão novo tipo de vida que lhes trará um galardão.

7. 1Tessalonicenses 1.10: "E para aguardardes dos céus o seu Filho [...] que nos livra da ira vindoura" e 1Tessalonicenses 4.13-18, juntamente com 1Coríntios 15.51,52, são usados pelo parcialista para ensi-

---

[8] Cf. R. Govett, *Entrance into the kingdom*, p. 35.

A teoria do arrebatamento parcial

nar que a igreja que não estava preparada para o arrebatamento encontrará o Senhor nas nuvens em Seu retorno à terra no segundo advento.[9] Tal posição coincide com a interpretação do pós-tribulacionista, que demonstraremos ser contrária ao ensinamento das Escrituras.

Um exame das passagens bíblicas usadas pelos parcialistas para apoiar sua posição mostra que sua interpretação não é coerente com a verdadeira exegese. Já que essa teoria não está em harmonia com a verdadeira doutrina e a verdadeira exegese, deve ser rejeitada.

[9] Cf. G. H. Lang, op. cit., p. 236-7.

Capítulo 11

A teoria do arrebatamento pós-tribulacionista

Uma teoria que tem ganhado espaço no presente como explicação do momento de translação da igreja no período tribulacional é a teoria do arrebatamento pós-tribulacionista. Ela diz que a igreja continuará na terra até a segunda vinda, no final desta presente era, e será levada às nuvens para encontrar o Senhor que veio pelos ares, vindo do céu no segundo advento, para retornar imediatamente com Ele. Reese, um dos principais expoentes dessa teoria, declara assim sua proposição:

> A igreja de Cristo não será retirada da terra até o segundo advento de Cristo, bem no final desta presente era: o arrebatamento e o aparecimento ocorrem no mesmo momento de transição; conseqüentemente, os cristãos desta geração serão expostos às aflições finais sob o anticristo.[1]

I. A base Essencial do Arrebatamento Pós-Tribulacionista

Antes de examinar os argumentos usados pelos defensores dessa posição, devemos observar as bases essenciais sobre as quais repousa o pós-tribulacionismo. 1) O pós-tribulacionismo precisa basear-se numa negação do dispensacionalismo e de todas as distinções dispensacionalistas. Só assim pode colocar a igreja naquele período que é particularmente chamado "tempo de angústia para Jacó" (Jr 30.7). 2) Conseqüentemente, a posição pós-tribulacionista repousa na negação das distinções entre Israel e a igreja. 3) A posição precisa repousar na negação do ensinamento bíblico concernente à natureza e ao propósito do perí-

---

[1] Alexander Reese, *The approaching advent of Christ*, p. 18.

odo tribulacional. Embora as Escrituras usem termos como ira, julgamento, indignação, provações, problemas e destruição para descrevêlo, e declarem que o propósito divino nesse período é derramar o julgamento sobre o pecado, os defensores dessa posição têm de negar esse ensinamento essencial da Palavra. 4) O pós-tribulacionista precisa negar todas as distinções observadas nas Escrituras entre o arrebatamento e o segundo advento, fazendo dos dois um e o mesmo acontecimento. 5) O pós-tribulacionista precisa negar a doutrina da iminência, que diz que o Senhor pode voltar a qualquer momento, substituindo-a pelo ensinamento de que vários sinais devem ser cumpridos antes que o Senhor possa vir. 6) O pós-tribulacionista nega qualquer cumprimento futuro da profecia em Daniel 9.24-27, alegando para ela um cumprimento histórico. 7) O pós-tribulacionista precisa aplicar à igreja grandes passagens das Escrituras que esboçam o plano de Deus para Israel (Mt 13; Mt 24 e 25; Ap 4 - 19), a fim de manter suas concepções. Observamos, assim, que a posição apóia-se essencialmente num sistema de negação das interpretações sustentadas pelos pré-tribulacionistas, e não numa exposição verificável das Escrituras.

II. Os Argumentos Essenciais do Pós-Tribulacionista

A. *O argumento histórico.* Existem vários grandes argumentos nos quais se apóia o pós-tribulacionista. O primeiro é um argumento histórico. Sua posição é que o pré-tribulacionismo é uma doutrina nova, surgida nos últimos cem anos, e, conseqüentemente, deve ser rejeitada pois não é apostólica. Reese declara:

> Em torno de 1830 [...] nova escola surgiu dentre o pré-milenarismo buscando derrubar o que, desde a era apostólica, tinha sido considerado por todos os pré-milenaristas resultados estabelecidos e instituir em seu lugar uma série de doutrinas que nunca tinham sido ouvidas antes. A escola a que me refiro é a dos "irmãos" ou "irmãos de Plymouth", fundada por J. N. Darby.[2]

Cameron fala na mesma linha:

> Agora, devemos lembrar que, antes desta data, nenhuma pista de qualquer tratamento dessa crença pode ser encontrada na literatura cristã de Policarpo em diante [...] Certamente, uma doutrina que não encontra ex-

[2] Ibid., p. 19.

poente ou defesa em toda a história e literatura do cristianismo, por mil e oitocentos anos depois da fundação da igreja —doutrina que nunca foi ensinada por um pai ou mestre no passado da igreja— que não tem a apoiá-la um comentador ou professor da língua grega em nenhuma escola teológica até a metade do século XIX, e que não tem um amigo, mesmo que se mencione o seu nome entre os mestres ortodoxos ou entre as seções heréticas do cristianismo —tal doutrina sem pai nem mãe, quando se ergue exigindo aceitação universal, deve ser submetida a minucioso exame antes de admitida e tabulada como parte "da fé entregue de uma vez por todas aos santos".³

Em resposta a esse argumento, muitas coisas devem ser ressaltadas. 1) Tal argumento é um argumento de silêncio. Se a mesma linha de raciocínio fosse seguida, não se aceitaria sequer a doutrina de justificação pela fé, pois ela não foi claramente ensinada até a Reforma. A incapacidade de discernir o ensinamento das Escrituras não anula o ensinamento. 2) A igreja primitiva vivia à luz da crença do iminente retorno de Cristo.⁴ Sua expectativa era de que Cristo poderia retornar a qualquer momento. O pré-tribulacionismo é a única posição coerente com a doutrina da iminência. Se um argumento de silêncio for seguido, o peso da evidência favorece a visão pré-tribulacionista. 3) Devemos observar que cada era da história da igreja foi permeada por certa controvérsia doutrinária que se tornou objeto de discussão, revisão e formulação, até que ocorresse aceitação geral do que as Escrituras ensinavam. Todo o campo teológico foi, então, formulado através dos séculos. Não foi senão no último século que a escatologia se tornou questão para a qual a igreja voltou a atenção. Isso foi bem desenvolvido por Orr, que escreve:

> Já lhe ocorreu [...] que existe um paralelo singular entre o curso histórico do dogma, por um lado, e a ordem científica dos livros de teologia sistemática do outro? A história do dogma, como você rapidamente descobre, é simplesmente o sistema de teologia espalhado através dos séculos [...] e isso não apenas no que diz respeito ao assunto geral, mas até mesmo com respeito à sucessão definitiva de suas partes [...] Uma coisa, penso, isso mostra inconfundivelmente, ou seja, que nenhum dos dois arranjos é arbitrário —existe uma lei e um raciocínio que o apóia; e outra coisa que se nos impõe é que a lei desses dois desenvolvimentos —o lógico e o histórico— é a mesma.

---

³ Robert CAMERON, *Scriptural truth about the Lord's return*, p. 72-3.
⁴ Cf. G. H. N. PETERS, *Theocratic kingdom*, I, 494-6.

A teoria do arrebatamento pós-tribulacionista

[...] o segundo século na história da igreja —o que foi ele? A era dos *apologistas* e da vindicação das *idéias fundamentais de todas as religiões* —da *cristã* especialmente— em conflito com o paganismo e gnosticismo.

Passamos ao próximo estágio no desenvolvimento, e o que encontramos lá? O que vem em seguida no sistema teológico —*teologia propriamente dita*—a doutrina cristã de Deus e especialmente a doutrina da Trindade. Esse período é abrangido pelas controvérsias *monarquiana, ariana* e *macedônica* do terceiro e do quarto século.

[...] O que vem em seguida? Como no sistema lógico a teologia é sucedida pela *antropologia*, também na história do dogma as controvérsias que citei são seguidas no começo do quinto século pelas controvérsias *agostiniana* e *pelagiana*, nas quais [...] o centro de interesse passa de Deus para o homem.

[...] Desde a morte de Agostinho vemos a igreja entrando numa longa e perturbadora série de controvérsias conhecidas como cristológicas —*nestoriana, eutiquiana, monofisista, monotelita*— que a manteve numa agitação contínua e a dividiu, promovendo as paixões mais anticristãs durante o quinto e sexto e até mesmo o final do sétimo século.

[...] Teologia, antropologia, cristologia; cada um teve seu dia —na ordem do sistema teológico, que a história ainda segue cuidadosamente, [mas] a vez da *soteriologia* não chegou [...] [até] o próximo passo, que foi tomado pelos reformadores no desenvolvimento da doutrina da *aplicação da redenção*. Essa [...] é a grande divisão seguinte no sistema teológico.

O que devo falar agora do ramo restante do sistema teológico, o escatológico? Uma escatologia, certamente, existia na igreja primitiva, mas ela não era concebida teologicamente; e existia uma escatologia mística na igreja medieval —escatologia do céu, do inferno e do purgatório [...] mas a Reforma varreu isso e, nos seus contrastes agudos de alegria e de aflição, não se pode dizer que tenha colocado alguma coisa no lugar, ou mesmo que tenha encarado distintamente as dificuldades do problema [...] Talvez eu não erre ao pensar que, além da revisão necessária do sistema teológico como um todo, que não poderia propriamente ser empreendida até que o desenvolvimento histórico citado tivesse seguido seu percurso, a mente moderna tem debatido com seriedade especial questões teológicas, movida, talvez, pela solene impressão de que nela os fins do mundo vieram, e que alguma grande transição nas questões da história humana se aproxima.[5]

Todo esse conceito de dogma seria nosso argumento contra o pós-tribulacionista que defende que a doutrina deve ser rejeitada por não ser claramente ensinada na igreja primitiva.

---

[5] James ORR, *The progress of dogma*, p. 21-31.

B. *O argumento contra a iminência*. Um segundo grande argumento dos pós-tribulacionistas é contra a iminência.[6] É evidente que, se a crença no iminente retorno de Cristo for doutrina bíblica, então a igreja deve ser arrebatada antes do desdobramento dos sinais do período tribulacional. O partidário dessa posição desconsidera todas as exortações bíblicas à igreja para aguardar o aparecimento de Cristo e insiste em que devemos buscar sinais. Sua posição repousa no argumento de que os anúncios de acontecimentos como a destruição de Jerusalém, a morte de Pedro, o aprisionamento de Paulo e o plano anunciado para os séculos vindouros, como encontrado em Mateus 28.19,20, junto com o curso esboçado desta era e o desenvolvimento da apostasia, tornam impossível um retorno iminente; por conseguinte o Senhor não poderia vir até que se dessem esses acontecimentos. Tais argumentos não levam em conta que os mesmos homens que receberam tais anúncios acreditavam que o curso natural da história poderia ser interrompido pela translação dos crentes para fora da esfera e sustentavam o conceito do retorno iminente de Cristo.

A doutrina da iminência é ensinada nas Escrituras em trechos como João 14.2,3; 1Coríntios 1.7; Filipenses 3.20,21; 1Tessalonicenses 1.9,10; 4.16,17; 5.5-9; Tito 2.13; Tiago 5.8,9; Apocalipse 3.10; 22.17-22. Embora as concepções sobre a igreja primitiva venham a ser estudadas adiante, podemos fazer muitas citações a esta altura para mostrar que a igreja primitiva se apegava à doutrina da iminência. Clemente de Roma escreveu na *Primeira epístola aos coríntios*:

> Vocês vêem como em pouco tempo o fruto das árvores chega à maturidade. Verdadeiramente, logo e de repente Sua vontade será cumprida, assim como o testemunham as Escrituras, dizendo "Certamente venho sem demora e não tardarei"; e "... de repente virá ao Seu templo o Senhor, a quem vós buscais".[7]

Ainda Clemente escreve:

> Se fizermos o que é justo perante os olhos de Deus, entraremos no Seu reino e receberemos as promessas que olho algum jamais viu, ou ouvido ouviu, ou jamais entrou no coração do homem. Logo, esperemos a cada hora o reino de Deus em amor e em justiça, porque não sabemos o dia em que o Senhor aparecerá.[8]

---

[6] Cf. REESE, op. cit., p. 108-19.
[7] Alexander ROBERTS & James DONALDSON, *The ante-Nicene fathers*, I, p. 11.
[8] Ap. J. F. SILVER, *The Lord's return*, p. 59.

A teoria do arrebatamento pós-tribulacionista 195

No *Didaquê* lemos:

> Vigiai por amor às vossas vidas. Não se apaguem as vossas lâmpadas, nem estejam descingidos os vossos lombos; mas estejais prontos, pois não sabeis a hora em que o Senhor virá.[9]

Cipriano diz: "Seria contraditório e incompatível para nós, que oramos para que o reino de Deus venha rapidamente, estarmos procurando uma longa vida aqui... ".[10] Essas citações evidenciam que a exortação à vigilância dirigida à igreja tornou-se a esperança da igreja primitiva, e que eles viviam à luz do retorno iminente de Cristo. O testemunho das Escrituras e a evidência da igreja primitiva não podem ser negados.

C. *A promessa da tribulação*. O terceiro grande argumento dos pós-tribulacionistas baseia-se na promessa de tribulação dada à igreja.[11] Passagens como Lucas 23.27-31, Mateus 24.9-11 e Marcos 13.9-13, que são dirigidas a Israel e lhe prometem tribulação, são usadas para provar que a igreja passará pelo período de tribulação. Além disso, trechos como João 15.18,19 e João 16.1,2,33, que são dirigidos à igreja, também são usados. Seu argumento é que, à luz de tais promessas específicas, é impossível dizer que a igreja será arrebatada antes do período tribulacional. Seu argumento é fundamentado pela citação de perseguições presentes em Atos, das quais a igreja foi vítima (At 8.1-3; 11.19; 14.22; Rm 12.12) como cumprimento parcial daqueles alertas.

1. Em resposta a esse argumento, é necessário notar, primeiramente, que as Escrituras estão repletas de promessas de que Israel passará por um tempo de purificação que o preparará como nação para o milênio seguinte ao advento do Messias. Contudo, como Israel deve ser distinguido da igreja na economia de Deus, as passagens que prometem tribulação para Israel não podem ser usadas para ensinar que a igreja passará pelo período tribulacional. Israel e a igreja são duas entidades distintas no plano de Deus e assim devem ser consideradas.

2. Além disso, devemos notar que o termo *tribulação* é usado de maneiras diferentes nas Escrituras. É usado em sentido não-técnico e não-escatológico referindo-se a qualquer período de sofrimento ou pro-

---

[9] ROBERTS & DONALDSON, op. cit., VII, p. 382.
[10] Ap. SILVER, op. cit., p. 67.
[11] Cf. George ROSE, *Tribulation till translation*, p. 67-77.

vação pelo qual alguém passa. Assim aparece em Mateus 13.21; Marcos 4.17; João 16.33; Romanos 5.3; 12.12; 2Coríntios 1.4; 2Tessalonicenses 1.4; Apocalipse 1.9. É usado no seu sentido técnico ou escatológico em referência a todo o período de sete anos da tribulação, como em Apocalipse 2.22 ou Mateus 24.29. É assim usado em referência à última metade desse período de sete anos, como em Mateus 24.21. Quando a palavra *tribulação* é usada em referência à igreja, como em João 16.33, aparece em sentido não-técnico, na qual a igreja é vista como uma oposição duradoura ao deus deste século, mas não ensina que a igreja passará rigorosamente pelo período conhecido como tribulação. De outra maneira, alguém teria de ensinar que a tribulação já existe há mil e novecentos anos.

Visto que os pós-tribulacionistas insistem em que a igreja, além de ter promessas de tribulação, está experimentando essa tribulação, assim como a igreja através dos tempos, eles devem dar àquele período caráter diferente do encontrado nas Escrituras. Será mostrado em detalhes mais adiante que a caracterização daquele período, de acordo com as Escrituras, é descrito por palavras como ira, julgamento, indignação, provação, problema e destruição. Essa caracterização essencial precisa ser negada pelo seguidor dessa posição.

D. *O cumprimento histórico de Daniel 9.24-27*. Um quarto grande argumento do pós-tribulacionista é o cumprimento histórico da profecia de Daniel.[12] Sustentam os pós-tribulacionistas que a profecia, particularmente a de Daniel 9.24-27, foi já cumprida na sua totalidade. Rose escreve:

> Toda a evidência do Novo Testamento e da experiência cristã concorda com os maiores mestres da igreja de que a septuagésima semana da profecia de Daniel foi totalmente cumprida há mais de mil e novecentos anos. Isso não deixa nenhuma septuagésima semana futura a ser cumprida na "grande tribulação depois do arrebatamento".[13]

Ele defende a idéia de que não há intervalo entre a sexagésima nona e a septuagésima semana da profecia, dizendo:

> Se existissem "espaços" e "intermissões", a profecia seria vaga, ilusória e enganosa [...] As "sessenta e duas semanas" imediatamente ligadas às "sete semanas", combinando-se para formar "sessenta e nove semanas",

[12] Cf. Ibid., p. 24-66.
[13] Ibid., p. 62.

chegaram "ATÉ O MESSIAS". Além de Seu nascimento, mas não até sua "entrada triunfal"; apenas "ATÉ" sua consagração pública. Não existia "espaço" entre a "sexagésima nona e a septuagésima semana" [...] A "uma semana" das "setenta semanas" proféticas começou com João Batista; na sua primeira pregação pública sobre o reino de Deus, começou a dispensação do evangelho. Esses sete anos, adicionados aos quatrocentos e oitenta e três anos, somam quatrocentos e noventa anos [...] de modo que o todo da profecia, desde os tempos e acontecimentos correspondentes, foi cumprido ao pé da letra.[14]

Ele sustenta ainda que

> João começou o seu ministério com a chegada da "septuagésima semana", e Cristo foi batizado, tentado e começou a pregar meses depois.
> A primeira metade da semana foi usada para pregar o evangelho do reino [...] O meio da semana foi alcançado na Páscoa [...]
> A Páscoa [...] ocorreu exatamente no "meio da septuagésima semana", ou quatrocentos e oitenta e seis anos e meio depois "do mandamento para RESTAURAR e construir Jerusalém". [15]

Cristo, de acordo com essa teoria, é Aquele que confirma a aliança, e no período de Seu ministério as seis grandes promessas de Daniel 9.24 já foram cumpridas.

1. Em resposta a essa interpretação podemos notar que as seis grandes áreas da promessa em Daniel 9.24 estão relacionadas ao povo e à cidade santa de Daniel, ou seja, à nação de Israel. As promessas são a conseqüência lógica das alianças de Deus com essa nação. Israel, como nação, não pode estar cumprindo agora essas promessas. Desse modo, devemos concluir que essas seis áreas aguardam cumprimento futuro.

2. Ainda mais, o "ele" de Daniel 9.27 deve ter como antecedente "o príncipe que há de vir" do versículo anterior. Pelo fato de estar relacionado ao povo que destruiu a cidade e o santuário, isto é, os romanos, isso confirma que a aliança não pode ser Cristo, mas deve ser o homem da iniqüidade, mencionado por Cristo (Mt 24.15), por Paulo (2Ts 2) e por João (Ap 13), que fará aliança falsa com Israel. O fato de continuarem a existir sacrifícios depois da morte de Cristo até o ano 70 d.C. apontaria para o fato de que não foi Cristo que causou o término desses sacrifícios.

[14] Ibid., p. 46-7.
[15] Ibid., p. 64-6.

É interessante notar que o Senhor, no grande trecho escatológico que lida com o futuro de Israel (Mt 24 e 25), fala de um futuro cumprimento da profecia de Daniel (Mt 24.15) depois de Sua morte.

3. É importante notar que as profecias das primeiras sessenta e nove semanas foram cumpridas literalmente. Desse modo, é necessário um cumprimento literal da septuagésima semana, quanto ao tempo e quanto aos acontecimentos. Walvoord escreve:

> O ponto importante [...] é que as primeiras sessenta e nove semanas tiveram cumprimento literal, no que diz respeito aos detalhes e à cronologia. Ao abordar a tarefa de interpretar a profecia sobre a septuagésima semana, para fazer justiça aos princípios aprovados pelo cumprimento das sessenta e nove semanas, precisamos aguardar cumprimento literal da septuagésima semana, tanto em detalhe quanto em cronologia.[16]

Visto que o arrebatamento pós-tribulacionalista está em desarmonia com o princípio da interpretação literal, pois as profecias precisam ser espiritualmente interpretadas para que possam cumprir-se pela história, tem de ser rejeitado.

E. *O argumento baseado na ressurreição*. O quinto argumento, do qual o pós-tribulacionista depende muito, provém da ressurreição.[17] O argumento, baseado em Reese, é resumido por McPherson, que diz:

> Evidentemente a ressurreição dos santos mortos ocorre no arrebatamento da igreja (1Ts 4.16). Conseqüentemente, "onde quer que houver ressurreição, lá também estará o arrebatamento". Examinando passagens que falam sobre a ressurreição dos santos mortos, que é a primeira ressurreição (Ap 20.5,6), encontramos que a primeira ressurreição está associada à vinda do Senhor (Is 26.19), à conversão de Israel (Rm 11.15), à inauguração do reino (Lc 14.14,15; Ap 20.4-6), à entrega dos galardões (Ap 11.15-18), vindo antes disso a grande tribulação (Dn 12.1-3).[18]

Stanton resume claramente o pensamento de Reese quando escreve:

> O argumento de Reese toma a forma de silogismo, sendo as premissas principais: 1) as passagens do Antigo Testamento provam que a ressurrei-

---

[16] JOHN F. WALVOORD, Is the seventieth week of Daniel future?, *Bibliotheca Sacra*, 101:35, Jan. 1944.
[17] Cf. REESE, op.cit., p. 34-94.
[18] Norman S. MCPHERSON, *Triumph through tribulation*, p. 41.

A teoria do arrebatamento pós-tribulacionista

ção de seus santos ocorrerá na revelação de Cristo, logo antes do reino milenar; sendo a premissa menos importante que 2) todos os darbyistas concordam em que a ressurreição da igreja é sincrônica à ressurreição de Israel; conseqüentemente, chega-se à conclusão 3) de que a ressurreição da igreja marca a hora do arrebatamento como pós-tribulacionalista.[19]

1. Em resposta à conclusão de Reese, devemos apenas apontar que muitos pré-tribulacionistas atuais não concordam com a posição de Darby de que a ressurreição do arrebatamento inclui os santos do Antigo Testamento. Parece melhor colocar a ressurreição desses santos do Antigo Testamento no momento do segundo advento. Essa posição será examinada em detalhes mais tarde. Mas, se alguém separar a ressurreição da igreja da ressurreição de Israel, não existe força no argumento de Reese. O silogismo correto de Stanton esclarece isso:

> 1) Os santos do Antigo Testamento são ressuscitados depois da tribulação; 2) Darby diz que a ressurreição de Israel e da igreja ocorre antes da tribulação; 3) logo, Darby estava errado com respeito ao momento da ressurreição de Israel.[20]

Parece estranho que Reese, que tão freqüentemente sustenta que Darby está errado, insista em que ele é infalível nesse aspecto sobre a relação entre a ressurreição de Israel e a da igreja.

2. Outra linha de argumento seguida por Reese é insistir em que todo o plano de ressurreição ocorre em um dia. Isso é feito com base em João 5.28,29; 11.24. Ele argumenta:

> ... conseguimos localizar, com relativa exatidão, a hora dessa ressurreição. Ela deve ocorrer no dia do Senhor, quando o anticristo for destruído, Israel for convertido e a era messiânica for introduzida pela vinda do Senhor [...] A "ressurreição dos justos" [...] em todos os casos [...] ocorre "no último dia". Aqui está um momento muito definido [...] não deve haver dúvida de que "o último dia" é o dia final da era que precede o reino messiânico de glória.[21]

3. Em resposta a essa alegação, é suficiente destacar que o termo *dia do Senhor*, ou *aquele dia*, não se aplica a um período de 24 horas, mas a todo o plano de acontecimentos, incluindo o período de tribulação, o

---

[19] Gerald STANTON, *Kept from the hour*, p. 320.
[20] Ibid., p. 321.
[21] REESE, op. cit., p. 52-4.

segundo advento e toda a era milenar. Pode-se dizer que assim será todo o período começando com os julgamentos da septuagésima semana até a era milenar. Chafer diz:

> Esse período estende-se desde a vinda de Cristo "como um ladrão na noite" (Mt 24.43; Lc 12.39,40; 1Ts 5.2; 2Pe 3.10; Ap 16.15) até a passagem dos céus e da terra que agora existem e a fusão dos elementos com calor fervente [...] Poderá ser visto que esse dia inclui os julgamentos de Deus sobre as nações e sobre Israel, e que esses julgamentos ocorrerão no retorno de Cristo. Isso inclui o retorno de Cristo e o reino de mil anos que segue. Ele se estende certamente até a dissolução final com que o reino termina... [22]

O próprio Reese é forçado a concordar, pois diz:

> Algo pode ser dito a favor disso, pois Pedro diz que um dia com o Senhor é como mil anos; e o dia do Senhor no Antigo e no Novo Testamento às vezes se refere não apenas ao dia em que o Messias virá em glória, mas também ao período de seu Reinado.[23]

Assim, é errado concluir que "aquele dia" ou "o último dia" precisa ensinar que todos os santos ressuscitarão no mesmo momento. Devemos observar também que todos os trechos dos evangelhos usados por Reese (Jo 6.39-54; Lc 20.34-36; Mt 13.43; Lc 14.14,15) são aplicados ao plano de Deus para Israel. Se for demonstrado que a ressurreição ocorre no segundo advento, ela não prova o arrebatamento póstribulacionalista, a não ser que a igreja seja ressuscitada na mesma hora. Essa premissa é infundada.

4. Ao lidar com a ressurreição nas epístolas (Rm 11.15; 1Co 15.50-54; 1Ts 4.13-18; 1Co 15.21-26), Reese trata do momento da ressurreição de 1Coríntios 15.54: "E, quando este corpo corruptível se revestir de incorruptibilidade, e o que é mortal se revestir de imortalidade, então, se cumprirá a palavra que está escrita: Tragada foi a morte pela vitória". Seu argumento é:

> A ressurreição e transfiguração dos mortos na fé será em cumprimento a uma profecia do Antigo Testamento. Isso ocorre em Isaías 25.8 [...] A ressurreição dos santos e a vitória sobre a morte *sincronizam-se com a inauguração do reino teocrático, a vinda de Jeová e a conversão dos israelitas que estiverem vivos.*[24]

---

[22] Lewis Sperry CHAFER, *Systematic theology*, VII, p. 110.
[23] REESE, op. cit., p. 55.
[24] Ibid., p. 63.

A teoria do arrebatamento pós-tribulacionista

5. Em resposta a essa alegação, frisaríamos que Paulo não está citando a passagem de Isaías para estabelecer o momento da ressurreição. A instituição da era milenar necessita da abolição da morte para aqueles que nela entrarão. Israel experimentará a ressurreição quando instaurado o milênio, mas a igreja já terá sido ressuscitada antes. O erro de Reese é supor que todos os mortos justos serão ressuscitados ao mesmo tempo.

6. A respeito da ressurreição mencionada em Apocalipse 20.4-6, Reese sustenta que, como ela é chamada primeira ressurreição, tem de necessariamente ser a primeira em número. Ele escreve:

> Nenhuma palavra é dita por João sobre tal ressurreição em todo o Apocalipse. Nada pode ser encontrado a respeito de uma ressurreição anterior, seja aqui seja em qualquer outra parte da Palavra de Deus. Se tal ressurreição anterior fosse conhecida por João —como a teoria [pré-tribulacionista] pressupõe— então como é concebível que ele chamasse a essa ressurreição *primeira*? [...] Mas o fato de ele ter escrito *primeira* ressurreição será a prova para todos os leitores imparciais de que ele não conhecia nenhuma anterior.[25]

Observamos aqui que Reese emprega um argumento de silêncio. Mal se poderia esperar que João mencionasse a ressurreição dos mortos em Cristo, que tinha acontecido anteriormente, em relação aos acontecimentos no final do período tribulacional, relacionados apenas aos santos da tribulação.

Um fato essencial que Reese parece ter negligenciado em toda a discussão sobre a ressurreição é o ensinamento de 1Coríntios 15.23, "cada um por sua própria ordem". A primeira ressurreição é composta de grupos diferentes: os santos da igreja, do Antigo Testamento e da tribulação. Apesar de esses grupos serem ressuscitados em momentos diferentes, são parte do plano da primeira ressurreição e são "ordens" nesse plano. Conseqüentemente, a ressurreição dos santos da tribulação no momento do segundo advento (Ap 20.4-6) não prova que todos os que ressuscitam para a vida são levantados nesse momento. Toda essa doutrina de ressurreição será examinada mais tarde, mas foi dado o suficiente para mostrar que a doutrina da ressurreição não apóia o pós-tribulacionismo.

[25] Ibid., p. 81.

F. *O argumento baseado no trigo e no joio.* Um sexto argumento usado pelos pós-tribulacionistas baseia-se na parábola do trigo e do joio de Mateus 13. Reese expõe o que ele acredita ser a interpretação pré-tribulacionista desta parábola. Citando Kelly, ele esboça a posição:

> ... a expressão "'hora da colheita' implica certo período, ocupado com vários processos de agrupamentos". No começo desse período os anjos são mandados de maneira puramente providencial, imediatamente antes da vinda do Senhor 'para a igreja'. De alguma maneira misteriosa, secreta e providencial, os anjos agrupam os meramente professos em montes *preparados* para o julgamento. Mas nenhum julgamento é realmente feito. O Senhor então vem para a verdadeira igreja, simbolizada pelo trigo, e a agrupa para si. Os meros professos, contudo, que tinham sido agrupados pelos anjos, permanecem no mundo por vários anos, até que o Senhor venha para julgar.[26]

Assim, Reese faz com que a interpretação pré-tribulacionista diga que os anjos agrupam o joio no final dos tempos, antes do arrebatamento, mas só transladarão a igreja, representada pelo trigo do campo, deixando o joio confinado para julgamento no seu lugar no segundo advento. Reese observa que essa explicação parece violar as palavras do Senhor: "Deixai-os crescer juntos até à colheita, e, no tempo da colheita, direi aos ceifeiros: ajuntai primeiro o joio, atai-o em feixes para ser queimado; mas o trigo, recolhei-o no meu celeiro" (Mt 13.30). Parece que Reese tem uma reclamação justificável contra essa interpretação.

Devemos ter em mente que o propósito de Mateus 13 não é divulgar a história da igreja, mas a história do reino na sua forma misteriosa. O período não é o da igreja —de Pentecostes ao arrebatamento— mas toda a era desde a rejeição de Cristo até a Sua futura aceitação. Logo, parece ter havido um erro, no qual muitos escritores caíram, ao dizer que o trigo da parábola representa a igreja, que será arrebatada. Se tal for o caso, a posição do arrebatamento pós-tribulacionista parece encaixar-se mais coerentemente com a interpretação normal e literal da parábola. Contudo, o Senhor está mostrando que nessa era haverá a semeadura da boa semente (parábola do semeador) e também uma semeadura da má semente (parábola do joio), e essa condição continuará através dos séculos. No final dos tempos haverá a separação dos que foram filhos do reino em relação aos que foram filhos do maligno. Visto que o arrebatamento não está sendo tratado na parábola, não pode ser usado para apoiar o arrebatamento pós-tribulacionalista. O período

---

[26] Ibid., p. 96-7.

tribulacional termina com o julgamento de todos os inimigos do Rei. Assim, todos os descrentes são retirados. Após esses julgamentos, é instituído o reino, ao qual todos os justos são levados. Isso é perfeitamente coerente com o ensinamento da parábola.

Das considerações apresentadas anteriormente a respeito dos argumentos pós-tribulacionistas, podemos observar que estão longe de ser "quase irrefutáveis".[27] Apesar de muitos argumentos parecerem sérios, podem ser refutados mediante interpretação coerente do texto.

[27] Cf. McPherson, loc. cit.

Capítulo 12

A teoria do arrebatamento mesotribulacionista

Visão menos comum que a teoria do arrebatamento pós-tribulacionista como explicação para o arrebatamento durante a tribulação é a teoria mesotribulacionista. De acordo com essa interpretação, a igreja será arrebatada ao final da primeira metade (três anos e meio) da septuagésima semana de Daniel. A igreja suportará os acontecimentos da primeira metade da tribulação, que, segundo os mesotribulacionistas, não são manifestações da ira de Deus. Ela será transladada, todavia, antes que comece a segunda metade da semana, que, segundo essa teoria, contém todo o derramamento da ira de Deus. Afirma-se que o arrebatamento ocorrerá junto com o soar da última trombeta e a ascensão das duas testemunhas de Apocalipse 11. A teoria do arrebatamento mesotribulacionista é essencialmente uma via média entre as posições pós-tribulacionista e pré-tribulacionista. Concorda com o pré-tribulacionismo ao afirmar que o arrebatamento da igreja é um acontecimento distinto da segunda vinda, que o restringidor de 2Tessalonicenses 2 é o Espírito Santo e que a igreja tem promessas de libertação da ira. Tem em comum com o pós-tribulacionismo as crenças de que a igreja tem promessas de tribulação aqui na terra e necessita de purificação, que as Escrituras não ensinam a doutrina da iminência e que a igreja é vista na terra depois de Apocalipse 4.1.

I. A Base Essencial do Mesotribulacionismo

Ao estudar a posição mesotribulacionista, é útil observar que muitas de suas bases essenciais são idênticas às do pós-tribulacionismo. 1) O mesotribulacionismo precisa negar ou pelo menos enfraquecer a interpretação dispensacional das Escrituras e 2) negar a estrita distinção

A teoria do arrebatamento mesotribulacionista 205

entre Israel e a igreja. Isso se observa no fato de essa teoria situar a igreja na primeira metade do período determinado sobre o povo e a cidade de Daniel. 3) A teoria repousa numa compreensão da tribulação que divide o período em duas metades separadas e desconexas, de modo que a igreja possa passar pela primeira metade, mesmo que não tenha parte na segunda. 4) A teoria precisa negar a doutrina da iminência, pois todos os sinais da primeira metade da semana aplicam-se à igreja. 5) Essa teoria tem de negar o conceito da igreja como mistério, para que a era da igreja possa superpor-se ao plano divino para Israel. 6) A teoria precisa depender, em parte, do método espiritualizante de interpretação. Isso se evidencia sobretudo na sua exposição de passagens bíblicas que tratam da primeira metade do período tribulacional.

II. Os Argumentos Essenciais do Mesotribulacionismo

Um estudo dos argumentos usados pelos mesotribulacionistas para apoiar sua posição revela que eles usam vários argumentos dos póstribulacionistas.

A. A *negação da iminência*. Em primeiro lugar, o mesotribulacionista nega a doutrina da iminência. Harrison escreve:

> Há pessoas que fazem objeção à idéia de o arrebatamento ser colocado no tempo da última trombeta, argumentando que ela milita contra nossa esperança na volta iminente de Cristo [...]
>
> Para ser coerentemente bíblicos nesse assunto, devemos levar em conta o seguinte:
> 1. Para Pedro não havia a possibilidade de tal experiência, pois nosso Senhor lhe dissera que alcançaria idade avançada e morreria martirizado [...] João 21.18,19 [...] No entanto, Pedro tornou-se o Apóstolo da Esperança e exorta os crentes de seu tempo: "Por isso, cingindo o vosso entendimento, sede sóbrios e esperai inteiramente na graça que vos está sendo trazida na revelação de Jesus Cristo" (1Pe 1.13).
> 2. Para Paulo, a comissão que recebera do seu Senhor [...] Atos 22.21 o fazia contemplar uma longa carreira de proclamação do evangelho que impediria, por boa parte de sua vida, qualquer retorno iminente de Cristo. Ele adverte que primeiro deveria vir a apostasia (2Ts 2.3) e "nos últimos dias, sobrevirão tempos difíceis" (2Tm 3.1). No entanto, Paulo constantemente apresenta a vinda de Cristo como incentivo a uma vida santa para os crentes de sua época [...] Tito 2.11-13; [...] 1Coríntios 15.51; Filipenses 3.20 [...] 1Tessalonicenses 4.17.
> 3. Para os apóstolos, havia um amplo plano contido na Grande Comissão de levar o evangelho "por todo o mundo" (Mc 16.15) [...] No en-

tanto, quando escreviam aos crentes de sua época, os apóstolos jamais deixavam de exortá-los com respeito à volta do Senhor.

4. Para a igreja primitiva, nosso Senhor revelou, desde os céus, um plano sétuplo de desenvolvimento histórico da igreja (Ap 2 e 3), evidentemente exigindo um longo período. No entanto, a essa mesma igreja primitiva foram dadas palavras reiteradas de certeza: "Eis que venho sem demora" (Ap 22.7,12,20) [...]

[...] Vemos nas Escrituras que Cristo não poderia ter voltado durante a vida de Pedro; nem ainda durante a vida dos apóstolos; nem mesmo antes da Reforma; nem antes de terminado o plano missionário; tampouco antes de a apostasia acometer a igreja; nem antes dos últimos dias em que parecemos estar vivendo.[1]

Embora Harrison esteja tentando invalidar a doutrina da iminência pelas citações que faz das Escrituras, é evidente que os próprios autores do Novo Testamento acreditavam numa volta iminente. Há uma distinção a ser observada entre uma volta iminente de Cristo e uma volta imediata de Cristo. Em nenhum lugar as Escrituras ensinam que Sua volta seria imediata, mas ensinam com total coerência que tal volta poderia ser esperada a qualquer momento. A profecia sobre o curso natural da história, que transcorreria exceto fosse interrompida pelo fim da história, causado pela volta de Cristo, não roubou aos apóstolos, conforme demonstram as próprias citações de Harrison, uma esperança iminente. Já que a crença de que a igreja precisa buscar todos os sinais da primeira metade da tribulação destruiria a doutrina da iminência, a teoria mesotribulacionista deve ser rejeitada.

B. *A promessa de tribulação.* Outro argumento do mesotribulacionista é que a igreja tem promessas de tribulação e, portanto, pode esperar experimentar a primeira metade do período tribulacional. Uma vez que essa questão foi previamente tratada, basta aqui mencionar que a palavra tribulação pode ser usada em sentido técnico, referindo-se aos sete anos da profecia de Daniel, ou em sentido não-técnico, referindo-se a qualquer período de provação ou angústia. A tribulação que foi prometida à igreja é a do tipo não-técnico.

C. *A negação da igreja como mistério.* Um terceiro argumento do mesotribulacionista nega essencialmente o conceito da igreja como mistério. Foi previamente demonstrado que a presente era é um mistério, bem como o plano para a igreja na era presente. Demonstramos

---
[1] Norman B. HARRISON, *The end*, p. 231-3.

que esse plano precisa ser levado a termo antes que Deus possa (e chegue a) lidar com Israel para completar o seu plano de alianças. Harrison sustenta:

> Pensar que as eras colidem abruptamente uma com a outra é fatal. Transportar tal conceito para a série de acontecimentos que constitui o final dos tempos é igualmente fatal. Na verdade, elas se sobrepõem, o que pode levar, em última análise, a uma fusão.
> Tomemos como exemplo as duas eras, a da igreja e a judaica: em seu começo, 30 d.C., a igreja existiu paralelamente à era judaica por quarenta anos, até que essa finalmente se encerrasse com a destruição de Jerusalém em 70 d.C. Isso sugere que superposição similar ocorrerá no final da era da igreja. Se, por um momento, pensarmos que a igreja continuará até a tribulação, a ocasião da qual o Senhor prometeu guardá-la, sabendo que Israel terá sido restaurado como nação por três anos e meio antes do início da tribulação [...] teremos, novamente, a mesma superposição.[2]

A falácia desse argumento está no fato de que, embora Deus estivesse estendendo um convite "primeiro ao judeu" após o dia de Pentecostes, até à destruição de Jerusalém em 70 d.C., esse foi um convite que, quando recebido, trazia o crente para o corpo de Cristo, a igreja. Deus não estava administrando dois planos simultâneos, mas apenas um. Não houve superposição do plano da aliança com o plano da igreja como o mistério de Deus. Quando o plano da igreja começou, o plano de Israel já havia sido interrompido. Por essa linha de raciocínio percebe-se a incoerência inerente na aplicação dispensacional da teoria mesotribulacionista.

D. *A natureza dos selos e das trombetas.* Um quarto argumento usado pelo mesotribulacionista é a interpretação de que os selos e as trombetas não são manifestações da ira divina. Essa concepção é declarada por Harrison, que diz:

> A abertura dos selos é o ponto a ser lembrado [...] Trata-se da retirada das restrições. Os selos haviam funcionado como instrumentos da graça, para proteção e preservação da sociedade em todos esses séculos. As forças do mal, que buscavam guerra e destruição total, haviam até então sido providencialmente mantidas em cheque [...]
> O que realmente surpreende é que os expositores falam com persistência dos juízos dos selos. A Bíblia jamais os chama de juízos. Esse rótulo é reservado a uma série posterior e mais sinistra [...]

[2] Ibid., p. 50.

> Por que culpar a Deus por aquilo que o homem trouxe contra si mesmo? O homem vem dançando segundo a música de uma civilização ímpia; tem sido uma dança de guerra em adoração à força. Agora que é chegada a hora de pagar os músicos, por que jogar a culpa em Deus? [...] Ele retirou as restrições, e o que o homem está experimentando? Meramente a vigência da lei da semeadura e da colheita![3]

Ao falar das trombetas, o mesmo autor afirma:

> Tais experiências, por mais severas, não são juízos. Os comentaristas invariavelmente as chamam juízos das trombetas. Deus nunca o faz, e Ele deve saber [...] É pura confusão chamar essas duas séries —os selos e as trombetas— por um nome que Deus reservou deliberadamente para Seu próprio trabalho.
>
> Essas experiências de fato se parecem com juízos. No entanto, a experiência de Jó deve instruir-nos [...] Satanás recebeu permissão de Deus para afligi-lo como meio de prova e disciplina, mas só podia ir até certo ponto. [...] É isso que acontece nas trombetas: Satanás operando; Deus permitindo.[4]

A posição mesotribulacionista, conforme apresentada por um de seus principais defensores, é a de que os selos representam o desenvolvimento do plano do homem e as trombetas apresentam o desenvolvimento do plano de Satanás, em que Deus é apenas agente permissivo.

A própria alegação do autor citado sobre o chamado "parêntese" em cada série parece ser refutação suficiente de sua visão. Ele afirma:

> O ponto culminante em cada uma das séries é sempre explicado depois do sexto item na série. Faz parte do plano estrutural do Apocalipse oferecer essa explicação em cada série para que o leitor possa saber o que está sendo efetuado.[5]

De acordo com essa observação, João anunciou (Ap 6.16,17) que o que ali se desenrolou está relacionado à "ira do Cordeiro". O tempo aoristo no versículo 17, *ēlthen* (chegou), não significa que algo está prestes a chegar, mas que efetivamente aconteceu. Assim, ao desdobrar o plano dos selos, João anuncia que eles representam "a ira" que já se manifestou. Da mesma maneira, com o soar das sete trombetas, João uma vez mais relaciona as trombetas ao derramamento da ira de Deus, pois em

---

[3] Ibid., p. 87-8.
[4] Ibid., p. 104-5.
[5] Ibid., p. 91.

Apocalipse 11.18 ele declara que esses acontecimentos dizem respeito à ira que "chegou" (aoristo mais uma vez).⁶ Assim, nem os selos nem as trombetas podem ser dissociados do plano divino ligado ao derramamento da ira divina sobre a terra.

E. *A duração do período tribulacional*. Um quinto argumento usado pelos defensores dessa posição é que o período tribulacional tem a duração de apenas três anos e meio. O mesmo escritor já citado, depois de mostrar que a septuagésima semana de Daniel deve ser dividida em duas partes, afirma:

> Isso deveria, ainda mais, guardar-nos do erro comum de citar a tribulação como período de sete anos. A Bíblia jamais se refere a ela desse modo; pelo contrário, a tribulação começa na metade dos sete anos. Ela constitui os últimos três anos e meio. A tudo o que conduz a ela, Jesus chama simplesmente "o princípio das dores".⁷

E ainda:

> A primeira metade da semana, ou período de sete anos, foi para João algo "doce" a esperar, como será para eles; sob a proteção do tratado, estarão "à vontade", como costumamos dizer. A segunda metade, todavia, será verdadeiramente "amarga": o tratado será quebrado; a tempestade irromperá, e eles experimentarão, de um lado, a ira do anticristo e, de outro, a ira de Deus. Esse será o seu "dia da angústia". É a grande tribulação.⁸

1. Embora fique claro que Daniel avisou que a septuagésima semana seria dividida em duas partes (Dn 9.27) e embora o Senhor, ao falar do mesmo período, tenha chamado a segunda parte "grande tribulação" (Mt 24.21), em nenhum lugar das Escrituras esse período é dividido em duas partes não relacionadas, cada uma com uma caracterização diferente. A posição mesotribulacionista essencialmente divide a septuagésima semana em duas partes desconexas, ainda que retendo a designação "septuagésima semana", e afirma que a igreja passará pela primeira metade porque esta tem uma caracterização diferente da segunda. Essa dicotomia é impossível. Quando as Escrituras se referem a

---

⁶ A opinião de Harrison, segundo o qual o verbo pode ser traduzido por "somente agora chegou" (p. 119), não é apoiada pela sintaxe do tempo aoristo grego.
⁷ Ibid., p. 229.
⁸ Ibid., p. 111.

esse período, ele é sempre tratado como uma unidade no que diz respeito à sua natureza, mesmo que seja dividido em dois elementos quanto ao tempo e ao grau de intensidade da ira derramada. A unidade da septuagésima semana de Daniel no plano de Israel impede-nos de dividi-la em duas partes. É difícil entender como um escritor pode sustentar que todos os acontecimentos precipitados pela abertura dos selos e pelo toque das trombetas possam ser vistos como "doces" por alguém que esteja suportando juízos tão rigorosos. Tal posição só pode ser mantida com base na espiritualização.

2. Além disso, é necessário observar que, se a igreja passar pelos primeiros três anos e meio da tribulação, os 144 mil serão incorporados a ela ao ser salvos, uma vez que a igreja continua na terra. No entanto, esses 144 mil aparecem como testemunhas judias durante todo o período tribulacional. Se fossem salvos enquanto Deus ainda estivesse acrescentando pessoas ao corpo de Cristo e se, quando a translação ocorresse, fossem deixados para trás, o corpo ficaria desmembrado e incompleto. A necessidade de completar o plano do mistério antes de retomar o plano da aliança mostra que a tribulação não pode ser limitada a apenas metade da semana.

3. Uma vez mais, se a tribulação fosse datada a partir da assinatura do falso tratado de aliança (Dn 9.27), a igreja conheceria a ocasião da translação. Embora Israel tenha recebido sinais que precederão a volta do Messias, nenhum sinal semelhante foi dado à igreja. O tempo da vinda de Cristo para a igreja é um segredo divino, e homem algum poderá descobrir esse tempo por meio de sinais.

4. Apocalipse 7.14 parece servir de prova definitiva. No intervalo entre o sexto e o sétimo selo, no qual é fornecido o escopo último de toda a visão, diz-se que os salvos durante o período vieram da "grande tribulação". Isso parece indicar que o período abrangido pelos selos é considerado parte do período tribulacional.

F. *O argumento baseado em Apocalipse 11*. Um sexto argumento apresentado em defesa dessa posição é a idéia de que o arrebatamento é descrito em Apocalipse 11. Para apoiar essa posição, Harrison sustenta que as duas testemunhas são símbolos de uma "companhia maior de testemunhas"; que elas representam "dois grupos": os mortos e os vivos por ocasião do arrebatamento; sustenta ainda que a nuvem representa a *parousia* —a presença do Senhor; que a grande voz é o grito de

A teoria do arrebatamento mesotribulacionista 211

1Tessalonicenses 4.16 e que a trombeta é a mesma trombeta de 1Tessalonicenses 4 e de 1Coríntios 15.[9]

1. Observamos que o argumento é todo baseado em analogia, não em exegese. Tais argumentos são sempre fracos. Devemos notar que as duas testemunhas são tratadas como indivíduos na passagem (Ap 11), e não como representantes simbólicos da igreja. O fato de estarem relacionadas a Israel como "duas oliveiras" (Zc 4.2,3) impediria que representassem a igreja. A alegação de que se trata de Moisés e de Elias e, portanto, representam os mortos e os transformados no arrebatamento é, no mínimo, incerta. A nuvem era tão universalmente empregada nas Escrituras para representar a presença de Deus, que não precisa ser associada à *parousia* nessa altura, particularmente por ser essa uma passagem que lida com Israel, já que para o judeu a nuvem não significa arrebatamento. A voz de autoridade é mencionada várias vezes no Apocalipse, e é impossível provar que se trate da mesma "voz do arcanjo" da qual Paulo falou. Mais uma vez, cumpre observar que essa interpretação não pode basear-se numa hermenêutica estritamente literal, e sim num método espiritualizante.

2. Talvez a evidência mais contundente de que o arrebatamento não ocorre em Apocalipse 11 venha de observar cuidadosamente o resultado do toque da sétima trombeta. A cena descrita não é a do arrebatamento, mas a da revelação de Cristo à terra. A esse acontecimento são associados a subjugação dos reinos da terra à autoridade de Cristo, a manifestação do reino messiânico, o juízo das nações, a recompensa dos que partilharão do reinado do Messias e o juízo das "bestas" que "destroem a terra". Essa cronologia de acontecimentos nunca é associada ao arrebatamento, mas sim à segunda vinda. O resultado do toque da sétima trombeta não é a translação da igreja, mas o triunfo de Cristo sobre todos os Seus inimigos na instituição de Seu reinado na segunda vinda.

3. Conseqüência inevitável desse argumento é a interpretação mesotribulacionista de que o mistério de Deus a ser cumprido (Ap 10.7) é o plano de Deus para a igreja.[10] A explicação de Ironside oferece uma interpretação mais correta. Ele diz:

[9] Ibid., p. 117.
[10] Ibid., p. 107-8.

Esse é o tema do livro dos sete selos; a vindicação da santidade de Deus por ter tolerado tanto tempo a existência do mal em Seu universo. Que maior mistério confronta e confunde a mente humana que a pergunta: "Por que razão Deus permite que a maldade triunfe tantas vezes?" [...] Esse é o Seu segredo. Ele o desvendará a Seu tempo, e tudo será claro como o meio-dia [...] Seu triunfo definitivo sobre toda forma de mal é o que se apresenta tão vividamente no cenário rapidamente mutante do Apocalipse... [11]

Deus está agora terminando seu plano com respeito ao mal.

G. *A cronologia do livro de Apocalipse*. Um sétimo argumento depende da interpretação mesotribulacionista para a cronologia do livro de Apocalipse. De acordo com essa teoria, conforme observado antes, os sete selos e as sete trombetas nos levam ao fim da primeira metade da septuagésima semana, que termina com o arrebatamento da igreja, no capítulo 11. As sete taças descrevem o derramamento da ira de Deus na segunda metade da septuagésima semana, os três anos e meio da tribulação, que se desenrolam nos capítulos de 12 a 19. Assim, os capítulos de 4 a 11 descrevem a primeira metade da septuagésima semana, enquanto os capítulos de 12 a 19 descrevem a segunda metade da semana. Cremos que tal cronologia é falha. João delineou os acontecimentos da primeira metade da semana na série de sete selos (4.1-7.17), a segunda metade da tribulação na série de sete trombetas (8.1-11.14), encerrando o período com a volta triunfante do Senhor para reinar (11.15-18). Entre a sexta e a sétima trombeta, João é informado de que "ainda" deve profetizar "a respeito de muitos povos, nações, línguas e reis" (10.11). Com respeito à palavra traduzida por "ainda" (*palin*), Thayer diz que ela denota "repetição ou recomeço da ação".[12] Essa parece ser uma observação divina de que, tendo João nos oferecido uma visão de todo o período, é propósito de Deus que ele nos conduza por todo o período ainda uma vez mais. Portanto, começando com o capítulo 12, João delineia uma vez mais todo o período, dessa vez sublinhando os indivíduos que desempenham importante papel nos acontecimentos da septuagésima semana. As taças (Ap 16.1-17) evidentemente ocorrem no final do período e ocupam apenas um breve intervalo de tempo, não podendo ser espalhadas por todos os três anos e meio finais. Essa segunda narrativa, tal como a primeira, encerra o período com a volta de Cristo e o juízo subseqüente de Seus inimigos (Ap 19).

---

[11] H. A. IRONSIDE, *The mysteries of God*, p. 95-6.
[12] Joseph Henry THAYER, *Greek-English lexicon of the New Testament*, p. 475.

Assim, a observação de que Apocalipse 11.15-18 descreve a revelação, não o arrebatamento (e é paralelo de Apocalipse 19.11-16), aliada à nota de repetição profética em Apocalipse 10.11, torna insustentável a interpretação mesotribulacionista da cronologia de Apocalipse. Devemos observar que essa teoria depende do método alegórico de interpretação, particularmente em sua tentativa de fazer Apocalipse 11 descrever o arrebatamento.

H. *A identificação da última trombeta*. O oitavo argumento da posição mesotribulacionista identifica a sétima trombeta de Apocalipse 11.15 com a última trombeta de 1Coríntios 15.52 e de 1Tessalonicenses 4.16. Harrison formula a posição mesotribulacionista da seguinte maneira:

> Paulo, por inspiração do Espírito, sem dúvida coloca a ressurreição e o arrebatamento dos santos pela vinda de Cristo ao soar da *"última trombeta"* (1Co 15.51,52). Essa é uma localização específica do acontecimento. Inquestionavelmente o Espírito Santo revelou o fato e inspirou o seu registro. Como ousaria alguém situá-lo em outra ocasião? [...] Poderíamos postular o arrebatamento em qualquer ocasião a não ser aquela apresentada pelo apóstolo Paulo e ainda assim manter a integridade da Palavra de Deus?
> [...]
> Voltemos a Mateus 24.29-31. Aqui Jesus retrata a tribulação como sendo seguida por "grande clangor de trombeta". Essa é a última trombeta registrada no tempo.
> Quando, porém, chegamos à última trombeta em Apocalipse, última da série, descobrimos muita evidência satisfatória de que o acontecimento está de fato ocorrendo.[13]

Todo o argumento depende de fazer a última das sete trombetas idêntica à última trombeta mencionada por Paulo em relação ao arrebatamento em 1Coríntios 15.52. O argumento repousa no uso da palavra *última* em relação aos dois acontecimentos.

O próprio Harrison admite que "'última' pode significar uma de duas coisas: última em relação ao tempo ou última em relação à seqüência".[14] Ao fazer tal afirmação, Harrison admite que última em relação à seqüência não é necessariamente igual a última em relação ao tempo. A palavra *última* pode significar a que concluiu um plano, mas não necessariamente a última que jamais existirá. À medida que o pla-

[13] HARRISON, op. cit., p. 75.
[14] Ibid.

no da igreja difere do plano para Israel, cada um deles pode ser encerrado pelo toque de uma trombeta, adequadamente chamada última trombeta, sem que as duas trombetas sejam idênticas e simultâneas quanto ao tempo. Com respeito à identificação da última trombeta com a sétima trombeta, Thiessen escreveu:

> ... com Ellicott afirmamos: "Não há base suficiente para supor que haja aqui referência à sétima trombeta apocalíptica (Ap 11.15) [...] Essa *salpigx* (trombeta), a que o apóstolo chama *escathe* (última), não com referência a alguma série que a tenha precedido [...] mas por estar ligada ao final desse *aion* (era) e à ultima cena da história humana". Com isso concordamos, exceto em que, quando Cristo voltar, apenas essa era da história terá chegado ao fim. Ellicott era pré-milenarista, e isso é, sem dúvida, o que ele queria dizer com sua afirmação. Meyer assume a mesma posição, com base no fato de que em 1Tessalonicenses 4.16 "somente uma trombeta é mencionada e apresentada de maneira normal, como algo bem conhecido pelos leitores". A mesma conclusão pode ser derivada do fato de que Paulo segue a referência à última trombeta com a declaração impessoal "pois a trombeta soará" (ver o grego). Se ele tivesse pensado nessa trombeta como uma de sete, sem dúvida teria dito algo semelhante a: "Pois quando as trombetas soarem, e chegar a hora de a última trombeta soar, os mortos em Cristo ressuscitarão". De qualquer modo, não há base para identificar a "trombeta" de 1Coríntios 15.52 com a sétima trombeta de Apocalipse 11.15.[15]

Parece haver uma série de observações que tornam impossível a identificação dessas duas trombetas. 1) A trombeta de 1Coríntios 15.52, e com isso até o mesotribulacionista concorda, soa antes de a ira de Deus cair sobre a terra, ao passo que, conforme foi demonstrado, a cronologia de Apocalipse indica que a trombeta de Apocalipse 11.15 soa ao final do tempo da ira, pouco antes da segunda vinda. 2) A trombeta que convoca a igreja é chamada *trombeta de Deus*, ao passo que a sétima trombeta é a trombeta de um anjo. Strombeck observa corretamente:

> Na busca pela "última trombeta" é preciso, então, ser guiado pelo fato de que se trata da trombeta do próprio Deus, tocada pelo próprio Senhor. À vista disso, ninguém se disporia a alegar que a trombeta de Deus é a última de uma série de trombetas a ser tocadas pelos sacerdotes do sacerdócio arônico. Se nos lembramos de que os anjos são apenas um pouco mais elevados que os homens, é igualmente contrário às leis da lógica dizer que a "última trombeta", que é a trombeta de Deus, seja a sétima de uma

---

[15] Henry C. THIESSEN, *Will the church pass through the tribulation?*, p. 55-6.

A teoria do arrebatamento mesotribulacionista

série de trombetas tocadas por anjos. Tanto homens quanto anjos são criaturas de Deus. Não podem fazer soar a trombeta do Criador.[16]

3) A trombeta para a igreja é singular. Nenhuma outra trombeta a precedeu de modo que ela seja referida como a última de uma série. A trombeta que encerra a tribulação é claramente a última de uma série de sete. 4) Em 1Tessalonicenses 4 a voz associada ao soar da trombeta convoca os vivos e os mortos e conseqüentemente é ouvida antes da ressurreição. No Apocalipse, embora seja mencionada uma ressurreição (11.12), a trombeta somente é tocada depois da ressurreição, mostrando assim que dois acontecimentos distintos estão em foco. 5) A trombeta de 1Tessalonicenses introduz a bênção, a vida, a glória; a trombeta de Apocalipse, entretanto, introduz o julgamento contra os inimigos de Deus. 6) Na passagem de Tessalonicenses a trombeta soa "num momento, num abrir e fechar de olhos". Em Apocalipse 10.7 a indicação é que a sétima trombeta soará por um período prolongado de tempo, talvez durante os juízos que a ela estão associados, pois João fala de o anjo "começar a tocar". A duração desse toque também é prova da distinção entre as duas trombetas. 7) A trombeta de 1Tessalonicenses é especificamente designada para a igreja. Uma vez que Deus está lidando com Israel em particular e com os gentios em geral, na tribulação, essa sétima trombeta, que se enquadra no período tribulacional, não poderia referir-se à igreja sem que se perdessem as distinções entre a igreja e Israel. 8) A passagem de Apocalipse retrata um gigantesco terremoto em que milhares de pessoas perdem a vida, e graças ao qual o remanescente fiel adora a Deus, tomado de medo. Na passagem de Tessalonicenses nenhum terremoto é mencionado. Não haverá remanescente fiel deixado para trás no arrebatamento, experimentando os terrores de Apocalipse 11.13. Tal ponto de vista só poderia encaixar-se na posição parcialista do arrebatamento. 9) Embora a igreja venha a ser transladada por ocasião do arrebatamento, o galardão a ser oferecido aos "teus servos, os profetas, aos santos e aos que temem o teu nome" não pode ser identificado com aquele acontecimento. A recompensa mencionada em Apocalipse 11.18 acontece sobre a terra, quando da segunda vinda de Cristo, em seguida ao julgamento de Seus inimigos. Uma vez que a igreja é galardoada nos céus, em seguida ao arrebatamento, os dois acontecimentos devem ser diferentes.

Com base em Mateus 24.31 é difícil ver como o mesotribulacionista pode sustentar a posição de que Apocalipse 11.15 é a última trombeta

[16] J. F. STROMBECK, *First the rapture*, p. 109.

no sentido cronológico. As trombetas de Apocalipse terminam antes da segunda vinda do Messias. Mateus registra as próprias palavras do Senhor, nas quais Ele ensina que Israel será reunido pelo soar de uma trombeta depois da segunda vinda. Se *última* significa *última cronologicamente*, por que não sustentar que tanto a trombeta de Apocalipse quanto a de 1Tessalonicenses coincidem com a de Mateus 24?

Com respeito à expressão *última trombeta* de 1Coríntios 15.52, English escreve:

> O significado da expressão "a última trombeta" em 1Coríntios 15.52, uma vez que não é a última de uma série de trombetas, pode ser um toque de reunir ou um alarme. Em Números 10 lemos sobre um soar de trombetas para convocação de uma assembléia do povo e para as suas jornadas. Havia toques específicos para cada um dos acampamentos dos israelitas e toques especiais para toda a congregação. Com relação a isso, o dr. Carl Armerding fez um comentário interessante: "A *última trombeta* significaria que toda a congregação estava finalmente de partida. Em certo sentido isso pode ilustrar o que encontramos em 1Coríntios 15.23: 'Cada um, porém, por sua própria ordem [ou patente —*tagmati*]: Cristo, as primícias; depois, os que são de Cristo, na Sua vinda'. Estes últimos certamente são divididos em pelo menos dois grupos: os que já 'dormiram' e os 'que ficarmos vivos e permanecermos' [...]".
>
> "'Num momento' e 'num abrir e fechar de olhos' são expressões", continua o dr. Armerding, "usadas ao redor do mundo para expressar o que é súbito e muito rápido. O fato de que a terceira expressão, "ao ressoar da última trombeta", está tão intimamente relacionada a elas nos leva a crer que deveria ser entendida da mesma maneira. Se assim fosse, teria a natureza de um alarme, que é exatamente a mesma palavra usada em Números 10.5,6 em relação às "partidas" dos acampamentos. Uma vez realizados a ressurreição e o ajuntamento [a primeira pela voz do Senhor e o segundo pela voz do arcanjo —1Tessalonicenses 4.16] [...] há apenas mais uma coisa necessária para produzir o movimento final e definitivo. Trata-se da "última trombeta". Essa será a última nota soada naquela tremenda ocasião".[17]

O exame da visão mesotribulacionista acerca do arrebatamento mostra-nos que os principais argumentos dessa teoria desfazem-se ante o escrutínio da verdadeira interpretação das Escrituras, devendo a teoria ser rejeitada por não apresentar fundamento.

---

[17] Schuyler ENGLISH, *Rethinking the rapture*, p. 109.

Capítulo 13

A teoria do arrebatamento pré-tribulacionista

A terceira interpretação predominante sobre a questão do arrebatamento na tribulação é a pré-tribulacionista, segundo a qual a igreja, o corpo de Cristo, em seu todo, será, por ressurreição e por transferência, retirada da terra antes de começar qualquer parte da septuagésima semana de Daniel.

I. A Base Essencial da Posição de Arrebatamento Pré-Tribulacionista

O arrebatamento pré-tribulacionista descansa essencialmente na premissa maior —o método literal de interpretação das Escrituras. Como complemento necessário a isso, os pré-tribulacionistas acreditam na interpretação dispensacionalista da Palavra de Deus. A igreja e Israel são dois grupos distintos para os quais Deus tem um plano divino. A igreja é um mistério não-revelado no Antigo Testamento. Essa era de mistério presente insere-se no plano de Deus para com Israel por causa da rejeição ao Messias na Sua primeira vinda. Esse plano de mistério deve ser completado antes que Deus possa retomar seu plano com Israel e completá-lo. Tais considerações surgem do método literal de interpretação.

II. Os Argumentos Essenciais do Arrebatamento Pré-tribulacionista

Vários argumentos podem ser apresentados em apoio à posição pré-tribulacionista do arrebatamento. Embora nem todos tenham o mesmo peso, sua evidência cumulativa é grande.

A. *O método literal de interpretação.* É franca e livremente reconhecido pelos amilenaristas que a controvérsia básica entre eles e os pré-milenaristas é a questão do método de interpretação empregado no tratamento de profecias. Allis diz: "A questão da interpretação literal *versus* a interpretação figurada deve, portanto, ser encarada desde o princípio".[1] Ele admite que, se o método literal de interpretação das Escrituras for o certo, a interpretação pré-tribulacionalista é correta. Dessa maneira, podemos ver que a doutrina da volta pré-tribulacionalista de Cristo para instituir um reino literal resulta de métodos de interpretação literal das promessas e das profecias do Antigo Testamento. É natural, portanto, que o mesmo método básico de interpretação deva ser empregado na interpretação do arrebatamento. Seria ilógico construir um sistema pré-milenarista sobre um método literal e depois abandonar esse método no tratamento de questões relacionadas. Podemos observar facilmente que o método literal de interpretação exige um arrebatamento pré-tribulacionista da igreja. Os pós-tribulacionistas devem interpretar o livro de Apocalipse pela história, o que é basicamente um método espiritualista, ou então tratá-lo como ainda futuro, mas eliminar, por meio da espiritualização, a literalidade dos acontecimentos numa tentativa de harmonizá-los com outras passagens, tendo em mente a sua interpretação. Qualquer uma das explicações viola o princípio de interpretação literal. Os mesotribulacionistas aplicarão o método literal de interpretação à última metade da septuagésima semana, mas espiritualizarão os acontecimentos da primeira metade, para permitir que a igreja passe por eles. Isso, voltamos a dizer, é uma incoerência básica. Não pode haver um método empregado para estabelecer o prémilenarismo e outro para interpretar as promessas de arrebatamento. O método literal de interpretação, aplicado de maneira coerente, leva necessariamente a outra conclusão: a de que a igreja será arrebatada antes da septuagésima semana.

Deve ser mencionado, de passagem, que esse método não leva o indivíduo a um ultradispensacionalismo, pois esse sistema não é produto do uso de um literalismo maior, estando antes baseado em considerações exegéticas.

B. *A natureza da septuagésima semana*. Existem várias palavras usadas no Antigo e no Novo Testamento em referência ao período da septuagésima semana, as quais, quando examinadas em conjunto, oferecem a natureza essencial ou o caráter desse período: 1) ira (Ap 6.16,17; 11.18; 14.19; 15.1,7; 16.1,19; 1Ts 1.9,10; 5.9; Sf 1.15,18); 2) julgamento (Ap

---

[1] Oswald T. Allis, *Prophecy and the church*, p. 17.

A teoria do arrebatamento pré-tribulacionista 219

14.7; 15.4; 16.5-7; 19.2); 3) indignação (Is 26.20,21; 34.1-3); 4) castigo (Is 24.20,21); 5) hora do julgamento (Ap 3.10); 6) hora de angústia (Jr 30.7); 7) destruição (Jl 1.15); 8) trevas (Jl 2.2; Sf 1.14-18; Am 5.18). Devemos mencionar que essas referências abrangem todo o período, não apenas parte dele, de modo que todo o período é assim caracterizado. No que diz respeito à natureza da tribulação (apesar de limitá-la à última metade da semana), Harrison afirma:

> Vamos entender claramente a *natureza da tribulação*, que é "ira" divina (11.18; 14.8,10,19; 15.1,7; 16.1,19 [observem que ele omite 6.16,17] e "julgamento" divino (14.7; 15.4; 16.7; 17.1; 18.10; 19.2). Sabemos que nosso abençoado Senhor suportou a ira e o julgamento de Deus em nosso lugar; portanto, nós, que estamos Nele, "não seremos julgados". A antítese de 1Tessalonicenses 5.9 é uma evidência conclusiva: "Porque Deus não nos destinou para a ira, mas para alcançar a salvação mediante nosso Senhor Jesus Cristo". Ira para outros, mas salvação para nós no arrebatamento, "quer vigiemos, quer durmamos" (v. 10).[2]

C. *A extensão da septuagésima semana*. Não há dúvida de que esse período testemunhará o derramamento da ira divina por toda a terra. Apocalipse 3.10; Isaías 34.2; 24.1,4,5,16,17,18-21 e muitas outras passagens esclarecem isso muito bem. Contudo, embora esteja em questão toda a terra, esse período é particularmente dirigido a Israel. Jeremias 30.7, que chama esse período "tempo de angústia de Jacó", confirma isso. Os acontecimentos da septuagésima semana são acontecimentos do "dia do SENHOR" ou "dia de Jeová". O uso do nome da divindade realça o relacionamento peculiar de Deus com aquela nação. Quando esse período está sendo profetizado em Daniel 9, Deus diz ao profeta: "Setenta semanas estão determinadas sobre o teu povo e sobre a tua santa cidade" (v. 24). Todo esse período faz, então, referência ao povo de Daniel, Israel, e à cidade santa de Daniel, Jerusalém.

Visto que muitas passagens do Novo Testamento como Efésios 3.1-6 e Colossenses 1.25-27 mostram claramente que a igreja é um mistério e sua natureza como um corpo composto por judeus e gentios não foi manifestada no Antigo Testamento, a igreja não poderia estar nessa e em nenhuma outra profecia do Antigo Testamento. Já que a igreja não teve sua existência senão depois da morte de Cristo (Ef 5.25,26), senão depois da ressurreição de Cristo (Rm 4.25; Cl 3.1-3), senão depois da ascensão (Ef 1.19,20) e senão depois da descida do Espírito Santo em

---

[2] Norman B. HARRISON, *The end*, p. 120.

Pentecostes, com o início de todos os Seus ministérios a favor do crente (At 2), não poderia constar das primeiras 69 semanas dessa profecia. Já que a igreja não faz parte das primeiras 69 semanas, que estão relacionadas apenas ao plano de Deus para com Israel, ela não pode fazer parte da septuagésima semana, que está, mais uma vez, relacionada ao plano de Deus para Israel, depois que o mistério do plano de Deus para a igreja for concluído.

Num extenso tratamento de cada passagem importante da Palavra sobre a tribulação,[3] em que lida com passagens como Mateus 24, Daniel 12, Lucas 21, Marcos 13, Jeremias 30 e Apocalipse 7, Kelly conclui:

> ... a posição aqui sustentada segue uma investigação precisa de todas as passagens distintas que as Escrituras oferecem sobre a grande tribulação. Eu ficaria grato a qualquer um que me apresentasse outras passagens que se referem a ela; mas não as conheço. Exijo daqueles [...] que sejam capazes de apontar uma palavra que supõe que um cristão ou a igreja estejam na terra quando chegar a grande tribulação. Não vimos que a doutrina do Antigo e do Novo Testamento —de Jeremias, de Daniel, do Senhor Jesus Cristo e do apóstolo João— é esta, que, logo antes de o Senhor aparecer em glória, surgirá o último e inigualável sofrimento de Israel, apesar de Jacó vir a ser salvo; que haverá [...] "a grande tribulação", da qual surge uma multidão de gentios; mas tanto Jacó quanto os gentios são totalmente distintos dos cristãos ou da igreja. No que diz respeito aos cristãos, a promessa positiva do Senhor é que aqueles que mantiveram a palavra de Sua paciência, Ele livrará da hora do juízo, que está prestes a vir sobre todo o mundo habitável, para provar os que habitam sobre a terra.[4]

Devemos concluir com o autor acima que, como todas as passagens que tratam da tribulação se relacionam ao plano de Deus para Israel, a finalidade da tribulação impede que a igreja dela participe.

D. *O propósito da septuagésima semana*. As Escrituras indicam que existem dois propósitos principais a ser cumpridos na septuagésima semana.

1. O primeiro propósito está declarado em Apocalipse 3.10: "Porque guardaste a palavra da minha perseverança, também eu te guardarei da hora da provação que há de vir sobre o mundo inteiro, para expe-

---

[3] Wm. KELLY, *Lectures on the second coming of the Lord Jesus Christ*, p. 186-237.
[4] Ibid., p. 235.

A teoria do arrebatamento pré-tribulacionista

rimentar os que habitam sobre a terra". Independentemente de quem participará desse período de provas, há várias outras considerações importantes no versículo. 1) Primeiramente vemos que esse período tem em vista "os que habitam sobre a terra", e não a igreja. A mesma expressão ocorre em Apocalipse 6.10; 11.10; 13.8,12,14; 14.6 e 17.8. Na sua utilização, João oferece não uma descrição geográfica, mas sim uma classificação moral. Thiessen escreve:

> A palavra "habitam" usada aqui (*katoikeo*) é forte. É usada para descrever a totalidade do Deus que habitava em Cristo (Cl 2.9); é usada para a moradia permanente de Cristo no coração do crente (Ef 3.17) e dos demônios retornando para obter posse absoluta de um homem (Mt 12.45; Lc 11.26). Ela deve ser diferenciada da palavra *oikeo*, que é o termo geral para "habitar", e de *paroikeo*, que tem a idéia de transitório, "visitar". Thayer destaca que o termo *katoikeo* inclui a idéia de permanência. Dessa maneira, o julgamento referido em Apocalipse 3.10 dirige-se aos habitantes da terra daquele dia, aos que se estabeleceram na terra como se fosse sua verdadeira casa, aos que se identificaram com o comércio e a religião da terra.[5]

Visto que esse período está relacionado com os "que habitam a terra", os que se estabeleceram em ocupação permanente, não pode ter nenhuma referência à igreja, que seria sujeita às mesmas experiências se estivesse aqui. 2) A segunda consideração a ser notada aqui é o uso do infinitivo *peirasai* (tentar) para expressar propósito. Thayer define essa palavra, quando Deus é o seu sujeito, como "infligir males a alguém para provar seu caráter e sua constância na fé".[6] Como o Pai nunca vê a igreja exceto em Cristo, nEle aperfeiçoada, esse período não pode ter nenhuma referência à igreja, pois sua legitimidade não precisa ser testada.

2. O segundo propósito principal da septuagésima semana é em relação a Israel. Malaquias 4.5,6 afirma:

> Eis que eu vos enviarei o profeta Elias, antes que venha o grande e terrível Dia do SENHOR; ele converterá o coração dos pais aos filhos e o coração dos filhos a seus pais, para que eu não venha e fira a terra com maldição.

O profeta declara que o ministério desse Elias seria preparar para o Rei que estava prestes a vir. Em Lucas 1.17 promete-se que o filho de Zacarias "irá adiante do Senhor no espírito e poder de Elias" para atuar nesse

---

[5] Henry C. THIESSEN, *Will the church pass through the tribulation?*, p. 28-9.
[6] Joseph Henry THAYER, *Greek-English lexicon of the New Testament*, p. 498.

ministério e "habilitar para o Senhor um povo preparado". Com respeito à vinda de Elias que deveria ter sido um sinal para Israel, o Senhor declara:

> Então, ele lhes disse: Elias, vindo primeiro, restaurará todas as cousas; como, pois, está escrito sobre o Filho do homem que sofrerá muito e será aviltado? Eu, porém, vos digo que Elias já veio, e fizeram com ele tudo o que quiseram, como a seu respeito está escrito (Mc 9.12,13).

O Senhor estava mostrando a seus discípulos que João Batista tinha o ministério de preparar o povo para Ele. E, para dirimir toda dúvida, a palavra em Mateus 11.14 é conclusiva: "E, se o quereis reconhecer, ele mesmo é Elias, que estava para vir". O primeiro ministério de João era preparar a nação de Israel para a vinda do Rei. Só podemos concluir, então, que Elias, que está por vir antes do terrível dia do Senhor, tem um único ministério: preparar um remanescente em Israel para a chegada do Senhor. É evidente que tal ministério não é necessário à igreja, já que ela, por natureza, é sem mancha, ruga ou qualquer outra coisa, mas é santa e sem mácula.

Esses dois propósitos, a provação dos habitantes da terra e a preparação de Israel para o Rei, não têm nenhuma relação com a igreja. Essa é a evidência complementar de que a igreja não estará na septuagésima semana.

E. *A unidade da septuagésima semana.* Devemos observar, com base nessas três considerações precedentes, que está em vista toda a septuagésima semana quando descrita e prevista na profecia. Embora todos concordem, baseados em Daniel 9.27, em Mateus 24.15 e em Apocalipse 13, que a semana é dividida em duas partes de três anos e meio cada, a natureza e o caráter da semana, no entanto, é um só, permeando ambas as partes na sua totalidade. É impossível admitir a existência da igreja na semana como uma unidade e ainda mais impossível adotar a posição de que a igreja, embora isenta de parte da septuagésima semana, poderá estar na sua primeira metade, pois sua natureza é a mesma do começo ao fim. A impossibilidade de incluir a igreja na última metade torna igualmente impossível incluí-la na primeira parte, pois, embora as Escrituras dividam o período da semana, não fazem distinção a respeito da natureza e do caráter das duas partes.

F. *A natureza da igreja.* Devemos observar cuidadosamente certas distinções entre a igreja e Israel claramente demonstradas nas Escrituras, mas muitas vezes negligenciadas na análise em questão. 1) Existe uma distinção entre a igreja professante e o Israel nacional. Devemos notar que a igreja professante é composta por aqueles que fazem profissão de fé em Cristo. Para alguns, essa profissão baseia-se na realidade, mas para outros não há nenhuma realidade. Este último grupo entrará no período tribulacional, pois Apocalipse 2.22 indica claramente que a igreja professante não salva experimentará a ira como castigo. A participação no grupo denominado Israel nacional baseia-se em nascimento físico, e todos os que pertencem a esse grupo e não forem salvos e removidos pelo arrebatamento, se estiverem vivos no momento do arrebatamento serão, com a igreja professante, sujeitos à ira da tribulação. 2) Existe uma distinção entre a igreja verdadeira e a igreja professante. A igreja verdadeira é composta por todos os que, nesta era, receberam a Cristo como Salvador. Ao contrário disso, temos a igreja professante, composta por aqueles que fazem profissão de aceitar a Cristo sem realmente recebê-lo. Apenas a verdadeira igreja será arrebatada. 3) Existe uma distinção entre a igreja verdadeira e o Israel verdadeiro ou espiritual. Antes de Pentecostes, existiam indivíduos salvos, mas não existia igreja, e eles faziam parte do Israel espiritual, não da igreja. Depois do Pentecostes e até o arrebatamento encontramos a igreja, que é o corpo de Cristo, mas não encontramos o Israel espiritual. Depois do arrebatamento não encontramos a igreja, mas novamente um Israel verdadeiro ou espiritual. Essas distinções devem ser claramente consideradas.

O arrebatamento não retirará todos os que professam fé em Cristo, mas apenas os que tenham nascido de novo e recebido a Sua vida. A porção descrente da igreja visível, junto com os descrentes da nação de Israel, entrará no período tribulacional.

1. Já que a igreja é o corpo, do qual Cristo é o cabeça (Ef 1.22; 5.23; Cl 1.18), a noiva de Cristo (1Co 11.2; Ef 5.23), o objeto de Seu amor (Ef 5.25), os ramos dos quais Ele é a videira e a raiz (Jo 15.5), o edifício do qual Ele é a base e pedra angular (1Co 3.9; Ef 2.19-22), existe entre o crente e o Senhor uma união e uma unidade. O crente não está mais separado dEle, mas é trazido para perto dEle. Se a igreja estiver na septuagésima semana, estará sujeita à ira, ao julgamento e à indignação que caracterizam o período e, por causa de sua união com Cristo, Ele, da mesma maneira, estaria sujeito ao mesmo castigo. Isso é impossível de acordo com 1João 4.17, pois Ele não pode ser julgado novamente. Visto que a igreja foi aperfeiçoada e liberta de tal julgamento (Rm 8.1; Jo 5.24; 1Jo 4.17), se ela fosse novamente sujeita a julgamento, as promessas de Deus não teriam efeito e a morte de Cristo seria inefi-

caz. Quem ousaria afirmar que a morte de Cristo falhou no cumprimento de seu propósito? Embora os membros possam ser experimentalmente imperfeitos e necessitar de limpeza experimental, a igreja, que é o Corpo, tem uma posição perfeita em Cristo e não precisa dessa limpeza. A natureza das provações da septuagésima semana, conforme declaradas em Apocalipse 3.10, não é promover limpeza individual, mas revelar a degradação e a necessidade do coração degenerado. A natureza da igreja torna desnecessária tal provação.

2. Uma vez mais, Apocalipse 13.7 esclarece que todos os que estiverem na septuagésima semana serão submetidos à besta e por meio dela a Satanás, que dá à besta o seu poder. Se a igreja estivesse nesse período, ela se sujeitaria a Satanás, e Cristo perderia Seu lugar como cabeça, ou Ele mesmo, por causa de Sua união com a igreja, estaria igualmente sujeito à autoridade de Satanás. Tal coisa é impensável. Dessa maneira, conclui-se que a natureza da igreja e a inteireza da sua salvação impedem que ela esteja na septuagésima semana.

G. *O conceito da igreja como mistério.* Intimamente ligado à consideração anterior está o conceito neotestamentário de que a igreja é um mistério. Não era mistério que Deus proveria salvação para os judeus, nem que os gentios seriam abençoados com a salvação. O fato de que Deus formaria de judeus e gentios um só corpo nunca foi revelado no Antigo Testamento e constitui o mistério citado por Paulo em Efésios 3.1-7, Romanos 16.25-27 e Colossenses 1.26-29. Todo esse novo plano não foi revelado até a rejeição de Cristo por Israel. É depois da rejeição de Mateus 12.23,24 que o Senhor faz a primeira promessa da futura igreja, em Mateus 16.18. É depois da rejeição da cruz que a igreja tem seu início, em Atos 2. É depois da rejeição final de Israel que Deus chama Paulo para ser apóstolo aos gentios, e por meio dele o mistério da natureza da igreja é revelado. A igreja é, manifestamente, uma interrupção do plano de Deus para Israel, que não foi iniciada até que Israel rejeitasse a oferta do reino. Segue-se, logicamente, que esse plano de mistério deve ser concluído antes que Deus possa retomar Seu trato com a nação de Israel, como foi demonstrado previamente que Ele fará. O plano do mistério, tão distinto no seu início, certamente será separado na sua conclusão. Esse plano deve ser concluído antes que Deus retome e complete Seu plano para Israel. Esse conceito da igreja como mistério torna inevitável o arrebatamento pré-tribulacionista.

H. *As distinções entre Israel e a igreja*. Chafer estabeleceu 24 contraposições entre Israel e a igreja que demonstram conclusivamente que esses dois grupos não podem ser unidos num só, mas devem ser diferenciados como entidades separadas com quem Deus realiza um plano especial.[7] Essas contraposições podem ser esboçadas da seguinte forma: 1) A extensão da revelação bíblica: Israel —quase quatro quintos da Bíblia; igreja —cerca de um quinto. 2) O propósito divino: Israel —todas as promessas terrestres nas alianças; igreja —as promessas celestiais no evangelho. 3) A descendência de Abraão: Israel —a descendência física, dos quais alguns se tornam descendentes espirituais; igreja —descendência espiritual. 3) O nascimento: Israel —nascimento físico, que produz um relacionamento; igreja —nascimento espiritual que traz um relacionamento. 5) Cabeça: Israel —Abraão; igreja —Cristo. 6) Alianças: Israel —a de Abraão e todas as alianças seguintes; igreja —indiretamente relacionada com a aliança abraâmica e a nova aliança. 7) Nacionalidade: Israel —uma nação; igreja —de todas as nações. 8) Trato divino: Israel —nacional e individual; igreja —apenas individual. 9) Dispensação: Israel —visto em todos os tempos desde Abraão; igreja —vista apenas no presente. 10) Ministério: Israel —sem atividade missionária e sem evangelho para pregar; igreja —uma comissão a cumprir. 11) A morte de Cristo: Israel —nacionalmente culpado; ainda será salvo por meio dela; igreja —perfeitamente salva por ela agora. 12) O Pai: Israel —por meio de um relacionamento especial, Deus era o Pai da nação; igreja —somos relacionados individualmente a Deus como Pai. 13) Cristo: Israel —Messias, Emanuel, Rei; igreja —Salvador, Senhor, Noivo, Cabeça. 14) O Espírito Santo: Israel —veio sobre uns temporariamente; igreja —habita em todos. 15) Princípio governante: Israel —o sistema da lei mosaica; igreja —o sistema da graça. 16) Capacitação divina: Israel —nenhuma; igreja —habitação do Espírito Santo. 17) Dois discursos de despedida: Israel —discurso no monte das Oliveiras; igreja —discurso no cenáculo. 18) A promessa da volta de Cristo: Israel —em poder e glória para julgamento; igreja —para nos receber para Si mesmo. 19) Posição: Israel —um servo; igreja —membros da família. 20) O reino de Cristo na terra: Israel —súditos; igreja —co-herdeiros. 21) Sacerdócio: Israel —tinha um sacerdócio; igreja —é um sacerdócio. 22) Casamento: Israel —esposa infiel; igreja —noiva. 23) Julgamentos: Israel —deve enfrentar julgamento; igreja —livre de todos os julgamentos. 24) Posições na eternidade: Israel —espíritos de homens justos aperfeiçoados na nova terra; igreja —igreja dos primogênitos nos novos céus.

[7] Lewis Sperry CHAFER, *Systematic theology*, IV, p. 47-53.

Essas contraposições, que mostram a distinção entre Israel e a igreja, impossibilitam identificar os dois num mesmo plano, o que é inevitável para a igreja passar pela septuagésima semana. Essas distinções dão apoio extra à posição do arrebatamento pré-tribulacionista.

I. *A doutrina da iminência*. Muitos sinais foram dados à nação de Israel, os quais precederiam a segunda vinda, a fim de que a nação vivesse em expectativa quando Sua volta se aproximasse. Apesar de Israel não saber o dia nem a hora em que o Senhor voltaria, saberia que sua redenção se aproximava pelo cumprimento desses sinais. Tais sinais nunca foram dados à igreja. A igreja tem a ordem de viver à luz da vinda iminente do Senhor para transladá-la à Sua presença (Jo 14.2,3; At 1.11; 1Co 15.51,52; Fp 3.20; Cl 3.4; 1Ts 1.10; 1Tm 6.14; Tg 5.8; 1Pe 3.3,4). Passagens como 1Tessalonicenses 5.6, Tito 2.13 e Apocalipse 3.3 alertam o crente a aguardar o próprio Senhor, não aguardar sinais que antecederiam Seu retorno. É verdade que os acontecimentos da septuagésima semana lançarão um prenúncio antes do arrebatamento, mas a atenção do crente deve ser sempre dirigida para Cristo, nunca aos presságios.

Essa doutrina de iminência, ou "da volta a qualquer momento", não é uma doutrina nova surgida com Darby, como muitas vezes se afirma, embora ele a tenha esclarecido, sistematizado e popularizado. A crença na iminência marcou o pré-milenarismo dos primeiros pais da igreja bem como dos escritores do Novo Testamento. Em relação a isso, Thiessen escreve:

> ... eles sustentavam não apenas a visão pré-milenarista da vinda de Cristo, mas também consideraram a vinda iminente. O Senhor os tinha ensinado a aguardar Seu retorno a qualquer momento e, depois, eles achavam que Ele viria nos seus dias. Não apenas isso, mas também achavam Seu retorno pessoal iminente. Apenas os alexandrinos se opunham a essa verdade; mas esses Pais também rejeitaram outras doutrinas fundamentais. Podemos dizer, então, que a igreja primitiva vivia em expectativa constante do Senhor e, conseqüentemente, não estava interessada na possibilidade de um período de tribulação no futuro.[8]

Embora a escatologia da igreja primitiva não seja clara em todos os seus aspectos, pois não era objeto de sério exame, é clara a evidência de que eles acreditavam no retorno iminente de Cristo. A mesma iminência é vista nos escritos dos reformadores, embora tivessem opiniões diferentes

---

[8] THIESSEN, op. cit., p. 15.

A teoria do arrebatamento pré-tribulacionista

sobre as questões escatológicas. Chafer cita alguns reformadores para mostrar que acreditavam no retorno iminente de Cristo.

> ... Lutero escreveu: "Acredito que todos os sinais que precedem os últimos dias já apareceram. Não pensemos que a vinda de Cristo está longe; olhemos para cima com nossa cabeça erguida; esperemos a vinda de nosso Redentor com mente desejosa e alegre" [...] Calvino também declara [...] "As Escrituras uniformemente nos ordenam a olhar com expectativa para o advento de Cristo". A isso podemos acrescentar o testemunho de John Knox: "O Senhor Jesus voltará, e com presteza. E Seu propósito não é outro senão reformar a face de toda a terra, o que nunca foi e nunca será feito, até que o justo Rei e Juiz apareça para restaurar todas as coisas". De igual modo, as palavras de Latimer: "Todos aqueles homens excelentes e letrados a quem, sem dúvida, Deus enviou ao mundo nestes últimos dias para dar um aviso ao mundo, extraem das Escrituras que os últimos dias não podem estar longe. É possível que aconteça nos meus dias, velho como estou, ou nos dias dos meus filhos"... [9]

A doutrina da iminência impede a participação da igreja em qualquer parte da septuagésima semana. A multidão de sinais dados a Israel para movê-lo à expectativa também seriam para a igreja, e a igreja não poderia estar esperando Cristo até que esses sinais fossem cumpridos. O fato é que nenhum sinal é dado à igreja; em vez disso, ela tem a ordem de aguardar a Cristo, o que impossibilita sua participação na septuagésima semana.

J. *A obra do Detentor em 2 Tessalonicenses 2*. Os cristãos em Tessalônica temiam que o arrebatamento já tivesse acontecido e eles estivessem no dia do Senhor. As perseguições pelas quais estavam passando, referidas no primeiro capítulo, tinham-lhes dado base para essa consideração errônea. Paulo escreve que tal coisa era impossível. Primeiro, ele mostra no v. 3 que o dia do Senhor não aconteceria até que houvesse uma partida. Não importa se essa partida seria um afastamento da fé ou uma partida dos santos da terra, como já mencionado no v. 1. Segundo, ele revela que haveria a manifestação do homem de pecado, ou o iníquo, descrito com mais detalhes em Apocalipse 13. O argumento de Paulo no v. 7 é que, apesar de o mistério de iniqüidade já estar em vigor em seus dias, quer dizer, o sistema sem lei que culminaria na pessoa do iníquo já estava manifesto, este iníquo, no entanto, não se manifestaria até que o Detentor fosse afastado. Em outras palavras, Alguém impede

[9] CHAFER, op. cit., IV, p. 278-9.

o propósito de Satanás de culminar e Ele continuará a realizar seu ministério até ser afastado (v. 7,8). Explicações a respeito da pessoa do Detentor como governo humano, lei, igreja visível não são suficientes, pois esses todos continuarão em certa medida após a manifestação do iníquo. Embora esse seja um problema essencialmente exegético, parece que o Único que conseguiria exercer tal ministério de detenção seria o Espírito Santo. Esse problema será examinado em detalhes posteriormente. Contudo, a indicação aqui é que, enquanto o Espírito Santo estiver habitando na igreja, que é o Seu templo, esse trabalho de detenção continuará e o homem de pecado não poderá ser revelado. Apenas quando a igreja, o templo, for retirada, o ministério de detenção cessará e a iniqüidade produzirá o iníquo. Devemos notar que o Espírito Santo não cessará seu ministério após a retirada da igreja, nem deixará de ser onipresente com esse afastamento, mas Seu ministério restringidor cessará.

Dessa maneira, o ministério do Detentor, que continuará enquanto Seu templo estiver na terra e que precisa cessar antes que o iníquo seja revelado, requer o arrebatamento pré-tribulacionalista da igreja, pois Daniel 9.27 revela que esse iníquo será manifesto no começo da septuagésima semana.

L. *A necessidade de um intervalo*. A palavra *apantēsis* (encontrar) é usada em Atos 28.15 com a idéia de "encontrar-se para retornar com". Não raro se afirma que a palavra usada em 1Tessalonicenses 4.17 tem a mesma idéia, logo a igreja deve ser arrebatada para retornar instantânea e imediatamente com o Senhor à terra, negando e tornando impossível qualquer intervalo entre o arrebatamento e o retorno. Não apenas a palavra grega não exige tal interpretação, como também certos acontecimentos previstos para a igreja após a sua translação tornam tal interpretação impossível. Os acontecimentos são: 1) o tribunal de Cristo, 2) a apresentação da igreja a Cristo e 3) as bodas do Cordeiro.

1. Passagens como 2Coríntios 5.9; 1Coríntios 3.11-16; Apocalipse 4.4 e 19.8,14 mostram que a igreja já terá sido examinada no que diz respeito à sua administração e terá recebido sua recompensa por ocasião da segunda vinda de Cristo. É impossível conceber esse acontecimento sem que transcorra algum período de tempo.

2. A igreja deve ser apresentada como presente do Pai para o Filho. Scofield escreve:

Esse é o momento da suprema alegria de nosso Senhor —a consumação de toda a Sua obra de redenção.

"Maridos, amai vossa mulher, como também Cristo amou a Igreja e a si mesmo se entregou por ela, para que a santificasse, tendo-a purificado por meio da lavagem de água pela palavra, PARA A APRESENTAR A SI MESMO Igreja gloriosa, sem mácula, nem ruga, nem cousa semelhante, porém santa e sem defeito" (Ef 5.25-27).

"Ora, aquele que é poderoso PARA VOS GUARDAR DE TROPEÇOS E PARA VOS APRESENTAR COM EXULTAÇÃO, IMACULADOS DIANTE DA SUA GLÓRIA" (Jd 24).[10]

3. Apocalipse 19.7-9 revela que a consumação da união entre Cristo e a igreja precede a segunda vinda. Em muitas passagens, como Mateus 25.1-13, 22.1-14 e Lucas 12.35-41, o Rei é visto no papel do Noivo na Sua vinda, indicando que o casamento já se realizou. Esse acontecimento, da mesma maneira, requer um período de tempo e torna impossível que o arrebatamento e a manifestação sejam acontecimentos simultâneos. Embora a extensão do período não esteja sendo verificada nessa discussão, faz-se necessário um intervalo entre o arrebatamento e a revelação.

M. *Distinção entre o arrebatamento e a segunda vinda.* Devemos observar várias contraposições entre o arrebatamento e a segunda vinda. Elas mostrarão que os dois acontecimentos não são vistos como sinônimos nas Escrituras. A existência de dois planos separados é mais bem percebida pelas muitas contraposições encontradas nas Escrituras entre os dois acontecimentos. 1) A translação compreende a retirada dos crentes, enquanto o segundo advento requer o aparecimento e a manifestação do Filho. 2) Na translação os santos são levados nos ares, enquanto na segunda vinda Cristo volta à terra. 3) Na translação Cristo vem buscar Sua noiva, enquanto na segunda vinda Ele retorna com a noiva. 3) A translação resulta na retirada da igreja e na instauração da tribulação, enquanto a segunda vinda resulta no estabelecimento do reino milenar. 5) A translação é iminente, enquanto a segunda vinda é precedida por uma multidão de sinais. 6) A translação traz uma mensagem de conforto, enquanto a segunda vinda é acompanhada por uma mensagem de julgamento. 7) A translação está relacionada ao plano para a igreja, enquanto a segunda vinda está relacionada ao plano para Israel e para o mundo. 8) A translação é um mistério, enquanto a segunda vinda é prevista em ambos os testamentos. 9) Na translação os crentes

[10] C. I. SCOFIELD, *Will the church pass through the great tribulation?*, p. 13.

são julgados, enquanto na segunda vinda os gentios e Israel são julgados. 10) A translação deixa a criação intacta, enquanto a segunda vinda implica uma mudança na criação. 11) Na translação os gentios não são afetados, enquanto na segunda vinda são julgados. 12) Na translação as alianças de Israel não são cumpridas, enquanto na segunda vinda todas as alianças são cumpridas. 13) A translação não tem relação particular com o plano de Deus para o mal, enquanto na segunda vinda o mal é julgado. 14) É dito que a translação ocorrerá antes do dia da ira, enquanto a segunda vinda se segue a ele. 15) A translação é apenas para os crentes, enquanto a segunda vinda tem efeito sobre todos os homens. 16) A expectativa da igreja em relação à translação é "perto está o Senhor" (Fp 4.5), enquanto a expectativa de Israel em relação à segunda vinda é "o reino está próximo" (Mt 24.14). 17) A expectativa da igreja na translação é ser levada à presença do Senhor, enquanto a expectativa de Israel na segunda vinda é ser levado ao reino.[11] Essas e outras contraposições que poderiam ser apresentadas apóiam a alegação de que se trata de dois planos diferentes que não podem ser unificados num só.

N. *Os vinte e quatro anciãos.* Em Apocalipse 4.4 João tem a visão de 24 anciãos assentados em tronos, vestidos de branco, com coroas de ouro e na presença celeste de Deus. Muitas respostas são dadas à pergunta sobre a identidade desses 24 anciãos. Há quem insista em dizer que são anjos, por estarem associados aos quatro seres viventes do livro. Parece aí uma tentativa de fugir da identificação literal por ser contrária ao sistema desses teorizadores. O que se diz sobre os 24 anciãos não poderia aplicar-se a anjos, porque anjos não são coroados com coroas de vencedor (*stephanos*), recebidas como recompensas, nem se assentam em tronos (*thronos*), que falam de dignidade e de prerrogativa reais, nem são vestidos de branco em decorrência de julgamento. A impossibilidade dessa concepção argumenta a favor de uma segunda posição, segundo a qual são homens ressurrectos e redimidos, vestidos, coroados e assentados em tronos, os quais se relacionam à realeza no céu. Scofield apresenta evidências que apóiam a visão de serem eles representantes da igreja. Ele escreve:

> Cinco aspectos identificam os anciãos como representantes da igreja. 1) Sua *posição*. Estão entronizados à volta do trono central que é cercado por um arco-íris. À igreja, e só à igreja dentre todos os grupos dos redimidos,

---

[11] W. E. BLACKSTONE, *Jesus is coming*, p. 75-80.

é prometida a entronização (Ap 3.21). Cristo ainda não está assentado no Seu trono na terra, mas essas figuras reais, já apresentadas sem culpa, com a indizível alegria do Senhor, devem estar com Ele (Jo 17.24; 1Ts 4.17). 2) O *número* desses anciãos representativos, num livro em que os números representam grande parte do simbolismo, é significativo, pois 24 é o número de ordens em que o sacerdócio levítico foi dividido (1Cr. 24.1-19) e, de todos os grupos de redimidos, apenas a igreja é sacerdócio (1Pe 2.5-9; Ap 1.6). 3) O *testemunho* dos anciãos entronizados os distingue como representantes da igreja: "e entoavam novo cântico, dizendo: Digno és de tomar o livro e de abrir-lhe os selos, porque foste morto e com o teu sangue compraste para Deus os que procedem de toda tribo, língua, povo e nação, e para nosso Deus os constituíste reino e sacerdotes; e reinarão sobre a terra"(Ap 5.9,10). A igreja, e apenas a igreja, pode assim testemunhar. 3) O ancionato é um ofício *representativo* (At 15.2; 20.17). 5) A *inteligência espiritual* dos anciãos os destaca como quem partilha dos mais íntimos conselhos divinos (e.g., Ap 5.5; 7.13). E a quem dentre os redimidos esses conselhos devem ser revelados senão àqueles a quem o Senhor disse: "Já não vos chamo servos [...] mas tenho-vos chamado amigos"[...] (Jo 15.15)? Os anciãos são, simbolicamente, a igreja, e são vistos no céu num local designado pelas Escrituras para a igreja antes que os selos sejam abertos e os ais sejam pronunciados, e antes que qualquer das taças da ira de Deus seja derramada. E em tudo o que se segue, até o vigésimo capítulo, a igreja nunca é citada como presente na terra.[12]

Visto que, de acordo com Apocalipse 5.8, esses 24 anciãos estão associados num ato sacerdotal, o que nunca se diz a respeito dos anjos, devem ser crentes-sacerdotes associados ao Grande Sumo Sacerdote. Visto que Israel não ressuscita até o fim da septuagésima semana, nem é julgado ou recompensado até a vinda do Senhor, de acordo com Isaías 26.19-21 e Daniel 12.1,2, esses devem ser representantes dos santos da presente época. Já que são vistos como ressurrectos, no céu, julgados, recompensados, entronizados no começo da septuagésima semana, conclui-se que a igreja deve ter sido arrebatada antes do início da septuagésima semana. Se a igreja não for ressuscitada e transladada aqui, como alguns insistem, e não o é até Apocalipse 20.4, como estaria no céu em Apocalipse 19.7-11? Mais adiante nos dedicaremos a um estudo dessa questão; essas considerações, no entanto, dão maior apoio à posição pré-tribulacionista.

O. *O problema subjacente a 1Tessalonicenses 4.13-18*. Os cristãos tessalônicos não ignoravam o fato da ressurreição. Tratava-se de algo

[12] SCOFIELD, op. cit., p. 23-4.

muito bem estabelecido e não requeria apresentação nem defesa. O que provocou a revelação de Paulo foi a falta de compreensão deles acerca do relacionamento entre a ressurreição e os santos que haviam dormido em Cristo. Paulo escreve então não para ensinar-lhes a ressurreição, mas, em vez disso, o fato de que no arrebatamento os vivos não teriam vantagem sobre os mortos em Cristo. Se os tessalonicenses acreditassem que a igreja passaria pela septuagésima semana, se regozijariam por alguns de seus irmãos terem escapado daquele período de sofrimento e estarem com o Senhor sem experimentar o derramamento de Sua ira. Se a igreja fosse passar pela tribulação, seria melhor estar com o Senhor do que esperar os acontecimentos da septuagésima semana. Eles estariam louvando ao Senhor pelos irmãos que foram poupados desses acontecimentos, em vez de pensar que eles tivessem perdido algumas das bênçãos do Senhor. Esses cristãos evidentemente acreditavam que a igreja não passaria pela septuagésima semana e, na expectativa do retorno de Cristo, lamentavam por seus irmãos, a respeito de quem pensavam que perderiam a bênção do acontecimento.

P. *O anúncio de paz e segurança*. Em 1Tessalonicenses 5.3 Paulo fala à igreja de Tessalônica que o dia do Senhor virá depois de um anúncio de "paz e segurança". Essa falsa segurança acalmará a muitos, deixando-os em estado de letargia, o qual fará com que o dia do Senhor chegue como um ladrão. O anúncio que produzirá essa letargia precede o dia do Senhor. Se a igreja estivesse na septuagésima semana, não haveria possibilidade de que, durante o período em que os crentes fossem perseguidos pela besta em um grau sem precedentes, tal mensagem pudesse ser pregada e encontrasse aceitação tal que a humanidade ficasse anestesiada a ponto de tornar-se desvanecida. Todos esses sinais apontariam para a certeza de que eles não estavam no tempo de "paz e segurança". O fato de que o ataque de ira, julgamento e escuridão é precedido pelo anúncio de tal mensagem indica que a igreja deve ser arrebatada antes desse período.

Q. *A relação da igreja com os governos*. No Novo Testamento a igreja é instruída a orar pelas autoridades governamentais, já que elas são nomeadas por Deus, a fim de que possam ser salvas e, por conseguinte, os santos possam viver em paz. Tal é a orientação de 1Timóteo 2.1-4. A igreja é também instruída a sujeitar-se a tais poderes conforme 1Pedro 2.13-16, Tito 3.1 e Romanos 13.1-7, pois representam a vontade de Deus. De acordo com Apocalipse 13.4, o governo durante a septuagésima semana será controlado por Satanás e realizará sua vontade e propósito na manifestação do iníquo. Por causa do relacionamento da igreja com os governos nessa época e por causa do controle satânico do governo da septuagésima semana, a igreja deve ser liberta antes que se manifeste o governo satânico. A igreja não poderia sujeitar-se a tal governo. Durante a septuagésima semana, Israel clamará pelo julgamento de Deus sobre tal homem e que Deus vindique a Si mesmo, como se vê nos salmos imprecatórios. Esse não é o caso do ministério e do relacionamento da igreja com os governos dessa era.

R. *O silêncio a respeito da tribulação nas epístolas*. As epístolas de Tiago, de 1Pedro e em certa medida de 2Tessalonicenses foram especificamente escritas por causa da perseguição da igreja. Muitas das passagens, como João 15.18-25; 16.1-4; 1Pedro 2.19-25; 4.12; Tiago 1.2-4; 5.10,11; 2 Tessalonicenses 1.4-10; 2Timóteo 3.10-14; 4.5, foram escritas para dar revelação concernente à perseguição, razões para sua existência, ajuda e apoio para que os crentes a suportassem. Evidentemente os escritores das epístolas não tinham conhecimento de que a igreja enfrentaria a septuagésima semana, do contrário certamente teriam oferecido ajuda e direção para a perseguição mais severa que o homem jamais conhecerá, visto que estavam preocupados em dar ajuda nas perseguições dos dias passados. Eles não prepariam para as perseguições comuns a todos e negligenciariam o derramamento da ira durante o qual o crente necessitaria de ajuda e assistência especial. A esse respeito Scofield escreve:

> Além de não haver uma sílaba nas Escrituras que afirme que a igreja entrará na grande tribulação, nem o discurso do cenáculo, a nova promessa, nem as Epístolas que explicam essa promessa *sequer mencionam a grande tribulação*.
> Nenhuma vez, nesse grande *corpus* de escrituras inspiradas, escritas claramente para a igreja, a expressão é encontrada.[13]

Visto que as perseguições dessa época e a ira da septuagésima semana variam em tipo e caráter, e não apenas em intensidade, é insuficiente dizer que, se um indivíduo está preparado para o que é ruim, também estará para o pior. O silêncio das epístolas, que deixaria a igreja despreparada para a tribulação, apóia total ausência dela naquele período.

---

[13] Ibid., p. 11.

S. *A mensagem das duas testemunhas*. Em Apocalipse 11.3 dois emissários especiais são enviados a Israel. Seu ministério é acompanhado por sinais para comprovar a origem divina de sua mensagem de acordo com o uso profético de sinais do Antigo Testamento. A essência de sua pregação não é revelada, mas o conteúdo pode ser depreendido da vestimenta desses mensageiros. Diz-se que estarão vestidos de pano de saco (*sakkos*), que é definido por Thayer como:

> *pano grosseiro, material escuro e áspero feito especialmente de pêlo de animais:* vestuário desse material, pendendo do corpo da pessoa como um saco, era comumente usado pelos lamentadores, penitentes, suplicantes [...] e também por aqueles que, assim como os profetas hebraicos, mantinham uma vida austera. [14]

Quando comparamos o ministério de Elias em 2Reis 1.8 e o de João Batista em Mateus 3.4 —ministérios correspondentes no sentido de que ambos foram enviados a Israel num período de apostasia para levar a nação ao arrependimento— com o ministério das duas testemunhas, vemos que o sinal de sua mensagem em ambos os casos é o mesmo, a vestimenta de pano de saco, sinal de lamentação e arrependimento nacional. Podemos concluir pela forma característica de suas vestimentas que as duas testemunhas anunciam a mesma mensagem de João: de arrependimento porque o Rei está vindo. Suas boas novas são "o evangelho do reino" de Mateus 24.14. Eles não negligenciam a pregação da cruz, pois Apocalipse 7.14 e Zacarias 13.8,9 mostram que a pregação do evangelho durante a septuagésima semana é acompanhada pela pregação da cruz. A mensagem confiada à igreja é uma mensagem de graça. A igreja não possui outra mensagem. O fato de a mensagem anunciada ser de julgamento, de arrependimento e de preparação para a vinda do Rei mostra que a igreja não deverá estar mais presente, pois tal mensagem não é confiada a ela.

T. *O destino da igreja*. Ninguém negará que a igreja tem um destino celestial. Todas as suas promessas e expectativas têm caráter divino. Quando estudamos o destino dos salvos na septuagésima semana, encontramos que sua expectativa e promessa não é celestial, mas sim terrena. Mateus 25.34 deixa isso muito claro. Se a igreja estiver na terra durante a septuagésima semana, todos os que forem salvos durante esse período serão salvos para fazer parte do Corpo. Se o arrebatamen-

---

[14] THAYER, op. cit., p. 566.

to só ocorresse no final da septuagésima semana, e parte dos salvos entrasse numa bênção terrena e outra parte num destino celestial, o corpo de Cristo seria desmembrado e a unidade seria destruída. Tal desmembramento é impossível. Isso só pode mostrar que os que forem salvos durante a septuagésima semana e entrarem no reino milenar deverão ter sido salvos após o término do plano divino para a igreja.

U. *A mensagem à igreja de Laodicéia*. Em Apocalipse 3.14-22 João traz uma mensagem à igreja de Laodicéia. Essa igreja representa a forma final da igreja professante, que é rejeitada pelo Senhor e vomitada de Sua boca por causa da falsidade de sua profissão. Se a igreja, na sua totalidade, não apenas sua porção professante, entrar na septuagésima semana, teremos de concluir que a igreja de Laodicéia é o retrato da verdadeira igreja. Muitas coisas ficam evidentes então. A igreja verdadeira não poderia passar pelas perseguições da septuagésima semana e continuar a ser morna para com o Senhor. As perseguições intensificariam as chamas e transformariam a mornidão num calor intenso, ou então apagariam o fogo totalmente. Esse sempre foi o ministério das perseguições no passado. O que fica ainda mais claro, se ela representa a verdadeira igreja, é que essa igreja é vomitada perante o Senhor, completamente rejeitada por Ele. Isso só poderia ensinar que alguém pode ser parte da igreja verdadeira e depois ser finalmente lançado fora, o que é impossível. A única alternativa é ver que a igreja verdadeira termina com a igreja de Filadélfia, que é retirada da terra de acordo com a promessa de Apocalipse 3.10 antes da tribulação, e a falsa igreja professante, de quem a igreja verdadeira será separada pelo arrebatamento, é deixada para trás, rejeitada por Deus e vomitada na septuagésima semana para revelar a verdadeira natureza de sua profissão e a justa rejeição por Deus.

V. *Os tempos dos gentios*. Em Lucas 21.24 o Senhor mostra que Jerusalém continuará sob domínio gentio "até que os tempos dos gentios se completem". Zacarias 12.2; 14.2,3 mostra que isso não acontecerá até a segunda vinda, quando os exércitos da besta forem destruídos pelo Senhor, como vemos que Ele fará em Apocalipse 19.17-19. Em Apocalipse 11.2, no parêntese entre a sexta e sétima trombeta, existe uma referência aos tempos dos gentios. João indica que Jerusalém ainda está sob poder gentio e, do começo da série de julgamentos, interrompida por esse parêntese, até o fim do domínio gentio, transcorrem três anos e meio. É importante observar isso, pois, de acordo com a visão mesotribulacionista, as trombetas ocorrem nos primeiros três anos e meio da septuagésima semana. Se essa visão fosse correta, os tempos dos gentios teriam de terminar no meio da semana, ou pelo menos antes do fim da septuagésima semana, e Jerusalém teria de ser liberta por outro acontecimento ou pessoa que não o Senhor. Esse elemento cronológico indicado em Apocalipse 11.2 torna insustentável a visão mesotribulacionista.

X. *O remanescente na segunda vinda.* Passagens como Malaquias 3.16; Ezequiel 20.33-38; 37.11-28; Zacarias 13.8,9; Apocalipse 7.1-8 e muitas outras indicam claramente que, quando o Senhor voltar à terra, haverá um restante de crentes em Israel aguardando o Seu retorno. Junto com essas há outras passagens, como Mateus 25.31-40 e parábolas como as de Mateus 22.1-13 e de Lucas 14.16-24, que mostram que haverá uma multidão de crentes dentre os gentios que crerão Nele e aguardarão o Seu retorno. Para que o Senhor possa na segunda vinda cumprir as promessas feitas nas alianças abraâmica, davídica e palestina, é necessário que haja um remanescente fiel sobre quem Ele possa reinar e cumprir as promessas. Deve existir também um grupo de crentes gentios que possa receber, pela fé, os benefícios das alianças no Seu reinado. Esses grupos entram no milênio com o corpo natural, salvo, mas sem experimentar a morte e a ressurreição. Se a igreja estivesse na terra até a segunda vinda, esses indivíduos teriam sido salvos e recebido uma posição na igreja, teriam sido arrebatados naquela hora, e, conseqüentemente, não restaria uma pessoa salva na terra. Quem então estará esperando encontrar Cristo no Seu retorno? Com quem Cristo poderia cumprir literalmente as alianças feitas com Israel? Essas considerações tornam necessário o arrebatamento pré-tribulacionalista da igreja, para que Deus possa chamar e preservar o remanescente durante a tribulação e por meio dele cumprir as promessas.

Z. *Os 144 mil selados de Israel.* Enquanto a igreja estiver na terra não existirá nenhum salvo que desfrute um relacionamento exclusivamente judaico. Todos são salvos para receber uma posição no corpo de Cristo, conforme indicado em Colossenses 1.26-29; 3.11; Efésios 2.14-22; 3.1-7. Durante a septuagésima semana, a igreja estará ausente, pois dos salvos restantes em Israel Deus sela 144 mil judeus, 12 mil de cada tribo, de acordo com Apocalipse 7.14. O fato de Deus lidar novamente com Israel nesse relacionamento nacional, separando-o por identidade nacional e mandando-o como representante às nações no lugar das testemunhas da igreja, indica que a igreja não deve estar mais na terra.

A teoria do arrebatamento pré-tribulacionista 237

AA. *A cronologia do livro de Apocalipse.* Ao lidarmos com as posições mesotribulacionista e pós-tribulacionista sobre o arrebatamento, a cronologia de Apocalipse foi examinada. É mencionada aqui apenas como uma evidência mais. Os capítulos 1-3 apresentam o desenvolvimento da igreja na presente época. Os capítulos 4-11 abrangem os acontecimentos de toda a septuagésima semana e concluem com o retorno de Cristo para reinar na terra em 11.15-18. Desse modo os selos ocorrem nos primeiros três anos e meio, e as trombetas se referem aos últimos três anos e meio. De acordo com as instruções dadas a João em 10.11, os capítulos 12-19 examinam a septuagésima semana novamente, dessa vez com a objetivo de revelar os atores no palco desse drama histórico. Essa cronologia torna impossível a perspectiva mesotribulacionista, pois o suposto arrebatamento mesotribulacionista de 11.15-18 é, na verdade, o retorno pós-tribulacionista à terra, e não o arrebatamento. Isso fornece mais evidência para a posição do arrebatamento pré-tribulacionista.

BB. *O grande objeto do ataque satânico.* De acordo com Apocalipse 12, o objeto do ataque satânico durante o período tribulacional é "a mulher" que deu à luz o filho. Como o filho é nascido para "reger todas as nações com cetro de ferro" (Ap 12.5), essa passagem só pode referir-se a Cristo, o Único que tem direito de reger. O salmista confirma essa interpretação em Salmos 2.9, claramente messiânico. Aquele de quem Cristo veio só pode ser Israel. Quando Satanás for lançado para fora do céu (Ap 12.9), ele prosseguirá com "grande cólera, sabendo que pouco tempo lhe resta" (Ap 12.12). A igreja não deverá estar aqui, pois, como é "corpo de Cristo" e "noiva de Cristo" e, conseqüentemente, preciosa para Cristo, seria o objeto do ataque satânico se estivesse presente como foi através dos tempos (Ef 6.12). O motivo pelo qual Satanás se volta contra Israel só pode ser explicado pela ausência da igreja no cenário da tribulação.

CC. *A apostasia do período.* A completa apostasia durante aquele período da parte professante da igreja impede que a verdadeira igreja esteja na terra. A única igreja organizada mencionada no período de tribulação é o sistema caracterizado como Jezabel (Ap 2.22) e meretriz (Ap 17 e 18). Se a igreja verdadeira estivesse na terra, já que jamais é mencionada à parte do sistema apóstata, deveria ser parte desse sistema. Tal conclusão é impossível. As testemunhas crentes convertidas durante o período são especificamente descritas como pessoas que se mantiveram isentas da corrupção desse sistema apóstata (Ap 14.4). Uma vez que a igreja não é mencionada como parte desse sistema, devemos concluir que ela não está presente na tribulação.

DD. *As promessas à verdadeira igreja*. Existem certas passagens das Escrituras que prometem a definitiva retirada da igreja antes da septuagésima semana.

1. Apocalipse 3.10: "Eu te guardarei da hora da provação". João usa a palavra *tēreō*. Thayer diz que, quando esse verbo é usado com *en*, significa "fazer com que alguém persevere ou se mantenha firme em algo"; quando usado com *ek* significa "fazer com que alguém fique em segurança escapando para fora de".[15] Como *ek* é usado aqui, indica que João está prometendo à igreja o afastamento da esfera de teste, e não a preservação durante o teste. Isso é ainda mais concretizado pelo uso das palavras "da hora". Deus não está apenas guardando das provações, mas também da própria hora em que essas provações chegarão aos que habitam a terra. Thiessen comenta essa passagem:

> ... queremos apurar o significado do verbo "guardar" (*tereso*) e da preposição "de" (*ek*). Alford diz que a preposição *ek* significa "para fora do meio de: mas se pela imunidade de, ou se por ser mantido em segurança durante, a preposição não define claramente" [...] Desse modo ele destaca que gramaticalmente os dois termos podem ter o mesmo significado, de sorte que Apocalipse 3.10 pode significar "perfeita imunidade contra" e não "passando ilesa pelo mal" [...] a gramática permite a interpretação de completa imunidade do período. Outros estudiosos dizem a mesma coisa da preposição *ek* (*fora de, para longe de*). Buttmann-Thayer dizem que *ek* e *apo* "servem para denotar a mesma relação", referindo-se a João 17.15; Atos 15.29; Apocalipse 3.10 como exemplos desse uso. Abbott duvida "se na LXX e em João, *ek* sempre envolve prévia existência nos males dos quais alguém é libertado, quando é usado com *sozo* e *tereso*" (i.e., com os verbos *salvar* e *guardar*). Westcott diz com respeito a *ek sozo* (salvar de) que "não necessariamente implica que aquilo de que se oferece libertação efetivamente aconteça (cf. 2Co 1.10), mesmo que seja assim usado com freqüência (Jo 12.27). Similarmente lemos em 1Tessalonicenses 1.10 que Jesus nos livra "da (*ek*) ira vindoura". Isso dificilmente pode significar proteção *nela*; isso deve significar isenção *dela*. Parece, então, perfeitamente claro que a preposição "de" pode significar completa isenção do que é previsto. É claro que o contexto e outras declarações nas Escrituras exigem que essa seja a interpretação. No que diz respeito ao contexto, observe-se que a promessa não é meramente ser guardada da tentação, mas da *hora* da

---

[15] Ibid., p. 622.

tentação, i.e., de um período como tal, não apenas das lutas durante o período. E, mais uma vez, porque um apóstolo escreveria *ek tes horas* (*da hora*), como fez, quando facilmente poderia ter escrito *en te hora* (*na hora*), se fosse isso que ele quisesse dizer? Certamente o Espírito de Deus o guiou na própria linguagem que empregou.[16]

2. 1Tessalonicenses 5.9: "Porque Deus não nos destinou para a ira, mas para alcançar a salvação mediante nosso Senhor Jesus Cristo". O contraste nessa passagem é entre a luz e a escuridão, entre a ira e a salvação. 1Tessalonicenses 5.2 mostra que essa ira e escuridão estão ligadas ao dia do Senhor. Uma comparação dessa passagem com Joel 2.2; Sofonias 1.14-18; Amós 5.18 descreverá a escuridão mencionada aqui como a escuridão da septuagésima semana. Uma comparação com Apocalipse 6.17; 11.18; 14.10,19; 15.1,7; 16.1,19 descreverá a ira do dia do Senhor. Paulo ensina claramente no v. 9 que nossa expectativa e destino não são ira e escuridão, mas salvação, e o v. 10 mostra o método dessa salvação, a saber, para que "vivamos em união com ele".

3. 1Tessalonicenses 1.9,10. Uma vez mais Paulo indica claramente que nossa expectativa não é a ira, mas a revelação do "Seu Filho dos céus". Isso não poderia acontecer, a menos que o Filho fosse revelado antes de a ira da septuagésima semana ser derramada na terra.

EE. *A concordância da tipologia.* Embora o argumento da analogia seja fraco em sua essência, quando um ensino é contrário a toda tipologia, não pode ser interpretação verdadeira. As Escrituras são ricas em tipos que ensinam que os que andaram na fé foram libertos dos acessos de juízo que sobrevieram aos descrentes. Tais tipos são vistos na experiência de Noé e Raabe, mas talvez a ilustração mais clara tenha sido a de Ló. Em 2Pedro 2.6-9 Ló é chamado homem justo. Esse comentário divino lança luz sobre Gênesis 19.22, quando o anjo buscou apressar a partida de Ló com as palavras "Apressa-te, refugia-te nela; pois nada posso fazer, enquanto não tiveres chegado lá". Se a presença de um homem justo impedia o derramamento do juízo merecido sobre a cidade de Sodoma, quanto mais a presença da igreja na terra impedirá o derramamento da ira divina até sua retirada.

Várias razões para a crença na posição do arrebatamento prétribulacionista foram apresentadas. Algumas delas são particularmente aplicáveis à posição do arrebatamento mesotribulacionista e outras à

---

[16] THIESSEN, op. cit., p. 22-4.

posição de arrebatamento pós-tribulacionista. Deve-se ter em mente que não examinamos todos esses argumentos com a mesma importância ou peso. A doutrina pré-tribulacionista não se baseia apenas nesses argumentos, mas, em vez disso, eles são considerados evidência cumulativa de que a igreja será liberta do arrebatamento antes do início da septuagésima semana de Daniel.

Capítulo 14

Os acontecimentos para a igreja após o arrebatamento

Existem dois acontecimentos retratados nas Escrituras, de significado estatológico especial, dos quais a igreja tomará parte após o arrebatamento: o tribunal de Cristo e as bodas do Cordeiro.

I. O Tribunal de Cristo

Em 2Coríntios 5.10 e Romanos 14.10, embora na última passagem a leitura correta seja "o tribunal de Deus", é declarado que os crentes serão examinados diante do Filho de Deus. Isso é explicado com maiores detalhes em 1Coríntios 3.9-15. Assunto de tamanha seriedade exige atenção cuidadosa.

A. *O significado do tribunal.* Existem duas palavras traduzidas por "tribunal" no Novo Testamento. A primeira é *crit⁻erion*, usada em Tiago 2.6 e em 1 Coríntios 6.2,4. De acordo com Thayer, essa palavra significa "instrumento ou meio de pôr à prova ou julgar qualquer coisa; lei pela qual alguém julga" ou "local onde o julgamento é feito; tribunal de juiz; banca de juízes".[1] Conseqüentemente a palavra se referia ao padrão ou critério pelo qual o julgamento era dispensado ou ao local onde o julgamento era realizado. A segunda palavra é *bēma*, a respeito da qual Thayer diz:

> ...local elevado cujo acesso se fazia por degraus; plataforma, tribuna; usada em relação ao assento oficial de um juiz, Atos 18.2,16 [...] assento de julgamento de Cristo, Romanos 14.10 [...] a estrutura, assemelhando-se a um trono, que Herodes construiu no teatro em Cesaréia e a qual ele usava para assistir aos jogos e fazer discursos ao povo...[2]

---

[1] Joseph Henry Thayer, *Greek-English lexicon of the New Testament*, p. 362.
[2] Ibid., p. 101.

Com respeito ao seu significado e uso, Plummer escreve:

> O [...] [bēma] é o *tribunal*, seja numa basílica para o pretor numa corte de justiça, seja num acampamento militar para o comandante administrar disciplina e dirigir-se às tropas. Em qualquer um dos casos, o tribunal era uma plataforma na qual se colocaria o assento (*sella*) do oficial que presidia. Na LXX... [bēma] comumente significa plataforma ou andaime em vez de assento. (Ne 8.4...) No Novo Testamento parece significar geralmente o assento [...] Mas em alguns trechos significa uma plataforma na qual o assento é colocado. No Areópago o [...] [bēma] era uma plataforma de pedra [...] Por mais afeiçoado que Paulo fosse a metáforas militares e por mais que gostasse de comparar a vida cristã à guerra, é pouco provável que estivesse pensando em um tribunal militar aqui.[3]

De acordo com Sale-Harrison:

> Nos jogos gregos de Atenas, a velha arena tinha uma plataforma elevada na qual se assentava o presidente ou juiz da arena. De lá ele recompensava todos os competidores; e lá ele recompensava todos os vencedores. Era chamado *"bema"* ou *"assento de recompensa"*. Nunca foi usado em referência a um assento judicial.[4]

Desse modo, associa-se a essa palavra a idéia de proeminência, dignidade, autoridade, honra e recompensa, e não a idéia de justiça e julgamento. A palavra que Paulo escolheu em referência ao local diante do qual se dará esse acontecimento deixa prever seu caráter.

B. *A ocasião do bema de Cristo*. O acontecimento aqui descrito ocorre imediatamente após a translação da igreja para fora da esfera terrestre. Existem várias considerações que apóiam essa informação. 1) Em primeiro lugar, de acordo com Lucas 14.14, recompensa está associada à ressurreição. Visto que, de acordo com 1Tessalonicenses 4.13-17, a ressurreição é parte fundamental da translação, o galardão deve ser parte desse plano. 2) Quando o Senhor retornar à terra para reinar, a noiva é vista como já recompensada. Isso é observado em Apocalipse 19.8, em que a "justiça dos santos" é plural ("atos de justiça") e não pode referir-se à justiça imputada de Cristo, que é a porção do crente, mas aos atos de justiça que sobreviveram ao exame e tornaram-se a base do galardão.

---

[3] Alfred PLUMMER, *A critical and exegetical commentary on the second epistle to the Corinthians*, p. 156.

[4] L. SALE-HARRISON, *Judgement seat of Christ*, p. 8.

3) Em 1Coríntios 4.5, em 2Timóteo 4.8 e em Apocalipse 22.12, o galardão está associado com "aquele dia", quer dizer, o dia em que Ele vier para os Seus. Desse modo, devemos notar que o galardão da igreja acontecerá entre o arrebatamento e a revelação de Cristo à terra.

C. *O lugar do* bema *de Cristo*. Não é preciso destacar que esse exame deve realizar-se na esfera das regiões celestes. 1Tessalonicenses 4.17 diz que seremos "arrebatados [...] entre nuvens, para o encontro do Senhor nos ares". Visto que o *bema* segue a translação, os "ares" devem ser o seu palco. Isso também é apoiado por 2Coríntios 5.1-8, em que Paulo descreve os acontecimentos que ocorrem quando o crente "deixar o corpo e habitar com o Senhor". Desse modo, isso deve acontecer na presença do Senhor na esfera dos "lugares celestiais".

D. *O Juiz no* bema *de Cristo*. 2Coríntios 5.10 deixa claro que esse exame é conduzido diante da presença do Filho de Deus. João 5.22 declara que todo o julgamento foi confiado às mãos do Filho. O fato de esse mesmo acontecimento ser citado em Romanos 14.10 como "o tribunal de Deus" mostraria que Deus confiou o julgamento às mãos do Filho também. Parte da exaltação de Cristo é o direito de manifestar autoridade divina no julgamento.

E. *Os participantes do* bema *de Cristo*. Pouca dúvida deve haver de que o bema de Cristo está relacionado apenas aos crentes. O pronome pessoal na primeira pessoa ocorre com tão grande freqüência em 2Coríntios 5.1-19 que não pode ser desprezado. Apenas o crente poderia ter "uma casa não feitas por mãos, eterna, nos céus". Apenas um crente poderia experimentar "mortalidade [...] absorvido pela vida". Apenas um crente poderia experimentar o trabalho de Deus, "que nos preparou para isto, outorgando-nos o penhor do Espírito". Apenas um crente poderia ter a confiança de que, "enquanto no corpo, estamos ausentes do Senhor". Apenas um crente poderia andar "por fé, e não pelo que vemos".

F. *A base da avaliação no* bema *de Cristo*. Devemos observar cuidadosamente que a questão aqui não é verificar se o julgado é ou não o crente. A questão da salvação não está sendo considerada. A salvação ofertada ao crente em Cristo livrou-o perfeitamente de todo o julgamento (Rm 8.1; Jo 5.24; 1Jo 4.17). Trazer o crente para o julgamento do pecado, quer de pecados anteriores ao novo nascimento, quer de pecados desde o novo nascimento, quer de pecados não confessados, é negar a eficácia da morte de Cristo e anular a promessa de Deus de que "também de nenhum modo me lembrarei dos seus pecados e das suas iniqüidades, para sempre" (Hb 10.17). Pridham escreve:

> Um santo nunca mais será julgado pelas suas iniqüidades naturais ou herdadas, pois já está legalmente morto com Cristo, e não é mais conhecido ou tratado com base em sua responsabilidade natural. Ele estava sob condenação de uma herança natural de ira e nada de bom tinha sido descoberto na sua carne; mas sua culpa foi eliminada pelo sangue de seu Redentor, e ele é perdoado livre e justamente por causa de Seu Salvador. Ele é *justificado* pela fé, e é apresentado perante Deus no nome e pelos méritos do Justo; e, de sua nova e sempre bendita condição de aceito, o Espírito Santo é o selo vivo e a testemunha. Por sua própria conta, então, não poderá entrar em juízo... [5]

Todo esse plano está relacionado à glorificação de Deus pela manifestação de Sua justiça no crente. Comentando sobre 2Coríntios 5.10, Kelly diz:

> Mais uma vez, não é uma questão de recompensas como em 1Coríntios 3.8,14, mas de retribuição no governo justo de Deus, de acordo com o que cada um fez de bom ou ruim. Isso abrange todos, justos ou injustos. É para a glória divina que todo o trabalho feito pelo homem deverá aparecer como realmente é perante Aquele que é ordenado por Deus como Juiz de mortos e vivos. [6]

A palavra traduzida por "compareçamos" em 2Coríntios 5.10 poderia ser mais bem traduzida por "sejamos manifestos", de modo que o versículo diria: "Porque importa que todos sejamos manifestos". Isso implica que o propósito do *bema* é fazer uma manifestação pública, demonstração ou revelação do caráter e das motivações essenciais do indivíduo. A observação de Plummer: "Não seremos julgados *en masse*, ou em classes, mas um por um, de acordo com o mérito individual"[7] confirma o fato de ser esse um julgamento individual dos crentes perante o Senhor.

As obras dos crentes são julgadas, chamadas "o [...] que tiver feito por meio do corpo" (2Co 5.10), a fim de que possa ser apurado se são boas ou más. Com respeito à palavra *mal* (*phaulos*), devemos observar

---

[5] Arthur Pridham, *Notes and reflections on the Second Epistle to the Corinthians*, p. 141.
[6] William Kelly, *Notes on the Second Epistle of Paul the Apostle to the Corinthians*, p. 95.
[7] Plummer, op. cit., p. 157.

que Paulo não usa as palavras comuns correspondentes a mal (*kakos* ou *ponēras*), que significam o que é ética ou moralmente maléfico, mas, sim, a palavra que, segundo Trench, significa:

> ... maldade sob outro aspecto, não o de maldade ativa ou passiva, mas de inutilidade, de impossibilidade de gerar qualquer bem [...] Essa noção de inutilidade ou desvalor é a noção central... [8]

Desse modo o julgamento não determina o que é eticamente bom ou mau, mas, pelo contrário, o que é aceitável e o que não tem valor. O propósito do Senhor não é punir Seu filho pelos pecados, mas recompensar seu serviço pelas coisas feitas em nome do Senhor.

G. *O resultado do exame no* bema *de Cristo*. 1Coríntios 3.14,15 declara que esse exame terá duplo resultado: um galardão recebido e outro perdido.

O que determina se alguém recebe ou perde um galardão é a prova pelo fogo, pois Paulo escreve: "Manifesta se tornará a obra de cada um [a mesma palavra usada em 2Coríntios 5.10]; pois o Dia a demonstrará, porque está sendo revelada pelo fogo; e qual seja a obra de cada um o próprio fogo o provará" (1Co 3.13). Nessa declaração é evidente, em primeiro lugar, que são as obras do crente que estão sendo examinadas. Além disso, vemos que o exame não é um julgamento baseado em observação externa; pelo contrário, é um teste que apura o caráter e a motivação interna. Todo o propósito de uma prova pelo fogo é identificar o que é destrutível e o que é indestrutível.

O apóstolo afirma que existem duas classes de materiais com que os "cooperadores de Deus" podem construir o edifício cujo alicerce já foi estabelecido. Ouro, prata, pedras preciosas são materiais indestrutíveis. Essas são as obras de Deus, das quais o homem simplesmente se apropria e usa. Por outro lado, madeira, feno e palha são materiais destrutíveis. São as obras do homem, que ele produziu com seus próprios esforços. O apóstolo revela que o exame no *bema* de Cristo visa a detectar o que foi feito por Deus mediante as pessoas e o que foi feito pela própria força do homem; o que foi feito para a glória de Deus e o que foi feito para a glória da carne. Isso não pode ser concluído pela observação externa, e, portanto, a obra deve ser posta a severa prova, para que seu caráter verdadeiro seja demonstrado.

---

[8] Richard C. Trench, *New Testament synonyms*, p. 296-7.

1. Com base nesse teste, haverá duas decisões. Haverá *perda de recompensa* para o que for destrutível pelo fogo. Coisas feitas na força e para a glória da carne, independentemente do ato, serão reprovadas. Paulo expressa seu medo de depender da energia da carne e não do poder do Espírito quando escreve: "Mas esmurro o meu corpo e o reduzo à escravidão, para que, tendo pregado a outros, não venha eu mesmo a ser desqualificado" (1Co 9.27).

Quando Paulo usa a palavra *desqualificado* (*adokimos*), ele não está expressando medo de perder sua salvação, mas de ter sua obra declarada "inútil". A respeito disso, Trench escreve:

> No grego clássico a palavra técnica para aplicar dinheiro em algo [...] [*dokimē*] ou evidência, com a ajuda de [...] [*dokimion*] ou prova [...] aquilo que é atestado por essa evidência [...] [*dokimos*, aprovado], aquilo que não é confirmado pela evidência [...] [*adokimos*, desaprovado ou rejeitado]... [9]

Para se garantir contra uma possível interpretação de que sofrer uma perda significa perder a salvação, Paulo acrescenta: "mas esse mesmo será salvo, todavia, como que através do fogo" (1Co 3.15).

2. Haverá um *galardão* pela obra demonstrada indestrutível pela prova de fogo. No Novo Testamento existem cinco áreas em relação às quais se mencionam especificamente o galardão: 1) uma coroa incorruptível para os que obtiveram vitória sobre o velho homem (1Co 9.25); 2) uma coroa de alegria para os ganhadores de almas (1Ts 2.19); 3) uma coroa de vida para os que suportaram a provação (Tg 1.12); 3) uma coroa de justiça para os que amam a Sua vinda (2Tm 4.8) e 5) uma coroa de glória para os que se dispuseram a apascentar o rebanho de Deus (1Pe 5.4). Essas passagens parecem revelar as áreas em que as recompensas serão concedidas.

Algo na natureza das coroas ou recompensas é sugerido pela palavra traduzida por coroa (*stephanos*). Mayor diz que ela é usada em referência a:

> 1) coroa de vitória nos jogos atléticos (1Co 9.25; 2Tm 2.5); 2) ornamento festivo (Pv 1.9; 4.9; Ct 3.11; Is 28.1); 3) honra pública concedida por um serviço notável ou por valor pessoal, como uma coroa de ouro dada a Demóstenes... [10]

---

[9] Ibid., p. 260.
[10] J. B. Mayor, *The Epistle of James*, p. 46.

Os acontecimentos para a igreja após o arrebatamento 247

Contrapondo essa palavra a *diadema*, Trench escreve:

> Não devemos confundir essas palavras só porque o nosso termo "coroa" traduz ambas. Duvido que em algum lugar da literatura clássica [...] [*stephanos*] jamais seja usada em referência à coroa imperial [...] No Novo Testamento é claro que a [...] [*stephanos*] da qual Paulo fala é sempre a coroa do conquistador e não a do rei (1Co 9.24-26; 2Tm 2.5) [...] A única ocasião em que [...] [*stephanos*] parece ser usada como coroa de um rei é em Mateus 27.29; cf. Marcos 15.17; João 19.2.[11]

Desse modo a própria palavra escolhida por Paulo para designar as recompensas está associada à honra e à dignidade concedidas ao vencedor. Embora venhamos a reinar com Cristo, a coroa real será apenas dEle. A nossa coroa é a do vencedor.

Em Apocalipse 4.10, em que os anciãos são vistos lançando suas coroas perante o trono num ato de louvor e adoração, fica claro que as coroas não serão para a glória eterna de quem as recebeu, mas para a glória de Quem as concedeu. Já que essas coroas não são vistas como posse permanente, surge a questão da natureza dessas recompensas. As Escrituras ensinam que o crente foi redimido para trazer glória a Deus (1Co 6.20). Esse é o seu destino eterno. Colocar um sinal material de recompensa aos pés dAquele que está sentado no trono (Ap 4.10) é um ato dessa glorificação. Mas o crente não terá, nesse momento, completado seu destino eterno de glorificar a Deus. Isso continuará por toda a eternidade. Visto que o galardão é associado a luz e brilho em muitos trechos das Escrituras (Dn 12.3, Mt 13.43; 1Co 15.40,41,49), o galardão dado ao crente pode ser a capacidade de manifestar a glória de Cristo pela eternidade. Quanto maior o galardão, maior a capacidade dada de glorificar a Deus. Desse modo, no exercício do galardão do crente, Cristo, e não o crente, é glorificado. A capacidade de irradiar a glória será diferente, mas não haverá sensação pessoal de carência uma vez que cada crente abundará até o limite de sua capacidade, "a fim de proclamardes as virtudes daquele que vos chamou das trevas para a sua maravilhosa luz" (1Pe 2.9).

II. As Bodas do Cordeiro

Em muitos trechos do Novo Testamento a relação entre Cristo e a igreja é revelada pelo uso de figuras do noivo e da noiva (Jo 3.29; Rm 7.4; 2Co 11.2; Ef 5.25-33; Ap 19.7,8; 21.1-22.7.) Na translação da igreja,

---
[11] Trench, op. cit., p. 79.

Cristo aparece como o noivo que leva a noiva conSigo, para que o relacionamento que foi prometido seja consumado e os dois se tornem um.

A. *A hora das bodas*. É revelada nas Escrituras como algo que ocorre entre a translação da igreja e a segunda vinda de Cristo. Antes do arrebatamento a igreja ainda aguarda essa união. Conforme Apocalipse 19.7, as bodas já terão ocorrido na segunda vinda, pois a declaração é: "são chegadas as bodas do Cordeiro". O tempo aoristo, *ēlthen*, traduzido por "chegadas", significa ato concluído, mostrando que as bodas já foram consumadas. Esse casamento parece seguir os acontecimentos do *bema* de Cristo, visto que, quando surge, a igreja aparece adornada com "os atos de justiça dos santos" (Ap 19.8), que só podem referir-se às coisas que foram aceitas no tribunal de Cristo. Desse modo, as bodas devem ocorrer entre o tribunal de Cristo e a segunda vinda.

B. *O local das bodas.* Só pode ser o céu. Visto que se segue ao tribunal de Cristo, demonstrado como acontecimento celestial, e visto que, quando o Senhor retornar, a igreja virá nos ares (Ap 19.14), as bodas devem ocorrer no céu. Nenhum outro local seria adequado a um povo celestial (Fp 3.20).

C. *Os participantes das bodas*. As bodas do Cordeiro constituem um acontecimento que, evidentemente, inclui Cristo e a igreja. Será mostrado mais adiante, com base em Daniel 12.1-3 e Isaías 26.19-21, que a ressurreição de Israel e dos santos do Antigo Testamento não ocorrerá até a segunda vinda de Cristo. Apocalipse 20.4-6 esclarece que os santos da tribulação também não ressuscitarão até aquele dia. Embora fosse impossível eliminar esses grupos da posição de observadores, eles não ocupam a posição de participantes do acontecimento em si.

A esse respeito parece necessário distinguir as bodas do Cordeiro da ceia de casamento. As bodas do Cordeiro referem-se particularmente à igreja e ocorrem no céu. A ceia de casamento inclui Israel e ocorre na terra. Em Mateus 22.1-14, em Lucas 14.16-24 e em Mateus 25.1-13, trechos em que Israel aguarda o retorno do noivo e da noiva, a festa ou a ceia de casamento é localizada na terra e tem referência especial a Israel. A ceia de casamento torna-se então uma parábola de todo o período do milênio para o qual Israel será convidado durante o período tribulacional, convite que muitos rejeitarão, sendo por isso lançados fora, e muitos aceitarão e serão recebidos. Por causa da rejeição, o convite será estendido aos gentios, de sorte que muitos deles serão incluídos. Israel, na segunda vinda, estará esperando que o Noivo venha para a cerimônia de casamento e o convide para aquela ceia, na qual o Noivo apresentará Sua noiva para os amigos (Mt 25.1-13).

Referindo-se à declaração de Apocalipse 19.9, "Bem-aventurados aqueles que são chamados à ceia das bodas do Cordeiro", duas interpretações são possíveis. Chafer diz: "É preciso distinguir entre as bodas, que ocorrem no céu e são celebradas antes do retorno de Cristo, e a ceia das bodas (Mt 25.10; Lc 12.37), que ocorre na terra *depois* de seu retorno".[12] Essa visão prevê duas celebrações, uma no céu, antes da segunda vinda e a outra após a segunda vinda, na terra. Uma segunda interpretação vê o anúncio de Apocalipse 19.9 como uma previsão da ceia de casamento que ocorrerá na terra após as bodas e a segunda vinda, a respeito das quais está sendo feito um anúncio no céu antes do retorno à terra. Visto que o texto grego não diferencia a ceia de casamento da ceia das bodas (ou as núpcias das bodas), mas usa a mesma palavra para ambas e visto que a ceia de casamento é usada sistematicamente em relação a Israel na terra, seria melhor adotar essa visão e ver as bodas do Cordeiro como o acontecimento celestial no qual a igreja é eternamente unida a Cristo, e a festa ou ceia das bodas como o milênio para o qual judeus e gentios serão convidados, que ocorrerá na terra e onde o Noivo será honrado pela apresentação da noiva a todos os seus amigos que estão reunidos ali.

A igreja, que foi o plano de Deus para a época presente, é agora vista transladada, ressuscitada, apresentada ao Filho pelo Pai e transformada no objeto por meio do qual a glória eterna de Deus se manifesta para sempre. A presente era testemunhará o início, o desenvolvimento e a conclusão do propósito de Deus, a fim de "constituir dentre eles um povo para o seu nome" (At 15.14).

---

[12] Lewis Sperry CHAFER, *Systematic theology*, IV, p. 396.

QUARTA SEÇÃO
As profecias do período tribulacional

Capítulo 15
A doutrina bíblica da tribulação

I. O Dia do Senhor

Uma das maiores linhas proféticas encontradas no Antigo e no Novo Testamento é a verdade profética relacionada ao dia do Senhor.

A. *As épocas dentro do dia do Senhor.* A extensão do dia do Senhor tem sido uma questão de debate entre os intérpretes das Escrituras. Alguns situam o dia do Senhor apenas como os anos de tribulação. Outros o relacionam à segunda vinda de Cristo e aos julgamentos imediatamente ligados a esse acontecimento. Existem, contudo, duas interpretações principais nessa questão. Uma delas é a posição de Scofield, que diz:

> O dia de Jeová (também chamado "aquele dia" e o "grande dia") é o período prolongado de tempo que se inicia com o retorno do Senhor na sua glória e termina com a destruição dos céus e da terra pelo fogo, preparando novo céu e nova terra (Is 65.17-19; 66.22; 2Pe 3.13; Ap 21.1).[1]

Dessa maneira o dia do Senhor abrangeria o período que vai do retorno de Cristo à terra até o novo céu e a nova terra, depois do milênio. A outra visão é a expressa por Ironside, que diz:

> ... quando finalmente o dia de graça terminar, o dia do Senhor o sucederá [...] O dia do Senhor segue [o arrebatamento]. Será o tempo em que os juízos de Deus são derramados sobre a terra. Isso inclui a vinda do Se-

---
[1] C. I. Scofield, *Reference Bible*, p. 1349.

nhor com todos os seus santos para executar julgamento sobre Seus inimigos e tomar posse do reino... e reinar em justiça por mil anos gloriosos.[2]

Essa segunda visão coincide com a anterior quanto ao término, mas marca o início do dia do Senhor no período tribulacional, de modo que os acontecimentos da tribulação, a segunda vinda e o milênio estão todos incluídos dentro do espaço do dia do Senhor.

O termo *dia do Senhor* aparece nos seguintes trechos: Isaías 2.12; 13.6,9; Ezequiel 13.5; 30.3; Joel 1.15; 2.1,11,31; 3.14; Amós 5.18 (duas vezes),20; Obadias 15; Sofonias 1.7,14 (duas vezes); Zacarias 14.1; Malaquias 4.5; Atos 2.20; 1Tessalonicenses 5.2; 2Tessalonicenses 2.2; 2Pedro 3.10. Além desses, as expressões *aquele dia, o dia* ou *o grande dia* aparecem mais de 75 vezes no Antigo Testamento. Isso evidencia sua importância nas Escrituras proféticas. Tais trechos revelam que a idéia de julgamento é preponderante, o que é constatado claramente em Sofonias 1.14-18. O julgamento inclui não apenas os juízos específicos sobre Israel e sobre as nações no fim da tribulação, associados ao segundo advento, mas, à luz de um exame dos próprios trechos, inclui julgamentos que se estendem por todo um período anterior ao segundo advento. Desse modo, deduz-se que o dia do Senhor incluirá o período tribulacional. Zacarias 14.1-4 afirma que os acontecimentos da segunda vinda também estão incluídos no dia do Senhor. 2Pedro 3.10 valida a idéia de incluir todo o milênio nesse período. Se o dia do Senhor não começasse até a segunda vinda, visto que esse acontecimento é precedido por sinais, ele não poderia vir como um "ladrão na noite", inesperado e sem anúncio, como se diz que virá em 1Tessalonicenses 5.2. A única maneira pela qual esse dia poderá chegar inesperadamente ao mundo é se chegar imediatamente após o arrebatamento da igreja. Conclui-se, então, que o dia do Senhor é o extenso período de tempo que se inicia com a retomada do tratamento de Deus para com Israel após o arrebatamento no início do período tribulacional, passando pelo segundo advento e pela era milenar até a criação do novo céu e da nova terra depois do milênio.

B. *Os acontecimentos do dia do Senhor.* É evidente que os acontecimentos do dia do Senhor são certamente momentosos, e um estudo desse período deve abranger a análise de grande parte das passagens proféticas. Incluirá os acontecimentos profetizados do período tribulacional como: a federação dos estados num Império Romano (Dn

---

[2] Harry A. IRONSIDE, *James and Peter*, p. 98-9.

A doutrina bíblica da tribulação

2 e 7); a ascensão do governador político desse Império, que fará uma aliança com Israel (Dn 9.27; Ap 13.1-10); a formulação de um falso sistema religioso sob um falso profeta (Ap 13.11-18); o derramamento dos julgamentos sob os selos (Ap 6); a separação das 144 mil testemunhas (Ap 7); os julgamentos das trombetas (Ap 8-11); a ascensão das testemunhas de Deus (Ap 11); a perseguição de Israel (Ap 12); o julgamento das taças (Ap 16); a destruição da falsa igreja (Ap 17 e 18); os acontecimentos da campanha de Armagedom (Ez 38 e 39; Ap 16.16; 19.17-21); a proclamação do evangelho do reino (Mt 24.14). Incluirá também as profecias ligadas à segunda vinda, como: o retorno do Senhor (Mt 24.29,30); a ressurreição dos santos do Antigo Testamento e da tribulação (Jo 6.39,40; Ap 20.4); a destruição da besta, de todos os seus exércitos, do falso profeta e de seus seguidores na adoração da besta (Ap 19.11-21); o julgamento das nações (Mt 25.31-46); o reagrupamento de Israel (Ez 37.1-14); o julgamento de Israel (Ez 20.33-38); a reintegração de Israel em sua terra (Am 9.15); a prisão de Satanás (Ap 20.2,3). Mais adiante incluirá todos os acontecimentos da era milenar, com a revolta final de Satanás (Ap 20.7-10), o juízo do grande trono branco (Ap 20.11-15) e a purificação da terra (2Pe 3.10-13). Esses e muitos assuntos relacionados devem ser estudados.

C. *O dia de Cristo*. Termo intimamente relacionado, que tem trazido confusão a alguns, é *dia de Cristo*. Scofield diz:

> A expressão "dia de Cristo" ocorre nos seguintes trechos: 1Co 1.8; 5.5; 2Coríntios 1.14; Filipenses 1.6,10; 2.16. Algumas versões apresentam "dia de Cristo", 2Tessalonicenses 2.2, incorretamente, para "dia do Senhor" (Is 2.12; Ap 19.11-21). O "dia de Cristo" está totalmente relacionado à recompensa e à bênção dos santos na Sua vinda, enquanto o "dia do Senhor" está ligado ao julgamento.[3]

Scroggie escreve:

> Parece que esse acontecimento, referido freqüentemente como "dia de Cristo", deve ser diferenciado do "dia do Senhor" de 1Tessalonicenses 5.2 e de 2Tessalonicenses 2.2. A última expressão vem do Antigo Testamento e está relacionada ao reino universal de Cristo; mas a expressão anterior é encontrada apenas no Novo Testamento e está relacionada ao Seu advento para a igreja.[4]

[3] SCOFIELD, op. cit., p. 1212.
[4] Graham SCROGGIE, *The Lord's return*, p. 53-4.

Parece, então, que se têm em mente dois projetos separados quando essas expressões são usadas, embora não se tenham em mente dois períodos distintos de tempo. Não se pode forçar para que designem o mesmo acontecimento. Sempre que o dia de Cristo é usado, refere-se especificamente à expectativa da igreja, sua translação, sua glorificação e seu exame para receber os galardões.

A palavra *dia* usada nas Escrituras não é necessariamente uma expressão de tempo, mas pode ser empregada em relação aos acontecimentos que se encaixam em determinado período. Paulo a utiliza em 2Coríntios 6.2, quando fala do "dia de salvação". Alguns, não percebendo esse aspecto, acham que, pelo fato de as Escrituras mencionarem o "dia do Senhor" e o "dia de Cristo", esses dois "dias" devem chegar em períodos diferentes, o "dia de Cristo" referindo-se ao período tribulacional e o "dia do Senhor" referindo-se ao segundo advento e ao milênio que o segue. Certamente dois projetos diferentes estão em mira nesses dois dias, mas eles podem encaixar-se no mesmo espaço de tempo. Desse modo, os dois dias podem ter o mesmo início, apesar de serem diferentes. Talvez em 1Coríntios 1.8 a referência se faça ao "dia do Senhor Jesus Cristo", para mostrar que Ele está relacionado com ambos os dias, sendo ao mesmo tempo "Senhor e Cristo" (At 2.36).

II. O Período Tribulacional nas Escrituras

Embora esse assunto já tenha sido comentado brevemente num tratamento anterior, é necessário demonstrar os ensinamentos das Escrituras a respeito dessa importante doutrina escatológica.

A. A Natureza da Tribulação

Não existe maneira melhor de entender o conceito bíblico da tribulação do que deixar as Escrituras falarem por si. É impossível apresentar todas as declarações da Palavra sobre o assunto. Será suficiente listar algumas delas. A linha de revelação começa nos primórdios do Antigo Testamento e continua pelo Novo.

> Quando estiveres em angústia, e todas estas cousas te sobrevierem nos últimos dias, e te voltares para o Senhor, teu Deus, e lhe atenderes a voz, então o Senhor, teu Deus não te desamparará, porquanto é Deus misericordioso, nem te destruirá, nem se esquecerá da aliança que jurou a teus pais (Dt 4.30,31).

A doutrina bíblica da tribulação 257

Então, os homens se meterão nas cavernas das rochas e nos buracos da terra, ante o terror do Senhor e a glória da sua majestade, quando ele se levantar para *espantar* a terra (Is 2.19).

Eis que o Senhor *vai devastar e desolar a terra, vai transtornar* a sua superfície, e lhe dispersar os moradores. [...]
A terra será de todo *devastada* e totalmente *saqueada*, porque o Senhor é quem proferiu esta palavra. [...]
Por isso, a maldição *consome* a terra, e os que habitam nela se tornam *culpados*; por isso, serão *queimados* os moradores da terra, e poucos homens restarão (Is 24.1,3,6).

A terra será de todo *quebrantada*, ela totalmente se *romperá*, a terra violentamente se moverá. A terra *cambaleará* como um bêbado, e balanceará como rede de dormir; a sua transgressão pesa sobre ela, ela cairá e jamais se levantará. Naquele dia, o Senhor *castigará*, no céu, as hostes celestes, e os reis da terra, na terra (Is 24.19-21).

Vai, pois, povo meu, entra nos teus quartos e fecha as tuas portas sobre ti; esconde-te só por um momento, até que passe a *ira*. Pois eis que o Senhor sai do seu lugar, para *castigar* a iniquidade dos moradores da terra; a terra descobrirá o sangue que embebeu e já não encobrirá aqueles que foram mortos (Is 26.20,21).

Ah! Que é grande aquele dia, e não há outro semelhante! É tempo de *angústia* para Jacó; ele, porém, será livre dela (Jr 30.7; grifo do autor).

Ele fará firme aliança com muitos, por uma semana; na metade da semana, fará cessar o sacrifício e a oferta de manjares; sobre a asa das abominações virá o assolador, até que a destruição, que está determinada, se derrame sobre ele (Dn 9.27).

Nesse tempo, se levantará Miguel, o grande príncipe, o defensor dos filhos do teu povo, e haverá tempo de *angústia*, qual nunca houve, desde que houve nação até àquele tempo; mas, naquele tempo... (Dn 12.1).

Ah! Que dia! Porque o Dia do Senhor está perto e vem como *assolação do Todo-poderoso* (Jl 1.15).

... porque o Dia do Senhor vem, já está próximo: dia de *escuridade* e *densas trevas*, dia de *nuvens* e *negridão*! Como a alva por sobre os montes, assim se difunde um povo grande e poderoso, qual desde o tempo antigo nunca houve, nem depois dele haverá pelos anos adiante, de geração em geração (Jl 2.1-2).

Ai de vós que desejais o Dia do SENHOR! Para que desejais vós o Dia do SENHOR? É dia de *trevas* e não de luz. Não será, pois, o Dia do SENHOR *trevas* e não luz? Não será completa *escuridão*, sem nenhuma claridade? (Am 5.18,20).

Está perto o grande Dia do Senhor; está perto e muito se apressa. [...] Aquele dia é dia de indignação, dia de angústia e dia de alvoroço e desolação, dia de escuridade e negrume, dia de nuvens e densas trevas.

Nem a sua prata nem o seu ouro os poderão livrar no dia da indignação do SENHOR, mas, pelo *fogo do seu zelo...* (Sf 1.14,15,18).

Porque nesse tempo haverá *grande tribulação*, como desde o princípio do mundo até agora não tem havido, nem haverá jamais. Não tivessem aqueles dias sido abreviados, ninguém seria salvo; mas, por causa dos escolhidos, tais dias serão abreviados (Mt 24.21,22).

Haverá sinais no sol, na lua e nas estrelas; sobre a terra, *angústia entre as nações* em perplexidade por causa do bramido do mar e das ondas; haverá homens que desmaiarão de terror e pela expectativa das cousas que sobrevirão ao mundo; pois os poderes dos céus serão abalados (Lc 21.25,26).

Quando andarem dizendo: Paz e segurança, eis que lhes sobrevirá repentina *destruição*, como vêm as dores de parto à que está para dar à luz; e de nenhum modo escaparão (1Ts 5.3).

... também eu te guardarei da hora da provação que há de vir sobre o mundo inteiro, para *experimentar* os que habitam sobre a terra (Ap 3.10).

Os reis da terra, os grandes, os comandantes, os ricos, os poderosos e todo escravo e todo livre se esconderam nas cavernas e nos penhascos dos montes e disseram aos montes e aos rochedos: Caí sobre nós e escondei-nos da face daquele que se assenta no trono e da *ira* do Cordeiro, porque chegou o *Grande Dia da ira deles*; e quem é que pode suster-se? (Ap 6.15-17).

Com base nessas passagens, torna-se claro que a natureza desse período é de *ira* (Sf 1.15,18; 1Ts 1.10; 5.9; Ap 6.16,17; 11.18; 14.10,19; 15.1,7; 16.1,19), *julgamento* (Ap 14.7; 15.4; 16.5,7; 19.2), *indignação* (Is 26.20,21; 34.1-3), *provação* (Ap 3.10), *problemas* (Jr 30.7; Sf 1.14,15; Dn 12.1), *destruição* (Jl 1.15; 1Ts 5.3), *escuridão* (Jl 2.2; Am 5.18; Sf 1.14-18), *desolação* (Dn 9.27; Sf 1.14,15), *transtorno* (Is 24.1-4,19-21), *castigo* (Is 24.20,21). Em nenhuma passagem encontramos alívio para a severidade desse tempo que virá sobre a terra.

A doutrina bíblica da tribulação

B. A Origem da Tribulação

Por recusarem distinguir entre as tribulações dessa época que a igreja sofrerá e o período único de tribulação que virá sobre a terra, os pós-tribulacionistas insistem em que a severidade da tribulação se deve apenas à atividade do homem ou de Satanás, e assim desassociam Deus do período. Reese escreve:

> De acordo com Darby e seus seguidores, a grande tribulação é a ira de *Deus* contra o povo judeu dada a rejeição deste em relação a *Cristo*. De acordo com as Escrituras, ela é a ira do *diabo* contra os santos por rejeitarem o anticristo e seguirem a Cristo.
> Basta o leitor perceber a verdade bíblica quanto a esse assunto, para que toda a posição darbyista seja desmascarada como uma campanha de suposições, falsas declarações e pura paixão.[5]

O período tribulacional testemunhará tanto a ira de Satanás na sua hostilidade contra Israel (Ap 12.12-17) quanto a ira do fantoche de Satanás, a besta, na sua hostilidade contra os santos (Ap 13.7). Todavia, essa manifestação de ira nem mesmo começará a exaurir o derramamento de ira daquele dia.

As Escrituras estão repletas de declarações de que esse período não é a ira do homem, nem mesmo a ira de Satanás, mas a ira de Deus.

> ... o Senhor vai devastar e desolar a terra... (Is 24.1).

> ... o Senhor sai do seu lugar, para castigar a iniqüidade dos moradores da terra... (Is 26.21).

> ... e vem como assolação do *Todo-poderoso* (Jl 1.15).

> Nem a sua prata nem o seu ouro os poderão livrar no dia da indignação do Senhor... (Sf 1.18).

> E disseram os montes e aos rochedos: Caí sobre nós e escondei-nos da face *daquele que se assenta no trono* e da *ira do Cordeiro*, porque chegou o Grande Dia da *ira deles*; e quem é que pode suster-se? (Ap 6.16,17)

> Na verdade, as nações se enfureceram; chegou, porém, a *tua ira*... (Ap 11.18).

---

[5] Alexander Reese, *The approaching advent of Christ*, p. 284.

... Temei a Deus e dai-lhe glória, pois é chegada a hora do seu *juízo*; e adorai aquele... (Ap 14.7).

Também esse beberá do vinho da *cólera de Deus*... (Ap 14.10).

Então, o anjo passou a sua foice na terra, e vindimou a videira da terra, e lançou-a no grande lagar da *cólera de Deus* (Ap 14.19).

Quem não temerá e não glorificará o teu nome, ó Senhor? [...] porque os *teus atos de justiça* se fizeram manifestos (Ap 15.4).

Então, um dos quatro seres viventes deu aos sete anjos sete taças de ouro, cheias da *cólera de Deus*, que vive pelos séculos dos séculos (Ap 15.7).

... Ide e derramai pela terra as sete taças da *cólera de Deus*... (Ap 16.1).

... Certamente, ó Senhor Deus, Todo-poderoso, verdadeiros e justos são os *teus juízos*... (Ap 16.7).

... E lembrou-se da grande Babilônia para dar-lhe o cálice do vinho do *furor da sua ira* (Ap 16.19).

A salvação, e a glória, e o poder são do nosso Deus, porquanto verdadeiros e justos são os *seus juízos*, pois julgou a grande... (Ap 19.1,2).

Com base nessas passagens, não se pode negar que esse período é particularmente a hora em que a ira e o juízo de Deus caem sobre a terra. Não é ira dos homens, nem ira de Satanás, a não ser à medida que Deus os utilize como canais para execução de Sua vontade; é uma tribulação de Deus. Esse período difere de toda a tribulação anterior não apenas em intensidade, mas também em tipo, já que vem do próprio Deus.

C. O Propósito da Tribulação

1. O primeiro grande propósito da tribulação é preparar a nação de Israel para o Messias. A profecia de Jeremias (30.7) esclarece que essa hora, que está por vir, refere-se particularmente a Israel, pois ela é "a hora da angústia de Jacó". Stanton mostra o caráter judeu desse período dizendo:

> A tribulação é principalmente judia. O fato é demonstrado por trechos do Antigo Testamento (Dt 4.30, Jr 30.7; Ez 20.37; Dn 12.1; Zc 13.8,9), pelo sermão profético de Cristo (Mt 24.9-26) e pelo próprio livro do Apocalipse (Ap 7.4-8; 12.1,2,17 etc.). Ela diz respeito ao "povo de Daniel", à vinda do

"falso Messias", à pregação das "boas novas do reino", ao vôo no "sábado", ao templo e ao "lugar santo", à terra da Judéia, à cidade de Jerusalém, às doze "tribos dos filhos de Israel", ao "cântico de Moisés", aos "sinais" nos céus, à "aliança" com a besta, ao "santuário", aos "sacrifícios" rituais do templo —todos esses falam de Israel e provam que a tribulação é em grande parte a hora em que Deus lida com Seu povo antigo antes da entrada dele no reino prometido. As muitas profecias do Antigo Testamento a ser cumpridas a favor de Israel mostram um tempo futuro em que Deus lidará com essa nação (Dt 30.1-6; Jr 30.8-10 etc.)[6]

O propósito de Deus para Israel na tribulação é promover a conversão de uma multidão de judeus que entrarão nas bênçãos do reino e experimentarão o cumprimento de todas as alianças de Israel. As boas novas de que o Rei está prestes a retornar serão pregadas (Mt 24.14) para que Israel possa voltar-se para o seu libertador. Assim como João Batista pregou tal mensagem a fim de preparar Israel para a primeira vinda, Elias pregará a fim de preparar Israel para o segundo advento.

> Eis que eu vos enviarei o profeta Elias, antes que venha o grande e terrível Dia do SENHOR; ele converterá o coração dos pais aos filhos, e o coração dos filhos a seus pais, para que eu não venha e fira a terra com maldição (Ml 4.5,6).

Esse testemunho parece eficaz uma vez que multidões de judeus serão convertidos durante o período de tribulação e aguardarão o Messias (Ap 7.1-8 e as virgens sábias de Mt 25.1-13). O propósito de Deus também é povoar o milênio com grande multidão de gentios convertidos, que serão redimidos pela pregação do remanescente fiel. Esse objetivo será alcançado na multidão de "todas as nações, tribos, povos e línguas" (Ap 7.9) e nas "ovelhas" (Mt 25.31-46) que entrarão na era milenar. O propósito de Deus, então, é povoar o reino milenar trazendo a Si mesmo vasta multidão dentre Israel e as nações gentílicas.

2. O segundo grande propósito da tribulação é derramar juízo sobre homens e nações descrentes. Apocalipse 3.10 declara: "Eu te guardarei da hora da provação que há de vir sobre o mundo inteiro, para experimentar os que habitam sobre a terra". Esse trecho já foi analisado anteriormente. É um ensino evidente de outros versículos que esse período alcançará todas as nações:

---

[6] Gerald STANTON, Kept from the hour, p. 30-1.

> Assim diz o SENHOR dos Exércitos: Eis que o mal passa de nação para nação, e grande tormenta se levanta dos confins da terra. Os que o SENHOR entregar à morte naquele dia se estenderão de uma a outra extremidade da terra; não serão pranteados, nem recolhidos, nem sepultados; serão como esterco sobre a face da terra (Jr 25.32,33).

> Pois eis que o SENHOR sai do seu lugar, para castigar a iniquidade dos moradores da terra... (Is 26.21).

> A fim de serem julgados todos quantos não deram crédito à verdade; antes, pelo contrário, deleitaram-se com a injustiça (2Ts 2.12).

Com base nessas passagens, podemos ver que Deus está julgando as nações da terra por causa de sua infidelidade. As nações da terra foram enganadas por um falso ensinamento do sistema religioso prostituído (Ap 14.8) e têm partilhado do "vinho da fúria da sua prostituição". Elas seguiram o falso profeta na adoração da besta (Ap 13.11-18). Por essa impiedade, têm de ser julgadas. Esse julgamento recai sobre "os reis da terra, os grandes, os comandantes, os ricos, os poderosos e todo escravo e todo livre... " (Ap 6.15), todos os que "blasfemaram o nome de Deus [...] nem se arrependeram para lhe darem glória" (Ap 16.9). Visto que o reino a seguir é um reino de justiça, esse julgamento deve ser visto como outro passo no desenvolvimento do plano de Deus para lidar com o pecado de modo que o Messias possa reinar. Esse plano de julgamento contra os pecadores constitui o segundo grande propósito do período de tribulação.

D. A HORA DA TRIBULAÇÃO

Para entender os elementos de tempo no período tribulacional, é necessário retornar à profecia da septuagésima semana de Daniel, na qual a cronologia do futuro de Israel está esboçada (Dn 9.24-27).

1. *A importância da profecia da septuagésima semana de Daniel*. Muitos aspectos relevantes podem ser associados a essa profecia:

a. Ela estabelece o método literal de interpretação da profecia. Walvoord escreve:

> Corretamente interpretada, a profecia de Daniel fornece excelente exemplo do princípio de que a profecia está sujeita à interpretação literal. Quase todos os expositores, por mais que se oponham à profecia em si, con-

cordam em que pelo menos parte da septuagésima semana de Daniel deve ser interpretada literalmente [...] se as primeiras 69 semanas de Daniel estiverem sujeitas ao cumprimento literal, eis um forte argumento de que o final da septuagésima semana terá o mesmo cumprimento.[7]

b. Ela demonstra a verdade das Escrituras. McClain observa:

> ... a profecia das setenta semanas tem um imenso valor de prova como testemunho da verdade das Escrituras. A parte da profecia relacionada às primeiras 69 semanas já foi cumprida de maneira exata [...] apenas um Deus onisciente poderia prever com mais de quinhentos anos de antecedência o dia em que o Messias entraria em Jerusalém para apresentar-se como "Príncipe" de Israel.[8]

c. A profecia apóia a visão de que a igreja é um mistério que não foi revelado no Antigo Testamento. Walvoord diz:

> As setenta semanas de Daniel, corretamente interpretadas, demonstram o lugar distinto da igreja e de Israel no propósito de Deus. As setenta semanas de Daniel estão totalmente ligadas a Israel, seu relacionamento com os poderes gentílicos e sua rejeição do Messias. O propósito especial de Deus de chamar um povo de cada nação para formar a igreja e o projeto da presente era não se encontra em nenhum lugar dessa profecia.[9]

Isso dá mais evidência de que a igreja não está em Apocalipse de 4 a 19, mas deve ter sido arrebatada antes de começar o projeto de Israel.

d. A profecia nos dá a cronologia divina da profecia. McClain comenta:

> Nas previsões das setenta semanas, temos a chave cronológica indispensável para todas as profecias do Novo Testamento. O grande discurso profético feito por nosso Senhor em Mateus e em Marcos sem dúvida fixa a hora da última e maior angústia de Israel entre os dias da septuagésima semana da profecia de Daniel (Dn 9.27; Mt 24.15-22; Mc 13.14-20). A maior parte do Livro de Apocalipse é simplesmente uma expansão da profecia de Daniel dentro do painel cronológico esboçado pela septuagésima semana, que é dividida em dois períodos iguais, cada um se estendendo

---

[7] John F. WALVOORD, Is Daniel's seventieth week future?, *Bibliotheca Sacra*, 101:30, Jan. 1944.
[8] Alva J. MCCLAIN, *Daniel's prophecy of the seventy weeks*, p. 5.
[9] WALVOORD, loc. cit.

por 1260 dias, ou 42 meses, ou 3 anos e meio (Ap 11.2,3; 12.6,14; 13.5). Conseqüentemente, se conduzidas sem entendimento dos detalhes das setenta semanas de Daniel, todas as tentativas de interpretar a profecia no Novo Testamento estão fadadas ao fracasso.[10]

2. *Os fatores importantes da profecia de Daniel*. É necessário observar a tônica principal na profecia dada por Daniel. McClain resume esses fatores da seguinte maneira:[11]

> 1. Toda a profecia se relaciona ao "povo" e à "cidade" de Daniel, isto é, a nação de *Israel* e a cidade de *Jerusalém* (24).
> 2. São mencionados dois príncipes diferentes, que não devem ser confundidos: o primeiro é chamado Ungido (Messias), o Príncipe (25); e o segundo é designado o *Príncipe que há de vir* (26).
> 3. Todo o período em questão é especificado exatamente como *setenta semanas* (24); e essas setenta semanas são divididas em três períodos menores: primeiro, um período de *sete semanas*, depois disso um período de *sessenta e duas semanas* e, finalmente, um período de *uma semana* (25,27).
> 4. O começo de todo o período das setenta semanas é claramente fixado desde *"a saída da ordem para restaurar e para edificar Jerusalém"* (25).
> 5. O final das *sete semanas* e *sessenta e duas semanas* (69 semanas) será marcado pelo *surgimento do Messias como o "Príncipe" de Israel* (25).
> 6. Mais tarde, "depois das sessenta e duas semanas" que seguem as primeiras sete semanas (isto é, depois de 69 semanas), *o Messias, o Príncipe será "morto" e Jerusalém será destruída novamente* pelo povo do outro "príncipe" que ainda há de vir (26).
> 7. Depois desses dois importantes acontecimentos, chegamos à última, ou septuagésima semana, cujo início será marcado pelo estabelecimento de uma *firme aliança* ou tratado entre o Príncipe por vir e a nação judia por um período de "uma semana" (27).
> 8. Em "meio" à septuagésima semana o príncipe que há de vir, evidentemente rompendo o seu tratado, subitamente *fará cessar o sacrifício judeu* e lançará sobre esse povo um período de ira e desolação que permanecerá até todo o final da semana (27).
> 9. Com o final de todo o período das setenta semanas, será introduzido *um período de grande e incomparável bênção para a nação de Israel* (24).

São estas as bênçãos: 1) cessar a transgressão, 2) dar fim aos pecados, 3) expiar a iniqüidade, 4) trazer a justiça eterna, 5) selar a visão e a profecia e 6) ungir o Santo dos Santos.[12]

---

[10] McClain, op. cit., p. 6-7.
[11] Ibid., p. 9-10.
[12] Daniel 9.24.

A doutrina bíblica da tribulação

As seis bênçãos prometidas estão relacionadas às duas obras do Messias: Sua morte e Seu reinado. As três primeiras referem-se especialmente ao sacrifício do Messias, que antevê a eliminação do pecado da nação. As outras três referem-se especialmente à soberania do Messias, que antevê o estabelecimento do seu reino. A "justiça eterna" só pode referir-se ao reino milenar prometido para Israel. Esse era o alvo e a expectativa de todas as alianças e promessas dadas a Israel, e na sua instalação a profecia será cumprida. Esse reino só poderá ser estabelecido quando o Santo ou o Lugar Santo for ungido no templo do milênio. O milênio testemunhará a recepção do Messias por Israel e também testemunhará o retorno da glória residente (*Shekinah*) para o Santo dos Santos. Desse modo vemos que a profecia antecipa toda a obra do Messias para Israel: Ele redimirá e reinará quando se completar o tempo estipulado na profecia.

3. *O significado da semana*. Antes de apurar a cronologia dessa profecia, é necessário entender o termo *semanas* conforme usado por Daniel. Com respeito a isso, McClain escreveu:

> A palavra hebraica é *shabua*, que literalmente significa "sete", e seria bom ler a passagem dessa maneira [...] Desse modo o v. 24 do nono capítulo de Daniel afirma simplesmente que "setenta *setes* estão determinados"... e o que são esses "setes" deve ser definido pelo contexto e por outras passagens das Escrituras. A evidência é bem clara e suficiente como se segue:
>
> [...] os judeus tinham um "sete" de *anos* bem como um "sete" de *dias*. E essa "semana" bíblica de anos era tão conhecida dos judeus quanto uma "semana" de dias. Era, em alguns aspectos, até mais importante. Durante *seis anos* o judeu era livre para cultivar e semear sua terra, mas o *sétimo ano* deveria ser um solene "sábado de descanso para a terra" (Lv 25.3,4). No múltiplo dessa importante semana de anos —"sete sábados de anos"— era estabelecido o ano do grande jubileu [...]
>
> Existem vários motivos para acreditarmos que as "setenta semanas" da profecia de Daniel referem-se ao bem conhecido período de "sete" anos. Em primeiro lugar, o profeta Daniel estava pensando não apenas sob o aspecto de anos em lugar de dias, mas também em um múltiplo exato de "setes" (10 x 7) de anos (Dn 9.1,2). Em segundo, Daniel também sabia que a duração do cativeiro babilônico baseava-se na violação judaica da lei do ano sabático. Visto que, de acordo com 2Crônicas 36.21, os judeus foram retirados da terra para que ela pudesse descansar por *setenta* anos, deveria ser evidente que o ano sabático tinha sido violado por 490 anos, ou exatamente setenta "setes" de anos. Que cabível, então, que agora, no final do julgamento dessas violações, o anjo fosse mandado para revelar o início de uma *nova era* do tratamento de Deus para com os ju-

deus, o qual se estenderia pelo mesmo número de anos das violações do ano sabático, um ciclo de 490 anos, ou "setenta semanas" de anos (Dn 9.24).

Além disso, o contexto da profecia exige que as "setenta semanas" sejam de anos. Pois, se interpretarmos como "semanas" de dias, o período se estenderia por apenas 490 dias ou pouco mais que um ano. Considerando agora que dentro desse breve espaço de tempo a cidade será reconstruída e destruída (sem contar com os tremendos acontecimentos do v. 24), torna-se claro que tal interpretação é improvável. Finalmente [...] a palavra hebraica *shabua* é encontrada apenas em mais um trecho do livro (10.2,3), no qual o profeta declara que lamentou e jejuou "por três semanas". Nesse caso, é perfeitamente óbvio que o contexto exige uma "semana" de dias [...] Significativamente, o hebraico aqui é literalmente "três setes de dias". Se, no capítulo 9, o autor pretendia fazer-nos entender que as "setenta semanas" eram compostas por dias, por que ele não usou a mesma forma de expressão adotada no capítulo 10? A resposta óbvia é que Daniel usou o termo hebraico *shabua* sozinho quando se referiu à conhecida "semana" de anos [...] mas, no capítulo 10, quando fala das "três semanas" de jejum, ele claramente as especifica como "semanas de *dias*" para distingui-las das "semanas" de *anos* no capítulo 9.[13]

Uma interessante evidência de apoio é encontrada em Gênesis 29.27, que diz: "Decorrida a semana desta, dar-te-emos também a outra, pelo trabalho de mais sete anos que ainda me servirás". Aqui a "semana" é especificada como uma semana de anos ou sete anos.

Também é necessário, nesse exame, observar que o ano nas passagens proféticas é composto por 360 dias. O mesmo autor declara:

> ... há forte evidência para demonstrar que o ano profético das Escrituras é composto por 360 dias, ou doze meses de 30 dias.
>
> O primeiro argumento é *histórico*. De acordo com Gênesis, o dilúvio começou no décimo sétimo dia do segundo mês (7.11) e terminou no décimo sétimo dia do sétimo mês (8.4). Esse é um período de exatamente cinco meses, e afortunadamente a extensão do mesmo período é dada em termos de dias —"cento e cinqüenta dias" (7.24; 8.3). Dessa maneira, a referência mais antiga a um mês na história bíblica aponta para um mês de trinta dias de extensão e doze meses nos dariam 360 dias.
>
> O segundo argumento é *profético* [...] Daniel 9.27 menciona o período da perseguição judia [...] Visto que a perseguição começa na metade da septuagésima semana e continua até o "final" da semana, o período tem, obviamente, três anos e meio. Dn 7.24,25 fala do mesmo príncipe romano e da mesma perseguição fixando a duração como "um tempo,

[13] McClain, op. cit., p. 12-5.

dois tempos e metade dum tempo" —em aramaico, três vezes e meia. Ap 13.4-7 fala do mesmo grande líder político e de sua perseguição aos judeus "santos" que durará "quarenta e dois meses". Ap 12.13,14 refere-se à mesma perseguição, citando a duração nos mesmos termos de Dn 7.25, como "um tempo, dois tempos e metade de um tempo"; e esse período é ainda mais definido em Apocalipse 12.6 como "mil, duzentos e sessenta dias". Desse modo temos o mesmo período declarado várias vezes como três anos e meio, 42 meses ou 1 260 dias. Conseqüentemente, torna-se claro que a extensão do ano da profecia de setenta semanas é fixada pelas próprias Escrituras em 360 dias.[14]

4. *O início das 69 semanas*. Foi dito a Daniel que esse período de 490 anos está determinado "sobre o teu povo e sobre a tua santa cidade" (Dn 9.24). As Escrituras trazem vários decretos relacionados à restauração dos judeus do cativeiro babilônico. Houve o decreto de Ciro em 2Crônicas 36.22,23 e em Esdras 1.1-3, o decreto de Dario em Esdras 6.3-8 e o decreto de Artaxerxes em Esdras 7.7. Contudo, todas essas permissões foram cedidas para a reconstrução do templo, e nada foi dito sobre a reconstrução da cidade. Em Esdras 4.1-4 a reconstrução do templo foi interrompida porque os judeus estavam reconstruindo a cidade sem autorização. Em nenhum desses decretos a condição de Daniel 9.25 foi realizada. Quando examinamos o decreto de Artaxerxes, estabelecido no seu vigésimo ano e registrado em Neemias 2.1-8, vemos que é dada permissão para a reconstrução de Jerusalém. Esse constitui o início do período profético indicado por Deus nessa profecia.

Torna-se necessário, então, identificar uma data para o decreto de Artaxerxes. Anderson escreve a respeito:

> A data do reinado de Artaxerxes pode ser claramente apurada —por meio não de um tratamento minucuoso de comentaristas bíblicos ou de escritores proféticos, mas pela voz unânime de historiadores seculares e cronologistas.
> [...]
> O decreto persa que restaurou a autonomia de Judá foi publicado no mês judeu de nisã. Pode-se, aliás, datar do primeiro dia do mês de nisã [...] Logo, as setenta semanas devem ser calculadas a partir de primeiro de nisã de 445 a.C.
>
> A grande característica do ano sagrado judeu permaneceu imutável desde a noite memorável em que a lua do equinócio brilhou no Egito sobre as cabanas de Israel manchadas de sangue pelo sacrifício pascal; e não existe dúvida ou dificuldade em fixar dentre os estreitos limites da

[14] Ibid., p. 16-7.

data juliana o primeiro dia de nisã em qualquer ano. Em 445 a.C. a lua nova pela qual se regulava a Páscoa caiu no dia 13 de março às 7 horas e nove minutos da manhã. E, por conseqüência, o primeiro de nisã pode ser atribuído a 14 de março.[15]

5. *O cumprimento das 69 semanas*. Nenhum estudo mais detalhado foi feito a respeito das setenta semanas de Daniel do que o de Sir Robert Anderson, na obra *The coming prince*. Anderson calcula a cronologia das sessenta e nove semanas da seguinte maneira:

"Sabe e entende: desde a saída da ordem para restaurar e para edificar Jerusalém *até ao Ungido, ao Príncipe*, sete semanas e sessenta e duas semanas." Uma era de 69 "semanas", ou 483 anos proféticos, calculados a partir de 14 de março de 445 a.C., deveria terminar com um acontecimento capaz de satisfazer as palavras "até ao Ungido, ao Príncipe".
[...]
Nenhum estudioso do evangelho pode deixar de reconhecer que a última visita do Senhor a Jerusalém não foi apenas de fato, mas também pelo seu propósito, o ponto de transição de seu ministério [...] agora o duplo testemunho de Suas palavras e Suas obras foi plenamente dado e Sua entrada na Cidade Santa visava a proclamar Sua messianidade e cumprir o Seu destino.
[...]
E a data disso pode ser apurada. De acordo com o costume judaico, o Senhor foi a Jerusalém no oitavo dia de nisã, "seis dias antes da Páscoa". Mas como o dia 14, no qual foi celebrada a última ceia, caiu numa quinta-feira, o oitavo dia teria sido a sexta-feira anterior. Ele deve ter passado o sábado, conseqüentemente, em Betânia; e, na noite do dia 9, com o término do sábado, o jantar foi tomado na casa de Marta. No dia seguinte, o décimo dia de nisã, Ele entrou em Jerusalém, conforme registrado nos evangelhos.
A data juliana de 10 de nisã foi domingo, 6 de abril, 32 d.C [...] Qual então foi a extensão do período entre o decreto da reconstrução de Jerusalém e o advento público do "Ungido, o Príncipe" —entre 14 de março de 445 a.C. e 6 de abril de 32 d.C.? O INTERVALO CONTEVE EXATAMENTE 173 880 DIAS, OU 69 ANOS PROFÉTICOS DE 360 DIAS, as primeiras 69 semanas da profecia de Gabriel.[16]

Anderson chega à seguinte conclusão:

---

[15] Robert ANDERSON, *The coming prince*, p. 121-3.
[16] Ibid., p. 124-8.

A doutrina bíblica da tribulação

1º de nisã no vigésimo ano de Artaxerxes (o decreto de reconstruir Jerusalém) caiu em 14 de março de 445 a.C.

10 de nisã, na Semana da Paixão (a entrada de Cristo em Jerusalém), foi no dia 6 de abril de 32 d.C.

O intervalo foi de 476 anos e 24 dias (os dias sendo calculados inclusivamente, conforme exigido pela linguagem profética e pela prática judaica).

Mas 476 x 365 =.................................... 173 740 dias
Mais (de 14 de março a 6 de abril, incluindo ambos)............ 24 dias
Mais dias dos anos bissextos............................. 116 dias

173 880 dias

E 69 semanas de anos proféticos com 360 dias (ou 69 x 7 x 360) = 173.880 dias.[17]

Desse modo, Anderson mostra que as 69 semanas começam com o decreto da reconstrução de Jerusalém e terminam com a entrada triunfal em Jerusalém no domingo da morte do Senhor. Lucas 19.42 fala que a entrada do Senhor em Jerusalém nesse dia é algo muito significativo: "Ah! Se conheceras por ti mesma, ainda hoje, o que é devido à paz! Mas isto está agora oculto aos teus olhos".[18] A exatidão da profecia de Daniel é observada quando ele cita: "Depois das sessenta e duas semanas, será morto o Ungido" (Dn 9.26).

6. *Existe um espaço entre a sexagésima nona e a septuagésima semana?* Os pós-tribulacionistas unem-se aos amilenaristas ao afirmar: a) A septuagésima semana da profecia de Daniel foi cumprida nos anos imediatamente seguintes à morte de Cristo. Alguns acreditam que Cristo foi morto no final da sexagésima nona semana para que a última semana se seguisse à sua morte.[19] Alguns vão além e declaram que toda a era presente é a septuagésima semana.[20] O erro dessa visão reside no fato de que somente pela espiritualização da profecia os resultados da obra do Messias, conforme esboçados em Daniel 9.24, podem considerar-se cumpridos. A nação de Israel, a quem a profecia foi dirigida, simplesmente não experimentou um benefício sequer da vinda do Messias. Já que essa interpretação depende de um método inaceitável, a posição deve ser rejeitada. b) Contrariamente à visão de que a septuagésima

---

[17] Ibid., p. 128.
[18] Ibid., p. 126.
[19] Cf. Philip MAURO, *The seventy weeks and the great tribulation*, p. 55ss.
[20] George L. ROSE, *Tribulation till translation*, p. 68-9.

semana deve ser encarada como cronologicamente posterior, alguns afirmam que esse período é separado das outras sessenta e nove semanas por um período indefinido de tempo. Existem várias considerações que apóiam essa questão.

1) Tal intervalo é encontrado em vários trechos das Escrituras. Walvoord escreve:

> O dr. Ironside mostra vários exemplos de parênteses no plano de Deus: 1) O intervalo entre o "ano aceitável do Senhor" e o "dia da vingança do nosso Deus" (Is 61.2 — parêntese que se estende por mais de 1 900 anos). 2) O intervalo dentro do Império Romano, simbolizado pelas pernas de ferro na grande imagem de Daniel 2 e os pés com dez dedos. Confira também Daniel 7.23-27 e 8.24,25. 3) O mesmo intervalo é encontrado entre Daniel 11.35 e Daniel 11.36. 4) Ocorre um grande parêntese entre Oséias 3.4 e 3.5, e também entre Oséias 5.15 e 6.1. 5) Um grande parêntese acontece também entre Salmos 22.22 e 22.23 e entre Salmos 110.1 e 110.2. 6) Pedro, ao citar Salmos 34.12-16, pára no meio do versículo para distinguir a obra presente de Deus e seu futuro tratamento com o pecado (1Pe 3.10-12).
>
> 7) A grande profecia de Mateus 24 torna-se clara apenas se a presente era for considerada um parêntese entre Daniel 9.26 e 9.27. 8) Atos 15.13-21 indica que os apóstolos entendiam plenamente que durante a era presente as profecias do Antigo Testamento não seriam cumpridas, mas teriam sua realização quando Deus reedificar "o tabernáculo caído de Davi" (At 15.16). 9) As datas anuais de festas marcadas para Israel mostravam ampla separação entre as festas que prefiguravam a morte e ressurreição de Cristo e o Pentecostes, e as festas que falavam da união e bênção de Israel. 10) Romanos 9-11 contribuem para o parêntese, especialmente o futuro da oliveira no capítulo 11. 11) A revelação da igreja como um corpo requer um parêntese entre os tratamentos passados de Deus e seu futuro tratamento com a nação de Israel. 12) A consumação do presente parêntese é de tal natureza que retoma os acontecimentos interrompidos da última semana de Daniel.[21]

A profecia não pode ter um cumprimento literal se não existirem parênteses nos grandes planos proféticos, pois em muitas profecias os acontecimentos não são consecutivos. O intervalo da profecia de Daniel está de acordo com o princípio estabelecido na Palavra de Deus.

---

[21] Walvoord, op. cit., *101*:47-8.

A doutrina bíblica da tribulação

2) Em segundo lugar, os acontecimentos de Daniel 9.26 necessitam de um intervalo. Dois grandes acontecimentos ocorrem após a sexagésima nona semana e antes da septuagésima semana: a morte do Messias e a destruição da cidade e do templo em Jerusalém. Esses dois acontecimentos não ocorreram na septuagésima semana, pois esta não nos é introduzida até o v. 27, mas num intervalo entre a sexagésima nona e a septuagésima semana. Será observado que a morte do Messias ocorreu apenas alguns dias depois do término da sexagésima nona semana, mas a destruição da cidade e do templo não se realizou até o ano 70 d.C., ou cerca de quarenta anos depois do término da sexagésima nona semana. Se alguns dias de intervalo são permitidos, não é difícil admitir a possibilidade de um intervalo de quarenta anos. Se um intervalo de quarenta anos é permitido, não é difícil ver que o intervalo pode estender-se pela presente era.

3) Em terceiro lugar, o ensinamento do Novo Testamento de que Israel foi deixado de lado (Mt 23.37-39) até a restauração do trato de Deus exige um intervalo entre as últimas duas semanas. Se a septuagésima semana já foi cumprida, as seis bênçãos prometidas deveriam, semelhantemente, ter sido cumpridas para Israel. Nenhuma delas foi experimentada pela nação. Como a igreja não é Israel, não pode cumpri-las agora. Visto que Deus cumprirá literalmente o que prometeu, Ele deve honrar essas coisas com a nação. Vê-se, portanto, que deve haver um intervalo entre sua rejeição e a consumação dessas promessas.

4) Em quarto lugar, já que todas as bênçãos prometidas estão associadas à segunda vinda de Cristo (Rm 11.26,27), se não houvesse intervalo, o Senhor teria voltado três anos e meio ou sete anos depois de Sua morte para cumprir as promessas. Como o Seu retorno ainda é aguardado, deve haver um intervalo entre as últimas duas semanas da profecia.

5) Finalmente, ao lidar com a profecia, o Senhor prevê um intervalo. Mateus 24.15 faz referência à vinda do "abominável da desolação", e esse é um sinal para Israel de que a grande tribulação se aproxima (Mt 24.21). Mesmo nessa hora, porém, há esperança, pois "logo em seguida à tribulação daqueles dias [...] verão o Filho do homem vindo sobre as nuvens do céu, com poder e muita glória" (Mt 24.29,30). Desse modo, o Senhor coloca a septuagésima semana de Daniel no final dos tempos imediatamente antes de Seu segundo advento à terra. Associ-

ando isso a Atos 1.6-8, vemos que toda era de duração indeterminada estará interposta entre a sexagésima nona e a septuagésima semana da profecia. A única conclusão deve ser que os acontecimentos da septuagésima semana ainda não foram cumpridos e aguardam cumprimento literal futuro.

7. *O início da septuagésima semana*. Fica evidente, com base em Daniel 9.27, que a septuagésima semana começa com a aliança feita entre "muitos" por uma semana, ou por sete anos. Essa "uma semana", seguindo o método de interpretação estabelecido para as 69 semanas, demonstra que esse período terá sete anos de duração. A questão que deve ser encarada é a identidade daquele que faz a aliança que marca o início desse período de sete anos. Daniel o identifica como "ele" em 9.27. Deve referir-se ao "Príncipe que há de vir" no versículo anterior. McClain, identificando esse indivíduo, escreve:

> ... existem dois príncipes mencionados: primeiro, o *"ungido"* e, segundo, o *"príncipe que há de vir"*. A expressão "o príncipe que virá" não pode referir-se ao "ungido" pelo simples motivo de que é "o *povo* de um príncipe que há vir" que destruirá Jerusalém após a morte do Messias. E, visto que agora é simplesmente uma questão histórica que Jerusalém foi destruída em 70 d.C. pelo povo *romano*, não pelo povo judeu, segue-se que o "príncipe que há de vir" não pode ser o Messias judeu, mas algum grande príncipe que surgirá do Império Romano.[22]

Gaebelein fala a respeito desse indivíduo: "Vindo do Império Romano surgirá um futuro príncipe. Esse príncipe ou chefe do quarto império é idêntico ao pequeno chifre de Daniel 7".[23] Ele será ainda identificado com o "rei de feroz catadura" de Daniel 8.23, com o rei que "fará segundo a sua vontade" de Daniel 11.36, com o "homem da iniqüidade" de 2Tessalonicenses 2 e com a "besta do mar" de Apocalipse 13.1-10. Visto que todas as alianças feitas pelo Messias com Israel são eternas, o Messias não pode ser aquele que fará a aliança, pois ela será temporária. Essa aliança, que garantirá a Israel a posse de sua própria terra e a restauração de sua autonomia religiosa e política, deve ser vista como o falso cumprimento da aliança de Abraão. Essa aliança fará com que muitos em Israel acreditem que o "homem da iniqüidade" é Deus (2Ts 2.3). É a proclamação dessa falsa aliança que marcará o início da septuagésima semana.

---

[22] McClain, op. cit., p. 42.
[23] Arno C. Gaebelein, *The prophet Daniel*, p. 142.

A doutrina bíblica da tribulação

8. O plano *da septuagésima semana*. McClain listou seis características desse plano que resumem bem sua relação com o quadro profético.

1. A septuagésima semana é um período de sete anos que se estende profeticamente entre a translação da igreja e o retorno de Cristo na Sua glória.
2. A septuagésima semana também dá a exata estrutura cronológica para os grandes acontecimentos registrados nos capítulos de 6 a 19 do livro de Apocalipse.
3. A septuagésima semana terá início com a realização de uma "firme aliança" entre o futuro príncipe romano e o povo judeu.
4. No meio da septuagésima semana, o príncipe romano reverterá subitamente sua postura amistosa para com os judeus e fará "cessar os sacrifícios".
5. A quebra da "firme aliança" entre os judeus e o príncipe romano iniciará um período inigualável de "desolações" para o povo judeu.
6. O final desse período de sete anos trará ao fim toda a série das setenta semanas e conseqüentemente introduzirá as grandes bênçãos prometidas para Israel em Daniel 9.24.[24]

---

[24] MCCLAIN, op. cit., p. 45ss.

Capítulo 16

A relação da igreja com a tribulação

Demonstrou-se anteriormente que a igreja não estará no período tribulacional. A relação singular da igreja com esse período é vista na posição e na atividade dos 24 anciãos que aparecem em Apocalipse. João mostra que o livro de Apocalipse divide-se em três partes (Ap 1.19): "as coisas que viste" constituem a primeira divisão e incluem a visão de Cristo no capítulo 1; "as coisas que são" constituem a segunda divisão e incluem as sete cartas às sete igrejas, contidas nos capítulos 2 e 3, que se referem a toda a igreja do presente século, e "as coisas que hão de acontecer depois destas" (*meta tauta*) constituem a terceira divisão e incluem tudo o que está revelado nos capítulos de 4 a 22. Quando João começa a escrever sobre as coisas que hão de acontecer, suas palavras de introdução em 4.1 nos mostram que ele está começando sua terceira grande divisão, pois o capítulo inicia com "depois destas cousas" (*meta tauta*). Quando é levado para os céus, vê o trono e Aquele que ocupa o trono. Então vê 24 seres assentados, que estão associados Àquele que está no trono e são chamados vinte e quatro anciãos.

> Ao redor do trono, há também vinte e quatro tronos, e assentados neles, vinte e quatro anciãos vestidos de branco, em cujas cabeças estão coroas de ouro (Ap 4.4).

A relação da igreja com os acontecimentos do período tribulacional é revelada pela identificação desses indivíduos.

A relação da igreja com a tribulação 275

I. O Ministério dos Anciãos

Com referência ao termo *ancião*, Ottman escreve:

> Os anciãos em Israel não eram apenas representantes do povo, mas juízes e, logo, representantes de Deus para julgar o povo. São identificados com Deus no exercício do julgamento. Os 24 anciãos agora diante de nós, em conexão com o trono de Deus, também estão assentados e identificados com Ele no julgamento prestes a ser executado sobre a terra.[1]

No Novo Testamento o conceito básico de ancião é o de representante do povo, alguém que governa ou julga da parte de Deus sobre o povo (At 15.2; 20.17). Com relação a esses representantes no livro de Apocalipse, Scott escreve:

> "Anciãos" como um termo ocorre doze vezes. As ações e os serviços variados dos quais eles tomam parte demonstram claramente que são os representantes dos santos redimidos e ressurrectos. Estão assentados, caem por terra e adoram; um deles consola o vidente que chora e interpreta os pensamentos do céu; têm harpas e taças de incenso; cantam (o que jamais se diz de anjos); são a companhia mais próxima do trono e do Cordeiro; sabiamente explicam quanto aos remidos na terra; celebram o triunfo milenar e eterno de Deus e acrescentam seu "amém" e "aleluia" ao julgamento da meretriz —a corruptora da terra. As passagens nas quais a palavra é encontrada são as seguintes: 4.4,10; 5.5,6,8,11,14; 7.11,13; 11.16; 14.3 e 19.4.[2]

Um exame das passagens que citam suas atividades frisará o fato de que os anciãos rendem adoração e glória a Deus à medida que cada passo no plano de Deus de estabelecer Seu reino e derrubar o reino do perverso é desenrolado diante deles.

O número desses anciãos tem seu significado. Scott comenta:

> Mas por que *"vinte e quatro"*? O significado do número deve ser buscado em 1Crônicas 24 e 25. Davi dividiu o sacerdócio em 24 ordens ou turnos, com um turno atuando por vez (Lc 1.5,8,9). Os respectivos anciãos ou chefes desses turnos representariam todo o sacerdócio levítico. Haveria assim 24 sacerdotes e um sumo sacerdote. Seu serviço variado correspondia ao dos anciãos no céu, pois o templo (não menos que o tabernáculo), em sua estrutura, seus objetos e seus serviços, fora projeta-

---

[1] Ford C. Ottman, *The unfolding of the ages*, p. 108.
[2] Walter Scott, *Exposition of the revelation*, p. 122.

do de acordo com o que Moisés vira no céu. O povo de Deus é descrito como um sacerdócio *"santo"* (1Pe 2.5) e *"real"* (v. 9), e eles são vistos aqui em ambas as caracterizações.[3]

Logo, parecem ser representantes de todo o sacerdócio celestial, associado a Cristo, o Grande Sumo Sacerdote, no desenrolar da consumação dos séculos.

II. A IDENTIDADE DOS 24 ANCIÃOS

As interpretações dividem-se em três classes com relação à identidade dos anciãos.

A. *Seres angelicais*. A primeira interpretação é que são seres angelicais. Essa teoria é afirmada por Reese:

i) São seres angelicais gloriosos que conduzem o louvor e a adoração de Deus.

ii) Celebram com alegria cada mudança na marcha progressiva dos acontecimentos em direção à consumação do reino.

iii) Parecem não ter conhecido a experiência de conflito, pecado, perdão e vitória; no entanto, regozijam-se por causa da bênção dos que a conheceram e dão glória a Deus pela Sua graça na vitória dos que vencem.

iv) Nitidamente se separam dos profetas, santos e justos de tempos passados que se levantam na ressurreição da última trombeta, galardoados. Essa passagem indica que *eles* desaparecem do cenário quando os novos assessores —a grande multidão dos redimidos celestiais— se assentam em tronos e exercem julgamento com o Senhor Jesus na Sua vinda. V. 20.4; 1Coríntios 6.2; Mateus 19.28.[4]

Não há discordância das duas primeiras proposições, mas observemos que tal ocupação não exige que sejam anjos. Tal atividade é mais adequada aos redimidos deste século que foram trasladados. Com relação à terceira proposição, só é preciso notar que os anciãos aparecem coroados com *stephanos*, a coroa de vitória, o que demonstra que devem ter conhecido conflito, pecado, perdão e vitória. Com relação à quarta proposição, se são santos da igreja, seria natural que se separassem dos santos da tribulação, os quais serão ressurrectos e galardoados em Apocalipse 11.16-18, pois os santos da tribulação não são parte do cor-

---

[3] Ibid., p. 123.
[4] Alexander REESE, *The approaching advent of Christ*, p. 92-3.

A relação da igreja com a tribulação

po de Cristo, apesar de remidos pelos sangue de Cristo. E, em resposta à quinta proposição, não é necessário afirmar que os anciãos devam deixar seus tronos em Apocalipse 20.4, como Reese insiste, para que os ressurrectos do período tribulacional possam ocupá-los. Não há base para dizer que os tronos nos quais os ressurrectos se assentarão são idênticos a esses tronos. Em Mateus 19.28 foi prometido aos discípulos que seriam estabelecidos tronos a partir dos quais eles manifestariam autoridade e governo milenar. Apocalipse 20.4 associa os santos da tribulação a essa autoridade milenar, mas não exige que os anciãos sejam destronados.

Scott demonstra que esses anciãos não podem ser anjos. Ele escreve:

> Os anciãos são um grupo distinto dos seres viventes e dos anjos. No capítulo 5, a ação dos anciãos é diferenciada da dos anjos, o que impossibilita vê-los como do mesmo grupo; o v. 11 diferencia pelo título os três grupos. Os anciãos *cantam* (v. 9), os anjos *proclamam* (v. 12). Os anjos não são numerados (Hb 12.22); os anciãos são; o número representativo "vinte e quatro" ocorre seis vezes. Não se diz que os anjos são coroados; os anciãos são. O coral de louvor celeste —tanto harpa quanto cântico— parece ser a função específica dos anciãos. Sabedoria celestial, sobretudo em temas e assuntos ligados à redenção, é dada aos anciãos, não aos anjos. Com o termo anciãos entendemos, então, o grupo inumerável dos santos redimidos —ressurrectos e transformados, levados para encontrar Cristo nos ares (1Ts 4.17). Sua coroa e seus tronos demonstram dignidade real; a harpa e o cântico, alegria em adorar; suas vestes e taças, caráter e ação sacerdotal.[5]

B. *Santos do Antigo e do Novo Testamentos*. A segunda teoria é que esses anciãos representam santos do Antigo e do Novo Testamentos. Ironside resume essa teoria quando escreve:

> Os anciãos no céu representam todo o sacerdócio celestial —isto é, todos os remidos que morreram no passado ou que estiverem vivos na volta do Senhor [...] A igreja do presente século e igualmente os santos do Antigo Testamento estão incluídos. Todos são sacerdotes. Todos adoram. Havia doze patriarcas em Israel, e doze discípulos introduzirem a nova dispensação. Os dois juntos perfariam os 24 anciãos.[6]

Essa teoria une Israel e a igreja numa só companhia, sem distinção, na época do arrebatamento.

---

[5] Scott, loc. cit.
[6] Harry A. Ironside, *Lectures on the revelation*, p. 82.

Embora essa teoria seja menos discutível que a primeira, parece haver razões para rejeitar a interpretação de que Israel faz parte da cena aqui. Em primeiro lugar, essa teoria baseia-se na dedução de que Israel e a igreja são ressuscitados no arrebatamento e transportados juntos para o céu. A questão da ressurreição de Israel será examinada mais tarde, porém certas passagens (Dn 12.1-2; Is 26.19; Jo 11.24) mostram que a ressurreição de Israel deve ser ligada ao segundo advento do Messias na terra. Assim, Israel não pode ser transladado. Em segundo lugar, o arrebatamento é o plano de Deus para a igreja, que a leva a desfrutar suas bênçãos eternas. O plano para Israel é totalmente diferente, acontecendo com pessoas diferentes numa época diferente. Israel não podia ressurgir e ser recompensado até o fim de sua era. Já que esses 24 anciãos foram ressuscitados, recompensados e glorificados, e a igreja é o único corpo que experimentou essas coisas até então no plano de Cristo, os santos do Antigo Testamento não podem estar incluídos no grupo.

C. *Santos deste século.* A terceira é que os 24 anciãos representam os santos desta era, a igreja, ressuscitados e transportados para os céus. Há várias considerações importantes que apóiam essa teoria.

1. *O número 24*, que representa todo o sacerdócio (1Cr 24.1-4,19), como Davi o dividiu com propósitos de representação, faz supor que se trata da igreja. Embora Israel tenha sido chamado para uma função sacerdotal (Êx 19.6), jamais chegou à sua função principal por causa do pecado. Para os santos da tribulação, é feita a promessa de que ministrarão como sacerdotes no milênio (Ap 20.6). Entretanto, no começo do período tribulacional, Israel ainda não terá sido reintegrado ao lugar de nação sacerdotal, pois deve aguardar o milênio para concretizar esse privilégio. Os santos da tribulação, da mesma forma, devem aguardar o milênio para sua concretização. A igreja é o único grupo sem dúvida constituído como sacerdócio para atuar ministrando sob o Sumo Sacerdote (1Pe 2.5,9).

2. Sua *posição* leva a crer que representam a igreja. Em Apocalipse 4 os anciãos estão sentados em tronos, cercando o trono de Deus, intimamente associados Àquele que está assentado no Seu trono. À igreja teve por promessa receber a mesma posição (Ap 3.21; Mt 19.28). Tal posição não poderia ser a dos anjos, que cercam o trono mas não ocupam posições no trono, nem poderia ser a de Israel, pois Israel estará sujeito à autoridade do trono, não associado à sua autoridade. Lincoln comenta com propriedade:

Eles se assentam diante de Deus —sim, e cobertos ou coroados diante dEle. Certamente nenhuma criatura, por mais exaltada, assentou-se na presença de Deus! Com base em Jó 1, parece que os anjos nem sempre estavam na presença de Deus, mas apenas em ocasiões especiais. E Gabriel, evidentemente de alto escalão na hierarquia celestial, diz em seu discurso a Zacarias: "Eu sou Gabriel, que *assisto* (lit., estou de pé) 'diante de Deus'" (Lc 1.19). Também em 1Reis 22, Micaías afirma que ele viu o Senhor sentado no Seu trono e todo o exército celestial de pé *junto* dEle (Dn 7). Mas aqui temos, sem dúvida, uma ordem bem nova das coisas, qual seja, os santos redimidos da dispensação presente vistos no seu Lar celestial e no seu caráter representativo, sentados e com a cabeça coberta, diante de Deus.[7]

3. Suas *vestes brancas* mostram que representam a igreja. Fica evidente em Isaías 61.10 que as vestes brancas representam a pureza que foi atribuída ao crente. Foi prometido aos de Sardes (Ap 3.4,5) que se vestiriam de branco. Essas vestes brancas foram vistas primeiro na transfiguração (Mc 9.3) e deixam prever que o que é de Cristo inerentemente foi imputado a esses anciãos.

4. Suas *coroas* levam a considerar que representam a igreja. Esses 24 não estão usando coroas de monarca (*diadēma*), mas coroas de vitória (*stephanos*), conquistadas num conflito. Eles, portanto, foram ressuscitados, pois um espírito não estaria usando uma coroa, e foram julgados, pois não receberiam uma coroa como recompensa sem um julgamento. Além disso, o julgamento deve ter sido recente, pois aparecem no ato de lançar suas coroas aos pés de Cristo (Ap 4.10).[8]

5. Sua *adoração* faz crer que representam a igreja. A adoração é dada a Deus pelos anciãos por Seus atos de criação (Ap 4.11), redenção (Ap 5.9), julgamento (Ap 19.2) e reinado (Ap 11.17). Alguns tentaram dissociar os anciãos da redenção que eles cantam (Ap 5.9) ao excluir a palavra "nos" do texto, afirmando que esses não poderiam ser os representantes da igreja. Com relação a esse ponto, várias coisas devem ser observadas. Primeiro, há boa evidência manuscrita para incluir a palavra no texto.[9] A palavra não precisa ser excluída por motivos textuais. Em segundo lugar, mesmo que ela fosse excluída, isso não significaria que os anciãos não estivessem cantando sobre sua própria re-

---

[7] William LINCOLN, *Lectures on the book of Revelation*, p. 76-7.
[8] Cf. GERALD STANTON, *Kept from the hour*, p. 290.
[9] Joseph SEISS, *The Apocalypse*, I, p. 249.

denção. Em Êxodo 15.13,17, quando Moisés e o povo de Israel louvavam a Deus por Seu julgamento, de que eles mesmos obviamente participaram, eles cantam na terceira pessoa. As Escrituras preferem, então, lidar com o que é subjetivo como fato objetivo. E, em terceiro lugar, se a palavra fosse omitida e pudesse ser provado que eles estavam cantando sobre uma redenção que não experimentaram, isso não prova necessariamente que os anciãos não são a igreja, pois, como esses anciãos conhecem os julgamentos de Deus derramados na terra, prevêem a vitória dos santos que estão na terra passando por essas experiências e podem louvar a Deus pela redenção desses que vêm de "toda tribo, língua, povo e nação" (Ap 5.9), que sofreram a tribulação, foram salvos nela e serão feitos "reino e sacerdotes; e reinarão sobre a terra" (Ap 5.10; 20.6). Da mesma forma que adoram a Deus pelo julgamento que Ele exerce durante o período tribulacional (Ap 19.2), também podem louvar a Deus pela redenção realizada.

6. Seu *conhecimento íntimo do plano de Deus* dá indícios de que os anciãos representam a igreja. Em passagens como Apocalipse 5.5 ;7.13,14, vemos que Deus compartilhou com eles a respeito do Seu plano à medida que ele se desenrolava. Tal intimidade é o cumprimento completo do que foi prometido por nosso Senhor aos discípulos em João 15.15. O próprio uso da palavra "ancião" declara a maturidade de conhecimento espiritual, pois o conceito de um ancião nas Escrituras era o de uma pessoa madura em idade ou experiência. A promessa de tal maturidade, como mostra 1Coríntios 13.12, agora é real.

7. A *associação com Cristo num ministério sacerdotal* leva a crer que representam a igreja. Em Apocalipse 5.8 são vistos "tendo cada um deles uma harpa e taças de ouro cheias de incenso, que são as orações dos santos". A respeito desse ministério, Scott escreve:

> ... os anciãos não agem como mediadores, nem como intercessores. Não apresentam súplicas a Deus, nem aumentam o valor dessas súplicas por sua mediação. Os anciãos no céu são os irmãos dos santos sofredores na terra. Estranho, então, que não estivessem interessados nos sofrimentos e nos conflitos dos quais participaram aqui no passado! Mas sua atitude, embora de profunda empatia, é passiva. O anjo-sacerdote que acrescenta incenso às orações dos santos não é um ser criado (8.3,4); Cristo, e somente Ele, é aceitável para fazer isso.[10]

---

[10] Scott, op. cit., p. 138-9.

A relação da igreja com a tribulação

A associação próxima com o fato de que esses anciãos foram colocados nesse ministério sacerdotal faz crer que a igreja, constituída como sacerdócio ministrante, é representada aqui.

A conclusão formulada por Armerding formará uma conclusão adequada à investigação desses anciãos. Ele escreve:

> ... a última coisa que se diz a seu respeito é que se prostram, junto com quatro criaturas viventes, e adoram Aquele que está sentado no trono, dizendo: "Amém! Aleluia!" (Ap 19.4). Esse seu último ato é característico deles em tudo: 1) seu conhecimento íntimo de Cristo, 2) sua proximidade a Ele e 3) a adoração que oferecem a Ele. E lembramos que nosso Senhor, quando orava pelos Seus, pediu que O conhecessem, estivessem com Ele e pudessem ver Sua glória (Jo 17.3,25). E eles não eram senão os homens que o Pai lhes dera do mundo.[11]

---

[11] Carl ARMERDING, *The four and twenty elders*, p. 10.

Capítulo 17

A relação entre o Espírito Santo e a tribulação

Uma das considerações importantes que acompanham o estudo do período tribulacional é a relação do Espírito Santo com esse período e o trabalho que Ele então realizará.

I. A Identidade do "Detentor"

A relação entre o Espírito e a tribulação é em grande parte apurada pela interpretação de 2Tessalonicenses 2.7,8. Alguém afirmara erroneamente que os tessalonicenses já estavam no dia do Senhor. Para corrigir essa interpretação equivocada, Paulo afirma que eles não podiam estar no dia do Senhor, pois aquele dia não viria até que o iníquo fosse revelado. Sua manifestação era impedida pela obra de detenção dAquele cujo ministério permaneceria. Apenas após a retirada desse detentor é que o iníquo seria revelado e o dia do Senhor começaria. Chafer escreve:

> A verdade central da passagem em discussão é que, embora de há muito Satanás quisesse ter consumado seu plano maligno para o *cosmo* e ter introduzido seu último governante humano, há um Detentor que impede essa manifestação para que esse plano de Satanás seja desenvolvido e completado somente na hora designada por Deus.[1]

João testemunha que o plano de introduzir o iníquo havia começado a operar em sua época (1Jo 4.3). Esse plano satânico continuou ao longo dos séculos, mas foi controlado pelo Detentor.

---

[1] Lewis Sperry Chafer, *Systematic theology*, IV, p. 372.

A relação entre o Espírito Santo e a tribulação 283

A. *Quem é o Detentor?* Várias respostas já foram dadas quanto à identidade desse agente de detenção.

1. Alguns acreditam que o detentor fosse o *Império Romano*, sob o qual Paulo viveu. Reese diz:

> A interpretação melhor e mais antiga é que Paulo hesitou em descrever com palavras o que queria dizer, porque tinha em mente o Império Romano. A influência impessoal era o sistema magnífico de lei e de justiça em todo o mundo romano; isso controlava a iniqüidade e o iníquo. Então a linhagem de imperadores, a despeito de seus indivíduos ímpios, tinha a mesma influência.[2]

2. Uma segunda opinião, intimamente associada à anterior, é a de Hogg e de Vine, segundo os quais o detentor era *o governo e a lei humana*. Eles escrevem:

> No devido tempo o império babilônico, a cujo rei as palavras foram ditas, foi substituído pelo persa, este pelo grego, e este, por sua vez, pelo romano, que floresceu na época do apóstolo [...] As leis sob as quais esses estados subsistem foram herdadas de Roma, da mesma forma que Roma as herdou dos impérios que a precederam. Assim, as autoridade existentes são instituídas por Deus [...] a autoridade constituída deve agir para deter a iniqüidade.[3]

Vemos nitidamente que "as autoridades que existem foram por ele instituídas" (Rm 13.1). No entanto, o poder humano não parece ser uma resposta satisfatória à identidade do detentor. Walvoord escreve:

> O governo humano, no entanto, continua durante o período tribulacional no qual o iníquo é revelado. Embora todas as forças de lei e ordem tendam a deter o pecado, elas não o fazem por seu próprio caráter, mas à medida que são usadas para alcançar esse fim por Deus. Parece uma interpretação preferível entender que toda a detenção do pecado, independentemente dos meios, procede de Deus como ministério do Espírito Santo. Como Thiessen escreve: "Mas quem é o detentor? Denney, Findlay, Alford, Moffatt afirmam que isso se refere à lei e à ordem, especialmente como incorporadas no Império Romano. Mas, conquanto governos humanos possam ser agentes no trabalho de detenção do Espírito, cremos que eles, por sua vez, são influenciados pela igreja. E, ainda, atrás do governo hu-

---

[2] Alexander Reese, *The approaching advent of Christ*, p. 246.
[3] C. F. Hogg & W. E. Vine, *The Epistles of Paul the Apostle to the Thessalonians*, p. 259-60.

mano está Deus, que o instituiu (Gn 9.5,6; Rm 13.1-7) e o controla (Sl 75.5-7). Então é Deus, pelo Seu Espírito, que detém o desenvolvimento da iniqüidade".[4]

3. Um terceira opinião é que *Satanás* é o detentor. Um defensor dessa opinião escreve:

> Por que todo o mundo deveria concluir que esse detentor deve ser algo bom? Esse poder de detenção não poderia ser o próprio Satanás? Ele não tem um plano para a manifestação do filho da perdição, assim como Deus tinha uma hora designada para a encarnação de Seu Filho divino?[5]

A resposta óbvia a essa alegação seria a resposta do Senhor aos que O acusaram de fazer Seus sinais por poder satânico: "Se uma casa estiver dividida contra si mesma, tal casa não poderá subsistir" (Mc 3.25). Além disso, a retirada desse detentor não liberta o mundo da atividade satânica, como ocorreria se Satanás fosse o detentor, mas o lança no mundo com uma fúria descontrolada (Ap 12.12). Walvoord diz:

> Essa idéia dificilmente é compatível com a revelação de Satanás nas Escrituras. Satanás jamais recebe poder universal sobre o mundo, apesar de sua influência ser incalculável. Um estudo de 2Tessalonicenses 2.3-10 mostra que aquele que detém sai de cena antes que o iníquo seja revelado. Isso não poderia ser dito sobre Satanás. Pelo contrário, é no período tribulacional que o trabalho de Satanás é mais evidente. As Escrituras o apresentam lançado na terra e liberando sua fúria nesses dias trágicos (Ap 12.9). A teoria de que Satanás é o grande detentor da iniqüidade é, conseqüentemente, impossível.[6]

4. Uma quarta interpretação é a de que o detentor é *a igreja*. Reconhece-se que os crentes são comparados a sal, um conservante, e à luz, agente purificador, dissipador de trevas. Concorda-se que a igreja poderia ser um dos meios pelos quais a detenção é sentida, mas o canal não poderia agir ao mesmo tempo como agente. Stanton escreve:

> ... a igreja é, no máximo, um organismo imperfeito, perfeito em posição diante de Deus, com certeza, mas experimentalmente, diante dos homens, nem sempre pura e livre de acusação. Como o governo humano, a igreja é usada por Deus para impedir a manifestação total do iníquo no presen-

---

[4] John F. WALVOORD, *The Holy Spirit*, p. 115.
[5] MRS. George C. NEEDHAM, *The Anti-Christ*, p. 94.
[6] WALVOORD, op. cit., p. 116.

te século, mas o que detém efetivamente não é o crente, mas Aquele que dá poder ao crente, o Espírito Santo que vive nele (Jo 16.7; 1Co 6.19). Sem Sua presença, nem a igreja nem o governo teriam a habilidade de impedir o plano e o poder de Satanás.[7]

5. A quinta interpretação é a que afirma que o detentor é *o Espírito Santo*. O autor mencionado acima dá razões para apoiar essa conclusão.

1) Por mera eliminação, o Espírito Santo deve ser o detentor. Qualquer outra hipótese deixa de preencher as exigências [...]
2) O iníquo é uma pessoa, e suas operações abrangem o reino espiritual. O detentor deve, da mesma forma, ser uma pessoa e um ser espiritual [...] para deter o Anticristo até a hora de sua revelação. Meros agentes ou forças espirituais impessoais seriam insatisfatórios.
3) Para alcançar tudo o que deve ser realizado, o detentor deve ser um membro da Trindade. Deve ser mais forte que o iníquo e mais forte que Satanás, que energiza o iníquo. Para deter o mal no decorrer dos séculos, o detentor deve ser eterno [...] O campo de ação do pecado é o mundo inteiro: logo, é imperativo que o detentor seja alguém não limitado pelo tempo e espaço [...]
4) Essa era é de certa forma a "dispensação do Espírito", pois Ele trabalha agora de maneira diferente de outros séculos como uma Presença residente nos filhos de Deus [...] A era da igreja começou com o advento do Espírito no Pentecostes e terminará com o inverso do Pentecostes, a retirada do Espírito. Isso não significa que Ele não estará operando — apenas que não será mais residente.
5) O trabalho do Espírito desde Seu advento incluiu a detenção do mal [...] João 16.7-11 [...] 1João 4.4. Como será diferente na tribulação [...]
6) [...] apesar de o Espírito não ter residido na terra durante os dias do Antigo Testamento, assim mesmo exerceu influência detentora [...] Isaías 59.19*b*... [8]

B. *O trabalho do Espírito Santo com os crentes na tribulação*. O fato de que o Espírito Santo é o detentor, a ser retirado da terra antes do início da tribulação, não deve ser interpretado como uma negação de que o Espírito Santo seja onipresente, ou de que continue a operar no final desta era. O Espírito trabalhará dentro e por meio de homens. Só se insiste em que os ministérios exclusivos do Espírito Santo ao crente neste presente século (batismo, 1Co 12.12,13; habitação, 1Co 6.19,20;

---

[7] Gerald STANTON, Kept from the hour, p. 110.
[8] Ibid., p. 111-5.

selo, Ef 1.13; 4.30 e enchimento, Ef 5.18) terminarão. Sobre essa questão Walvoord escreve:

> Há pouca evidência de que os crentes serão habitados pelo Espírito durante a tribulação [...] O período tribulacional [...] parece voltar às condições do Antigo Testamento de várias maneiras; e, no período do Antigo Testamento, os santos jamais foram habitados permanentemente exceto em casos isolados, apesar de serem encontrados vários casos de plenitude do Espírito de capacitação para serviço. Considerando todos os fatores, não há evidência da presença habitadora do Espírito Santo nos crentes durante a tribulação. Se o Espírito residir no crente durante a tribulação, no entanto, segue-se que serão selados pelo Espírito, pois o selo é a Sua própria presença neles.[9]

Já que todos os ministérios do Espírito para o crente hoje dependem da Sua presença habitanto nele, todos os ministérios dela dependentes estarão ausentes em relação aos santos da tribulação.

II. A Salvação no Período Tribulacional

Um campo de investigação aberto pela visão de que o Espírito Santo é o detentor que será retirado é a salvação durante o período tribulacional. Essa é uma das questões mais freqüentemente levantadas por aqueles que são contra a posição pré-milenarista dispensacional. Allis pergunta:

> Se a igreja se constitui apenas daqueles que foram redimidos no intervalo entre o Pentecostes e o arrebatamento, e se toda a igreja deve ser arrebatada, então não haverá crentes na terra no período entre o arrebatamento e a aparição. Mas, durante o período, 144 mil em Israel e uma multidão inumerável de gentios (Ap 7) serão salvos. Como isso pode acontecer, se a igreja for arrebatada e o Espírito Santo for retirado da terra?[10]

Esse autor pensa ter desferido um golpe mortal no dispensacionalismo ao fazer tal pergunta, pois, para ele, não pode haver salvação sem a presença e o ministério da igreja. Ele continua dizendo:

> ... a objeção mais séria à afirmação dos dispensacionalistas, segundo a qual a declaração "o reino dos céus está próximo" significava que ele

---

[9] Walvoord, op. cit., p. 230.
[10] Oswald T. Allis, *Prophecy and the church*, p. 12.

A relação entre o Espírito Santo e a tribulação

poderia ser estabelecido "a qualquer momento", era o fato de que isso implicaria desprezar o ensinamento inequívoco de Jesus de que "Cristo deve sofrer e entrar para sua glória". *Essa declaração tornava a cruz desnecessária ao sugerir que o reino glorioso do Messias poderia ser estabelecido imediatamente. Ela não dava espaço para a cruz, já que o reino do Messias deveria ser sem fim.* Ela levava à conclusão de que, se Israel tivesse aceito Jesus como Messias, o ritual de sacrifício do Antigo Testamento teria sido suficiente para o pecado [...] *A única conclusão a que se pode chegar com base em tal afirmação é que a igreja exigia a cruz, enquanto o reino não;* que o evangelho do reino não incluía a cruz, enquanto o evangelho da graça de Deus a incluía [grifo do autor].

[...]

[...] é a questão [...] se o remanescente judeu "piedoso" do fim dos tempos aceitará e pregará a cruz ou não.

[...]

O "evangelho do reino" foi pregado antes da cruz, antes da era da igreja, durante a qual o evangelho da cruz deve ser pregado; e sua pregação deverá ser retomada, aparentemente sem mudança ou adição, após a era da igreja. *A inferência natural é esta: se ele não envolveu a cruz quando foi pregado no primeiro advento, ele não a inclui quando for pregado após o arrebatamento.* Tal conclusão é por demais inevitável se ele for pregado por um remanescente judeu... [grifo do autor].[11]

Com essa posição, o pós-tribulacionista está de total acordo.[12] É necessário, em vista de tais acusações, estabelecer o ensinamento das Escrituras sobre a questão da salvação no período tribulacional.

A. *A natureza da salvação no Antigo Testamento.* Há dois aspectos distintos de como a doutrina de salvação é apresentada no Antigo Testamento: individual e nacional.

1. O primeiro aspecto da salvação oferecido no Antigo Testamento é o *individual*. Com respeito a isso, Chafer escreve:

Os santos do Antigo Testamento tinham um relacionamento correto e aceitável com Deus [...] Quanto à condição do judeu na antiga dispensação, podemos observar: a) Nasciam como participantes de um relacionamento pactual com Deus no qual não havia limitações impostas sobre sua fé ou sobre sua comunhão com Ele [...] b) Em caso de não conseguirem alcançar as obrigações morais e espirituais impostas por sua posição na

---

[11] Ibid., p. 230-3.
[12] Cf. REESE, op. cit., p. 112-4.

aliança, os sacrifícios eram oferecidos como base de restauração dos privilégios pactuais [...] c) Como indivíduo, o judeu poderia de tal modo fracassar em sua conduta e de tal modo negligenciar os sacrifícios, que, no final, seria desonrado por Deus e lançado fora [...] d) A salvação e o perdão nacional de Israel ainda são uma expectativa futura, e sua ocorrência é prometida para quando o Libertador vier de Sião (Rm 11.26,27) [...] Uma parte muito clara e abrangente das Escrituras fala sobre a vida eterna relacionada ao judaísmo. No entanto, ela é contemplada ali como uma *herança*. a) Isaías 55.3 [...] b) Daniel 12.2 [...] c) Mateus 7.13,14 [...] d) Lucas 10.25-29 [...] e) Lucas 18.18,27 [...] f) Mateus 18.8-9... A dádiva da vida eterna será para os israelitas, como no caso dos crentes, uma característica da salvação em si; e salvação para Israel é apresentada em Romanos 11.26-32 como algo que ocorre após o cumprimento do propósito do presente século, a plenitude dos gentios; esse cumprimento trará o fim da cegueira de Israel (v. 25), na época em que vier "de Sião o Libertador", que "apartará de Jacó as impiedades".[13]

É evidente, assim, que a salvação oferecida no Antigo Testamento era uma salvação individual, aceita pela fé, baseada em sacrifício de sangue, que servia de indício do verdadeiro sacrifício por vir. Essa salvação foi apresentada como herança a ser recebida em tempo futuro, e não uma posse presente. Cada israelita que acreditasse em Deus era verdadeiramente salvo, mas aguardava uma experiência futura de plenitude daquela salvação. Chafer diz:

Ao apresentar um sacrifício e colocar a mão sobre a cabeça da vítima, o transgressor reconhecia seu pecado diante de Deus e entrava racionalmente num acordo em que um substituto morria no lugar do pecador. Embora seja afirmado em Hebreus 10.4 —"porque é impossível que o sangue de touros e de bodes remova pecados"—, Deus concedia perdão ao transgressor, porém com a expectativa de que uma base justa para tal perdão seria por fim assegurada pela morte sacrificial incomparável de Seu Filho, exemplificada pelo sacrifício animal [...] Em Romanos 3.25 o objetivo divino da morte de Cristo é declarado assim: "para manifestar a sua justiça, por ter Deus, na sua tolerância, deixado impunes os pecados anteriormente cometidos".[14]

Assim a salvação era oferecida ao indivíduo.

2. Um segundo aspecto da salvação oferecido no Antigo Testamento era o *nacional*. Sobre isso Chafer escreve:

---

[13] CHAFER, op. cit., IV, p. 24-6.
[14] Ibid., III, p. 103-4.

As Escrituras testemunham sobre o fato de que Israel como nação deverá ser salvo de seu pecado e liberto de seus inimigos pelo Messias quando Ele retornar à terra [...] É óbvio que Israel como nação não está salvo agora, e nenhuma das características das alianças eternas de Jeová com aquele povo estão evidentes agora [...] A nação, com exceção de certos rebeldes que serão expulsos (Ez 20.37,38), será salva, e isso pelo seu próprio Messias quando Ele vier de Sião (cf. Is 59.20,21; Mt 23.37-39; At 15.16). "Todo o Israel" de Romanos 11.26 é evidentemente aquele Israel separado e aceito que terá passado pelos julgamentos que ainda cairão sobre aquela nação (cf. Mt 24.37-25.13). O apóstolo diferencia claramente a nação de Israel de um Israel espiritual (cf. Rm 9.6; 11.1-36).

[...] Jeová vai, junto com o segundo advento de Cristo e como parte da salvação de Israel, "tirar os seus pecados". Isso, Jeová declara, é Sua aliança com eles (Rm 11.27). Observa-se que, em tempos passados, Jeová lidava com os pecados de Israel [...] apenas com uma cobertura temporária daqueles pecados, e que Cristo na Sua morte levou sobre Si o julgamento daqueles pecados que Jeová já havia perdoado; mas a aplicação final do valor da morte de Cristo por Israel espera o momento de sua conversão nacional [...] É então que, de acordo com Sua aliança, Jeová vai "tirar" seus pecados. Em Hebreus 10.4 afirma-se que é impossível que o sangue de touros e bodes "remova" pecados, e em Romanos 11.27 está prometido que os pecados de Israel serão retirados [...] A inferência a ser feita a partir dessas e de outras partes das Escrituras é que ainda no futuro, no mais breve espaço de tempo, e como parte da salvação de Israel, Jeová retirará seus pecados [...] Concluímos, então, que a nação de Israel ainda será salva e seus pecados serão retirados para sempre por meio do sangue de Cristo.[15]

Assim, observa-se que, enquanto o israelita que acreditava em Deus era salvo, a salvação lhe era assegurada com base num trabalho futuro que Deus fará para toda a nação no segundo advento, quando o Messias tratará definitivamente dos pecados do povo. Um indivíduo salvo em Israel pode regozijar-se com sua própria salvação e ao mesmo tempo esperar a salvação nacional. Confessar que sua nação ainda não está salva não é negar sua própria salvação como indivíduo.

É nesse mesmo ponto que as críticas à nossa posição, conforme mencionadas anteriormente, não têm fundamento. Os indivíduos salvos na tribulação hão de conhecer a experiência da salvação, mas ainda olharão para o futuro com expectativa pela conclusão da salvação nacional na aparição do Redentor. Após experimentar a bênção da salvação individual, eles aguardarão com nova alegria a vinda do Redentor e Sua redenção para completar aquilo cujo começo eles mesmos experimentaram.

[15] Ibid., III, p. 105-7.

B. *Promessas específicas de salvação do Antigo Testamento*. Há várias passagens do Antigo Testamento que prometem salvação a Israel. Devemos lembrar que, embora a ênfase seja dada à salvação nacional, esta deve ser precedida pela salvação individual. O próprio Paulo (Rm 9.6) restringe o "todo o Israel" de Romanos 11.26 a indivíduos salvos. Assim, no Antigo Testamento qualquer promessa de salvação deve incluir ambos os aspectos.

> Ah! Que grande é aquele dia, e não há outro semelhante! É tempo de angústia para Jacó; ele, porém, será livre dela (Jr 30.7).

> Far-vos-ei passar debaixo do meu cajado e vos sujeitarei à disciplina da aliança; separarei dentre vós os rebeldes e os que transgrediram contra mim... (Ez 20.37,38).

> ... mas, naquele tempo, será salvo o teu povo, todo aquele que for achado inscrito no livro (Dn 12.1).

> O sol se converterá em trevas, e a lua, em sangue, antes que venha grande e terrível Dia do SENHOR. E acontecerá que todo aquele que invocar o nome do SENHOR será salvo; porque, no monte Sião e em Jerusalém, estarão os que forem salvos, como o SENHOR prometeu; e, entre os sobreviventes, aquele que o SENHOR chamar (Jl 2.31,32).

> Naquele dia, haverá uma fonte aberta para a casa de Davi e para os habitantes de Jerusalém, para remover o pecado e a impureza. Em toda a terra, diz o SENHOR, dois terços dela serão eliminados e perecerão; mas a terceira parte restará nela. Farei passar a terceira parte pelo fogo, e a purificarei como se purifica a prata, e a provarei como se prova o ouro; ela invocará o meu nome, e eu a ouvirei; direi: É meu povo, e ela dirá: O SENHOR é meu Deus (Zc 13.1,8-9).

O Antigo Testamento promete especificamente uma salvação para Israel, que é associada com "aquele dia", ou o dia do Senhor. Já que essa salvação ainda não foi experimentada por Israel, deve ser experimentada durante o tempo em que Deus novamente lidará com Israel como nação, no período tribulacional. Logo, as promessas não-cumpridas do Antigo Testamento levam-nos a esperar que a salvação seja experimentada durante a tribulação.

O Antigo Testamento não prevê a salvação só dos israelitas antes da vinda do Senhor, mas de uma multidão de gentios também.

> Nos últimos dias, acontecerá que o monte da Casa do SENHOR será estabelecido no cume dos montes e se elevará sobre os outeiros, e para ele aflui-

A relação entre o Espírito Santo e a tribulação 291

rão todos os povos. Ele julgará entre os povos e corrigirá muitas nações... (Is 2.2,4).

As nações se encaminham para a tua luz, e os reis, para o resplendor que te nasceu. Então, o verás e serás radiante de alegria; o teu coração estremecerá e se dilatará de júbilo, porque a abundância do mar se tornará a ti, e as riquezas das nações virão a ter contigo (Is 60.3,5).

As nações verão a tua justiça, e todos os reis, a tua glória... (Is 62.2).

Durante Seu ministério terreno, o Senhor reiterou as mesmas promessas em passagens como Mateus 13.47-50, 24.13 e João 3.1-21. As promessas não foram anuladas.

C. *O cumprimento da salvação prometida*. O sétimo capítulo de Apocalipse faz um registro impressionante do cumprimento da salvação individual como prometida no Antigo Testamento.

1. A promessa sobre *os israelitas individuais* é cumprida. Os primeiros oito versículos do capítulo são dedicados a uma descrição dos 144 mil servos selados de Deus. Nessa passagem, as circunstâncias de sua salvação são apenas sugeridas. O fato de que eles têm o selo do Deus vivo leva-nos a crer em sua salvação, pois o selo é a designação de posse. Novamente, sua salvação é insinuada no fato de serem chamados "os servos do nosso Deus". Tal designação só poderia ser dada a indivíduos salvos. No capítulo 14 esses 144 mil são referidos especificamente como "redimidos dentre os homens" (v. 4), e são "primícias para Deus". O fato de estarem associados às quatro criaturas viventes e aos 24 anciãos na adoração de Deus garante a sua salvação. Logo, vemos que a promessa relativa à salvação individual é cumprida nos 144 mil, embora sejam apenas pequena parte dos israelitas salvos durante aquele período.

2. A promessa relativa aos *gentios* está cumprida. Os versículos de 9 a 17 dão o cumprimento dessas promessas do Antigo Testamento relativas à salvação dos gentios, pois aqui temos a descrição de uma multidão, cujo número não se pode calcular, que experimentou a salvação. O fato de que eles "lavaram suas vestiduras e as alvejaram no sangue do Cordeiro" garante a sua salvação.

3. A promessa de *salvação nacional* é cumprida. Apocalipse 19.11-20.6 oferece um quadro do cumprimento do segundo aspecto da salvação prometida do Antigo Testamento. Nessa parte vemos o Senhor

retornando como "REI DOS REIS E SENHOR DOS SENHORES". Todos os poderes hostis dos gentios são destruídos e seus líderes são lançados no lago de fogo. Satanás é preso. O reino prometido, no qual todas as promessas e alianças são cumpridas, é inaugurado pela presença pessoal e pelo governo do Rei. Assim João retrata o cumprimento da salvação nacional.

D. *A base da salvação na tribulação*. Ao considerar a importante questão da base ou do método da salvação durante a tribulação, certas afirmações podem ser feitas.

1. A salvação na tribulação certamente será baseada *no princípio da fé*. Hebreus 11.1-40 deixa claro que o único indivíduo aceito por Deus era o indivíduo que cria em Deus. O princípio do v. 6, "sem fé é impossível agradar a Deus", não se limita à presente era, mas vale para todas as épocas. A fé de Abraão é dada como exemplo do método de abordagem de Deus (Rm 4.2) e será o método de abordagem na tribulação.

2. As descrições dos salvos na tribulação deixam claro que serão salvos *pelo sangue* do Cordeiro. Sobre os judeus salvos, diz-se que "são os que foram redimidos dentre os homens" (Ap 14.4), e Israel jamais conheceu uma redenção que não fosse baseada em sangue. Sobre os gentios, diz-se que "lavaram suas vestiduras e as alvejaram no sangue do Cordeiro" (Ap 7.14). Com relação à frase "no sangue", Bullinger, meticuloso especialista em grego, diz:

> Não "com sangue"; nada sob a lei jamais foi lavado "com sangue", nada pode ser alvejado ao ser "lavado" com sangue. É por um significado literal forçado da proposição [...] (*en*) que se chegou a essa falsa idéia. A preposição constantemente significa *pelo* ou *por meio de* e é traduzida "pelo" 142 vezes e "por meio de" 37 vezes. (V. Mt 9.34; 5.34,35; Gl 3.11; 2Tm 2.10.) Nesse mesmo livro (v. 9) ela é traduzida por "pelo". Então aqui e em 1.5 esse deve ser o significado.[16]

Em Apocalipse 12 Satanás ataca o remanescente de Israel, pois tal é o significado da "mulher" nesse capítulo. O remanescente fiel é mencionado no v. 10 como "nossos irmãos". O instrumento de vitória dos "irmãos" nos é dado no v. 11, "eles, pois, o venceram por causa do sangue do Cordeiro". Então, uma vez mais, os crentes são salvos e libertos pelo "sangue do Cordeiro".

---

[16] E. W. BULLINGER, *The Apocalypse*, p. 290-1.

Apocalipse 12.17 oferece a razão da animosidade especial de Satanás: eles "têm o testemunho de Jesus". É por causa da mensagem que esse remanescente fiel proclama que Satanás é apresentado como "furioso". Essa é só mais uma mostra da mensagem proclamada no período tribulacional.

3. A salvação será *pelo ministério do Espírito Santo*. Ao identificar o Espírito Santo como o detentor de 2Tessalonicenses 2.7, vem a alegação persistente dos oponentes dessa opinião, que dizem que o Espírito Santo deve cessar de operar no mundo na tribulação porque não estará mais morando no corpo de Cristo como Seu templo. Nada poderia estar mais longe da verdade. Devemos notar que o Espírito Santo não assumiu um ministério de habitação em todos os crentes no Antigo Testamento, mas o Senhor, referindo-se a alguém sob essa economia, mostra claramente que a salvação era pela operação do Espírito Santo (Jo 3.5,6). Mesmo sem esse ministério de habitação do Espírito Santo, os santos do Antigo Testamento foram salvos pelo Espírito Santo, apesar de Ele não habitar tais crentes como um templo. Assim, no período tribulacional, o Espírito Santo, que é onipresente, fará o mesmo trabalho de regeneração que fazia quando Deus lidava anteriormente com Israel, mas sem um ministério de habitação. A atual habitação está relacionada à capacitação, à união de crente com crente por causa da sua relação com o Templo de Deus, mas a habitação é totalmente diferente do trabalho do Espírito na regeneração. Logo, devemos reconhecer claramente que, apesar de o Espírito não habitar os salvos da tribulação, Ele ainda pode operar na regeneração deles. Joel 2.28-32 relaciona a salvação de Israel ao ministério do Espírito Santo antes do segundo advento. Comentando sobre João 3, Walvoord diz: "O diálogo de Cristo com Nicodemos (Jo 3.1-21) pode ser entendido como uma confirmação de que haverá salvação durante a tribulação, e de que ela será obra do Espírito Santo".[17] Kelly acrescenta: "Quero, então, afirmar explicitamente minha própria convicção [...] de que a salvação de todos os salvos em todas as épocas depende da obra de Cristo, e o Espírito é o único aplicador eficaz dessa obra em qualquer alma".[18] É possível afirmar com confiança, então, que a salvação oferecida pelo sangue do Cordeiro e recebida pela fé será efetivada mediante a obra do Espírito Santo.

---

[17] WALVOORD, op. cit., p. 229.
[18] William KELLY, *Lectures on the revelation*, p. 164, nota de rodapé.

E. *A relação desse evangelho com o evangelho do reino.* Os críticos dessa posição declaram que, já que o evangelho do reino está sendo pregado durante a tribulação, não pode haver pregação da cruz. A tribulação testemunhará a pregação do evangelho do reino. Mateus 24.14 deixa isso bem claro. No entanto, a pregação da cruz e a pregação do evangelho do reino não são mutuamente excludentes.

Devemos reconhecer que o termo *evangelho* no seu uso literal significa simplesmente "boas novas". O evangelho do reino era as boas novas de que o Rei prometido apareceria logo em cena para oferecer o reino prometido. Em tal uso, o evangelho do reino não é principalmente soteriológico, mas escatológico em conceito. O evangelho do reino não oferecia uma maneira de salvação, mas em vez disso oferecia a esperança de cumprimento das promessas escatológicas de Israel, que continham nelas o cumprimento das esperanças soteriológicas, como já vimos ao analisar os dois aspectos da salvação do Antigo Testamento.

Houve duas fases da pregação joanina do evangelho do reino: "Arrependei-vos, porque está próximo o reino de Deus" (Mt 3.2) e "Eis o Cordeiro de Deus, que tira o pecado do mundo" (Jo 1.29). Uma fazia parte da mensagem de João tanto quanto a outra. Nessas duas declarações, João proclamou uma cruz assim como um reino. Assim será no período tribulacional.

O aspecto soteriológico da mensagem de João não está nas palavras "o reino de Deus está próximo", mas sim em "Arrependei-vos". Ao lidar com um povo pactual que Ele mesmo conduzira a um relacionamento pactual, Deus exige que o pecador ofereça um sacrifício e receba purificação, o que o reconfirmaria como participante na bênção da aliança. Tais sacrifícios e purificações subseqüentes estavam ligados permanentemente ao arrependimento no sentido veterotestamentário da palavra. João Batista, sendo de linhagem levítica, podia ministrar tais sacrifícios e administrar tal purificação por água como registram os evangelhos. Devemos concluir então que, quando João pregava, essas duas partes de sua mensagem estavam presentes. A promessa do Rei trazia convicção da falta de valor pessoal, que levava o indivíduo a buscar a purificação. Assim será no período tribulacional. A proclamação das boas novas de que o Rei está vindo trará convicção de indignidade pessoal, a qual trará as boas novas de purificação; não por meio de sacrifícios e aplicações cerimoniais de água, que tipificavam a vinda do Cordeiro de Deus, mas pelo método de purificação oferecido "de uma vez por todas", o sangue do Cordeiro. Como João anunciou o Rei e ofereceu a purificação tipologicamente, assim o remanescente fiel anunciará o rei e oferecerá purificação, completa e definitiva, por meio daquele sobre quem João falou. As boas novas do reino não eliminam as boas novas da salvação de sua mensagem.

F. *Os resultados da salvação*. As passagens que lidam com a salvação no período tribulacional mostram que há vários resultados que devemos dar por certos.

1. Haverá purificação pessoal. Passagens como Apocalipse 7.9,14 e 14.4 mostram claramente que o indivíduo salvo é aceito por Deus. Em nenhuma outra base o indivíduo poderia estar "diante do trono de Deus". Isso deve ser visto como resultado do cumprimento das ofertas individuais de salvação no Antigo Testamento.

2. Haverá salvação nacional. A preparação de tal nação (Ez 20.37,38; Zc 13.1,8,9) resultará na salvação da nação no segundo advento como prometido em Romanos 11.27. As promessas nacionais podem ser cumpridas porque Deus, pelo Espírito Santo, redimiu um remanescente em Israel ao qual e por meio do qual as alianças podem ser cumpridas.

3. Haverá bênçãos milenares. Apocalipse 7.15-17 e 20.1-6 deixam claro que a salvação oferecida durante esse período encontrará seu cumprimento na terra milenar. Todas as bênçãos e privilégios de serviço, posição e acesso a Deus são vistos no âmbito milenar. É assim que as promessas nacionais serão realizadas mediante a salvação individual durante a tribulação e serão desfrutadas na terra durante o milênio.

As promessas do Antigo Testamento ofereceram uma salvação ao israelita como indivíduo, a ser recebida como herança e a ser concretizada na época da salvação nacional no segundo advento do Messias. Já que essas promessas de salvação individual e nacional ainda não foram totalmente cumpridas, elas o serão no futuro. Quando Deus lidar novamente com a nação de Israel, a salvação será oferecida com base no sangue de Cristo, a ser recebida pela fé e aplicada pelo Espírito Santo. Isso está em perfeita harmonia com a pregação do evangelho do reino, soteriológica e escatológica. A salvação oferecida na tribulação será recebida individualmente por multidões de gentios e culminará na salvação nacional para Israel e na bênção milenar total para todos os salvos. A interpretação sugerida daria centralidade à cruz, à morte de Cristo, ao propósito eterno da redenção e tornaria nossa posição imune aos ataques dos adversários que afirmam, nas palavras de Allis:

É de fundamental importância ressaltar que, se a doutrina dispensacionalista com relação à *natureza* do reino prometido e ao *significado* da palavra "próximo" for aceita, ela leva logicamente à opinião de que a cruz, como sacrifício redentor pelo pecado, refere-se apenas à era e aos santos da igreja. Conforme pregado no primeiro advento, o reino não incluía nem implicava a cruz; conforme pregado no segundo advento, ele não incluirá nem pressuporá a cruz.[19]

Tais ataques são injustificados e falsos.

---

[19] ALLIS, op. cit., p. 234.

Capítulo 18

Israel na tribulação

Um dos propósitos divinos por alcançar na tribulação é o preparo da nação de Israel para o reino a ser instituído no retorno do Messias em cumprimento às alianças de Israel.

I. SERMÃO DO MONTE DAS OLIVEIRAS

Uma cronologia detalhada dos acontecimentos previstos em relação à nação de Israel é apresentada na importante profecia do Senhor em Mateus 24.1-25.46.

A. *O cenário do sermão*. Esse sermão, pronunciado dois dias antes da morte do Senhor (Mt 26.1,2), segue-se à declaração dos ais sobre os fariseus (Mt 23.13-36) e do aviso da cegueira legal sobre a nação de Israel (Mt 23.37-39). Sobre Mateus 23.37-39, Chafer escreve:

> O sermão é para os filhos de Jerusalém, que, nesse caso, são uma representação da nação de Israel [...] todo o sermão de Mateus 24.4 em diante [...] imediatamente pronunciado a Seus discípulos, que ainda eram classificados como judeus e representavam um povo que passará pelas experiências nele descritas. O sermão é dirigido a toda a nação e especialmente àqueles que sofrerão as provações retratadas ali. A frase " quis eu reunir os teus filhos" não só prova que Ele fala a Israel, mas refere-se ao cumprimento de grande parte da profecia relativa à reunião final de Israel na sua própria terra [...] "Vossa casa" é uma referência à casa de Israel que se centralizou na linhagem real de Davi [...] O termo "deserta" é uma de várias palavras usadas em referência à situação de Israel no mundo durante a presente época [...] "Não me vereis" é uma afirmação que prevê Sua ausência total, no que diz respeito a Sua relação singular com Israel

"até" que Ele volte, quando "todo olho o verá" (Ap 1.7) "e verão o Filho do homem vindo sobre as nuvens do céu, com poder e muita glória" (Mt 24.30).[1]

Logo, o sermão se situa no cenário da rejeição do Messias por parte de Israel e da imposição da cegueira legal sobre aquela nação.

B. *As perguntas dos discípulos*. Em Mateus 23 o Senhor anunciou julgamento sobre os fariseus e cegueira sobre a nação. No capítulo 24 Ele anuncia a destruição de Jerusalém (Mt 24.1,2). Na mente dos discípulos tais afirmações tinham significância escatológica, pois o seu cumprimento estava associado à vinda do Messias e ao fim dos séculos. Eles perguntaram: "Quando sucederão estas cousas e que sinal haverá da tua vinda e da consumação do século?" (Mt 24.3). Talvez a promessa de Seu retorno (Mt 23.39) houvesse dado aos discípulos a associação escatológica.

A resposta à primeira pergunta não é registrada por Mateus, mas é dada em Lucas 21.20-24. Essa parte do sermão estava relacionada à destruição de Jerusalém sob Tito em 70 d.C.[2]

Sobre as duas perguntas seguintes, Gaebelein escreve:

> Voltando às duas perguntas seguintes, "Que sinal haverá da tua vinda e da consumação do século?", deve-se dizer que, sem dúvida, na mente dos discípulos a pergunta era uma. Jesus havia falado várias vezes sobre Seu retorno. Como judeus verdadeiros eles esperavam, e isso com todo o direito, o estabelecimento do reino messiânico pelo Messias. Eles viram como Ele [...] fora rejeitado [...] eles tomam coragem e Lhe perguntam sobre o sinal de Sua vinda, a vinda que Ele mencionou antes [...] Essa vinda é Seu retorno visível e glorioso à terra [...] Depois perguntaram sobre o fim ou a consumação do século [...] esse é o fim da era judaica, que ainda é futuro.[3]

A passagem inteira de Mateus 24 e 25 foi escrita para responder à pergunta sobre os sinais da vinda do Messias, que marcaria o fim desta era. O Senhor apresenta os acontecimentos da consumação dos séculos antes do estabelecimento do reino relacionado a Israel e ao plano de Israel. Esse plano é desenvolvido numa ordem cronológica rígida. Chafer observa: "Poucas passagens do Novo Testamento colocam os

---

[1] Lewis Sperry CHAFER, *Systematic theology*, v, p. 116-7.
[2] Cf. Ibid., v, p. 118-9.
[3] Arno C. GAEBELEIN, *The gospel according to Matthew*, II, p. 175-6.

acontecimentos registrados numa ordem cronológica mais completa que esse sermão".[4]

C. *A interpretação do sermão*. Nada é mais importante para o entendimento dessa passagem que o método de interpretação. Gaebelein trata dos três métodos principais de interpretação.

> A interpretação mais difundida dessa parte do sermão é que tudo foi cumprido no passado. A grande tribulação é coisa do passado, e o Senhor Jesus Cristo voltou na destruição de Jerusalém. Esse é um método insensato de espiritualização, que comete grande violência à Palavra de Deus[...]
> Outro método de explicar as primeiras previsões do sermão profético é aplicá-las à era cristã na qual vivemos [...] Alguns intérpretes dizem que o Senhor se refere a toda essa era cristã e especialmente seu fim. Então afirmam que a igreja deverá permanecer na terra nessa consumação do século e passar pela grande tribulação, e portanto as exortações contidas no capítulo são destinadas a crentes que vivem no fim dos séculos [...]
> Resta um terceiro modo de interpretar as palavras do nosso Senhor: é ver as previsões sobre o fim da era judaica como ainda futuras. Essa é a única chave correta para entender esses versículos [...] o sermão profético de nosso Senhor é uma previsão de como a era judaica terminará.[5]

A primeira seria a opinião do amilenarista, a segunda do defensor do arrebatamento pós-tribulacionista e a terceira do defensor do arrebatamento pré-tribulacionista.

D. *O período tribulacional*. O primeiro acontecimento no plano de Israel para o fim dos séculos é o período tribulacional tratado em Mateus 24.4-26. Há uma divergência de opinião entre os defensores do arrebatamento pré-tribulacionista quanto à cronologia dessa seção.

1. A primeira opinião é a de Chafer,[6] para quem Mateus 24.4-8 refere-se a acontecimentos da atual era da igreja, anteriores ao começo da sétima semana e chamados "o começo da angústia", enquanto os versículos 9-26 dizem respeito ao período tribulacional. Ele diz sobre os versículos 4-8:

> Esses acontecimentos [...] não constituem sinal do fim da era judaica [...] embora sejam característicos da era imprevista nos escritos proféticos [...]

[4] CHAFER, op. cit., v, p. 114.
[5] GAEBELEIN, op. cit., II, p. 167-70.
[6] CHAFER, op. cit., v, p. 120-5.

Essa passagem extensa [Mt 24.9-26] apresenta a mensagem pessoal de Cristo a Israel sobre a grande tribulação.[7]

2. A segunda opinião é a de Scofield, para quem a passagem tem dupla interpretação, parte aplicável à era da igreja e parte à tribulação. Ele diz:

> Os versículos de 4 a 14 têm dupla interpretação: eles dão 1) o caráter da era —guerras, conflitos internacionais, fomes, pestes, perseguições e falsos cristos (cf. Dn 9.26) [...] 2) Mas a mesma resposta (v. 4-14) aplica-se de maneira específica ao *fim* desta era, ou seja, à septuagésima semana de Daniel [...] Tudo o que caracterizava o *século* assume terrível intensidade no *fim*.[8]

3. Uma terceira opinião é a de English, que diz:

> Em Mateus 24, os versículos de 4 a 14 referem-se à primeira metade da semana, o começo do fim; e os versículos 15 a 26 referem-se à segunda metade, a grande tribulação, vindo depois o fim.[9]

4. Uma quarta opinião entende que os versículos 4-8 referem-se à primeira metade da tribulação e os 9-26 à segunda metade da semana.

A coerência de interpretação aparentemente eliminaria qualquer aplicação dessa porção das Escrituras à igreja ou à era da igreja, visto que o Senhor está lidando com o plano profético para Israel. Além disso, a diferença entre interpretação e aplicação aparentemente eliminaria a opinião que vê dupla aplicação na passagem. Parece haver evidência de apoio à opinião de que a primeira metade da semana é descrita nos v. 4-8. O paralelismo entre os versículos 4-8 e Apocalipse 6 parece indicar que a primeira metade da tribulação é tratada aqui. Gaebelein observa:

> Se essa é a interpretação correta [...] então deve haver perfeita harmonia entre essa parte do sermão do monte das Oliveiras contido em Mateus 24 e a parte de Apocalipse que começa com o sexto capítulo. *E esse é realmente o caso.*[10]

---

[7] Ibid. v, p. 120-1.
[8] C. I. Scofield, *Reference Bible*, p. 1033.
[9] Schuyler English, *Studies in the gospel according to Matthew*, p. 173.
[10] Gaebelein, op. cit., II, p. 182.

Israel na tribulação

Esse paralelismo é observado por English, que escreve:

> O *primeiro* selo foi aberto revelando um homem num cavalo branco, que sai para a conquista com um arco. O Senhor Jesus virá num cavalo branco, mas esse homem não é Ele, e sim um falso cristo, que estabelece paz temporária. Qual é a *primeira* previsão de Mateus 24? "Porque virão muitos em meu nome, dizendo: Eu sou o Cristo" (v. 5). O *segundo* selo foi aberto revelando um homem num cavalo vermelho, que deveria tomar a paz da terra. A *segunda* previsão de Mateus 24 é encontrada nos versículos 6 e 7: "Guerras e rumores de guerras [...] se levantará nação contra nação". O *terceiro* selo foi aberto revelando um homem num cavalo negro, que tinha balanças na sua mão; e "uma como que voz no meio dos quatro seres viventes" indica fome. A *terceira* previsão de Mateus 24 é: "Haverá fomes" (v. 7). O *quarto* selo foi aberto revelando alguém num cavalo amarelo, cujo nome era Morte, e a *quarta* profecia de Mateus 24 fala sobre pestes e terremotos. O *quinto* selo se relaciona aos que foram mortos pela Palavra de Deus, e, sob o altar, choram: "Até quando, ó Soberano Senhor, santo e verdadeiro, não julgas, nem vingas o nosso sangue dos que habitam sobre a terra?". Qual é a quinta profecia de Mateus 24? "Então, sereis atribulados, e vos matarão" (v. 9).[11]

Há indícios de que os versículos 9-26 referem-se aos acontecimentos da última metade da semana. A abominação da desolação (24.15) é claramente afirmada por Daniel (9.27) como uma ocorrência no meio da semana que continua até o fim do período. A palavra "então" no versículo 9 parece introduzir as grandes perseguições contra Israel que foram prometidas e descritas em Apocalipse 12.12-17, em que João revela que a perseguição durará pela última metade do período tribulacional (Ap 12.14).

A cronologia dos acontecimentos do período tribulacional apresentada pelo Senhor pode ser determinada assim. Na primeira metade da semana Israel sofrerá os castigos dos versículos 4-8 (os selos de Ap 6), apesar de viver em relativa segurança sob a falsa aliança (Dn 9.27). No meio da semana ocorrerá perseguição (v. 9; Ap 12.12-17) por causa do Desolador (v. 15; 2Ts 2; Ap 13.1-10), que levará Israel a fugir da sua terra (v. 16-20). O Israel infiel será enganado pelo falso profeta (v. 11; Ap 13.11-18) e entrará em apostasia (v. 12; 2Ts 2.11). O Israel fiel será um povo de testemunho, levando as boas novas de que esses acontecimentos prenunciam a aproximação do Messias (v. 14). Esse período terminará com o segundo advento do Messias (v. 27). Esse parece ser o resumo que o Senhor faz da cronologia do período tribulacional.

---

[11] ENGLISH, op. cit., p. 173-4.

E. *O segundo advento do Messias*. Após a descrição do período tribulacional, o Senhor acrescenta à cronologia o segundo advento (Mt 24.30-37). Com relação a essa vinda, vários acontecimentos são mencionados. 1) A vinda acontecerá "imediatamente após a tribulação daqueles dias" (v. 29). Os acontecimentos do período tribulacional continuam até o segundo advento do Messias, cuja vinda o encerra. 2) Ela será precedida por um sinal (v. 30). Qual seja esse sinal, não nos é revelado. Muitos sinais o precederam, conforme descrito nos versículos 4-26, mas esse é um sinal singular que anunciará o advento do Messias. 3) A vinda será repentina (v. 27) e 4) será evidente (v. 30), quando Seu poder e Sua glória serão manifestos por toda a terra.

F. *O ajuntamento de Israel*. O v. 31 sugere que o acontecimento seguinte ao segundo advento será o ajuntamento de Israel. Os israelitas foram espalhados por causa da raiva de Satanás (Ap 12.12) e da desolação da besta (Mt 24.15), mas, de acordo com a promessa, eles serão ajuntados na terra (Dt 30.3,4; Ez 20.37,38; 37.1-14). Esse ajuntamento acontece mediante ministérios angélicos especiais. O termo "eleitos" do v. 31 deve referir-se aos santos do plano com o qual Deus estará lidando, isto é, Israel (Dn 7.18,22,27).

G. *As parábolas ilustrativas*. A cronologia dos acontecimentos do fim do século é brevemente interrompida para dar exortação prática aos que testemunharão esses acontecimentos. As instruções estão contidas nos versículos 32-51. A parábola da figueira (v. 32-36) é contada para demonstrar a certeza da vinda. Chafer escreve:

> Não há dúvida de que a figueira representa em outras passagens a nação de Israel (cf. Mt 21.28-20), mas não há razão para que esse significado seja buscado nesse uso do símbolo. Quando as coisas de que Cristo falou, incluindo-se o começo da tribulação, começarem a acontecer, pode-se aceitar como certeza que Ele está perto, às portas.[12]

O cumprimento dos sinais que foram dados nos versículos anteriores declarava a vinda do Messias tão certamente quanto as novas folhas na figueira proclamavam a chegada do verão.

Há uma diferença de opinião sobre a interpretação de "geração" em Mateus 24.34. Alguns afirmam que o termo se aplica à geração à qual Cristo falou, e logo Sua profecia teria sido cumprida com a des-

---

[12] CHAFER, op. cit., v, p. 127.

truição de Jerusalém em 70 d.C. Outros afirmam que a palavra se refere ao futuro, e logo Cristo está falando que aqueles que testemunharem os sinais descritos anteriormente no capítulo verão a vinda do Filho do homem naquela geração. Seria quase desnecessário afirmar esse fato, visto que se sabia que apenas sete anos se passariam entre o começo desse período e a vinda do Messias, ou três anos e meio a partir da aparição do Desolador até o advento do Messias. No entanto, essa pode ser a interpretação. Outros afirmam que a palavra geração deve ser vista no seu uso básico de "raça, tribo, família, descendência, classe,"[13] e logo o Senhor está prometendo aqui que a nação de Israel será preservada até a consumação do seu plano no segundo advento, apesar da intenção do Desolador de destruí-la. Essa parece ser a melhor explicação.

A parábola que demonstra a certeza de Sua vinda é seguida por exortações de vigilância por causa da incerteza da hora (v. 36-51). A referência aos dias de Noé (v. 37-39) não realça a lascívia do povo da época de Noé, mas sim a falta de preparo para o acontecimento que trouxe o julgamento. A natureza inesperada da vinda do Senhor é ressaltada na referência às duas pessoas que estavam no campo e às duas pessoas no moinho (v. 40,41), assim como na ilustração do servo fiel e do servo infiel (v. 45-50). Em cada uma das três ilustrações que mostram a natureza inesperada do acontecimento, os indivíduos mencionados estavam ocupados com a rotina cotidiana sem nenhuma preocupação com o retorno do Messias. A lição a ser aprendida está nas palavras "vigiai" (v. 42), "ficai também vós apercebidos" (v. 44) e "à hora em que não cuidais, o Filho do homem virá" (v. 44, 50).

H. *O julgamento sobre Israel*. A cronologia dos acontecimentos profetizados é resumida com base nas instruções ilustrativas da palavra "então" em Mateus 25.1. Na parábola das dez virgens o Senhor declara que, após o ajuntamento de Israel (Mt 24.31), o próximo acontecimento será o julgamento do Israel vivente na terra para saber quem entrará no reino. Isso foi previsto em Mateus 24.28, quando o Israel infiel é comparado ao cadáver sem vida jogado aos abutres, um retrato de julgamento.

1. Há duas opiniões principais quanto à identidade das virgens nessa parábola. A primeira é que o Senhor está lidando exclusivamente com Israel em Mateus 24.4-44, mas de 24.45 a 25.46 está tratando da presente era e de sua conclusão, e assim é a igreja que se tem em mente aqui. Gaebelein, que apóia essa opinião, diz:

[13] SCOFIELD, op. cit., p. 1034.

O Senhor ainda fala a Seus discípulos, mas nos deixa entender que, embora vistos na primeira parte como discípulos judeus e tipos do remanescente de Israel no fim da era judaica, aqui o Senhor olha para eles como em breve ligados a algo novo, isto é, o cristianismo.[14]

E mais:

... essas parábolas não estão mais relacionadas à era judaica e ao remanescente de Seu povo terreno, que se realça tanto na primeira parte do sermão.[15]

Essa opinião baseia-se no fato de que o óleo que as virgens prudentes possuíam representa o Espírito Santo, que teria sido tirado antes do período tribulacional. Além disso, baseia-se na observação de que crentes judeus da tribulação não estarão dormindo porque os sinais indicam a proximidade do retorno do Messias.[16]

Parece haver várias razões para rejeitar a opinião de que as virgens representam a igreja durante o presente século. 1) O período indicado pela palavra "então" (Mt 25.1) não seria uma referência à era da igreja, mas continuaria a cronologia dos acontecimentos ligados a Israel, à medida que o Senhor continua a responder à pergunta original cujo referencial de tempo fora interrompido por "agora" em 24.32. 2) Já que o Senhor está voltando à terra como Noivo para as bodas, Ele deverá estar acompanhado pela noiva. Logo, os que estão esperando na terra não poderiam ser a noiva. 3) Apesar de o óleo ser um tipo do Espírito Santo, ele não é usado tão exclusivamente na era da igreja. Já que haverá uma relação do Espírito Santo com os santos da tribulação, especialmente os que são Suas testemunhas, a referência ao Espírito Santo seria apropriada. 4) Na parábola não só as prudentes, mas também as néscias, que estavam destinadas ao julgamento, foram ao encontro do Noivo. Isso não poderia retratar o arrebatamento, pois nenhuma pessoa não-salva sairia ao Seu encontro naquela hora. 5) O termo "choro e ranger de dentes" (Mt 25.30) é usado em todas as outras ocorrências que se referem a Israel nos evangelhos (Mt 8.12; 13.42,50; 22.13; Lc 13.28) e parece referir-se também a Israel aqui. 6) Em Apocalipse 19.7-16 o banquete segue-se ao casamento em si. Lucas 12.35,36 parece insinuar que, enquanto as bodas ocorrem no céu, o banquete ocorre na terra. Essa parábola então descreveria a vinda do Noivo e da noiva à terra

---

[14] GAEBELEIN, op. cit., II, p. 220.
[15] Ibid., II, p. 225.
[16] Cf. ENGLISH, op. cit., p. 183.

Israel na tribulação 305

para o banquete das bodas, em relação às quais as cinco virgens prudentes serão aceitas e as néscias serão excluídas.

2. A segunda opinião vê as virgens representando a nação de Israel. Parece melhor concluir com English:

> As dez virgens representam o remanescente de Israel após a igreja ser levada. As cinco virgens prudentes são o remanescente fiel, as virgens néscias são o infiel, que só professa estar esperando o Messias vir com poder.[17]

A principal consideração nessa parábola parece estar no versículo 10: "as que estavam apercebidas entraram com ele para as bodas". Portanto, o Senhor está ensinando que, após o segundo advento e o ajuntamento de Israel, haverá um julgamento na terra para o Israel vivente, a fim de determinar quem entrará no reino, chamado na parábola "bodas", e quem será dele excluído. Os que tiverem a luz serão aceitos, e os que não a tiverem serão excluídos. Os que tiverem vida serão recebidos, e os que não a tiverem serão rejeitados.

A parábola dos talentos ilustra a mesma verdade de que Israel será julgado no segundo advento para apurar quem entrará no milênio e quem será excluído. English diz:

> Quando o Senhor Jesus voltar com poder, Ele lidará com o remanescente de Israel (Ez 20) para verificar quem receberá a bênção do reino. "Entra no gozo do teu Senhor" é a entrada na terra para a bênção do reino (Ez 20.40-42), enquanto o destino do servo improdutivo que foi lançado na escuridão é "não entrarão na terra de Israel", de Ezequiel 20.37,38.[18]

I. *O julgamento sobre as nações dos gentios.* A cronologia da consumação dos séculos termina com uma descrição do julgamento de Deus que cairá sobre todos os inimigos de Israel após o segundo advento. Esse julgamento será examinado em detalhes posteriormente. Para a consideração atual, é suficiente observar que esse é um julgamento para verificar quem, dentre os gentios, terá permissão para entrar "na posse do reino que vos está preparado desde a fundação do mundo" (Mt 25.34). Devemos observar que é um julgamento sobre os indivíduos gentios vivos após o segundo advento e não está relacionado ao julgamento dos *mortos* que serão ressuscitados para aparecer diante do grande tro-

---

[17] Ibid., p. 185.
[18] Ibid., p. 187-8.

no branco (Ap 20.11-15). Ele foi precedido por um tempo em que o evangelho do reino foi pregado por 144 mil testemunhas e pelo remanescente fiel. Esse julgamento determina a reação do indivíduo à sua pregação. Com relação ao julgamento dos gentios, Kelly escreve:

> ... aqui [o critério de juízo] é um assunto simples e único, que se aplica apenas àquela geração vivente de todas as nações: como você tratou os mensageiros do Rei quando eles pregaram o evangelho do reino antes da chegada do fim? O fim agora evidentemente chegou. O teste foi um fato aberto e inegável; provou claramente se tinham ou não fé no Rei vindouro. Os que honraram os mensageiros do reino demonstraram fé por meio de suas obras; os que os desprezaram manifestaram sua descrença. O teste não era só justo mas também misericordioso, e "o Rei" pronunciou Sua sentença de acordo com ele.[19]

Logo, no sermão do monte das Oliveiras, o Senhor proveu uma cronologia dos acontecimentos da septuagésima semana. Sua cronologia é um guia exato na interpretação dos acontecimentos subseqüentes daquele período.

II. A Identidade da "Mulher" de Apocalipse 12

É essencial esclarecer um aspecto da revelação profética ao lidar com Israel na tribulação: a identidade da "mulher" de Apocalipse 12. A tônica principal de Apocalipse 11.19-20.15 é o ataque de Satanás contra o povo com quem Deus está lidando naquela época. Esse ataque aparece no capítulo 13 por meio das bestas, que oferecem um falso Messias e um falso cumprimento da aliança de Abraão. Aparece nos capítulos 17 e 18 por meio de um sistema religioso apóstata, que afirma falsamente ser o reino de Deus. Aparece no capítulo 19 por meio da aliança das nações formada contra esse povo e seu Rei, e que o Senhor destrói na Sua vinda. Já que o movimento principal nessa passagem de Apocalipse é contrário a quem o capítulo 12 cita como *a mulher*, é importante identificar a personagem que ocupa tão importante lugar no livro.

Apocalipse 12 concentra-se em três personagens. Isso nos ajudará a identificar a mulher, o que é facilitado pelo próprio contexto.

A. *Um grande dragão vermelho*. O versículo 9 identifica com clareza essa personagem. Ela é ninguém menos que Satanás. O capítulo 20, versículo 2, confirma a identificação. Satanás é revelado claramente

---

[19] William Kelly, *The Lord's prophecy on Olivet in Matthew xxiv., xxv.*, p. 68.

Israel na tribulação 307

como autor e instigador dos ataques contra o povo de Deus aqui descrito no livro. Scott observa bem:

> Por que o dragão é usado como símbolo de Satanás? Faraó, rei do Egito, na sua crueldade contra o povo de Deus e na sua independência orgulhosa e arrogante de Deus, é denominado "o grande dragão" (Ez 29.3,4). Nabucodonosor é mencionado da mesma forma em relação à sua violência e crueldade (Jr 51.34). Juntando as várias referências bíblicas no Livro de Salmos e nos três primeiros grandes profetas ao crocodilo, o soberano dos mares, identificado com o dragão, a característica principal parece ser crueldade insaciável. Os egípcios consideravam o crocodilo ou o dragão, de acordo com seus hieróglifos, a fonte e o autor de todo mal, adorado pelo nome de Typho. A cor do dragão, vermelho, indica seu caráter sanguinário e assassino. Essa é a primeira vez nas Escrituras que Satanás é mencionado diretamente como um dragão. Os monarcas pagãos, Faraó e Nabucodonosor, escravizaram e oprimiram o povo de Deus e, agindo pelo poder satânico, mereceram a denominação de dragão. Mas, no período tratado no nosso capítulo, Satanás é o príncipe do mundo —seu governador. O poder romano é o instrumento por meio do qual ele age. Logo, o título "grande dragão vermelho" pode agora pela primeira vez ser usado por ele.[20]

O dragão aparece com sete cabeças, dez chifres e sete coroas nas cabeças (Ap 12.3), que são as mesmas que a besta possui nos capítulos 13 e 17. Afirma-se claramente em 13.2 que esse indivíduo recebe sua autoridade de Satanás. Isso nos mostra que Satanás está buscando uma autoridade governamental sobre o "remanescente" da mulher (12.7), cuja autoridade pertence, por direito, ao próprio Cristo.

B. *Um filho varão.* A citação do salmo 2, que todos concordam ser um salmo messiânico, identifica o filho aqui com ninguém menos que Jesus Cristo. O fato do nascimento, o fato do destino desse filho, pois Ele "há de reger todas as nações com cetro de ferro", e o fato da ascensão, já que ele é "arrebatado para Deus até ao seu trono", todos levam à identificação de uma pessoa, o Senhor Jesus Cristo, pois todas as três afirmações não poderiam ser feitas a respeito de ninguém mais.

C. *Uma mulher vestida do sol.* Embora haja um acordo geral entre comentaristas de todas as tendências com relação à identidade dos dois indivíduos mencionados anteriormente, há grande diversidade de interpretações com relação à personagem principal dessa passagem.

[20] Walter Scott, *Exposition of the revelation of Jesus Christ*, p. 249-50.

1. Existiram muitas falsas interpretações da identidade dessa mulher. Alguns crêem que ela era Maria. No entanto, a única característica que tornaria isso possível seria a maternidade, pois Maria jamais foi perseguida, jamais fugiu para o deserto, jamais foi cuidada por 1 260 dias.[21] Outros acreditavam que essa mulher fosse a igreja que está trabalhando para trazer Cristo às nações.[22] Isso, no entanto, baseia-se no princípio alegorizador de interpretação e deve ser rejeitado. A igreja não produziu Cristo, mas Cristo produziu a igreja. Já que a igreja não é vista na terra nos capítulos de 4 a 19 de Apocalipse, ela não pode ser representada por essa mulher. Outros identificaram a mulher como o líder de alguma denominação específica. Mas somente pelos devaneios mais loucos da imaginação é que algum indivíduo seria levado a fazer essa interpretação hoje.

2. A interpretação dos pré-milenaristas dispensacionalistas tem sido que a mulher nessa passagem representa a nação de Israel. Há várias considerações que apóiam essa interpretação.

a. O contexto inteiro da passagem revela que João está lidando com a nação de Israel. Gaebelein escreve:

> Apocalipse, capítulos de 11 a 14, leva-nos profeticamente a Israel, à terra de Israel e à tribulação final de Israel, ao tempo da angústia de Jacó e à salvação do remanescente fiel. O cenário do capítulo 11 é "a grande cidade que, espiritualmente, se chama Sodoma e Egito, onde também o seu Senhor foi crucificado". Aquela cidade não é Roma, mas Jerusalém. O capítulo 12 começa uma profecia conectada, terminando com o capítulo 14.[23]

Grant comenta sobre Apocalipse 11.19: "A arca, então, vista no templo no céu, é o sinal da graça não esquecida de Deus para com Israel [...] ".[24] Logo, o contexto dessa passagem mostra que Deus está lidando com Israel novamente.[25]

b. Muitas vezes no Antigo Testamento, o sol, a lua e as estrelas são usados com referência a Israel.[26] São empregados dessa maneira em Gênesis 37.9, em que os filhos de Jacó são claramente entendidos. Com-

---

[21] Cf. F. C. Jennings, *Studies in Revelation*, p. 310-1.
[22] Cf. Ford C. Ottman, *The unfolding of the ages*, p. 280.
[23] Gaebelein, loc. cit.
[24] F. W. Grant, *The revelation of Christ*, p. 126.
[25] Cf. Ottman, op. cit., p. 278-9.
[26] Cf. Ibid., p. 282.

Israel na tribulação

pare Jeremias 31.35,36, Josué 10.12-14, Juízes 5.20 e Salmos 89.35-37, em que corpos celestiais são associados à história de Israel.

c. O significado do número doze. O número doze não só representa as doze tribos de Israel, mas é usado nas Escrituras como número governamental.[27] Darby diz:

> ... após a questão da salvação pessoal ou do relacionamento com Deus, dois grandes temas se apresentam nas Escrituras: a igreja, aquela graça soberana que nos dá um lugar junto ao próprio Cristo na glória e na bênção; e o governo de Deus do mundo, do qual Israel forma o centro e a esfera imediata.[28]

Visto então que a mulher representa aquilo que deverá demonstrar o governo divino na terra, e Israel é o instrumento escolhido por Deus para esse fim, essa mulher deve ser identificada como Israel.

d. O uso do termo *mulher*. O termo *mulher* é usado oito vezes nesse capítulo, e mais oito vezes o pronome *ela* é empregado em referência à mulher. Vemos esse termo usado muitas vezes no Antigo Testamento, em referência à nação de Israel. É usado dessa maneira em Isaías 47.7-9; 54.5,6; Jeremias 4.31; Miquéias 4.9, 10; 5.3 e Isaías 66.7,8. Enquanto a igreja é chamada *noiva*, ou *virgem casta*, jamais a encontramos aludida como *mulher*.

e. O nome do adversário. O nome *dragão* é usado em todo o Antigo Testamento em referência a algum adversário específico da nação de Israel. O nome deve ser aplicado a Satanás nesse capítulo porque todos os outros perseguidores que levaram o nome de dragão eram apenas prenúncios da grande perseguição que está por vir por meio de Satanás. O uso do nome *dragão* em referência ao perseguidor identificaria o perseguido como Israel, com base nos empregos anteriores na Palavra de Deus.

f. O uso do termo *deserto*. O deserto é aludido como lugar de refúgio dado à mulher na sua fuga (Ap 12.14). Não podemos negar que o deserto tem referência singular a Israel na história nacional. Israel foi levado ao "deserto da terra do Egito" (Ez 20.36). Israel, recusando-se a

---

[27] Cf. JENNINGS, op. cit., p. 312.
[28] William KELLY, org. *The collected writings of J. N. Darby*, Prophetical, XI, p. 190.

seguir o Senhor na terra prometida, retornou ao deserto por quarenta anos. A descrença de Israel levou Ezequiel a declarar o propósito de Deus: "Levar-vos-ei ao deserto dos povos e ali entrarei em juízo convosco, face a face" (Ez 20.35). Oséias revela que, no longo período em que Israel passaria "no deserto", Deus seria misericordioso com eles (Os 2.14-23).[29]

g. O filho varão. O paralelismo entre Apocalipse 12 e Miquéias 5 ajuda a identificar a mulher como Israel. Miquéias 5.2 registra o nascimento do rei. Por causa da rejeição desse rei, a nação será deixada de lado ("Portanto, o SENHOR os entregará", Mq 5.3). A nação estará em dores de parto "até ao tempo em que a que está em dores tiver dado à luz" (Mq 5.3), isto é, até o cumprimento do propósito de Deus. O mesmo plano é apresentado em Apocalipse 12. Kelly escreve que essa profecia deve ser entendida

> ... junto com o cumprimento do propósito de Deus em relação a Israel [...] Cristo nasceu (Mq 5.2): daí vem a Sua rejeição [...] a profecia deixa de lado tudo o que se relaciona à igreja e retoma o nascimento de Cristo figuradamente, ligando-o ao desenrolar do propósito divino, simbolizado por um nascimento [...] Aqui ele é colocado figuradamente, como Sião em trabalho de parto até o nascimento desse grande propósito de Deus relativo a Israel [...] quando o propósito terreno de Deus começa a entrar em ação nos últimos dias, o remanescente daquele período fará parte de Israel e tomará seu antigo lugar judeu. Os ramos naturais serão enxertados em sua própria oliveira.[30]

h. A afirmação específica das Escrituras. Em Romanos 9.4,5 Paulo escreve com relação aos israelitas: "deles descende o Cristo, segundo a carne" (Rm 9.5). Já que "o filho varão" pode ser identificado com certeza, e já que aquela que dá a luz o filho varão é denominada Israel, a mulher deve ser identificada como Israel.[31]

i. Os 1 260 dias. Duas vezes nessa passagem há menção ao período de três anos e meio (Ap 12.6,14). Isso se refere à última metade da semana das profecias da septuagésima semana de Daniel (Dn 9.24-27). Essa profecia é declarada especificamente "sobre o teu povo e sobre a tua santa cidade" (Dn 9.24). Visto que ela é declarada a Daniel, só pode-

---

[29] Cf. W. C. STEVENS, *Revelation, crown-jewel of prophecy,* II, p. 212-3.
[30] William KELLY, *Lectures on the revelation,* p. 254-7.
[31] Cf. OTTMAN, loc. cit.

Israel na tribulação 311

ria referir-se a Israel e a Jerusalém. Cada vez que esse período é mencionado nas Escrituras, ou como 1 260 dias, ou 42 meses, ou três anos e meio, ou um tempo, dois tempos e metade dum tempo, sempre se refere a Israel e a um período em que Deus está lidando com aquela nação.

j. A referência a Miguel. Em Daniel 12.1 o anjo Miguel é chamado "o grande príncipe, o defensor dos filhos do teu povo". Miguel está unido com o destino da nação de Israel por essa palavra do Senhor a Daniel. Em Apocalipse 12.7 Miguel aparece novamente com referência à peleja no céu. O fato de que Miguel surge em cena mostra que Deus está lidando novamente com a nação de Israel, e Miguel é um ator aqui porque o destino de Israel está em jogo.

À vista dessas coisas, a conclusão de Moorehead é justificada. Ele escreve:

> Em 11.19 lemos: "Abriu-se, então, o santuário de Deus, que se acha no céu, e foi vista a arca da Aliança no seu santuário". Isso é assunto estritamente judeu; o templo, a arca, a aliança pertencem a Israel, representam os relacionamentos hebraicos com Deus e os privilégios hebraicos. O Espírito agora trata de coisas judaicas —posição, aliança, esperanças, perigos, tribulações e triunfo hebraico.[32]

A mulher não pode ser ninguém senão Israel, com quem Deus firmou Suas alianças, e a quem esses alianças serão cumpridas.

III. O Remanescente do Período Tribulacional

Até a atual controvérsia escatológica, escritores proféticos estavam de acordo geral com relação à existência, natureza, missão e preservação de um remanescente de Israel durante o período tribulacional.[33] Atualmente a doutrina do remanescente está sendo atacada pelos amilenaristas,[34] que não podem admitir a existência do remanescente, já que afirmam que a igreja está cumprindo as alianças e nenhum outro cumprimento é possível. Essa doutrina também está sendo atacada pelos defensores do arrebatamento pós-tribulacional,[35] que não podem ad-

---

[32] William G. Moorehead, *Studies in the Book of Revelation*, p. 90.
[33] Cf. Kelly, org., *Collected writings of J. N. Darby*, Prophetical, xi, p. 182-204.
[34] Oswald T. Allis, *Prophecy and the church*. Cf. "Index", Jewish remnant, em que são citadas dez passagens em que essa doutrina é atacada.
[35] Alexander Reese, *The approaching advent of Christ*. Cf. "Index", Jews, the Remnant, em que onze passagens são dedicadas ao ataque dessa doutrina.

mitir a existência do remanescente, pois afirmam que a igreja passará pela tribulação para ser o remanescente que dá testemunho de Cristo. Embora por razões diferentes, os amilenaristas e os defensores do arrebatamento pós-tribulacional se dão as mãos ao atacar essa doutrina.

A. *O caráter indispensável do remanescente.* A existência de um remanescente nos últimos dias está ligada inseparavelmente às alianças de Deus com a nação de Israel. Já que essas alianças são incondicionais, sua própria natureza exige a existência de um remanescente ao qual e por meio do qual elas possam ser cumpridas.

1. A aliança abraâmica. A aliança feita por Deus com Abraão é básica para toda a questão profética. Incondicionalmente afirmada e confirmada por Deus (Gn 12.1-3; 13.14-17; 15.4-21; 17.1-8; 22.17-18), ela contém promessas divinas de dar a Abraão uma terra, uma descendência e uma bênção, que seriam universais e eternas. Essa aliança, então, requer um remanescente para ser a descendência prometida, ocupar a terra e receber a bênção prometida.

2. A aliança palestina. Essa aliança estabelecida por Deus (Dt 30.1-9; Jr 32.36-44; Ez 11.16-21; 36.21-38) dá o fundamento sobre o qual Israel ocupará a terra dada à descendência de Abraão na aliança abraâmica. Ela torna imperativa a existência de um remanescente para receber a promessa da terra.

3. A aliança davídica. Essa aliança, também incondicionalmente declarada por Deus (2Sm 7.10-16; Jr 33.20,21; Sl 89), promete um rei, um reino e um trono à descendência de Abraão. Ela promete um reino eterno, terreno, sobre o qual o filho de Davi reinaria. Da mesma forma, cria a necessidade de um remanescente no qual as promessas da aliança davídica possam ser cumpridas.

4. A nova aliança. A quarta aliança, declarada incondicionalmente por Deus a Israel (Jr 31.31-34; Ez 16.60; Is 59.20-21; Os 2.14-23), promete a restauração de Israel como nação, o perdão dos pecados, a purificação do coração e a implantação de um coração novo com base na regeneração. Para que essas promessas sejam cumpridas —e elas são necessárias antes que as promessas contidas nas outras alianças possam ser plenamente realizadas— deve existir um remanescente da nação com o qual Deus possa cumprir a Sua palavra.

Israel na tribulação

5. O caráter de Deus. Já que Deus fez essas promessas solenes à nação de Israel, o próprio caráter de Deus está em jogo no seu cumprimento. Deus seria um mentiroso se o que Ele prometeu não se cumprisse como prometido. A integridade de Deus, então, torna necessária a existência de um remanescente.

B. *O remanescente na história de Israel*. Até mesmo uma investigação superficial da história registrada de Israel estabelecerá o princípio de que Deus lidou com um remanescente fiel dentro da nação. Calebe e Josué (Nm 13 e 14), Débora e Baraque (Jz 4), Gideão (Jz 7), Sansão (Jz 13-17), Samuel (1Sm 2), os levitas na época de Jeroboão (2Cr 11.14-16), Asa (2Cr 15.9), os sete mil fiéis nos dias de Elias (1Rs 19.18), todos ilustram esse fato. Com relação à existência do remanescente durante a história antiga de Israel, Gaebelein afirma:

> O Senhor tinha um remanescente, um representante fiel, entre Seu povo mesmo durante sua grande apostasia. Essa é a idéia e o argumento aqui. A *apostasia de Israel jamais é completa* apostasia. O Senhor sempre tem um remanescente fiel a Ele e às alianças formadas.[36]

Deus preservou para Si um remanescente fiel, crente, como testemunha nas épocas de apostasia, perseguição e indiferença.

C. *O remanescente nos profetas*. Seria impossível citar todas as referências ao remanescente nos livros proféticos. Algumas passagens serão mencionadas para mostrar a importância do assunto na revelação profética. Isaías fala dele em 1.9; 4.3,4; 6.12,13; 10.21; 26.20; 49.6; 51.1; 65.13,14. Capítulos inteiros, como o 26, o 33, o 35 e o 65, são dedicados ao tema. Jeremias segue o mesmo enfoque em passagens como 15.11; 33.25,26 e 44.28. A passagem inteira dos capítulos de 30 a 33 está baseada na existência do remanescente. Ezequiel menciona o assunto em referências como 14.22, 20.34-38 e 37.21-22. O tema aparece novamente nos outros profetas: Oséias 3.5; Amós 9.11-15; Zacarias 13.8,9; Malaquias 3.16,17. Essas referências justificam a conclusão de Darby, que declara:

> Examinei em detalhes essas profecias para que o leitor possa ver claramente que a doutrina de um remanescente judeu [...] um remanescente santo e que espera em Jeová antes de Seu aparecimento para libertá-los e cuja santidade e confiança pertencem a Ele —não é uma questão de especulação,

---

[36] Arno C. Gaebelein, *Hath God cast away his people?*, p. 21-2.

nem da interpretação de algum texto difícil ou obscuro; mas do testemunho claro, consistente, impressionante e proeminente do Espírito de Deus.[37]

D. *O remanescente no Novo Testamento*. No Novo Testamento há um núcleo que crê e espera, ao qual as promessas do Antigo Testamento são reafirmadas. Tal núcleo se compunha de Zacarias e Isabel (Lc 1.6), João Batista (Lc 3), Maria e José (Lc 1 e Mt 1 e 2), Simeão (Lc 2.25) e os discípulos. Eles constituem um remanescente dentro do remanescente de Israel, um grupo crente dentro da nação preservada. O ministério terreno do Senhor, desde a época de Sua apresentação por João até Sua rejeição pela nação, foi confirmado somente àquela nação. O reino oferecido por João, por Cristo, pelos doze e pelas setenta testemunhas enviadas por Ele era dedicado apenas a Israel. Deve ser observado o princípio de que, durante toda a vida terrena de Cristo, Deus lidava com o remanescente daquela época.

Desde a rejeição de Cristo por Israel até o dia em que Deus, mais uma vez, lidar especificamente com Israel na septuagésima semana, não é possível fazer referência a um remanescente da nação de Israel. No corpo de Cristo desaparecem todas as distinções nacionais. Todos os judeus salvos não são salvos para um relacionamento nacional, mas para um relacionamento com Cristo no corpo dos crentes. Logo, não há um remanescente contínuo de Israel com o qual Deus esteja lidando nacionalmente hoje.

Com base em Romanos 11.5 —"Assim, pois, também agora, no tempo de hoje, sobrevive um remanescente segundo a eleição da graça"— alguns sustentam que a igreja se torna o remanescente e será a testemunha na qual e por meio da qual as promessas de Deus são cumpridas para um Israel "espiritual". Os contrastes entre a igreja e Israel, o conceito da igreja como um mistério, o relacionamento distinto da igreja com Cristo e o propósito específico para a igreja tornam tal interpretação impossível. A expectativa do Novo Testamento, então, é que:

> ... ainda haverá um remanescente judeu, uma testemunha forte e poderosa de que Deus não abandonou Seu povo. Esse futuro remanescente de hebreus crentes será chamado logo que a igreja estiver completa e for arrebatada da terra. Esse remanescente a ser chamado pela graça corresponde ao remanescente no começo desta era.[38]

---

[37] KELLY, org., op. cit., p. 204. O leitor deve consultar as páginas 179-204 quanto a um tratamento mais aprofundado das profecias de Isaías que lidam com o remanescente.
[38] GAEBELEIN, op. cit., p. 28.

E. *O remanescente no Apocalipse*. Paulo declara em Romanos 11.25 que a cegueira de Israel é uma cegueira temporária. Pelo fato de a nação estar cega agora, Deus não pode ter um remanescente dentro da nação com o qual as alianças serão cumpridas. Romanos 11.26,27 afirma:

> E, assim, todo o Israel será salvo, como está escrito: Virá de Sião o Libertador e ele apartará de Jacó as impiedades. Esta é a minha aliança com eles, quando eu tirar os seus pecados.

Paulo disse anteriormente (Rm 9.6) que Deus não considera toda a descendência física de Abraão como descendentes, mas que as promessas são para os que estão na fé. Logo entendemos que "todo o Israel" em Romanos 11.26 refere-se a esse remanescente fiel, os judeus crentes por ocasião do segundo advento de Cristo. O livro profético do Novo Testamento apresenta um desenvolvimento e uma conclusão ao ensino sobre o remanescente.

1. A *existência* do remanescente. Quando Satanás é expulso do céu (Ap 12.13), deseja derramar sua vingança sobre o grupo com quem Deus está tratando especificamente. Já que a igreja não está na terra, ele ataca a nação de Israel. Torna-se necessário que essa nação, reunida de volta na terra, mas ainda incrédula (Ez 37.8), fuja para escapar do ataque de Satanás (Ap 12.13-17). Logo, vemos que tal remanescente realmente existe no período tribulacional. É esse o remanescente que Deus está preparando para o cumprimento de todas as alianças e promessas de Israel.

2. O *status* desse remanescente. Quando a nação de Israel é trazida de volta à terra após o arrebatamento da igreja, com base na aliança realizada pelo líder do Império Romano redivivo (Dn 9.27), ainda está descrente. Deus, no entanto, está sem dúvida disposto a trazê-la à salvação. Toda a septuagésima semana de Daniel é um período de preparação para a vinda do Rei. O evangelho do reino, que exige arrependimento, está sendo pregado. Há uma recepção dessa mensagem. Deus usa muitos meios diferentes para trazer "todo o Israel" à salvação durante a septuagésima semana. A Palavra de Deus está disponível e pode ser usada para que aqueles judeus que estão faminstos e sedentos a examinem e cheguem ao conhecimento de Cristo. O Espírito Santo, mesmo não habitando um templo como faz na presente era, estará no entanto ativo e fará um trabalho de convicção e de iluminação. Sinais

serão dados para mostrar a Israel o conhecimento de Jeová. Um desses sinais é a destruição do rei do Norte (Ez 39.21-29). Haverá o ministério dos 144 mil selados de Israel (Ap 7) e o ministério das duas testemunhas (Ap 11), tudo com a intenção de levar a nação ao arrependimento e à salvação. O derramamento da ira de Deus é apresentado como um processo que tem por finalidade conduzir os homens ao arrependimento (Ap 16.9,10). Embora a maioria não se arrependa, alguns poderão voltar-se a Jeová por meio desses sinais.

Conclui-se então que a nação, não-salva no começo da tribulação, recebe uma multidão de testemunhas de vários tipos; alguns indivíduos experimentam a salvação durante o período, e a nação será salva finalmente no segundo advento (Rm 11.26,27). O fato de que os irmãos, mencionados em Apocalipse 12.10,11, vencem pelo sangue do Cordeiro e pela palavra de seu testemunho indica que muitos serão salvos durante o período tribulacional.

3. Os *meios de salvação* do remanescente. Allis faz a pergunta:

> A difícil pergunta suscitada por essa doutrina dispensacionalista é obviamente: Como esse grande corpo [...] de redimidos aparece? De acordo com Darby e com Scofield, toda a igreja foi arrebatada, o Espírito Santo, que eles acreditam ser "o detentor" (2Ts 2.6), foi retirado. Como então os santos do período tribulacional serão salvos?[39]

Essa pergunta foi já foi minuciosamente examinada. É suficiente apresentar a conclusão de que o detentor é o Espírito Santo e que será tirado, porém devemos reconhecer que o Espírito é onipresente. Ele cessará Seu ministério específico de habitação do corpo de Cristo, mas isso não significa que fique inativo. Antes do Pentecostes, o Senhor disse a Nicodemos que um homem deve nascer de novo pelo Espírito (Jo 3.5,6). Se era possível alguém experimentar o novo nascimento antes de o Espírito Santo começar a habitar o corpo de Cristo, certamente alguém poderá fazer isso após Ele cessar esse ministério específico. Devemos lembrar que o ministério de habitação está relacionado à capacitação dos crentes no crescimento cristão, não ao método ou ao meio de salvação.

Mateus 24.14 deixa claro que o evangelho pregado será o "evangelho do reino". O que geralmente se despreza é o fato de que, na proclamação feita por João Batista sobre o "evangelho do reino", havia dois

---

[39] ALLIS, op. cit., p. 224.

Israel na tribulação

lados distintos de sua mensagem: "Arrependei-vos, porque está próximo o reino dos céus" (Mt 3.2) e "Eis o Cordeiro de Deus, que tira o pecado do mundo" (Jo 1.29). Apocalipse deixa claro que a salvação é por meio do sangue do Cordeiro:

> Eles, pois, o venceram por causa do sangue do Cordeiro e por causa do sangue do Cordeiro e por causa da palavra do testemunho que deram, e, mesmo em face da morte, não amaram a própria vida (Ap 12.11).

> São estes os que vêm da grande tribulação, lavaram suas vestiduras e as alvejaram no sangue do Cordeiro (Ap 7.14).

Talvez a palavra de Paulo em 1Coríntios 15.8 apresente um indício da soberania de Deus na salvação do remanescente durante o período tribulacional. Evans escreve:

> A conversão de Saulo pode servir de exemplo do que acontecerá após o arrebatamento dos santos, quando o Senhor Jesus vier para os Seus que estão neste mundo. A cegueira e o ódio que Saulo tinha pela igreja de Deus, demonstrados por sua perseguição, chegaram a um fim após o Senhor ter voltado ao céu. A conversão de Saulo transformou-o num evangelista fervoroso, levando as boas novas para alcançar todos os que pudesse com o evangelho [...] Tal será a posição assumida pelos apóstolos do evangelho da septuagésima semana de Daniel.[40]

Assim, da mesma forma que Deus chamou o apóstolo Paulo por meio de uma revelação divina, também poderá chamar os que serão Suas testemunhas durante aquele período.

4. O *ministério* do remanescente. Fica óbvio com base em Apocalipse 12.11,17 que esse remanescente fiel tem a posição de um corpo de testemunhas durante o período tribulacional. O ódio específico de Satanás se deve ao fato de que eles "têm o testemunho de Jesus" (Ap 12.17). O Antigo Testamento retrata Israel como uma testemunha de Deus às nações da terra. Israel foi infiel a esse ministério. Deus levantará uma testemunha fiel durante a tribulação para cumprir o propósito original para essa nação.

5. A *relação* dos 144 mil do remanescente. Ao examinar as profecias do Antigo Testamento, notamos que Deus tem um remanescente den-

---

[40] J. Ellwood EVANS, New Testament contribution to Israel's eschatology, p. 134.

tro do remanescente da nação. Acredita-se que os 144 mil de Apocalipse 7 e 14 constituem parte especial do remanescente de Israel, separados por um ato soberano de Deus, para serem testemunhas especiais durante o período tribulacional. Várias observações são importantes aqui. A primeira é se o número 144 mil é literal ou figurado. Alguns acreditam que era a representação de um número incontável de israelitas salvos durante a tribulação. Darby diz: "O número [...] é simbólico; ele é o número perfeito dos que escapam do remanescente em Israel. Somente Deus pode conhecer o número daqueles que Ele sela".[41] Scott apóia a mesma opinião quando escreve: "O número dos selados é sem dúvida simbólico e simplesmente denota que Deus apropriou um número certo, mas limitado de Israel para Si".[42] Isso faria 144 mil equivaler aos salvos de Israel no período tribulacional. Agora fica claro que muitos dos santos de Israel serão mortos durante a tribulação (Ap 13.7; 20.4), enquanto esses 144 mil são selados, evidentemente com a esperança de preservação ao longo do período. Portanto, o remanescente da nação, que está sujeito à morte, não pode ser equivalente aos 144 mil que não estão sujeitos à morte. Devem ser vistos como uma companhia à parte. Parece melhor concluir com Ottman: "Perder um Israel *literal* de vista aqui é lançar um véu de escuridão sobre todo o assunto",[43] e ainda: "Nesse grupo selado das doze tribos *Israel* está clara e literalmente diante de nós, não importa o que se diga em contrário".[44] E, já que Israel é literal aqui e as tribos são literais, seria melhor considerar os números literalmente também. Se esses 144 mil são considerados apenas parte do remanescente total, a pequenez relativa do número, quando comparada ao número de gentios salvos (Ap 7.9), não cria nenhum problema. E, se Deus os está separando como testemunhas poderosamente escolhidas, por que não pode haver um número específico escolhido?

Devemos lembrar que o remanescente de Romanos 11.26 não é convertido até o segundo advento de Cristo, e os 144 mil ministram como testemunhas imediatamente após a igreja ser arrebatada. Então parece que os 144 mil formam parte do remanescente de Israel, mas não o total. Talvez Paulo estivesse comparando-se a algumas dessas testemunhas ao falar de si mesmo como "nascido fora de tempo" (1Co 15.8). Scofield afirma:

---

[41] KELLY, org., op. cit., II, p. 37.
[42] SCOTT, op. cit., p. 166.
[43] OTTMAN, op. cit., p. 165.
[44] Ibid., p. 180.

Gr. *to ektromati*, "fora de tempo". Nessa passagem Paulo pensa sobre si mesmo como um israelita cujo tempo de nascer de novo ainda não tinha chegado, da perspectiva nacional (cf. Mt 23.39), e logo sua conversão pela aparição gloriosa do Senhor (At 9.3-6) era uma ilustração, ou um exemplo precoce, da futura conversão nacional de Israel. V. Ezequiel 20.35-38; Oséias 2.14-17; Zacarias 12.10-13.6; Romanos 11.25-27.[45]

Eles são as testemunhas consagradas de quem Paulo era o protótipo. E, como havia grupos especificamente enumerados que foram enviados como testemunhas durante o ministério do Senhor (os doze e os setenta), haverá um grupo especificamente designado aqui também.

Surge a dúvida se os 144 mil de Apocalipse 7 e 14 são o mesmo grupo. Há alguns comentaristas que acreditam que não. Kelly diz sobre o grupo do capítulo 14:

> ... um remanescente, não simplesmente selado como servos de Deus (como o grupo semelhante das doze tribos de Israel no capítulo 7), mas levado a uma associação especial com o Cordeiro em Sião, isto é, com o propósito real de Deus em graça. Esses parecem ser sofredores de Judá, que passam por uma tribulação inigualável, não mencionada com relação a nenhum outro remanescente.[46]

Sua conclusão é que, já que esses estão no monte Sião, devem ser da tribo de Judá. Kelly acredita ainda que esses do capítulo 14 passaram por toda a tribulação e aqueles do capítulo 7 não o fizeram. É comum afirmar que o grupo do capítulo 7 está na terra, ao passo que estes estão no céu, fazendo, assim, do monte Sião a cidade celestial de Nova Jerusalém. Os do capítulo 14 são identificados com o Cordeiro, e os do capítulo 7 não são. Os do capítulo 7 são "selados", mas os do capítulo 14 têm "nas frontes escrito o nome de seu Pai". A hora da aparição dos dois, argumenta-se, é diferente. No entanto, não há nada definitivo nesses argumentos. Não há nenhuma prova de que os 144 mil do capítulo 14 sejam de Judá. Já que é melhor considerar o monte Sião como o monte Sião literal, esses não precisam ser exclusivamente de Judá. Além disso, os 144 mil do capítulo 14 não precisam ser situados no céu. O "nome de seu Pai" no capítulo 14 pode simplesmente ser uma explicação adicional ao selo do capítulo 7. O fato de que o grupo do capítulo 14 é mencionado sem artigo, usado por alguns como argumento a favor de sua distinção do grupo do capítulo 7, não é determinante, pois Seiss diz: "O uso

---

[45] SCOFIELD, op. cit., p. 1226.
[46] KELLY, *Lectures on the Book of Revelation*, p. 318.

do artigo não é necessário quando a identificação é de qualquer outra forma tão clara".[47] Visto que é necessário espiritualizar certas coisas nos dois capítulos para torná-los grupos diferentes, e uma interpretação literal os faria idênticos, parece melhor considerá-los um e o mesmo.

No capítulo 7 os 144 mil são selados por Deus, separados para um ministério especial, antes do início da grande tribulação. Eles parecem ser selados bem no começo do período. Com toda a probabilidade a multidão de gentios, descrita na passagem que se segue (Ap 7.9-17), alcançou conhecimento da salvação por meio do ministério desse grupo. No capítulo 14 o mesmo grupo é retratado no término da tribulação, quando o reino é estabelecido. O Rei que retorna está no monte Sião, como foi previsto a Seu respeito (Zc 14.4). No Seu retorno as testemunhas fiéis se unem a Ele, tendo sido redimidas (Ap 14.4) e tendo testemunhado em meio à apostasia (Ap 14.4,5). Eles são chamados "primícias para Deus e para o Cordeiro" (Ap 14.4), isto é, são o melhor da colheita do período tribulacional, os que chegarão ao milênio para povoar a terra milenar. Enquanto os julgamentos são derramados sobre a Babilônia (Ap 14.8), sobre a besta (Ap 14.9-12), sobre os gentios (Ap 14.14-17) e sobre o Israel infiel (Ap 14.18-20), esses 144 mil permanecem preservados em meio a todos os sofrimentos da terra e, logo, devem ser as primícias daquele período. Stevens resume bem:

> Parece natural e razoável encontrar nesse grupo de 144 mil —agora apresentados mais que vencedores e em pé, transladados e glorificados [...] o mesmo grupo apresentado no capítulo 7, um grupo selecionado de todas as tribos de Israel, selados nas suas frontes com o "selo de Deus vivo" e como Seus "servos". Foi como defensores do pendão da fé, a partir do período do sétimo selo, que esses israelitas foram apresentados e autorizados. Agora, no capítulo 14, esse grupo, ao que parece, é novamente apresentado no desfrute da recompensa e dos louvores que serão seus após o fim de sua corrida. É importante lembrar que nem sequer um deles parece ter-se perdido.[48]

6. O *destino* do remanescente. Ao falar sobre as pessoas levadas ao Senhor pelo ministério dos 144 mil em Apocalipse 7.15,16, João escreve:

> Razão por que se acham diante do trono de Deus e o servem de dia e de noite no seu santuário; e aquele que se assenta no trono estenderá sobre eles o seu tabernáculo. Jamais terão fome, nunca mais terão sede, não

---

[47] Joseph SEISS, *The Apocalypse*, III, p. 19.
[48] STEVENS, op. cit., II, p. 240.

cairá sobre eles o sol, nem ardor algum, pois o Cordeiro que se encontra no meio do trono os apascentará e os guiará para as fontes da água da vida. E Deus lhes enxugará dos olhos toda lágrima.

Eles aparecem "diante do trono" (Ap 14.3). Logo, o destino desse remanescente é o reino sobre o qual Cristo reinará no "trono de Davi". Essas promessas não são celestiais, mas terrenas, e serão cumpridas no milênio.

IV. A Retirada da Cegueira de Israel

O Novo Testamento ensina que Israel é uma nação cega. Eles não só estão cegos espiritualmente porque rejeitaram de forma consciente seu Messias, mas um julgamento divino caiu sobre eles e por isso a nação está legalmente cega. Isaías previu esse estado quando escreveu:

> Então, disse ele: Vai e dize a este povo: Ouvi, ouvi e não entendais; vede, vede, mas não percebais. Torna insensível o coração deste povo, endurece-lhe os ouvidos e fecha-lhes os olhos, para que não venha ele a ver com os olhos, a ouvir com os ouvidos e a entender com o coração, e se converta, e seja salvo (Is 6.9,10).

Essa passagem é citada no Novo Testamento (Mt 13.14,15; Mc 4.12; Lc 8.10; Jo 12.40; At 28.26,27) para mostrar que a atitude de Israel em relação a Cristo acarretou o cumprimento daquela profecia. João explica a descrença da nação (Jo 12.37) baseado em "não podiam crer, porque Isaías disse ainda: Cegou-lhes os olhos e endureceu-lhes o coração" (João 12.39,40). Paulo deixa claro que o que fora judicialmente pronunciado sobre a nação (Mt 23.38) era o estado contínuo do povo:

> Mas os sentidos deles se embotaram. Pois até ao dia de hoje, quando fazem a leitura da antiga aliança, o mesmo véu permanece, não lhes sendo revelado que, em Cristo, é removido. Mas até hoje, quando é lido Moisés, o véu está posto sobre o coração deles (2Co 3.14,15).

No entanto, mesmo aqui se prevê que essa condição mudará. Paulo diz: "Quando, porém, algum deles se converte ao Senhor, o véu lhe é retirado" (2Co 3.16).

A passagem mais longa que trata do assunto é encontrada em Romanos 11. Paulo mostra (v. 17-27) que Israel foi posto de lado em relação ao lugar da bênção para que os gentios pudessem ocupá-lo. O ensinamento de Paulo está nas palavras:

Porque não quero, irmãos, que ignoreis este mistério (para que não sejais presumidos em vós mesmos): que veio endurecimento em parte a Israel, até que haja entrado a plenitude dos gentios (Rm 11.25).

A passagem revela vários fatores importantes a respeito da cegueira de Israel. 1) Essa cegueira específica é *um mistério*. Como visto anteriormente, mistério, no sentido bíblico da palavra, refere-se a certo plano divino que não podia ser nem seria conhecido a menos que fosse revelado aos homens por Deus. O fato de que a cegueira é um mistério demonstra que ela é um tipo de cegueira até agora não-revelada. Portanto, ela deve ser diferenciada da cegueira espiritual, que foi a experiência dos israelitas como filhos de Adão e, por isso, sob a maldição do pecado, e também da cegueira consciente, que foi a experiência de Israel ao pecar contra a luz revelada. Essa é uma nova forma de cegueira, até agora não sofrida pelos homens. Foi a visitação divina de Israel por Deus em virtude do pecado nacional de rejeitar o Messias (Mt 27.25). 2) A *natureza* da cegueira é revelada. A palavra *pōrōsis* (cegueira) significa literalmente "cobrir com um calo" e vem do verbo que significa "cobrir com uma pele grossa, endurecer cobrindo com um calo".[49] Ela sugere que a cobertura grossa e impenetrável chegou por causa da repetida rejeição à revelação, e agora se tornou a condição permanente. 3) Paulo diz que essa cegueira é parcial. Isso revela que ela não é universal a ponto de impedir que qualquer judeu possa crer hoje. A possibilidade da salvação de um indivíduo existe, apesar de a nação ter sido cegada legalmente. 4) Devemos notar que há um momento definido em que *a cegueira será retirada* da nação. Paulo diz que "veio endurecimento em parte a Israel, *até que...* ". Robertson chama a isso "oração temporal" que significa "até o momento em que".[50] Isso deixa antever a retirada da cegueira em determinada hora. 5) Finalmente, a *hora da retirada* dessa cegueira é afirmada na expressão: "até que haja entrado a plenitude dos gentios". Então torna-se necessário identificar o termo "a plenitude dos gentios". Sobre isso. Walvoord escreve:

> ... um problema permanece com relação ao término do período da bênção dos gentios. Em Lucas 21.24, Cristo menciona que os "tempos dos gentios" durarão enquanto Jerusalém for "pisada por eles". A referência em Lucas é ao domínio político de Jerusalém pelos gentios que começou com a queda de Jerusalém na época do cativeiro e continua até hoje. Embora a terminologia não tenha significado fora do contexto das duas passagens

[49] Joseph Henry THAYER, *Greek-English lexicon of the New Testament*, p. 559.
[50] A. T. ROBERTSON, *Word pictures in the New Testament*, IV, p. 398.

em causa, parece claro que a expressão "tempos dos gentios" se refere à dominação política exercida pelos gentios, ao passo que a expressão "a plenitude dos gentios" tem que ver com a bênção e a oportunidade dos gentios nos dias de hoje. Se essa análise estiver correta, os tempos dos gentios e a plenitude dos gentios são duas idéias completamente diferentes. Os tempos do gentios começaram muito antes de Cristo e continuarão até que Cristo retorne para estabelecer o Seu reino. A plenitude dos gentios começou no Pentecostes e continuará apenas durante a atual era da graça. Dessa perspectiva escatológica, o importante é que a plenitude dos gentios chegará ao fim antes que os tempos dos gentios se acabem [...] parece claro que a plenitude dos gentios terminará abruptamente quando a igreja for levada ao céu.[51]

Logo, Paulo quer dizer que a cegueira será retirada no arrebatamento da igreja, quando a era do privilégio dos gentios der lugar à restauração de Israel ao lugar da bênção.

Devemos observar que a retirada dessa cegueira não significa a revelação clara da verdade espiritual ao indivíduo. Ele ainda está possuído pela cegueira de sua natureza pecaminosa. Mas significa que Deus restaurou Israel a uma posição de bênção ao lado dos gentios. Deus então está lidando com a nação com a qual Ele não lidava desde que Israel rejeitou o Messias. Devemos observar ainda que a retirada definitiva da cegueira, isto é, da cegueira espiritual da qual eles ainda são herdeiros, não será conquistada até o segundo advento de Cristo (Rm 11.26,27). A retirada da cegueira legal permite que os israelitas ouçam as boas novas do reino (Mt 24.14) proclamadas naquele dia para que possam ser salvos, tanto individual quanto nacionalmente. Será observado que a retirada dessa cegueira possibilitará a separação dos 144 mil, os chamados dentre o remanescente fiel, e o ministério de Israel às nações durante o período tribulacional.

V. As Duas Testemunhas

Uma consideração importante relativa à posição de Israel na tribulação é dada em Apocalipse 11.3-12, em que se apresenta o ministério das duas testemunhas. Há grande divergência de opinião na interpretação dessa passagem.

A. *A interpretação simbólica.* Há duas teorias principais que resultam de uma interpretação simbólica das duas testemunhas. 1) A pri-

---

[51] John F. Walvoord, Israel's blindness, *Bibliotheca Sacra* 102:287-8, July 1945.

meira é que essas *duas testemunhas representam a igreja*, que será arrebatada em meio à tribulação. O arrebatamento, de acordo com essa teoria, ocorre no v. 12. Essa é a posição dos defensores do arrebatamento mesotribulacionista, examinado anteriormente. 2) A segunda é que as duas testemunhas representam *todo o remanescente* do período tribulacional.[52] Essa teoria baseia-se na observação de que dois é o número de testemunhas e, já que os 144 mil são testemunhas durante o período, devem ser simbolicamente representados aqui. Ambas as teorias baseiam-se num método de interpretação não-literal.

Há várias objeções a essas visões. 1) Embora se reconheça que Apocalipse usa símbolos, parece um erro considerar simbólico tudo o que é revelado ali. A palavra "notificou" em Apocalipse 1.1 não significa "revelar por meio de símbolos"; refere-se, antes, a um fato histórico que tem sentido espiritual. Os sete "sinais" do evangelho de João não são meros símbolos, mas acontecimentos históricos reais aos quais há um sentido espiritual relacionado. O uso de "notificar" não permite interpretação não-literal aqui. A coerência com o método literal exige que aquilo que é revelado seja entendido literalmente, a não ser que o texto claramente mostre o contrário, como, por exemplo, em Apocalipse 12.3,9. 2) Já que outros números dessa passagem são considerados literalmente, o número dois também deve ser considerado literalmente. Os 42 meses (11.2), os 1 260 dias (11.3), são tomados literalmente em referência à metade do período da septuagésima semana. Parece não haver motivo para não considerar os três e meio (11.9,11) literalmente. Logo, já que os outros números não são espiritualizados, o número dois também não deve ser. 3) Todas as testemunhas morrem em certo ponto (11.7) para que seu testemunho cesse. Sabemos que o remanescente fiel, apesar de dizimado pelas atividades da besta, continuará durante todo o período até a vinda do Senhor. O testemunho contínuo parece prova que contraria a identificação delas com o remanescente. 4) Enquanto parte do remanescente continuar, não haverá motivo para regozijo (11.10). O regozijo vem pelo fato de esse testemunho específico ter acabado. A conclusão é que isso não se refere ao remanescente fiel, mas sim a dois indivíduos literais que foram separados especialmente por Deus e chamados "minhas duas testemunhas" (11.3). Assim como as duas oliveiras de Zacarias referem-se a Zorobabel e a Josué, as duas oliveiras (11.4) denotam dois indivíduos literais. Seus milagres, seu ministério, sua ascensão parecem identificá-los como homens individuais.

---

[52] Cf. Harry A. IRONSIDE, *What's the answer?*, p. 124; SCOTT, op. cit., p. 213.

B. *A interpretação literal*. Os literalistas devidem-se em duas classes quanto à interpretação. Existem os que acreditam que se trate de dois homens que viveram anteriormente e voltaram à terra para esse ministério. Há também os que acreditam que se trate de homens literais, mas não identificáveis.

Os que defendem a primeira teoria acreditam que uma das testemunhas será *Elias*. Eles se fundamentam nos seguintes aspectos. 1) Em Malaquias 3.1-3; 4.5,6 é previsto que Elias viria antes do segundo advento para preparar o caminho para o Messias. 2) Elias não sofreu morte física (2Rs 2.9-11) e, poderia retornar e sofrer a morte assim como as duas testemunhas. 3) As testemunhas têm o mesmo sinal milagroso dado a Elias com relação à chuva (1Rs 17.1, Ap 11.6). 4) O período de seca na época de Elias (1Rs 17.1) teve a mesma duração que o ministério das testemunhas (Ap 11.3). 5) Elias foi um dos dois que apareceram na transfiguração (Mt 17.3) e argumentou sobre o que todo testemunho aponta, "a morte de Cristo".

Muitos dos que identificam uma das testemunhas com Elias associam a segunda testemunha a *Moisés*. Várias razões apóiam essa interpretação. 1) Moisés apareceu com Elias na transfiguração (Mt 17.3) quando a morte de Cristo foi discutida. 2) O ministério de Moisés de transformar as águas em sangue (Êx 7.19,20) é o mesmo das testemunhas (Ap 11.6). 3) Deuteronômio 18.15-19 exige o reaparecimento de Moisés. 4) O corpo de Moisés foi preservado por Deus para que Ele possa ser restaurado (Dt 34.5,6; Jd 9). Logo, a lei (Moisés) e os profetas (Elias) estariam reunidos em testemunho a Cristo durante a proclamação da vinda do Rei.

Há várias dificuldades em identificar Moisés como uma das testemunhas. 1) A expressão "semelhante a mim" de Deuteronômio 18.15 parece impedir qualquer possibilidade de que o próprio Moisés seja uma das testemunhas, pois o profeta não era Moisés, mas alguém semelhante a ele. 2) A semelhança dos milagres não significa identificação. Os milagres que Moisés fez foram sinais a Israel. Os sinais das testemunhas serão da mesma forma sinais para Israel. Seria algo impressionante se Deus duplicasse os sinais que foram grandes sinais para Israel naqueles dias. 3) Embora a transfiguração seja identificada com o milênio (2Pe 1.16-19), ela jamais é identificada com o período tribulacional ou com o ministério das testemunhas. Pelo fato de eles terem aparecido na transfiguração, demonstrando que estariam relacionados ao Senhor na Sua vinda para o Seu reino, não significa que devam ser as testemunhas. 4) O corpo de Moisés na transfiguração não era seu corpo ressurrecto, já que Cristo é as primícias da ressurreição

(1Co 15.20,23), nem um corpo imortal, logo não se pode argumentar com base em Judas 9 que o corpo de Moisés foi preservado para que ele possa voltar para morrer.

Outros, que identificam uma dessas testemunhas como Elias, associam a segunda a *Enoque*. Várias razões apóiam essa defesa. 1) Enoque foi transladado sem ver a morte (Gn 5.24). 2) Tanto Elias quanto Enoque teriam sido revestidos de imortalidade (1Co 15.53) na hora exata de sua translação, mas Cristo é o único que agora possui imortalidade (1Tm 6.16). Logo, esses dois teriam sido preservados sem experimentar imortalidade a fim de que pudessem retornar para morrer. 3) Enoque foi um profeta de julgamento, assim como Elias (Jd 14,15), e isso corresponde ao ministério das duas testemunhas, pois eles profetizam com o sinal do julgamento —pano de saco (Ap 11.3). 4) Em Apocalipse 11.4 as palavras "em pé" fazem supor que eles já viviam no tempo de João e devem ser duas pessoas que já foram transladadas. Logo, acredita-se, apenas Elias e Enoque poderiam satisfazer essa exigência.

Parece haver vários argumentos contrários à identificação de uma dessas testemunhas como Enoque. 1) O motivo declarado da translação de Enoque foi "para não ver a morte" (Hb 11.5). Em vista disso, é difícil afirmar que ele retornará para morrer. 2) Parece que o profeta antediluviano não seria enviado por Deus para lidar com Israel. 3) A posição de Enoque e Elias na translação não é diferente da de todos os santos do Antigo Testamento que estão diante do Senhor por meio da morte física. Seu meio de entrada é diferente, mas não a sua posição na entrada. Assim, o fato de que eles foram arrebatados não requer uma diferença de estado, nem que eles retornem para morrer. 4) As testemunhas têm corpos mortais e estão sujeitas à morte. Elias e Moisés no monte da transfiguração evidentemente não tinham corpos mortais, pois "apareceram em glória". Dificilmente receberiam corpos mortais novamente.

English chega a uma conclusão com respeito a essas teorias, quando diz:

> Se fosse possível afirmar com certeza que as duas testemunhas devem ser identificadas com personagens que apareceram na terra na época do Antigo Testamento, então somos obrigados a concluir, penso eu, que serão Elias e Moisés, o primeiro porque se diz que virá novamente, e o segundo por causa da sua associação com Elias no monte da transfiguração, por causa da natureza do seu testemunho, e porque ele simboliza a lei assim como Elias representa os profetas, ambos testemunhando a vinda do Senhor em glória.[53]

---

[53] Schuyler ENGLISH, The two witnesses, *Our Hope*, 47:665, Apr. 1941.

Israel na tribulação

Existem os que acreditam, por causa das dificuldades em causa e do silêncio das Escrituras a esse respeito, que *as duas testemunhas não podem ser identificadas*. English representa esse grupo quando escreve:

> ... essas duas testemunhas não podem ser identificadas, mas [...] simplesmente aparecerão no espírito e poder de Elias [...] As duas testemunhas terão corpos mortais, e, embora seja possível a Deus, a quem "todas as coisas" são possíveis, mandar de volta à terra aqueles que já foram para a presença do Senhor há muito tempo, não temos nenhum precedente e nenhuma palavra nas Escrituras para tal reentrada de homens. Sim, Lázaro, o filho da viúva de Sarepta e outros tinham corpos mortais quando ressuscitaram dos mortos, mas sua morte foi uma experiência temporária e autorizada para que Deus fosse glorificado pelo poder milagroso de Seu Filho (ou Seu profeta) na ressurreição. A reaparição do nosso Senhor após a ressurreição foi em Seu corpo glorificado e, como já demonstramos, Moisés e Elias, no monte da transfiguração, "apareceram em glória" (Lc 9.31), isto é, nos corpos glorificados para aquela ocasião [...] Com base nisso, concluímos que as duas testemunhas não podem ser identificadas, mas cumprirão no futuro um destino que João Batista teria realizado se o coração de Israel tivesse sido receptivo.[54]

Parece melhor concluir que a identidade desses dois homens é incerta. Talvez não sejam pessoas que viveram anteriormente e foram restauradas, mas dois homens levantados para um testemunho especial, a quem foi concedido o poder de fazer milagres. Seu ministério é de julgamento, como mostram suas vestes de pano de saco. São mortos pela besta (Ap 13.1-10). Com relação à hora de sua morte, o mesmo autor diz:

> Aritmética pura revelará rapidamente que o período da profecia confiado às duas testemunhas, 1 260 dias, equivale a três anos e meio de duração. Em qual metade da tribulação, então, essas testemunhas profetizarão? Ou seu testemunho não será limitado por uma das metades dos sete anos, mas durará de uma metade para a outra? Não creio que possamos ser dogmáticos sobre isso. Há lógica considerável no argumento de que seu testemunho ocorrerá durante a primeira metade da semana profética de Daniel, e seu martírio será o primeiro ato de perseguição da besta, depois que ela quebrar a aliança com os judeus (Dn 9.27). Seu ministério será acompanhado de poder sobre os inimigos, enquanto, de acordo com Daniel 7.21, o "pequeno chifre" (que é a besta) guerreará e prevalecerá contra os santos, e essa será a segunda metade da semana. Por outro lado, em Apocalipse 11.2 os "quarenta e dois meses" sem dúvida se referem à

[54] Ibid., p. 669-70.

segunda metade da tribulação, e o período do testemunho das duas testemunhas parece estar sincronizado com isso. Além disso, seu testemunho é registrado logo antes do soar da sétima trombeta, o que nos leva direto ao reino milenar. Mas o período exato em que o testemunho acontecerá não é importante aos crentes desta era —isso acontecerá no tempo de Deus, que conhecemos, e será o tempo certo.[55]

VI. ELIAS VOLTARÁ?

Uma pergunta ligada à discussão anterior relaciona-se a Elias: se ele veio, se voltará literalmente ou se alguém virá no espírito e no poder de Elias apesar de não ser o próprio profeta. Isso é importante e influi na identidade das testemunhas.

A. *Elias não virá novamente*. Há uma interpretação que diz que João Batista cumpriu completamente tudo o que foi previsto sobre o predecessor, e Elias não virá novamente.[56] 1) O princípio do parênteses estabelecido nas Escrituras é citado como prova. De acordo com essa teoria, Malaquias profetizou dois acontecimentos totalmente separados (4.5,6), mas tratou-os como um. Logo, João poderia cumprir a primeira parte no primeiro advento de Cristo, embora o restante tivesse de esperar pelo segundo advento de Cristo para se cumprir. 2) Deve ser dito que Elias chegaria "antes que venha o grande e terrível Dia do SENHOR" (Ml 4.5). Logo, João era Elias ou então Elias deveria vir antes da tribulação, o que destruiria a doutrina da iminência. 3) Mateus 24 e 25, que dizem respeito ao plano para Israel no período tribulacional, não se referem ao ministério de Elias naquela época. 4) O ministério das duas testemunhas é de julgamento, enquanto o ministério de Elias é de "fazer voltar os corações", portanto a cronologia de Apocalipse de 4 a 19 não menciona um ministério como o de Elias. 5) Cristo afirma claramente em Mateus 11.14 e 17.12 que João era o Elias da profecia.

Em resposta a esses argumentos, podemos afirmar: 1) O princípio do parêntese é claramente reconhecido, mas, embora possa haver um parêntese ali, ele não precisa necessariamente existir. Essa é apenas uma acomodação para apoiar a teoria. 2) É verdade que Elias chegará *"antes que venha o grande e terrível Dia do SENHOR"* (Ml 4.5). Devemos observar, contudo, que o dia do Senhor pode referir-se tanto ao período total abrangido por essa expressão, isto é, desde o começo da septuagésima

---

[55] Ibid., p. 671.
[56] Cf. Carl ARMERDING, Will there be another Elijah?, *Bibliotheca Sacra*, 100:89-97, Jan. 1943.

Israel na tribulação 329

semana de Daniel até o milênio, quanto aos vários acontecimentos daquele período com esse nome. Portanto, não é necessário crer que Elias aparecerá durante a era cristã porque ele virá "antes" do dia do Senhor. Isso pode fazer referência à sua aparição antes de os terríveis julgamentos caírem no segundo advento, que é um acontecimento do dia do Senhor. Na verdade, os adjetivos descritivos, grande e terrível, parecem relacionar essa profecia exatamente àquela experiência. 3) Devemos notar que muitos acontecimentos importantes são omitidos na cronologia de Mateus, e devem ser preenchidos com outras partes das Escrituras; assim, a omissão não impossibilita tal ministério. 4) Por mais completo que seja Apocalipse, existem alguns acontecimentos do Antigo Testamento que não estão incluídos ali e esse ministério não precisa ser negado por causa de sua omissão. O fato de as testemunhas anunciarem julgamento não elimina a possibilidade de acrescentarem a mensagem da graça. 5) A afirmação do Senhor Jesus de que João era Elias estava baseada na contingência. João era Elias "se o quereis reconhecer" (Mt 11.14). O Senhor declarou que, se eles recebessem o reino oferecido, João seria aquele que faria o trabalho de Elias. Mas eles rejeitaram essa oferta (Mt 17.12) e, por isso, João foi impedido de ser aquele que cumpriria a profecia.

B. *Elias virá pessoalmente e ministrará novamente*. A segunda teoria é a interpretação de que João não cumpre a profecia, e o Senhor antevê um ministério futuro de Elias (Mt 17.11). Por isso, Elias deve vir e ministrar novamente. Essa teoria tem a seu favor uma série de argumentos. 1) Em Lucas 1.17 João não é identificado como Elias, mas como alguém que "irá adiante do Senhor no espírito e poder de Elias", mostrando que João não foi um Elias literal e, portanto, o Elias literal ainda virá. 2) João negou que fosse Elias (Jo 1.21). 3) Em Mateus 17.11 a palavra "virá" está no presente no original, mas uma vez que se liga à palavra "restaurará", que é futura, deve ser interpretada como um presente futurístico; portanto, o Senhor está indicando um ministério futuro de Elias. 4) As semelhanças entre os ministérios das testemunhas em Apocalipse 11 e o de Elias defendem um retorno futuro de Elias. 5) Às vezes é usado o argumento histórico de que judeus consagrados ainda esperam por Elias para cumprir a profecia. 6) Já que João não restaurou todas as coisas, virá alguém que o fará.

Com base no método literal de interpretação das Escrituras, esses argumentos parecem verdadeiros e estabelecem o fato de que Elias deve vir novamente. No entanto, parece haver uma consideração que milita contra eles. Afirma-se em Lucas 1.17 que João é alguém que vem "*no espírito e poder de Elias"*. Quando o Senhor disse: "E, se o quereis reconhecer, ele mesmo é Elias, que estava para vir" (Mt 11.14) e "Elias já veio, e não o reconheceram; antes, fizeram com ele tudo quanto quiseram" (Mt 17.12), estava indicando alguém que veio, não um Elias literal, mas alguém que cumpriu a profecia. Os discípulos entenderam claramente que o Senhor estava falando sobre João (Mt 17.13). Cristo afirma que João se tornou Elias somente na aceitação do Messias e de Seu reino por Israel (Mt 11.14), e a possibilidade de João tornar-se o Elias profetizado baseava-se numa contingência. É verdade que a identificação de João com aquele que cumpriria a profecia dependia de Israel receber ou rejeitar o reino oferecido, mas a atitude de Israel em relação ao reino não mudou a pessoa de João. Ele não era nem poderia ser o Elias literal sob nenhuma circunstância, e a aceitação do reino não o faria ser. Ele foi alguém que poderia ter cumprido a profecia porque essa é interpretada pelo Senhor como cumprida, não no Elias literal, mas em alguém que viria no espírito e no poder de Elias. Se o Elias literal precisasse aparecer, Cristo não teria feito uma oferta genuína do reino, visto que o Elias literal tinha de vir e João não poderia cumprir essa exigência. Mas se alguém que viesse no espírito e no poder de Elias cumprisse as exigências, então uma oferta genuína do reino poderia ser feita. Com base nas palavras do Senhor, conclui-se que Elias não precisa aparecer pessoalmente, embora alguém venha para cumprir esse ministério (Mt 17.12).

C. *Alguém virá no espírito e no poder de Elias*. A terceira teoria é que as profecias não foram cumpridas em João e aguardam cumprimento futuro; mas, já que Elias não precisa cumpri-las pessoalmente, alguém virá em seu espírito e poder para cumprir o que está previsto (Ml 4.5,6; Mt 17.10,11). Sobre essa questão English escreve:

> ... após a transfiguração, os discípulos perguntaram ao Senhor sobre a Sua vinda em poder e glória: "Por que dizem, pois, os escribas ser necessário que Elias venha primeiro?". A isso nosso Senhor respondeu: "De fato, Elias virá e restaurará todas as cousas" (Mt 17.10,11). Se não houvesse nenhuma outra referência com relação à vinda de Elias, seríamos obrigados a concluir que ele deve ser uma das testemunhas de Apocalipse 11. Mas vejamos. Algum tempo antes da transfiguração, João Batista, que estava na prisão, enviou dois discípulos para perguntar ao Senhor Jesus se Ele era o Messias ou se eles deveriam esperar outro. Nosso Senhor enviou uma mensagem de volta para João chamando a atenção para Seu ministério miraculoso como testemunho suficiente de que Ele era Aquele que os profetas haviam previsto. Ele contou, então, às multidões sobre a grandeza de João, e que Batista era realmente o Mensageiro de quem

Malaquias falara (Ml 3.1). Por fim, o Senhor acrescentou: "Porque todos os profetas e a lei profetizaram até João. E, se o quereis reconhecer, ele mesmo é Elias, que estava para vir" (Mt 11.13,14). O que Ele quer dizer? Ele estava dizendo o seguinte: que, se Israel estivesse pronto e disposto a recebê-lo naquela época, Ele teria estabelecido o reino que lhes oferecera, e, nesse caso, o ministério de João seria o cumprimento do Elias profético. Parece, então, que a profecia de Malaquias se refere a alguém vindo *no espírito e no poder de Elias* (como Lc 1.17), e que ele não precisa ser o próprio Elias, literalmente. Nosso Senhor nos deu outra mostra disso na conversa com Seus discípulos, à qual já nos referimos, que aconteceu após a transfiguração, pois, quando Ele assegurou que Elias deveria vir, acrescentou: "Eu, porém, vos declaro que Elias *já veio*, e não o reconheceram", e nós lemos: "Então, os discípulos entenderam que lhes falara a respeito de João Batista" (Mt 17.12,13). Parece que a Palavra de Deus mostra claramente que aquele que vem será um Elias virtual e não literal.[57]

Quanto ao problema das duas testemunhas, English conclui:

> ... se João Batista poderia ter sido Elias, se Israel se tivesse disposto a recebê-lo (Mateus 11.13,14), então os que testemunharão naquele dia futuro, vindos no espírito e no poder de Elias, podem certamente cumprir as profecias de Malaquias e de nosso Senhor (Ml 4.5; Mt 17.10,11).[58]

Visto que João não poderia ter cumprido as profecias porque Israel rejeitou o reino oferecido, não parece possível afirmar que a profecia de Malaquias 4.5,6 tenha sido cumprida. O fato de que João poderia ter cumprido a profecia, apesar de não ser Elias pessoalmente, parece mostrar que Elias não precisa vir pessoalmente para cumprir as profecias. Durante o período anterior ao segundo advento e antes do derramamento dos julgamentos na terra, haverá o ministério de alguém caracterizado pelo espírito e pelo poder de Elias, que cumprirá essa profecia.

---

[57] ENGLISH, op. cit., p. 666.
[58] Ibid., p. 670.

Capítulo 19

Os gentios na tribulação

Há um plano divino para as nações gentílicas que deverá cumprir-se no período da tribulação. Grande parte das profecias dedica-se ao assunto, o qual precisa ser desenvolvido para que formemos uma nítida idéia dos acontecimentos no período da tribulação.

I. A Tribulação e os "Tempos dos Gentios"

O período de tempo denominado pelo Senhor "tempos dos gentios" em Lucas 21.24, em que Ele diz "Até que os tempos dos gentios se completem, Jerusalém será pisada por eles", é um dos mais importantes períodos das passagens proféticas.[1] A relação de Israel com a tribulação já foi estudada. Examinemos agora os acontecimentos relacionados aos gentios enquanto dirigimos a atenção aos "tempos dos gentios".

A. *O plano para os gentios*. Deus tem um plano para com as nações gentílicas, a fim de conduzi-las à salvação e à bênção no milênio. O plano foi apresentado da seguinte maneira:

1. *A primeira predição sobre os gentios*. Noé fez uma abrangente profecia acerca do caráter de cada um de seus filhos como progenitores de raças que repovoariam a terra (Gn 9.25-27) [...]
2. *Os juízos sobre as nações adjacentes a Israel* [...] Essas predições ocorrem em várias partes do Antigo Testamento: Babilônia e Caldéia (Is 13.1-22; 14.18-27; Jr 50.1-51.64), Moabe (Is 15.1-9; 16.1-14; Jr 48.1-47), Damasco (Is 17.1-14; Jr 49.23-27), Egito (Is 19.1-25; Jr 46.2-28), Filístia e Tiro (Is 23.1-18; Jr 47.1-7), Edom (Jr 49.7-22), Amom (Jr 49.1-6), Elão (Jr 49.34-39).

[1] Cf. Lewis Sperry CHAFER, *Systematic theology*, VII, p. 170.

3. *Os tempos dos gentios*. Em contraposição às palavras "tempos ou (e) épocas", que se referem à atuação divina com relação a Israel (cf. At 1.7; 1Ts 5.1), temos a expressão *tempos dos gentios*, que se refere à atuação divina com relação aos gentios. Esta última expressão [...] mede o período em que Jerusalém estará sob o governo dos gentios [...] a medida dos tempos dos gentios chega a aproximadamente 560 anos [...] Este período, no entanto, é interrompido pela era da igreja, que, por não ter duração identificada, introduz um elemento de indefinição sobre quando terminará o tempo dos gentios. No entanto, fica claro que os tempos dos gentios já estão completos, com exceção dos sete anos que serão experimentados imediatamente após a retirada da igreja, acontecimento que fecha essa era intercalar.

4. *A sucessão das monarquias* [...] Quatro poderes mundiais foram preditos por Daniel —Babilônia, Medo-Pérsia, Grécia e Roma. Esses, como previsto pelo profeta, dominariam os tempos dos gentios e seriam eliminados pela vinda gloriosa de Cristo, quando o reino messiânico substituir todo governo e toda autoridade humana [...]

5. *O julgamento das nações gentílicas* [...] Esse acontecimento estupendo [...] é plenamente previsto no Antigo Testamento (cf. Sl 2.1-10; Is 63.1-6; Jl 3.2-16; Sf 3.8; Zc 14.1-3).

6. *Nações gentílicas e o lago de fogo*. A destruição das nações gentílicas que se opuserem ao plano de Deus também é prevista no Antigo Testamento, mas o próprio Cristo —o Juiz— declarou seu verdadeiro destino (Mt 25.41).

7. *Nações gentílicas e o reino* [...] A profecia prevê a porção que os gentios terão no reino de Israel (cf. Is 11.10; 42.1,6; 49.6,22; caps. 60, 62 e 63) [...] Uma revelação posterior (Mt 25.31-40) afirma a entrada de gentios no reino pela autoridade do Rei e conforme predeterminado pelo Pai desde a fundação do mundo.[2]

B. *A duração dos "tempos dos gentios"*. Os "tempos dos gentios" foram definidos pelo Senhor como o período no qual Jerusalém estaria sob o domínio de autoridades gentílicas (Lc 21.24). Esse período começou com o cativeiro babilônico, quando Jerusalém caiu nas mãos dos gentios. Continua até hoje e prosseguirá durante a tribulação, era na qual os poderes gentílicos serão julgados. O domínio gentílico termina na segunda vinda do Messias à terra. Scofield define da seguinte forma os limites temporais:

> Os tempos dos gentios são aquele longo período que se inicia no cativeiro babilônico de Judá, sob Nabucodonosor, e termina com a destruição do poder gentílico mundial pela "pedra cortada sem auxílio de mãos" (Dn

[2] Ibid., IV, p. 379-81.

2.34,35,44), i.e., a vinda do Senhor em glória (Ap 19.11,21), até quando Jerusalém estará politicamente sujeita ao governo gentílico (Lc 21.24).³

C. *O decurso dos "tempos dos gentios"*. A descrição mais completa do período é dada pelo profeta Daniel. Dennett escreve:

> O que temos em Daniel é [...] o curso e o caráter dos poderes gentios, desde a destruição de Jerusalém até a aparição de Cristo, junto com a posição do remanescente e os sofrimentos do povo judeu, enquanto os gentios têm o domínio, até que, por fim, na fidelidade em cumprir os Seus propósitos, Deus intervém e, para Sua própria glória, opera o resgate e a bênção de Seu povo terreno eleito.⁴

1. O primeiro esboço profético desse período é dado em *Daniel 2*, que se refere, por meio de uma grande imagem, aos impérios sucessivos que exerceriam domínio sobre Jerusalém. Sobre isso Chafer escreve:

> São previstos cinco domínios mundiais sucessivos —quatro deles representados pelas partes da imagem, e o quinto é aquele que surgirá sobre os destroços dos outros quatro quando vier o julgamento de Deus. O quinto é diferente porque será estabelecido por Deus no céu, e é eterno na sua duração. O primeiro, a Babilônia, a cabeça de ouro, estava no auge do poder quando Daniel deu sua interpretação. O segundo era a Medo-Pérsia, reino que Daniel também testemunhou. O terceiro domínio foi a Grécia sob Alexandre, e o quarto, Roma, no auge do seu desenvolvimento na época em que Cristo andou na terra. É esse reino de ferro que, no seu formato final, surge sob a forma de pés formados de uma mistura de ferro e barro. É na época dos pés e do barro que a Pedra atinge a estátua.⁵

2. A segunda referência profética desse período é dada em *Daniel 7*. Enquanto em Daniel 2 a história dos impérios mundiais é vista da perspectiva do homem, em Daniel 7 é vista da perspectiva divina, por meio da qual os impérios aparecem não como uma imagem gloriosa e atraente, mas como quatro bestas vorazes e selvagens, que devoram e destroem tudo à sua frente e, por conseguinte, são dignas de julgamentos. Gaebelein explica essa passagem quando escreve:

> O ouro no sonho da imagem e a primeira besta representam o império babilônico. No começo era um leão com asas, mas elas foram arrancadas;

---

³ C. I. SCOFIELD, *Reference Bible*, p. 1345.
⁴ Edward DENNETT, *Daniel the prophet*, p. 9.
⁵ CHAFER, op. cit., IV, p. 333.

ele perdeu sua força e, apesar de ter coração humano, ainda era um animal [...]

O urso representa o Império Medo-Persa, o império de prata, o tronco e os braços. Uma pata está levantada, porque o elemento persa era mais forte que o medo. O urso tinha três costelas na boca, porque Susiana, Lídia e a Ásia Menor tinham sido conquistadas por esse poder [...]

O leopardo, com suas quatro asas e quatro cabeças, é o retrato do Império Greco-Macedônio, correspondendo aos quadris de bronze na imagem de Nabucodonosor. As quatro asas denotam sua rapidez, as quatro cabeças significam a divisão desse Império nos reinos da Síria, Egito, Macedônia e Ásia Menor [...] chamamos a atenção para o fato de que, ao selecionar as feras para representar os poderes mundiais que dominam os tempos dos gentios, Deus nos fala que seu caráter moral é animalesco. O leão devora, o urso esmaga e o leopardo salta sobre a sua presa.

[...] então temos o quarto império, o de ferro, Roma. Ele é descrito como nenhum outro. É amedrontador, terrível e excepcionalmente forte; ele tem dentes de ferro. Devora, despedaça e esmaga. Tem dez chifres, no meio dos quais nasce um pequeno chifre com olhos semelhante aos olhos de um homem, e uma boca que fala grandes coisas.[6]

Assim, as Escrituras revelam que, do tempo de Daniel até o tempo em que Jerusalém receberá liberdade do domínio gentílico, na segunda vinda de Cristo, quatro grandes impérios surgirão e cairão.

3. Os últimos sete anos dos "tempos ou épocas" designados para Israel também serão os últimos sete anos dos tempos dos gentios, pois o término dos dois é idêntico, segundo a profecia de Daniel 9.24-27. A tribulação deve, então, ser a época final no desenvolvimento do plano dentro dos tempos dos gentios. Logo, o plano esboçado para os gentios terá forte influência sobre o plano escatológico.

Com base nos capítulos de Daniel anteriormente mencionados, ocorrerá o seguinte: 1) Haverá uma reorganização das nações para constituir a forma final do quarto império mundial. Esse império será ferido pela "pedra" (Dn 2.35); será composto de dez partes diferentes (Dn 2.33; 7.7); terá uma cabeça, que, ao ascender, faz cair três das cabeças de estado já existentes (Dn 7.8). 2) A cabeça desse império será um blasfemador (Dn 7.8,25), um perseguidor dos santos (Dn 7.25) que continuará por três anos e meio (Dn 7.25) como inimigo especial de Deus e do plano de Deus para com Israel. 3) Essa cabeça do império fará com Israel uma aliança para restaurar-lhe a soberania (Dn 9.27), a qual será

---

[6] Arno C. GAEBELEIN, *The prophet Daniel*, p. 73-6.

quebrada (Dn 9.27). 4) Esse líder invadirá a Palestina (Dn 11.41) e estabelecerá ali a sede do seu governo (Dn 11.45). 5) Ele será julgado no retorno do Senhor (Dn 7.11,26). 6) A destruição desse líder e de seus exércitos redimirá Jerusalém do domínio gentílico (Dn 7.18,22,27). 7) Essa libertação acontece por ocasião da segunda vinda do Messias (Dn 7.13; 2.35).

II. A Forma Final do Poder Mundial Gentílico

Há várias passagens importantes das Escrituras que tratam de forma significativa do poder gentílico mundial.

A. *Daniel 2*. Na descrição dos tempos dos gentios apresentada em Daniel 2, o profeta lida de maneira generalizada com os quatro impérios sucessivos que dominaram a Palestina; quando, porém, fala a respeito do fim do poder gentílico mundial, o profeta é bastante específico:

> O quarto reino será forte como ferro, pois o ferro a tudo quebra e esmiúça; como o ferro quebra todas as cousas, assim ele fará em pedaços e esmiuçará. Quanto ao que viste dos pés e dos artelhos, em parte de barro de oleiro e em parte de ferro, será esse um reino dividido; contudo, haverá nele alguma cousa da firmeza do ferro, pois que viste o ferro misturado com barro de lodo. Como os artelhos eram em parte de ferro e em parte de barro, assim, por uma parte, o reino será forte e, por outra, será frágil. Quanto ao que viste do ferro misturado com barro de lodo, misturar-se-ão mediante casamento, mas não se ligarão um ao outro, assim como o ferro não se mistura com o barro. Mas, nos dias destes reis, o Deus do céu suscitará um reino que não será jamais destruído... (Dn 2.40-44).[7]

Há nesses versículos várias características importantes a respeito da forma final do poder gentílico. 1) A forma final do poder gentílico nasce do quarto grande império, o Romano, e é o seu desenvolvimento final. Essa forma é representada pelos pés e pelos dez dedos (Dn 2.41,42). 2) A forma final dessa potência é marcada pela divisão (Dn 2.41). Tal é o significado da ênfase sobre os dez dedos e sobre o barro e o ferro. Tregelles escreve:

> Assim, vemos esse quarto império especialmente apresentado a nós numa época em que está num estado dividido e, por isso, enfraquecido. O número de dedos dos pés parece implicar uma divisão em dez: isso pode

---

[7] Cf. Robert Anderson, *The coming prince*.

Os gentios na tribulação

servir de indício aqui, apesar de a afirmação mais específica do fato não ser revelada senão mais tarde no livro. Esse reino é então dividido em partes, que, conforme veremos por outras passagens das Escrituras (sobretudo o cap. 7), são exatamente dez.[8]

3) A forma final do poder gentílico é marcada por uma federação constituída daquilo que é fraco com aquilo que é forte, autocracia e democracia, ferro e barro (Dn 2.42). Kelly observa:

> Haverá, antes do fim da era, a mais incrível união de duas condições aparentemente contraditórias —um cabeça de império universal, e além disso reinos independentes, cada um com seu próprio rei; mas um único homem será o imperador sobre todos os reis. Até chegar essa hora, todo esforço para unir os diferentes reinos sob um só cabeça será um fracasso total. Mesmo então não ocorrerá pela fusão de todos num só reino, mas cada reino independente terá seu próprio rei, apesar de todos estarem sujeitos ao cabeça. Deus disse que eles serão divididos. É isso que nos é demonstrado aqui. "Mas não se ligarão um ao outro, assim como o ferro não se mistura com o barro." E, se já houve alguma parte do mundo que representou esse sistema incoerente de governo, é a Europa moderna. Enquanto o ferro predominou, houve um só império; mas depois veio o barro, ou material estrangeiro. Por causa do ferro haverá monarquia universal, e por causa do barro haverá reinos separados.[9]

Já que a mistura de ferro e barro não é natural, parece sugerir que a federação não deve sua existência ao uso da força, doutra forma essa condição não perduraria. Ela é concretizada por mútuo consentimento, de modo que cada membro da aliança retém a própria identidade. Isso concorda com Apocalipse 17.13. 4) Essa condição dividida final não é agora histórica, mas ainda profética. "Esses reis" (Dn 2.44) não vêm à existência até que a "pedra [...] cortada sem auxílio de mãos" (Dn 2.45) apareça. Ironside diz:

> Os comentaristas geralmente nos dizem que a condição de dez dedos do império foi alcançada nos séculos V e VI, quando os bárbaros do Norte conquistaram o Império Romano, e este foi dividido em mais ou menos dez reinos diferentes. Diversas listas foram feitas, de dez reinos cada; mas poucos escritores concordam quanto às verdadeiras divisões. Uma coisa todos parecem ter esquecido: os dez reinos devem existir ao mesmo tempo, não no decorrer de vários séculos, e todos devem formar uma confe-

---

[8] S. P. TREGELLES, *The book of Daniel*, p. 19.
[9] William KELLY, *Notes on Daniel*, p. 50.

deração. Não há nada na história passada sobre reinos da Europa que se encaixe nisso. Eles geralmente eram inimigos em guerra, cada um buscando a destruição dos outros. Por isso, rejeitamos totalmente essa interpretação dos dez dedos.[10]

Parece melhor considerar esse Império Romano um desenvolvimento contínuo com base em sua forma na época do primeiro advento de Cristo até sua forma final na segunda vinda de Cristo.

> Pode parecer afirmação severa demais, mas é fato amplamente confirmado pela história que quase nenhum estudioso de história medieval realmente entende *a única chave* para todo o assunto, sem a qual a história medieval é simplesmente um caos incompreensível. A chave é nada mais que *a existência contínua do Império Romano*. Enquanto for ensinado que o Império chegou ao fim no ano 476, o verdadeiro entendimento dos mil anos seguintes se torna totalmente impossível. Ninguém pode compreender a política ou a literatura de todo aquele período, se não lembrar constantemente que, na mente dos homens daqueles dias, o Império Romano, o império de Augusto, Constantino e Justiniano, não era algo do passado, mas algo do presente.[11]

Parece, então, que o problema não é tanto o reavivamento do império quanto a reformulação da esfera contínua de poder até assumir sua forma final de dez dedos.

B. *Daniel 7*. A segunda grande passagem que trata da forma final do poder mundial gentílico é encontrada em Daniel 7, que revela a história desse poder por meio de quatro animais vorazes. Com relação ao fim do poder mundial gentílico, Daniel declara várias coisas nessa profecia. 1) Como na profecia anterior, revela-se que a forma final do poder mundial gentílico deve existir numa união de dez reis e seus reinos (Dn 7.7). A característica singular do quarto animal não era sua força, nem sua ferocidade, nem o fato de que ele destruiu todos os outros animais que o precederam, mas o fato de ter dez chifres. 2) Esses chifres seriam a forma final do império. Kelly diz:

> ... a singularidade do Romano é a posse dos "dez chifres". Porém não devemos procurar o desenvolvimento real da história nessa visão. Se esse fosse o caso, é claro que os dez chifres não seriam encontrados no animal romano, quando ele foi visto pela primeira vez pelo profeta. Na verdade,

---

[10] Harry A. IRONSIDE, *Lectures on Daniel, the prophet*, p. 37-8.
[11] G. H. N. PETERS, *Theocratic kingdom*, II, p. 643.

Os gentios na tribulação

não foi senão centenas de anos depois de Roma existir como império que ela teve mais de um governante. O Espírito de Deus expõe claramente as características que seriam encontradas no fim, e não no começo.[12]

Fica claro com base em Daniel 7.24 que esses dez reis são os cabeças de dez reinos que surgem do quarto grande reino mundial. O fato de dez se levantarem do quarto reino parece indicar que o quarto não deixou de existir, para ser ressurrecto depois, mas, sim, permaneceu de alguma forma até emergir a condição dos dez chifres. Young afirma isso da seguinte maneira:

> Os dez chifres aparecem no animal vivo [...] O animal não morre e ressuscita novamente com seus dez chifres. Mas esses chifres nascem do animal vivo. Eles devem, então, representar uma segunda fase da sua história, não uma forma reavivada de existência do animal.[13]

3) Dentre esses dez reinos se levantará um indivíduo que terá domínio total sobre os dez reis (Dn 7.8,24; Ap 13.1-10; 17.13). Quando ele conquistar sua autoridade, três dos dez reis serão derrubados. 4) Essa autoridade final sobre o império é exercida por alguém que é marcado pela blasfêmia, pelo ódio ao povo de Deus, pelo desprezo à lei e à ordem estabelecida, o qual continuará por três anos e meio (Dn 7.26). 5) Essa forma final de poder mundial terá influência no mundo inteiro (Dn 7.23).

C. *Apocalipse 13.1-3*. Nessa passagem João continua a linha de revelação relativa à forma final do poder gentílico. Há várias observações a fazer: 1) Como foi revelado anteriormente, a forma final do poder sucede a todas as formas anteriores, pois o animal que se levanta é um animal composto, partilhando as características do leopardo, do urso e do leão (Ap 13.2). 2) Essa forma de poder mundial é marcada pelos dez chifres (Ap 13.1), que são explicados em Apocalipse 17.12 como "reis" sobre os quais a besta reina. 3) É restaurado um antigo método de governo que deixou de existir em relação ao reino como um todo. João observa que essa besta tinha sete cabeças (Ap 13.1), e a cabeça atual tinha sido ferida mortalmente (Ap 13.3), mas a ferida seria curada. Essas cabeças, de acordo com Apocalipse 17.10, são reis ou formas de governo sob o qual Roma existiu. São geralmente vistos como:

---

[12] KELLY, op. cit., p. 125-6.
[13] Edward J. YOUNG, *The prophecy of Daniel*, p. 160. Embora tenhamos objeções à interpretação que o autor faz do livro, sua observação é justificada aqui.

reis, cônsules, ditadores, decênviros, tribunos militares e imperadores. Scofield comenta sobre a ferida mortal que foi curada (Ap 13.3):

> Fragmentos do antigo Império Romano jamais deixaram de existir como reinos separados. Foi a forma imperial de governo que cessou; ela é a cabeça ferida fatalmente. O que temos profetizado em Apocalipse 13.3 é a restauração da forma imperial como tal, embora sobre um império federado de dez reinos; a "cabeça" é "curada", i.e., restaurada; existe um imperador novamente —a Besta.[14]

Isso leva a crer que o fator que maravilhou o mundo foi o surgimento do poder monarca absoluto que exerca poder absoluto sobre a federação de dez reinos. 4) Todo esse processo é atribuído ao poder satânico (Ap 13.4). Como o Império Romano foi o agente por meio do qual Satanás atacou Cristo em Seu primeiro advento, esse império será, na sua forma final, o agente por meio do qual Satanás trabalhará contra o Messias na segunda vinda.

D. *Apocalipse 17.8-14.* Outra importante passagem que lida com a forma final do poder gentílico mundial apresenta várias considerações importantes. 1) João parece estar apresentando o lugar de autoridade no final dos tempos (Ap 17.9), já que Roma é o "sétimo monte". 2) A forma final do poder gentílico mundial reside num indivíduo chamado "oitavo" rei, que chega ao poder sobre esse reino governado pelos sete anteriores (Ap 17.10,11). Esse oitavo é interpretado de várias maneiras. Existe a teoria de Scott, que escreve:

> As sete cabeças na besta representam sete formas sucessivas de governo desde o surgimento do quarto império universal até o seu fim.
> "Caíram cinco." Esses são reis, cônsules, ditadores, decênviros e tribunos militares.
> "Um existe." Essa é a sexta forma ou forma imperial do governo estabelecido por Júlio César, sob o qual João foi banido para Patmos no reinado de Domiciano. As formas anteriores de autoridade haviam cessado [...]
> "O outro ainda não chegou." Assim, entre a dissolução do Império e seu futuro reaparecimento diabólico, passaram-se vários séculos [...] Essa é a sétima cabeça. É o surgimento do império caído sob novas condições conforme apresentado em 13.1 [...]
> "E a besta, que era e não é, também é ele, o oitavo rei, e procede dos

---
[14] SCOFIELD, op. cit., p. 1342.

sete." A gigantesca confederação de Roma é vista aqui nas suas características essenciais como imutável. Ele é o "oitavo".[15]

Assim são vistas aqui as diferentes formas de governo. Uma segunda teoria é a de que se trata de sete imperadores históricos romanos, cinco dos quais já teriam morrido, um sob quem João viveu, e um que virá, de cuja linhagem o oitavo, a besta, procederá.[16] Uma terceira teoria é a de que esses oito representam os oito impérios que lidaram com Israel, todos os quais culminarão na besta. Aldrich escreve:

> ... quer dizer sete grandes reinos. Acredita-se que João se volta aqui para o período anterior à profecia de Daniel e inclui todos os grandes impérios que se levantaram contra o povo de Deus. Os cinco reinos que caíram seriam o Egito, a Assíria, a Babilônia, a Pérsia e a Grécia. O sexto reino em Apocalipse é o Império Romano, e isso significa que o sétimo (com a oitava cabeça a ele associada) é apenas outra forma ou estágio daquele império.[17]

Seja qual for a teoria adotada, ficará evidente que o governador final é o herdeiro de toda a autoridade gentílica anterior. Nele, o poder gentílico mundial chega a seu auge. 3) Haverá uma federação de dez reis separados, que colocarão seus reinos sob a autoridade do cabeça do império (Ap 17.12). 4) O império não é construído pela força, mas por consentimento mútuo (Ap 17.13). 5) A história desse quarto império mundial é apresentada em Apocalipse 17.8: "A besta que viste, era e não é, está para emergir do abismo e caminha para a destruição". "Era" descreve o império no período de sua impotência. "Está para emergir do abismo" indica a forma vindoura do império. "Caminha para a destruição" retrata a destruição futura. 6) O principal objeto do ódio da forma final do poder gentílico mundial é Jesus Cristo. "Pelejarão eles contra o Cordeiro" (Ap 17.14). A impiedade dos poderes mundiais, que buscam domínio mundial, manifesta-se no ódio contra Aquele a quem todo domínio foi dado (Fp 2.9,10; Ap 19.16).

III. As Fronteiras da Forma Final do Império Romano

Acredita-se que os últimos estágios do Império Romano coincidiriam geograficamente com as fronteiras do Império Romano no seu

---

[15] Walter Scott, *Exposition of the revelation of Jesus Christ*, p. 351-2.
[16] William R. Newell, *The revelation*, p. 271.
[17] Roy L. Aldrich, Facts and theories of prophecy, p. 120-1.

estado antigo. Isso se fundamenta na teoria de que o Império Romano chegou à sua forma de dez dedos e dez chifres na época da queda de Roma, em 476 d.C. Logo, de acordo com essa teoria, a forma reavivada do Império será idêntica às dimensões antigas. Parece haver boas razões para crer na teoria de que as futuras fronteiras da forma final do poder gentílico mundial não apenas coincidirão com as fronteiras antigas, mas, na verdade, poderão excedê-las grandemente. 1) Como já foi afirmado, a federação de dez reinos não foi cumprida na queda de Roma, mas aguarda os últimos dias antes de alcançar esse estado. Já que essa federação de dez reinos é futura e jamais existiu na história, não seria possível que os futuros dez reinos se conformassem a algum limite histórico. Esses dez reinos são apenas a expansão da forma antiga de desenvolvimento, não o reavivamento da exata condição antiga. 2) As Escrituras parecem mostrar um império de dimensões ainda maiores que as que Roma teve até o presente. "Deu-se-lhe ainda autoridade sobre cada tribo, povo, língua e nação" (Ap 13.7). Além disso, em Apocalipse 13.2 a besta é vista como o sucessor dos três impérios anteriores. Isso pode levar a crer não só na idéia de poder, mas também de extensão geográfica, portanto essa forma final do poder gentílico mundial pode compreender o território pertencente a todos os outros antecessores. 3) O relacionamento existente entre a besta e a mulher (Ap 17) faz supor o alcance do império. Jennings demonstra isso quando escreve:

> ... as Escrituras afirmam inequivocamente que o império mundial que Roma possuiu no passado será restaurado novamente a ela, e meu propósito [...] é reunir tais informações da mesma forma que agradou ao Deus de toda a graça reunir na Sua Palavra, quanto à extensão e aos limites daquele poder imperial mundial reavivado [...] acreditava-se que o futuro império teria precisamente as mesmas fronteiras geográficas [...] como naquela época [...] Considero esse um erro fundamental, pois despreza completamente a introdução na terra de outro elemento, básico e característico. Simples limites geográficos são uma semelhança irrisória à luz do caráter peculiarmente *espiritual* dessa era; a introdução de um elemento caracteristicamente espiritual exige, mesmo para limites terrenos, uma medida *espiritual* [...]
> Analisando então o décimo sétimo capítulo do livro de Apocalipse, vemos todo o palco ocupado por apenas duas personalidades: uma "besta" e uma "mulher" [...] essas duas [...] retratam [...] a futura terra profética [...] não pode haver argumento ou discussão de que essa passagem fale das condições civis e eclesiásticas que dominarão e caracterizarão aquela parte da terra que está dentro dos limites ou das fronteiras da profecia. Toda ela será preenchida por aquilo que diz respeito à "besta" e à "mu-

Os gentios na tribulação 343

lher". As duas estão inseparavelmente relacionadas, e nos dizem para que fim todos [...] caminham; e esse é que haverá por fim um império mundial e uma igreja mundial, e esses abrangerão tudo o que agora é chamado cristandade; aquele império apoiando aquela igreja, e a "besta" nas Escrituras apóia a "mulher", e a "mulher" é apoiada pela "besta" [Ap 17.3]. Assim, onde quer que uma delas esteja, inevitavelmente a outra também estará, e as fronteiras desta inevitavelmente marcarão as fronteiras daquela [...]

[...] somos forçados a reconhecer que as fronteiras do império serão as fronteiras do cristianismo nominal, mas completamente apóstata; e, *vice-versa*, as fronteiras da igreja apóstata serão exatamente as fronteiras do império. Com isso assegurado e claro, conclui-se, sem qualquer dúvida, que o Império Romano reavivado compreenderá [...] todos os países, por todo lugar, em que haja qualquer vestígio do cristianismo apóstata e, logo, incluirá a América do Norte e a do Sul.[18]

IV. Os Poderes Aliados contra o Império Romano nos Últimos Dias

Como cada um dos sucessivos poderes tinha inimigos que desafiavam seu direito de governar, assim também, na época do fim do poder gentílico mundial, haverá reinos e federações de nações que desafiarão a autoridade do Império Romano.

A. *A confederação do norte*. O primeiro poder a levantar-se contra a autoridade da besta e seus exércitos, o Império Romano, é a grande confederação do norte. Essa confederação é referida em Ezequiel 38.1-39.25 (cf. 38.15; 39.2); Daniel 11.40; Joel 2.1-27 (cf. 2.20); Isaías 10.12; 30.31-33; 31.8,9.

A principal passagem sobre essa confederação se encontra em Ezequiel 38.2-6. O problema aqui é identificar Gogue e Magogue, junto com as nações aliadas. O problema é parcialmente explicado pela leitura da *Versão revisada* (em língua inglesa): "Filho do homem, volve o teu rosto contra Gogue, da terra de Magogue, príncipe de Rôs, de Meseque e Tubal". Com relação ao "príncipe e chefe" ou "príncipe de Rôs" (*Versão revisada*), Kelly diz:

> É verdade que [...] [Rôs], quando o contexto exige que seja substantivo comum, significa "cabeça ou "chefe"; mas é esse sentido que nos confunde nessa passagem. Não há dúvida então de que deve ser um nome pró-

---

[18] F. C. Jennings, The boundaries of the revived Roman Empire, *Our Hope*, xlvii: 387-9, Dec. 1940.

prio, e aqui não de um homem, como em Gênesis 36.2, se a leitura comum for adotada, mas de uma raça. Isso oferece imediatamente um sentido coerente, reforçado pelo termo que o precede, assim como por aqueles que seguem [...] Meseque e Tubal confirmam [...] o significado de [Rôs] como adjetivo gentílico [Rôs].[19]

O príncipe de Rôs é chamado Gogue em Ezequiel 38.3. Deve-se entender que Gogue é o nome dado ao líder dessa confederação e sua terra é chamada Magogue, sendo composta por três partes: Rôs, Meseque e Tubal. A respeito desses nomes, Gaebelein diz:

> Com base em Gênesis 10.2, sabemos que Magogue foi o segundo filho de Jafé. Gômer, Tubal e Meseque também foram filhos de Jafé; Togarma foi neto de Jafé, o terceiro filho de Gômer. A terra de Magogue localizava-se no que chamamos hoje Cáucaso e estepes adjacentes. E os três —Rôs, Meseque e Tubal— foram chamados de citas pelos antigos. Vagavam como nômades nas terras ao redor e ao norte do mar Negro e do mar Cáspio, e eram conhecidos como os bárbaros mais selvagens [...] Cuidadosa pesquisa demonstrou o fato de que [...] Rôs é a Rússia [...] O príncipe de Rôs, significa, então, o príncipe ou rei do império russo.[20]

Bauman faz uma identificação mais pormenorizada. Ele escreve:

> Magogue foi o segundo filho de Jafé (Gn 10.1,2), um dos três filhos de Noé. Antes do alvorecer da história secular, esses descendentes parecem ter habitado exclusivamente a região do Cáucaso e do norte da Armênia [...] É interessante observar que a própria palavra "Cáucaso" significa "forte de Gogue" [...]
>
> Josefo [...] disse: "Magogue fundou aqueles que por causa dele viriam a ser chamados magoguitas, mas pelos gregos eram chamados citas" [...] A própria tradição cita reza que seus ancestrais se originavam de Araxes, na Armênia. Isso concorda com o registro divino que coloca os descendentes imediatos de Noé na Armênia. Ao longo da história, os citas (magoguitas) devem ter migrado para o norte em tempos primevos. Historiadores concordam em que os magoguitas estavam divididos em duas raças distintas, uma jafética, ou européia, e outra turaniana, ou asiática.
>
> A raça jafética compreendia aqueles que os gregos e romanos chamavam sármatas, mas que, em tempos modernos, são chamados russos ou eslavos. Os sármatas eram uma mistura de medos e citas que se uniram e emigraram em pequenos bandos para a região do mar Negro estendendo-se do Báltico aos montes Urais.

---

[19] William KELLY, *Notes on Ezekiel*, p. 192-3.
[20] Arno C. GAEBELEIN, *The prophet Ezekiel*, p. 257-8.

Os gentios na tribulação 345

A raça turaniana compreendia esses magoguitas asiáticos (citas) que habitavam no grande planalto da Ásia Central [...] Hoje seus descendentes são conhecidos como tártaros, cossacos, finos, calmucos e mongóis.

[...] Se lexicógrafos da atualidade forem consultados quanto à nação que representa "Rôs", quase todos eles, junto com a maioria dos expositores, respondem Rússia.

[...] Gesenius, cujo léxico hebraico jamais foi superado, diz que "Gogue" é "sem dúvida os russos". Ele declarou que "Rôs" era uma designação para as tribos que naquela época ocupavam a região ao norte das montanhas Taurus, habitantes da vizinhança do Volga, e ele acreditava que nesse nome e nessa tribo temos o primeiro vestígio na história de "Russ", ou nação russa. Gesenius também identificou "Meseque" como Moscou, a capital da Rússia moderna na Europa. Ele identificou "Tubal" com Tobolsk, a primeira província da Rússia asiática a ser colonizada e também o nome da cidade em que Pedro, o Grande, construiu o velho forte com base no padrão do Kremlin em Moscou. Moscou indica a Rússia na Europa, e Tobolsk indica a Rússia na Ásia.

[...] o *Biblical and theological dictionary*. Nele lemos: "Magogue significa o país ou povo, e Gogue o rei daquele país; o nome geral das nações do norte da Europa e da Ásia, ou os distritos ao norte do Cáucaso, próximos ao monte Taurus" (p. 417).

A *The new Schaff-Herzog encyclopedia of religious knowledge* diz o seguinte: "Uma localização geográfica mais restrita colocaria a moradia de Magogue entre a Armênia e a Média, talvez às margens do Araxes. Mas o povo parece ter-se estendido mais ao norte pelo Cáucaso, preenchendo ali o extremo horizonte norte dos hebreus (Ez 38.15; 39.2). É assim que Meseque e Tubal são geralmente mencionados nas inscrições assírias (*Mushku* e *Tabal*, gr. *Moschoi* e *Tibarenoi*)" (v. v, p. 14).[21]

Logo, a identificação de Rôs como a Rússia atual parece estar bem autenticada e geralmente aceita.

Foi predito que, em aliança com Magogue, haveria "muitos povos contigo"(Ez 38.15). A leitura marginal adotada pelos revisores em Ezequiel 38.7, "serve-lhe de guarda", mostra o lugar de projeção que a Rússia ocupará nessa época. A primeira nação federada com a Rússia será a Pérsia (Ez 38.5). Isso se refere ao antigo domínio da Pérsia, hoje conhecido como Irã. O segundo aliado é chamado Etiópia. Esse nome é usado nas Escrituras nove vezes, de acordo com a concordância de Young, em referência à área na África, e onze vezes em referência à terra de Cuxe, região da Arábia. A *The new Schaff-Herzog encyclopedia of religious knowledge* define "Cuxe" desta maneira:

---

[21] Louis BAUMAN, *Russian events in light of Bible prophecy*, p. 23-5.

O nome da tribo e do lugar que aparece muitas vezes no Antigo Testamento, geralmente referido como "Etiópia", e até recentemente sempre considerado referente à região sul do Egito. Desde que foram decifradas as inscrições cuneiformes da Assíria, da Babilônia e da Arábia, descobriu-se que a forma pode representar duas outras regiões e dois outros povos: 1) os habitantes de uma região ao leste da Babilônia central, há pouco conhecidos como cassitas ou cossitas (gr., *kossaioi*), que governaram a Babilônia entre os séculos XVII e XII a.C [...] 2) uma terra e um povo no norte da Arábia.[22]

A conclusão de Bauman é:

> Já que Ezequiel descreve Gogue: *"Virás, pois, do teu lugar, das bandas do norte, tu e muitos povos contigo"* (38.15); e já que "Cuxe" é um dos "muitos povos" mencionados que acompanham Gogue "das bandas do norte", fica evidente que o "Cuxe" da profecia de Ezequiel não era a "Etiópia" da África, mas um país situado em algum lugar contíguo à Pérsia.[23]

O terceiro aliado mencionado é a Líbia ou *Pute*. Embora isso seja identificado geralmente com a Líbia da África, Bauman observa:

> ... se a Líbia da África [...] é o que se tem em mente aqui, então para aliar-se às forças de Gogue o exército da Líbia teria de marchar diretamente pelas terras onde as forças hostis a Gogue estarão reunidas —um exército poderoso e inumerável. O exército teria de marchar para o leste pelo Egito, pela Arábia e pela Palestina até a terra de Gogue, e depois retornar e marchar de volta com Gogue para a terra da Palestina a fim de lutar com os inimigos que Gogue deve enfrentar! [...]
> Se John D. Davis, em seu *Dicionário da Bíblia*, está certo, e "Pute" se encontra ao sul ou sudeste de "Cuxe", e o "Cuxe" da profecia é adjacente à Pérsia, não devemos achar que o povo de "Pute" [...] sairá da mesma parte da terra de onde virá o resto das nações que se reunirão na grande "confederação nordeste"?[24]

Logo, Pute pode estar localizada adjacentemente à Pérsia ou ao Irã.

O quarto aliado mencionado é Gômer. Parece haver evidência para apoiar a teoria de que isso se refere à atual Alemanha. Gaebelein diz:

> Informação valiosa é dada no *Talmude;* Gômer é referido ali como os *germani*, os alemães. O fato de os descendentes de Gômer terem migrado

---

[22] Samuel MACAULEY JACKSON, org., *New Schaff-Herzog encyclopedia of religious knowledge*, III, p. 328.

[23] BAUMAN, op. cit., p.31.

[24] Ibid., p. 32.

para o norte e se fixado em partes da Alemanha parece ser bem demonstrado.²⁵

Essa identificação é apoiada pela maioria dos comentaristas e historiadores.²⁶

O quinto aliado da Rússia é denominado *Togarma*. É geralmente identificado como a Turquia ou a Armênia, apesar de estender-se um pouco até incluir a Ásia Central. Sobre esse povo Rimmer escreve:

> Geograficamente, Togarma sempre foi a terra que agora denominamos Armênia. É assim chamada nos registros da Assíria. Tenho certeza de que nenhuma pessoa informada tenderia a desafiar essa identificação específica, já que as crônicas assírias são amplamente apoiadas por escritores antigos como Tácito. Aliás, toda a literatura armênia refere-se à terra e ao seu povo como "A Casa de Togarma", e eles têm uma tradição ininterrupta que antecede sua literatura em vários séculos, ligando-os ao neto de Jafé.²⁷

Bauman acrescenta:

> Togarma, talvez as tribos turcomanas da Ásia central, junto com a Sibéria, os turcos e os armênios.
>
> Togarma e todos os seus bandos [...] dificilmente serão outros senão as grandes tribos siberianas que se espalham do norte da Ásia até o Oceano Pacífico.²⁸

Até onde esse povo se estende além da Turquia ou da Armênia não é possível apurar, mas ele pode incluir os povos federados à Rússia.

Com base na profecia de Ezequiel, aprende-se que haverá uma grande confederação, conhecida como a confederação do norte, sob a liderança de alguém que surge da terra de Magogue —a Rússia. Aliado à Rússia estarão o Irã (Pérsia), certos estados árabes (Pute ou Etiópia), a Alemanha e alguns povos asiáticos conhecidos como Togarma, que podem incluir uma união considerável de poderes asiáticos. Essa não é uma lista tão completa como se vê em Ezequiel 38.6: "e muito povos contigo". Essa profecia prevê uma considerável aliança de poderes junto com a Rússia que resistirá contra Israel e o Império Romano nos últimos dias.

---

²⁵ GAEBELEIN, op. cit., p. 259.
²⁶ Cf. BAUMAN, op. cit., p. 34-6.
²⁷ Harry RIMMER, *The coming war and the rise of Russia*, p. 62.
²⁸ BAUMAN, op. cit., p. 38.

B. *Os reis do Leste.* De acordo com Apocalipse 16.12, a Palestina, que se tornará o centro da atividade do líder romano e de seus exércitos, será invadida por um grande exército vindo dalém do Eufrates e conhecido como as forças dos "reis do Leste". Isso representa uma segunda grande aliança de poderes que desafia a autoridade da besta. Com relação à passagem de Apocalipse, Scott escreve:

> O Eufrates formou o limite no leste da conquista romana e a fronteira leste da Palestina ampliada do futuro. Ele sempre foi uma barreira geográfica —uma defesa natural que separa o oeste do leste [...] A barreira é retirada por esse ato de juízo, para que as nações orientais possam lançar seus exércitos mais rapidamente sobre Canaã.
>
> [...] a razão do juízo divino sobre o rio é "para que se preparasse o caminho dos reis que vêm *do lado* do nascimento do sol" [...] não é o rei do Leste, mas *do lado* do leste —povos do lado oriental do Eufrates— que estão em questão.[29]

Então podemos concluir que a segunda grande força em oposição aos gentios será composta pela união das nações na Ásia, que se ajuntam contra a ameaça do domínio mundial pelo cabeça do Império Romano.

C. *O rei do Sul.* Um terceiro poder em conflito com o Império Romano é o rei do Sul, mencionado em Daniel 11.40. Esse poder avança sobre a Palestina e inicia um movimento de nações que resulta na sua destruição. Evidentemente o rei do Sul está aliado ao rei do Norte, pois eles invadem a Palestina simultaneamente (Dn 11.40). Há uma concordância geral entre os intérpretes de que o rei do Sul se refere ao Egito, visto que o Egito é com freqüência mencionado nas Escrituras como a terra ao sul.

Ao estudar a união das nações gentílicas no período da tribulação, descobrimos: 1) uma federação de nações de dez reinos que se tornou a forma final do quarto reino ou Império Romano sob a liderança da besta (Ap 13.1-10); 2) uma confederação do norte, a Rússia e seus aliados; 3) uma confederação do leste ou asiática e 4) um poder da África do Norte. Os movimentos desses quatro poderes aliados contra a Palestina no período da tribulação são afirmados claramente nas Escrituras e constituem um dos principais temas proféticos.

---

[29] SCOTT, op. cit., p. 331-2.

V. A Pessoa e o Ministério da Besta, o Cabeça do Império

As Escrituras falam muito sobre o indivíduo que aparecerá no fim dos tempos como cabeça dos poderes gentílicos na federação de dez reinos. Sua pessoa e seu trabalho são apresentados em Ezequiel 28.1-10; Daniel 7.7,8,20-26; 8.23-25; 9.26,27; 11.36-45; 2Tessalonicenses 2.3-10; Apocalipse 13.1-10; 17.8-14. Uma síntese de verdades nessas passagens revelará os seguintes fatos relativos às suas atividades: 1) Ele entrará em cena nos "últimos dias" da história de Israel (Dn 8.23). 2) Ele não aparecerá até o dia do Senhor ter começado (2Ts 2.2). 3) Sua manifestação está sendo impedida pelo Detentor (2Ts 2.6,7). 4) Esse aparecimento será precedido por um afastamento (2Ts 2.3), que pode ser interpretado como um afastamento da fé ou um afastamento dos santos para a presença do Senhor (2Ts 2.1). 5) Ele é um gentio. Já que ele surge do mar (Ap 13.1) e já que o mar retrata as nações gentias (Ap 17.15), ele deve ter origem gentílica. 6) Ele surge do Império Romano, já que é um governador do povo que destruiu Jerusalém (Dn 9.26). 7) Ele é o cabeça da forma final de governo gentílico mundial, pois é como um leopardo, um urso e um leão (Ap 13.1). (Cf. Dn 7.7,8,20,24; Ap 17.9-11.) Como tal, ele é um líder político. As sete cabeças e os dez chifres (Ap 13.1; 17.12) estão confederados sob a sua autoridade. 8) Sua influência é mundial, pois governa sobre todas as nações (Ap 13.8). Essa influência surge por meio da aliança que ele faz com as outras nações (Dn 8.24; Ap 17.12). 9) Ele eliminou três reis antes de chegar ao poder (Dn 7.8,24). Um dos reinos sobre os quais ele tem autoridade foi reavivado, porque uma das cabeças, que representa um reino ou rei (Ap 17.10), foi curada (Ap 13.3). 10) Seu surgimento se dá por meio de seu plano de paz (Dn 8.25). 11) Ele será marcado pessoalmente por sua inteligência e persuasão (Dn 7.8,20; 8.23) e também por sua sutileza e astúcia (Ez 28.6), e logo sua posição sobre as nações será estabelecida pelo consentimento delas (Ap 17.13). 12) Ele governa sobre as nações confederadas com autoridade absoluta (Dn 11.36), e é visto fazendo sua própria vontade. Essa autoridade é manifestada por meio da mudança de leis e costumes (Dn 7.25). 13) Seu interesse principal está na força e no poder (Dn 11.38). 14) Como cabeça do império federado, ele faz uma aliança de sete anos com Israel (Dn 9.27), que é quebrada após três anos e meio (Dn 9.27). 15) Ele introduz uma adoração idólatra (Dn 9.27), na qual se coloca como deus (Dn 11.36,37; 2Ts 2.4; Ap 13.5). 16) Ele é descrito como um blasfemador por causa da usurpação da deidade (Ez 28.2; Dn 7.25; Ap 13.1,5,6). 17) Ele é energizado por Satanás (Ez 28.9-12; Ap 13.4), recebe dele sua autoridade e é controlado pelo orgulho do diabo (Ez 28.2; Dn 8.25). 18) Ele é o cabeça do sistema imoral de Satanás (2Ts 2.3) e sua declaração de poder e divindade é provada por sinais feitos pelo poder satânico (2Ts 2.9-19). 19) Ele é recebido como Deus e como governante por causa da cegueira do povo (2Ts 2.11). 20) Esse governante torna-se o grande adversário de Israel (Dn 7.21,25; 8.24; Ap 13.7). 21) Haverá uma aliança contra ele (Ez 28.7; Dn 11.40,42), a qual desafiará sua autoridade. 22) No conflito resultante, ele ganhará controle sobre a Palestina e sobre o território adjacente (Dn 11.42) e fará sua sede em Jerusalém (Dn 11.45). 23) Quando chegar ao poder, esse governante será elevado por meio da prostituta, o sistema religioso corrupto que, em seguida, tentará dominá-lo (Ap 17.3). 24) Esse sistema é destruído pelo governante para que possa governar sem impedimentos (Ap 17.16,17). 25) Ele se torna o adversário especial do Príncipe dos Príncipes (Dn 8.25), de Seu plano (2Ts 2.4; Ap 17.14) e de Seu povo (Dn 7.21,25; 8.24; Ap 13.7). 26) Embora ele se mantenha no poder por sete anos (Dn 9.27), sua atividade satânica está limitada à última metade do período da tribulação (Dn 7.25; 9.27; 11.36; Ap 13.5). 27) Esse governo será eliminado por um juízo direto de Deus (Ez 28.6; Dn 7.22,26; 8.25; 9.27; 11.45; Ap 19.19,20). Esse juízo acontecerá quando ele estiver ocupado em uma campanha militar na Palestina (Ez 28.8,9; Ap 19.19), e ele será lançado no lago de fogo (Ap 19.20; Ez 28.10). 28) Esse juízo acontecerá na segunda vinda de Cristo (2Ts 2.8; Dn 7.22) e constituirá uma manifestação da Sua autoridade messiânica (Ap 11.15). 29) O reino sobre o qual ele governou passará para a autoridade do Messias e se tornará o reino dos santos (Dn 7.27).

Muitos nomes e títulos são dados a esse indivíduo nas Escrituras. Artur W. Pink dá uma lista de nomes que se aplicam a ele:[30] o sanguinário e fraudulento (Sl 5.6), o perverso (Sl 10.2-4), o homem da terra (Sl 10.18), o homem poderoso (Sl 52.1), o inimigo (Sl 55.3), o adversário (Sl 74.8-10), o líder de muitas nações (Sl 111.6), o homem violento (Sl 140.1), o assírio (Is 10.5-12), o rei da Babilônia (Is 14.4), a estrela da manhã (Is 14.12), o destruidor (Is 16.4,5; Jr 6.26), a estaca (Is 22.25), o hino triunfal dos tiranos (Is 25.5), o profano e perverso príncipe de Israel (Ez 21.25-27), o pequeno chifre (Dn 7.8), o príncipe que há de vir (Dn 9.26), o homem vil (Dn 11.21), o rei que fará segundo a sua vontade (Dn 11.36), o pastor inútil (Zc 11.16,17), o homem da iniqüidade (2Ts 2.3), o filho da perdição (2Ts 2.3), o iníquo (2Ts 2.8), o anticristo (1Jo 2.22), o anjo do abismo (Ap 9.11), a besta (Ap 11.7; 13.1). A esses podem ser acrescentados: aquele que vem em seu próprio nome (Jo 5.43), o rei de feroz catadura (Dn 8.23), o abominável da desolação (Mt 24.15), o assolador

---

[30] Arthur W. PINK, *The Antichrist*, p. 59-75.

Os gentios na tribulação

(Dn 9.27). Assim, é possível ver quão extensa a revelação desse indivíduo é. Não é de admirar, já que essa é a obra-prima de Satanás na sua tentativa de imitar o plano de Deus.

A. *A besta será um indivíduo ressurrecto?* Com base em Apocalipse 13.3 e 17.8, muitos expositores acreditam que a besta que governará terá muitos seguidores porque sofreu a morte e ressuscitou pelas mãos de Satanás. Alguns acreditam que a besta será a reencarnação de Nero. Outros insistem em que será Judas restaurado à vida.[31] E outros ainda afirmam que ele será um indivíduo ressurrecto, sem tentar identificá-lo.[32] Surge a questão então se esse é um indivíduo ressurrecto em quem é imitado o milagre da morte e da ressurreição de Cristo. Embora se mencione que ele provém da atividade satânica (Ap 13.2), tem uma ferida mortal que foi curada (Ap 13.3) e surge do abismo (Ap 17.8), parece melhor não interpretar isso como morte e ressurreição por várias razões. 1) Em Apocalipse 13.3 e 17.8 a besta é descrita como o reino composto. A referência à cura parece ser o reaparecimento, no reino gentílico, de um poder que estava morto havia muito tempo. 2) Satanás é chamado "anjo do abismo" em Apocalipse 9.11, de modo que Apocalipse 17.8 não ensina que o cabeça do império saiu do abismo, mas sim que o próprio império foi trazido "do abismo" ou por Satanás. 3) As Escrituras revelam que os homens são levantados do túmulo pela voz do Filho de Deus.

> Não vos maravilheis disto, porque vem a hora em que todos os que se acham nos túmulos ouvirão a sua voz e sairão: os que tiverem feito o bem, para a ressurreição da vida; e os que tiverem praticado o mal, para a ressurreição do juízo (Jo 5.28,29).

Satanás não tem o poder de dar a vida. Já que apenas Cristo tem o poder de ressurreição, Satanás não poderia fazer alguém reviver. 4) Os ímpios não são ressuscitados até o grande Trono Branco (Ap 20.11-15). Se um ímpio fosse ressuscitado nessa hora, isso transtornaria o plano de ressurreição divinamente ordenado de Deus. 5) Já que todas as referências a esse indivíduo o apresentam como homem, não como ser sobrenatural, parece impossível acreditar que ele é um indivíduo ressurrecto. Conclui-se então que a besta não será um indivíduo ressurrecto.

---

[31] PINK, op. cit., p. 50-5.
[32] NEWELL, op. cit., p. 186; Joseph SEISS, *The Apocalypse*, II, p. 397-400.

B. *A destruição da besta*. É estranho que quase todas as passagens que mencionam as atividades da besta também incluam uma advertência quanto à sua destruição final. Isso deve ocupar grande espaço no plano de Deus. Seu fim é visto em Ezequiel 21.25-27; 28.7-10; Daniel 7.11,27; 8.25; 9.27; 2Tessalonicenses 2.8; Apocalipse 17.11; 19.20; 20.10. Embora examinemos posteriormente os acontecimentos que levam à sua destruição, devemos observar aqui que Deus destruirá violentamente essa obra-prima satânica de ilusão e de imitação no reino gentílico. Pink escreve:

> As Escrituras registram solenemente o fim de várias personagens augustas e más. Algumas são destruídas pelas águas; algumas, devoradas pelas chamas; algumas, engolidas pelas mandíbulas da terra; algumas, atingidas por uma doença fatal; algumas, massacradas com grande desonra; algumas, enforcadas; algumas, comidas por cães; algumas, consumidas por vermes. Mas a nenhum habitante pecador da terra, com exceção do homem da iniqüidade, "o ímpio", foi reservada a terrível distinção de ser consumido pelo resplendor da aparição pessoal do próprio Jesus Cristo. Tal será sua destruição inédita, um fim que atingirá o clímax graças à sua origem desprezível, sua carreira brilhante e sua iniqüidade incomparável.[33]

VI. A Pessoa e o Ministério do Falso Profeta, o Líder Religioso

Associado diretamente à besta, o cabeça do império federado, há outro indivíduo, conhecido como o "falso profeta" (Ap 19.20; 20.10), chamado "a segunda besta" em Apocalipse 13.11-17, em que é dada sua descrição completa. Essa passagem das Escrituras mostra alguns importantes fatores relacionados que devem ser observados: 1) Esse indivíduo é evidentemente um judeu, já que surge da terra, ou da terra seca, que é a Palestina (13.11); 2) é influente nos negócios religiosos (13.11, "dois chifres, parecendo cordeiro"); 3) é motivado por Satanás como é a primeira besta (13.11); 4) tem uma autoridade delegada (13.12, "a autoridade da primeira besta"); 5) promove a adoração da primeira besta e convence a terra a adorar a primeira besta como se fosse Deus (13.12); 6) seu ministério é autenticado pelos sinais e milagres que ele faz, evidentemente provando que ele é o Elias que estava por vir (13.13,14); 7) tem sucesso em enganar o mundo incrédulo (13.14); 8) a adoração promovida é uma adoração idólatra (13.14,15); 9) tem o poder

[33] Pink, op. cit., p. 119-20.

Os gentios na tribulação

da morte para convencer homens a adorar a besta (13.15); 10) tem a autoridade no meio econômico para controlar todo o comércio (13.16,17); 11) tem uma marca que estabelecerá sua identidade para os que viverem naquela época (13.18).

Podemos observar que, ao comparar a segunda besta à primeira, o Apocalipse a apresenta como serva da primeira. Ela é chamada de "falso profeta" (Ap 16.13; 19.20; 20.10), que ministra juntamente com a primeira besta como seu profeta ou porta-voz. Somos apresentados, então, a uma trindade satânica, demoníaca, ou a trindade do inferno: o dragão, a besta e o falso profeta (Ap 16.13). O lugar ocupado por Deus no Seu plano é assumido por Satanás, o lugar de Cristo é ocupado pela primeira besta, o ministério do Espírito Santo é desempenhado pelo falso profeta.

VII. A RELAÇÃO ENTRE O ANTICRISTO E AS DUAS BESTAS

A palavra *anticristo* aparece somente nas Epístolas de João. É usada em 1João 2.18,22, 4.3 e 2João 7. Um estudo dessas referências revelará que João está preocupado principalmente com um erro imediato de doutrina —a negação da pessoa de Cristo. A ênfase não está na revelação futura de um indivíduo, mas sim na manifestação presente da falsa doutrina. Para João o anticristo já estava presente. Surge então a questão referente à relação entre o "anticristo" das epístolas de João e as bestas do Apocalipse.

O prefixo *anti-* pode ser usado tanto no sentido de "em vez de" quanto no sentido de "contra". Aldrich observa corretamente:

> A solução do problema da identificação do anticristo parece depender do esclarecimento da questão de ser ele fundamentalmente o grande inimigo de Cristo ou o falso cristo.[34]

Thayer fundamenta a existência dessas possibilidades quando diz que a preposição tem dois usos básicos: primeiro, *contra* ou *oposto a*; e, em segundo lugar, uma troca, *em vez de* ou *no lugar de*.[35] Um estudo das cinco aplicações de *anticristo* nas epístolas de João parece mostrar claramente a idéia de oposição e não a de troca. Trench observa:

---

[34] ALDRICH, op. cit., p. 39.
[35] Joseph Henry THAYER, *Greek-English lexicon of the New Testament*, p. 49.

Para mim as palavras de João parecem decisivas como indicação de que a resistência a Cristo e o desafio a Ele, isso, e não alguma assimilação enganosa de Seu caráter e trabalho, é a marca essencial do anticristo; logo, é isso que devemos esperar encontrar incorporado ao seu nome [...] e nesse sentido, se não todos, pelo menos muitos dos Pais compreendiam a palavra.[36]

A palavra *anticristo* parece contrapor-se a "falso cristo" nas Escrituras. Essa palavra é usada em Mateus 24.24 e em Marcos 13.22. Quanto ao contraste entre as palavras, o mesmo autor diz:

> O [*Pseudochristos*, falso cristo] não nega ser cristo; pelo contrário, ele se baseia nas expectativas que o mundo tem de tal pessoa; ele tão-somente se apropria delas, afirmando com blasfêmia que ele é o Prometido, em quem as promessas de Deus e as esperanças dos homens são realizadas [...]
> A diferença, então, está clara [...] [*antichristos*, anticristo] nega que há um Cristo; [...] [*Pseudochristos*, falso Cristo] afirma ser Cristo.[37]

Parece que João tem em mente a idéia de oposição, em vez da idéia de substituição. Essa idéia de oposição direta a Cristo parece ser a caracterização específica da primeira besta, pois ela coloca seu reino contra o reino do Filho de Deus. Se o anticristo deve ser identificado com alguma das duas bestas, é com a primeira.[38] No entanto, talvez João não esteja fazendo referência a nenhuma das duas bestas, mas sim ao sistema ilícito que as caracterizará (2Ts 2.7). Já que ele está realçando o perigo de um abandono doutrinário atual, ele os lembra de que tal é o ensinamento da filosofia do anticristo de Satanás, que Paulo acreditava já estar em ação (2Ts 2.7). Sem dúvida essa filosofia do anticristo gerada por Satanás, mencionada por João, culminará nas bestas e em seus ministérios conjuntos, quando a primeira besta estará em oposição direta a Cristo como alguém que cumpre falsamente a aliança de dar a Israel sua terra, e a segunda besta assumirá o lugar de liderança no meio religioso que pertence por direito a Cristo. Mas João não tenta identificar nenhuma das bestas como o anticristo, mas sim advertir àquele que negar a pessoa de Cristo que estará trilhando o caminho que por fim desembocará na manifestação do sistema ímpio de atividades de ambas as bestas. Elas, na sua unidade corporativa, são o ápice da impiedade.

---

[36] Richard C. Trench, *Synonyms of the New Testament*, p. 107.
[37] Ibid., p. 108.
[38] Cf. Newell, op. cit., p. 195-201 sobre argumentos que apóiam essa teoria.

Capítulo 20
A campanha do Armagedom

Os "reis da terra e de todo o mundo" serão reunidos pela atuação da trindade do inferno para a chamada "peleja do grande dia do Deus Todo-poderoso" (Ap 16.14). Esse ajuntamento das nações da terra acontecerá num lugar chamado Armagedom (Ap 16.16). Lá Deus julgará as nações por haverem perseguido Israel (Jl 3.2), por causa de sua iniqüidade (Ap 19.15) e por causa da sua impiedade (Ap 16.9).

Defende-se, comumente, que a batalha de Armagedom também é um acontecimento isolado que ocorrerá logo antes da segunda vinda de Cristo à terra. A extensão desse grande movimento no qual Deus lida com "os reis do mundo inteiro" (Ap 16.14) não será percebida a menos que se compreenda que a "peleja do grande dia do Deus Todo-poderoso" (Ap 16.14) não é uma batalha isolada, mas uma campanha que se estende pela última metade do período tribulacional. A palavra grega *polemos*, traduzida por "peleja" em Apocalipse 16.14, significa guerra ou campanha, enquanto *machē* significa batalha, e às vezes um único combate. Essa distinção é observada por Trench[1] e seguida por Thayer[2] e Vincent.[3] O uso da palavra *polemos* (campanha) em Apocalipse 16.14 significaria que os acontecimentos que culminam no ajuntamento em Armagedom na segunda vinda são vistos por Deus como uma campanha unificada.

A. *A localização da campanha.* O monte Megido, situado a oeste do rio Jordão no centro-norte da Palestina, a cerca de quinze quilômetros

---

[1] Richard C. Trench, *New Testament synonyms*, p. 301-2.
[2] Joseph Henry Thayer, *Greek-English lexicon of the New Testament*, p. 528.
[3] Marvin R. Vincent, *Word studies in the New Testament*, ii, p. 541.

de Nazaré e a vinte e cinco quilômetros da costa do Mediterrâneo, encontra-se numa planície onde ocorreram muitas das batalhas de Israel. Lá, Débora e Baraque derrotaram os cananeus (Jz 4 e 5). Gideão triunfou sobre os midianitas (Jz 7). Lá, Saul foi morto na batalha com os filisteus (1Sm 31.8). Acazias foi morto por Jeú (2Rs 9.27). E, lá, Josias foi morto na invasão pelos egípcios (2Rs 23.29,30; 2Cr 35.22). Vincent diz:

> Megido localizava-se na planície de Esdrelom, "que foi o local escolhido para o acampamento, em todas as batalhas travadas na Palestina desde os dias de Nabucodonosor, rei da Assíria, até a desastrosa marcha de Napoleão Bonaparte, do Egito até a Síria. Judeus, gentios, sarracenos, cruzados, franceses anticristãos, egípcios, persas, drusos, turcos e árabes, guerreiros de todas as nações debaixo do céu, armaram suas tendas nas planícies de Esdrelom e contemplaram seus estandartes nacionais umedecidos pelo orvalho de Tabor e de Hermom".[4]

Existem várias outras localidades geográficas na campanha. 1) Joel 3.2,13 fala dos acontecimentos que ocorrerão no "vale de Josafá", que parece ser uma área extensa a leste de Jerusalém. Ezequiel 39.11 fala do "vale dos viajantes", que pode referir-se à mesma área que o vale de Josafá, visto que era uma rota de saída de Jerusalém. 2) Isaías 34 e 63 retratam a vinda do Senhor de Edom ou Iduméia, sul de Jerusalém, quando Ele retornar do julgamento. 3) A própria Jerusalém é vista como o centro do conflito (Zc 12.2-11; 14.2). Desse modo, a campanha estende-se das planícies de Esdrelom ao norte, atravessando Jerusalém, até o vale de Josafá a leste e Edom ao sul. A vasta área abrange toda a Palestina, e essa campanha, com todas as suas partes, confirmaria o que Ezequiel retrata quando diz que os invasores cobrirão a terra (Ez 38.9,16). Essa área se conformaria à extensão retratada por João em Apocalipse 14.20. A conclusão de Sims é bem formulada:

> ... parece que, pelas Escrituras, a última grande batalha do grande dia do Deus Todo-poderoso se alastrará para bem além de Armagedom ou vale de Megido. Armagedom parece ser apenas o local em que as tropas se reunirão vindas dos quatro cantos da terra, e de lá a batalha se espalhará por toda a Palestina. Joel fala dessa última batalha sendo travada no vale de Josafá, que fica perto de Jerusalém, e Isaías mostra o Cristo vindo com as vestimentas manchadas de sangue "de Edom", que fica ao sul da Palestina. Então a batalha de Armagedom se estenderá desde o vale de Megido no norte da Palestina, através do vale de Josafá, perto de Jerusa-

---

[4] Ibid., II, p. 542-3.

lém, até Edom no extremo sul da Palestina. Com isso concordam as palavras do profeta Ezequiel, de que os exércitos dessa grande batalha virão "para cobrir a terra". O livro do Apocalipse também fala que o sangue correrá dos freios dos cavalos por 1 600 estádios, e foi observado que 1 600 estádios cobrem toda a extensão da Palestina. Mas Jerusalém sem dúvida será o centro de interesse durante a batalha de Armagedom, pois a Palavra de Deus diz: "Reunirei todas as nações contra Jerusalém para a batalha".[5]

B. *Os participantes da campanha*. A coligação das nações durante o período tribulacional já foi abordada. Vimos que haverá quatro grandes poderes mundiais: 1) a federação de dez reinos sob a liderança da besta, que constitui a forma final do quarto grande império mundial; 2) a federação do norte, a Rússia e seus aliados; 3) os reis do Leste, povos asiáticos de além do Eufrates e 4) o rei do Sul, poder ou coligação de poderes do norte da África. Deve ser acrescentado outro grande poder, em virtude de sua participação ativa na campanha: 5) o Senhor e seus exércitos celestiais. Embora a hostilidade dos quatro primeiros seja de uns contra os outros e contra Israel (Zc 12.2,3; 14.2), é particularmente contra o Deus de Israel que eles lutam (Sl 2.2; Is 34.2, Zc 14.3; Ap 16.14; 17.14; 19.11,14,15,19,21).

I. A Invasão pela Confederação do Norte

Segundo Daniel 9.26,27, o príncipe do Império Romano fará uma aliança com Israel por um período de sete anos. Essa aliança evidentemente restaura Israel a uma posição dentre as nações do mundo e sua integridade é garantida pelos poderes romanos. Essa não é apenas uma tentativa de resolver a longa disputa entre as nações com respeito à reivindicação de posse da terra palestina por Israel, mas também uma imitação satânica do cumprimento da aliança abraâmica que conferiu a Israel o título à terra. Essa ação é retratada por João (Ap 6.2) como um cavaleiro saindo para conquistar, a quem é dada soberania mediante negociações pacíficas. Essa condição persistirá por três anos e meio, após os quais a aliança será quebrada pelas autoridades romanas, e o período conhecido como grande tribulação (Mt 24.21) terá início. Essa tribulação na terra é, evidentemente, provocada por Satanás, que será lançado do céu para a terra no meio do período tribulacional (Ap 12.9). Ele sai em grande ira (Ap 12.12) para atacar o restante de Israel e os santos de Deus (Ap 12.17). A atividade satânica que move as nações naqueles dias é claramente descrita por João quando diz:

[5] A. Sims, *The coming war and the rise of Russia*, p. 7.

Então, vi sair da boca do dragão, da boca da besta e da boca do falso profeta três espíritos imundos semelhantes a rãs; porque eles são espíritos de demônios, operadores de sinais, e se dirigem aos reis do mundo inteiro com o fim de ajuntá-los para a peleja do grande dia do Deus Todo-poderoso (Ap 16.13,14).

Isso não quer dizer que esse período não seja o da ira de Deus sobre os homens pecadores, antes mostra que, para derramar Sua ira, Deus permite que Satanás, em sua ira, execute um plano contra o mundo inteiro.

Existem inúmeras teorias a respeito dos acontecimentos na campanha de Armagedom: 1) Armagedom será um conflito entre o Império Romano e a confederação do norte;[6] 2) será um conflito entre o Império Romano e os reis do Leste, ou poderes asiáticos;[7] 3) Armagedom será um conflito entre todas as nações e Deus;[8] 4) será um conflito entre os quatro grandes poderes mundiais;[9] 5) será um conflito entre o Império Romano, a Rússia e os poderes asiáticos;[10] 6) excluirá a Rússia, mas ocorrerá entre os poderes romano, oriental e setentrional,[11] com base na teoria de que Ezequiel 38 e 39 ocorrem no milênio; 7) a Rússia será a única agressora em Armagedom,[12] com base na teoria de que não haverá uma forma avivada do Império Romano. Podemos observar a grande divergência de opiniões a respeito da cronologia de acontecimentos nessa campanha.

A grande mobilização de exércitos no conflito de Armagedom começa com a invasão da Palestina pelos reis do Norte e do Sul (Dn 11.40). O líder do Império Romano e o líder do estado israelita estão de tal modo unidos em aliança (Dn 9.27), que um ataque contra um significa um ataque contra o outro. Com essa invasão se iniciam os acontecimentos da campanha, que abalarão o mundo inteiro. Esse movimento inicial é apresentado em Ezequiel 38.1–39.24.

Os poderes representados nesse capítulo já foram identificados como a Rússia e seus satélites. Logo, basta apenas resumir os acontecimentos. Existe consenso entre os estudiosos da Bíblia a respeito do esboço dos acontecimentos. A Rússia faz uma aliança com a Pérsia, a

---

[6] Cf. L. SALE-HARRISON, *The resurrection of the old Roman Empire*, p. 108-10.
[7] Harry A. IRONSIDE, *Lectures on Daniel the prophet*, p. 215-6.
[8] William PETTINGILL, *God's prophecies for plain people*, p. 109-10.
[9] Alva J. MCCLAIN, *The four great powers of the end time*, p. 3.
[10] Milton B. LINDBERG, *Gog all Agog*, p. 31.
[11] W. W. FEREDAY, Armageddon, *Our Hope*, xlvii: 397-401, Dec. 1940.
[12] Harry RIMMER, *The coming war and the rise of Russia*, p. 27.

A campanha do Armagedom

Etiópia, a Líbia, a Alemanha e a Turquia (v. 2,5,6). Pelo fato de Israel parecer presa fácil (v. 11), essa confederação decide invadir a terra para saqueá-la (v. 12). Faz-se um protesto contra essa invasão (v. 13), o qual é, contudo, desprezado. A extensão da invasão deve ser apreendida em trechos paralelos, pois Ezequiel omite o progresso da invasão, mas trata da destruição do invasor nas montanhas de Israel (39.2-4) em conseqüência de uma intervenção divina mediante uma convulsão da natureza (38.20-22). Sete meses são gastos para retirar os mortos (39.12) e sete anos são necessários para retirar os escombros (39.9,10). O profeta afirma que o cenário dessa destruição são as montanhas de Israel (39.2-4); o seu tempo é o "fim dos anos" (38.8) e os "últimos dias" (38.16). Essa destruição é um sinal para as nações (38.23) e para Israel (39.21-24).

Existem várias considerações que deixam claro que a invasão por Gogue (Ez 38) não é a mesma que a batalha de Armagedom (Ap 16.16). 1) Na batalha de Gogue, são mencionados aliados definidos, enquanto em Armagedom todas as nações estão unidas (Jl 3.2; Sf 3.8; Zc 12.3; 14.4). 2) Gogue vem do norte (Ez 38.6,15; 39.2), enquanto em Armagedom os exércitos vêm do mundo inteiro. 3) Gogue vem para saquear (Ez 38.11,12), enquanto em Armagedom as nações se unem para destruir o povo de Deus. 4) Há um protesto contra a invasão de Gogue (Ez 38.13), mas em Armagedom ele não ocorre, pois todas as nações estão unidas contra Jerusalém. 5) Gogue é o líder dos exércitos em sua invasão (38.7), mas em Armagedom é a besta quem a lidera (Ap 19.19). 6) Gogue é derrotado pelas convulsões da natureza (38.22), mas os exércitos em Armagedom são destruídos pela espada que sai da boca de Cristo (Ap 19.15). 7) Os exércitos de Gogue são colocados em ordem no campo aberto (Ez 39.5), enquanto em Armagedom são vistos na cidade de Jerusalém (Zc 14.2-4). 8) O Senhor pede ajuda na execução de julgamento sobre Gogue (Ez 38.21), enquanto em Armagedom Ele é retratado pisando sozinho o lagar (Is 63.3-6).[13] Dois movimentos distintos devem ser reconhecidos.

A. *Identificação do tempo em geral*. O primeiro problema a ser resolvido é o problema do tempo dessa invasão.

1. Isso não se refere a um acontecimento passado na história de Israel. A partir dos detalhes fornecidos nos capítulos anteriores, é óbvio que nenhuma invasão experimentada na história de Israel cumpre de forma completa essa profecia. No passado ocorreram invasões que

[13] Cf. Louis BAUMAN, *Russia events in the light of Scripture*, p. 180-4.

trouxeram dificuldades para a terra e para o povo, mas nenhuma corresponde aos detalhes apresentados aqui.

2. Isso só pode referir-se a um acontecimento futuro na experiência de Israel. Há uma série de considerações que apóiam essa visão.

a. O contexto do livro. O capítulo 37 lida com a reintegração da nação de Israel à sua terra. Ela é retratada como um processo gradual, pois o profeta a vê como um osso sendo juntado ao outro, amarrados por tendões e revestidos por pele. É uma reunião em meio à incredulidade, pois o profeta observa que não existia vida na carcaça reunida (v. 8). O capítulo 40 nos leva à era milenar. Desse modo, os movimentos de Gogue e Magogue ocorrem, conforme o contexto, entre o início da reintegração de Israel à sua terra e a era milenar.

b. Declarações específicas desse trecho. Há duas referências ao elemento de tempo no capítulo 38. Ele ocorrerá "depois de muitos dias" (v. 8) e "nos últimos dias" (v. 16). Isso se refere especificamente aos últimos dias e à obra de Deus com a nação de Israel, que, por ocorrer antes da era milenar (cap. 40), deve passar-se durante o trato de Deus com Israel na septuagésima semana da profecia de Daniel.

c. Será depois do início da restauração, pois Israel já estará habitando sua própria terra (38.11). Isso indicaria que tal acontecimento ocorre depois da aliança feita pelo "príncipe que virá", de Daniel 9.27.

d. Estará ligado à conversão de Israel, que é obviamente futura, pois a destruição do invasor é sinal de que a nação deve abrir os olhos para o Senhor (39.22). Visto que a retirada definitiva da cegueira não chega a essa nação até a segunda vinda, essa profecia deve ter uma relação definida com aquele advento.

e. A indicação de que a terra será reflorestada (39.10) confirma essa conclusão, pois Israel sempre dependeu de outras fontes para obter madeira.[14]

Concluímos, então, pelo próprio texto, que os acontecimentos aqui mencionados devem ocorrer no futuro, numa ocasião em que Deus estiver tratando com Israel como nação.

[14] 1Reis 5.1-10.

A campanha do Armagedom 361

B. *O tempo em relação a acontecimentos específicos.* A invasão apresentada em Ezequiel tem sido relacionada com quase todos os grandes acontecimentos proféticos. Algumas dessas posições devem ser examinadas a fim de apurarmos o mais cuidadosamente possível quando esse acontecimento se dará.

1. Alguns defendem, primeiramente, que a invasão ocorre antes do arrebatamento da igreja. Tal é a posição de David L. Cooper, que diz:

> ... é absolutamente impossível alguém localizar o cumprimento dessa previsão após a era milenar. Ele não pode ser colocado no início do milênio, nem no fim da tribulação. Deve estar, conseqüentemente, antes da tribulação porque não há outro lugar em que ele possa ocorrer, visto que as três outras datas sugeridas são impossíveis.
>
> [...] haverá uma hora entre o presente e o início da tribulação na qual os judeus estarão habitando na terra das cidades sem muros e estarão em paz.[15]

Essa parece ser uma tese impossível por várias considerações. 1) O ensino do Novo Testamento sobre a iminência do arrebatamento impossibilita que um acontecimento como esse tenha de ser cumprido antes. 2) O contexto da própria profecia declara que ele acontecerá "depois de muitos dias" (v. 8) e "nos últimos dias" (v. 16). Já que essa profecia é voltada para Israel, os seus anos e dias é que devem estar sendo mencionados na profecia. Já que Israel e a igreja são dois grupos distintos com quem Deus trata, é impossível aplicar os últimos anos de Israel aos últimos anos da igreja. 3) Até onde podemos verificar, Israel não possuirá a terra nem terá o direito de retornar até que o "príncipe que há de vir" com ele faça aliança (Dn 9.27). Israel estará fora da terra, e Jerusalém será pisada pelas nações até que se cumpra o tempo dos gentios (Lc 21.24). Seria necessário, segundo essa teoria, afirmar que a aliança que dá a Israel uma falsa segurança tenha sido feita antes do arrebatamento, ou que o tempo dos gentios termina com o arrebatamento. Tal não é a indicação da Palavra.

2. Outros ensinam, em segundo lugar, que a invasão acontecerá no final da tribulação. Muitos estudiosos da Bíblia adotam essa interpretação.[16] Contudo, parece haver dificuldades que impossibilitam a aceitação dessa posição. 1) O trecho de Ezequiel não menciona uma batalha. A destruição vem pelas mãos do Senhor, mediante uma convulsão da

---

[15] David L. COOPER, *When Gog's armies meet the Almighty*, p. 80-1.
[16] Cf. BAUMAN, op. cit., 174-5.

natureza (38.20-23). Mesmo que se provasse que a espada no versículo 21 é uma nação, é o Senhor que aparece como o agente dessa destruição, em lugar de uma destruição bélica. Na conflagração de Armagedom haverá uma grande batalha entre o Senhor e suas tropas e as nações reunidas, da qual o Rei dos Reis surge como o vencedor. 2) Em Ezequiel a invasão é comandada pelo rei do Norte, com seus aliados, que possuem número limitado. Em Zacarias 14 e Apocalipse 19 todas as nações da terra estão reunidas para a conflagração. 3) Em Ezequiel a destruição ocorre nas montanhas de Israel (39.2-4). Os acontecimentos de Armagedom ocorrerão em Jerusalém (Zc 12.2; 14.2), no vale de Josafá (Jl 3.12) e em Edom (Is 63.1). 4) Em Ezequiel, Israel estará habitando sua terra em paz e segurança (38.11). Sabemos que, em Apocalipse 12.14-17, Israel não habitará a terra em paz e segurança durante a última metade da septuagésima semana, mas será o principal alvo do ataque de Satanás.

Desse modo, conclui-se que a invasão não pode ser identificada com os acontecimentos de Zacarias 14 e de Apocalipse 19 no final da tribulação.

3. Outros defendem ainda que a invasão acontecerá no início do milênio. Essa opinião é apresentada por Arno C. Gaebelein, que diz:

> Quando acontecerá a invasão? Encontramos a resposta no texto. O versículo 8 declara que Gogue e Magogue e outras nações conjuntamente invadirão a terra "que se recuperou da espada, ao povo que se congregou dentre muitos povos"; eles vêm "sobre os montes de Israel [...] ". No versículo 11 o propósito maléfico do invasor é conhecido [...] Através de tudo isso, aprendemos que a invasão ocorre na hora em que o Senhor tiver tomado Seu povo de volta e restabelecido Seu relacionamento com o restante de Israel.
>
> A invasão acontecerá algum tempo depois de o império da besta ser destruído [...] e de o falso profeta, o anticristo [...] terem sido julgados.
>
> [...] Miquéias nos diz: "Este (Cristo) será a nossa paz. Quando a Assíria vier à nossa terra" (5.5). Tudo isso confirma a história de Ezequiel 38.[17]

Embora as passagens citadas pareçam comprovar a tese declarada acima, existem argumentos que provam que essa é uma explicação impossível. 1) Ezequiel nos diz que a terra será poluída por cadáveres durante sete meses (39.12). Tal cena parece impossível em vista da pu-

---

[17] Arno C. Gaebelein, *The prophet Ezekiel*, p. 252-5.

rificação que será realizada no retorno do Messias. 2) Jeremias 25.32,33 afirma que o Senhor destruirá todos os ímpios da terra no Seu retorno. Isso é ampliado em Apocalipse 19.15-18. Parece impossível imaginar que tamanha multidão, como a descrita em Ezequiel, escape à destruição na Sua vinda e logo em seguida O enfrente. 3) Em Mateus 25.31-46 todos os gentios são levados perante o juiz para saber quem entrará no milênio. Visto que nenhum descrente, quer judeu, quer gentio, entrará nesse reino, é impossível imaginar tal apostasia dos salvos que pudesse cumprir a profecia de Ezequiel. 4) Isaías 9.4,5 prevê a destruição de todas as armas de guerra depois do início do milênio. Onde os exércitos do rei do Norte guardariam suas armas à luz dessa predição? 5) Isaías 2.1-4 declara que as guerras terminarão com a vinda de Cristo e a instituição do milênio. 6) De acordo com Apocalipse 20.1-3, Satanás será preso no início do milênio e, assim, não estará ativo para gerar tal movimento contra Israel. 7) Deus está começando a tratar com Israel no início da septuagésima semana depois da translação da igreja. Essa nação está sendo trazida novamente à sua terra (Ez 38.11; 37.1-28), apesar de sua descrença, a fim de preparar a nação, pela disciplina, para a vinda do Messias. Desse modo, Miquéias pode dizer corretamente que "este (Cristo) será nossa paz. Quando a Assíria vier à nossa terra" (5.5), apesar de esses acontecimentos só acontecerem antes da segunda vinda de Cristo. A profecia de Miquéias não torna necessária a presença visível de Cristo, mas promete a Sua proteção.

4. Outros ainda ensinam que a invasão acontece no final do milênio. Os que defendem essa posição afirmam que Gogue e Magogue de Ezequiel e de Apocalipse 20.8 são os mesmos. Isso parece uma impossibilidade conforme as seguintes considerações: 1) Ezequiel menciona apenas uma coligação do norte na invasão. Em Apocalipse as nações da terra estão reunidas. 2) Em Ezequiel não há menção específica à ação de Satanás nem a seu aprisionamento por mil anos antes da invasão, embora ambos sejam ressaltados em Apocalipse. 3) O contexto de Ezequiel mostra que essa invasão ocorre antes da instituição do milênio. Em Apocalipse o milênio já dura mil anos quando a rebelião acontece. 4) Em Ezequiel os corpos dos mortos exigem sete meses para ser retirados (39.12). Em Apocalipse 20.9, é dito que os mortos serão "devorados" pelo fogo para que não precisem ser retirados. 5) Em Ezequiel a invasão é seguida pelo milênio (caps. 40-48). Em Apocalipse esse acontecimento é seguido pelo novo céu e nova terra. Certamente a nova terra não pode ser concebivelmente corrompida por cadáveres insepultos durante sete meses.

Assim, essas considerações tornam impossível a aceitação dessa teoria no que tange à hora da invasão.

5. Finalmente, acredita-se que a invasão acontecerá no meio da septuagésima semana. Parece haver várias indicações de que essa é a invasão da Palestina pelo rei do Norte no meio da semana que dispara o ataque satânico contra o povo com quem Deus está tratando, a nação de Israel, como relatado em Apocalipse 12.14-17.

a. A invasão acontece no momento em que Israel habita sua própria terra (Ez 38.8). Não há informação de que Israel poderá ocupar a sua terra até a realização da aliança feita pelo "príncipe que há de vir", de Daniel 9.27. É evidente que alguém, dada a sua autoridade como líder do renascido Império Romano, busque solucionar a disputa árabe-israelense dando a Israel o direito de ocupar a terra. A invasão virá algum tempo depois da confirmação dessa aliança.

b. A invasão acontecerá quando Israel estiver habitando em paz sua terra (Ez 38.11). Os que acreditam que essa invasão ocorre no início do milênio interpretam essa paz como aquela prometida pelo Messias. Não existe nada no texto que indique que essa é a verdadeira paz messiânica. Ao contrário, parece ser uma falsa paz que será garantida para Israel por meio da aliança, chamada "vosso acordo com o além" em Isaías 28.18. Israel, então, continua incrédulo, pois não se tornará nação crente até a segunda vinda de Cristo. Essa reunião é apresentada em Ezequiel 37, e a condição sem vida da nação é claramente indicada no versículo 8. Não se pode dizer que Israel estará em paz no final da tribulação, pois a terra terá sido destruída pela invasão (Zc 14.1-3) e seu povo estará disperso (Zc 13.8,9). Ainda assim, a nação poderia estar habitando relativamente em paz a terra na primeira metade da semana. Cooper diz: "É bem possível que os primeiros julgamentos da tribulação não afetem a Palestina de modo que destruam a beleza e a prosperidade da terra".[18]

c. No capítulo 38 de Ezequiel há duas expressões que podem indicar a hora da invasão. No versículo 8 aparece a expressão "no fim dos anos", e o versículo 16 fala nos "últimos dias" da história de Israel. Esses, é claro, não se referem aos "últimos dias" da igreja, pois Deus está lidando com Israel em Sua divina administração.

---

[18] COOPER, op. cit., p. 84.

A campanha do Armagedom

Existem várias expressões semelhantes que devem ser esclarecidas nesta altura. O termo *último dia* relaciona-se ao plano de ressurreição e de julgamento (Jo 6.39,40,44,54; 11.24; 12.48). O termo *últimos dias* relaciona-se à hora da glorificação, salvação e bênção de Israel na era do reino (Is 2.2-4; Mq 4.1-7). O termo *fim dos anos* relaciona-se ao tempo antes dos *últimos dias* ou era milenar, no qual ocorrerá o período tribulacional. Em Deuteronômio 4.27 Moisés prevê a dispersão em virtude da infidelidade, mas promete a restauração. No versículo 30 ele diz: "Quando estiveres em angústia, e todas estas cousas te sobrevierem nos últimos dias... ". Aqui os "últimos dias" estão ligados à tribulação. Em Daniel 2.28 o profeta revela "o que há de ser nos últimos dias" e depois leva o reino até a forma final do poder mundial gentílico na septuagésima semana. Ao discutir a "indignação" de Daniel 8.19,23, o profeta fala de "no fim do seu reinado". Mais uma vez em Daniel 10.14 o termo "últimos dias" é usado em referência aos acontecimentos que precedem a era milenar. A conclusão, já que Ezequiel usa essas expressões, é que os acontecimentos apresentados por esse profeta devem ocorrer dentro da septuagésima semana. Daniel 11.40 parece referir-se ao mesmo período, pois o profeta situa esses acontecimentos "no tempo do fim". Essa expressão parece separar o acontecimento do próprio "final".

d. Muitos comentaristas interpretam Daniel 11.41 em referência à ocupação da terra da Palestina pela besta. O acontecimento que leva a besta a entrar na Palestina é a invasão da Palestina, ao norte, pelo rei do Norte (Dn 11.40). A aliança feita pela besta (Dn 9.27) evidentemente garante a Israel o direito à terra. É necessário algum acontecimento que provoque a abolição da aliança pela besta. Visto que a aliança é quebrada no meio da semana (Dn 9.27) e a invasão do norte é vista como a causa desse rompimento (Dn 11.41), podemos concluir que essa invasão ocorre no meio da semana.

e. É reconhecido que os acontecimentos da última metade da semana são ocasionados pela expulsão de Satanás do céu (Ap 12.7-13). Evidentemente, a primeira ação de Satanás em oposição a Israel é motivar a sua invasão pelo rei do Norte. Esse é o início de uma grande campanha que começa no meio da semana e continua até a destruição dos poderes gentílicos no retorno do Senhor. A palavra traduzida por "batalha" em Apocalipse 16.14, de acordo com o dicionário de Thayer, seria mais bem traduzida por "campanha", pois isso implica mobilização de exércitos em contraste com uma batalha isolada. A observação, então, é que Deus vê todas as mobilizações de exércitos como uma grande campanha, que será terminada pela destruição desses exércitos no retorno de Cristo. Se essa interpretação for correta, a campanha será promovida no decorrer de três anos e meio.

f. Em Isaías 30.31-33; 31.8,9 e Miquéias 5.5 o invasor do norte é chamado "Assíria". Como a Assíria foi um instrumento nas mãos do Senhor para punir a iniqüidade de Israel, então o Senhor usará novamente o instrumento para o mesmo propósito. Esse castigo terá o mesmo nome por causa da identidade de sua missão, a de punir Israel. Isaías 28.18 fala da "aliança com a morte" e o "acordo com o além" pelo qual Deus castigará Israel. Isso deve referir-se a Daniel 9.27, quando Israel busca a paz pelas mãos humanas e não pelas mãos do Senhor. Isaías diz que essa aliança os castigará: "quando o dilúvio do açoite passar, sereis esmagados por ele". O açoite não poderia ser manipulado pela besta, pois ela fez a aliança, mas deve referir-se à invasão pela "Assíria", que será usada por Deus para punir Israel. A destruição da Assíria parece ser um paralelo da destruição dos exércitos de Gogue em Ezequiel 38 e 39 e, dessa maneira, são consideradas referências paralelas. Deus não poderia punir Israel por essa falsa aliança antes que ela fosse firmada. Isso nos faz acreditar que tal invasão ocorre em algum momento no meio da semana.

g. Apocalipse 7.4-17 descreve uma multidão de judeus e gentios que serão salvos durante a tribulação. Alguém pode indagar, em vista da intensa perseguição contra qualquer cristão, como alguém conhecerá Deus nesse período. Em Ezequiel 38.23 é revelado que a destruição dos exércitos de Gogue é usada como sinal para as nações, e em 39.21 se faz nova referência a esse fato. Em 39.22 o mesmo acontecimento é um grande sinal para Israel. Visto que o livro de Apocalipse retrata a salvação de muitas pessoas durante a tribulação, e não só no seu final, e visto que esse acontecimento profetizado por Ezequiel é usado como sinal para levar muitos ao Senhor, ele deverá ocorrer antes do final da tribulação e em alguma hora nesse período. A destruição, tão obviamente oriunda das mãos do Senhor, é usada pelo Senhor para tirar a cegueira e levar muitos ao Seu conhecimento.

h. Em Apocalipse 13.7 a besta é retratada com poder mundial. Isso se tornará verdade na sua manifestação como líder mundial em meio à tribulação. Surge a questão: "Como a besta terá o poder mundial se o poder da confederação setentrional ainda não foi quebrado?". O fato de que a besta terá a autoridade sobre a terra no meio da semana apóia a tese de que o rei do Norte terá sido destruído. Tal destruição trará caos às condições mundiais, o qual unirá as nações conforme se vê no salmo 2, quando será formado o governo liderado pela besta. Visto que não poderia haver unidade entre as nações enquanto o rei do Norte estivesse ativo, essa unidade deve ser buscada depois de sua destruição.

i. Apocalipse 19.20 diz que o Senhor lidará especificamente com a besta e com o falso profeta na sua vinda. Por todo o Antigo e o Novo Testamento surgem três personagens que desempenharão papéis importantes no drama do "tempo dos gentios": a besta, o falso profeta e o rei do Norte ou Assíria. Deus precisa lidar com cada um deles antes que possa manifestar Sua autoridade mundial. Conforme demonstrado, é impossível que o terceiro continue depois de iniciado o milênio. Deus terá de lidar com ele e com seus exércitos numa ocasião prévia.

j. A cronologia de vários trechos importantes que tratam desses acontecimentos parece apoiar essa tese. Isaías 30 e 31 tratam da destruição do rei do Norte. Isso é seguido, em Isaías 33 e 34, pela destruição de todas as nações, e em Isaías 35 pela descrição do milênio. No livro de Joel encontramos a mesma cronologia. Joel 2 trata da invasão pelo exército setentrional (v. 20), seguida da destruição das nações em Joel 3 e do milênio em 3.17-21. Em ambos os trechos, a cronologia é a mesma. Os exércitos do norte são destruídos num momento separado, num movimento distinto, antes da destruição dos exércitos das nações, que será seguida pelo milênio. Situar os acontecimentos no meio da semana é a única posição coerente com a cronologia dessas passagens. Tais opiniões nos levam à seguinte cronologia de acontecimentos: 1) Israel faz uma falsa aliança com a besta e ocupa sua terra com uma falsa segurança (Dn 9.27; Ez 38.8,11). 2) Desejoso de obter despojos atacando uma presa fácil e motivado por Satanás, o rei do Norte invade a Palestina (Ez 38.11; Jl 2.1-21; Is 10.12; 30.31-33; 31.8,9). 3) A besta quebra a aliança com Israel e invade a terra (Dn 11.41-45). 4) O rei do Norte é destruído nas montanhas de Israel (Ez 39.1-4). 5) A Palestina é ocupada pelos exércitos da besta (Dn 11.45). 6) Nessa ocasião ocorre a grande coligação que forma um governo único liderado pela besta (Sl 2.1-3; Ap 13.7). 7) Os reis do Leste são apresentados contra o exército da besta (Ap 16.12), evidentemente em conseqüência da dissolução do governo de Gogue. 8) Quando as nações da terra estiverem reunidas em torno de Jerusalém (Zc 14.1-3) e do vale de Josafá (Jl 3.2), o Senhor retornará e destruirá todos os poderes gentios do mundo a fim de que possa reinar sobre as nações. Isso é apresentado em Zacarias 12.1-9; 14.1-4; Isaías 33.1-34.17; 63.1-6; 66.15,16; Jeremias 25.27-33; Apocalipse 20.7-10.

II. A Invasão pelos Exércitos da Besta

A invasão da Palestina pela confederação do norte trará a besta e seus exércitos em defesa de Israel. Essa invasão é apresentada por Daniel:

> ... e entrará nas suas terras, e as inundará, e passará. Entrará também na terra gloriosa, e muitos sucumbirão, mas do seu poder escaparão estes: Edom e Moabe, e as primícias dos filhos de Amom. Estenderá a mão também contra as terras, e a terra do Egito não escapará. Apoderar-se-á dos tesouros de ouro e de prata e de todas as cousas preciosas do Egito; os líbios e os etíopes o seguirão. Mas, pelos rumores do oriente e do norte, será perturbado e sairá com grande furor, para destruir e exterminar a muitos. Armará as suas tendas palacianas entre os mares contra o glorioso monte santo; mas chegará ao seu fim, e não haverá quem o socorra (Dn 11.40b-45).

É difícil saber as atividades das nações em tela nesse capítulo. Muitos acham que a invasão relatada acima é a do rei do Norte e do rei do Sul. Contudo, no versículo 36, é introduzido o "rei segundo a sua vontade", anteriormente descrito como a besta, e suas atividades parecem ser esboçadas da seguinte maneira: os versículos 40-45 não podem estar referindo-se às atividades das forças combinadas dos reis do Norte e do Sul, pois o pronome "eles" teria sido usado. Já que "ele" é usado, o trecho deve dizer respeito às próximas atividades do "rei segundo sua vontade". Sobre isso, Peters escreve:

> "E entrará nas suas terras" —essa talvez seja a oração que tem provocado maior dificuldade entre os críticos, dada a súbita transição de uma pessoa para a outra. Se nos confinássemos a essa profecia, seria impossível, pela linguagem, concluir *qual rei* entrará nesses países; se o rei do Norte, ou do Sul, ou do Império Romano, mas não somos deixados à mercê de *conjecturas* sobre esse assunto. O rei que é vitorioso na hora do fim pode ser identificado em Daniel 2 e 7 e em Apocalipse 17 como *a quarta besta, o poder romano*. Usando outras profecias como intérpretes, o pronome "ele" se refere ao poder romano sob seu último líder, que invadirá outros países, implicando que o rei do Sul e o rei do Norte não obtiveram sucesso contra ele.[19]

---

[19] G. N. H. Peters, *Theocratic kingdom*, II, p. 654.

A campanha do Armagedom 369

Desse trecho, podem ser vistos vários aspectos a respeito dos movimentos militares da invasão. 1) A movimentação militar se inicia quando o rei do Sul se volta contra a aliança besta-falso profeta (11.40), o que ocorre "no tempo do fim". 2) A confederação do norte alia-se ao rei do Sul e ataca a besta com uma grande força terrestre e marítima (11.40). Jerusalém é destruída por conseqüência desse ataque (Zc 12.2), e os exércitos da confederação do norte, por sua vez, são destruídos (Ez 39; Zc 12.4). 3) Todos os exércitos da besta entram na Palestina (11.41) e conquistam o território (11.41,42). Edom, Moabe e Amom escaparão. É, evidentemente, nessa hora que a aliança de Apocalipse 17.13 é formada. 4) Enquanto estiver estendendo seu domínio ao Egito, uma notícia alarmante é levada à besta (11.44). Pode ser a notícia da aproximação dos reis do Leste (Ap 16.12), que se reuniram, por causa da destruição da confederação do norte, a fim de desafiar a autoridade da besta. 5) A besta transfere seu quartel-general para a Palestina e lá reúne seus exércitos (11.45). 6) Lá ocorrerá a sua destruição (11.45).

III. A Invasão pelos Exércitos do Leste

Apocalipse 16.12 revela que alguns acontecimentos sobrenaturais acabam por eliminar aquilo que evitava que os poderes asiáticos entrassem na região da Palestina para desafiar a autoridade da besta. Walvoord escreve:

> O ressecamento do Eufrates é um prelúdio do ato final do drama, não o próprio ato. Devemos concluir, então, que a interpretação mais provável do ressecamento do Eufrates é que por um ato de Deus seu escoamento será interrompido como aconteceu às águas do mar Vermelho e do rio Jordão. Dessa vez o caminho não será aberto para Israel, mas para os que são referidos como reis do Leste [...] A evidência aponta então para um interpretação literal de Apocalipse 16.12 em relação ao Eufrates.[20]

A identificação dessas forças, representadas pelos reis do Leste, não pode ser confirmada com certeza. Mas sua vinda nos leva ao estágio final da campanha de Armagedom. Elas são levadas em direção às planícies de Esdrelom, a fim de travar combate com os exércitos da besta.

---

[20] John F. WALVOORD, The way of the kings of the east, *Light for the world's darkness*, p. 164.

IV. A Invasão do Senhor e Seus Exércitos

Com a destruição do rei do Sul pelos exércitos da besta e com a federação do norte destruída pelo Senhor nas montanhas de Israel, encontramos duas forças no campo de batalha —os exércitos da besta e os exércitos dos reis do Leste. Antes que essa batalha possa ser travada, aparece nos céus um sinal, o sinal do Filho do homem (Mt 24.30). Seu sinal não é revelado, mas seu efeito é. Ele faz com que os exércitos abandonem a hostilidade mútua e unam-se contra o próprio Senhor. João diz: "E vi a besta e os reis da terra, com os seus exércitos, congregados para pelejarem contra aquele que estava montado no cavalo e contra o seu exército" (Ap 19.19). Tal é o cenário das hostilidades finais apresentadas em Zacarias 14.3; Apocalipse 16.14; 17.14; 19.11-21. Nessa ocasião os exércitos da besta e do Leste são destruídos pelo Senhor (Ap 19.21).

Ao examinar toda a campanha de Armagedom, observamos os seguintes resultados: 1) os exércitos do Sul são destruídos na campanha; 2) os exércitos da confederação do Norte são destruídos pelo Senhor; 3) os exércitos da besta e do Leste são destruídos pelo Senhor na segunda vinda; 4) a besta e o falso profeta são lançados no lago de fogo (Ap 19.20); 5) incrédulos são eliminados de Israel (Zc 13.8); 6) os crentes são purificados graças a essas invasões (Zc 13.9); 7) Satanás é preso (Ap 20.2). Dessa maneira, o Senhor destrói todas as forças hostis que desafiariam Seu direito de reinar como Messias sobre a terra.

Capítulo 21

Os juízos da tribulação

Foi demonstrado anteriormente que todo o período tribulacional se caracteriza pelos juízos impostos pelas mãos do Senhor. Um número de planos distintos de juízo será analisado. A respeito dos juízos em Apocalipse, Scott escreve:

> No intervalo [entre o arrebatamento e o segundo advento] as séries sétuplas de juízos sob os selos, as trombetas e as taças se desenrolam. Esses castigos divinos aumentam em severidade à medida que passam de uma série para a outra. Os juízos não são simultâneos, mas sim sucessivos. As trombetas sucedem os selos, e as taças seguem as trombetas. Uma rigorosa seqüência cronológica é observada [...] Os selos foram abertos a fim de que as partes sucessivas da revelação futura de Deus pudessem ser expostas, mas apenas à luz da fé —o restante da humanidade consideraria os juízos meramente providenciais. Tais coisas tinham ocorrido antes. Mas o alto alarido das trombetas pelos anjos faz supor uma ação pública de intenso caráter judicial para com os homens. Essas trombetas místicas soam um alarme de uma extremidade à outra da cristandade apóstata. A intervenção pública de Deus no cenário de culpa e hipocrisia fica assim subentendida. Então, no terceiro símbolo geral, as taças derramadas, a ira concentrada de Deus ocupa avassaladoramente todo o cenário profético debaixo do céu. O capítulo 16 revela uma série de juízos até então insuperáveis em alcance e severidade.[1]

I. Os Selos

A cena da abertura do rolo selado com sete selos pelo Filho de Deus é apresentada em Apocalipse 6. Aqui se encontra o início do desdo-

---

[1] Walter Scott, *Exposition of the revelation of Jesus Christ*, p. 176.

bramento do plano de juízo de Deus. Ao longo do livro, são mencionados anjos associados à execução do plano divino de juízo. Ottman diz:

> Quando o primeiro selo é quebrado, escuta-se a voz de um querubim que diz: "Vem" [...] É a voz de um dos querubins que convoca o instrumento de juízo divino. Os querubins ainda estão ligados ao governo de Deus. Esse governo diz respeito à terra sobre a qual os juízos são agora executados. Os sucessivos flagelos, que surgem à medida que os selos são quebrados, estão sob o controle divino. Nenhum instrumento de juízo aparece até que seja convocado pelo querubins.[2]

Darby chama os selos de "preparação providencial do governo divino para a vinda de Jesus".[3] Deus está lidando em ira (Ap 6.16,17), por meio de agentes humanos, para derramar juízo sobre a terra.

Existe uma concordância geral entre os comentaristas sobre a interpretação dos selos. O primeiro (6.2) representa as tentativas dos homens de estabelecer paz na terra. Isso pode ser associado à aliança feita pela besta para estabelecer paz na terra. O segundo (6.3,4) representa a eliminação da paz da terra e das guerras que a inundam. O terceiro (6.5,6) representa a fome resultante da guerra e da devastação. O quarto (6.7,8) representa a morte que segue no rastro o fracasso humano de estabelecer a paz. A quinta (6.9-11) revela a morte dos santos de Deus por causa de sua fé, bem como o seu apelo por vingança. O sexto (6.12-17) fala das grandes convulsões que abalarão a terra. Isso pode significar a condição em que toda a autoridade e o poder perde seu controle sobre o homem e reina a anarquia. Kelly diz: "Os poderes perseguidores e os que estão a eles sujeitos serão legalmente afligidos, e o resultado será uma completa deterioração da autoridade na terra".[4] Esses selos são, então, o início do juízo de Deus sobre a terra. Eles são desdobramentos sucessivos do plano de juízo, apesar de poderem continuar por todo o período uma vez desdobrados. São principalmente juízos divinos canalizados por agentes humanos. Sobrevêm à terra na primeira parte da tribulação e continuam por todo o período.

II. As Trombetas

A segunda parte do plano de juízo é revelada pelo soar das sete trombetas (Ap 8.2–11.15). A respeito do uso das trombetas, Newell escreve:

---

[2] Ford C. OTTMAN, *The unfolding of the ages*, p. 153.
[3] William KELLY, org. *The collected writing of J. N. Darby*, Prophetical, v, p. 30.
[4] William KELLY, *The revelation expounded*, p. 104.

As trombetas foram ordenadas por Deus para Israel com o propósito de convocar os príncipes e a congregação, levantar o acampamento para as jornadas, servir como alarme ou notificação pública (Nm 10.1-6).

As trombetas também deveriam ser tocadas nos dias da "alegria" de Israel, nas festas religiosas e por ocasião dos sacrifícios "no primeiro dia do mês", "como memorial perante o vosso Deus". Jeová também as amava (Nm 10.10).

Encontramos, todavia, o uso especial das trombetas para despertar as hostes de Jeová à guerra contra seus inimigos (Nm 10.9). Compare com isso Ezequiel 33.1-7, em que a trombeta do atalaia, fielmente tocada, livraria da destruição os que se dessem por avisados [...]

Assim também com os sete anjos. Eles fazem soar as trombetas do próprio céu contra uma terra que se tornou "como nos dias de Noé [...] como nos dias de Sodoma", da mesma forma que Josué e Israel tocaram trombetas contra Jericó.[5]

Existe grande divergência de opinião entre os comentaristas a respeito da interpretação dessas trombetas de juízo. Alguns as interpretam com severa literalidade, enquanto outros as consideram simbolicamente; e o espectro da interpretação simbólica é realmente grande. Observamos que as quatro primeiras trombetas são separadas dos três últimos juízos, e estes chamados especificamente "ais". A primeira trombeta (8.7) representa um juízo que cai sobre a terra e mata um terço de seus habitantes. A segunda trombeta (8.8,9) representa um juízo que cai sobre o mar e, novamente, mata um terço de seus habitantes. Acredita-se aqui que a terra possa representar a Palestina, como acontece repetidas vezes nesse livro, e o mar represente as nações. Desse modo, esses dois retratos de juízo de Deus são de inimaginável extensão para todos os habitantes da terra. A terceira trombeta (8.10,11) representa o juízo que cai sobre os rios e fontes de água. Esses são usados nas Escrituras como a fonte da vida, até mesmo de vida espiritual, e isso pode referir-se ao juízo sobre aqueles de quem a água viva é retirada pelo fato de terem crido numa mentira (2Ts 2.11). A quarta trombeta (8.12,13) é um juízo sobre o sol, sobre a lua e sobre as estrelas. Esses representam os poderes governamentais e podem indicar o juízo de Deus sobre os líderes mundiais. A quinta trombeta, que é o primeiro ai (9.1-12), retrata um indivíduo fortalecido pelo inferno, que pode lançar sobre a terra tormentos de dimensão sem precedentes. Em geral, aceita-se que não se trata de gafanhotos literais, pois não se alimentam como gafanhotos normais. A sexta trombeta, que é o segundo ai (9.13-19), aparece como um grande exército

---

[5] William R. NEWELL, *The revelation*, p. 119.

liberado para marchar com força destrutiva sobre a face da terra. Em relação a esses dois ais, Kelly escreve:

> Primeiramente, uma angústia atormentadora cai sobre a terra, mas não sobre os que foram selados dentre as doze tribos de Israel. Em seguida, os cavaleiros do Eufrates são lançados contra os poderes do Ocidente, surpreendendo toda a cristandade e particularmente o Ocidente como objeto especial do juízo de Deus. O primeiro é enfaticamente um tormento de Satanás contra os judeus apóstatas; o último é a mais dura imposição da energia humana agressiva, embora não apenas isso, vinda do Leste contra o Ocidente corrupto e idólatra. A morte de um terço dos homens representa não apenas o fim físico, mas até mesmo a destruição de toda a confissão de relacionamento com o único e verdadeiro Deus.[6]

Isso nos faz supor que os dois ais serão dois grandes exércitos em marcha, um contra Israel e outro contra os gentios, que destruirão um terço da população mundial. Visto que a arma de Satanás contra Israel é a confederação do Norte, ela pode ser representada pela quinta trombeta, e a guerra entre os gentios pode ser representada pela sexta. A sétima trombeta e o terceiro ai (11.15) preparam o retorno de Cristo à terra e a subseqüente destruição de todos os poderes hostis na conclusão do plano da campanha de Armagedom.

Parece haver um paralelo entre os juízos das sete trombetas e o plano da septuagésima semana como já esboçado. O meio da semana começa com a ascensão dos grandes poderes militares em aliança. Isso corresponderia à primeira trombeta. Reinos são destruídos, trazendo morte, como na segunda trombeta. Um grande líder surgirá, a besta, na terceira trombeta. Sua ascensão provocará a destruição de governos e de autoridades, como ocorre na quarta trombeta. Haverá grande movimentação militar nesse período. Os exércitos da confederação do Norte invadirão a terra de Israel, como na quinta trombeta, e os poderes gentios competirão por uma posição de poder, o que causará grande destruição, como na sexta trombeta. Esses atingirão o clímax com o segundo advento de Cristo, como se vê na sétima trombeta.

III. As Taças

A terceira série de juízos que completam o derramamento da ira divina são as taças (Ap 16.1-21). Embora quatro dessas taças sejam derramadas nas mesmas áreas que as trombetas, não parecem refletir o

[6] Kelly, op. cit., p. 123-4.

mesmo juízo. As trombetas começam no meio da tribulação e representam os acontecimentos de toda a segunda metade da semana. As taças parecem abranger um período muito breve no final da tribulação imediatamente anterior ao segundo advento de Cristo. Essas taças parecem fazer referência particular aos incrédulos, uma vez que experimentam uma ira especial de Deus (16.9,11), e têm referência especial à besta e a seus seguidores (16.2).

A primeira taça (16.2) é derramada sobre a terra como aconteceu com a primeira trombeta. Nesse juízo Deus derrama Sua ira sobre os adoradores da besta. A segunda taça (16.3), como na segunda trombeta, é derramada sobre o mar. O resultado desse juízo é a morte espiritual. O mar torna-se morto, "como o sangue de um homem morto". A terceira taça (16.4-7), como a terceira trombeta, é derramada nos rios e fontes de água, que perdem seu poder de nutrir, satisfazer ou manter a vida. Isso parecer referir-se à impossibilidade de encontrar vida para os que seguiram a besta. A quarta taça (16.8,9), como a quarta trombeta, cai sobre o sol. Nesse caso, é retratado um indivíduo, pois João se refere ao sol como "ele". Isso deve dizer respeito ao juízo de Deus que impõe cegueira aos seguidores da besta. A quinta taça (16.10,11) relaciona-se à imposição de escuridão sobre o centro do poder da besta, prevendo a destruição do império que alega ser o reino do Messias. A sexta taça (16.12) prepara o caminho para a invasão dos reis do Leste, a fim de que, com os exércitos da besta, possam comparecer ao juízo de Armagedom. A sétima taça (16.17-21) fala sobre a grande convulsão que subverte completamente as atividades dos homens à medida que experimentam o "furor da sua ira" (16.19).

IV. O Juízo Contra a Babilônia

Apocalipse 17 esboça o juízo da grande meretriz, o sistema religioso apóstata que existe no período tribulacional. A igreja professante incrédula entrou no período tribulacional (Ap 2.22; 3.10) e dela surgiu um grande sistema religioso, dominado pela grande meretriz.

A. *A descrição da grande meretriz.* João apresenta uma descrição detalhada desse sistema. 1) O sistema é caracterizado como uma meretriz (Ap 17.1,2,15,16). Ela alegava ser a noiva de Cristo, mas caiu de sua posição pura e tornou-se uma meretriz. 2) O sistema é um condutor de negócios eclesiásticos (Ap 17.2,5). Nas Escrituras, a fornicação espiritual refere-se à adesão a esse falso sistema. 3) O sistema é um condutor de negócios políticos (Ap 17.3). Parece controlar a besta na qual monta. 4)

O sistema torna-se muito rico e influente (Ap 17.4). 5) O sistema representa uma fase do desenvolvimento da cristandade que até agora não foi revelada (Ap 17.5) e por isso é chamada "mistério". 6) O sistema é o grande perseguidor dos santos (Ap 17.6). 7) O sistema é organizado mundialmente (Ap 17.15). 8) O sistema será destruído pela besta, o cabeça da aliança romana, a fim de que sua supremacia não seja ameaçada (Ap 17.16,17).[7]

B. *A identidade da meretriz*. Hislop, em sua obra cuidadosamente documentada *The two Babylons [As duas Babilônias]*, delineou o relacionamento existente entre a Babilônia antiga e a doutrina e a prática desse sistema prostituído, chamado Babilônia, o Mistério. Ironside traça o mesmo desenvolvimento quando escreve:

> A mulher é um sistema religioso que domina o poder civil, pelo menos por algum tempo. O nome sobre sua testa nos permite identificá-la facilmente. Mas, para fazermos isso, seria bom voltarmos ao Antigo Testamento para ver o que é revelado a respeito da Babilônia literal, pois uma certamente iluminará a outra [...]
> [...] aprendemos que o fundador de Bab-el, ou Babilônia, foi Ninrode, cujas realizações profanas podem ser lidas no décimo capítulo de Gênesis. Ele foi o arquiapóstata da era patriarcal [...] ele persuadiu seus companheiros e seguidores a juntar-se na "construção de uma cidade e uma torre que alcançariam o céu" [...] que devem ser entendidas como um templo ou centro de reuniões para os que não obedeciam à palavra do Senhor [...] eles chamaram sua cidade e torre de Bab-El, o portal de Deus; mas depressa isso foi transformado, por juízo divino, em Babel, isto é, confusão. Desde o início ela trazia a marca da irrealidade, pois nos é dito que "os tijolos serviram-lhes de pedra, e o betume, de argamassa". Uma imitação do que é real e verdadeiro caracterizou, desde então, a Babilônia, em todos os tempos.
> Ninrode, ou Nimroud-bar-Cush [...] era neto de Cam, o filho indigno de Noé [...] Noé trouxe consigo, do outro lado do dilúvio, a revelação de um Deus verdadeiro [...] Cam, por outro lado, parece ter sido muito rapidamente afetado pela apostasia que provocou o dilúvio, pois não demonstra evidência alguma de autojuízo [...] seu nome significa "escuro", "escurecido" ou, mais literalmente, "queimado de sol". Esse nome indica o estado da alma do homem [...] escurecida pela luz do céu [...] [Cam] gerou um filho chamado Cuxe, "o negro", que se tornou pai de Ninrode, o líder de sua geração.

[7] Cf. OTTMAN, op. cit., p. 278-81.

O conhecimento antigo nos assiste dizendo que a esposa de Nimroud-bar-Cush foi a notória Semíramis I. Ela é considerada a fundadora dos mistérios babilônicos e a primeira suma sacerdotisa da idolatria. Assim, a Babilônia tornou-se a fonte da idolatria e mãe de todo o sistema pagão no mundo. A religião de mistério ali originada espalhou-se sob várias formas pelo mundo [...] e está conosco hoje [...] e terá seu desenvolvimento máximo quando o Espírito Santo partir e a Babilônia do Apocalipse ocupar o lugar da igreja.

Baseado na promessa de que a Semente de uma mulher estava por vir, Semíramis gerou um filho que declarou ter sido concebido miraculosamente! E quando o apresentou ao povo, ele foi aclamado como o libertador prometido. Esse era Tamuz, contra cuja adoração Ezequiel protestou na época do cativeiro. Dessa maneira foi introduzido o mistério da mãe e do filho, um tipo de idolatria mais antigo do que qualquer outro conhecido pelo homem. Os rituais de adoração eram secretos. Apenas aos iniciados era permitido conhecer seus mistérios. Era o esforço de Satanás para enganar o homem com uma imitação tão semelhante à verdade de Deus que os homens não poderiam conhecer a verdadeira Semente da mulher quando Ele viesse no cumprimento dos tempos [...]

Da Babilônia essa religião de mistério espalhou-se por todos as nações vizinhas [...] Por toda a parte os símbolos eram os mesmos, e o culto à mãe e seu filho tornou-se um sistema popular; sua adoração era celebrada com as práticas mais repulsivas e imorais. A imagem da rainha do céu com a criança nos braços era vista por toda parte, embora os nomes variassem segundo a diversidade de línguas. Ela se tornou a religião misteriosa da Fenícia, e pelos fenícios foi levada aos confins da terra. Astarte e Tamuz, a mãe e o filho dessas aventuras, tornaram-se Ísis e Hórus no Egito, Afrodite e Eros na Grécia, Vênus e Cupido na Itália e muitos outros nomes em outras regiões mais distantes. Dentro de mil anos o babilonismo tornou-se a religião do mundo, que rejeitara a revelação divina.

Ligados a esse mistério central existiram vários outros mistérios menores [...] Dentre eles estavam as doutrinas da purificação no purgatório depois da morte, a salvação por inúmeras coisas sagradas como a absolvição sacerdotal, o derramamento de água benta, a oferta de pães para a rainha do céu como mencionado no livro de Jeremias, a dedicação de virgens aos deuses, que era literalmente prostituição santificada, chorar por Tamuz durante 40 dias antes do grande festival de Istar, que dizia que seu filho tinha ressuscitado da morte; pois se ensinava que Tamuz havia sido morto por um javali e depois ressuscitado. O ovo era sagrado para ele, pois representava o mistério de sua ressurreição, assim como o pinheiro foi o símbolo escolhido para honrar seu nascimento no solstício do inverno, quando a cabeça de um javali era comida em memória de seu conflito, e uma tora de madeira era queimada em meio a muitas práticas misteriosas. O sinal da cruz era sagrado para Tamuz, pois simbolizava um princípio de vida e a primeira letra de seu nome. A cruz é representada sobre inúmeros altares e templos mais antigos e não se originou, como muitos supõem, com o cristianismo.

O patriarca Abraão foi separado por chamado divino dessa religião misteriosa; e com esse mesmo culto maligno a nação que dele nasceu esteve em conflito constante, até que, sob Jezabel, uma princesa fenícia, ele foi enxertado no que restara da religião de Israel no reino do Norte, no reinado de Acabe, tornando-se a causa básica de seu cativeiro. Judá estava poluído por isso, pois a adoração de Baal era simplesmente a forma cananéia dos mistérios babilônicos, e somente tendo sido mandado para o cativeiro na Babilônia Judá foi curado de sua afeição para com a idolatria. Baal era o deus sol, o doador de vida, identificado com Tamuz.

[...] embora a cidade babilônica há muito tivesse se tornado apenas uma lembrança, seus mistérios não tinham desaparecido com ela. Quando os templos da cidade foram destruídos, o sumo sacerdote fugiu com um bando de iniciados, vasos sagrados e imagens em direção a Pérgamo, onde o símbolo da serpente era o emblema da sabedoria escondida. De lá eles cruzaram o mar e emigraram para a Itália [...] Ali os cultos antigos foram propagados sob o nome de mistérios etruscos, e por fim Roma tornou-se o centro do babilonismo. O sumo sacerdote usava mitras com formato de cabeça de peixe para honrar Dagom, o deus-peixe, o senhor da vida —outra forma de mistério de Tamuz, conforme desenvolvido pelos velhos inimigos de Israel, os filisteus. Quando se estabeleceu em Roma, o sumo sacerdote denominou-se pontífice máximo, título que foi inscrito em sua mitra. Quando Júlio César (que, como todos os jovens de boas famílias romanas, era um iniciado) tornou-se chefe de estado, foi eleito pontífice máximo, e esse título foi mantido por todos os imperadores romanos até Constantino, o Grande, que era, ao mesmo tempo, líder da igreja e sumo sacerdote dos pagãos! O título foi então conferido aos bispos de Roma e é mantido pelo papa até hoje, que assim é declarado não como o sucessor do apóstolo pescador Pedro, mas o sucessor direto do sumo sacerdote do mistério babilônico e o servo do deus-peixe Dagom, para quem usa, como seu antecessor idólatra, o anel do pescador.

Durante os primeiros séculos da história da igreja, o mistério da iniqüidade operara com efeito surpreendente, e as práticas e ensinamentos babilônicos tinham sido tão absorvidos por aquilo que trazia o nome de igreja de Cristo, que a verdade das Escrituras Sagradas foi muitas vezes completamente obscurecida, ao passo que as práticas idólatras foram aceitas como sacramentos cristãos, e filosofias pagãs tomaram o lugar da instrução do evangelho. Assim, foi desenvolvido o surpreendente sistema que por mil anos dominou a Europa e comerciou corpos e almas de homens, até que a grande Reforma da século XVI trouxe certa medida de libertação.[8]

---

[8] Harry A. IRONSIDE, *Lectures on the revelation*, p. 287-95.

Os juízos da tribulação

Não é exagero dizer que as falsas doutrinas e práticas encontradas dentro do romanismo são diretamente atribuídas à união desse paganismo com o cristianismo, quando Constantino proclamou Roma como império cristão. Conclui-se então que a prostituta representa toda a cristandade professante unida num sistema único sob um único cabeça.

C. *O julgamento da meretriz*. João apresenta claramente o juízo sob esse corrupto sistema quando diz:

> Os dez chifres que viste e a besta, esses odiarão a meretriz, e a farão devastada e despojada, e lhe comerão as carnes, e a consumirão no fogo. Porque em seus corações incutiu Deus que realizem o seu pensamento, o executem à uma e dêem à besta o reino que possuem, até que se cumpram as palavras de Deus (Ap 17.16,17).

A besta, a princípio dominada pelo sistema da meretriz (Ap 17.3), ergue-se contra ele e o destrói completamente. Sem dúvida o sistema da meretriz competia com a adoração religiosa da besta promovida pelo falso profeta, e sua destruição ocorre para que a besta possa ser o único objeto de falsa adoração ao proclamar-se como Deus.

V. O Julgamento da Besta e Seu Império

Ao traçar a campanha de Armagedom, vimos que Deus julga os poderes mundiais gentílicos e os derruba. A confederação do Norte foi julgada por Deus nas montanhas de Israel durante o período tribulacional. Os reis do Leste, suas forças e os exércitos da besta foram destruídos no segundo advento de Cristo. Uma descrição desse juízo é dada em Apocalipse 18. Lá o império político é visto como tendo sido tão unido ao império da falsa religião, que ambos são chamados pelo mesmo nome, apesar de duas entidades diferentes estarem em vista nesses dois capítulos. Scofield declara sucintamente:

> Duas "Babilônias" são diferenciadas uma da outra em Apocalipse: a Babilônia eclesiástica, que é a cristandade apóstata, liderada pelo papado; e a Babilônia política, que é o império confederado, a última forma do dominação mundial gentílica. A Babilônia eclesiástica é a "grande meretriz" (Ap 17.1) e é destruída pela Babilônia política (Ap 17.15-18), para que a besta seja o único objeto de adoração (2Ts 2.3,4; Ap 13.15). O poder da Babilônia política é destruído pela volta do Senhor em glória [...] A idéia de que uma Babilônia literal será reconstruída no local da Babilônia antiga entra em conflito com Isaías 13.19-22. Mas a linguagem de

Apocalipse 18 (e.g., v. 10,16,18) sem sombra de dúvida parece identificar "Babilônia", a "cidade" de luxo e de negócios, com Babilônia, o centro eclesiástico, em Roma. Os próprios reis que odiavam a Babilônia eclesiástica lastimam a destruição da Babilônia comercial.[9]

A destruição da sede do poder da besta é realizada por um acesso divino de juízo pelo fogo (Ap 18.8).

Agora que examinamos as principais linhas da revelação concernentes ao período tribulacional, torna-se óbvio que a revelação do plano de Deus para esse período constitui uma das partes mais importantes do estudo profético. Os planos para Israel, para os gentios e para Satanás atingem seu auge no período imediatamente precedente ao segundo advento de Cristo.

---

[9] C. I. SCOFIELD, *Reference Bible*, p. 1346-7.

Quinta Seção

As profecias relacionadas ao segundo advento

Capítulo 22

A história da doutrina do segundo advento

Aquilo que toda a Escritura almeja e para o que toda a história aponta é a segunda vinda do Senhor Jesus Cristo a este mundo. Nesse momento serão cumpridos os propósitos de Deus pelos quais Seu Filho veio ao mundo. A redenção terá sido realizada e a soberania terá sido manifesta na terra. Grande quantidade de profecias está relacionada a essa vinda e aos acontecimentos a ela associados.

Os intérpretes bíblicos dividem-se em várias escolas diferentes quanto à questão das doutrinas do quiliasmo. A questão do quiliasmo, por muito tempo considerada sem importância no campo dos estudos bíblicos e da interpretação das Escrituras, passou a ser encarada como uma das principais doutrinas dado o seu efeito determinante em todo o domínio da teologia.

> *Quiliasmo*, assim chamado a partir do termo grego [...] [*chilioi*] — com o significado de "mil"— refere-se em sentido geral à doutrina da era milenar ou do reino que ainda há de ser e, como citado na *Enciclopédia britânica* (14.ª ed., s.v.), é "a crença de que Cristo retornará para reinar por mil anos...". A característica dessa doutrina é que Ele retornará *antes* dos mil anos e conseqüentemente caracterizará esses anos por Sua presença e pelo exercício de Sua justa autoridade, assegurando e sustentando na terra todas as bênçãos destinadas para esse período. O termo *quiliasmo* tem sido substituído pela designação *pré-milenarismo*; e [...] há mais implícito no termo do que mera referência a mil anos. São mil anos interpostos entre a primeira e a segunda ressurreição da humanidade [...] Nesses mil anos [...] todas as alianças com Israel serão cumpridas [...] Toda a expectativa do Antigo Testamento está em jogo, com seu reino terreno, a glória de Israel e a promessa do Messias sentado no trono de Davi em Jerusalém.[1]

[1] Lewis Sperry CHAFER, *Systematic theology*, IV, p. 264-5.

I. As Concepções sobre o Segundo Advento

Ao longo da história verificam-se quatro opiniões principais sobre o segundo advento de Cristo.

A. *A posição não-literal ou espiritualizada.* A opinião não-literal nega que haverá um retorno literal, corporal e pessoal de Cristo à terra. Walvoord resume essa posição:

> Uma opinião moderna comum sobre o retorno do Senhor é a chamada posição espiritual que identifica o retorno de Cristo como um perpétuo progresso de Cristo na igreja, incluindo muitos acontecimentos específicos. William Newton Clarke, por exemplo, defendia que as promessas da segunda vinda são cumpridas pela "Sua presença espiritual com o Seu povo", o que é introduzido pela vinda do Espírito Santo no Pentecostes, acompanhado pela destruição de Jerusalém e, finalmente, cumprido pelo contínuo avanço espiritual na igreja. Em outras palavras, não se trata de um acontecimento, mas de todos os acontecimentos da era cristã que constituem a obra de Cristo. [Esse aspecto] [...] é defendido por muitos liberais de nossos dias.[2]

Essa opinião vê o segundo advento cumprido na destruição de Jerusalém, ou no dia de Pentecostes, ou na morte do crente, ou na conversão do indivíduo, ou em qualquer transição na história ou experiência individual. Sua controvérsia é se haverá um segundo advento literal. Não é necessário dizer que essa visão se baseia na descrença da Palavra de Deus ou no método espiritualizante de interpretação.

B. *A posição pós-milenarista.* A posição pós-milenarista, popular entre os teólogos aliancistas do período pós-Reforma, defende, segundo Walvoord:

> ... que, através da pregação do evangelho, todo o mundo será cristianizado e submetido ao evangelho *antes* do retorno de Cristo. O nome deriva do fato de que nessa teoria Cristo retorna depois do milênio (logo, *pós*-milênio).[3]

Os partidários dessa visão defendem um segundo advento literal e acreditam num milênio literal, geralmente seguindo o ensino do Antigo Tes-

---

[2] John F. Walvoord, The millennial issue in modern theology, *Bibliotheca Sacra*, 106:44, Jan. 1948.
[3] Ibid., *106*:45.

tamento quanto à natureza desse reino. Sua controvérsia é a respeito de questões como quem instituirá o milênio, a relação de Cristo com o milênio e a hora da vinda de Cristo em relação a esse milênio.

C. *A posição amilenarista*. A opinião amilenarista defende que não haverá um milênio literal na terra após o segundo advento. Todas as profecias a respeito do reino estão sendo cumpridas espiritualmente pela igreja no período entre os dois adventos. Com respeito a essa opinião foi declarado:

> Seu caráter mais geral é a negação do reinado literal de Cristo na terra. Imagina-se que Satanás tenha sido preso na primeira vinda de Cristo. A presente era, entre o primeiro e segundo advento, é o cumprimento do milênio. Seus seguidores diferem entre o cumprimento do milênio na terra (Agostinho) ou o cumprimento pelos santos no céu (Warfield). Pode-se resumir isso na idéia de que não haverá mais milênio do que há agora, e que o estado eterno se segue imediatamente à segunda vinda de Cristo. Essa teoria assemelha-se ao pós-milenarismo quando afirma que Cristo virá depois do que eles consideram ser o milênio.[4]

Sua controvérsia é quanto à questão de um milênio literal para Israel ou quanto ao fato de promessas sobre o milênio estarem ou não sendo cumpridas agora na igreja, seja na terra, seja no céu.

D. *A posição pré-milenarista*. A posição pré-milenarista defende que Cristo retornará ao mundo, literal e corporalmente, antes de começar a era milenar; e, por Sua presença, será instituído um reino sobre o qual Ele reinará. Nesse reino todas as alianças de Israel serão literalmente cumpridas. O reino continuará por mil anos e, depois disso, o Filho dará o reino ao Pai e se fundirá com Seu reino eterno. A questão principal sobre essa posição é se as Escrituras estão sendo cumpridas de forma literal ou simbólica. Na verdade essa é a parte essencial de toda a questão. Allis, zeloso amilenarista, admite: "... As profecias do Antigo Testamento, se interpretadas literalmente, não podem ser consideradas cumpridas ou possíveis de ser cumpridas na presente era".[5] Não é exagero dizer que as questões que dividem essas quatro posições só podem ser resolvidas se definirmos o problema do método de interpretação a ser empregado.

---

[4] Ibid., *106*:45-6.
[5] Oswald T. ALLIS, *Prophecy and the church*, p. 238.

II. A Doutrina do Segundo Advento na Igreja Primitiva

Concorda-se, em geral, que a igreja dos séculos que imediatamente se seguiram ao período apostólico tinha uma opinião pré-milenarista a respeito do retorno de Cristo. Allis, amilenarista, diz:

> Cria-se amplamente [no pré-milenarismo] na igreja primitiva, embora não se possa dizer com certeza com que amplitude. Mas o realce que muitos de seus defensores davam às recompensas terrenas e aos prazeres carnais provocou grande oposição; e ele foi quase completamente substituído pela posição "espiritual" de Agostinho. Reapareceu sob formas extravagantes por ocasião da Reforma, notadamente entre os anabatistas. Bengel e Mede estiveram entre os primeiros estudiosos de distinção da atualidade a defendê-lo. Mas não foi senão no início do século passado que ele passou a influenciar na atualidade. Desde então, tornou-se cada vez mais popular, e muitas vezes se ouve a declaração de que a maioria dos líderes evangélicos na igreja de hoje é pré-milenarista.[6]

Whitby, geralmente considerado o fundador do pós-milenarismo, escreve:

> A doutrina do milênio, ou reino dos santos na terra por mil anos, é agora rejeitada por todos os católicos romanos e pela maioria dos protestantes; mesmo assim, foi considerada pelos melhores cristãos, por 250 anos, uma tradição apostólica; e, como tal, é apresentada por muitos pais do segundo e do terceiro século, que falam dela como a tradição do nosso Senhor e Seus apóstolos e de todos os antigos que viveram antes deles, que nos contam as próprias palavras nas quais ela lhes foi entregue, as Escrituras que eram assim interpretadas então, e dizem que ela foi mantida por todos os cristãos que eram exatamente ortodoxos. Ela foi recebida não apenas nas partes orientais da igreja, por Papias (na Frígia), Justino (na Palestina), mas por Ireneu (na Gália), Nepo (no Egito), Apolinário, Metódio (no Oeste e no Sul), Cipriano, Vitorino (na Alemanha), Tertuliano (na África), Lactâncio (na Itália) e Severo, e pelo Conselho de Nicéia (c. 323 d.C.).[7]

O fato de tais concessões serem feitas por oponentes do pré-milenarismo deve-se apenas ao fato de que a história relata que essa foi a crença *universal* da igreja por 250 anos após a morte de Cristo.[8] Schaff escreve:

---

[6] Ibid., p. 7.
[7] Ap. G. N. H. Peters, *Theocratic kingdom*, I, p. 482-3.
[8] Cf. Ibid., quanto a uma lista de historiadores que admitem o fato.

A história da doutrina do segundo advento 387

O ponto mais marcante da escatologia da era pré-nicena é a proeminência do quiliasmo, ou milenarismo, que é a crença num reinado visível de Cristo em glória na terra com os santos ressurrectos por mil anos, antes da ressurreição geral e do juízo. Essa certamente não foi a doutrina da igreja incorporada a algum credo ou forma de devoção, sendo antes uma posição amplamente aceita por mestres ilustres.[9]

Harnack diz:

> A doutrina do segundo advento de Cristo e do reino aparece tão cedo, que cabe perguntar se não deveria ser considerada parte essencial da religião cristã.[10]

A. *Expoentes do pré-milenarismo*. Talvez a maior compilação de defensores do pré-milenarismo dos primeiros séculos tenha sido feita por Peters. Ele os lista da seguinte maneira:

1. *Defensores do pré-milenarismo no primeiro século*
   a. 1) *André*, 2) *Pedro*, 3) *Filipe*, 4) *Tomé*, 5) *Tiago*, 6) *João*, 7) *Mateus*, 8) *Aristio*, 9) *João, o Presbítero* —todos esses são citados por Papias, que, segundo Ireneu, ouviu João pessoalmente e foi amigo de Policarpo [...] Essa referência aos apóstolos *concorda* com os fatos que *temos provado*: a) os discípulos de Jesus tinham uma visão judaica sobre o reino messiânico na primeira parte desse século, e b) em vez de descartá-lo, eles o ligavam ao segundo advento. Em seguida, 10) *Clemente de Roma* (Fp 4.3), que viveu de 40 a 100 d.C. aproximadamente [...] 11) *Barnabé*, cerca de 40-100 d.C. [...] 12) *Hermas*, de 40 a 140 d.C. [...] 13) *Inácio*, bispo de Antioquia, que morreu na perseguição ordenada por Trajano, cerca de 50 a 115 d.C. [...] 14) *Policarpo*, bispo de Esmirna, discípulo de João, que viveu entre cerca de 70 e 167 d.C. [...] 15) *Papias*, bispo de Hierápolis, viveu de 80 a 163 d.C. [...]

   b. Por outro lado, não podemos apresentar nenhum nome que 1) possa ser citado como categoricamente contrário à nossa posição, ou 2) possa ser citado como alguém que ensinou, sob qualquer forma ou sentido, a doutrina de nossos oponentes.

2. *Defensores do pré-milenarismo no segundo século*
   a. 1) *Potino*, um mártir [...] 87-177 d.C. [...] 2) *Justino Mártir*, cerca de 100-168 d.C. ... 3) *Melito*, bispo de Sardes, cerca de 100-170 [...] 4) *Hegísipo*, entre 130-190 d.C. [...] 5) *Taciano*, entre 130-190 [...] 6) *Ireneu*, um mártir [...]

---

[9] Philip SCHAFF, *History of the Christian church*, II, p. 614.
[10] Ap. CHAFER, op. cit., IV, p. 277.

cerca de 140-202. 7) *As igrejas de Viena e Lion* [...] 8) *Tertuliano*, cerca de 150-220 d.C. [...] 9) *Hipólito*, entre 160-240 d.C.

b. Por outro lado, *nenhum escritor sequer* pode ser apresentado, nem mesmo um nome pode ser mencionado dentre os citados que se tenha oposto ao quiliasmo nesse século [...] Que o estudioso reflita sobre isso: aqui estão *dois séculos* [...] nos quais nenhuma oposição direta surge contra a doutrina, mas ela é mantida pelos *mesmos homens*, líderes os mais eminentes, *por meio dos quais acompanhamos a história da igreja*. O que devemos concluir? 1) Que a fé comum da igreja era quiliástica, e 2) que tal generalidade e unidade de crença só poderia ter sido introduzida [...] pelos fundadores da igreja e pelos presbíteros nomeados por eles.

3. *Defensores do pré-milenarismo no terceiro século*
a. 1) *Cipriano*, cerca de 200-258 d.C. [...] 2) *Cômodo*, de 200-270 d.C. [...] 3) *Nepo*, bispo de Arsinoe, cerca de 230-280 d.C. [...] 4) *Corácio*, cerca de 230-280 d.C. [...] 5) *Vitorino*, cerca de 240-303 d.C. [...] 6) *Metódio*, bispo de Olimpo, cerca de 250-311 d.C. [...] 7) *Lactâncio* [...] de 240-330 d.C. [...] [11]

Embora o testemunho de todos os homens citados acima não seja sempre igualmente claro, alguns deles falaram inequivocamente da posição pré-milenarista. Clemente de Roma escreveu:

> Verdadeiramente, logo Sua vontade será cumprida como as Escrituras também testemunham, dizendo "Certamente venho sem demora" e "De repente virá ao seu templo o Senhor, a quem vós desejais, o Santo".[12]

Justino Mártir, em seu *Diálogo com Trifo*, escreveu:

> Mas eu e qualquer um que somos em todos os aspectos cristãos decididos sabemos que haverá a ressurreição dos mortos e mil anos em Jerusalém, que será então construída, adornada e aumentada, como declararam os profetas Ezequiel e Isaías. [...]
> E, ainda mais, certo homem chamado João, um dos apóstolos de Cristo, previu por uma revelação que foi feita a ele que os que cressem em nosso Cristo passariam mil anos em Jerusalém e, depois disso, a ressurreição geral, ou, para ser breve, a eterna ressurreição e julgamento de todos os homens também ocorrerá.[13]

---

[11] PETERS, op. cit., I, p. 494-6.
[12] Ap. Charles C. RYRIE, *The basis of the premillennial faith*, p. 20.
[13] Ibid., p. 22.

A história da doutrina do segundo advento 389

Ireneu, bispo de Lion, apresenta uma escatologia bem desenvolvida quando escreve:

> Mas quando esse anticristo tiver devastado todas as coisas neste mundo, ele reinará por três anos e seis meses e sentará no templo em Jerusalém; então o Senhor virá do céu entre as nuvens, na glória do Pai, mandando esse homem e os que o seguiram para o lago de fogo; mas trazendo para os justos o tempo do reino, quer dizer, o descanso, o sagrado sétimo dia; e restaurando a herança prometida de Abraão, na qual o Senhor declarou que "muitos vindos do leste e oeste sentarão com Abraão, Isaque e Jacó...".
> A bênção prevista, então, pertence sem dúvida à época do reino, quando os justos reinarão depois de sua ressurreição.[14]

Tertuliano soma o seu testemunho quando diz:

> Mas nós confessamos que um reino sobre a terra nos é prometido, apesar de antes do céu, apenas em outro estado de existência; visto que ele acontecerá depois da ressurreição, por mil anos na divinamente construída cidade de Jerusalém.[15]

De acordo com Justino e Ireneu, existiam

> ... três classes de homens: 1) Os hereges, que negavam a ressurreição da carne e o milênio. 2) Os verdadeiramente ortodoxos, que afirmavam a ressurreição e o reino de Cristo na terra. 3) Os crentes, que concordavam com os justos e mesmo assim esforçavam-se para alegorizar e transformar em metáfora todas as passagens que apontam para o próprio reinado de Cristo, e que tinham opiniões em concordância com aqueles hereges que negavam, não com os ortodoxos, que afirmavam, esse reinado de Cristo na terra.[16]

Justino evidentemente reconhecia o pré-milenarismo como "o critério de uma perfeita ortodoxia". Em seu *Diálogo com Trifo*, em que escreve: "Alguns que são chamados cristãos mas são ímpios, hereges, ensinando doutrinas que são totalmente blasfemas, ateístas e tolas",[17] ele mostra que incluiria qualquer um que negasse o pré-milenarismo nessa categoria, visto que incluiu nela os que negaram a ressurreição, um ensinamento associado.

[14] Ibid., p. 22-3.
[15] Ibid., I, p. 23.
[16] Daniel WHITBY, *Treatise on the millennium*, ap. Peters, op. cit., I, p. 483.
[17] Ap. D. H. KROMMINGA, *The millennium in the church*, p. 45.

Seria seguro concluir com Peters:

> Quando examinamos o quadro histórico [...] somos forçados a concluir que os escritores [...] que insistem na grande extensão do quiliasmo na igreja apostólica e primitiva estão certamente corretos. Nós, conseqüentemente, apoiamos os que se expressam como Muncher (*Church history*, v. 2, p. 415) que "[o quiliasmo] foi recebido universalmente por quase todos os mestres", e (p. 450, 452) o associam, junto com Justino, ao "todo da comunidade ortodoxa... ".[18]

B. *Oponentes da posição pré-milenarista*. O terceiro século dá origem ao primeiro antagonismo declarado quanto à posição pré-milenarista. Peters resume:

> Nesse século vemos pela primeira vez [...] adversários da nossa doutrina. Qualquer escritor, desde o período mais antigo até o presente, que apresentou tais listas contra nós, foi capaz de apenas encontrar esses antagonistas, e nós os apresentamos na sua ordem cronológica, quando eles se revelaram como adversários. Eles são quatro, mas três deles eram muito persuasivos para o erro e rapidamente ganharam seguidores [...] O primeiro nessa ordem foi 1) *Caio* (ou *Gaio*) [...] no início do terceiro século [...] 2) *Clemente de Alexandria* [...] professor na Escola Catequética de Alexandria, que teve forte influência (sobre Orígenes e outros) como mestre de 193-220 d.C. [...] 3) *Orígenes*, cerca de 185-254 d.C. [...] 4) *Dionísio*, cerca de 190-265 d.C. [...] estes são os *defensores* mencionados como diretamente hostis ao quiliasmo.[19]

1. De acordo com Allis, essa oposição surgiu por causa do "realce que muitos de seus defensores depositavam sobre as recompensas terrenas e os prazeres carnais [que] [...] suscitaram ampla oposição contra ele".[20] Parece mais correto afirmar que essa oposição surgiu, primeiramente, por causa de dogmas básicos da Escola de Alexandria, na qual Orígenes se tornou o principal defensor, com enorme influência no mundo teológico. O método de interpretação por espiritualização propagado por Orígenes desencadeou o fim do método literal de interpretação sobre o qual repousava o pré-milenarismo. Mosheim foi citado para comprovar essa influência de Orígenes.

---

[18] PETERS, op. cit., I, p. 498.
[19] Ibid., I, p. 497.
[20] ALLIS, loc. cit.

A história da doutrina do segundo advento

Mosheim, após declarar "que muitos criam no século anterior, sem ofensa a ninguém, que o Salvador reinaria mil anos dentre os homens, antes do fim do mundo", adiciona: "neste século a doutrina milenar tornou-se infame, graças à influência especial de Orígenes, que a negou veementemente porque ela contradizia suas opiniões" [...] "até a época de Orígenes, todos os mestres que eram a ela predispostos, a professavam e a ensinavam abertamente [...] Orígenes, porém, a atacou ferozmente, pois ela contrariava a sua filosofia; e, pelo sistema de interpretação bíblica que descobriu, ele deu um sentido diferente aos textos bíblicos dos quais os defensores dessa doutrina dependiam" [...] No terceiro século a reputação dessa doutrina declinou; primeiro no Egito, pela influência de Orígenes [...] e mesmo assim ela não pôde ser exterminada definitivamente: ainda tinha defensores respeitáveis. Mosheim prossegue em vários lugares mostrando como, por um sistema de interpretação filosofizante e extremamente agressivo, o qual começou "desprezivelmente a perverter e torcer todas as partes dos oráculos divinos que se opunham ao seu dogma ou noção filosófica", a interpretação literal foi definitivamente esmagada. Ele então contrasta a interpretação adotada pelos dois sistemas: "Ele (Orígenes) desejava desprezar o sentido literal e visível das palavras, e queria que se buscasse um sentido secreto, que repousava, escondido, num envoltório de palavras. Os defensores de um reino terrestre de Cristo, por sua vez, firmavam sua causa unicamente no sentido natural e próprio de certas expressões bíblicas".[21]

2. A oposição veio pelo surgimento de falsas doutrinas que mudaram o pensamento teológico.

O gnosticismo [...] bem cedo começou a prevalecer e, embora todas as doutrinas do cristianismo tivessem sofrido em maior ou menor medida essa influência deteriorante, a doutrina do reino tornou-se, sob suas manipulações maleáveis, muito diferente da doutrina bíblica da igreja primitiva [...] ela atacou violentamente o parentesco prometido do Filho do Homem como Filho de Davi [...] Ascetismo, a crença na corrupção inerente da matéria [...] era antagônica a ele [...] Docetismo [...] que negava a realidade do corpo humano de Jesus, o Cristo, fechou efetivamente todo acesso a um entendimento do reino, espiritualizando não apenas o corpo, mas tudo mais que se relacionasse a Ele como Messias [...] Para conciliar as tendências opostas, surgiu outro próspero grupo, que presumia que a razão ocupava a posição de juiz, e pelas deduções da razão instituiu uma *via media* entre as duas, retendo algo do gnosticismo e do quiliasmo, no que diz respeito à interpretação, mas também espiritualizando o reino, numa aplicação à igreja...[22]

[21] PETERS, op. cit., I, p. 500.
[22] Ibid., I, p. 501.

3. A continuidade do judaísmo, religião que começara no período apostólico e se fortalecera, fomentou crescente inimizade entre judeus e gentios cristãos. Tal antagonismo levou, por fim, à rejeição do milênio por ser ele "judaico".

> ... os gentios cristãos, na sua hostilidade para com o judaísmo, que buscava impor seu legalismo e ritualismo, finalmente foram levados a tal extremo que [...] tudo que em sua opinião tinha sabor de judaísmo foi jogado fora, incluindo, é claro, a crença judaica, há muito esposada, de um reino.[23]

4. A união da igreja com o estado sob Constantino provocou a morte da esperança milenar. Smith, depois de declarar que "o intervalo entre a era apostólica e a de Constantino tem sido chamado período quiliástico da interpretação apocalíptica", diz:

> Imediatamente após o triunfo de Constantino, os cristãos, que se livraram da opressão e da perseguição e se tornaram autoritários e prósperos, começaram a perder sua expectativa ativa da rápida vinda do Senhor e o conceito espiritual do Seu reino, e passaram a contemplar a supremacia temporária do cristianismo como cumprimento do reino prometido de Cristo na terra. O Império Romano, transformado num império cristão, deixou de ser considerado objeto de denúncia profética, mas o cenário de um desenvolvimento milenar. Essa opinião, todavia, foi logo confrontada pela interpretação figurada do milênio como o reino de Cristo no coração de todos os crentes verdadeiros.[24]

5. A supressão dos escritos dos pais da igreja pelos que se opunham à sua posição, visando a minimizar sua contínua influência, reduziu o realce desse ensinamento central e começou a obliterar a importância que a esperança iminente tinha na vida e nos escritos deles.

6. A influência de Agostinho, que contribuiu mais para o pensamento teológico que qualquer outro indivíduo entre Paulo e a Reforma, e por meio de quem o amilenarismo foi sistematizado e o sistema romanista obteve sua eclesiologia, foi fator fundamental na cessação do pré-milenarismo.

7. O aumento do poder da Igreja Romana, que ensinava ser ela o reino de Deus na terra e ser seu líder o vigário de Deus na terra, foi fator de significativa importância.

---

[23] Ibid., I, p. 504.
[24] Ap. PETERS, op. cit., I, p. 505.

A história da doutrina do segundo advento

É de extremo interesse ressaltar os métodos usados pelos oponentes da opinião pré-milenarista para contrariar esse ensinamento.

> 1) Gaio e Dionísio foram os primeiros a duvidar da genuína inspiração do livro de Apocalipse, pois evidentemente se supunha que o recurso ao livro [...] não poderia ser abandonado. 2) A rejeição do sentido literal e sua substituição por figuras ou alegorias, que efetivamente modificaram a aliança e a profecia. 3) Trechos do Antigo Testamento que ensinavam literalmente a doutrina tiveram sua inspiração profética desacreditada [...] 4) A aceitação de todos os trechos proféticos, e o que não podia ser alegorizado e aplicado à igreja tinha o seu cumprimento relegado ao céu [...] 5) Fazer com que promessas dadas diretamente aos judeus como nação fossem consideradas condicionais na sua natureza ou meramente típicas das bênçãos desfrutadas pelos gentios.[25]

Devemos observar que a oposição ao pré-milenarismo surgiu daqueles que eram marcados pela descrença, cujas doutrinas, em geral, tinham sido condenadas pelos crentes através da história da igreja; assim, opunham-se ao pré-milenarismo não porque não fosse bíblico, mas porque contradizia suas próprias filosofias e métodos de interpretação.

III. A Ascensão do Amilenarismo

Com a contribuição de Agostinho ao pensamento teológico, o amilenarismo ganhou destaque. Embora Orígenes tenha estabelecido os fundamentos ao fixar o método não-literal de interpretação, foi Agostinho quem sistematizou a visão não-literal do milênio no que agora conhecemos como amilenarismo.

A. *A importância de Agostinho*. O relacionamento entre Agostinho e toda a doutrina amilenarista foi apresentado por Walvoord:

> Seu pensamento não apenas cristalizou a teologia que o precedera, mas estabeleceu a base de ambas as doutrinas, católica e protestante. B. B. Warfield, citando Harnack, refere-se a Agostinho como "incomparavelmente o maior homem que a igreja possuiu, 'entre o apóstolo Paulo e Lutero, o reformador'". Embora a contribuição de Agostinho tenha sido principalmente reconhecida nas áreas da doutrina da igreja, da hamartiologia, da doutrina da graça e da predestinação, também é um marco significativo na história antiga do amilenarismo.

---

[25] Ibid., I, p. 502.

A importância de Agostinho para a história do amilenarismo deriva de duas razões. Primeiro, não existiram expoentes aceitáveis do amilenarismo antes de Agostinho [...] Antes dele, o amilenarismo associava-se às heresias produzidas pela escola teológica alegorista e espiritualista de Alexandria, que não apenas se opunha ao pré-milenarismo, mas subvertia qualquer exegese literal das Escrituras [...]

O segundo motivo da importância do amilenarismo agostiniano é que seu ponto de vista se tornou a doutrina dominante na igreja romana e foi adotado com variações pela maioria dos reformadores protestantes, juntamente com muitos outros de seus ensinamentos. Os escritos de Agostinho, na verdade, causaram o abandono do pré-milenarismo pela maior parte da igreja organizada.[26]

B. *A opinião de Agostinho sobre a questão quiliástica*. Em sua famosa obra, *A cidade de Deus*, Agostinho lançou a idéia de que a igreja visível era o reino de Deus na terra. Peters comenta a respeito da importância dessa obra:

> Talvez não tenha surgido nenhuma obra que tivesse tão forte e avassaladora influência contra a antiga doutrina como *A cidade de Deus*, de Agostinho. Esse livro foi escrito especificamente para ensinar *a existência do reino de Deus na igreja* simultânea ou paralela ao reino terrestre ou humano.[27]

Dessa eclesiologia básica, que interpreta a igreja como o reino, Agostinho desenvolveu sua doutrina do milênio, resumida por Allis como se segue:

> Ele ensinou que o milênio deve ser interpretado espiritualmente como cumprido pela igreja. Defendia que o aprisionamento de Satanás ocorreu durante o ministério terreno do nosso Senhor (Lc 10.18), a primeira ressurreição é o novo nascimento do cristão (Jo 5.25) e o milênio deve corresponder, conseqüentemente, ao período entre os adventos ou era da igreja. Isso implicava a interpretação de Apocalipse 20.1-6 como uma "repetição" dos capítulos anteriores e não uma referência à nova era que seguiria cronologicamente os acontecimentos demonstrados no capítulo 19. Vivendo na primeira metade do primeiro milênio da história da igreja, Agostinho naturalmente entendeu de modo literal os mil anos de Apocalipse 20 e esperava que a segunda vinda ocorresse no final daquele período. Mas, por ter identificado o milênio de maneira incoerente com o que restava do sexto quiliasmo da história humana, ele acreditava que

---

[26] WALVOORD, op. cit., *106*:420-1.
[27] PETERS, op. cit., I, p. 508.

esse período deveria terminar por volta de 650 d.C. com uma grande explosão de maldade, a revolta de Gogue, seguida da vinda de Cristo em juízo.[28]

Desse modo Agostinho fez várias afirmações que moldaram o pensamento escatológico: 1) negou que o milênio seguiria a segunda vinda, 2) defendeu que o milênio ocorreria no período entre os adventos e 3) ensinou que a igreja é o reino e não haveria cumprimento literal das promessas feitas a Israel. Essas interpretações formaram o núcleo central do sistema escatológico que dominou o pensamento teológico por séculos. O fato de a história ter provado que Satanás não foi aprisionado, que não estamos no milênio, experimentando tudo o que foi prometido aos que nele entrassem, e que Cristo não retornou em 650 d.C. foi insuficiente para dissuadir os defensores desse sistema. A despeito de seu óbvio fracasso, ele ainda é amplamente defendido.

IV. O Eclipse do Pré-Milenarismo

Com a ascensão do romanismo, comprometido com a idéia de que a instituição deste era o reino de Deus, o pré-milenarismo caiu rapidamente. Auberlen diz:

> O quiliasmo desapareceu proporcionalmente à medida que o catolicismo papal romano avançava. O papado tomou para si, como um roubo, a glória que é objeto de esperança e só pode ser alcançada pela obediência e humildade da cruz. Quando a igreja tornou-se meretriz, deixou de ser a noiva que sai para encontrar seu noivo; e assim o quiliasmo desapareceu. Essa é a profunda verdade que jaz no âmago da interpretação protestante antipapal do Apocalipse.[29]

Peters observa:

> Podemos então citar brevemente como fato evidente que todo o espírito e alvo do papado é antagônico à perspectiva da igreja primitiva, baseando-se no cobiçado poder eclesiástico e secular, na ampla jurisdição depositada nas mãos de um primaz [...] quando se fundou um sistema que decidira que o reinado dos santos já havia começado —que o bispo de Roma reinava na terra no lugar de Cristo; que a libertação da maldição só seria cumprida no terceiro céu; que na igreja, como um reino, havia uma "aristocracia" à qual se devia obedecer sem hesitação; que os anúncios profé-

---
[28] Allis, op. cit., p. 3.
[29] Ap. Peters, ibid., I, p. 499.

ticos a respeito do reino do Messias se cumpriam na predominância, esplendor e riqueza de Roma; que a recompensa e elevação dos santos não dependia da segunda vinda, mas do poder depositado no reino presente etc.— foi então que o quiliasmo, tão desagradável e obnóxio para essas declarações e doutrinas, caiu sob a influência poderosa e penetrante exercida contra ele.[30]

Apesar da ascensão do amilenarismo romano, um pequeno remanescente manteve a posição pré-milenarista. Ryrie cita os valdenses e os paulicianos, junto com os cátaros, que mantinham a crença apostólica.[31] Peters acrescenta os albigenses, os lollardos, os seguidores de Wiclif e os protestantes boêmios que esposaram a causa pré-milenarista.[32]

V. O Quiliasmo desde a Reforma

No próprio período da Reforma, o interesse dos reformadores estava centralizado nas grandes doutrinas da soteriologia e muito pouca atenção foi dedicada às doutrinas da escatologia. Os reformadores permaneceram, em sua maioria, na posição de Agostinho, principalmente porque essa área de doutrina não estava em discussão. Todavia, lançaram-se alguns fundamentos que abriram o caminho para a ascensão do pré-milenarismo. Peters escreve:

> ... cada um [dos reformadores] registrou sua crença no fato de todo crente dever estar constantemente ansiando pela segunda vinda, uma vinda rápida, dada a ausência da futura glória milenar antes da vinda de Jesus, na permanência da igreja num estado mesclado até o fim, no desígnio divino para a presente dispensação, no princípio de interpretação adotado, na expansão e na ampliação da incredulidade antes da segunda vinda, na renovação desta terra etc. —doutrinas em concordância com o quiliasmo. A simples verdade em referência a eles era esta: que eles não eram quiliásticos, apesar de ensinarem vários tópicos que materialmente ajudavam a sustentar o quiliasmo. [33]

O retorno ao método literal de interpretação, no qual se baseou o movimento da Reforma, lançou novamente a base para o ressurgimento da fé pré-milenarista.

---

[30] Ibid., I, p. 516-7.
[31] Ryrie, op. cit., p. 27-8.
[32] Peters, op. cit., I, p. 521.
[33] Ibid., I, p. 527.

A história da doutrina do segundo advento 397

A. *A ascensão do pós-milenarismo*. No período pós-Reforma surgiu a interpretação conhecida como pós-milenarismo, que veio a suplantar, em grande parte, o amilenarismo agostiniano na igreja protestante. A incapacidade do amilenarismo, como interpretado por Agostinho, de satisfazer os fatos da história levaram a um novo exame da sua doutrina. O primeiro defensor da posição de que Cristo retornaria depois do milênio e traria o estado final com o grande julgamento e ressurreição, segundo Kromminga,[34] foi Joaquim de Flora, escritor católico romano do século XII. Walvoord comenta a respeito dele:

> Seu ponto de vista é que o milênio começa e continua como o reinado do Espírito Santo. Ele tinha em vista três dispensações: a primeira de Adão até João Batista, a segunda começando com João e a terceira com Benedito (480-543), fundador do mosteiro ao qual pertencia. As três repartições eram respectivamente do Pai, do Filho e do Espírito. Joaquim previu que em cerca de 1260 o desenvolvimento final ocorreria e a justiça triunfaria.[35]

Durante os séculos XVI e XVII muitos na Holanda defenderam a opinião de que o milênio era futuro. Coccejus, Alting, os dois Kitringas, d'Outrein, Witsius, Hoornbeek, Koelman e Brakel são citados por Berkhof como pós-milenaristas.[36] Todavia, o pós-milenarismo como sistema é normalmente atribuído a Daniel Whitby (1638-1726).[37] Walvoord escreve a respeito de Whitby:

> O próprio Whitby era um unitário. Seus escritos, particularmente os que tratavam da divindade, foram queimados em público e ele foi declarado herege. Ele era liberal e livre-pensador, não confinado pelas tradições ou conceitos passados da igreja. Sua opiniões sobre o milênio provavelmente nunca teriam sido perpetuadas se não se tivessem encaixado tão bem no pensamento da época. A crescente maré de liberdade intelectual, da ciência e da filosofia, juntamente com o humanismo, tinham aumentado o conceito do progresso humano e retratado um belo quadro do futuro. A opinião de Whitby da era áurea da igreja era justamente a que o povo queria ouvir. Ela se ajustava aos pensamentos da época. Não é estranho que teólogos, buscando reajustar-se a um mundo em transformação, encontrassem em Whitby a chave para suas necessidades. Sua doutrina era atraente para todos os tipos de teologia. Fornecia para os conservadores um princípio aparentemente bem mais operacional de interpretação das

---
[34] KROMMINGA, op. cit., p. 20.
[35] WALVOORD, op. cit., *106*:152.
[36] Louis BERKHOF, *Teologia sistemática*, p. 722.
[37] A. H. STRONG, *Systematic theology*, p. 1013.

Escrituras. Afinal, os profetas do Antigo Testamento sabiam do que estavam falando quando previram uma época de paz e de justiça. O conhecimento crescente do homem sobre o mundo e as melhorias científicas que estavam vindo poderiam encaixar-se nesse cenário. Por outro lado, o conceito agradou os liberais e céticos. Se eles não acreditavam nos profetas, pelo menos acreditavam que o homem era agora capaz de melhorar a si mesmo e a seu ambiente. Eles também acreditavam que uma era áurea estava por vir.[38]

Esses dois grupos para os quais o pós-milenarismo era atraente —os liberais e os conservadores— logo desenvolveram dois ensinos diversos.

1) Um tipo bíblico de pós-milenarismo, que encontrava seu material nas Escrituras e seu poder em Deus; 2) o tipo de teologia evolucionista ou liberal, que baseava suas evidências na confiança de que o homem atingiria o progresso por meios naturais. Esses dois sistemas de crença amplamente distintos têm uma coisa em comum, a idéia do progresso e da solução definitiva para as presentes dificuldades.[39]

O pós-milenarismo tornou-se a posição escatológica dos teólogos que dominaram o pensamento teológico pelos últimos séculos. As características gerais do sistema podem ser resumidas desta maneira:

O pós-milenarismo baseia-se na interpretação figurada da profecia, que permite grande liberdade em encontrar o significado de trechos difíceis —uma amplitude hermenêutica refletida na falta de uniformidade da exegese pós-milenarista. As profecias do Antigo Testamento relacionadas ao reino de justiça na terra serão cumpridas no reino de Deus no período entre os adventos. O reino é espiritual e invisível em vez de material e político. O poder divino do reino é o Espírito Santo. O trono no qual Cristo sentará é o trono do Pai no céu. O reino de Deus no mundo crescerá rapidamente, mas com ocasiões de crise. Todos os meios são usados para apressar o reino de Deus —é o centro da ação providencial de Deus. A pregação do evangelho e a divulgação dos princípios cristãos particularmente sinalizam o seu progresso. A vinda do Senhor é considerada uma série de acontecimentos. Qualquer intervenção providencial de Deus na situação humana é uma vinda do Senhor. A vinda final do Senhor é o auge e reside num futuro muito remoto. Não há esperança do retorno do Senhor no futuro previsível, certamente não nesta geração. O pós-milenarismo, assim como o amilenarismo, acredita que todos os julgamentos finais de homens e anjos são essencialmente um único aconteci-

[38] WALVOORD, op. cit., 106:154.
[39] Ibid.

mento que se dará após a ressurreição de todos os homens antes do estado eterno. O pós-milenarismo se distingue do pré-milenarismo no que diz respeito ao milênio como futuro e posterior à segunda vinda. O pós-milenarismo diferencia-se do amilenarismo pelo seu otimismo, por sua confiança em um triunfo máximo do reino de Deus no mundo e por seu cumprimento relativo da idéia milenar na terra. Teólogos como Hodge encontram cumprimento bastante literal para várias profecias, incluindo a conversão e a restauração de Israel como nação. Outros como Snowden acreditam que o milênio de Apocalipse 20 se refere ao céu.[40]

O pós-milenarismo não é mais um assunto relevante na teologia. A Segunda Guerra Mundial levou ao colapso do sistema. Sua queda pode ser atribuída 1) à própria fraqueza do pós-milenarismo que, baseado no princípio de interpretação espiritualista, não era coerente; 2) à tendência ao liberalismo, que o pós-milenarismo não podia enfrentar por causa do princípio de interpretação espiritualista; 3) à incapacidade de acomodar os fatos da história; 4) à nova tendência para o realismo na teologia e na filosofia, vista, por exemplo, na neo-ortodoxia, que admite que o homem é pecador e não pode trazer a nova era prevista pelo pós-milenarismo e 5) à nova tendência ao amilenarismo, que nasceu do retorno à teologia reformada como base da doutrina.[41] O pós-milenarismo não encontra defensores nas presentes discussões quiliásticas do mundo teológico.*

B. *A recente ascensão do amilenarismo.* O amilenarismo tem experimentado grande aumento de popularidade nas últimas décadas, em boa parte graças ao colapso da posição pós-milenarista, à qual a maioria dos teólogos seguia. Já que o amilenarismo depende do mesmo princípio de interpretação espiritualista do pós-milenarismo e vê o milênio como uma era entre os adventos, antecedendo a segunda vinda, como ocorre no pós-milenarismo, era relativamente simples para um pós-milenarista voltar-se para a opinião amilenarista.

O amilenarismo hoje é dividido em dois campos. 1) O primeiro, do qual Allis e Berkhof fazem parte, apega-se essencialmente ao

[40] Ibid., p. 165.
[41] Cf. Ibid., *106*:165-8.
* Desde a publicação desta obra em inglês, há 40 anos, novas formas de pós-milenarismo têm surgido, tanto entre teólogos conservadores quanto entre teólogos liberais. Como observou Pentecost, no entanto, elas continuam incapazes de explicar a história e de sobreviver a ela (e.g., a teologia da libertação, cuja ferramenta "pós-milenarista" era a dialética marxista, que entrou em colapso mundial no final da década de 1980). (N. do T.)

amilenarismo agostiniano, apesar de admitir a necessidade de aprimoramentos. Essa também é, claramente, a opinião da igreja romana. Ele encontra todos os cumprimentos das promessas veterotestamentárias concernentes ao reino e suas bênçãos no governo de Cristo no trono do Pai sobre a igreja, que está na terra. 2) O segundo é o ponto de vista defendido por Duesterdieck e Kliefoth e promovido nos Estados Unidos por Warfield, que ataca a posição agostiniana de que o reino seja terrestre, mas vê o reino como o governo de Deus sobre os santos que estão no céu, fazendo dele um reinado celestial. Walvoord resume esse ponto de vista da seguinte forma:

> Um novo tipo de amilenarismo surgiu, contudo, do qual Warfield pode ser tomado como exemplo. Esse é um tipo totalmente novo de amilenarismo. Allis atribui a origem desse ponto de vista a Duesterdieck (1859) e Kliefoth (1874) e o analisa como uma inversão da teoria agostiniana básica de que Apocalipse 20 era a recapitulação da era da igreja. Essa nova questão, ao contrário, segue a linha de ensinamento de que o milênio é distinto da era da igreja, apesar de anteceder a segunda vinda. Para resolver o problema da correlação dessa interpretação com os duros fatos de um mundo incrédulo e pecador, eles interpretaram o milênio não como o retrato de um período, mas como um estado de bênção dos santos no céu. Warfield, com a ajuda de Kliefoth, define o milênio com estas palavras: "A visão, em uma palavra, é uma visão da paz daqueles que morreram no Senhor; e essa mensagem nos é transmitida nas palavras de 14.13: 'Bem-aventurados os mortos que desde agora morrem no Senhor' —passagem da qual aquela que analisamos é certamente apenas uma expansão. O quadro que nos é apresentado aqui é o do 'estado intermediário' —dos santos de Deus reunidos no céu longe do ruído confuso e das vestes cobertas de sangue que caracterizam a guerra na terra, a fim de que eles possam aguardar seu fim seguramente".
>
> Entre os amilenaristas classificados como conservadores, há dois pontos de vista principais: 1) o que encontra cumprimento na presente era na terra com a igreja; 2) o que encontra cumprimento no céu com os santos. O segundo, mais que o primeiro, requer espiritualização não apenas de Apocalipse 20, mas de todos os muitos trechos do Antigo Testamento que falam da era áurea do reino de justiça na terra.[42]

Uma série de motivos pode ser arrolada para a atual popularidade do sistema amilenarista. 1) É um sistema abrangente, que inclui todas as camadas do pensamento teológico: protestantismo liberal, protestantismo conservador e católico romano. 2) Com exceção do pré-

[42] Ibid., *106*:430.

milenarismo, é a teoria quiliástica mais antiga e, conseqüentemente, possui a marca da antigüidade. 3) Tem o selo da ortodoxia, uma vez que foi o sistema adotado pelos reformadores e se tornou a base de muitas profissões de fé. 4) Conforma-se ao eclesiasticismo moderno, com grande ênfase na igreja visível, que, para o amilenarista, é o centro de todo o plano de Deus. 5) Apresenta um sistema escatológico simples, com apenas uma ressurreição, um julgamento e muito pouco num plano profético para o futuro. 6) Ajusta-se prontamente às pressuposições teológicas da chamada "teologia pactual". 7) Atrai a muitos como uma interpretação "espiritual" das Escrituras em vez de uma interpretação literal, esta tratada como "conceito carnal" do milênio.

Podemos destacar sete perigos do método amilenarista de interpretação.

1) [...] Ao usar o método de espiritualização das Escrituras, eles as estão interpretando por um método que seria extremamente destrutivo para a doutrina cristã, se não fosse limitado à escatologia. 2) Eles não seguem o método de espiritualização em relação à profecia em geral, mas apenas quando necessário para negar o pré-milenarismo. 3) Justificam o método de espiritualização como um meio de eliminar problemas de cumprimento profético —o método nasce de uma suposta necessidade, e não como um produto natural da exegese. 4) Não hesitam em usar a espiritualização em outras áreas além da profecia, caso isso seja necessário para manter o sistema e a doutrina. 5) Como ilustrado no modernismo atual, quase totalmente amilenarista, a história prova que o princípio da espiritualização se espalha facilmente para todas as áreas básicas da verdade teológica [...] 6) O método amilenarista não fornece uma base sólida para um sistema coerente de teologia. O método hermenêutico do amilenarismo tem justificado igualmente o calvinismo conservador, o modernismo liberal e a teologia romana [...] 7) O amilenarismo não surgiu historicamente do estudo das Escrituras, mas pela negligência em relação a elas.[43]

O efeito do sistema de interpretação amilenarista é agudamente sentido em três grandes áreas da doutrina. 1) Na área da soteriologia o amilenarismo é culpado do erro de redução comum à teologia pactual, em que um ponto menor é transformado no ponto principal de um plano, e assim vê todo o plano de Deus como um plano de redenção, de modo de que todas as eras são variações na revelação progressiva da aliança de redenção. 2) Na área da eclesiologia eles vêem todos os santos de todos os tempos como membros da igreja. Isso deixa escapar as

[43] Ibid., 107:49-50.

distinções entre os planos de Deus para Israel e para a igreja, e exige a negação do ensinamento bíblico de que a igreja é um mistério, não revelado até a presente era. Eles vêem o cumprimento de todo o plano do reino na igreja, no período entre os adventos, ou então nos santos que agora estão no céu. Eles não têm um conceito distinto da igreja como o corpo de Cristo, mas a vêem apenas como uma organização. Essa é uma das diferenças básicas entre o pré-milenarismo e o amilenarismo. 3) Na área da escatologia, embora se rejeitem universalmente as interpretações pré-milenaristas, há pouco acordo entre os ramos do amilenarismo. O amilenarismo liberal nega doutrinas como a ressurreição, o juízo, a segunda vinda, o castigo eterno e outros assuntos afins. O amilenarismo romano desenvolveu o esquema do purgatório, do limbo e de outras doutrinas não-bíblicas como parte de seu sistema. O amilenarismo conservador ainda mantém as doutrinas literais de ressurreição, juízo, castigo eterno e temas relacionados. É difícil, portanto, sistematizar a escatologia amilenarista. É nesse campo, todavia, que se percebem as maiores divergências em relação ao pré-milenarismo e a uma posição bíblica.

C. *O ressurgimento do pré-milenarismo*. Embora os reformadores não tenham adotado a interpretação pré-milenarista das Escrituras, sem exceção retornaram ao método literal, que é a base sobre a qual repousa o pré-milenarismo. A aplicação lógica desse método de interpretação logo levou muito dos escritores do pós-reforma a essa posição. Peters diz:

> ... estamos endividados para com umas poucas mentes destacadas por terem causado o retorno da fé patrística em todas as suas formas essenciais. Entre eles, os seguintes se destacam: o profundo estudioso bíblico Joseph Mede (1586-1638), na sua ainda celebrada obra *Clavis apocalyptica* (traduzida para o inglês) e *Exposition on Peter*; Theodore Brightman (1644), *Exposition of Daniel and Apocalypse.*; J. A. Bengel (teólogo de vasto saber, 1687-1752), *Exposition of the Apocalypse* e *Addresses*; também os escritos de Theodore Goodwin (1679); Charles Daubuz (1730); Piscator (1646); M. F. Roos (1770); Alstedius (1643); Cressener (1689); Farmer (1660); Fleming (1708); Hartley (1764); J. J. Hess (1774); Homes (1654); Jurieu (1686); Maton (1642); Peterson (1692); Sherwin (1665) e outros (como Conrade, Gallus, Brahe, Kett, Broughton, Marten, sir Isaac Newton, Whiston etc.)... [44]

Da influência desses homens surgiu uma corrente de exegetas e expositores que recuperaram a notoriedade do pré-milenarismo na inter-

---

[44] PETERS, op. cit., I, p. 538.

pretação bíblica.⁴⁵ Dentre eles serão encontrados grandes exegetas e expositores que a igreja conheceu, como Bengel, Steir, Alford, Lange, Meyer, Fausset, Keach, Bonar, Ryle, Lillie, MacIntosh, Newton, Tregelles, Ellicott, Lightfoot, Westcott, Darby, apenas para mencionar alguns. A declaração de Alford, a respeito dos intérpretes do Apocalipse desde a Revolução Francesa, é pertinente: "A maioria, *tanto em número, quanto em perícia e pesquisa*, adota o advento pré-milenarista, seguindo o sentido simples e inegável do texto sagrado".⁴⁶

Sem dúvida Allis está correto quando diz:

> O ensino dispensacionalista de hoje, como é representado, por exemplo, pela *Bíblia de Scofield*, pode ser remetido diretamente ao Movimento dos Irmãos, que surgiu na Inglaterra e na Irlanda em 1830. Seus adeptos são conhecidos como os Irmãos de Plymouth, porque Plymouth foi o mais forte dos antigos centros de assembléias dos Irmãos. Também é chamado darbyismo, graças a John Nelson Darby (1800-82), seu representante mais notável.⁴⁷

Os estudos bíblicos promovidos por Darby e seus seguidores popularizaram a interpretação pré-milenarista das Escrituras. Essa tem sido disseminada no crescente movimento de conferências bíblicas, na propagação de institutos bíblicos, nos muitos periódicos dedicados ao estudo da Bíblia, e está intimamente associada a todo o movimento teológico conservador nos Estados Unidos hoje.

Desse modo, a pesquisa histórica revela que a interpretação pré-milenarista, unanimemente defendida pela igreja primitiva, foi suplantada mediante a influência do método de alegorização de Orígenes pelo amilenarismo agostiniano, que se tornou o ponto de vista da igreja romana e continuou a dominar até a Reforma protestante, por ocasião da qual o retorno ao método literal de interpretação restaurou a interpretação pré-milenarista. Essa interpretação foi desafiada pelo surgimento do pós-milenarismo, que começou a tomar forma depois da época de Whitby e continuou presente até seu declínio após a Primeira Guerra Mundial. Esse declínio promoveu a ascensão do amilenarismo, que agora compete com o pré-milenarismo como método de interpretação da questão quiliástica.

---

⁴⁵ Ibid., I, p. 542-6. Peters alista cerca de 360 adeptos dessa posição dentre líderes de onze denominações nos Estados Unidos, e mais 470 escritores e pastores da Europa que esposaram a causa pré-milenarista.
⁴⁶ Henry ALFORD, *Greek Testament*, II, p. 350.
⁴⁷ ALLIS, op. cit., p. 9.

VI. OBSERVAÇÕES RESULTANTES

Não se pode considerar demasiada a importância atribuída à doutrina do segundo advento do Senhor Jesus Cristo. Chafer diz:

> O tema geral concernente ao retorno de Cristo tem a rara distinção de ser a primeira profecia pronunciada pelo homem (Jd 14,15) e a última mensagem do Cristo exaltado, bem como a última palavra da Bíblia (Ap 22.20,21). Da mesma forma, o tema da segunda vinda de Cristo é singular pelo fato de ocupar grande parte do texto das Escrituras, mais que qualquer outro tópico, e ser um tema distinto da profecia no Antigo e no Novo Testamento. Na verdade, todas as outras profecias contribuem para o grande final do cenário completo desse acontecimento —a segunda vinda de Cristo.[48]

No que diz respeito à segunda vinda, certos fatos podem ser ressaltados.

A. *A segunda vinda é pré-milenar*. O método literal de interpretar as Escrituras, conforme proposto anteriormente, torna inegável a vinda pré-milenar do Senhor.

B. *A segunda vinda é literal*. A fim de cumprir as promessas feitas na Palavra a respeito de Sua volta (At 1.11), a vinda de Jesus deve ser literal. Isso requer um retorno corporal de Cristo à terra.

C. *A segunda vinda é inevitável*. O grande grupo de profecias que ainda não foram cumpridas torna a segunda vinda absolutamente inevitável.[49] Foi prometido que Ele mesmo virá (At 1.11); os mortos ouvirão sua voz (Jo 5.28); Ele ministrará aos Seus servos vigilantes (Lc 12.37); Ele voltará a este mundo (At 1.11), ao mesmo monte das Oliveiras, de onde ascendeu (Zc 14.4); virá em chama de fogo (2Ts 1.8), nas nuvens do céu com grande poder e glória (Mt 24.30; 1Pe 1.7; 4.13); Ele se levantará sobre a terra (Jó 19.25); Seus santos (a igreja) virão com Ele (1Ts 3.13; Jd 14); todo o olho O verá (Ap 1.7); Ele destruirá o anticristo (2Ts 2.8); Ele se assentará no Seu trono (Mt 25.31; Ap 5.13); todas as nações serão reunidas perante Ele para serem julgadas (Mt 25.32); Ele terá o trono de Davi (Is 9.6,7; Lc 1.32; Ez 21.25-27); esse trono será sobre a terra (Jr 23.5,6); Ele terá um reino (Dn 7.13,14) e reinará sobre todos os seus santos (Dn 7.18-27; Ap 5.10); todos os reis e nações O servirão (Sl 72.11;

---

[48] CHAFER, op. cit., IV, p. 306.
[49] Cf. W. E. BLACKSTONE, *Jesus is coming*, p. 24-5.

Is 49.6,7; Ap 15.4); os reinos deste mundo se tornarão o Seu reino (Zc 9.10; Ap 11.15); a Ele acorrerão os povos (Gn 49.10); todo o joelho se dobrará diante Dele (Is 45.23); as nações subirão para adorar o Rei (Zc 14.16; Sl 86.9); Ele edificará Sião (Sl 102.16); Seu trono será em Jerusalém (Jr 3.17; Is 33.20,21); os apóstolos se assentarão em doze tronos, para julgar as doze tribos de Israel (Mt 19.28; Lc 22.28-30); Ele governará todas as nações (Sl 2.8,9; Ap 2.27); Ele reinará em juízo e justiça (Sl 9.7); o templo em Jerusalém será reconstruído (Ez 40-48) e a glória do Senhor entrará Nele (Ez 43.2-5; 44.4); a glória do Senhor será revelada (Is 40.5); o deserto se transformará em pomar (Is 32.15); o deserto florescerá como a rosa (Is 35.1,2) e a glória Lhe será morada (Is 11.10). Todo o plano de aliança com Israel, ainda não cumprido, torna obrigatória a segunda vinda do Messias à terra. O princípio do cumprimento literal torna o retorno de Cristo essencial.

D. *A segunda vinda será visível.* Várias referências bíblicas reforçam o fato de que a segunda vinda será uma manifestação do Filho de Deus à terra (At 1.11; Ap 1.7; Mt 24.30). Assim como o Filho foi publicamente repudiado e rejeitado, Ele será publicamente apresentado por Deus na segunda vinda. Essa vinda estará associada à visível manifestação da glória (Mt 16.27; 25.31), pois, no término do juízo e na manifestação da soberania, Deus será glorificado (Ap 14.7; 18.1; 19.1).

E. *Exortações práticas decorrentes da segunda vinda.* As Escrituras fazem amplo uso da doutrina da segunda vinda de Cristo como princípio de exortação. Ela é usada como exortação à vigilância (Mt 24.42-44; 25.13; Mc 13.32-37; Lc 12.35-38; Ap 16.15); à sobriedade (1Ts 5.2-6; 1Pe 1.13; 4.7; 5.8); ao arrependimento (At 3.19-21; Ap 3.3); à fidelidade (Mt 25.19-21; Lc 12.42-44; 19.12,13); a não nos envergonharmos de Cristo (Mc 8.38); contra o mundanismo (Mt 16.26,27); à moderação (Fp 4.5); à paciência (Hb 10.36,37; Tg 5.7,8); à mortificação da carne (Cl 3.3-5); à sinceridade (Fp 1.9,10); à santificação prática (1Ts 5.23); à fé ministerial (2Tm 4.1,2); à obediência às ordens apostólicas (1Tm 6.13,14); à diligência e pureza pastoral (1Pe 5.2-4); à pureza (1Jo 3.2,3); a permanecermos em Cristo (1Jo 2.28); a resistirmos às tentações e às provações mais severas da fé (1Pe 1.7); a suportarmos a perseguição pelo Senhor (1Pe 4.13); à santidade e à piedade (2Pe 3.11-13); ao amor fraternal (1Ts 3.12,13); a conservarmos em mente nossa cidadania celestial (Fp 3.20,21); a amarmos a segunda vinda (2Tm 4.7,8); a aguardarmos por Ele (Hb 9.27,28); a confiarmos que Cristo terminará Sua obra (Fp 1.6); a mantermos a esperança firme até o final (Ap 2.25; 3.11); a renegarmos a impiedade e as paixões mundanas e a vivermos piedosamente (Tt 2.11-13); a estarmos alertas por causa da natureza repentina de Sua volta (Lc 17.24-30); a não julgarmos nada antes do tempo (1Co 4.5); à esperança de recompensa (Mt 19.27,28). Ela garante aos discípulos um período de alegria (2Co 1.14; Fp 2.16; 1Ts 2.19); conforta os apóstolos na partida de Cristo (Jo 14.3; At 1.11); é o principal acontecimento aguardado pelo crente (1Ts 1.9,10); é uma coroação de graça e uma segurança de estarmos irrepreensíveis no dia do Senhor (1Co 1.4-8); é a hora de acertar contas com os servos (Mt 25.19); é a hora de juízo para os gentios vivos (Mt 25.31-46); é a hora de cumprir o plano de ressurreição dos salvos (1Co 15.23); é a hora da manifestação dos santos (2Co 5.10; Cl 3.4); é uma fonte de consolação (1Ts 4.14-18); está associada à tribulação e ao julgamento dos incrédulos (2Ts 1.7-9); é proclamada na mesa do Senhor (1Co 11.26).[50]

[50] Ibid., p. 180-1.

Capítulo 23

As ressurreições associadas à segunda vinda

O Antigo Testamento associava a esperança da ressurreição à esperança messiânica do dia do Senhor. Em Daniel, a ressurreição (12.2) é vista como um acontecimento posterior à época de tribulação sob o desolador (12.1). Em Isaías, a ressurreição (26.19) é apresentada com referência à "indignação" (26.20,21). No evangelho de João, a ressurreição é apresentada como uma esperança associada ao "último dia", ou dia do Senhor (11.24). Já que isso é verdade, é necessário analisar a segunda vinda em sua relação com o plano da ressurreição. Não é possível, nesse sentido, examinar toda a doutrina da ressurreição, mas temos de limitar o estudo aos aspectos escatológicos ou proféticos da doutrina.

Prontamente observamos que a ressurreição é uma doutrina cardinal da Palavra de Deus. O tema da ressurreição de Cristo dominou o ministério dos apóstolos após a ascensão de Cristo, a ponto de quase excluir Sua morte. Em mais de quarenta referências à ressurreição do Novo Testamento, com a possível exceção de Lucas 2.34, o termo é sempre usado em referência a uma ressurreição literal, jamais em sentido espiritual ou não-literal, e relaciona-se ao soerguimento do corpo físico. Isso teremos como pressuposto, e não como objeto de debate, neste momento.

I. OS TIPOS DE RESSURREIÇÃO

Nas Escrituras dois tipos de ressurreição são previstos pelo plano de ressurreição de Deus: a ressurreição para a vida e a ressurreição para o juízo.

A. *A ressurreição para a vida*. Há uma série de passagens que ensinam essa parte característica do plano de ressurreição.

Antes, ao dares um banquete, convida os pobres, os aleijados, os coxos e os cegos; e serás bem-aventurado, pelo fato de não terem eles com que recompensar-te; a tua recompensa, porém, tu a receberás *na ressurreição dos justos* (Lc 14.13,14).

Para o conhecer, e o poder da sua ressurreição, e a comunhão dos seus sofrimentos, conformando-me com ele na sua morte; para, de algum modo, alcançar a ressurreição dentre os mortos (lit., *a ressurreição, aquela de entre os mortos*) (Fp 3.10-14).

Mulheres receberam, pela ressurreição, os seus mortos. Alguns foram torturados, não aceitando seu resgate, para obterem *superior ressurreição* (Hb 11.35).

Não vos maravilheis disto, porque vem a hora em que todos os que se acham nos túmulos ouvirão a sua voz e sairão: os que tiverem feito o bem, para a *ressurreição da vida*; e os que tiverem praticado o mal, para a ressurreição do juízo (Jo 5.28,29).

Bem-aventurado e santo é aquele que tem parte na *primeira ressurreição*; sobre esses a segunda morte não tem autoridade; pelo contrário, serão sacerdotes de Deus e de Cristo e reinarão com ele os mil anos (Ap 20.6).

Essas referências mostram que há uma parte do plano da ressurreição chamada "a ressurreição dos justos", a "ressurreição dentre os mortos", "uma superior ressurreição", "a ressurreição da vida", e "a primeira ressurreição". Tais expressões levam a crer que há uma separação; a ressurreição de parte dos que estão mortos, a qual deixa inalterada a condição de alguns mortos, enquanto os vivificados sofrem uma transformação completa. Blackstone diz:

> Se Cristo está vindo para ressuscitar os justos mil anos antes dos injustos, seria natural e imperativo que essa primeira ressurreição fosse chamada ressurreição *dos* ou *dentre os mortos*, já que o restante dos mortos serão deixados [...] isso é justamente o que é feito com extremo cuidado na Palavra [...] Ele consiste no uso que se faz no *texto grego* das palavras [...] [*ek nekron*].
>
> Essas palavras significam "dos mortos" ou "dentre os mortos", o que implica que outros mortos serão deixados para trás.
> A ressurreição [...] [*nekron* ou *ek nekron*] ([...] dos mortos) é aplicada a ambas as classes porque todos serão vivificados. Mas a ressurreição [...] (*ek nekron* —dentre os mortos) não é aplicada nenhuma vez aos injustos. A última expressão é usada ao todo 49 vezes, a saber: 34 vezes para expressar a ressurreição de Cristo, que sabemos ter sido ressuscitado *dentre*

As ressurreições associadas à segunda vinda

os mortos; três vezes para expressar a suposta ressurreição de João Batista, que, como Herodes pensava, fora ressurrecto *dentre os mortos*; três vezes para expressar a ressurreição de Lázaro, que também foi ressurrecto *dentre os mortos*; em três ocasiões, ela é usada figuradamente para expressar a vida espiritual que surge da morte causada pelo pecado (Rm 6.13; 11.15; Ef 5.14). Ela é empregada em Lucas 16.31 [...] "ainda que ressuscite alguém *dentre os mortos*". E, em Hebreus 11.19, temos a fé de Abraão de que Deus ressuscitaria Isaque *dentre os mortos*.

E nas quatro vezes restantes ela é usada para expressar uma ressurreição futura dentre os mortos, isto é, em Marcos 12.25: "quando ressuscitarem de entre os mortos..."; Lucas 20.35,36: "... a ressurreição *dentre os mortos*"; Atos 4.1,2: "a ressurreição *dentre os mortos*" [...]

E em Filipenses 3.11 [...] a tradução literal é a ressurreição *para fora dos mortos*, em que a construção especial da linguagem dá uma ênfase especial à idéia de que essa é uma ressurreição *para fora do meio dos mortos*.

Essas passagens mostram claramente que ainda haverá uma ressurreição dentre os mortos; isto é, que parte dos mortos será ressuscitada, antes de todos serem vivificados. Olshausen afirma que a "expressão seria inexplicável caso não derivasse da idéia de que, dentre a multidão de mortos, alguns ressuscitarão primeiro".[1]

Visto que essa ressurreição é composta de várias partes, essa, geralmente chamada *a primeira ressurreição*, podendo também ser chamada com maior clareza *a ressurreição para a vida* (Jo 5.29), é a parte do plano da ressurreição na qual os indivíduos são vivificados para a vida eterna. Inclui todos os que, em qualquer ocasião, tenham sido ou venham a ser vivificados para a vida eterna. O destino, não o tempo, determina a que parte do plano da ressurreição algum acontecimento deve ser atribuído.

B. *A ressurreição para condenação*. As Escrituras antecipam outra parte do plano da ressurreição que trata dos incrédulos. Essa é a segunda ressurreição, ou a ressurreição para a condenação.

> ... os que tiverem praticado o mal, *para a ressurreição do juízo* (Jo 5.29).

> *Os restantes dos mortos* não reviveram até que se completassem os mil anos (Ap 20.5).

> Vi um grande trono branco e aquele que nele se assenta, de cuja presença fugiram a terra e o céu, e não se achou lugar para eles. Vi tam-

---

[1] W. E. Blackstone, *Jesus is coming*, p. 59-61.

bém *os mortos*, os grandes e os pequenos, postos em pé diante do trono [...] Deu o mar os mortos que nele estavam. A morte e o além entregaram os mortos que neles havia... (Ap 20.11-13).

Visto que a primeira ressurreição foi completa antes de começar o reino de mil anos (Ap 20.5), "os mortos" mencionados em Apocalipse 20.11,12 só podem ser os que foram deixados para trás na ressurreição dentre os mortos e constituem os que são vivificados para a condenação. A segunda ressurreição, mais bem denominada ressurreição para a condenação, inclui todos os que são vivificados para o julgamento eterno. Não é a cronologia que determina quem participa da segunda ressurreição, mas sim o destino do ressurrecto.

II. A Hora das Ressurreições

A introdução de uma distinção no elemento tempo nas diferentes partes do plano de ressurreição trouxe consternação aos discípulos. No que diz respeito à transfiguração do Senhor, lemos:

> Ao descerem do monte, ordenou-lhes Jesus que não divulgassem as cousas que tinham visto, até ao dia em que o Filho do homem ressuscitasse dentre os mortos. Eles guardaram a recomendação, perguntando uns aos outros que seria o ressuscitar dentre os mortos [*ek nekron*, de entre os mortos] (Mc 9.9,10).

Blackstone observa bem:

> ... vemos [...] por que os três discípulos favorecidos estavam "perguntando uns aos outros que seria o ressuscitar *dentre* os mortos". Eles entendiam perfeitamente o que significava a ressurreição *dos* mortos, pois essa era uma doutrina comumemente aceita pelos judeus [Hb 6.2]. Mas a ressurreição *dentre* os mortos era uma nova revelação para eles.[2]

O Antigo Testamento ensinava claramente o fato da ressurreição (Hb 11.17,18; Jó 14.1-13; 19.25,26; Sl 16.10; 49.15; Os 5.15-6.2; 13.14, Is 25.8; 26.19; Dn 12.2; Jo 5.28,29; 11.24), mas nenhuma revelação foi feita com respeito ao elemento tempo. Na verdade, podemos concluir que, não fosse a revelação contida no Novo Testamento, haveria uma ressurreição geral, na qual salvos e incrédulos seriam vivificados conjuntamente a fim de ser separados para seu destino final, como ensinam os

[2] Ibid., p. 62.

As ressurreições associadas à segunda vinda

amilenaristas. No entanto, o Novo Testamento contém revelação claramente contrária a isso.

Há várias passagens geralmente usadas para ensinar a doutrina falsa de uma ressurreição geral. A primeira delas é Daniel 12.2,3, em que o profeta escreve:

> Muitos dos que dormem no pó da terra ressuscitarão, uns para a vida eterna, e outros para vergonha e horror eterno. Os que forem sábios, pois, resplandecerão como o fulgor do firmamento; e os que a muitos conduzirem à justiça, como as estrelas, sempre e eternamente.

Nenhuma distinção de tempo parece ser feita aqui, logo conclui-se que uma ressurreição geral é ensinada. Tregelles comenta habilmente essa passagem:

> Não duvido de que a tradução correta desse versículo seja [...] "Muitos dos que dormem no pó da terra ressuscitarão — esses para a vida eterna, mas aqueles [o resto dos que dormem, os que não ressuscitam nessa hora] para vergonha e horror eterno". O paralelismo da nossa versão —"uns [...] outros"— não ocorre em nenhum outro trecho da Bíblia hebraica, no sentido de tratar distributivamente qualquer classe geral que tenha sido previamente mencionada; isso é suficiente, creio eu, para autorizar nossa aplicação de sua primeira ocorrência aqui a todos os muitos que ressuscitam, e a segunda à multidão dos que dormem, os que não ressuscitam nessa hora. Claramente essa não é uma ressurreição geral; ela aponta para "muitos *dentre*"; e é somente usando as palavras nesse sentido que podemos obter qualquer informação sobre o que acontece aos que continuam dormindo no pó da terra.
>
> Essa passagem foi interpretada pelos comentadores judeus no sentido que mencionei. É claro que esses homens com o véu no coração não são guias confiáveis quanto ao uso do Antigo Testamento; mas servem de auxílio quanto ao valor gramatical e lexicográfico das frases e das palavras. Dois dos rabinos que comentaram esse profeta são Saadiah Haggaon (no século X da nossa era) e Aben Ezra (no século XII); este último era um escritor de habilidade e precisão mental inigualáveis. Ele explica o versículo da seguinte maneira:
>
> [...] sua interpretação é: *os que acordarem ressuscitarão para a vida eterna, e os que não acordarem ressuscitarão para vergonha e horror eterno...* [3]

Devemos concluir que o profeta está afirmando o fato da ressurreição e a sua universalidade sem definir a hora específica em que as partes da ressurreição acontecerão.

---

[3] S. P. Tregelles, *Remarks on the prophetic visions in the book of Daniel*, p. 165-6.

Uma passagem geralmente usada para apoiar a idéia de uma ressurreição geral é João 5.28,29. O Senhor diz:

> Não vos maravilheis disto, porque vem a hora em que todos os que se acham nos túmulos ouvirão a sua voz e sairão: os que tiverem feito o bem, para a ressurreição da vida; e os que tiverem praticado o mal, para a ressurreição do juízo.

Afirma-se que o uso que o Senhor faz da palavra "hora" exige uma ressurreição geral tanto de salvos quanto de incrédulos. No entanto, essa palavra não precisa implicar tal plano de ressurreição geral. Harrison escreve:

> Devemos considerar, no entanto, que a linguagem não exige coincidência das ressurreições. O uso da palavra [...] (hora) em João 5.25 permite sua extensão por um longo período. O mesmo se aplica a 4.21,23. Jesus está falando da mesma maneira que os profetas do Antigo Testamento, que agrupavam sem diferenciação de tempo os acontecimentos que viam no horizonte afastado da história. A mesma característica é vista nos discursos escatológicos de Jesus nos evangelhos sinópticos, em que a destruição iminente de Jerusalém com os sofrimentos que a acompanham dificilmente pode ser separada da descrição do acontecimento longínquo associado à grande tribulação. Um tanto paralela, apesar de estar numa categoria diferente, é a maneira abrangente em que Jesus fala sobre a ressurreição espiritual e física numa só afirmação. Um exemplo é João 5.21.[4]

O Senhor, nessa passagem, ensina a universalidade do plano de ressurreição e as diferenças dentro desse plano, mas não fala sobre a hora em que as várias ressurreições ocorrerão. Fazer a passagem ensinar isso é perverter sua intenção original.

Fica claro em Apocalipse 20 que as duas partes do plano de ressurreição estão separadas por um intervalo de mil anos. João escreve:

> Vi também tronos, e nestes sentaram-se aqueles aos quais foi dada autoridade de julgar. Vi ainda as almas dos decapitados por causa do testemunho de Jesus, bem como por causa da palavra de Deus, tantos quantos não adoraram a besta, nem tampouco a sua imagem, e não receberam a marca na fronte e na mão; e viveram e reinaram com Cristo durante mil anos [...] Esta é a primeira ressurreição. Bem-aventurado e santo é aquele que tem parte na primeira ressurreição; sobre esses a segunda morte não tem autoridade; pelo contrário, serão sacerdotes de Deus e de Cristo e reinarão com ele os mil anos (Ap 20.4-6).

---

[4] Everett F. Harrison, The Christian doctrine of resurrection, p. 46.

As ressurreições associadas à segunda vinda

Observamos que a primeira parte do versículo 5, "Os restantes dos mortos não reviveram até que se completassem os mil anos", é uma afirmação separada que explica o que acontece aos que ficam para trás no reino da morte, quando a primeira ressurreição é concluída na segunda vinda de Cristo. Essa passagem ensina que haverá mil anos entre a primeira ressurreição, ou a ressurreição para a vida, e a ressurreição do restante dos mortos, que, de acordo com Apocalipse 20.11-13, é a ressurreição para a condenação. A única maneira de eliminar o ensinamento inequívoco dessa passagem é espiritualizá-la para que ela não fale sobre a ressurreição física, mas sobre a bênção das almas que estão na presença do Senhor. Sobre essa interpretação, Alford escreve:

> ... não posso consentir em distorcer as palavras em relação ao seu sentido simples e ao seu lugar cronológico na profecia, por conta de qualquer consideração de dificuldade ou de qualquer risco de abusos que a doutrina do milênio possa trazer consigo. Os que viveram ao lado dos apóstolos e de toda a igreja durante trezentos anos interpretaram-na no sentido simples e literal; e é uma visão estranha nos dias de hoje ver expositores, que estão entre os primeiros em reverência à antigüidade, descartando com desdém o exemplo mais claro de unanimidade que a antigüidade primitiva apresenta. Com relação ao texto em si, nenhum tratamento legítimo extrairá dele o que é conhecido como a interpretação espiritual, agora tão popular. Se, numa passagem em que *duas ressurreições* são mencionadas, em que certas *almas viveram* no começo, e o *restante dos mortos viveu* no fim de um período específico após o primeiro, se em tal passagem, a primeira ressurreição pode ser interpretada como a ressurreição *espiritual* com Cristo, enquanto a segunda significa ressurreição literal do túmulo, então há um fim de todo sentido na língua, e as Escrituras são eliminadas como testemunho definitivo de qualquer coisa. Se a primeira ressurreição é espiritual, então a segunda também é, o que suponho que ninguém terá a coragem de defender. Mas, se a segunda é literal, então a primeira também é, o que, juntamente com a igreja primitiva e muitos dos melhores expositores modernos, defendo e recebo como artigo de fé e esperança.[5]

Devemos concluir que, apesar de não haver revelação clara no Antigo Testamento sobre a relação cronológica entre as duas partes do plano de ressurreição, o Novo Testamento deixa claro que a ressurreição para a vida e a ressurreição para a condenação estão separadas por um período de mil anos.

---

[5] Henry ALFORD, *Greek Testament*, IV, p. 730-1.

III. O Plano da Ressurreição

O apóstolo Paulo nos dá um esquema dos acontecimentos no plano da ressurreição em 1Coríntios 15.

> Porque, assim como, em Adão, todos morrem, assim também todos serão vivificados em Cristo. Cada um, porém, por sua própria ordem: Cristo, as primícias; depois, os que são de Cristo, na sua vinda. E, então, virá o fim, quando ele entregar o reino ao Deus e Pai, quando houver destruído todo principado, bem como toda potestade e poder (1Co 15.22-24).

O fato de que haverá uma divisão no plano de ressurreição depreende-se de "Cada um, porém, por sua própria ordem" (v. 23). A palavra *ordem* (*tagma*), de acordo com Robertson e com Plummer, "é uma metáfora militar; 'companhia', 'tropa', 'bando' ou 'classe'. Devemos pensar em cada 'corpo' de tropas vindo em sua posição e ordem apropriada...".[6] As partes da ressurreição são vistas como os batalhões que marcham num desfile de vitória bem organizado. Porém, o conceito militar da palavra não pode ser por demais enfatizado. Harrison diz:

> ... é duvidoso se a força militar do mundo deve ser frisada a esse respeito, porque a metáfora com que a passagem começa é a de "primícias", e, como vimos, isso exige uma colheita semelhante em natureza às primícias. Essa idéia deve ser vista mais certamente como reguladora do sentido que a força de [...] [*tagma*]. Sem dúvida tudo o que Paulo pretende transmitir pelo uso de [...] [*tagma*] é a idéia de seqüência.[7]

Nessa seqüência da marcha de ressurreição, Cristo é sem dúvida o líder do batalhão, ou as "primícias" da colheita que promete grande abundância de frutos semelhantes que frutificarão na hora determinada. Essa fase do plano de ressurreição foi cumprida na ressurreição de Cristo no terceiro dia e marca o começo de todo esse plano de ressurreição.

Um segundo grupo é introduzido pela palavra "depois". Essa palavra (*epeita*) significa um espaço de tempo de duração indeterminada. Edwards comenta: "Ele não diz que um acontecimento segue o outro imediatamente, nem diz quão cedo ele se seguirá".[8] Há liberdade aqui para abranger um espaço de tempo entre a ressurreição de Cristo e a ressurreição "dos que são de Cristo, na sua vinda".

---

[6] Archibald Robertson & Alfred Plummer, *First Epistle to the Corinthians*, p. 354.
[7] Harrison, op. cit., p. 192.
[8] T. C. Edwards, *The First Epistle to the Corinthians*, p. 414.

As ressurreições associadas à segunda vinda

Tem havido diferença de opinião quanto a quem é mencionado no segundo grupo. Alguns interpretam o termo *os que são de Cristo* (*hoi tou Christou*) como sinônimo daqueles "em Cristo" (*en tō Christo*) do versículo 22. Essa seria a expressão técnica que descreve a relação dos santos para com Cristo na presente era. Logo, concluímos que essa é a ressurreição da igreja mencionada em 1Tessalonicenses 4.16. Essa teoria é apoiada por uma referência à palavra *vinda* (*parousia*), geralmente aplicada ao arrebatamento. Paulo estaria afirmando assim que o segundo grande grupo na marcha da ressurreição seria formado por aquelas pessoas da presente era que ressurgirão no arrebatamento da igreja. Os que defendem tal teoria afirmam que Paulo não está mencionando aqui a ressurreição dos santos da tribulação, nem os santos do Antigo Testamento. No entanto, já que Paulo está descrevendo o grande plano de ressurreição, parece estranho que esses importantes grupos fossem omitidos. É melhor aceitar a teoria alternativa de que a expressão *os que são de Cristo* é uma referência geral a todos os redimidos, da igreja, do período do Antigo Testamento e do período da tribulação, todos os quais serão vivificados na "vinda" de Cristo. A palavra *vinda*, então, seria interpretada no seu sentido mais amplo, aplicando-se à segunda vinda e ao seu plano, e não apenas ao arrebatamento. Assim Paulo estaria falando que o segundo grande grupo seria composto por santos de todas as eras que serão vivificados na Segunda vinda porque pertencem a Cristo.

Há um debate vigoroso entre os expositores quanto ao significado da expressão "então virá o fim" (v. 24). Alguns acham que a palavra ressurreição deveria ser incluída (então virá o fim *da ressurreição*), e assim Paulo estaria falando sobre o término do plano com a ressurreição dos incrédulos mortos no final dos mil anos. Outros argumentam que os incrédulos não estão incluídos, mas que Paulo ensina que a ressurreição será seguida pelo fim dessa era (então virá o fim *da era*), como em Mateus 24.6,14 e em Lucas 21.9. A questão é decidida pela interpretação do relacionamento entre os dois usos de "todos" no versículo 22. Eles são co-extensivos ou não?

A primeira teoria afirma que os "todos" que morrem em Adão não são os mesmos "todos" vivificados em Cristo. A interpretação dos que defendem essa posição é a de que no versículo, embora todos os que estão em Adão morram, a ressurreição descrita inclui apenas os salvos que estão "em Cristo", e "o fim" deve então referir-se ao fim da era. Harrison resume os argumentos dessa posição quando escreve:

A interpretação do versículo 22 geralmente usada para apoiar essa construção considera a segunda ocorrência [...] [*pantes*, todos] co-extensiva à primeira. O "todos" é universal em ambos os casos. É certo nesse ponto que dificuldades começam a cercar a teoria descrita. Como observamos em outra conexão, a palavra [...] [*zoopoiethesontai*] é um termo muito forte e muito complexo espiritualmente para ser usado com respeito a todos os homens. O termo natural para ressurreição de um tipo totalmente abrangente seria [...] [*egeiresthai*]. As palavras "em Cristo" não podem ter nenhum significado inferior ao que têm em qualquer outro lugar. Essa fase fala da conexão soteriológica mais íntima e poderosa com Cristo. Os incrédulos não estão incluídos. Meyer e Godet estão no caminho errado ao supor que [...] [*en christo*] tem aqui um significado diluído que permite a aplicação a incrédulos. Tal aplicação exigiria [...] [*dia christou*] em vez de [...] [*en christo*]. Uma segunda dificuldade é o fato de que toda a discussão do capítulo tem em vista apenas crentes. Pelo menos, nada é dito claramente sobre quaisquer outros. Paulo centraliza a atenção de seus leitores em Cristo como as primícias dos mortos crentes. A palavra [...] [*aparche*] (primícias) e o verbo [...] [*koimao*] (dormir) aplicam-se apenas a crentes. Cristo não é as primícias dos outros, já que eles devem necessariamente ser de todo diferentes dEle em sua ressurreição. Então, os mortos incrédulos também não "dormem". Eles morrem. Uma dificuldade se apresenta no uso artificial e inédito de... [*telos*] que essa construção exige. A palavra significa "fim" no sentido absoluto de término ou conclusão. Às vezes é usada no sentido de propósito ou alvo. Mas esse uso como o equivalente de um adjetivo (ressurreição final) não tem nenhum exemplo. Tal dificuldade pode ser resolvida ao considerarmos sua força normal de substantivo e ao incluir "da ressurreição", caso em que toda oração ficaria "então virá o fim da ressurreição". Mas uma teoria que exige a inclusão de palavras que são cruciais à sua integridade deve permanecer sob certa suspeita.[9]

A mesma teoria é apoiada por Vine, que diz:

> ... como Adão é o cabeça da raça natural, e, em virtude dessa relação com ele, a morte é o destino comum dos homens, então, pelo fato de que Cristo é o Cabeça da raça espiritual, todos os que possuem relação espiritual com Ele serão vivificados. Não há idéia de universalismo da raça humana na comparação da segunda afirmação com a primeira. Que os incrédulos estejam "em Cristo" é totalmente contrário ao ensinamento das Escrituras [...] logo, apenas os que se tornam novas criaturas e possuem vida espiritual, e portanto estão "em Cristo" na sua experiência nesta vida presente, estão incluídos no "todos" da segunda afirmação, os quais serão "vivificados".[10]

---

[9] HARRISON, op. cit., p. 191-2.
[10] W. E. VINE, *First Corinthians*, p. 210.

As ressurreições associadas à segunda vinda

Logo, de acordo com essa teoria Paulo está vendo dois estágios no plano da primeira ressurreição: a ressurreição de Cristo e a ressurreição de todos os que são de Cristo, o que incluiria os santos da igreja, os santos da tribulação e os santos do Antigo Testamento, que são vivificados por ocasião da segunda vinda, ressurreição essa que seria seguida pelo fim da era.

Há aqueles, no entanto, que interpretam a passagem como se Paulo estivesse incluindo o fim do plano de ressurreição no seu ensinamento. Assim, a expressão "em Cristo" seria entendida como instrumental, "por Cristo". Robertson e Plummer comentam:

> Talvez Paulo esteja pensando sobre uma terceira [...] [*tagma*, ordem], aqueles que não são de Cristo, que serão vivificados pouco antes do fim. Mas, durante toda a passagem, os incrédulos e os ímpios ficam de lado, se é que chegam a ser lembrados.[11]

Feinberg escreve:

> O contexto fala sobre ressurreição, e a ressurreição final está em vista aqui, de acordo com vários comentadores. Com os últimos, concordamos. O apóstolo demonstrou que há estágios definidos na ressurreição dos mortos. Primeiro, Cristo, que é as primícias; segundo, os que são de Cristo na Sua vinda; terceiro, a ressurreição final dos incrédulos.[12]

Pridham descreve a ordem dessa maneira:

> ... o apóstolo distribuiu o grande trabalho da ressurreição como uma manifestação do poder divino, em três atos definidos e independentes: 1. A ressurreição do Senhor Jesus. 2. A ressurreição dos Seus na Sua vinda. 3. O esvaziamento definitivo de todo túmulo no final da administração do reino do Filho, quando se apresentarão os mortos não incluídos na primeira ressurreição, pequenos e grandes, para o julgamento diante de Deus.[13]

Visto que a palavra "fim" (*telos*) no seu emprego básico se refere ao fim de um ato ou estado e se relaciona ao término de um plano,[14] é preferível entender que Paulo inclui a ressurreição final nos grupos que marcham e aqui são retratados.

---

[11] ROBERTSON & PLUMMER, loc. cit.
[12] Charles FEINBERG, *Premillennialism or amillennialism*, p. 233.
[13] Arthur PRIDHAM, *Notes and reflections on the First Epistle to the Corinthians*, p. 392.
[14] Joseph Henry THAYER, *Greek-English lexicon of the New Testament*, p. 619-20.

Mais uma vez devemos observar que Paulo está prevendo um intervalo de tempo entre a ressurreição dos que estão em Cristo e o fim, seja no fim da era, seja no fim do plano de ressurreição. Vine diz:

> ... a palavra traduzida por "então" não é *tote*, "então" no sentido de "imediatamente", mas *eita*, indicando seqüência no tempo, "então" após um intervalo, e.g., Marcos 4.17,28, e versículos 5 e 7 do capítulo atual. O intervalo subentendido aqui no versículo 24 é aquele durante o qual o Senhor reinará no Seu reino milenar de justiça e paz.[15]

IV. A Ressurreição de Israel

Para esboçar corretamente os acontecimentos do plano de ressurreição, é necessário definir a hora da ressurreição de Israel para que possamos observar a seqüência correta. É comum entre os dispensacionalistas ensinar que a ressurreição de 1Tessalonicenses 4.16 inclui os santos do Antigo Testamento tanto quanto os santos da igreja. Desprezando as diferenças essenciais no plano de Deus com relação aos dois grupos, afirma-se que suas ressurreições são simultâneas, com base em vários argumentos: 1) a redenção de Israel depende da obra de Cristo, assim como a redenção da igreja, e então pode-se afirmar que eles estão "em Cristo" e ressuscitam ao mesmo tempo; 2) a "voz do arcanjo" em 1Tessalonicenses 4 tem significado especial para Israel, como "a trombeta de Deus" tem para a igreja, e assim ambos estão incluídos; 3) os 24 anciãos de Apocalipse incluem santos do Antigo e do Novo Testamento e, portanto, todos devem ter ressurgido; 4) Daniel 12.2,3 não fala sobre ressurreição literal, mas sobre restauração nacional, logo a passagem não indica a hora da ressurreição de Israel, mas sim a hora de sua restauração.[16]

Em resposta, certas observações devem ser feitas. 1) Apesar de Israel ser redimido pelo sangue de Cristo, jamais experimentou o batismo do Espírito Santo, que os teria colocado "em Cristo", portanto essa fase só pode descrever os santos da era presente que se relacionam com Cristo dessa maneira. 2) Quanto à idéia de que a menção de um "arcanjo" deve necessariamente incluir Israel por causa dos ministérios especiais dos anjos àquela nação (cf. Dn 12.1), deve-se observar que tal afirmação desconsidera o fato de que no livro de Apocalipse ministérios angelicais são mencionados em relação ao plano de julgamentos que

---

[15] Vine, op. cit., p. 211.
[16] Cf. William Kelly, *Lectures on the book of Daniel*, p. 255.

As ressurreições associadas à segunda vinda

precede a segunda vinda e em relação à vinda em si, não só quando o acontecimento está relacionado a Israel, mas quando está relacionado a outros também. 3) Com relação ao fato de que a nação de Israel está incluída por causa dos 24 anciãos, foi demonstrado anteriormente que eles representam a igreja apenas e Israel não precisa estar incluído aqui. 4) Finalmente, Daniel 12.2,3 não pode ser tratado figuradamente sem violar todo o princípio da interpretação literal. O comentário de Tregelles foi observado anteriormente. West acrescenta:

> A verdadeira tradução de Daniel 12.2,3, em relação ao contexto, é "e (naquela hora) muitos (do seu povo) dos que dormem no pó da terra ressuscitarão (ou serão separados), uns (que ressuscitam) para a vida eterna, e outros (que não ressuscitam naquela hora) para vergonha e horror eterno". É assim que traduzem os melhores doutores em hebraico e os melhores exegetas cristãos; e esse é um dos defeitos da *Versão revisada* [em inglês] que [...] permitiu que a impressão errada que a *Versão autorizada* [em inglês] dá sobre o texto continue.[17]

Comentando essa passagem, Gaebelein diz:

> A ressurreição física não é ensinada no segundo versículo desse capítulo; se fosse, a passagem estaria em conflito com a revelação relativa à ressurreição no Novo Testamento. Não existe uma ressurreição geral, mas haverá a primeira ressurreição, da qual apenas os justos participam, e a segunda ressurreição, que significa a ressurreição dos mortos incrédulos para seu castigo eterno e consciente [...]
> Repetimos que a mensagem não tem nada que ver com ressurreição física. A ressurreição física é usada, no entanto, como metáfora do reavivamento nacional de Israel naqueles dias.[18]

Essa interpretação parece basear-se na idéia preconcebida de que a igreja e Israel serão vivificados juntos e também na falsa interpretação de que, literalmente interpretado, Daniel 12.2 precisa falar de uma ressurreição geral e, logo, é necessário espiritualizar a passagem. Devemos observar que essa espiritualização surge não da interpretação da passagem, mas de uma tentativa de atenuar certas discrepâncias, que, conforme foi demonstrado, não existem. Parece muito melhor entender essa passagem como um ensinamento da ressurreição física literal.

---

[17] Nathaniel WEST, *The thousand years in both Testaments*, p. 266.
[18] Arno C. GAEBELEIN, *The prophet Daniel*, p. 200.

Em outra passagem paralela, que trata da ressurreição de Israel, Isaías 26.19, Kelly espiritualiza novamente a ressurreição para fazer com que defenda a restauração. Ele diz:

> Mas no capítulo 26, a alusão à ressurreição é empregada como metáfora, porque o contexto prova que ela não pode referir-se ao fato literal; pois, se o fizesse, negaria que os incrédulos ressuscitarão.[19]

Entretanto, a questão da ressurreição dos incrédulos não está em vista aqui. Harrison diz:

> Embora possa parecer que o versículo 14 ensine que não há ressurreição para os senhores que exerceram domínio sobre Israel, e portanto não há ressurreição para os injustos, faltam provas de que o versículo se refira a eles. Os dois termos, "mortos" e "sombras" ("falecidos" na *Versão Revisada*) [em inglês] não possuem o artigo definido. Aparentemente tudo o que está incluído aqui é uma observação de que, considerando-se a experiência, a morte continua tendo domínio sobre os que estão debaixo do seu poder. Então no versículo 19 vem uma grande exceção. Parece que não há no contexto nenhuma alusão a uma não-ressurreição dos injustos.[20]

Assim, as passagens devem ser interpretadas como referências à ressurreição literal de Israel.

Nesse sentido é necessário um comentário em relação a Ezequiel 37, a visão do vale dos ossos secos. Alguns acreditam que a menção de "sepulturas" em Ezequiel 37.13,14 poderia demonstrar que está em vista aqui a ressurreição, pois não parece significar "um lugar entre as nações", mas sim "um lugar de sepultamento". No entanto, os ossos não são vistos numa sepultura, mas espalhados sobre o vale. Ezequiel deve estar usando aqui metáfora de sepultamento e ressurreição para ensinar a restauração.

> Então, me disse: Filho do homem, estes ossos são toda a casa de Israel. Eis que dizem: Os nossos ossos se secaram, e pereceu a nossa esperança; estamos de todo exterminados. Portanto, profetiza, e dize-lhes: Assim diz o Senhor Deus: Eis que abrirei a vossa sepultura, e vos farei sair dela, ó povo meu, e vos trarei à terra de Israel. Sabereis que eu sou o Senhor, quando eu abrir a vossa sepultura e vos fizer sair dela, ó povo meu. Porei em vós o meu Espírito, e vivereis, e vos estabelecerei na vossa própria terra [...] Assim diz o Senhor Deus: Eis que eu tomarei os filhos de Israel

---

[19] William Kelly, *Exposition of Isaiah*, p. 265.
[20] Harrison, op. cit., p. 30.

de entre as nações para onde eles foram, e os congregarei de todas as partes, e os levarei para a sua própria terra. Farei deles uma só nação na terra, nos montes de Israel (Ez 37.11-14,21,22).

Na explicação da visão (v. 21,22) Ezequiel mostra claramente que o que está em vista é a restauração. Poderia ser concluído aqui que Ezequiel está falando sobre restauração, e não sobre ressurreição. Gaebelein diz:

> Nessa visão dos ossos secos, a ressurreição física é usada como metáfora da restauração nacional de Israel [...] Quando lemos em Ezequiel a respeito das sepulturas, devemos considerar o significado literal de sepulturas, mas as sepulturas são símbolos da nação sendo enterrada entre os gentios. Se esse ossos secos significam os mortos físicos da nação, como explicar que eles falem: "Os nossos ossos se secaram, e pereceu a nossa esperança?". [21]

Portanto, deve-se concluir que a ressurreição de Israel não acontece na hora do arrebatamento porque essa ressurreição inclui apenas os que estão "em Cristo" (1Ts 4.16) e Israel não ocupa essa posição. Além disso, a conclusão é provada porque a igreja é um mistério, e Deus completará o plano para a igreja antes de concluir Seu plano com Israel. A ressurreição é vista como um acontecimento final, e a ressurreição de Israel não poderia vir até a conclusão do seu plano. Finalmente, a impossibilidade da espiritualização de Daniel 12.2 e de Isaías 26.19 em restauração exige que a ressurreição da igreja e a ressurreição de Israel aconteçam em ocasiões distintas.

As referências do Antigo Testamento já citadas mostram que a ressurreição de Israel ocorre na segunda vinda de Cristo. Daniel 12.1,2 afirma que a ressurreição acontece "naquele tempo", que deve ser o tempo descrito anteriormente, ou no tempo dos acontecimentos finais da septuagésima semana, quando o fim chega para a besta. "Naquele tempo" haverá um livramento (v. 1) e uma ressurreição (v. 2). Essa passagem parece mostrar que a ressurreição está associada ao ato de livramento da besta na segunda vinda. Da mesma maneira, Isaías 26.19 mostra que a dádiva de ressurreição prometida não acontece até "que se passe a ira" (v. 20). Essa indignação não é nada mais que o período da tribulação, e a ressurreição de Israel acontece no final desse período. Parece ser um erro afirmar que tanto a igreja quanto Israel serão vivificados no arrebatamento. As Escrituras demonstram que Israel será vivificado no final da tribulação, enquanto a igreja será vivificada antes disso.

---

[21] Arno C. Gaebelein, *The prophet Ezekiel*, p. 246.

A ordem dos acontecimentos no plano de ressurreição será: 1) a ressurreição de Cristo como o princípio do plano de ressurreição (1Co 15.23); 2) a ressurreição dos santos da era cristã no arrebatamento (1Ts 4.16); 3) a ressurreição dos santos do período da tribulação (Ap 20.3-5), juntamente com 4) a ressurreição dos santos do Antigo Testamento (Dn 12.2; Is 26.19) na segunda vinda de Cristo à terra, e, finalmente, 5) a ressurreição final dos mortos não-salvos (Ap 20.5,11-14) no fim da era milenar. Os quatro primeiros estágios seriam todos incluídos na primeira ressurreição ou ressurreição para a vida, visto que todos recebem vida eterna, e o último seria a segunda ressurreição, ou a ressurreição para a condenação, visto que todos recebem julgamento eterno naquela ocasião.

Capítulo 24
Os julgamentos associados à segunda vinda

As Escrituras preveêm um julgamento vindouro de Deus sobre todos os homens. Tal era a expectativa do salmista quando escreveu:

> ... porque vem, vem julgar a terra; julgará o mundo com justiça e os povos, consoante a sua fidelidade (Sl 96.13).

Paulo corrobora a mesma verdade ao dizer:

> Porquanto estabeleceu um dia em que há de julgar o mundo com justiça, por meio de um varão que destinou e acreditou diante de todos, ressuscitando-o dentre os mortos (At 17.31).

O assunto do julgamento é extenso na Palavra de Deus e compreende julgamentos como o julgamento da cruz (Jo 5.24; Rm 5.9; 8.1; 2Co 5.21; Gl 3.13; Hb 9.26-28; 10.10,14-17), o julgamento do crente pela disciplina (1Co 11.31,32; Hb 12.5-11), o autojulgamento do crente (1Jo 1.9; 1Co 11.31; Sl 32; 51), o julgamento das obras dos crentes no tribunal de Cristo (Rm 14.10; 1Co 3.11-15; 4.5; 2Co 5.10). Com exceção do último julgamento mencionado, que já foi examinado, esses julgamentos não estão relacionados ao plano escatológico de Deus. É necessário analisar quatro julgamentos que têm implicações escatológicas: o julgamento da nação de Israel (Ez 20.37,38; Zc 13.8,9), o julgamento das nações (Mt 25.31-46; Is 34.1,2; Jl 3.11-16), o julgamento dos anjos caídos (Jd 6) e o julgamento do grande trono branco (Ap 20.11-15).

I. O Julgamento sobre a Nação de Israel

As Escrituras ensinam que o futuro plano de julgamento começará com um julgamento sobre a nação de Israel. Para eles foi prometido, por intermédio das alianças, um reino que o Messias, filho de Davi, dominaria. Antes que esse reino seja instituído no Seu retorno pessoal à terra, deve haver um julgamento sobre Israel para determinar aqueles que entrarão nesse reino, pois é revelado claramente que "nem todos os de Israel são, de fato, israelitas" (Rm 9.6).

A. *A ocasião do julgamento.* A indicação mais clara da ocasião do julgamento de Israel é dada na cronologia dos acontecimentos profetizados pelo Senhor em Mateus 24 e 25. Como dissemos anteriormente, esses capítulos dão a seguinte cronologia: 1) o período de tribulação (24.4-26), 2) a segunda vinda do Messias à terra (24.27-30), 3) o ajuntamento de Israel (24.31), 4) o julgamento de Israel (25.1-30), 5) o julgamento dos gentios (25.31-46), 6) o reino a seguir. Nessa cronologia cuidadosamente planejada, o julgamento sobre Israel segue a segunda vinda de Cristo à terra e o ajuntamento conseqüente de Israel como nação.

B. *O local do julgamento.* Já que Israel é um povo terreno, esse julgamento deve acontecer na terra após o retorno físico do Senhor (Zc 14.4). Isso não pode ser espiritualizado para ensinar um julgamento de almas por ocasião da morte ou algo desse tipo. Já que o Senhor está na terra, o julgamento deve acontecer onde Ele está. Ezequiel diz:

> Tirar-vos-ei dentre os povos e vos congregarei das terras nas quais andais espalhados, com mão forte, com braço estendido e derramado furor. Levar-vos-ei ao deserto dos povos e ali entrarei em juízo convosco, face a face. Como entrei em juízo com vossos pais, no deserto da terra do Egito, assim entrarei em juízo convosco, diz o Senhor Deus. Far-vos-ei passar debaixo do meu cajado, e vos sujeitarei à disciplina da aliança; separarei dentre vós os rebeldes e os que transgrediram contra mim; da terra das suas moradas eu os farei sair, mas não entrarão na terra de Israel; e sabereis que eu sou o Senhor [Ez 20.34-38].

A partir dessa referência, talvez pareça que o julgamento aconteceria nas fronteiras da terra, assim como o julgamento divino caiu sobre os israelitas em Cades-Barnéia quando os rebeldes não receberam permissão para entrar na terra. De igual modo, o julgamento aqui em questão impedirá qualquer rebelde de entrar na terra naquele dia.

C. *Os julgados*. Com base na passagem de Ezequiel recém-citada, assim como em várias passagens que lidam com a restauração de Israel, fica evidente que esse julgamento cairá sobre todos os israelitas viventes, os quais serão reunidos e julgados. Mateus 25.1-30 prevê um julgamento sobre toda a nação. O Israel ressuscitado deve ser examinado para recompensas e isso sem dúvida acontecerá juntamente com a ressurreição de Israel na segunda vinda. No entanto, o Israel ressuscitado não está incluído nesse julgamento.

D. *A base do julgamento*. Já foi demonstrado, com base no estudo de Mateus 25.1-30, que Deus julga para separar os salvos dos incrédulos em Israel. As obras do indivíduo serão trazidas a juízo. Ezequiel deixa isso claro:

> Far-vos-ei passar debaixo do meu cajado e vos sujeitarei à disciplina da aliança; separarei dentre vós os rebeldes e os que transgrediram contra mim (Ez 20.37,38).

Isso é descrito ainda por Malaquias:

> Mas quem poderá suportar o dia da sua vinda? E quem subsistir quando ele aparecer? Porque ele é como o fogo do ourives e como a potassa dos lavandeiros. Assentar-se-á como derretedor e purificador de prata; purificará os filhos de Levi e os refinará como ouro e como prata; eles trarão ao SENHOR justas ofertas.
> Chegar-me-ei a vós outros para juízo; serei testemunha veloz contra os feiticeiros, e contra os adúlteros, e contra os que juram falsamente, e contra os que defraudam o salário do jornaleiro, e oprimem a viúva e o órfão, e torcem o direito do estrangeiro, e não me temem, diz o SENHOR dos Exércitos (Ml 3.2,3,5).

As ações individuais revelarão claramente a condição espiritual do coração nesse julgamento, que separará salvos de incrédulos.

E. *O resultado do julgamento*. Há um resultado duplo desse julgamento. 1) Em primeiro lugar, os incrédulos são tirados da terra. "... não entrarão na terra de Israel" (Ez 20.37); "E o servo inútil, lançai-o para fora, nas trevas. Ali haverá choro e ranger de dentes" (Mt 25.30). Logo, os incrédulos são destruídos antes de começar o milênio. 2) Em segundo lugar, os salvos são levados para a bênção milenar.

> ... e vos sujeitarei à disciplina da aliança (Ez 20.37).

E, assim, todo o Israel será salvo, como está escrito: Virá de Sião o Libertador e ele apartará de Jacó as impiedades. Esta é a minha aliança com eles, quando eu tirar os seus pecados (Rm 11.26,27).

Assim, Deus reunirá a nação de Israel na segunda vinda e separará os salvos dos incrédulos. Os incrédulos serão lançados fora, e o sobrevivente do Israel salvo será levado para o milênio que Ele instituirá para cumprir suas alianças.

II. O Julgamento dos Gentios

A. *A hora do julgamento*. Na cronologia de Mateus 24 e 25, o julgamento dos gentios (Mt 25.31-46) aparece em seguida ao julgamento de Israel. Esse julgamento acontece após a segunda vinda de Cristo à terra. Joel diz:

> Eis que, naqueles dias e naquele tempo, em que mudarei a sorte de Judá e de Jerusalém, congregarei todas as nações e as farei descer ao vale de Josafá; e ali entrarei em juízo contra elas por causa do meu povo e da minha herança, Israel, a quem elas espalharam por entre os povos, repartindo a minha terra entre si (Jl 3.1,2).

O profeta revela que o julgamento sobre os gentios acontecerá ao mesmo tempo que o Senhor restaurar a nação de Israel à sua terra, que é na segunda vinda. Logo, esse julgamento deve ocorrer durante a segunda vinda, após o ajuntamento e julgamento de Israel. Ele deve preceder a instituição do milênio, pois os aceitos nesse julgamento são levados para o reino milenar (Mt 25.34).

B. *O local do julgamento*. Visto que esse julgamento segue a segunda vinda, deve ser um acontecimento que se desenrola na terra. Não se pode dizer que acontece na eternidade. Peters argumenta:

> Como não há nenhuma afirmação de que alguma dessas nações ressurgiu dos mortos, igualmente não há indicação de que alguma parte delas tenha descido do céu para ser julgada; a linguagem, desde que nenhuma teoria prévia seja levantada para influenciá-la, simplesmente refere-se a nações *aqui na terra*, de certa forma reunidas na segunda vinda.[1]

---

[1] G. N. H. Peters, *Theocratic kingdom*, II, p. 375.

Os julgamentos associados à segunda vinda

Joel 3.2 afirma que esse julgamento acontecerá no "vale de Josafá". Esse local não é fácil de identificar. Alguns acreditam que seja sinônimo de "vale de Bênção" (2Cr 20.26), em que Josafá derrotou os moabitas e os amonitas, cuja vitória deu ao lugar um novo nome. Bewer, no entanto, diz:

> É certo que nosso autor não tinha em mente o vale de Bênção que está ligado à vitória sobre os moabitas, amonitas e meunitas, 2Crônicas 20.20-28. Não só seu nome, mas também a distância está contra ele. Não se sabe se havia um vale perto de Jerusalém com o nome do rei Josafá em tempos antigos.[2]

Outros acreditam que esse é o vale de Cedrom que fica nos arredores de Jerusalém. No entanto,

> Sabe-se bem que há uma ravina profunda que agora leva esse nome nos arredores de Jerusalém, separando a cidade santa do monte das Oliveiras. Mas é possível que o nome tenha sido aplicado a ela apenas por causa dessa profecia —não que ela tivesse esse nome quando Joel falou, nem por séculos depois, já que temos de chegar ao quarto século da era cristã antes de ele ser designado dessa maneira.[3]

Talvez a solução quanto ao local em questão seja apresentada em Zacarias 14.4, em que vemos que no retorno do Senhor ao monte das Oliveiras será aberto um grande vale.

> Naquele dia, estarão os seus pés sobre o monte das Oliveiras, que está defronte de Jerusalém para o oriente; o monte das Oliveiras será fendido pelo meio, para o oriente e para o ocidente, e haverá um vale muito grande; metade do monte se apartará para o norte, e a outra metade, para o sul (Zc 14.4).

Um vale que ainda não existe hoje aparecerá no tempo da segunda vinda. Já que o nome Josafá significa "Jeová julga", talvez o vale recém-aberto fora de Jerusalém receba esse nome por causa do grande acontecimento que ali ocorrerá.

C. *Os participantes do julgamento.* Devemos observar que as pessoas levadas a esse julgamento são indivíduos vivos, não os mortos que foram vivificados e julgados. Peters diz:

---

[2] J. A. BEWER, Obadiah and Joel, *International critical commentary*, p. 128.
[3] Harry A. IRONSIDE, *Notes on the minor prophets*, p. 129.

A pergunta diante de nós é a seguinte: Todas as nações incluem "*os mortos*", ou apenas nações viventes? Ao responder a essa questão, temos o seguinte: 1) Nada é dito sobre "os mortos". Dizer que eles são indicados depreende-se do fato de que essa passagem é —erroneamente— sincronizada com Apocalipse 20.11-15. 2) A palavra traduzida por "nações" *nunca* é, de acordo com o testemunho uniforme de críticos e estudiosos, empregada para designar "*os mortos*", a não ser que seja uma exceção solitária [...] 3) A palavra é empregada para denotar nações vivas e existentes e quase exclusivamente para nações dos "gentios". 4) O Espírito nos dá testemunho abundante de que precisamente tal reunião de nações viventes acontecerá *logo* antes de começar o milênio, e que haverá uma vinda e *também* um julgamento [...] 6) Julgamentos nacionais são derramados apenas sobre nações vivas e existentes, e não sobre mortos que não possuem nenhuma organização ligada à idéia de nação ou estado [...] 7) Como não há nenhuma afirmação de que alguma dessas nações tenha ressuscitado dos mortos, também não há indicação de que alguma parte delas tenha descido do céu para ser julgada...⁴

De acordo com a concordância de Strong [relacionada à versão inglesa da Bíblia], a palavra *nação* (*ethnos*) é traduzida por "povo" duas vezes, "pagãos" cinco vezes, "nação" 64 vezes e "gentios" 93 vezes. Esse deve ser, então, considerado um julgamento sobre os gentios vivos por ocasião da segunda vinda de Cristo.

D. *A base do julgamento.* A base na qual o julgamento é distribuído é o tratamento recebido por um grupo chamado "meus irmãos".

> O Rei, respondendo, lhes dirá: Em verdade vos afirmo que, sempre que o fizestes a um destes meus pequeninos irmãos, a mim o fizestes.
> Então, lhes responderá: Em verdade vos digo que, sempre que o deixastes de fazer a um destes mais pequeninos, a mim o deixastes de fazer (Mt 25.40,45).

Devemos observar, com base em Joel 3.2, que Israel é o centro de todo o plano de julgamento: "Congregarei todas as nações [...] e ali entrarei em juízo contra elas por causa do meu povo e da minha herança, Israel, a quem elas espalharam por entre os povos, repartindo a minha terra entre si".

A profecia de Isaías parece reduzir essa referência a Israel apenas às testemunhas crentes, mencionando o ministério daquele grupo específico, uma vez que ele escreve:

⁴ PETERS, op. cit., II, p. 374-5.

Os julgamentos associados à segunda vinda

> Porei entre elas um sinal e alguns dos que foram salvos enviarei às nações, a Társis, Pul e Lude, que atiram com o arco, a Tubal e Javã, até às terras do mar mais remotas, que jamais ouviram falar de mim, nem viram a minha glória; eles anunciarão entre as nações a minha glória. Trarão todos os vossos irmãos, dentre todas as nações, por oferta ao Senhor, sobre cavalos, em liteiras e sobre mulas e dromedários, ao meu santo monte, a Jerusalém, diz o Senhor, como quando os filhos de Israel trazem as suas ofertas de manjares, em vasos puros à Casa do Senhor (Is 66.19,20).

De acordo com o livro de Apocalipse, Deus selará um remanescente fiel, os 144 mil, no início do período da tribulação. Eles serão um remanescente de testemunhas durante todo o período, e os frutos do seu ministério são descritos em Apocalipse 7.9-17, em que é vista uma grande multidão redimida. Os "irmãos" são evidentemente essas mesmas testemunhas fiéis do período da tribulação.

Esse julgamento deve determinar a condição espiritual dos réus. Ele definirá se o réu é salvo ou incrédulo. Uma análise descuidada da passagem parece mostrar que esse é um julgamento baseado em obras, com o resultado atrelado às obras do réu. Uma observação mais cuidadosa não apoiará tal conclusão. 1) Em primeiro lugar, o princípio aceito nas Escrituras é o de que um homem jamais é salvo por obras, pois a salvação nunca é oferecida com base em obras. Mateus 25.46 diz: "E irão estes para o castigo eterno, porém os justos, para a vida eterna". Vemos que o destino eterno do povo colocado sob julgamento está sendo decidido. Esse não poderia ser um julgamento de obras, pois o destino eterno nunca é decidido nessa base, mas com base na aceitação ou rejeição da obra de Cristo por nós. 2) Além disso, os que alimentaram, deram de beber, vestiram e visitaram os "irmãos" foram chamados justos. Se esse é um julgamento de obras, eles devem ser considerados justos com base no que fizeram. Isso seria contrário ao ensinamentos das Escrituras.

Durante o período do ministério dos irmãos, "será pregado este evangelho do reino por todo o mundo, para testemunho a todas as nações" (Mt 24.14). Anteriormente foi demonstrado que o evangelho do reino implica a pregação da morte de Cristo e do sangue de Cristo como o caminho da salvação. Tal evangelho era o que esses irmãos estavam proclamando. Os gentios que participarão desse julgamento serão aceitos ou rejeitados com base em sua aceitação ou rejeição do evangelho pregado pelos irmãos. Os que aceitaram seu evangelho aceitaram o mensageiro, e os que rejeitaram o seu evangelho rejeitaram o mensageiro. O Senhor disse: "Se não vos converterdes e não vos tornardes como crianças, de modo algum entrareis no reino dos céus" (Mt 18.3).

Esse evangelho do reino exigia fé pessoal e um novo nascimento, mais bem reconhecidos pelas obras que produzem. Peters diz:

> O Salvador, então, *de acordo com a analogia geral* das Escrituras sobre o assunto, declara que, quando Ele vier com Seus santos em glória para estabelecer Seu reino, aqueles que, dentre as nações, demonstrarem *fé viva por meio de obras ativas de compaixão e auxílio* herdarão (i.e., serão reis sobre) —com aqueles que os precederam— um reino.[5]

Gaebelein escreve de forma semelhante:

> Algumas das nações receberão seu testemunho. Elas crerão no evangelho do reino, esse último grande testemunho. Manifestarão a verdade de sua fé pelas obras. Os pregadores que saem são acusados publicamente e odiados por outros, e, assim, sofrem, famintos, e alguns são aprisionados. As nações que crêem no seu testemunho demonstrarão sua fé ao dar-lhes de comer, ao vesti-los, ao visitá-los na prisão e ao demonstrar-lhes amor. O caso de Raabe pode ser visto como uma predição tipológica. Ela creu, e isso numa época em que o julgamento cercava Jericó (o tipo do mundo). "Pela fé Raabe, a meretriz, não foi destruída com os desobedientes, porque acolheu com paz aos espias." E novamente foi escrito sobre ela: "De igual modo, não foi também justificada por obras a meretriz Raabe, quando acolheu os emissários e os fez partir por outro caminho?". Ela tinha fé e a manifestou em obras. E assim essas nações crêem nos mensageiros e os tratam com gentileza. A graça então os cobre porque eles creram.[6]

Portanto, conclui-se que os gentios são julgados com base em suas obras para verificar se são salvos ou incrédulos pelo fato de terem recebido ou rejeitado o evangelho pregado pelo remanescente durante a tribulação.

Uma questão relacionada é se as nações estão aqui sendo julgadas em bases nacionais ou individuais. Há uma grande divergência de opinião quanto a essa questão. No entanto, várias considerações parecem apoiar a teoria de que os que comparecem a esse juízo são julgados não por sua identidade nacional, mas sim como indivíduos. 1) As nações serão julgadas com base na recepção ou rejeição da mensagem do evangelho do reino. Qualquer mensagem apresentada é oferecida esperando uma resposta pessoal. Já que essa mensagem exige a fé e o novo nascimento que daí resulta, os que são julgados devem ser julgados pessoalmente, quanto à reação que tiveram como indivíduos para com

---

[5] Ibid., II, p. 376.
[6] Arno C. GAEBELEIN, *The Gospel According to Matthew*, II, p. 247.

Os julgamentos associados à segunda vinda

a mensagem. Apocalipse 7.9-17 revela que saiu da tribulação grande multidão dos que "lavaram suas vestiduras e as alvejaram no sangue do Cordeiro". Eles só poderiam ser salvos como indivíduos. 2) Se esse julgamento fosse feito em bases nacionais, nações inteiras precisariam ser admitidas no milênio. Logo, já que nação alguma é composta só por pessoas salvas, incrédulos entrariam no milênio. No entanto, as Escrituras ensinam que nenhum incrédulo entrará no milênio (Jo 3.3; Mt 18.3; Jr 31.33,34; Ez 20.37,38; Zc 13.9; Mt 25.30,46). Logo, deve haver um julgamento individual para verificar a salvação. 3) Se fosse um julgamento nacional, deveria ser feito com base em obras, já que nações não podem crer. Isso introduziria nas Escrituras um novo método de salvação com base nas obras. Já que não pode ser demonstrado em lugar algum das Escrituras que uma pessoa receba vida eterna por causa de suas obras, esse deve ser um julgamento individual. 4) Todos os outros julgamentos no plano de julgamento divino são julgamentos individuais. Nenhuma outra parte desse plano jamais é interpretada de outra forma que não a individual, portanto essa interpretação estaria em harmonia com o plano inteiro. 5) Referências paralelas ao julgamento na consumação do século junto com a segunda vinda parecem tratar de julgamentos individuais:

> Deixai-os crescer juntos até à colheita, e, no tempo da colheita, direi aos ceifeiros: ajuntai primeiro o joio, atai-o em feixes para ser queimado; mas o trigo, recolhei-o no meu celeiro (Mt 13.30).

> O reino dos céus é ainda semelhante a uma rede que, lançada ao mar, recolhe peixes de toda espécie. E, quando já está cheia, os pescadores arrastam-na para a praia e, assentados, escolhem os bons para os cestos e os ruins deitam fora. Assim será na consumação do século: sairão os anjos, e separarão os maus dentre os justos, e os lançarão na fornalha acesa; ali haverá choro e ranger de dentes (Mt 13.47-50).

> ... Eis que veio o Senhor entre suas santas miríades, para exercer juízo contra todos e para fazer convictos todos os ímpios, acerca de todas as obras ímpias que impiamente praticaram e acerca de todas as palavras insolentes que ímpios pecadores proferiram contra ele (Jd 14,15).

Cada um desses casos, que retratam esse mesmo processo de julgamento na separação dos justos antes do milênio, é um julgamento individual. Ninguém interpreta essas passagem nacionalmente. Devemos concluir que Mateus 25, semelhantemente, retrata esse mesmo julgamento individual.

Pode-se questionar se o termo *as nações* teria uso justo para indivíduos. A palavra é aplicada a indivíduos em Mateus 6.31,32; 12.21; 20.19; 28.19; Atos 11.18; 15.3; 26.20. Logo, já que é aplicada a indivíduos em outras passagens, também pode ser usada em Mateus 25.31.

E. *O resultado do julgamento*. Haverá um resultado duplo do julgamento sobre os gentios vivos. 1) Aos que foram destinados à direita do Rei é feito o convite: "Vinde, benditos de meu Pai! Entrai na posse do reino que vos está preparado desde a fundação do mundo" (Mt 25.34). 2) Aos destinados à esquerda do Pai é pronunciado o juízo: "Apartai-vos de mim, malditos, para o fogo eterno, preparado para o diabo e seus anjos" (Mt 25.41). Um grupo é levado para o reino para tornar-se súdito do Rei, enquanto o outro é excluído do reino e enviado ao lago de fogo. Esse grupo de gentios levado ao reino cumpre as profecias (Dn 7.14; Is 55.5; Mq 4.2) que afirmam que grande grupo de gentios será colocado sob o governo do Rei, mesmo que esse seja o reino de Israel.

III. O Julgamento dos Anjos Caídos

A. *A hora do julgamento*. Judas revela o fato de que anjos serão trazidos a julgamento.

> E a anjos, os que não guardaram o seu estado original, mas abandonaram o seu próprio domicílio, ele tem guardado sob trevas, em algemas eternas, para o juízo do grande Dia (Jd 6).

O elemento tempo está nas palavras "o grande Dia". Esse deve ser o dia do Senhor, no qual todo julgamento se cumprirá. Os anjos estão evidentemente associados a Satanás em seu julgamento, que precede o julgamento do grande trono branco (Ap 20.10). Conclui-se, assim, que os anjos caídos serão julgados após o fim do milênio, mas antes do julgamento do grande trono branco.

B. *O local do julgamento*. As Escrituras silenciam quanto ao lugar no qual se dará esse julgamento. No entanto, já que é um julgamento de seres angélicos, parece lógico supor que ele acontecerá no reino ou na esfera angelical. Já que quem os julga é Rei nessa mesma esfera em que sua atividade estava centralizada, o local de sua atividade poderia tornar-se o local do seu julgamento.

Os julgamentos associados à segunda vinda

C. *Os réus do julgamento*. Pedro deixa claro que todos os anjos caídos serão incluídos nesse julgamento.

> Ora, se Deus não poupou anjos quando pecaram, antes, precipitando-os no inferno os entregou a abismos de trevas, reservando-os para juízo... (2Pe 2.4).

D. *A base do julgamento*. O julgamento sobrevém a anjos caídos por causa do pecado de seguir Satanás na sua rebelião contra Deus (Is 14.12-17; Ez 28.12-19).

E. *O resultado do julgamento*. Todos aqueles sobre quem esse julgamento é pronunciado são enviados ao lago de fogo para sempre.

> O diabo, o sedutor deles, foi lançado para dentro do lago de fogo e enxofre, onde já se encontram não só a besta como o falso profeta; e serão atormentados de dia e de noite, pelos séculos dos séculos (Ap 20.10).

IV. O Julgamento do Grande Trono Branco

O julgamento do grande trono branco (Ap 20.11-15) pode muito bem ser chamado de "julgamento final". Ele constitui o término do plano de ressurreição e de julgamento de Deus.

A. *A hora do julgamento*. É claramente indicado que esse julgamento acontece após o fim do reino milenar de Cristo.

> Os restantes dos mortos não viveram até que se completassem os mil anos.
> Vi também os mortos, os grandes e os pequenos, postos em pé diante do trono. Então, se abriram livros. Ainda outro livro, o livro da vida, foi aberto. E os mortos foram julgados, segundo as suas obras, conforme o que se achava escrito nos livros. Deu o mar os mortos que nele estavam. A morte e o além entregaram os mortos que neles havia. E foram julgados, um por um, segundo as suas obras (Ap 20.5,12,13).

B. *O local do julgamento*. Esse julgamento não acontece nem no céu, nem na terra, mas em algum lugar entre as duas esferas.

> Vi um grande trono branco e aquele que nele se assenta, de cuja presença fugiram a terra e o céu, e não se achou lugar para eles (Ap 20.11).

C. *Os réus do julgamento.* Fica evidente com base na própria passagem que esse é um julgamento dos chamados "os mortos". Demonstrou-se previamente que o plano de ressurreição dos salvos se completou antes de começar o milênio. Os únicos ainda não-ressurrectos eram os mortos incrédulos. Esses devem ser, então, os réus do julgamento. Peters diz:

> O julgamento de Apocalipse 20.11-15, após os mil anos, não é das nações viventes, mas preeminentemente "dos mortos". Apenas os mortos são mencionados, e quem acrescenta as "nações viventes" a ele (para criar um julgamento universal) está certamente acrescentando à profecia. Tal julgamento é necessário para completar nas proporções certas aquilo que, de outra forma, estaria incompleto, a ordem do procedimento divino na administração da justiça. Pois, se não houvesse tal profecia do julgamento "dos mortos" no fim do milênio, isso seria justamente considerado um grave defeito no nosso sistema de fé. Com ele, temos um todo harmonioso.[7]

D. *A base do julgamento.* Esse julgamento, ao contrário de uma concepção popular errada, não tem por finalidade apurar se aqueles que o enfrentam serão salvos ou não. Todos os que devem ser salvos já foram salvos e entraram no seu estado eterno. Os que serão abençoados eternamente já entraram na sua bênção. Esse é antes um julgamento das más obras dos incrédulos. A sentença de "segunda morte" é pronunciada contra eles.

> Então, se abriram livros. Ainda outro livro, o livro da vida, foi aberto. E os mortos foram julgados, segundo as suas obras, conforme o que se achava escrito nos livros (Ap 20.12).

Como no julgamento dos gentios as obras demonstram fé ou falta de fé, da mesma forma as obras demonstram aqui a ausência de vida. O fato de que haverá níveis de julgamento distribuído a esses incrédulos é implicado em outra passagem (Lc 12.47,48). Mas a sentença da segunda morte será dada a todos. A primeira morte foi a morte espiritual sofrida em Adão. A segunda morte é a confirmação e realização eterna da separação de Deus que a primeira morte representava.

E. *O resultado do julgamento.* O resultado desse julgamento fica bem claro em Apocalipse 20.15: "E, se alguém não foi achado inscrito no

---

[7] PETERS, op. cit., II, p. 382.

Os julgamentos associados à segunda vinda

livro da vida, esse foi lançado para dentro do lago de fogo". A eterna separação de Deus é o destino eterno dos incrédulos.

Até mesmo um observador casual poderia perceber que a Palavra de Deus não apóia a idéia de um julgamento geral, quando não há nada menos que oito julgamentos diferentes mencionados nas Escrituras, cada qual com uma ocasião, um local, uma base e um resultado diferente. Os que acreditam em tal julgamento geral identificam o julgamento dos gentios (Mt 25.31-46) com o julgamento do grande trono branco (Ap 20.11-15). Há uma série de diferenças entre esses dois julgamentos que impossibilitam torná-los um. Em Mateus não há nenhuma ressurreição antes do julgamento, mas apenas uma reunião dos eleitos (24.31), enquanto em Apocalipse há uma ressurreição de todos os incrédulos. Em Mateus o julgamento é de nações viventes, mas em Apocalipse é dos mortos. Em Mateus as nações são julgadas, mas Apocalipse não trata de entidades nacionais, pois o céu e a terra fugiram e, já que as nações estão confinadas à terra, o mesmo acontecimento não poderia ser descrito. Em Mateus o julgamento é na terra, mas em Apocalipse o céu e a terra fugiram. Em Mateus não há livros a ser consultados, enquanto em Apocalipse os livros são abertos, o livro da vida é trazido, e os que não se encontram nele são lançados no lago de fogo. Em Mateus o julgamento ocorre no retorno de Cristo à terra, mas em Apocalipse ocorre após o fim dos mil anos da presença de Cristo na terra. Em Mateus aparecem duas classes, os justos e os incrédulos, mas em Apocalipse apenas os incrédulos aparecem. Em Mateus alguns foram para o reino e outros para o castigo, ao passo que em Apocalipse nenhum dos que são julgados vai para a bênção, mas todos vão para o castigo eterno. Em Mateus o juiz está sentado no "trono da sua glória" (25.31), mas em Apocalipse Ele está sentado no "grande trono branco". Em Mateus a base do julgamento é o tratamento dos irmãos, enquanto em Apocalipse o julgamento se baseia nas suas más obras. Em Mateus a vinda de Cristo precede o julgamento, mas em Apocalipse nenhuma vinda é mencionada, já que Cristo está na terra durante o milênio. Em Mateus são mencionados o Filho do homem, três classes de homens (ovelhas, bodes, irmãos) e também anjos, mas em Apocalipse são vistos apenas Deus e uma classe de homens. Em Mateus a sentença é pronunciada e a separação é feita antes de ser conhecida a causa do julgamento, mas não há nenhum julgamento em Apocalipse até que ocorra cuidadoso exame dos livros. Em Mateus não há um milênio precedente, pois encontramos os que passaram fome, sede, nudez, doença, aprisionamento e foram estrangeiros, mas em Apocalipse uma era milenar precede o acontecimento (Ap 20.5). Essas considerações parecem suficientes para apoiar a afirmação de que não se trata de um único e mesmo julgamento, mas de duas partes separadas do plano de julgamento de Deus.

A segunda vinda é um acontecimento culminante no plano de Deus. É culminante no plano de tratamento do mal, uma vez que Satanás será aprisionado e a justiça será manifestada. É culminante no plano de julgamento porque todo inimigo vivo do plano de Deus será julgado. É culminante para o plano da terra, porque esta poderá regozijar-se na retirada da maldição. É culminante no plano de ressurreição porque todos os justos serão ressuscitados para compartilhar Sua glória. É culminante no plano divino de manifestar Sua soberania uma vez que o Filho é manifestado em glória no Seu reino. Tal acontecimento não pode ser minimizado nem retirado de seu lugar devido no plano de Deus para as eras da história.

Sexta Seção

As profecias do milênio

Capítulo 25
O conceito de reino no Antigo Testamento

O plano divino para o reino ocupa grande parte das Escrituras. No entanto, a despeito de tudo o que as Escrituras dizem sobre o assunto, quem as estuda depara com grande variedade de interpretações e de explicações quanto à natureza e ao propósito do plano divino para o reino. Para alguns, o reino de Deus é sinônimo do estado eterno, ou do céu ao qual alguém chega após a morte, de modo que não existe nenhuma relação com a terra. Para outros, é um reino imaterial ou "espiritual" no qual Deus governa sobre o coração dos homens, de forma que, ao mesmo tempo que está relacionado à era presente, o reino não está relacionado à terra. Para outros ainda, o reino é simplesmente terreno, sem realidades espirituais vinculadas, uma estrutura política e social a ser alcançada pelo esforço dos homens; assim, o reino torna-se o objetivo de uma evolução socioeconômica em direção à qual os homens marcham. Para outros com o mesmo conceito geral, o reino está relacionado a um movimento nacionalista por parte de Israel que tenta reconstituir a nação como independente no âmbito político. E existem os que vêem o reino como sinônimo da igreja organizada visível, de modo que ela se transforma no reino, atribuindo a ele caráter ao mesmo tempo espiritual e político. Além desses existem os que vêem o reino como a manifestação, no âmbito terreno, da soberania universal de Deus, por meio da qual Ele governa os negócios humanos; assim, nesse conceito o reino é concebido como espiritual e material. Nesse labirinto de interpretações, é quase impossível encontrar o caminho certo. As verdades relacionadas ao reino não serão obtidas com um exame dos escritos dos homens, mas apenas com um estudo indutivo do ensino da Palavra de Deus sobre esse grande assunto.

I. O Reino Eterno

Nas Escrituras parece haver uma contradição na linha de revelação relacionada ao reino sobre o qual Deus governa. De um lado o reino é visto como eterno e de outro como temporal, com um começo, desenvolvimento e fim histórico. Ele é ainda retratado como simultaneamente universal e local. Além disso, é visto como a administração direta da soberania de Deus, bem como a administração indireta por meio de soberanos escolhidos. Logo, torna-se necessário reconhecer que o reino sobre o qual Deus governa tem dois aspectos distintos, o eterno e o temporal, o universal e o local, o imediato e o mediado.

A. *O aspecto atemporal*. Há passagens nas Escrituras que demonstram a proposição de que Deus sempre possuiu soberania absoluta e governa como rei.

> O Senhor é rei eterno... (Sl 10.16).
> ... como rei, o Senhor presidirá para sempre (Sl 29.10).
> Ora, Deus, meu rei, é desde a antiguidade (Sl 74.12).
> Mas o Senhor é verdadeiramente Deus; ele é o Deus vivo e o Rei eterno... (Jr 10.10).
> Tu, Senhor, reinas eternamente, o teu trono subsiste de geração em geração (Lm 5.19).

Deus não poderia ser corretamente chamado rei sem uma soberania reconhecida e um reino no qual essa soberania fosse exercida.

B. *O aspecto universal*. As Escrituras fazem referência à abrangência ilimitada da soberania de Deus.

> Teu, Senhor, é o poder, a grandeza, a honra, a vitória e a majestade; porque teu é tudo quanto há nos céus e na terra; teu, Senhor, é o reino, e tu te exaltaste por chefe sobre todos. Riquezas e glória vêm de ti, tu dominas sobre tudo... (1Cr 29.11,12).
>
> Nos céus, estabeleceu o Senhor o seu trono, e o seu reino domina sobre tudo (Sl 103.19).
>
> ... o Altíssimo tem domínio sobre o reino dos homens; e o dá a quem quer... (Dn 4.17,25,32).

Essa soberania é apresentada como exercida tanto sobre o céu quanto sobre a terra.

O conceito de reino no Antigo Testamento

C. *O aspecto providencial*. As Escrituras apresentam o fato de que, embora Deus exerça autoridade absoluta, essa soberania pode ser desempenhada por intermédio de indivíduos como causas secundárias.

> ... assim é o coração do rei na mão do Senhor... (Pv 21.1).

> Ai da Assíria, cetro da minha ira! A vara em sua mão é o instrumento do meu furor. Envio-a contra uma nação ímpia e contra o povo da minha indignação lhe dou ordens, para que dele roube a presa, e lhe tome o despojo... (Is 10.5,6).

Isso pode ser ilustrado de forma ainda melhor em Jeremias 25.8-12; 27.4-8; 51.11-24,27; Isaías 44.24-45.7 com Esdras 1.1. Deus age soberanamente por meio de homens, alguns dos quais reconhecem esse fato, outros o rejeitam e ainda outros o desprezam; no entanto, a vontade de Deus é executada. Isso não só vale no âmbito da humanidade, mas também na natureza. O salmista diz: "Fogo e saraiva, neve e vapor e ventos procelosos que lhe executam a palavra" (Sl 148.8).

D. *O aspecto milagroso*. Há ocasiões em que a soberania divina é manifesta diretamente nos assuntos humanos mediante os milagres.

> Eu, porém, endurecerei o coração de Faraó e multiplicarei na terra do Egito os meus sinais e as minhas maravilhas. Faraó não vos ouvirá; e eu porei a minha mão sobre o Egito e farei sair as minhas hostes, o meu povo, os filhos de Israel, da terra do Egito, com grandes manifestações de julgamento. Saberão os egípcios que eu sou o Senhor... (Êx 7.3-5).

Toda a questão dos milagres é apenas a discussão de um Soberano infinito ter ou não o poder e o direito de intervir e demonstrar o Seu poder dentro do reino sobre o qual Ele governa.

E. *O uso da palavra* reino. Ladd apresenta bem o uso dessa palavra, quando escreve:

> O significado básico da palavra neotestamentária traduzida por *reino*, *basileia*, é "reinado" e não "reino" ou "povo". Recentemente críticos atribuíram grande atenção ao assunto, e existe um acordo praticamente unânime de que "poder real, autoridade" é mais básico ao sentido de *basileia* do que "reino" ou "povo". "No uso lingüístico geral, deve-se observar que a palavra *basileia*, que geralmente traduzimos por *domínio, reino*, designa antes a *existência*, o *caráter*, a *posição* do rei. Já que ela é relativa a um

rei, devemos falar sobre sua *majestade*, sua *autoridade*" (SCHMIDT, *Theologisches Wörterbuch zum Neuen Testament*, I, p. 579).

[...]

São encontradas no Novo Testamento várias ilustrações desse significado abstrato de *basileia*. Quando Jesus veio a Jerusalém, o povo pensou que o reino de Deus apareceria imediatamente. Jesus contou-lhes uma parábola sobre um nobre que viajou a um país distante para receber uma *basileia* e depois voltar. Seus súditos o odiavam e enviaram um embaixador para declarar que eles não o queriam como rei. Quando o nobre retornou, tendo recebido sua *basileia*, imediatamente exerceu essa nova autoridade real que havia recebido sobre seus súditos recompensando os fiéis e punindo os rebeldes. Aqui a *basileia* claramente não é nem o reino nem os súditos, mas a autoridade de reinar como rei no território que lhe fora dado sobre seu povo (Lc 19.11-27).

O mesmo uso é encontrado em Apocalipse 17.12: "Os dez chifres que viste são dez reis, os quais ainda não receberam *basileia*, mas recebem *autoridade como reis*, com a besta, durante uma hora". Claramente a *basileia* que ainda não foi recebida é sinônimo de "autoridade como reis". Em Apocalipse 5.10 a *basileia* é um povo redimido; mas eles constituem a *basileia* não porque são súditos do rei, mas *porque compartilham do seu poder real*: "e reinarão sobre a terra".[1]

De acordo com o conceito, esse reino eterno deve ser o governo e a soberania real de Deus sobre "todas as inteligências no céu e na terra que estão voluntariamente sujeitas a Deus"[2] no exercício da Sua soberania.

F. *O reino universal desafiado*. O desafio original ao direito da soberania eterna de Deus é registrado em Ezequiel 28.11-19 e Isaías 14.12-17, em que, diz Chafer:

> ... afirma-se nessa passagem que o pecado de Lúcifer consiste em cinco afirmações terríveis contra a vontade de Deus [...] As cinco afirmações de Satanás são evidentemente vários aspectos de um pecado [...] São elas:
> 1. *"Eu subirei ao céu."* Aqui, o primeiro aspecto do pecado de Satanás, ele aparentemente propôs fixar *residência* no terceiro ou mais alto céu, onde Deus e seus redimidos residem (2Co 12.1-4) [...] Satanás não tem direito, quer por posição, quer por redenção, de tomar posse daquela esfera como local de sua residência. Sua intenção cobiçosa, demonstrada nessa declaração, é um insulto ao plano e propósito do Criador.

---

[1] George E. LADD, *Crucial questions about the kingdom of God*, p. 78-80.
[2] Lewis Sperry CHAFER, *Systematic theology*, VII, p. 223.

O conceito de reino no Antigo Testamento

2. *"Acima das estrelas de Deus exaltarei o meu trono."* Por essa afirmação revela-se que Satanás, embora designado para a guarda do trono de Deus, desejou a posse de um trono próprio e quis governar acima das "estrelas de Deus". Os seres angelicais... estão obviamente em vista... Fica claro o caráter pecaminoso do propósito de Satanás em assegurar um trono.

3. *"No monte da congregação me assentarei, nas extremidades do Norte."* "O monte" evidentemente se refere ao trono do governo divino na terra (Is 2.1-4), e a "congregação" é claramente uma referência a Israel. Logo, essa suposição específica parece dirigir-se pelo menos a uma participação no governo messiânico sobre a terra [...]

4. *"Subirei acima das mais altas nuvens."* Das mais de 150 referências bíblicas a nuvens, um total de cem está relacionado à presença e à glória divina [...] Satanás evidentemente busca assegurar para si um pouco da glória que pertence exclusivamente a Deus.

5. *"Serei semelhante ao Altíssimo."* Essa [...] pode ser considerada uma chave para compreender e delinear seus propósitos e métodos. Apesar de uma impressão quase universal de que o ideal de Satanás para si é ser *diferente* de Deus, ele aparece aqui como alguém cuja motivação é ser *igual* a Deus. No entanto, sua ambição não é ser igual a Jeová, o Eterno, que nenhum ser criado poderia ser; mas ser igual ao Altíssimo, cujo título significa o "possuidor do céu e da terra" (Gn 14.19,22). O propósito de Satanás, então, é conquistar autoridade sobre o céu e a terra.[3]

Um estudo cuidadoso dessas observações levará à conclusão de que cada fase do pecado original de Satanás foi um ato de rebelião contra a autoridade constituída de Deus, motivado pelo desejo cobiçoso de apropriar-se daquela mesma soberania. Por causa desse pecado, que resultou na queda de Satanás, um reino sobre o qual Satanás governa foi formado em oposição ao reino sobre o qual Deus governava. Satanás é retratado como o deus deste século (2Co 4.4), o príncipe das potestades do ar (Ef 2.2) e o possuidor dos reinos do mundo, pois lemos:

> Levou-o ainda o diabo a um monte muito alto, mostrou-lhe todos os reinos do mundo e a glória deles, e lhe disso: Tudo isto te darei se, prostrado, me adorares (Mt 4.8,9).

É significativo que Cristo não tivesse desafiado o direito de Satanás de ofertar esses reinos. Ele os reconheceu como reinos de Satanás, e então Satanás tinha o direito de fazer com eles o que quisesse.

---

[3] Ibid., II, p. 47-9.

Em vista desse ato manifesto, que desafiou o direito de Deus de governar no Seu reino, Deus instituiu um plano, antes da fundação do mundo, para manifestar Sua soberania diante de todas as inteligências criadas. O Senhor pode dizer aos convidados que participem das bênçãos do milênio: "Vinde, benditos de meu Pai! Entrai na posse do reino que vos está preparado desde a fundação do mundo" (Mt 25.34). Esse reino, que conduz ao reino eterno (1Co 15.24), é visto como parte do eterno desígnio de Deus. E a terra, que foi o centro da autoridade satânica e o cenário desse reino, torna-se o lugar escolhido por Deus para fazer essa mesma demonstração. Miller declara:

> Embora fiquemos infinitamente surpreendidos com a imensidão da criação ou dos confins do reino de Deus, nossa surpresa se transforma em assombro quando percebemos que a terra, um dos menores corpos celestiais, é destinada a ser o palco de demonstração das poderosas obras de Deus. É aqui que Ele escolhe revelar as riquezas da Sua graça aos limites finais do Seu reino universal.[4]

O plano de Deus de demonstrar Sua soberania e manifestar a universalidade do Seu reino pode ser chamado plano do reino teocrático. Peters diz: "A instituição da teocracia com as exigências que ela reivindica para si, e a aprovação que lhe é dada pelo próprio Deus, marca não só o fato de ser desejável, mas de que o propósito de Deus é estabelecer definitivamente a sua supremacia".[5]

II. O Reino Teocrático

Desde o princípio do plano designado por Deus para manifestar Sua soberania mediante Seu governo na esfera terrena até a consumação desse plano, quando a soberania universal for reconhecida (1Co 15.24), houve um desenvolvimento contínuo, interligado e progressivo desse plano. Embora existam várias fases do plano e meios diferentes pelos quais essa soberania foi exercida, ele constituiu o desenvolvimento de um único plano. Todo esse plano pode ser chamado de reino teocrático.

A palavra *teocracia* foi definida:

> A "teocracia é um governo do Estado pela direção imediata de Deus; Jeová dignou-se reinar sobre Israel da mesma maneira direta que um rei terreno

---

[4] Earl Miller, *The kingdom of God and the kingdom of heaven*, p. 14.
[5] G. N. H. Peters, *The theocratic kingdom*, i, p. 223.

governa sobre seu povo" [...] "Com sabedoria digna dEle mesmo, assumiu superioridade não só religiosa mas também política sobre os descendentes de Abraão; Ele se constituiu, no sentido mais restrito do termo, Rei de Israel, e o governo de Israel tornou-se, em conseqüência, restrita e literalmente, uma teocracia".[6]

McClain define esse reino teocrático como:

> ... o governo divino por meio de um representante divinamente escolhido que fala e age em nome de Deus; um governo que tem referência especial à raça humana, apesar de em última análise abranger o universo; e esse governante mediatório é sempre um membro da raça humana.[7]

Em toda essa discussão as designações usuais "o reino de Deus" e "o reino dos céus" não foram usadas. Pré-milenaristas estão acostumados a designar o reino eterno como o reino de Deus e o plano terreno como reino dos céus. Tal distinção categórica não parece ser apoiada pelo uso das expressões nas Escrituras. Ambas são usadas com relação ao reino eterno (Mt 6.33 com 18.3-6; 7.21 e 19.14 com Mc 10.14). Ambas as expressões são empregadas em referência ao futuro reino milenar (Mt 4.17 e Mc 1.14-15; cf. Mt 3.2; 5.3,10; 6.10; Mc 9.1,47; 14.25; Lc 19.11; 21.31). Finalmente, ambas as expressões são usadas em referência à forma presente do reino (Mt 13.11; Mc 4.11; Lc 8.10). A diferenciação não está nas expressões em si, mas no seu uso em cada contexto. Feinberg diz:

> No evangelho de Mateus o reino é designado de modo geral como o reino dos céus, enquanto o reino de Deus é mencionado poucas vezes. A explicação do dr. Vos é oferecida aqui. Mateus escrevia para os judeus que tinham reverência especial pelo nome "Deus" —note-se bem, apesar de sua evidente falta de percepção da verdadeira natureza do reino— e entenderiam facilmente o significado de "reino dos céus". Marcos e Lucas, por outro lado, escrevem para os gentios, e então usam a expressão "reino de Deus" no lugar da outra. O reino é caracterizado como o reino dos céus porque segue o padrão e a perfeição celestiais. Esse nome também se refere ao valor eterno e duradouro desse reino. Além disso, está em jogo a idéia de origem e de fonte celestial do reino, pois é o Deus dos céus quem o estabelecerá. O nome "reino de Deus" é empregado porque realça o caráter espiritual desse reino e domínio. A glória de Deus é seu principal

---

[6] Cf. Ibid., I, p. 216.
[7] Alva J. McClain, The greatness of the kingdom, anotações de sala de aula não publicadas, p. 2.

e único objetivo. A obra de Cristo na qual Ele busca somente glorificar Seu Pai se completa quando Deus é glorificado. Esse é o objetivo e o propósito do reino de Deus.[8]

Walvoord comenta:

> Embora os dispensacionalistas tenham a tendência de frisar a expressão *reino dos céus* como relacionada ao futuro reino messiânico, a expressão também se aplica ao reino na era presente... Também é verdade que a expressão *reino de Deus* é usada tanto para a era presente quanto para o futuro reino messiânico. Em outras palavras, nem a expressão *reino de Deus* nem a expressão *reino dos céus* são, em si mesmas, termos técnicos aplicados ao reino messiânico. Em cada contexto, pode-se apurar se a referência se faz à forma presente do reino ou ao futuro reino messiânico.[9]

Então, já que as expressões *reino de Deus* e *reino dos céus* são usadas intercambiavelmente, apesar de estarem em vista duas fases diferentes do reino, considera-se adequado referir-se aos aspectos eternos como o reino eterno e ao desenvolvimento desse reino no tempo como reino teocrático. Todo esse plano do reino teocrático deve ser acompanhado historicamente nas Escrituras.[10]

A. *O reino teocrático no Éden.* Foi estabelecida uma verdadeira teocracia na época da criação, quando Deus era reconhecido como soberano e Sua soberania foi delegada ao homem, que deveria governar sobre a terra exercitando a autoridade mediada. Nessa teocracia, Adão derivava sua autoridade de Deus e, portanto, já que lhe era designado submeter-se, o governo pertencia efetivamente a Deus. A autoridade para governar na teocracia deveria pertencer a Adão; caso contrário, Cristo em Seu reinado não poderia ser comparado a Adão, nem o nome "último Adão" poderia pertencer a Ele (1Co 15.22-24,45). "Tenha ele domínio" (Gn 1.26) estabeleceu o relacionamento teocrático. A responsabilidade de "dominar" a terra era um exercício da autoridade teocrática. A Eva foi ordenado submeter-se ao marido pelo fato de Adão ter sido divinamente designado governador na teocracia. Feinberg afirma:

> O reino de Deus realmente realizou-se no jardim do Éden. Lá Deus governou e reinou supremo, com todos os Seus súditos prestando-lhe a devida

---

[8] Charles FEINBERG, *Premillennialism and amillennialism*, p. 163-4.
[9] John F. WALVOORD, *Bibliotheca Sacra*, 110:5,6, Jan. 1953.
[10] Cf. PETERS, op. cit., I, p. 161.

obediência. Todas as bênçãos que podem fluir do reino de Deus na terra estavam ali. No entanto, o ideal mais alto não havia sido alcançado. A vida eterna dependia da obediência perfeita do homem e, se isso tivesse acontecido, o reino eterno poderia ter surgido em toda a sua glória. Quando o pecado entrou, isso significou nada mais, nada menos que o homem se emancipara do governo soberano de Deus, seu Rei. Essa desobediência foi a ocasião para o estabelecimento de outro reino neste mundo, o do próprio Satanás.[11]

Com o repúdio dessa autoridade de Deus pela desobediência de Adão, Deus anunciou (Gn 3.15) o início de um plano que manifestaria ao mundo a Sua autoridade, que foi repudiada, ao trazer à vida uma nova criação por meio da "descendência da mulher", que se sujeitaria voluntariamente a Ele. A partir de então, o plano de redenção transcorreu paralelamente ao desenvolvimento do plano do reino e é uma adição inevitável, mas não idêntica a ele. O método de estabelecer a autoridade de Deus ocorre por meio da redenção, mas o restabelecimento daquela autoridade continua sendo o propósito primeiro de Deus.

Após a queda, o reino teocrático parece ser administrado pela linhagem piedosa nascida de Eva. A afirmação de Gênesis 4.1, "Adquiri um varão com o auxílio do SENHOR", pode ser mais bem traduzida por "Adquiri um varão, o SENHOR",[12] e pode abrigar um indício de que a teocracia deve ser administrada por essa linhagem. Após a morte de Abel, seu lugar foi assumido por Sete (Gn 4.25), cujo nome significa "escolhido", talvez com a idéia da escolha na teocracia. O período histórico termina com o dilúvio por causa do pecado da raça humana (Gn 6.6,7), o qual constituía uma rejeição ao direito de Deus de governar sobre eles.

B. *O reino teocrático sob o governo humano*. Após o dilúvio, Deus instituiu o governo humano (Gn 9.1-7), o qual se tornou o veículo por meio do qual o reino teocrático era administrado. O temor à pessoa na qual essa autoridade residia era inerente na administração do plano do reino (Gn 9.2). Paulo deixa claro (Rm 13.1-4) que o governador é "o ministro de Deus". Essa administração do plano do reino continua até a rejeição dessa forma de autoridade pelo estabelecimento do reino de Ninrode em Babel, no qual uma nova autoridade foi reconhecida e um novo sistema de adoração foi instituído (Gn 10.8-10; 11.1-9).

---

[11] FEINBERG, op. cit., p. 160.
[12] Ibid., p. 54.

C. *O reino teocrático sob os patriarcas*. Com o chamado de Abraão, Deus selecionou um homem por intermédio do qual todos os outros seriam abençoados. O propósito de Deus com Abraão está centralizado em certas promessas relativas a uma terra, a uma descendência e a uma bênção que constituem o teor de uma aliança eterna e incondicional. Essa aliança foi estudada em detalhes anteriormente e não precisa ser repetida aqui. A observação importante aqui é notar que o cumprimento previsto de todo esse plano concretiza-se por alguém que será o Rei (Gn 49.10). Feinberg escreve:

> No seu leito de morte a visão de um profeta é dada ao velho patriarca Jacó, e ele prevê o destino de seus filhos. A bênção sobre Judá e a profecia relativa a ele são de interesse especial para nosso estudo. Ela destaca a tribo de Judá na descendência prometida e acrescenta outro elemento muito importante do reino —o rei. Os doze filhos do patriarca ouvem que o cetro, o emblema da autoridade real, não sairá de Judá, tampouco alguém que faça decretos, até que venha Siló, a quem obedecerão os povos. Muitos crêem que Siló se refere a Ezequiel 21.27, em que o profeta exclama: "Ruína! Ruína! A ruínas a reduzirei, e ela já não será, até que venha aquele a quem ela pertence de direito; a ele a darei" [...] Outros acham que Siló se refere ao homem de paz e descanso [...] Em qualquer dos casos, a maioria dos estudiosos ortodoxos e reverentes da Palavra considera essa passagem uma menção direta ao Messias que surgirá da linhagem de Judá. O alcance do Seu controle é revelado: "e a ele obedecerão os povos (as nações)". O caráter pacífico do Seu reino e os muitos que nele estarão presentes são previstos [...] Finalmente, a beleza superior do Rei também é mencionada em linguagem figurada.[13]

Há outra referência ao cumprimento previsto desse plano teocrático em Números 24.17-19, em que se promete que "de Israel subirá um cetro". O "cetro" é Aquele em quem reside a autoridade, que destruirá Seus inimigos e levará Israel à preeminência.

Durante o período dos patriarcas a teocracia foi administrada por meio de representantes divinamente designados. É por isso que Deus podia dizer a Moisés, sobre seu relacionamento com Arão, "e tu lhe serás por Deus" (Êx 4.16), e sobre seu relacionamento com o Faraó, "te constituí como Deus sobre Faraó" (Êx 7.1). Na posição de representante escolhido da teocracia, ele podia ser chamado deus. Foi por causa da posição de Moisés nesse reino teocrático que Deus podia falar sobre o Rei vindouro: "Suscitar-lhes-ei um profeta do meio de seus irmãos, se-

---

[13] Ibid., p. 56-7.

melhante a *ti* "(Dt 18.18). E foi nessa posição que Moisés conduziu Israel pelo deserto. A grandeza do pecado reiterado de murmuração cometido por Israel aparece então, pois na murmuração contra Moisés eles estavam murmurando contra o representante escolhido de Deus para a administração teocrática. As serpentes venenosas trouxeram julgamento porque o povo "falou contra Deus e contra Moisés" (Nm 21.5). Somente a confissão de que eles haviam pecado, "porque temos falado contra o Senhor e contra ti" (Nm 21.7), providenciou alívio. Josué foi o último nesse período a liderar o povo como administrador de Deus (Js 1.2-9). Sob sua liderança, o povo sujeitou-se à autoridade de Deus:

> Agora, pois, temei ao Senhor e servi-o com integridade e com fidelidade [...] Porém, se vos parecer mal servir ao Senhor, escolhei, hoje, a quem sirvais [...] Então, respondeu o povo e disse: Longe de nós o abandonarmos o Senhor para servirmos a outros deuses; porque o Senhor é o nosso Deus; ele é quem nos fez subir, a nós e a nossos pais, da terra do Egito [...] portanto nós também serviremos ao Senhor, pois ele é o nosso Deus (Js 24.14-18).

D. *O reino teocrático sob os juízes*. Quando Israel aceitou o senhorio de Jeová, Deus levou a administração do reino teocrático a uma nova fase —a administração por meio dos juízes (Jz 2.16,18; At 13.20). A afirmação de Gideão é clara:

> Então, os homens de Israel disseram a Gideão: Domina sobre nós, tanto tu como teu filho e o filho de teu filho; porque nos livraste do poder dos midianitas. Porém Gideão lhes disse: Não dominarei sobre vós, nem tampouco meu filho dominará sobre vós; o Senhor vos dominará (Jz 8.22,23).

Gideão recusou o lugar de autoridade absoluta, pois tal autoridade pertencia a Deus. A experiência de Samuel com o Senhor (1Sm 3.1-18) revela que Deus administrava ativamente os interesses de Israel por meio da agência humana. A aceitação de Samuel por Israel (1Sm 3.19— 4.1) foi o reconhecimento pelo povo de que Samuel era o representante divinamente escolhido da teocracia. Tal administração continuou até o fim da vida de Samuel, quando:

> ... os anciãos todos de Israel se congregaram, e vieram a Samuel, a Ramá, e lhe disseram: Vê, já estás velho, e teus filhos não andam pelos teus caminhos; constitui-nos, pois, agora, um rei sobre nós, para que nos governe, como o têm todas as nações (1Sm 8.4,5).

O declínio espiritual de Israel é observado na história final do período dos juízes. "Naqueles dias não havia rei em Israel; cada um fazia o que achava mais reto" (Jz 21.25). Essa condição espiritual provocou a rejeição da forma de teocracia sob a qual Deus operava e estimulou a reivindicação de um rei como tinham todas as nações. Deus revelou a Samuel que tal ação constituía uma rejeição da teocracia, pois "não te rejeitou a ti, mas a mim, para eu não reinar sobre ele" (1Sm 8.7). Deus, então, passou a uma nova forma de administração do reino teocrático — a administração por meio dos reis que governaram sobre Israel.

E. *O reino teocrático sob os reis*. A forma monárquica de governo foi o ideal de Deus para o reino teocrático. Tal rei fora prometido a Abraão (Gn 17.5-7) e a Jacó (Gn 35.11). A autoridade do reino residiria finalmente num rei (Gn 49; Nm 24.17). Quando Saul foi elevado à posição real, essa indicação foi vista como escolha divina, pois Samuel anunciou: "Eis aí o rei que elegestes e que pedistes; e eis que o Senhor vos deu um rei" (1Sm 12.13). E no entanto Samuel relembrou a Israel que eles haviam pecado ao repudiar a antiga forma de teocracia: "Vós rejeitastes, hoje, a vosso Deus" (1Sm 10.19). E acrescentou: "É grande a vossa maldade, que tendes praticado perante o Senhor, pedindo para vós outros um rei" (1Sm 12.17). Peters observa:

> Nenhum insulto mais profundo jamais poderia ser dado a Deus que o indicado por tal pedido. Isso é visto ao considerarmos o Ser que se dignava em ser seu Governador, a bênção que Ele prometera e o plano que tinha em vista para se tornar, de forma direta, Rei sobre a nação. O único atenuante para tal "maldade", como Samuel indica, é encontrado nas suas circunstâncias difíceis, também causadas pela descrença de Israel.[14]

A implantação dessa forma de administração teocrática para o reino coloca o reino teocrático um passo mais próximo de sua conclusão final. Com relação ao próprio rei, afirma-se que:

> O rei também era de certa forma o *summus episcopus* em Israel. Sua própria realeza era de caráter religioso e implicava a união do governo celestial e terreno sobre Israel por meio daquele que, como substituto de Jeová, assentava-se "no trono do reino do Senhor, sobre Israel" (1Cr 17.14; 28.5; 29.23), que era "o ungido de Deus" (1Sm 24.10; 26.9; 2Sm 1.14) e também levava o título de "filho de Jeová" e "o primogênito"...[15]

---

[14] Peters, op. cit., I, p. 226.
[15] S. D. Press, Kingdom, *International standard Bible encyclopedia*, III, p. 1801.

O conceito de reino no Antigo Testamento

É um erro visualizar essa teocracia sobre Israel como meramente típica da teocracia futura. Peters diz:

> ... Lange chama a teocracia de "o reino de Deus em sua forma típica"... O que, talvez, leve a tal erro é o fato de que rituais típicos e observâncias temporais de fato estavam ligados à teocracia. Mas embora isso seja verdade, a ordem ou o governo teocrático que adotou temporariamente esses rituais e observações jamais é representado como um tipo. Isso se opõe totalmente à aliança, à profecia e aos fatos. A teocracia não era mera sombra de qualquer outra coisa, mas era o próprio reino de Deus em sua forma inicial —um começo daquele reinado de Deus como Rei terreno que, caso os judeus lhe tivessem prestado a obediência exigida, teria sido estendido e expandido até que todas as nações fossem colocadas sob sua influência e sujeição.[16]

Que essa era uma parte contínua do plano do reino teocrático é observado no fato de que Deus exigia perfeita obediência por parte dos reis.

> De acordo com a afirmação de Samuel, Deus perdoa a nação contanto que ela ainda, e mesmo o seu rei, o reconheça como *o Supremo Monarca contínuo*, e que o rei escolhido faça valer as leis dadas por Sua autoridade superior. Em toda essa transação, o governo teocrático de Deus é *mantido intacto*. O rei terreno estava sob certas restrições impostas e era ameaçado, no caso de desobediência, com o desprazer e a punição de Quem *ainda era reconhecido como Cabeça Civil* da nação. Isso foi sentido e abertamente confessado por Saul (1Sm 13.12 e 28.15), Davi (1Sm 6.20 e 7.23-26 etc.), Salomão (1Rs 3.8,9 e 6.12-14, tb. cap. 8 etc.) e outros.[17]

No começo do reinado de Saul foi-lhe anunciado que Deus o rejeitara (1Sm 13.11-14). A autoridade foi transferida a Davi (1Sm 16.1-13) e seu reinado esteve especialmente associado ao desenvolvimento do reino teocrático. Isso se observa em duas áreas. 1) Deus identificou Seu reino com o reinado davídico. Peters escreve:

> [Deus] [...] recebeu aquele trono e aquele reino e os adotou como Seu próprio trono e reino. A teocracia e o reino davídico, em virtude de um relacionamento especial e singular de aliança entre os dois, eram considerados um e, no futuro, tão idênticos em destino que são ligados inseparavelmente [...]

---

[16] PETERS, op. cit., I, p. 218.
[17] Ibid., I, p. 228.

Isso é comprovado por três coisas: 1) O trono e o reino davídicos são denominados "do SENHOR". Logo, por exemplo, em 1Crônicas 28.5, ele é o "trono do reino do SENHOR, sobre Israel"; e, em 2Crônicas 9.8, o Rei é colocado por Deus "no Seu trono como rei para o SENHOR, teu Deus". 2) O Rei foi designado claramente como "o ungido do SENHOR" (1Sm 24.6; 2Sm 19.21 etc.). 3) Os profetas, após o estabelecimento do trono e do reino davídico, identificam constantemente o glorioso reino de Deus, o abençoado governo teocrático, manifesto por meio dele, como por exemplo em Jeremias 33 e 36, Amós 9 etc. A razão disso está na união firme e perpétua.[18]

2) Deus fez uma aliança eterna e incondicional com Davi (2Sm 7.16), pela qual garantiu que o reino davídico seria aquele no qual o reino teocrático alcançaria plena realização, quando alguém da linhagem de Davi reinasse para sempre. Essa aliança foi examinada em detalhes anteriormente e não precisa ser ampliada aqui. É suficiente dizer que Deus desenvolvera o reino teocrático a ponto de que este assumira a forma de uma monarquia sobre a qual governava um rei escolhido por Deus, e o Messias viria para concluir o plano nessa forma.

F. *O reino teocrático sob os profetas*. Com o declínio da nação sob os reis que sucederam Salomão, o último rei divinamente escolhido, vemos a importância crescente do ofício profético. Os profetas eram porta-vozes de Deus, divinamente escolhidos, que transmitiam a mensagem divina aos reis. Esses às vezes obedeciam, mas com maior freqüência desobedeciam. Peters diz: "Rei e sacerdote deviam sujeitar-se à autoridade do profeta, simplesmente porque este último revelava a vontade do Rei Supremo".[19]

O profeta Ezequiel descreve a partida da Glória de Deus, que no Antigo Testamento era símbolo da presença de Deus. Com a partida da Glória divina [*Shekinah*] do templo (Ez 8.4; 9.3; 10.4; 10.18; 11.22,23), Deus marca o fim do reino teocrático na história passada de Israel, e a nação e os reis que deveriam manifestar aquele reino foram espalhados para longe de sua terra. Começaram os "tempos dos gentios", durante os quais Israel é colocado de lado até que venha o Messias. O reino teocrático futuro agora se torna o tema principal da mensagem dos profetas. Essa linha de revelação, que começara como um pequeno riacho, agora se torna um grande rio, enchendo a Palavra de conhecimento referente ao reino a ser estabelecido em sua forma final. Ele é mencio-

[18] Ibid., I, p. 234.
[19] Ibid., I, p. 229.

O conceito de reino no Antigo Testamento

nado por quase todos os profetas do Antigo Testamento: *Isaías* 2.1-4; 4.2-6; 9.6,7; 11.1-13; 24.1-23; 32.1-5,14-20; 33.17-24; 35.1-10; 40.1-11; 42.1-4; 52.7-10; 60.1-61.6; 65.17-25; 66.15-23; *Jeremias* 23.1-8; 31.1-37; 33.14-26; *Ezequiel* 20.33-42; 34.20-31; 36.22-36; 37.1-28; 39.21-29; 43.1-7; *Daniel* 2.31-45; 7.1-28; 9.1-3,20-27; 12.1-4; *Oséias* 3.4,5; *Joel* 2.28-3.2,9-21; *Amós* 9.9-15; *Obadias* 1.15-21; *Miquéias* 4.1-5.5; *Sofonias* 3.8-20; *Ageu* 2.1-9; *Zacarias* 2.1-13; 6.11-13; 8.1-8,20-23; 9.9-10; 12.1-10; 14.1-21; *Malaquias* 3.1-5; 4.1-6. Além disso, ele é muitas vezes citado nos *Salmos* : 2.1-12; 22.1-21,27-31; 24.1-10; 45.1-17; 46.1-11; 48.1-14; 67.1-7; 72.1-17; 89.1-50; 96.1-13; 98.1-9; 110.1-7. Embora essas e outras profecias venham a ser estudadas com detalhes mais tarde, para desenvolver a doutrina completa do reino, certos fatos relativos à antevisão profética do reino teocrático devem ser observados aqui. Chafer resume esse ensino, demonstrando que o reino será:

a. *Teocrático*. O Rei será "Emanuel [...] Deus conosco", pois Ele é, por nascimento humano, herdeiro legítimo do trono de Davi, nascido de uma virgem em Belém [...] Isaías 7.14 [...] Mateus 1.22,23 [...] Isaías 11.1-5 [...] Jeremias 23.5 [...] Ezequiel 34.23; 37.24 [...] Oséias 3.4,5 [...] Miquéias 5.2.

b. *Celestial em caráter* [...] Isaías 2.4 [...] Isaías 11.4,5 [...] Jeremias 33.14-17 [...] Oséias 2.18.

c. *Sediado em Jerusalém e de alcance mundial*. Em primeiro lugar, o reino de Emanuel será na terra [...] Salmos 2.8 [...] Isaías 11.9 [...] Isaías 42.4 [...] Jeremias 23.5 [...] Zacarias 14.9. Em segundo lugar, o reino de Emanuel estará sediado em Jerusalém [...] Isaías 2.1-3 [...] Isaías 62.1-7 [...] Zacarias 8.20-23. Em terceiro lugar, o reino de Emanuel será sobre o Israel reunido e convertido [...] Deuteronômio 30.3-6 [...] Isaías 11.11,12 [...] Isaías 14.1,2 [...] Jeremias 23.6-8 [...] Jeremias 32.37,38 [...] Jeremias 33.7-9 [...] Ezequiel 37.21-25 [...] Miquéias 4.6-8. Em quarto lugar, o reino de Emanuel se estenderá às nações na terra [...] Salmos 72.11,17 [...] Salmos 86.9 [...] Isaías 55.5 [...] Daniel 7.13,14 [...] Miquéias 4.2 [...] Zacarias 8.22 [...]

d. *Estabelecido pelo rei que virá*. Deuteronômio 30.3 [...] Salmos 50.3-5 [...] Salmos 96.13 [...] Zacarias 2.10-13 [...] Malaquias 3.1-4.

e. *Espiritual*. O reino não é incorpóreo nem separado do que é material, mas mesmo assim é espiritual pelo fato de a vontade de Deus ser diretamente efetiva em todos os assuntos de governo e conduta. O gozo e a bênção da comunhão com Deus serão experimentados por todos. O reino universal e temporal será conduzido em perfeita justiça e verdadeira santidade. O reino de Deus estará novamente "no meio"(Lc 17.21, cf. NVI "entre") na pessoa do Rei Messias e Ele reinará na graça e no poder da plenitude do Espírito (Is 11.2-5) [...] [20]

McClain resume assim a previsão profética do reino teocrático:

> Em primeiro lugar, quanto à sua *literalidade*, o reino futuro não será simplesmente um reino ideal [...] Será tão literal quanto o reino histórico de Israel [...] Toda a profecia, do princípio ao fim, afirma e implica tal literalidade; em detalhes como local, natureza, rei, cidadãos e nações em jogo; no fato de que ele destruirá e suplantará reinos literais; em sua conexão direta como uma restauração e continuação do reino histórico e davídico.
>
> Em segundo lugar, o *tempo do seu estabelecimento* geralmente parece estar próximo; ele virá "em breve". Outras afirmações, porém, indicam que ele está num futuro após "muitos dias" e nos "últimos dias" [...]
>
> Em terceiro lugar, *o Rei* desse reino futuro será humano e divino. Ele é chamado "um Homem", "um Filho de Homem", o Filho de Deus, um Ramo da Raiz de Jessé, um Ramo Justo de Davi, Deus, o Senhor Jeová, Maravilhoso-Conselheiro, Deus Forte, Pai da Eternidade, Príncipe da Paz [...]
>
> Em quarto lugar, o [...] reino previsto na profecia do Antigo Testamento é *monárquico* em sua forma. O rei se assenta no "trono" e o governo está "sobre os seus ombros". Ele recebe sua autoridade e a mantém por doação divina. Isaías O vê e O nomeia como "Juiz", "Legislador" e "Rei" [...]
>
> Em quinto lugar, quanto à sua *organização externa*, os profetas retratam o reino com o Rei-Mediador como cabeça; associado a Ele estão "príncipes"; os "santos" possuem o reino; a nação de Israel recebe o lugar de prioridade; e os súditos incluem todas as tribos e nações [...]
>
> Em sexto lugar, quanto à *natureza do reino* e seu efeito no mundo, todos os profetas concordam em que seu estabelecimento completo causará uma mudança tão radical em todos os aspectos da vida humana que o resultado é descrito como "um novo céu e uma *nova terra*" [...]
>
> Os profetas do Antigo Testamento descrevem o reino mediador antes de mais nada como um assunto *espiritual*. Ele traz perdão do pecado, purificação espiritual, provisão da justiça divina, novo coração e novo espírito, conhecimento direto de Deus, harmonia interior com as leis de Deus, derramamento do Espírito sobre toda carne e restauração da alegria à vida humana [Jr 31.34; 23.5,6; Ez 36.24-28; Zc 8.20-23; Jr 31.33; Jl 2.28; Is 35.10].
>
> O reino também será *ético* em seus efeitos [...] uma estimativa apropriada de valores morais [...] Um ajuste das desigualdades morais perpassará todos os aspectos das relações humanas [...] [Is 32.5; 40.4; Jr 31.28-30].

---

[20] CHAFER, op. cit., v, p. 334-40.

O conceito de reino no Antigo Testamento

O estabelecimento desse reino também produzirá grandes mudanças *sociais e econômicas* [...] a guerra será eliminada [...] as artes e ciências serão voltadas a usos econômicos [...] a paz mundial será introduzida [...] justiça social para todos [...] [Zc 9.10; Is 2.4; 9.7; 42.3; 65.21,22; Sl 72.1-4,12-14; Sf 3.9].

Os *aspectos mais inteiramente físicos da vida* também sentirão os efeitos desse reino mediador. A doença será eliminada. A longevidade será restaurada [...] somente morrerão os indivíduos duros e incorrigíveis que se rebelarem contra as leis do reino. Os perigos comuns da vida física estarão sob controle sobrenatural [...] A terra estará sob controle direto dAquele a cuja voz até os ventos e as ondas obedecem [...] mudanças geológicas [...] mudanças climáticas [...] grande aumento na fertilidade e produtividade do solo [...] [Is 32.14; 35.5,6; 65.20-22; Zc 14.3,4; Am 9.13; Is 11.6-9; 32.15,16].

No que pode ser chamado *âmbito político* [...] Uma autoridade *central* é estabelecida para resolver disputas internacionais [...] "De Sião sairá a lei, e a palavra do S ENHOR, de Jerusalém" [...] [Is 2.4; 32.18; Am 9.14,15; Ez 37.1ss.; Is 60.1-4].

O reino mediador também terá um aspecto *eclesiástico*. O Rei supremo combina em Sua Pessoa os cargos de Rei e Sacerdote. Igreja e Estado se tornam um em objetivo e ação [...] [Sl 110.1-7; Ez 37.26-28; 43.1-7; Is 61.6; 66.23; Zc 14.16-19].

Tal é a natureza do [...] reino conforme apresentado na profecia do Antigo Testamento. E eu gostaria de afirmar aqui que ela satisfaz e concilia todas as posições legítimas. O reino é espiritual, ético, social, físico, político e eclesiástico. Separar qualquer um desses aspectos e negar os outros é diminuir a abrangência da visão profética.[21]

Assim, fica evidente que a partida da presença do Deus de Israel e o cativeiro e a dispersão da nação teocrática não anularam a expectativa do estabelecimento do reino teocrático. Peters observa:

Os profetas, com uma voz, referem-se esse reino, assim restaurado, em termos que expressam as mais gloriosas adições. Eles prevêem, desde o salmista até Malaquias, a restauração do reino que fora derrubado, ligada aos mais surpreendentes acontecimentos que produzirão bênção e glória sem paralelo na história do mundo [...] Desde a queda do reino teocrático-davídico, esses acontecimentos previstos não aconteceram conforme descrito e, portanto, o reino previsto e prometido ainda não apareceu [...] É este mesmo reino derrubado que recebe tais adições, e não outro reino; assim, nenhum reino professado, não importa quão altamente proclamado e eruditamente apresentado, deve, sem elas, ser aceito por nós [...]

---
[21] M C CLAIN, op. cit. , p. 4-6.

Essas adições são tão grandes em sua natureza, tão surpreendentes em suas características, tão expressivas da interferência sobrenatural, que ninguém jamais poderá enganar-se quando esse reino for restaurado [...] Após a queda do reino davídico, os profetas prevêem esse reino como futuro.[22]

---

[22] Peters, op. cit., I, p. 248.

Capítulo 26
O plano do reino no Novo Testamento

É fato bem demonstrado que os judeus na época de Cristo aguardavam ansiosamente o cumprimento literal das promessas do reino teocrático do Antigo Testamento. Já se afirmou:

> Foi admitido universalmente por escritores importantes (e.g., Neander, Hagenbach, Schaff, Kurtz etc.), a despeito de suas respectivas opiniões quanto ao reino em si, que os judeus, mesmo os devotos, acreditavam na vinda pessoal do Messias, na restauração literal do trono e do reino davídico, no reinado pessoal do Messias no trono de Davi, na exaltação resultante de Jerusalém e da nação judaica e no cumprimento das descrições milenares daquele reino. Também se reconhece que as afirmações de Lucas 1.71; Atos 1.6; Lucas 2.26,30 etc. incluem a crença acima, e que até pelo menos o dia de Pentecostes os judeus, os discípulos e mesmo os apóstolos acreditavam em tal teoria [...] consideravam as profecias e as promessas da aliança literais (i.e., no seu sentido puramente gramatical); e, por acreditarem no cumprimento, esperavam tal restauração do reino davídico sob a liderança do Messias, com poder ampliado e glória apropriada à majestade do Rei prometido; e também que os piedosos de outras épocas seriam ressuscitados dentre os mortos para dele desfrutar.[1]

I. O Reino Teocrático Oferecido na Primeira Vinda de Cristo

Existem hoje opiniões diversas quanto ao reino anunciado na primeira vinda de Cristo. O ponto de vista *liberal* é que Jesus adotou os anseios sociais e políticos do povo de Sua época e anunciou um reino

---
[1] G. N. H. Peters, *Theocratic kingdom*, I, p. 183.

parecido com o esperado por Israel com base nas profecias do Antigo Testamento. No entanto, no decorrer de Sua vida, ficou claro que Israel não receberia o reino que Ele oferecia, portanto Jesus abandonou aquela expectativa por causa da oposição e do desestímulo que se seguiram. O ponto de vista *espiritualizado* é que Jesus adotou os elementos espirituais dos profetas do Antigo Testamento, abandonando todos os aspectos políticos e nacionais, e ofereceu um reino espiritual a todos os que acreditassem. A opinião *literal*, apoiada pelo estudo do Novo Testamento, é que o reino anunciado e oferecido pelo Senhor Jesus era o mesmo reino teocrático previsto pelos profetas do Antigo Testamento.

A. *Foi oferecida a teocracia do Antigo Testamento*. O reino oferecido a Israel foi a mesma teocracia prelibada no Antigo Testamento. Bright declara:

> Apesar de mencionar repetidas vezes o reino de Deus, Jesus jamais parou para defini-lo. E nenhum espectador jamais o interrompeu para perguntar: "Mestre, o que significam essas palavras, 'reino de Deus', que Tu tanto usas?". Pelo contrário, Jesus usou o termo como se estivesse certo de que seria entendido, e realmente foi. O reino de Deus pertencia ao vocabulário de todo judeu. Era algo que entendiam e pelo qual ansiavam desesperadamente.[2]

A mesma observação é reafirmada:

> O Novo Testamento inicia a proclamação do reino em termos que expressam que ele era previamente bem conhecido [...] A pregação do reino, sua simples proclamação, sem a menor tentativa de *explicar* seu significado ou natureza, a própria linguagem na qual ele era apresentado aos judeus —tudo indicava que era um assunto *conhecido* de todos. João Batista, Jesus e os setenta, todos proclamaram o reino de tal maneira, sem definição ou explicação, que indicava que os ouvintes *estavam familiarizados* com seu significado.[3]

McClain mostra que o reino oferecido nos evangelhos era o mesmo que o previsto pelos profetas. Ele escreve:

> ... nas obras e nos ensinamentos de Cristo podem ser encontrados todos os aspectos do reino profético. Ele é basicamente *espiritual*; tanto que, "se alguém não nascer de novo", não pode ver o reino de Deus. Seu aspecto

---

[2] John Bright, *The kingdom of God*, p. 17-8.
[3] Peters, op. cit., I, p. 181.

ético é demonstrado completamente no Sermão do Monte... A correção das maldades *sociais* aparece na previsão de Cristo quanto ao estabelecimento do Seu reino, quando todas essas maldades serão totalmente anuladas por meios sobrenaturais. A natureza *eclesiástica* do reino é reconhecida quando Ele expulsa os cambistas do templo. Por que não simplesmente ignorar o templo se, como alguns dizem, Deus terminou com Israel e com a idéia teocrática? Pelo contrário [...] Ele toma posse do templo judeu e cita uma profecia do reino em defesa da Sua ação: "A *minha* casa será chamada casa de oração para *todas as nações*". Mesmo o aspecto *político* do reino profético recebe lugar de importância em Mateus 25 [...] que apresenta a descrição de Cristo por Si mesmo sentado num trono de glória julgando as nações viventes na terra [...] Quanto aos aspectos *físicos* do reino, leia no Novo Testamento o relato dos cegos que viram, dos coxos que andaram, dos surdos que ouviram, dos leprosos que foram purificados; leia o relato das multidões alimentadas sobrenaturalmente; leia os relatos de livramento dos perigos do vento, da tempestade e da violência.[4]

B. *O reconhecimento do Messias*. Em Seu nascimento, Cristo foi reconhecido como Messias. O mensageiro angelical, anunciando Seu nascimento a Maria, esclareceu a respeito do trabalho do Filho de Maria:

> Eis que conceberás e darás à luz um filho, a quem chamarás pelo nome de Jesus. Este será grande e será chamado Filho do Altíssimo; Deus, o Senhor, lhe dará o trono de Davi, seu pai; ele reinará para sempre sobre a casa de Jacó, e o seu reinado não terá fim (Lc 1.31-33).

O hino de ação de graças cantado por Maria (Lc 1.46-55) também deixa claro que Maria entendeu a proclamação angelical. Isabel falou proteticamente sobre a vinda do "meu Senhor" antes do Seu nascimento (Lc 1.43), movida pelo Espírito Santo (Lc 1.41). Para Simeão, que "esperava a consolação de Israel" (Lc 2.25), o fato foi revelado e a Pessoa de Cristo foi claramente identificada, como observamos por sua profecia (Lc 2.29-35). Ana, a profetisa, que esperava "a redenção de Jerusalém" (Lc 2.38) viu o cumprimento das suas esperanças no Messias que tinha aparecido. Os reis magos vieram em busca daquele que era "o recém-nascido Rei dos judeus" (Mt 2.2) e receberam prova divina de que haviam encontrado Aquele em quem suas esperanças seriam concretizadas. Mateus, escrevendo sobre Jesus como o Messias de Israel, inicia seu relato com a genealogia que remonta a linhagem não apenas, como era de esperar, até Abraão, a cuja descendência Ele viria redimir, mas até

---

[4] Alva J. McClain, The greatness of the kingdom, anotações de sala de aula não publicadas, p. 7-8.

Davi, sobre cuja linhagem Ele viria reinar. Todos os acontecimentos associados a Seu nascimento provam Sua messianidade.

C. *O Messias anunciado por seu precursor.* Cristo é precedido pelo precursor que anuncia a proximidade do reino. O ministério de João Batista, de acordo com as palavras do próprio Senhor (Mt 11.13,14; 17.10-13), era o ministério previsto por Malaquias (4.5,6), no qual alguém anunciaria a chegada do Rei de Israel. A palavra pronunciada por João é importante: "Arrependei-vos, porque está próximo o reino dos céus" (Mt 3.2). Sem definir o conceito de reino em sua mente, ele simplesmente anuncia a iminência daquela teocracia. O batismo administrado por João era o ritual de purificação mediante a aplicação de água, dependente da confissão dos pecados, remetendo já para a vinda do Messias, administrado por alguém nascido na linhagem sacerdotal. Era uma confissão de pecaminosidade, de necessidade e de expectativa de que viria Alguém que, de acordo com o Antigo Testamento, satisfaria completamente aquela carência. O batismo identificava os que, como João, aguardavam o Messias.

D. *A teocracia anunciada por Cristo.* Jesus Cristo, tanto em Seu próprio ministério público quanto no ministério particular aos discípulos, anunciou que o reino teocrático estava próximo. Após o término do ministério do Precursor (Mt 4.12), o Senhor iniciou ministério público com a proclamação: "Arrependei-vos, porque está próximo o reino dos céus" (Mt 4.17). Ao enviar os doze, Jesus ordenou que pregassem: "Está próximo o reino dos céus" (Mt 10.7). Os setenta são enviados e a ordem é dada: "Anunciai-lhes: A vós outros está próximo o reino de Deus"(Lc 10.9,11). A esses mensageiros a palavra é dita:

> Bem-aventurados os olhos que vêem as cousas que vós vedes. Pois eu vos afirmo que muitos profetas e reis quiseram ver o que vedes e não viram; e ouvir o que ouvis e não o ouviram (Lc 10.23,24).

Com o termo "próximo" faz-se a proclamação de que o reino deve ser esperado iminentemente. Isso não é uma garantia de que o reino será estabelecido de imediato, mas sim que todos os acontecimentos pendentes haviam sido retirados, de modo que ele agora é iminente.

E. *A mensagem teocrática limitada a Israel.* O reino que foi anunciado foi anunciado apenas para Israel.

O plano do reino no Novo Testamento

A estes doze enviou Jesus, dando-lhes as seguintes instruções: Não tomeis rumo aos gentios, nem entreis em cidade de samaritanos; mas, de preferência, procurai as ovelhas perdidas da casa de Israel; e, à medida que seguirdes, pregai que está próximo o reino dos céus (Mt 10.5-7).

Não fui enviado senão às ovelhas perdidas da casa de Israel [Mt 15.24].

É por essa razão que Paulo podia dizer que "Cristo foi constituído ministro da circuncisão, em prol da verdade de Deus, para confirmar as promessas feitas aos nossos pais" (Rm 15.8). Não poderia haver nenhuma bênção universal da aliança abraâmica aplicada aos gentios até Israel ter experimentado a realização do reino teocrático, em cujo reino e em cujo Rei seriam abençoadas as nações.

F. *A mensagem teocrática confirmada*. A autenticidade da oferta do reino foi provada por sinais e milagres. Quando João Batista perguntou a Cristo "És tu aquele que estava para vir ou havemos de esperar outro?" (Mt 11.3), sem dúvida porque João achava que o Messias não poderia ser recebido, se o precursor tivesse sido rejeitado, o Senhor respondeu:

> Ide e anunciai a João o que estais ouvindo e vendo: os cegos vêem, os coxos andam, os leprosos são purificados, os surdos ouvem, os mortos são ressuscitados, e aos pobres está sendo pregado o evangelho. E bem-aventurado é aquele que não achar em mim motivo de tropeço (Mt 11.4-6).

Os sinais dados por Cristo eram evidências do poder que residiria no rei teocrático e manifestações das bênçãos que existiriam no reino. Peters afirma bem:

> [Os milagres] são tão relacionados ao reino que não podem ser separados dele sem desfigurar a ambos. Assim, esse fato é apresentado pelo próprio Jesus (Mt 12.28): "Se, porém, eu expulso os demônios pelo Espírito de Deus, *certamente* é chegado o reino de Deus sobre vós". Aqui nós temos: 1. O relacionamento existente entre o reino e os milagres; sem estes, aquele não pode ser revelado. 2. Que os milagres são uma manifestação do poder que Jesus possuía e exercerá quando estabelecer Seu reino. 3. Que a expulsão milagrosa de demônios, ou de Satanás, é um acontecimento ligado ao reino, e sua realização por meio de Cristo é assim demonstrada como previsto, e.g., em Ap 20.1-6. 4. Que a expulsão milagrosa de demônios por Jesus é um prenúncio, uma demonstração prévia ou prefiguração [...] como foi a transfiguração, do próprio reino. Os milagres então são *confirmações* previamente concedidas de que o reino virá como previsto.

Os milagres de Jesus são tão variados e importantes à luz do reino que se pode perceber prontamente *como* eles nos dão a confiança necessária em suas várias exigências e em seus vários aspectos. A ressurreição dos mortos está ligada ao reino; o fato de que as chaves da morte estão penduradas ao cinto de Cristo é demonstrado nos milagres de [ressurreição dos mortos] [...] Doença e morte são banidas dentre os herdeiros do reino; os numerosos milagres de curar várias doenças e restaurar os moribundos estabelecem o poder existente para realizá-los. A plena perfeição do corpo será desfrutada no reino; isso é previsto pela eliminação de cegueira, da paralisia, da surdez e da mudez. Fome, sede, jejum etc. são substituídos por abundância no reino; os milagres da alimentação de milhares comprovam o poder previsto que os realizará. O mundo natural estará completamente sob o controle do Messias nesse reino; os milagres da pesca de peixes, da tempestade acalmada, do barco conduzido ao seu destino, da caminhada sobre o mar, do peixe que abrigou o imposto, da figueira infrutífera destruída e da muito ridicularizada transformação da água em vinho mostram que Aquele que estabelece esse reino realmente tem poder sobre a natureza. O mundo espiritual, misterioso, invisível estará, como previsto, em contato e em comunicação com esse reino; e Jesus prova isso pelos milagres da transfiguração, da cura do endemoninhado, da expulsão da legião de demônios, da passagem pela multidão sem ser visto e pelos milagres da Sua própria morte, ressurreição e ascensão. Realmente, não há quase nenhuma característica desse reino previsto que será instituído por obra especial do Divino que também não nos tenha sido confirmada por alguns vislumbres do Poder que as realizará. O reino —o fim— tem como propósito desfazer a maldição do homem e da natureza e conceder as bênçãos mais extraordinárias ao homem e à natureza renovada; tudo isso, porém, será feito por Aquele que, dizem as Escrituras, exercerá poder sobrenatural para realizá-lo. Então é lógico esperar, *como parte* do desenvolvimento do próprio plano, que, quando chegar Aquele por meio de quem o homem e a natureza serão regenerados, seja exibida uma manifestação de poder —mais abundante e superior a tudo que a precedera— sobre o homem e sobre a natureza, para confirmar nossa fé Nele e em Seu reino.[5]

Cada milagre que o Senhor fez, então, pode ser visto não apenas como demonstração do poder teocrático do Messias, mas também como algo que retrata as condições que existirão quando o reino teocrático for estabelecido.

G. *A oferta teocrática em relação às profecias do Antigo Testamento.* A autenticidade da oferta do reino foi provada por um apelo à promessa

---

[5] PETERS, op. cit., I, p. 89-90.

do Antigo Testamento. Em várias ocasiões o Senhor explica um plano de ação sobre o qual se levantara algum questionamento, recorrendo às promessas messiânicas do Antigo Testamento para demonstrar que Ele cumpriu tudo o que o Messias faria na Sua vinda. Seu direito de possuir o templo de Deus e purificá-lo é justificado pelo recurso a um salmo reconhecidamente messiânico (Jo 2.17 com Sl 69). Sua primeira apresentação pública na sinagoga produz uma declaração da obra do Messias (Lc 4.18,19 com Is 61.1). A questão de Ele ter sido precedido pelo Precursor prometido é estabelecida pelas passagens messiânicas (Lc 7.27 com Ml 3.1). O fato de Ele ser qualificado como Messias, pessoalmente, provoca uma exposição da promessa messiânica (Lc 20.41-44). A purificação final do templo é justificada novamente recorrendo-se à promessa messiânica (Mt 21.13 com Is 56.7). Em Seu ministério pós-ressurreição, Cristo demonstrou claramente o relacionamento entre os profetas do Antigo Testamento e Ele próprio (Lc 24.25-27). Tais citações são suficientes para mostrar que Cristo constantemente recorreu às promessas do reino teocrático para explicar Suas ações.

H. *A relação de Cristo com a oferta do reino*. O reino foi oferecido na pessoa do rei. A afirmação do Senhor é: "Porque o reino de Deus está dentro de vós" (Lc 17.21). O Senhor não está dizendo que Seu reino seria um reino espiritual no coração dos homens. Isso contraria todo o teor da Palavra de Deus. Ele está afirmando que o reino pelo qual eles esperavam já estava "próximo" na pessoa do rei. O rei legítimo estava presente e bastava apenas arrependimento por parte da nação e a aceitação de Cristo como o Messias teocrático.

I. *A incerteza da oferta*. A oferta do reino era uma oferta que dependia de certos fatores. Deus sabia muito bem a reação de Israel, porém o estabelecimento do reino teocrático dependia do arrependimento da nação, do reconhecimento de João Batista como o precursor prometido e da aceitação de Jesus Cristo como o rei teocrático. McClain diz:

> Mais de um expositor já tropeçou na afirmação de Cristo: "Não fui enviado senão às ovelhas perdidas da casa de Israel". A única explicação satisfatória é perceber, como nosso Senhor claramente percebia, a natureza incerta de Sua mensagem do reino. Para resumir em uma palavra: *O estabelecimento imediato e completo do Seu reino dependia da atitude da nação de Israel*, à qual pertenciam as promessas e as alianças divinas [...]
> O fato de que nosso Senhor entendia claramente a natureza incerta da mensagem do Seu reino fica claro a partir da Sua avaliação de João Batista e de sua carreira meteórica. Todo judeu inteligente sabia que a

palavra final do último profeta do Antigo Testamento previa o aparecimento de Elias como precursor do reino. E Jesus declara, em Mateus 11, com relação a João: "*Se o quereis reconhecer, ele mesmo é Elias*, que estava para vir". Ainda mais tarde, quando acontecimentos históricos comprovaram a certeza da Sua rejeição e morte nas mãos da nação judaica, nosso Senhor refere-se mais uma vez a João, mas agora a sorte foi lançada. "Elias virá e restaurará todas as coisas", Ele assegura aos discípulos, mas acrescenta: "Eu, porém, vos declaro que Elias já veio, e não o reconheceram". Não hesito em afirmar que temos aqui a chave de um dos problemas mais complexos da escatologia do Novo Testamento em relação ao reino: O *estabelecimento imediato do reino mediatário na terra dependia da atitude de Israel*.[6]

Em ambos os Testamentos, as bênçãos do reino teocrático dependem do arrependimento individual e da aceitação de um novo coração da parte do Messias. Mesmo na administração teocrática do Antigo Testamento o incrédulo e o impuro eram impedidos de participar junto com o povo crente e preparado. Isso é apresentado claramente em Atos quando Pedro convoca a nação ao arrependimento (At 2.38; 3.19).

J. *A oferta legítima*. Essa oferta do reino foi, no entanto, legítima. Seria um escárnio que Deus apresentasse o reino teocrático se ele não fosse uma oferta genuína. Peters diz:

> Esse reino foi oferecido à nação de boa fé, i.e., ele seria concedido *contanto que* a nação se arrependesse. O resultado previsto não fazia diferença ao seu teor, considerando-se a livre agência da nação; esse resultado fluiu de uma *escolha voluntária*. A descrença nacional não mudou a fidelidade de Deus; Romanos 3.3. Seria pejorativo para a missão de Cristo olhá-la por qualquer outro ângulo, e *a sinceridade e o desejo* de Jesus de que a nação aceitasse são testemunhados em Suas lágrimas sobre Jerusalém, em Seu discurso à cidade, em Seu esforço incessante, no envio dos doze e dos setenta e em Seus atos de misericórdia e de amor. Segue-se, então, que aos judeus foi concedido *o privilégio* de aceitar o reino, e, se eles tivessem concordado com a condição anexada, *então* o reino de Davi teria sido gloriosamente restabelecido sob o Messias.[7]

Muitos sustentam que a oferta legítima de um reino no primeiro advento minimiza a cruz e não deixa lugar para a realização do plano redentor de Deus.[8] Em resposta a essa questão, deve-se dizer que a

---

[6] McCLAIN, op. cit., p. 8-9.
[7] PETERS, op. cit., I, p. 377.
[8] Cf. Oswald T. ALLIS, *Prophecy and the church*, p. 74-5.

O plano do reino no Novo Testamento 465

oferta e a rejeição do reino teocrático eram o plano pelo qual o propósito eterno foi realmente cumprido. O que realizou o propósito divino da salvação mediante a morte de Cristo foi a rejeição de um reino oferecido a Israel. Peters observa:

> A pergunta "Como então a expiação seria feita pelo derramamento de sangue?" nada tem que ver com a sinceridade dessa oferta, pois "a sabedoria multiforme de Deus" seria igual à emergência, quer antecipando para algum outro período, quer fazendo previamente alguma provisão para que ela se cumprisse, quer ainda de algum outro modo desconhecido para nós. Como aconteceu, os propósitos de Deus, Seu conselho determinado, foram moldados por *uma escolha voluntária prevista* da nação. A misericórdia de Deus estava disposta a dar, mas o pecado da nação impediu a dádiva. O fato de que o reino seria estabelecido se a nação tivesse crido é evidente com base em Deuteronômio 32; 2 Crônicas 7.12-22; Isaías 48.18; Salmos 81.8-16 etc.
>
> [...] O argumento de Paulo em Romanos baseia-se na suposição de que a nação tinha o poder de escolha, de que ela escolheu voluntariamente o mal, e de que Deus por misericórdia substituiu sua destruição pela salvação dos gentios. Eles tropeçaram e caíram, não por necessidade, e não porque o Propósito de Deus exigisse isso, mas somente por causa de sua própria incredulidade; e o plano de Deus, o Onisciente, tomou essa rejeição como resultado previsto e fez para ela provisão equivalente.[9]

O princípio de que Deus faz uma oferta genuína apesar da previsão de que ela não será aceita é reconhecido nas Escrituras. Chafer demonstra:

> Os acontecimentos de Cades-Barnéia foram um tipo dessa primeira oferta. Lá, essa mesma nação, que já havia experimentado os desconfortos do deserto, teve oportunidade de entrar imediatamente na terra prometida. Assim, livres para escolher, eles deixaram de entrar e retornaram a mais quarenta anos de peregrinação pelo deserto e a mais julgamentos. Eles poderiam ter entrado com bênção. Deus sabia que eles não iriam; mas mesmo assim foi pela própria escolha deles que a bênção foi adiada. Mais tarde eles foram levados novamente à terra após julgamentos e aflições no deserto. Dessa vez, porém, não há referência à sua própria escolha.[10]

Alguns acreditam que a oferta não poderia ter sido genuína porque o Antigo Testamento previu o sofrimento de Jesus antes da glória

---
[9] PETERS, op. cit., I, p. 378.
[10] Lewis Sperry CHAFER, *The kingdom in history and prophecy*, p. 56.

que teria a seguir.[11] Sustenta-se que a ordem faz a morte vir necessariamente primeiro, portanto não poderia haver nenhuma oferta genuína do reino. Bastaria ressaltar que os profetas viram os acontecimentos à luz da rejeição, na ordem verdadeira em que esta se deu, e não na ordem da dependência da reação de Israel. Essa ordem não viola a genuinidade da oferta, mas demonstra que a rejeição da oferta foi o meio determinado para realizar o fim desejado por Deus.

Alguns afirmam que nem o Senhor, nem João jamais ofereceram um reino terreno a Israel, mas apenas um reino espiritual.[12] Tal posição despreza totalmente a natureza do "reino" pregado por João, pelo Senhor e por Seus discípulos. Já demonstramos que eles pregaram o mesmo reino que o Antigo Testamento prometera e Israel esperava, sem nenhuma mudança de conceito.

II. A Apresentação e a Rejeição do Reino Teocrático Registradas em Mateus

O propósito do evangelho de Mateus foi apresentar Jesus Cristo como Messias, delinear a oposição feita pela nação a Ele e ao reino oferecido e registrar a definitiva rejeição oficial a esse Rei e a esse reino por parte de Israel. Uma análise do tema de Mateus será feita aqui para expor esse argumento, dada a sua relação de extrema importância com todo o conceito e plano do reino.

Há três movimentos principais no evangelho de Mateus: 1) a apresentação e a legitimação do rei (1.1-11.1); 2) a oposição ao Rei (11.2-16.12) e 3) a rejeição definitiva do Rei (16.13-28.20).

A. *A apresentação e a legitimação do Rei.* Mateus dedica a primeira divisão de seu evangelho à apresentação e à legitimação de Jesus como Messias a Israel (1.1-11.1).

1. Nessa divisão a primeira seção trata da apresentação do Rei de Israel (1.1-4.11). Nela Mateus fala da chegada do Rei (1.1-2.23), arrolando Sua linhagem (1.1-17) para demonstrar Seu direito ao trono, e Sua vinda (1.18-2.23), para demonstrar, por meio do nascimento virginal, que Ele detinha direito legal ao trono. O nome que Lhe foi dado ao nascer (1.24,25) o relaciona a Josué, que levara o povo à terra prometida e a uma vida de paz e de descanso. Em Sua infância (2.1-23) são retrata-

---
[11] Cf. ALLIS, op. cit., p. 75.
[12] Philip MAURO, *God's present kingdom*, p. 172-3.

das a homenagem prestada pelos gentios (2.1-12) e a rejeição dos judeus (2.13-15). Mateus apresenta ainda o embaixador do Rei (3.1-12), para demonstrar que as Escrituras proféticas se tinham cumprido. Essa apresentação é seguida pela aprovação do Rei (3.13-4.11), na qual Mateus registra o testemunho ocorrido em Seu batismo (3.13-17), quando Deus concede aprovação ao Messias, e também o testemunho de Sua vitória sobre Satanás (4.1-11), quando Seu direito moral de reinar é estabelecido.

2. Na segunda seção dessa divisão, Mateus registra as proclamações do Rei (4.12-7.29), pelas quais Seu direito judicial de reinar é estabelecido. A autoridade real é demonstrada pelo fato de Ele ser capaz de conduzir os homens à obediência (4.12-22). As credenciais do Rei são por Ele apresentadas (4.23-25). Os pronunciamentos do Rei (5.1-7.29) comprovam autoridade real. Foi anunciado por João e por Jesus que o reino estava próximo. Os milagres haviam provado a validade do anúncio. As multidões desejavam saber quais eram os requisitos para entrar no reino anunciado. O Sermão do Monte foi proferido para expor de maneira mais completa os requisitos de entrada no reino esperado. Os súditos do reino são descritos (5.1-16), o relacionamento do Rei com a lei é estabelecido (5.17-20), as falsas interpretações que os fariseus ofereciam dos requisitos da lei são denunciadas (5.21-48) e as falsas práticas religiosas dos fariseus são postas a nu (6.1-7.6). A seguir o Rei oferece aos que almejam entrar no reino instruções sobre a oração (7.7-11), sobre a verdadeira justiça (7.12), sobre o caminho de acesso ao reino (7.13,14), sobre os falsos mestres (7.15-23) e sobre os dois alicerces (7.24-29).

3. A terceira seção dessa divisão do evangelho é uma apresentação do poder do Rei (8.11-11.1), com o propósito de legitimar Sua reivindicação à função de Messias. A autoridade do Messias é provada no campo da doença quando Ele cura um leproso (8.1-4), um paralítico (8.5-13) e uma pessoa ameaçada por febre alta (8.14,15). Sua autoridade é demonstrada na esfera demoníaca (8.16,17), na esfera humana (8.18-22; 9.9), na esfera da natureza (8.23-27), do pecado (9.1-8), da tradição (9.10-17), da morte (9.18-26) das trevas (9.27-34). Todas essas demonstrações de autoridade serviram para comprovar Seu direito ao ofício de Messias (9.35). A demonstração cabal de Sua autoridade é vista no fato de que Ele é capaz de delegar essa autoridade a outros (9.35-11.1). Tal delegação de autoridade torna-se a evidência culminante de Suas prerrogativas messiânicas, pois apenas quem possui autoridade pode delegá-la a outrem. Nessa parte do evangelho de Mateus, o Messias é motivado por compaixão (9.35-38), lança uma convocação aos discípulos (10.1-4)

e dá-lhes uma comissão (10.5-11.1). A mensagem confiada (10.5-15) é dirigida exclusivamente a Israel (10.4-5), em virtude do seu estado de perdição (10.6), e gira em torno da mesma mensagem que João e Jesus haviam proclamado (10.7), devendo ser fundamentada pelos mesmos milagres que haviam legitimado Jesus como Messias (10.8). Esse ministério dos discípulos foi apenas uma extensão do ministério de Jesus a Israel, e um anúncio da mesma mensagem que Ele entregou à nação. A aceitação da mensagem do reino seria a mesma dispensada à proclamação de João Batista. Eles seriam perseguidos e rejeitados por causa de Sua mensagem (10.16-23). No entanto, deveriam encontrar consolo no fato de serem objeto do cuidado especial do Pai (10.24-33). Mesmo que houvesse divisões por causa de seu ministério (10.34-39), haveria recompensa para eles como pregadores e para os que os recebessem e à sua mensagem (10.40-42). Até aqui em seu evangelho, Mateus diligentemente apresentou à nação uma Pessoa e provou Seu direito legal, Seu direito moral, Seu direito judicial e Seu direito profético ao trono messiânico. Em suma, exibiu plena autenticação para apoiar as reivindicações de Jesus Cristo.

B. *A oposição ao Rei e a rejeição dele*. A segunda divisão do evangelho de Mateus é dedicada à oposição do povo de Israel ao Rei e Sua rejeição pelos israelitas (11.2-16.12).

1. Em primeiro lugar, Mateus delineia o começo da rejeição (11.2-27), que começa com a oposição ao precursor, João Batista (11.2-15), continua com a oposição dos críticos (11.16-19) e culmina com a oposição por parte dos incautos (11.20-24). O advérbio de tempo em Mateus 11.20 mostra uma mudança na ênfase do ministério de Cristo, resultante dessa atitude em relação a Ele. A despeito da oposição, estende-se um convite aos humildes (11.25-30).

2. A seguir, Mateus delineia as controvérsias com as autoridades. A primeira delas diz respeito ao sábado (12.1-8), bem como a segunda (12.9-21). A terceira ocorre por causa da cura de um endemoninhado (12.22-37). Por causa desse milagre, o Messias é acusado de ministrar com base no poder e na autoridade de Satanás. Essa acusação é rechaçada por Cristo ao demonstrar que é impossível haver divisão no reino de Satanás (12.25,26), que os exorcistas judaicos não eram acusados de empregar o poder de Satanás (12.27) e que isso deveria ser interpretado como demonstração de autoridade messiânica (12.28). Toda essa controvérsia é seguida de uma severa advertência (12.31-37) sobre a

gravidade de rejeitar o testemunho do Espírito Santo sobre a pessoa de Cristo. A quarta controvérsia (12.38-42) gira em torno de outro pedido de evidência quanto à Sua messianidade. A conclusão dessa controvérsia aparece em Mateus 12.43-50, em que Cristo repudia relacionamentos naturais, como os de que Israel desfrutava para com Ele, e antevê um novo relacionamento, baseado na fé, que viria a ser estabelecido. Devemos observar, em toda essa controvérsia, que há apenas uma pergunta básica diante da nação: "É este, porventura, o Filho de Davi?" (12.23).

3. Mateus delineia, a seguir, as conseqüências da rejeição (13.1-52). Nas parábolas desse capítulo, o Messias esboça o desenvolvimento do plano do reino à luz da rejeição do Messias por Israel, e oferece um vislumbre do período que vai da rejeição do Messias por Israel até a futura recepção do Messias por Israel em Sua segunda vinda.

4. Mateus apresenta ainda o auge da rejeição por parte da nação (13.53-16.12). Há rejeição em Nazaré (13.53-58), rejeição por Herodes (14.1-36), rejeição pelos escribas e fariseus (15.1-39) a despeito do sinal da cura da mulher siro-fenícia (15.21-28), do sinal da cura de muitas pessoas (15.29-31) e da segunda multiplicação dos pães (15.32-39). A rejeição definitiva vem pelos lábios dos fariseus e dos saduceus (16.1-12) e provoca a retirada de quaisquer outros sinais para Israel, exceto o de Jonas, isto é, o sinal vindouro da morte e da ressurreição do Messias. Assim, toda essa divisão do evangelho de Mateus (11.2-16.12) é o registro de uma crescente oposição ao Messias. Ela se manifestou primeiro na oposição ao Precursor, e depois ao próprio Messias. A oposição assumiu a forma de conflito aberto entre o Messias e os líderes da nação. Por conseguinte, o Messias delineou o Seu plano para o reino a partir de Sua rejeição até Sua aceitação. A oposição se transformou em rejeição aberta pelos vários partidos da nação, até ficar evidente que não havia nenhuma possibilidade de que a nação O recebesse como Messias, fazendo de Sua morte um fato absolutamente previsível.

C. *A rejeição definitiva do Rei*. A terceira divisão do evangelho refere-se à rejeição definitiva do Messias por Israel (16.13-28.20).

1. Nessa divisão Mateus apresenta a preparação dos discípulos pelo Messias em vista dessa rejeição (16.13-20.34). Ele oferece uma revelação de Sua pessoa em vista de Sua morte próxima (16.13-16). A isso se segue a revelação de Seu plano para a igreja (16.17-20), do plano para a

Sua morte (16.21-26) e do plano para o reino (16.26-17.21). A transfiguração foi uma revelação da vinda gloriosa do Filho do Homem (16.27) e deve ser entendida como um quadro prenunciador em miniatura da segunda vinda do Messias em Sua glória para estabelecer o Seu reino (2Pe 1.16-18). Mateus apresenta as instruções do Messias à luz da Sua morte (17.22-20.34). Nessa seção há instruções sobre perseguição (17.22-23), privilégios dos filhos (17.24-27), humildade (18.1-5), ofensas (18.6-14), disciplina (18.15-20), perdão (18.21-35), divórcio (19.1-12), receber crianças (19.13-15), riqueza (19.16-26), serviço (19.27-20.16), Sua morte (20.17-19), ambição (20.20-28) e autoridade messiânica (20.29-34).

2. Em segundo lugar nessa divisão, Mateus registra a apresentação formal e a rejeição oficial do Rei (21.1-27.66). Nessa seção, Mateus faz a apresentação formal do Rei em Sua entrada triunfal (21.1-17), que se conformava ao tempo da vinda do Messias anunciado em Daniel 9.24-27. A purificação do templo é outra parte da apresentação formal, na qual o Messias aparece agindo em nome de Seu Pai para tomar posse do templo paterno. A cura dos doentes (21.14) é outro aspecto dessa apresentação formal, uma vez que demonstra a Sua autoridade. O ato final de Sua apresentação formal como Messias é a aceitação do louvor da multidão (21.15-17). Depois dessa apresentação formal, o Messias retira-se de Jerusalém (21.17). Esse ato é significativo em vista de Sua rejeição pela nação. A isso se segue a maldição da figueira pelo Messias (21.18-22). Como a figueira é usada para representar a nação de Israel nas Escrituras, essa ação representa a rejeição da nação pelo Messias depois de ela O rejeitar.

3. O terceiro movimento dessa divisão é o conflito final entre Jesus e a nação (21.23-22.46). Há um conflito com os sacerdotes e anciãos (21.23) sobre a questão da Sua autoridade. Três parábolas ilustram esse trágico conflito: a parábola dos dois filhos (21.28-32), mostrando a atitude dos líderes para com o ministério de João Batista; a parábola do administrador (21.33-46), que expunha a atitude dos líderes para com o próprio Jesus, e a parábola das bodas (22.1-14), que mostrava a atitude da liderança em relação ao convite de Deus para que entrassem no reino. Segue-se um conflito com os herodianos (22.15-22) sobre a questão do imposto. Depois vem um conflito com os saduceus (22.23-33) por causa da ressurreição, e por fim um conflito com os fariseus (22.34-46) quanto à interpretação da lei.

O plano do reino no Novo Testamento 471

4. O quarto movimento nos leva à rejeição da nação de Israel pelo Messias em vista de eles terem rejeitado Jesus e Seu reino (23.1-39). O capítulo registra os ais pronunciados contra os fariseus, que culminam com o anúncio do juízo (23.33) e um pronunciamento final da desolação (23.38).

5. Essa rejeição traz consigo as predições do Rei (24.1-25.46), seção que descreve a cronologia dos acontecimentos que sobrevirão ao povo de Israel. Em resposta às perguntas dos discípulos sobre o futuro da cidade e da nação, Ele descreve o período da tribulação (24.4-26), a segunda vinda (24.27-30) e a reunião de Israel (24.31). O desenvolvimento cronológico é interrompido pelas parábolas que instruem quanto à necessidade de vigilância (24.32-51). A cronologia dos acontecimentos é retomada com uma revelação concernente ao juízo contra Israel (25.1-13 e 25.14-30) e ao julgamento dos gentios (25.31-46), para demonstrar que somente os salvos entrarão no milênio, o qual se seguirá à segunda vinda do Messias.

6. O sexto movimento dessa divisão é o quadro da paixão do Rei (26.1-27.66). São descritos os acontecimentos que precedem a Sua morte (26.1-27.32): o anúncio da ocasião da morte (26.1-2); a conspiração (26.3-5); a unção (26.6-13); a traição (26.14-16); a celebração da Páscoa e a instituição da ceia do Senhor (26.17-30); a predição da negação de Pedro (26.31-35); a experiência no jardim (26.36-46); a prisão e o julgamento do Messias (26.47-27.32), em que uma das perguntas dos juízes foi se Jesus era o Messias, o Filho de Deus (26.63).Os acontecimentos de Sua morte e sepultamento são apresentados a seguir (27.33-66). Há vários episódios na própria crucificação que testemunham que Aquele a Quem os judeus estavam executando era o Messias. A zombaria dos soldados que gritavam "Salve, Rei dos Judeus!" dá testemunho disso. A divisão das vestes (27.35) aparece como cumprimento de um salmo messiânico, relacionando o acontecimento ao próprio Messias. O título gravado e afixado acima da cruz (27.37) é ainda outro testemunho. O escárnio lançado contra Ele pela multidão (27.40) se devia ao fato de Ele reivindicar poderes messiânicos. A zombaria dos sacerdotes (27.42,43) foi causado pelo fato de que Ele oferecera uma salvação que apenas o Messias poderia oferecer ao povo. A escuridão sobrenatural (27.45) e o grito de Seus lábios (27.46), bem como o fato de lhe terem oferecido vinagre (27.46) são todos cumprimentos do que o salmista predissera sobre a morte do Messias. Os milagres que acompanharam Sua morte (27.45,51,52) devem todos ser vistos como evidências de que

Ele era verdadeiramente o Messias de Deus. Até mesmo o Seu sepultamento (27.57-60) cumpre a parte messiânica central do Antigo Testamento, Isaías 53. No pedido de um selo para a sepultura (27.62-66), há um indício sutil de que os líderes sabiam que Ele era o Messias e receavam que sua decisão de condená-lO fosse desmascarada por um túmulo vazio, e por isso tentaram torná-lo o mais seguro possível. Mesmo a morte e o sepultamento de Cristo, a aparente derrota do Seu propósito de cumprir as alianças com Israel, estão repletos de testemunho messiânico.

7. O movimento final dessa divisão do evangelho é um registro da prova do direito messiânico do Rei —a ressurreição do Messias (28.1-20). O túmulo vazio (28.1-8) e as aparições depois da ressurreição (28.9,10) são prova tão suficiente de Sua messianidade que os líderes não poderiam forjar uma história que explicasse o túmulo vazio (28.11-15). Israel recebera seu grande sinal concernente à pessoa de Cristo. A comissão final dos discípulos (28.16-20) é a última demonstração da autoridade messiânica de Cristo.

O evangelho de Mateus foi escrito para apresentar o Messias a Israel e para registrar a reação da nação. A primeira divisão do livro relaciona-se à apresentação e à legitimação do Messias, demonstrando que Ele tem direito legal, moral, judicial e profético ao trono, direito plenamente autenticado pelo Rei em Seus milagres. A segunda divisão observada é a oposição e a rejeição ao Messias pela nação de Israel. A oposição cresce e transforma-se em rejeição indisfarçada. Por conseguinte, é revelado um plano para uma nova forma do reino, até então mantido em segredo por Deus. A terceira divisão maior trata do auge da rejeição na morte do Messias. O crucificado era o Rei dos Judeus. A ressurreição do crucificado é a aprovação divina de todas as Suas reivindicações e também Sua autenticação como Messias. Pelo fato de Israel ter rejeitado o Messias, a nação levará sobre si o seu pecado até que Ele volte para redimi-la e reinar em glória, aclamado por todos como o Messias.

III. A Oferta do Reino Teocrático é Retirada e Adiada Depois da Rejeição por Parte de Israel

No desenvolvimento do tema do evangelho de Mateus, já demonstramos que o ponto decisivo no ministério do Senhor Jesus a Israel foi relatado no capítulo 12, em que são registradas a rejeição de Israel por Cristo, em vista do anúncio de Sua rejeição pela nação, e a retirada da

O plano do reino no Novo Testamento

oferta do reino. Sobre os acontecimentos dos capítulos 11 e 12, Gaebelein escreve: "Esta é a grande virada desse evangelho, e com ela cessam a oferta de nosso Senhor a Israel como Rei, bem como a oferta do próprio reino".[13] Barnhouse observa a importância do acontecimento registrado em Mateus 12.14,15:

> O ódio no coração dos líderes religiosos tinha chegado ao ponto de se reunirem contra Ele em conselho, planejando como haveriam de matá-Lo (Mt 12.14). Foi então que ocorreu um ato tão dramático e significativo que não podemos deixar de observar. Lemos que, quando Jesus soube que eles deliberavam em conselho contra Ele, "retirou-se dali" (v. 15). Foi um dia triste para Israel. Quando o Messias de Israel se afastou de Seu povo, nada mais restaria no cálice da nação, exceto a amargura.[14]

Porque a nação O rejeitou, o Senhor anuncia o rompimento de todos os laços naturais pelos quais estava preso a Israel (Mt 12.46-50).

Com base nesse anúncio feito pelo Senhor com respeito à rejeição por parte de Israel, podemos delinear um movimento definido na retirada da oferta do reino. Nas parábolas (Mt 13.1-50) o Senhor esboça o plano de desenvolvimento do reino teocrático durante o período da ausência do Rei, e anuncia o início de um plano inteiramente novo, até então inesperado e não anunciado —a igreja (Mt 16.13-20). Ele prepara os discípulos para uma longa demora no plano do reino no que diz respeito a Israel (Lc 19.11-27). Ele promete a segunda vinda, ocasião em que o plano do reino para Israel será retomado (Mt 24.27-31), e dá à nação os sinais que anunciarão o Seu segundo advento (Mt 24.4-26). Ele prepara os discípulos para seu ministério nessa nova fase (Jo 14-16), mas lhes promete participação no reino, a despeito desse adiamento (Mt 19.28-30; Lc 22.28-30). O Senhor até oferece aos discípulos um quadro menor e antecipado da segunda vinda do Messias para estabelecer o Seu reino (Mt 16.27-17.8). Assim, vemos que o Senhor está preparando os discípulos para a retirada da oferta do reino e a instituição de um novo plano e uma nova era antes que o plano do reino seja consumado.

No ministério público do Senhor há uma progressão de anúncios que definem a retirada da oferta do reino. O anúncio dos ais contra os líderes da nação (Mt 23) significa que a única expectativa que lhes resta é a do juízo. A declaração do Senhor é definitiva:

---

[13] Arno C. GAEBELEIN, *The gospel of Matthew*, I, p. 234.
[14] Donald Grey BARNHOUSE, *His own received him not, but...* , p. 114-5.

Jerusalém, Jerusalém, que matas os profetas e apedrejas os que te foram enviados! Quantas vezes quis eu reunir os teus filhos, como a galinha ajunta os seus pintinhos debaixo das asas, e vós não o quisestes! Eis que a vossa casa vos ficará deserta. Declaro-vos, pois, que, desde agora, já não me vereis, até que venhais a dizer: Bendito o que vem em nome do Senhor! (Mt 23.37-39).

E dizia: Ah! Se conheceras por ti mesma, ainda hoje, o que é devido à paz! Mas isto está agora oculto aos teus olhos. Pois sobre ti virão dias em que os teus inimigos te cercarão de trincheiras e, por todos os lados, te apertarão o cerco; e te arrasarão e aos teus filhos dentro de ti; não deixarão em ti pedra sobre pedra, porque não reconheceste a oportunidade da tua visitação (Lc 19.42-44).

Cairão a fio de espada e serão levados cativos para todas as nações; e, até que os tempos dos gentios se completem, Jerusalém será pisada por eles (Lc 21.24).

Perguntou-lhes Jesus: Nunca lestes nas Escrituras: A pedra que os construtores rejeitaram, essa veio a ser a principal pedra, angular; isto procede do Senhor e é maravilhoso aos nossos olhos? Portanto, vos digo que o reino de Deus vos será tirado e será entregue a um povo que lhe produza os respectivos frutos (Mt 21.42,43).

Há duas explicações para a palavra "nação", a quem o reino de Deus seria a partir de então oferecido. 1) A primeira entende a palavra *nação* como "geração" e interpretaria a passagem assim: o reino de Deus, que fora oferecido à geração de israelitas, não mais lhes seria oferecido, mas sim à geração de Israel que viver naquele tempo futuro, imediatamente anterior à segunda vinda do Messias, e que manifestará pelas suas obras a fé nessa vinda. Isso significa que o reino, então oferecido a Israel, voltará a ser oferecido a Israel antes da segunda vinda. Isso se alinha com a promessa de que o evangelho do reino será novamente pregado e aceito por um remanescente em Israel (Mt 24.14). 2) A segunda explicação interpreta a palavra *nação* como uma referência aos gentios, a quem seriam anunciadas as boas novas depois da morte de Cristo, e por meio de quem o plano do reino seria desenvolvido (o plano que era o mistério em Mateus 13) até sua realização final na segunda vinda. Peters define esse ponto de vista ao escrever:

> Esse reino de Deus, oferecido à nação judaica, será oferecido a outros povos que serão adotados, a fim de que o propósito de Deus não falhe.
> Esse reino é incorporado pela promessa da aliança com a descen-

dência de Abraão; essa descendência é escolhida, mas, ao rejeitar o reino com a condição a ele anexada, agora, para que o propósito divino revelado nas alianças não falhe em seu cumprimento por causa da incredulidade e da depravação da nação, outra descendência seja levantada para Abraão, à qual o reino, num sentido peculiar [...] seja dado.[15]

Ele diz ainda:

> O reino que, por promessa, pertencia exclusivamente à nação judaica, a descendência legítima de Abraão, não seria dado ao povo que fora enxertado.
>
> [...] Como as promessas de Deus são certas [...] esse povo, essa nação mesma, precisa ser enxertada ou incorporada à descendência eleita de Abraão [...] Em lugar de deixar que promessa tão preciosa falhe, Deus é fiel [...] em suscitar filhos a Abraão, até das pedras se isso fosse necessário (Mt 3.9); porém, em vez de recorrer a intervenções miraculosas para produzir tal resultado, Deus suscita a Abraão uma descendência dentre os gentios, enxertando-os pela fé em Cristo e considerando-os filhos de Abraão em virtude de sua fé justificadora, semelhante à de Abraão.[16]

Seja qual for o ponto de vista adotado, a palavra do Senhor ainda constitui o anúncio da retirada da oferta do reino a Israel naquela ocasião por causa da rejeição de Jesus como o Messias. Peters observa:

> Próximo ao fim de Seu ministério, Jesus pregava que o reino não estava próximo.
>
> [...] Tão logo os representantes da nação se reuniram em conselho e conspiraram para matar a Jesus, Ele, tendo terminado a primeira fase de Sua missão, mudou Seu estilo de pregar. Em vez de proclamar à nação que o reino estava próximo, agora dava a entender e declarava diretamente que o reino não estava próximo. Mateus 21.43 já é definitivo ao dizer: "Portanto, vos digo que o reino de Deus vos será tirado e será entregue a um povo que lhe produza os respectivos frutos".
>
> Temos, no entanto, anúncios mais explícitos. Assim, Lucas 19.41-44 apresenta, em vez de um reino, uma ameaça sombria de males terríveis e pendentes. E, ainda, em Mateus 23.37-38 [...], em vez de um reino que viria até eles, o que lhes está determinado é a dispersão e a destruição da cidade, dada a sua condição impenitente [...] Em Lucas 21.31 [...] já que Sua morte era planejada pelos líderes da nação, a oferta é retirada, e o adiamento do reino, seu distanciamento da nação, é diretamente afirmado pela enumeração de certos acontecimentos que deverão ocorrer antes

---

[15] PETERS, op. cit., I, p. 386.
[16] Ibid., I, p. 396.

que o reino se aproxime mais uma vez de Israel [...] nenhum dos quais se deu entre o momento em que foram pronunciados por Jesus e o dia de Pentecostes; daí a conclusão de que o reino não foi estabelecido [...] Lucas 19.11-27 demonstra veementemente nossa proposição. Jesus contou essa parábola porque parecia aos discípulos "que o reino de Deus havia de manifestar-se imediatamente" [...] a parábola é proferida [...] para indicar que ele não apareceria em breve, mas somente depois de se passar um período indefinido de tempo... Cristo só predisse abertamente Seus sofrimentos e Sua morte perto do final de Seu ministério (Mt 20.17-20; Jo 12.32-34 etc.). Isso não foi por acaso... Quando foi rejeitado e os líderes envidaram esforços para eliminá-Lo, Ele se achou livre para desenvolver o que Deus já de antemão propusera em vista dessa rejeição e para superá-la.[17]

---

[17] Ibid., I, p. 379-83.

Capítulo 27
O plano do reino na presente era

O fato de que Deus continua o desenvolvimento de Seu plano geral para o reino teocrático foi apresentado anteriormente no estudo das parábolas de Mateus 13. Era algo totalmente desconhecido no Antigo Testamento que um grande intervalo de tempo se interporia entre a oferta do reino pelo Messias na Sua vinda à terra e a recepção dessa oferta. As parábolas de Mateus 13 revelam todo o desenvolvimento do reino teocrático desde a rejeição do Rei por Israel durante a Sua primeira vinda até a Sua aceitação como Messias por Israel no segundo advento. Ao comentar sobre Lucas 19.11-27, Peters desenvolve todo o plano. Ele escreve:

> Jesus contou essa parábola porque eles achavam "que o reino de Deus havia de manifestar-se imediatamente". Na Sua resposta não há nenhuma insinuação [...] de que os judeus estivessem errados em sua idéia do reino, nem de que, se os conceitos modernos estão corretos, o reino já tivesse vindo e sido estabelecido. Se assim fosse, então a resposta de Jesus teria sido de cruel impertinência; mas, com o conceito correto do reino, ela é coerente e vigorosamente expressa. Pois não há (como não poderia haver) nenhuma declaração de que eles estivessem errados em acreditar que o reino que esperavam, o messiânico, ainda fosse futuro. Eles estavam apenas errados na opinião, cuidadosamente anunciada, de que "o reino de Deus havia de manifestar-se imediatamente". Agora lhes é dada uma parábola para corrigir a crença no estabelecimento imediato do reino, o qual, no entanto, só viria depois que um período indefinido de tempo tivesse passado. Pois Ele se apresenta como um nobre, que, tendo direito ao reino, vai "para uma terra distante, com o fim de tomar posse" (para confirmar Seu título) "de um reino e voltar". Durante a Sua ausência, Seus servos negociam até que Ele volte. Então, após um intervalo de tempo não claramente fixado, chegada a hora de entrar na posse do Seu

reino, tendo-o recebido, Ele retorna. Segue-se o juízo, e aqueles que O rejeitaram (dizendo, "não queremos que este reine sobre nós") são destruídos. Aqui temos: 1) os judeus pensavam que o reino apareceria de imediato; 2) mas não estava próximo, pois a) Ele partiria, b) eles recusariam Seu reino proferido, c) aqueles, no entanto, que eram dedicados a Ele deveriam "negociar" até que Ele voltasse, d) durante Sua ausência não havia nenhum reino, pois Ele se ausentaria para receber o poder para reinar; 3) Ele voltaria e então manifestaria Seu poder adquirido [...] no estabelecimento de Seu reino. Logo temos a ausência e, depois, "a aparição e o reino" de Cristo.[1]

A relação do reino teocrático com a presente era pode ser vista na relação do povo do reino teocrático, Israel, com o plano presente. Isso é delineado em Romanos 11, em que Paulo faz certas afirmações que esboçam o tratamento de Deus. Deus não abandonou Israel (v. 1,2), pois sempre manteve um remanescente para Si (v. 3,4), e há um contínuo remanescente conforme a eleição da graça (v. 5). A nação de Israel foi legalmente cegada (v. 7), cegueira que fora prevista no Antigo Testamento (v. 8-10). Por meio dessa cegueira de Israel, Deus instituiu um plano com os gentios (v. 11,12), no qual, após a retirada dos ramos naturais do lugar de bênção (v. 13-16), galhos selvagens, isto é, os gentios, foram enxertados (v. 17-24). No entanto, quando chegar a plenitude dos gentios, isto é, após a conclusão do plano com os gentios, Deus trará Israel de volta ao lugar da bênção (v. 25-29) e providenciará salvação à nação (v. 26) porque tal era Sua aliança irrevogável (v. 27-29). Essa salvação (v. 26) é a que foi prometida a Israel no Antigo Testamento e seria realizada quando o Messias instituísse o reino milenar. Logo, Paulo nos mostra que, após a rejeição de Israel, por causa da rejeição do reino oferecido, Deus trouxe os gentios para o lugar da bênção, cujo plano continua durante a presente era. Quando esse plano for concluído, Deus inaugurará o reino teocrático na volta do Messias e cumprirá todas as bênçãos prometidas. Assim, durante todo o Novo Testamento, o reino não é pregado como estabelecido, mas ainda esperado. Em Atos 1.6 o Senhor não repreendeu os discípulos porque a sua expectativa de um reino ainda futuro fosse errada, mas apenas afirmou que o tempo daquele reino, apesar de futuro, não seria conhecido por eles.

Muitos acreditam que o plano do reino teocrático foi oferecido a Israel após a instituição da igreja no Pentecostes e a inauguração da era da graça. Scofield diz, ao comentar Atos 3.19-21:

---

[1] G. N. H. PETERS, *Theocratic kingdom*, I, p. 382.

O apelo aqui é à nação judaica, não individual como o primeiro sermão de Pedro (At 2.38,39). Ali os que foram compungidos no coração foram exortados a salvar-se de entre a nação rebelde; aqui Pedro se dirige a todo o povo, e a promessa é que ao arrependimento *nacional* se seguirá a salvação *nacional*: "e Ele enviará o Cristo" para trazer os tempos que os profetas previram [...] A reação oficial foi a prisão dos apóstolos e a proibição de pregar, cumprindo assim Lucas 19.14.[2]

Pettingill diz: "Teria Cristo dado à nação judaica, nos primeiros capítulos de Atos, outra chance para o estabelecimento do reino? Em Atos 3.17-21 é encontrada a oferta".[3]

Embora essa opinião seja compartilhada por excelentes estudiosos da Palavra, parece haver razões para acreditar que, após a rejeição de Cristo, não poderia haver nem houve nenhuma outra oferta do reino até o evangelho do reino ser pregado antes da segunda vinda. 1) Todos os sinais mencionados por Cristo em Mateus 24 e em Lucas 21, que precederiam o estabelecimento do reino, não haviam sido cumpridos, impedindo assim outra oferta do reino em Atos. 2) Pedro demonstrou o princípio divino de que Cristo não poderia reinstituir o reino naquela época, pois ele diz a respeito de Jesus: "ao qual é necessário que o céu receba até aos tempos da restauração de todas as cousas" (At 3.21). Essa época, com seu plano, aconteceria durante a Sua ausência. 3) A instituição da igreja no dia de Pentecostes e todo o plano em causa impediam qualquer oferta do reino naquela era. 4) A nova ordem de Cristo, "E sereis minhas testemunhas tanto em Jerusalém, como em toda a Judéia e Samaria, e até os confins da terra" (At 1.8), não coincide com o evangelho do reino que deve preceder a instituição do reino. 5) Nenhuma oferta do reino poderia ser feita corretamente sem a presença do Rei. Uma vez que, na Sua ascensão, Ele iniciou uma obra voltada para a igreja, a qual Ele deve continuar até a conclusão do plano, o reino, que necessitava da Sua presença, não poderia ser oferecido. 6) O batismo ordenado por Pedro (At 2.38) não poderia estar relacionado com a oferta do reino como outro exemplo do batismo de João, visto que esse batismo é "em nome de Jesus Cristo". Isso está relacionado à nova etapa, não à antiga.

Alguns insistem em que Pedro está oferecendo novamente o reino a Israel no capítulo 2 de Atos, uma vez que ele cita a passagem de Joel

---

[2] C. I. SCOFIELD, *Reference Bible*, p. 1153.
[3] William PETTINGILL, *Bible questions answered*, p. 114.

que promete a plenitude do Espírito na era milenar. No entanto, parece melhor entender que Pedro não está identificando a experiência que eles tinham testemunhado como o cumprimento da profecia de Joel, para que eles se considerassem no reino, mas sim para consubstanciar o fato de que Israel sabia, por meio das Escrituras, que uma experiência como a plenitude do Espírito era possível. O clímax da citação de Joel é alcançado nas palavras "todo aquele que invocar o nome do Senhor será salvo" (At 2.21). É essa salvação que Pedro proclama por meio do Cristo ressurrecto. Porque o "Jesus, que vós crucificastes" foi feito "Senhor e Cristo" (At 2.36), Pedro os convoca ao arrependimento e batismo. Ironside comenta:

> Então Pedro diz: "Mudem a sua atitude" [...] Ele os chama a fazer algo que os separará visivelmente dessa nação sob condenação: "E cada um de vós seja batizado em nome de Jesus Cristo para remissão dos vossos pecados".[4]

O batismo era o ato que os tirava da comunidade de Israel e os identificava com a comunidade cristã. Era necessária completa mudança de pensamento em relação à sua atitude para com Cristo antes de poder dar esse passo.

Outra passagem usada para provar a nova oferta do reino em Atos é o discurso de Pedro em Atos 3.19-21. Nessa passagem, por causa do impacto da cura do paralítico, Pedro tem a oportunidade de fazer a Israel outra declaração relativa a Jesus Cristo. Pelo fato de que Deus "glorificou a seu Servo Jesus" (At 3.13), Pedro conclama a nação a mudar de opinião sobre Ele, isto é, a arrepender-se "a fim de que da presença do Senhor venham tempos de refrigério". Os "tempos de refrigério" devem estar relacionados ao reconhecimento do reinado do Messias por causa da ênfase na segunda vinda em Atos 3.20. Era princípio estabelecido no Antigo Testamento e igualmente válido no Novo que as bênçãos milenares não poderiam separar-se do retorno de Cristo, e que esse acontecimento será acompanhado pela salvação e pelo arrependimento da nação de Israel. Baseado nesses pontos, o apelo de Pedro é feito aqui. A pregação de Pedro não constitui nova oferta do reino, mas sublinha a responsabilidade da nação em mudar sua opinião com respeito a Cristo, a quem eles crucificaram. Ironside acrescenta:

---

[4] Harry A. IRONSIDE, *Lectures on the book of Acts*, p. 68.

O plano do reino na presente era

... se Israel se voltar ao Senhor, adiantará o tempo em que o Senhor Jesus voltará e trará Consigo refrigério para o mundo. Isso ainda é válido. A bênção final desse pobre mundo depende do arrependimento de Israel. Quando o povo de Israel se arrepender e se voltar para Deus, se tornará agente de bênção para toda a terra.[5]

Assim, Pedro os chama individualmente a fazer o que a nação sempre teve de fazer antes de receber bênçãos de qualquer espécie —voltar-se para Deus.

Durante a presente era, portanto, enquanto o Rei está ausente, o reino teocrático está suspenso no sentido do seu estabelecimento na terra. No entanto, ele permanece como o propósito determinante de Deus. Paulo declarou esse propósito quando estava "pregando o reino" (At 20.25). Os crentes passaram para "o reino do Filho do seu amor" (Cl 1.13) por meio do novo nascimento. Os incrédulos são advertidos de que não fazem parte desse reino (1Co 6.9,10; Gl 5.21; Ef 5.5). Outros trabalharam com Paulo "pelo reino de Deus" (Cl 4.11). Aos crentes foi ordenado sofrer para que sejam "considerados dignos do reino de Deus" (2Ts 1.5). A esperança de Paulo era ser preservado "para o seu reino celestial" (2Tm 4.18). Tais referências, sem dúvida, estão relacionadas ao reino eterno e realçam a participação do crente nele. Não podemos forçá-las a apoiar a teoria de que a igreja é o reino terreno que cumpre todas as profecias da Palavra.

I. O Reino Teocrático Oferecido Novamente a Israel

O "evangelho do reino" conforme anunciado por João (Mt 3.3), pelos discípulos especialmente comissionados (Mt 10.7), pelos setenta (Lc 10.9) e pelo próprio Senhor (Mt 4.17) proclamava as boas novas de que o reino prometido estava "próximo". O Senhor mostra que as mesmas boas novas serão novamente anunciadas. "E será pregado este evangelho do reino por todo o mundo, para testemunho a todas as nações" (Mt 24.14). Embora, na primeira vinda, as novas estivessem restritas a Israel, antes da segunda vinda elas serão anunciadas não só para Israel, mas para todo o mundo. Essa pregação por meio do remanescente fiel durante o período da tribulação (Ap 7), assim como por meio das duas testemunhas (Ap 11) e de Elias (Mt 17.11), marca o início da parte final no cumprimento do plano do reino teocrático.

---

[5] Ibid., p. 93.

II. O Reino Teocrático Instituído na Segunda Vinda

O pronunciamento angelical anuncia o estabelecimento do reino teocrático nas palavras:

> O reino do mundo se tornou de nosso Senhor e do seu Cristo, e ele reinará pelos séculos dos séculos. E os vinte e quatro anciãos que se encontram sentados no seu trono, diante de Deus, prostraram-se sobre os seus rostos e adoraram a Deus, dizendo: Graças te damos, Senhor Deus, Todo-poderoso, que és e que eras, porque assumiste o teu grande poder e passaste a reinar (Ap 11.15-17).

Outro anjo, que tem "um evangelho eterno para pregar aos que se assentam sobre a terra, e a cada nação, e tribo, e língua, e povo" (Ap 14.6), diz:

> Temei a Deus e dai-lhe glória, pois é chegada a hora do seu juízo; e adorai aquele que fez o céu, e a terra, e o mar, e as fontes das águas (Ap 14.7).

O "evangelho eterno" é o pronunciamento de que o propósito eterno de Deus está sendo realizado agora. O evangelho eterno é substancialmente o mesmo que o evangelho do reino. São as boas novas de que o rei está próximo, para estabelecer o reino que era o propósito eterno de Deus. Kelly, ao falar do evangelho eterno, diz:

> Ele é chamado por Mateus "evangelho do reino". O "evangelho do reino" e o "evangelho eterno" são substancialmente iguais. Em Apocalipse ele é assim descrito porque sempre foi o propósito de Deus, pela descendência ferida da mulher, ferir o inimigo e abençoar o próprio homem aqui na terra. A esse propósito, Mateus chama, conforme seu objetivo, "evangelho do reino", porque Cristo será o Rei de um reino preparado desde a fundação do mundo.[6]

O mundo é submetido à autoridade do Rei, e se oferece adoração a Deus. A oração silente do Rei justo foi oferecida e respondida (Sl 2.8) e o domínio foi dado Àquele que possui a terra em nome de Deus.

Várias razões podem explicar por que esse reino teocrático é absolutamente inevitável. 1) Ele é indispensável para preservar a integridade do caráter de Deus. Peters escreve:

---

[6] William Kelly, *The revelation expounded*, p. 173.

Se tal reino teocrático, como o próprio Deus instituiu, não for restabelecido permanente e gloriosamente aqui na terra, segue-se que os esforços de Deus para estabelecer o governo e o interesse que Ele manifesta nesse governo não produzem resultados duradouros. Ou, em outras palavras, Seu próprio reino provou ser um fracasso [...] A honra, a majestade etc. de Deus estão imediatamente relacionadas a essa restauração; caso contrário, será dito que o Todo-Poderoso iniciou uma obra que, por causa do homem, não pôde completar.[7]

2) Ele é indispensável para cumprir o propósito de Deus de demonstrar Seu governo perfeito sobre a terra.

Essa é uma teocracia de fato e de direito, pois nesse reino organizado encontramos a idéia teocrática —a idéia divina do governo perfeito— totalmente consumada. O governo está incorporado segura e poderosamente em uma Pessoa, que em Si mesmo une o humano e o divino, e se torna, de acordo com "a aliança eterna" e as "fiéis misericórdias prometidas a Davi" (Is 55.3,4), "o príncipe e governador dos povos".[8]

3) Ele é indispensável para restaurar a harmonia original entre Deus e Sua criação, entre o sobrenatural e o natural.

Sendo o reino planejado para restaurar e manifestar a união original existente entre o natural e o sobrenatural, a Bíblia termina com esse reino em tal acordo. Sem o sobrenatural, o reino não pode ser produzido, pois ele requer, como previsto, um rei sobrenatural, que foi providenciado de maneira sobrenatural, e governantes que experimentaram um poder transformador sobrenatural. Mesmo no seu início e nas medidas preparatórias, assim como na sua manifestação final, ele está indissoluvelmente ligado ao divino [...] O reino e o sobrenatural não podem ser separados [...] Quando Jesus, dotado de origem sobrenatural e glorificado pelo poder sobrenatural, vier pela segunda vez para salvação, Seu poder sobrenatural será liberado para o Seu reino da maneira mais espetacular.[9]

4) Ele é indispensável para redimir a terra da maldição imposta sobre ela.

Os profetas a uma só voz proclamam que esse reino será estabelecido para que nele o homem possa encontrar completa e perfeita salvação do

---

[7] PETERS, op. cit., II, p. 125-6.
[8] Ibid., II, p. 123.
[9] Idem, I, p. 80-1.

pecado e do mal. O reino será estabelecido para que o homem e a natureza sejam afortunadamente resgatados da maldição imposta pelo pecado, sob o qual ambos sofrem e gemem.[10]

5) Ele é indispensável para cumprir todas as alianças feitas com Israel. Fora do reino teocrático terreno não seria cumprida a aliança abraâmica, que prometeu a Israel posse da terra, eternidade como nação e bênçãos universais. Fora do reino não seria cumprida a aliança davídica, que prometeu a Israel um rei da linhagem de Davi, um trono ou uma posição reconhecida de autoridade da qual esse rei governaria e um povo ou reino sobre o qual ele reinaria. Fora desse reino não seria cumprida a aliança palestina, que prometeu a Israel a ocupação da terra e bênçãos nessa ocupação. Fora desse reino teocrático não seria cumprida a nova aliança, que prometeu a Israel uma conversão, um novo coração e a plenitude das bênçãos de Deus.

6) Ele é indispensável para prover um teste final para a humanidade caída. O homem será colocado sob as circunstâncias ideais. Com toda fonte externa de tentação eliminada, porque Satanás estará preso, e toda necessidade suprida, de modo que não haverá nada que cobiçar, será demonstrado por meio daqueles que nascerem no milênio com uma natureza decaída e pecaminosa que o homem é corrupto e digno de julgamento. Apesar da presença visível do Rei e de todas as bênçãos que Dele se originam, pela rebelião no final do milênio (Ap 20.7-9), os homens provarão que o coração é corrupto.

7) Ele é indispensável para uma manifestação completa da glória de Cristo no reino sobre o qual Ele governa.

> Sob qualquer aspecto em que analisemos o assunto, parece adequado e necessário ter tal teocracia como predita. Além das razões apresentadas anteriormente, derivadas das alianças, da fidelidade de Deus, da redenção da terra etc., parece eminentemente apropriado que o local da humilhação, dos sofrimentos e da morte do Rei Cristo testemunhem também a Sua exaltação e glória. A Bíblia, além dos apelos apresentados a nós, indica o tempo vindouro em que Cristo será reconhecido aberta e visivelmente como o Glorioso, o Segundo Adão, que se ofereceu como nosso substituto por Seu amor, sendo o Cabeça eficaz da humanidade no seu destino recém-inaugurado; como Redentor, depois de oferecer expiação e ter honrado a justiça de Deus, agora manifesta de maneira prática os frutos da

---

[10] Ibid., I, p. 102.

O plano do reino na presente era

salvação; como Profeta, depois de ter ensinado restituição, agora se exibe como a Verdade evidenciada pela obra realizada diante Dele; como Sacerdote, depois de fazer um sacrifício aceitável, agora apresenta diante do mundo o fruto dele resultante e, como Rei, em virtude mesmo da Sua união divina, que demonstrou por Seu conselho, apoio etc., agora a manifesta de maneira especialmente designada por Deus como Rei Soberano. Em suma, essa teocracia é a restauração da habitação de Deus com o homem, um Deus acessível, que constitui em Jesus um Cabeça infalível, tal como o mundo necessita, tal como o homem durante eras esperou, e que colocará o Filho de Davi em honra e glória no mundo em que sofreu e morreu. O tratamento passado e a breve estada do Filho de Deus e Filho de Davi garantem um retorno triunfante e uma estada de poder entre os homens que Ele salvará, comprovando o nome Emanuel, Deus conosco, no sentido teocrático.[11]

---

[11] Ibid., II, p. 129.

Capítulo 28
A doutrina bíblica do milênio

Grande parte das passagens proféticas dedica-se ao milênio, desenvolvendo e demonstrando seu caráter e suas condições, mais que qualquer outro assunto. Essa era milenar, na qual os propósitos de Deus serão totalmente realizados na terra, exige atenção considerável. Faremos aqui uma tentativa de reconstituir, com base nas próprias Escrituras, os fatos e os aspectos essenciais desse reino teocrático. Embora muito tenha sido escrito sobre o milênio, o que é claramente revelado na Bíblia é o nosso único guia quanto à natureza e ao caráter desse período.

I. O Milênio e as Alianças de Israel

Muito foi dito anteriormente para mostrar que esse período verá o cumprimento completo de todas as alianças que Deus fez com Israel. É suficiente mostrar aqui, fazendo uso das Escrituras, que o reino terreno é visto como o cumprimento completo dessas alianças, e a era milenar será instituída com base na necessidade de cumprir as alianças.

A. *A aliança abraâmica*. As promessas da aliança abraâmica a respeito da terra e da descendência são cumpridas na era milenar (Is 10.21,22; 19.25; 43.1; 65.8,9; Jr 30.22; 32.38; Ez 34.24,30,31; Mq 7.19,20; Zc 13.9; Ml 3.16-18). A perpetuidade de Israel, sua posse da terra e sua herança das bênçãos estão diretamente relacionadas ao cumprimento desta aliança.

B. *A aliança davídica*. As promessas da aliança davídica a respeito do rei, do trono e da casa real são cumpridas pelo Messias na era milenar (Is 11.1,2; 55.3,11; Jr 23.5-8; 33.20-26; Ez 34.23-25; 37.23,24; Os 3.5; Mq

A doutrina bíblica do milênio

4.7,8). O fato de Israel possuir um reino, governado pelo Filho de Davi, baseia-se nessa aliança davídica.

C. *A aliança palestina*. As promessas da aliança palestina a respeito da ocupação da terra são cumpridas por Israel na era milenar (Is 11.11,12; 65.9; Ez 16.60-63; 36.28,29; 39.28; Os 1.10-2.1; Mq 2.12; Zc 10.6). Essas referências à ocupação da terra prometem o cumprimento da aliança palestina.

D. *A nova aliança*. As promessas da nova aliança no tocante a um novo coração, ao perdão dos pecados e à plenitude do Espírito Santo são cumpridas para com a nação convertida na era milenar (Jr 31.31-34; 32.35-39; Ez 11.18-20; 16.60-63; 37.26; Rm 11.26-29). Todas as bênçãos espirituais que Israel recebe são cumprimento dessa aliança.

Observa-se, assim, que a era milenar traz consigo pleno cumprimento de todas as promessas de Deus para com a nação de Israel.

II. A Relação de Satanás com o Milênio

Imediatamente após a segunda vinda, Satanás é preso por mil anos. João escreve:

> Então, vi descer do céu um anjo; tinha na mão a chave do abismo e uma grande corrente. Ele segurou o dragão, a antiga serpente, que é o diabo, Satanás, e o prendeu por mil anos; lançou-o no abismo, fechou-o, e pôs selo sobre ele, para que não mais enganasse as nações até se completarem os mil anos... (Ap 20.1-3).

Satanás, como deus desta era (2Co 4.4), vem realizando a sua obra com o fim de derrotar o propósito do plano de Deus. Na era milenar a justiça divina deverá ser demonstrada (Is 11.5; 32.1; Jr 23.6; Dn 9.24). Será também o teste final de Deus para a humanidade nas circunstâncias ideais. Todos os recursos de tentação serão retirados para que o homem demonstre o que ele de fato é, independentemente da influência satânica. A fim de que possa haver a manifestação completa da justiça e o teste da humanidade livre da tentação externa, Satanás será afastado desta esfera. Logo, na segunda vinda, ele será preso e tirado de cena durante todo o período milenar.

III. A Relação de Cristo com o Milênio

É evidente que não há e nunca haverá um reino teocrático na terra sem a presença pessoal e manifesta do Senhor Jesus Cristo. Toda a era depende de Seu retorno à terra como prometido. Tudo o que existe no milênio tem origem no Rei revelado.

Como pode a maldição ser anulada, a morte ser derrotada, todo o mal amedrontador pertencente ao homem e à natureza ser eliminado, e grandes bênçãos ser obtidas? Tudo isso deverá ser concretizado no reino sob o governo do Messias e não o será sem uma portentosa demonstração de poderes sobrenaturais acima de tudo que o mundo já testemunhou, e além do entendimento do homem fraco e mortal com seus poderes limitados. Se há uma verdade distintamente demonstrada nas Escrituras é que esse reino, o tabernáculo de Davi, agora em ruínas, mas por ser gloriosamente reconstruído sob o reino do Filho de Davi, não pode ser manifestado sem a mais maravilhosa demonstração de energia do Todo-Poderoso.[1]

O milênio não poderia existir sem a manifestação de Cristo, de quem depende toda a era milenar.

A. *Os nomes e títulos aplicados a Cristo no milênio.* Alguns aspectos do relacionamento que Cristo mantém para com o milênio são observados nos muitos nomes e títulos a Ele conferidos durante esse período, cada um sugerindo alguns fatos sobre Sua pessoa e obra nesse período.

O Renovo (Is 4.2; 11.1; Jr 23.5; 33.15; Zc 3.8-9; 6.12-13). Scofield comenta:

Um nome de Cristo, usado de quatro maneiras: 1) "O Renovo do SENHOR" (Is 4.2), quer dizer, o caráter de Cristo como "Emanuel" (Is 7.14) que será plenamente manifesto ao Israel restaurado e convertido no Seu retorno em glória (Mt 25.31); 2) o "Renovo de Jessé" (Is 11.1; Jr 23.5; 33.15), isto é, o Messias que, "segundo a carne, veio da descendência de Davi" (Rm 1.3) e será revelado na Sua glória terrena como o Rei dos Reis e Senhor dos Senhores; 3)"meu servo, o Renovo" (Zc 3.8), a humilhação e obediência até na morte segundo Isaías 52.13-15; 53.1-12; Fp 2.5-8; 4) O "homem cujo nome é Renovo" (Zc 6.12,13), quer dizer, Seu caráter como Filho do homem, o "último Adão", "o segundo Homem" (1Co 15.45-47), reinando como Rei-Sacerdote sobre a terra no domínio dado a Adão e por ele perdido.[2]

O Senhor dos Exércitos (Is 24.23; 44.6), *o teu Deus* (Is 52.7), *Senhor, Justiça Nossa* (Jr 23.6; 33.16), *Ancião de dias* (Dn 7.13), *o Senhor* (Mq 4.7; Zc 14.9), *o Altíssimo* (Dn 7.22-24), *o Filho de Deus* (Is 9.6; Dn 3.25; Os 11.1); *Jeová* (Is 2.2-4; 7.14; 9.6; 12.6; 25.7-10; 33.20-22; 40.9-11; Jr 3.17; 23.5,6; Ez

---

[1] G. N. H. PETERS, *Theocratic kingdom*, III, p. 220-1.
[2] C. I. SCOFIELD, *Reference Bible*, p. 716-7.

A doutrina bíblica do milênio

43.5-7; 44.1,2; Jl 3.21; Mq 4.1-3,7; Zc 14.9,16,17) são nomes que mostram que Aquele que reina é verdadeiramente Deus, de modo que o reino pode ser corretamente chamado teocrático.

O tronco de Jessé (Is 11.1,11), *o Filho do homem* (Dn 7.13), *o servo* (Is 42.1-6; 49.1-7; 53.11), *Renovo* (Is 53.2, Ez 17.22-24) são usados para frisar a humanidade do Messias e Seu direito de reinar sobre o homem por causa de Sua relação com ele.

A autoridade do Messias é designada em títulos como: *o Rei* (Is 33.17,22; 44.6; 2.2-4; 9.3-7; 11.1-10; 16.5; 24.21-26.15; 31.4-32.2; 42.1-6; 42.13; 49.1-9; 51.4,5; 60.12; Dn 2.44; Ob 17-21; Mq 4.1-8; 5.2-5,15; Sf 3.9,10; 3.18,19; Zc 9.10-15; 14.16,17), *o Juiz* (Is 11.3,4; 16.5; 33.22; 51.4,5; Ez 34.17,20; Jl 3.1,2; Mq 4.2,3), *o Legislador* (Is 33.22), *o Príncipe Ungido* (Dn 9.25,26), *Príncipe dos príncipes* (Dn 8.25), nos quais Seu direito ao trono e os poderes reais associados ao trono Lhe são atribuídos.

A obra do Rei como Redentor em trazer salvação ao povo é realçada em denominações como: *Redentor* (Is 59.20), *o sol da justiça* (Ml 4.2), *o que abre caminho* (Mq 2.13), *o Pastor* (Is 40.10,11; Jr 23.1,3; Ez 34.11-31; 37.24; Mq 4.5; 7.14), *Senhor Nossa Justiça* (Jr 23.6; 33.16), *a Pedra* (Is 28.16; Zc 3.9), *a Luz* (Is 60.1-3). Dessa forma, o Messias, por meio de seus títulos, é apresentado como o Filho de Deus e Filho do homem que redime e reina através da era milenar.

B. *A manifestação de Cristo no milênio*. Os escritos proféticos relatam vários ministérios e manifestações associados ao Messias na Sua segunda vinda. O fato da segunda vinda é claramente demonstrado (Is 60.2; 61.2; Ez 21.27; Dn 7.22; Hc 2.3; Ag 2.7; Zc 2.8; Ml 3.1). Sua vinda o manifestará como o *filho de Abraão* (Gn 17.8; Mt 1.1; Gl 3.16), na qual Ele possuirá a Palestina em nome de Deus e instituirá o reino com a descendência de Abraão. Ele será manifesto como o *filho de Davi* (Lc 1.32,33; Mt 1.1; Is 9.7), em cuja função, como herdeiro digno do trono, assumirá o trono e nele reinará. Ele será manifesto como o *Filho do homem* (At 1.11; Jo 5.27) e como tal executará julgamento quando o reino for estabelecido e através dos tempos. Ele será manifestado como o *Rei* teocrático de Deus, a fim de ser o Rei da Justiça (Is 32.1), o Rei de Israel (Jo 12.13), o Rei dos reis (Ap 19.16) e o Rei de toda a terra (Zc 14.9; Fp 2.10). Ele será manifestado como *Deus Filho* (Is 9.6; Sl 134.3; Hb 1.8-10), a fim de que se possa dizer que o "tabernáculo de Deus [está] com os homens" (Ap 21.3). Nessas manifestações Ele realizará a obra do *Redentor* (Is 59.20,21; 62.11; Ml 4.2), *Juiz* (Is 61.2; 62.11; 63.1; Dn 2.44,45; Dn 7.9,10); *Galardoador do povo santo* (Is 62.12), *Mestre* (Is 2.3; Zc 8.22), *Rei* (Is 33.17-

22; 40.9-11; 52.7; Dn 2.45; 7.25-27; Mq 5.2-5; Sf 3.15), *Profeta* (Dt 18.15,18), *Legislador* (Is 33.22; Gn 49.10), *Pastor* (Is 40.10,11; 63.1; Jr 23.1,3; Mq 4.5; 7.14).

O milênio será o período da plena manifestação da glória do Senhor Jesus Cristo.[3] Haverá a manifestação da glória associada à *humanidade* de Cristo. Haverá glória de um *domínio* glorioso, no qual Cristo, em virtude de Sua obediência até a morte, receberá o domínio universal para restabelecer o domínio que Adão perdeu. Haverá um *governo* glorioso, no qual Cristo, como Filho de Davi, receberá poder absoluto para governar (Is 9.6; Sl 45.4; Is 11.4; Sl 72.4; Sl 2.9). Haverá a glória de uma *herança* gloriosa, na qual a terra e a descendência prometida de Abraão são realizadas por meio de Cristo (Gn 17.8; 15.7; Dn 11.16,41; 8.9). Haverá a glória de uma *jurisprudência* gloriosa, na qual Cristo, como porta-voz de Deus, anuncia a vontade e a lei de Deus por toda a era milenar (Dt 18.18,19; Is 33.21,22; At 3.22; Is 2.3,4; 42.4). Haverá a glória da *casa e* do *trono* gloriosos, nos quais Cristo, como filho de Davi, cumprirá o que foi prometido a Davi (2Sm 7.12-16) no Seu reinado (Is 9.6,7; Lc 1.31-33; Mt 25.21). Haverá a glória do reino glorioso sobre o qual Cristo reinará (Sl 72; Is 11.10; Jr 23.6; Zc 3.10; Is 9.7).

Haverá também a manifestação da glória associada à *divindade* do Senhor Jesus Cristo. Sua *onisciência* é reconhecida (Is 66.15-18). Sua *onipotência* é o que sustenta toda aquela era (Is 41.10,17,18; Sl 46.1,5). Ele *é adorado* como Deus (Sl 45.6; Is 66.23; Sl 86.9; Zc 14.16-19). A *justiça* será plenamente manifesta (Sl 45.4,7; 98.2; Dn 9.24; Is 1.27; 10.22; 28.17; 60.21; 63.1; Ml 4.2). Haverá completa manifestação da *misericórdia* divina (Is 63.7-19; 54.7-10; 40.10-13; Os 2.23; Sl 89.3). A *bondade* divina também será demonstrada por meio dEle (Jr 33.9,15; Zc 9.17; Is 52.7). A *vontade de Deus* será plenamente revelada pelo Messias (Mt 6.10) e realizada na terra. A *santidade* de Deus será manifesta por meio do Messias (Is 6.1-3; Ap 15.4; Ez 36.20-23; Is 4.3,4; 35.8-10; Ez 45.1-5; Jl 3.17; Zc 2.12). Haverá a manifestação gloriosa da *verdade* divina por meio do Rei (Mq 7.20; Is 25.1; 61.8). Dessa maneira, por meio do Rei, haverá completa demonstração dos atributos divinos, a fim de que Cristo seja glorificado como Deus.

IV. O Caráter Espiritual do Milênio

Os amilenaristas exaltam sua opinião sobre o reino como "espiritual" e subestimam o conceito pré-milenarista porque este demanda um cumprimento literal e material das bênçãos terrestres. Um deles diz:

---

[3] Chester Woodring, The millennial glory of Christ, p. 62-134.

A doutrina bíblica do milênio

Qual era a natureza do reino que eles anunciaram? [...] todos os dispensacionalistas declaram que o reino oferecido aos judeus por João e por Jesus é um reino semelhante ao de Davi, filho de Jessé...

O reino anunciado por João e por Jesus era principal e essencialmente moral e espiritual [...] Ele declarou a Pilatos: "O meu reino não é deste mundo" (Jo 18.36). Se Jesus tivesse vindo para estabelecer um reino como o descrito pelos dispensacionalistas, não poderia ter dito isso a Pilatos. Ou, pelo menos, Suas palavras teriam de ser entendidas como "Meu reino não é deste mundo *agora*", pois de acordo com a opinião dos dispensacionalistas o reino era terreno, o que implicaria a derrota violenta da Roma que Jesus teria oferecido aos judeus e entregado [...] se eles estivessem dispostos a receber.[4]

Sustenta-se, então, que os amilenaristas vêem o reino como "espiritual" e os pré-milenaristas o vêem apenas como "carnal" ou "material". Tal afirmação não distingue a visão espiritualizada do milênio das realidades espirituais do reino. Embora saliente a multidão de bênçãos materiais oferecidas no milênio, o reino teocrático é essencialmente espiritual, embora ocorra no plano terreno. Peters declara:

Esse reino, apesar de visível com um domínio mundial, também é necessariamente espiritual.
Essa proposição é ainda mais necessária, já que somos acusados de carnalidade grosseira etc., porque insistimos em reter o significado simples designado ao reino nas Escrituras Sagradas. Embora um reino puramente material e natural, sem espiritualidade, não seja bíblico, da mesma forma um reino totalmente espiritual, sem a união santificada do material e natural, é totalmente contrário à Palavra de Deus.[5]

A. *O reino caracterizado pela justiça*. Woodring escreve:

... apenas os "justos" são admitidos no reino; "então *perguntarão os justos*" (Mt 25.37). De Israel diz-se a mesma coisa: "Todos os do teu povo serão justos, para sempre herdarão a terra" (Is 60.21). As portas de Sião estão abertas "para que entre a nação justa, que guarda a fidelidade" (Is 26.2)[...]
No milênio, a justiça torna-se sinônimo do Messias. Aos que temem o seu nome "nascerá o sol da justiça, trazendo salvação nas suas asas" (Ml 4.2). Na segunda vinda do Messias, Ele diz: "Faço chegar a minha justiça, e não está longe" (Is 46.13; 51.5). Como sacerdote da ordem de Melquisedeque, Ele será o rei mediador da justiça (Sl 110.4; Hb 7.2) [...]

---

[4] Oswald T. Allis, *Prophecy and the church*, p. 69-71.
[5] Peters, op. cit., III, p. 460.

As palavras-chave do reinado milenar de Cristo são: *justiça* e *paz*, sendo a primeira a raiz, e a segunda o fruto [...] O povo do Messias "habitará em moradas de paz, em moradas bem seguras e em lugares quietos e tranqüilos" (Is 32.18). Ele fará da paz os inspetores e da justiça, os exatores de Sião (Is 60.17). Pois florescerá em seus dias o justo, e haverá "abundância de paz até que cesse de haver lua" (Sl 72.7). Então será cumprida a profecia em verdade: "Encontraram-se a graça e a verdade, a justiça e a paz se beijaram" (Sl 85.10).

Graças à presença do Messias, Jerusalém será a fonte da qual toda a justiça do milênio emanará em glória. Sua justiça sairá "como um resplendor, e a sua salvação, como uma tocha acesa. As nações verão a tua justiça, e todos os reis, a tua glória" (Is 62.1c-,2a). Sião será chamada "cidade de justiça" (Is 1.26) e estará cheia de direito e justiça (Is 33.5).

A justiça será o termo descritivo que caracterizará o governo do Messias como um todo. Cristo será um rei que rege com justiça (Is 32.1). A justiça será o cinto dos seus lombos (Is 11.5). Ele julgará com justiça os pobres (Is 11.4; cf. Sl 72.104) e, ao julgar e buscar a justiça, Ele será rápido em efetuá-la (Is 16.5). Será proclamado dentre os gentios: "Reina o SENHOR. Ele firmou o mundo para que não se abale e julga os povos com eqüidade" (Sl 96.10).

Sob o benéfico cuidado de Cristo, os que têm fome e sede de justiça serão saciados (Mt 5.6) e receberão a justiça de Deus por sua salvação (Is 24.5). Eles discernirão entre o justo e o ímpio (Ml 3.18). Israel consagrará uma oferta de justiça (Ml 3.3); então Jeová estará satisfeito com os "sacrifícios de justiça, dos holocaustos e das ofertas queimadas" (Sl 51.19). O caráter transformado de Israel será uma resposta espontânea vinda da justiça de Jeová, em gritante contraste com o falso legalismo de dias passados (cf. Mt 5.20). Como a terra produz os seus renovos, "o SENHOR Deus fará brotar a justiça e o louvor perante todas as nações" (Is 61.11) a fim de que o povo possa ser chamado carvalhos de justiça, plantados pelo Senhor para a sua glória (Is 61.3).[6]

B. *O reino caracterizado pela obediência.* Um propósito essencial da criação era estabelecer um reino no qual houvesse obediência completa e voluntária da parte dos súditos de Deus. A árvore foi colocada no jardim como um teste de obediência (Gn 2.16,17). A desobediência veio logo em seguida. Deus não abriu mão de Seu propósito de trazer todas as coisas à Sua sujeição. Paulo declara tal propósito:

> Desvendando-nos o mistério da sua vontade, segundo o seu beneplácito que propusera em Cristo, de fazer convergir nele, na dispensação da plenitude dos tempos, todas as cousas, tanto as do céu como as da terra (Ef 1.9,10).

---

[6] WOODRING, op. cit., p. 113-6.

A doutrina bíblica do milênio

Deus trará todas as coisas à sujeição daquele que disse: "Eis aqui estou para fazer, ó Deus, a tua vontade" (Hb 10.9*a*).

> O cumprimento da vontade de Deus no milênio será muito facilitado por vários motivos: 1) Pelo cumprimento da nova aliança, Israel experimentará novo coração e mente para que possa abrigar a lei de Deus em seu interior (Jr 31.33). 2) O Espírito Santo será derramado sobre toda a carne para habitar, encher e ensinar (Jr 31.33,34; cf. Jl 2.28-32; Ez 36.25-31). 3) Satanás será aprisionado, os ímpios serão eliminados (Sl 37.9,10; Jr 31.29,30) e os perversos sistemas sociais, religiosos, econômicos e políticos do cosmo satânico serão liquidados. 4) Em vez da desunião de Israel, a unanimidade será tanta, que eles verão juntos ao Senhor em Sião (Is 52.8). 5) O conhecimento universal do Senhor eliminará a oposição à vontade de Deus causada pela ignorância. 6) Haverá ampla submissão dos gentios à autoridade de Cristo (Sl 22.27,28; Ml 1.11).[7]

Essa obediência perfeita será outra manifestação do caráter espiritual do milênio.

C. *O reino caracterizado pela santidade*. Adão, pela criação, recebeu uma inocência inexperiente. Ela se transformaria, sem dúvida, pela obediência ao Senhor. A inocência foi perdida por seu ato de desobediência. É propósito de Deus manifestar santidade nas Suas criaturas no reino.

> Os vários aspectos da santidade no milênio são tão extensos que não é possível dar mais que uma breve classificação nesta altura. Acima de tudo, a santidade será a grande característica diferenciadora do povo judeu em todas as categorias da vida nacional, uma "santidade" não própria, mas concedida pelo Messias que está no seu meio e detida por eles graças a uma vida de fé. Os seguintes fatos são oferecidos na forma de breve recapitulação: O Senhor desnudará seu santo braço (revelação do Messias) e conquistará vitória sobre os seus inimigos (Sl 98.1; Is 52;10). A descendência santa será o núcleo da nação judaica restaurada (Is 6.13). Todo o remanescente de Sião será chamado santo, sua imundície será lavada (Is 4.3,4). Um caminho de santidade será levantado para permitir que o restante dos resgatados pelo Senhor retornem a Sião (Is 35.8-10). Deus falará em sabedoria, distribuindo a terra ao Seu povo (Sl 60.6). O Senhor dará como herança a Judá sua porção na terra, agora corretamente chamada santa (Zc 2.12), e Jerusalém será santa (Jl 3.17). Um sacrifício santo dedicado ao Senhor será especialmente reservado para o santuário e seus ministros

[7] Ibid., p. 129.

(Ez 45.1-5). O Senhor exaltará Seu santo monte (Sl 48.1; Jr 31.23; Is 27.13) e estabelecerá Sua santa morada, a lei que será santa (Ez 43.12). Ele será Sua habitação para as plantas de Seus pés a fim de que Israel não contamine mais o santo nome (Ez 43.7), e todas as nações da terra saberão que o Senhor, o Santo, está em Israel (Ez 39.7). Cristo reinará sobre as nações do trono de Sua santidade (Sl 47.8,9), de acordo com o santo juramento selado na aliança de Davi (Sl 89.35,36). Os sacerdotes ensinarão ao povo a diferença entre o santo e o profano (Ez 44.23) e aparecerão perante o Messias com ornamentos santos (Sl 110.3). Naquele dia nas campainhas dos cavalos estará gravado "SANTO AO SENHOR", e todas as panelas na casa do Senhor serão como as bacias diante do altar (Zc 14.20,21).[8]

D.*O reino caracterizado pela verdade*. É motivo de julgamento o fato de o homem ter mudado "a verdade de Deus em mentira" (Rm 1.25). Por intermédio do Messias, que foi capaz de dizer "Eu sou o caminho, e a verdade, e a vida" (Jo 14.6), haverá grande manifestação da verdade no milênio, o que demonstra o caráter essencialmente espiritual do reino.

A seguir se oferece um breve resumo da verdade milenar: O ímpio pequeno chifre, que deitou por terra a verdade (Dn 8.12), será eliminado por Cristo em Sua cavalgada triunfante em prol da verdade, da mansidão e da justiça (Sl 45.4). Peters diz: "A verdade realmente triunfará, mas não por meio do homem. O próprio Jesus, a verdade, virá para vindicá-la" [Peters, op. cit. III, p. 258]. Em vez de uma confiança desorientada no homem pecador, o remanescente se estribará "no SENHOR, o Santo de Israel" (Is 10.20), e Ele será o seu Deus em verdade e justiça (Zc 8.8; cf. Is 65.16). Jeová desposará Israel em fidelidade, e eles O reconhecerão (Os 2.20). Cristo, o servo de Jeová, promulgará o direito em verdade (Is 42.3) e revelará a Israel abundância de paz e verdade (Jr 33.6). A verdade se juntará à misericórdia e brotará da terra (Sl 85.10,11). Então Israel dirá: "Lembrou-se da sua misericórdia e da sua fidelidade para com a casa de Israel" (Sl 98.3). O trono será estabelecido, e Cristo se assentará nele em verdade no tabernáculo de Davi (Is 16.5). A fidelidade será o cinto de seus lombos (Is 11.5), e Ele julgará os povos do mundo com eqüidade (Sl 96.10). A fidelidade de Jeová assegurará que, na presença dAquele que outrora foi desprezado, os reis o verão e os príncipes se levantarão e o adorarão (Is 49.7). Jerusalém será chamada cidade fiel (Is 1.26), pois "Assim diz o SENHOR: Voltarei para Sião e habitarei no meio de Jerusalém; Jerusalém chamar-se-á a cidade fiel" (Zc 8.3).[9]

---

[8] Ibid., p. 132-4.
[9] Ibid., p. 138-40.

A doutrina bíblica do milênio

E. *O reino caracterizado pela plenitude do Espírito Santo*. Na instituição do reino teocrático, será cumprida a profecia de Joel:

> E acontecerá, depois, que derramarei o meu Espírito sobre toda a carne; vossos filhos e vossas filhas profetizarão, vossos velhos sonharão, e vossos jovens terão visões; até sobre os servos e sobre as servas derramarei o meu Espírito naqueles dias (Jl 2.28,29).

Walvoord escreve a respeito dessa experiência:

> As profecias que retratam o milênio [...] unem-se no seu testemunho de que a obra do Espírito Santo nos crentes será mais abundante e terá maior manifestação no milênio do que em qualquer outra dispensação. As Escrituras evidenciam que todos os crentes serão habitados pelo Espírito Santo no milênio assim como são na presente era (Ez 36.27; 37.14; cf. Jr 31.33).
>
> O fato da presença habitadora do Espírito Santo é revelado como parte da gloriosa restauração de Israel descrita em Ezequiel 36.24ss. Em Ezequiel 37.14, declara-se: "Porei em vós o meu Espírito, e vivereis, e vos estabelecerei na vossa própria terra...".
>
> A plenitude do Espírito Santo será comum no milênio, em contraste com sua raridade em outros tempos, e será manifesta na adoração, no louvor ao Senhor e na obediência espontânea a Ele, bem como no poder espiritual e na transformação interior (Is 32.15; 44.3; Ez 39.29; Jl 2.28,29). Em contraste com a apatia espiritual, a frieza e o mundanismo do presente, haverá fervor espiritual, amor a Deus, alegria santa, entendimento universal, verdade espiritual e uma maravilhosa comunhão entre os santos [...] A ênfase recairá na justiça da vida e na alegria do espírito.[10]

Peters observa corretamente a relação da plenitude do Espírito com o caráter espiritual desta era. Ele escreve:

> O *incrível e surpreendente derramamento do Espírito Santo* como apresentado nas descrições do milênio [...] tão poderoso na sua transformação, glorificação e concessão de dons miraculosos para os santos; tão penetrante na nação judia e a favor dela que todos serão justos, do menor ao maior; alcançando os gentios de tal modo que eles se regozijarão na luz concedida; e tão abrangente na sua operação que toda a terra será coberta de glória —isso, junto com os magníficos retratos do milênio e das eras subseqüentes, é tão sublime, acompanhado ainda da habitação, moradia e comunhão divina, que ninguém pode contemplá-lo sem ser profundamente movido pela demonstração da espiritualidade.[11]

---

[10] John F. WALVOORD, *The Holy Spirit*, p. 233-4.
[11] PETERS, op. cit., III, p. 465.

Devemos observar, então, que a marcante caracterização do milênio é sua natureza espiritual. Certamente um reino terrestre, mas espiritual em seu caráter.

V. Condições Existentes no Milênio

Grande parte das Escrituras dedica-se à declaração das bênçãos e da glória derramadas na terra pela beneficência do Senhor Jesus Cristo durante o reino. Muitas delas foram mencionadas anteriormente, mas um esboço das condições na terra demonstrará a "grandeza do reino" (Dn 7.27).

A. *Paz*. O término da guerra pela unificação dos reinos do mundo sob o reinado de Cristo, juntamente com a prosperidade econômica resultante, visto que as nações não precisam dedicar grandes proporções de dinheiro a armamentos, é um dos temas principais dos profetas. A paz nacional e individual é fruto do reino do Messias (Is 2.4; 9.4-7; 11.6-9; 32.17,18; 33.5,6; 54.13; 55.12; 60.18; 65.25; 66.12; Ez 28.26; 34.25,28; Os 2.18; Mq 4.2,3; Zc 9.10).

B. *Alegria*. A plenitude da alegria será marca característica da era milenar (Is 9.3,4; 12.3-6; 14.7,8; 25.8,9; 30.29; 42.1,10-12; 52.9; 60.15; 61.7,10; 65.18,19; 66.10-14; Jr 30.18,19; 31.13,14; Sf 3.14-17; Zc 8.18,19; 10.6,7).

C. *Santidade*. O reino teocrático será um reino santo, no qual a santidade é manifesta por meio do Rei e de seus súditos. A terra será santa, a cidade será santa, o templo será santo e os súditos serão santos no Senhor (Is 1.26,27; 4.3,4; 29.18-23; 31.6,7; 35.8,9; 52;1; 60.21; 61.10; Jr 31.23; Ez 36.24-31; 37.23,24; 43.7-12; 45.1; Jl 3.21; Sf 3.11,13; Zc 8.3; 13.1,2; 14.20,21).

D. *Glória*. Será um reino glorioso, no qual a glória de Deus encontrará plena manifestação (Is 24.23; 4.2; 35.2; 40.5; 60.1-9).

E. *Consolo*. O Rei ministrará pessoalmente a todas as necessidades, a fim de que haja pleno consolo naquele dia (Is 12.1,2; 29.22,23; 30.26; 40.1,2; 49.13; 51.3; 61.3-7; 66.13,14; Jr 31.23-25; Sf 3.18-20; Zc 9.11,12; Ap 21.4).

F. *Justiça*. Haverá administração de justiça perfeita a cada indivíduo (Is 9.7; 11.5; 32.16; 42.1-4; 65.21-23; Jr 23.5; 31.23; 31.29,30).

A doutrina bíblica do milênio

G. *Pleno conhecimento*. O ministério do Rei levará os súditos do reino ao pleno conhecimento. Sem dúvida haverá um ensinamento sem paralelo do Espírito Santo (Is 11.1,2,9; 41.19,20; 54.13; Hc 2.14).

H. *Instrução*. Esse conhecimento será dado pela instrução que emana do Rei (Is 2.2,3; 12.3-6; 25.9; 29.17-24; 30.20,21; 32.3,4; 49.10; 52.8; Jr 3.14,15; 23.1-4; Mq 4.2).

I. *A retirada da maldição*. A maldição original colocada sobre a criação (Gn 3.17-19) será eliminada, de modo que haverá produtividade abundante na terra. A criação animal será transformada, animais nocivos perderão o veneno e a ferocidade (Is 11.6-9; 35.9; 65.25).

J. *A doença será eliminada*. O ministério de curas do Rei será observado em toda a era, assim a doença e até mesmo a morte, exceto como medida de castigo de pecado público, serão eliminadas (Is 33.24; Jr 30.17; Ez 34.16).

L. *Cura dos deformados*. Acompanhando esse ministério haverá cura de toda a deformidade na instituição do milênio (Is 29.17-19; 35.3-6; 61.1,2; Jr 31.8; Mq 4.6,7; Sf 3.19).

M. *Proteção*. Haverá uma obra sobrenatural de preservação da vida na era milenar por intermédio do Rei (Is 41.8-14; 62.8,9; Jr 32.27; 23.6; Ez 34.27; Jl 3.16,17; Am 9.15; Zc 8.14,15; 9.8; 14.10,11).

N. *Liberdade em relação à opressão*. Não haverá opressão social, política nem religiosa naquele dia (Is 14.3-6; 42.6,7; 49.8,9; Zc 9.11,12).

O. *Ausência de imaturidade*. A idéia parece ser de que não haverá tragédias de corpos e mentes fracas e débeis naquele dia (Is 65.20). A longevidade será restaurada.

P. *Reprodução dos povos vivos*. Os santos que entrarem no milênio com seus corpos naturais terão filhos durante o período. A população da terra aumentará. Os nascidos no milênio ainda possuirão a natureza pecaminosa; logo, a salvação será necessária (Jr 30.20; 31.29; Ez 47.22; Zc 10.8).

Q. *Trabalho*. O período não será caracterizado por inatividade, mas haverá um sistema econômico perfeito, no qual as necessidades do homem serão abundantemente providas pelo seu trabalho naquele sistema, sob a direção do Rei. Haverá uma sociedade plenamente produtiva, suprindo as necessidades dos súditos do Rei (Is 62.8,9; 65.21-23; Jr 31.5; Ez 48.18,19). A agricultura bem como a manufatura proverão empregos.

R. *Prosperidade econômica*. A perfeita situação de trabalho trará uma economia abundante, de modo que não haverá falta ou necessidade (Is 4.1; 35.1,2; 30.23-25; 62.8,9; 65.21-23; Jr 31.5,12; Ez 34.26; Mq 4.1,4; Zc 8.11,12; 9.16,17; Ez 36.29,30; Jl 2.21-27; Am 9.13,14).

S. *Aumento da luz*. Haverá aumento da luz solar e lunar nessa era. O aumento de luz provavelmente será a causa do aumento da produção na terra (Is 4.5; 30.26; 60.19,20; Zc 2.5).

T. *Língua unificada*. As barreiras lingüísticas serão desfeitas, a fim de que haja livre comunicação social (Sf 3.9).

U. *Adoração unificada*. Todo o mundo se unirá na adoração a Deus e ao Messias (Is 45.23; 52.1,7-10; 66.17-23; Zc 13.2; 14.16; 8.23; 9.7; Sf 3.9; Ml 1.11; Ap 5.9-14).

V. *A presença manifesta de Deus*. A presença de Deus será plenamente reconhecida e a comunhão com Ele será experimentada em uma dimensão sem igual (Ez 37.27,28; Zc 2.2,10-13; Ap 21.3).

X. *A plenitude do Espírito*. A presença e a capacitação divina serão a experiência de todos que estiverem sujeitos à autoridade do Rei (Is 32.13-15; 41.1; 44.3; 59.19,21; 61.1; Ez 36.26-27; 37.14; 39.29; Jl 2.28,29; Ez 11.19,20).

Z. *A perpetuidade do estado milenar*. O que caracteriza a era milenar não é visto como temporário, mas eterno (Jl 3.20; Am 9.15; Ez 37.26-28; Is 51.6-8; 55.3,13; 56.5; 60.19,20; 61.8; Jr 32.40; Ez 16.60; 43.7-9; Dn 9.24; Os 2.19-23).

A grande diversidade dos domínios nos quais as bênçãos da presença do Rei são sentidas é, assim, claramente percebida.

A doutrina bíblica do milênio

VI. A Duração do Milênio

As Escrituras ensinam que o reino sobre o qual Cristo reinará entre a primeira e segunda ressurreição tem a duração de mil anos.

> Então, vi descer do céu um anjo; tinha na mão a chave do abismo e uma grande corrente. Ele segurou o dragão, a antiga serpente, que é o diabo, Satanás, e o prendeu por mil anos; lançou-o no abismo, fechou-o e pôs selo sobre ele, para que não mais enganasse as nações até se completarem mil anos. Depois disto, é necessário que ele seja solto pouco tempo. Vi também tronos, e nestes sentaram-se aqueles aos quais foi dada autoridade de julgar. Vi ainda as almas dos decapitados por causa do testemunho de Jesus, bem como por causa da palavra de Deus, tantos quantos não adoraram a besta, nem tampouco a sua imagem, e não receberam a marca na fronte e na mão; e viveram e reinaram com Cristo durante mil anos. Os restantes dos mortos não reviveram até que se completassem os mil anos. Esta é a primeira ressurreição. Bem-aventurado e santo é aquele que tem parte na primeira ressurreição; sobre esses a segunda morte não terá autoridade; pelo contrário, serão sacerdotes de Deus e de Cristo, e reinarão com ele os mil anos (Ap 20.1-6).

Mesmo os que negam a literalidade do período de mil anos geralmente afirmam que os elementos anjo, céu, abismo, Satanás, nações e ressurreições mencionados neste capítulo são literais. Seria um engano aceitar a literalidade desses e negar a literalidade do elemento tempo. Alford diz:

> Os que viveram ao lado dos apóstolos e de toda a igreja por 300 anos compreenderam-nos no seu sentido simples e literal; é estranho, hoje em dia, ver expositores que estão dentre os primeiros a reverenciar a antiguidade, jogando de lado o exemplo mais convincente de consenso presente na antiguidade primitiva. Com respeito ao texto em si, nenhum tratamento legítimo dele extrairá o que se conhece como a interpretação espiritual agora em voga.[12]

Seis vezes nessa passagem se declara que o reino milenar de Cristo continuará por mil anos.

Levantou-se uma questão a respeito da posição pré-milenarista de que as Escrituras ensinam que Cristo reinará num reinado sem fim. Isto é dito em 2Samuel 7.16,28,29; Salmos 89.3,4,34-37; 45.6; 72.5,17; Isaías 9.6,7; 51.6,8; 55.3,13; 56.5; 60.19,20; 61.8; Jeremias 32.40; 33.14-

---

[12] Henry Alford, *The Greek testament*, IV, p. 732.

17,20,21; 37.24-28; Ezequiel 16.60; 43.7-9; Daniel 7.13,14,27; 9.24; Oséias 2.19; Joel 3.20; Amós 9.15; Lucas 1.30-33; 1Timóteo 1.17; Apocalipse 11.15. O amilenarista vê um conflito aqui e insiste em que a eternidade do reino de Cristo não permite espaço para um reinado de mil anos na terra. O motivo pelo qual Calvino rejeitava a opinião prémilenarista era o seu conceito de que um reinado de mil anos anularia o reinado eterno de Cristo.[13] Se os pré-milenaristas limitassem o reinado de Cristo a mil anos, a afirmação de que "sua ficção é muito pueril para necessitar ou merecer refutação"[14] seria verdadeira. Contudo, não é o caso.

Uma passagem importante que contribui para esse debate é 1Coríntios 15.24-28.

> E, então, virá o fim, quando ele entregar o reino ao Deus Pai, quando houver destruído todo principado, bem como toda potestade e poder. Porque convém que ele reine até que haja posto todos os inimigos debaixo dos pés. O último inimigo a ser destruído é a morte. Porque todas as cousas sujeitou debaixo dos pés. E, quando diz que todas as cousas lhe estão sujeitas, certamente, excluiu aquele que tudo lhe subordinou. Quando, porém, todas as cousas lhe estiverem sujeitas, então, o próprio Filho também se sujeitará àquele que todas as cousas lhe sujeitou, para que Deus seja tudo em todos.

Nessas palavras o apóstolo declara o propósito último do reino teocrático: "que Deus seja tudo em todos". Isso mostra a realização absoluta do propósito original no estabelecimento do reino teocrático, "preparado [...] desde a fundação do mundo" (Mt 25.34). Uma paráfrase dos versículos acima deixará mais claro o pensamento progressivo de Paulo: "O Pai colocou tudo debaixo dos pés de Cristo. (Mas, quando o Pai diz que todas as coisas são postas debaixo dos pés de Cristo, é evidente que o próprio Pai é omitido dessa sujeição, visto que o Pai instituiu a sujeição.) E quando todas as coisas forem definitivamente sujeitas a Cristo, então o Filho também se sujeitará ao Pai, que pôs todas as coisas sob Cristo, para que Deus seja tudo em todos". O meio pelo qual todas as coisas são sujeitas a Deus, a fim de que Ele se torne tudo em todos, é que Cristo une Sua autoridade como Rei com a autoridade do Pai depois de ter "destruído todo principado, bem como toda potestade e poder" (1Co 15.24). O propósito original de Deus era manifestar Sua autoridade absoluta e isso é realizado

---

[13] John CALVIN, *Institutes of the Christian religion*, II, p. 250-1.
[14] Ibid.,

A doutrina bíblica do milênio

quando Cristo une a teocracia terrena com o reino eterno de Deus. Dessa maneira, embora o governo teocrático terreno de Cristo seja limitado por mil anos, tempo suficiente para Deus manifestar a perfeita teocracia na terra, seu reinado é eterno. Essa linha de pensamento é defendida por Peters, que diz:

> Há apenas uma passagem nas Escrituras que deve ensinar o fim do reino distintivamente messiânico, 1Coríntios 15.27,28. Qualquer opinião que seja superposta a esses versículos ou deles extraída, quase todas [...] admitem, seja qual a for a entrega referida, que Jesus Cristo ainda reina, ou como Deus, com a humanidade subordinada, ou como Deus-homem [...] Na linguagem de Van Falkenburg: "Assim como o Pai foi omitido quando todas as coisas foram colocadas debaixo do Filho, Ele também será omitido quando todas as coisas forem subjugadas a Ele. Parece, então, que essa passagem nem sequer sugere que haverá término do reino de Cristo, ou que Ele jamais entregará seu reino ao Pai. O domínio certamente será resgatado de seus inimigos e restaurado à Divindade, mas não em sentido genérico, pois Seu domínio será um domínio eterno, e Seu reino não terá fim". Storr [...] defende que "o governo mencionado no versículo 24, que será por Ele restaurado a Deus Pai, não deve significar o governo de Cristo, mas o de todo poder inimigo, que é evidentemente declarado como destruído, para que o poder seja restaurado a Deus" —ele ainda acrescenta verdadeira e vigorosamente que [...] "o governo é restaurado a Deus quando ele é restaurado a Cristo". Desse modo o trecho para eles está de acordo com Apocalipse 11.15: "O reino do mundo se tornou de nosso Senhor e do seu Cristo", e, quando isso tiver terminado, Pai e Filho estarão unidos nessa ordem teocrática: "Ele reinará pelos séculos dos séculos" [...] A honra de ambos, Pai e Filho, é identificada com a perpetuidade do reino teocrático, pois ele é tanto o reino do Pai quanto o reino do Filho —já que existe entre eles a união mais perfeita, constituindo uma unidade de governo e de domínio.[15]

Chafer escreve sobre a questão da entrega da autoridade do Filho ao Pai:

> A entrega a Deus de um reino perfeito não implica a liberação da autoridade por parte do Filho. A verdade declarada [em 1Coríntios 15.27,28] é que por fim o reino é plenamente restaurado —o reino de Deus para Deus. A distinção a ser notada repousa entre a apresentação ao Pai de uma autoridade restaurada e a suposta abolição do trono por parte do Filho. Esta última não é necessária nem sugerida no texto. O quadro apresentado em Apocalipse 22.3 é o da Nova Jerusalém no estado eterno, e declara-se que

---

[15] PETERS, op. cit., II, p. 634-6.

"nela, estará o trono de Deus e do Cordeiro". A tradução na versão atualizada de 1Coríntios 15.28 não é clara: "Quando, porém, todas as cousas lhe estiverem sujeitas, então, o próprio Filho também se sujeitará àquele que todas as cousas lhe sujeitou, para que Deus seja tudo em todos". A declaração deveria significar que, quando tudo tiver sido sujeitado e a autoridade divina for restaurada completamente, o Filho, que reinou com a autoridade do Pai por mil anos e derrotou todos os inimigos, continuará reinando sob a mesma autoridade do Pai, tão sujeito como sempre à Primeira Pessoa. Esse significado mais esclarecido do texto retira a hipótese de conflito entre um reino eterno e o suposto reino limitado de Cristo; como afirmado em outros lugares, Ele reinará no trono de Davi para sempre.[16]

McClain esboça a consumação desse plano como se segue:

1. Quando o último inimigo de Deus for derrotado pelo nosso Senhor, como o Rei Mediatário, o propósito do reino mediatário será cumprido (1Co 15.25,26).

2. Nesse momento Cristo entregará a Deus o reino mediatário, que se fundirá ao reino eterno, a fim de que o reino mediatário se perpetue, mas sem ter uma identidade separada (1Co 15.24,28).

3. Isso não significa o fim do governo do Senhor. Ele apenas deixa de reinar como Rei Mediatário. Mas, como Filho eterno, segunda pessoa do único e verdadeiro Deus, Ele compartilha o trono com o Pai no reino final (Ap 22.3-5; cf. 3.21).[17]

Com o estabelecimento da teocracia na terra por mil anos, sob o Rei Messiânico teocrático, Deus cumpre o propósito de demonstrar Seu governo na esfera em que Sua autoridade foi desafiada. Fundindo a teocracia terrena com o reino eterno, a soberania eterna de Deus é estabelecida. Esse era o propósito de Deus ao planejar o reino teocrático e desenvolvê-lo por sucessivos estágios ao longo da história até que ele alcance o clímax no plano na teocracia sob o Cristo entronizado no milênio. Essa autoridade, que Satanás desafiou, Cristo demonstra pertencer apenas a Deus. O direito de Deus de governar é eternamente vindicado.

---

[16] Lewis Sperry CHAFER, *Systematic theology*, v, p. 373-4.

[17] Alva J. MCCLAIN, The greatness of the kingdom, anotações de sala de aula não publicadas, p. 31.

Capítulo 29

O governo e os governados no milênio

I. O Governo no Milênio

As Escrituras têm muitas informações a respeito do governo teocrático, visto que o governo administrado pelo Rei é a própria manifestação da autoridade que Deus busca restabelecer.

A. *O governo será uma teocracia*. Depois de tudo o que foi apresentado anteriormente, é desnecessário reafirmar o fato de que o governo será uma teocracia. Peters, escrevendo sobre essa forma de governo, comenta:

> ... muitos autores [...] esforçam-se por fazer da teocracia uma república, mas a teocracia, por natureza, não é uma república. Embora não seja uma monarquia no sentido aludido por Samuel, ou seja, de origem puramente humana, é uma monarquia em sentido mais amplo. Não se trata de república, pois os poderes legislativo, executivo e judiciário não são potencialmente confiados ao povo, mas a Deus, o Rei; ela ainda contém os elementos de uma monarquia e de uma república —monarquia porque a soberania absoluta é confiada a um grande Rei, ao qual todo o resto se subordina, mas república porque contém o elemento republicano de preservar os direitos de todos os indivíduos, do mais humilde ao mais elevado... Em outras palavras, por meio de uma feliz combinação, uma monarquia sob divina direção, conseqüentemente infalível, traz as bênçãos que resultariam de um governo republicano ideal bem dirigido, o qual nunca poderia existir em virtude da perversão e do desvio do homem.[1]

---

[1] G. N. H. Peters, *Theocratic kingdom*, I, p. 221.

Essa teocracia deve ser vista não como um luxo, mas como uma necessidade absoluta. Isso Peters demonstra de modo conclusivo:

> A relação que o homem e esta terra mantêm com o Deus Altíssimo requer que a honra e a majestade de Deus demandem o estabelecimento de uma teocracia na terra, na qual a raça se submeta a um governo honrável tanto para com Deus quanto para com o homem [...] 1) Na criação Deus determinou essa forma de governo [...] 2) pela desobediência o homem perdeu o domínio que Deus exerceria sobre a terra [...] 3)Deus resolveu restaurar o domínio na Pessoa de Jesus, o Segundo Adão [...] 4) Deus —para indicar que forma de governo esse domínio assumiria quando restaurado, para testar a presente capacidade do homem para ela, e para fazer certas provisões indispensáveis para o futuro— estabeleceu a teocracia [...] 5) o homem, dada a sua pecaminosidade, foi desqualificado para a ordem teocrática, logo, foi retirado [...] 6) Deus prometeu que no futuro a restauraria [...] 7) essa teocracia é a forma preferida de Deus para o governo e, se não for restaurada, sua proposta de governo torna-se um fracasso [...] 8) Deus enviou Seu Filho para prover a salvação [...] 9) essa salvação, em sua consecução definitiva, está ligada à futura vinda do reino [...] 10) para assegurar o estabelecimento permanente da teocracia no futuro, Deus prepara um grupo de governantes para se associarem com "o Cristo" [...] 11) até que a teocracia seja estabelecida, a raça humana não é levada à sujeição a Deus [...] 12) por mais gloriosa que seja essa dispensação em seu desígnio, a redenção permanece incompleta e assim continuará até que o Messias restaure a teocracia [...] 13) quando a teocracia for restabelecida, sob a liderança de Cristo e dos Seus santos, a própria raça será sujeitada a Deus —uma província revoltada será trazida de volta à sua lealdade e bênção original [...] 14) a teocracia é a forma de governo mais admiravelmente adaptada para assegurar esse resultado [...] 15) uma teocracia, por natureza um governo visível, deve demonstrar visivelmente a soberania e a redenção completa perante os olhos do mundo, a fim de que —como convém a Deus e como acontece no próprio céu— seja reconhecida publicamente [...] 16) o relacionamento pessoal de Deus com Adão no paraíso, com a teocracia estabelecida no passado, com o homem em Jesus e por meio dele na primeira vinda, assegura um relacionamento pessoal especial e contínuo num trono e reino restaurado... que exibe Sua supremacia da maneira mais tangível e satisfatória, e a recuperação de um povo e raça rebelde, bem como a manifestação do cumprimento da vontade de Deus tanto na terra quanto no céu, incluindo um relacionamento pessoal mediante Aquele que é "o Filho do Homem...".[2]

---

[2] Ibid., III, p. 583-4.

B. *O Messias é Rei no milênio*. As Escrituras deixam claro que o governo do milênio está sob o Messias, o Senhor Jesus Cristo (Is 2.2-4; 9.3-7; 11.1-10; 16.5; 24.21-23; 31.4-32.2; 42.1-7,13; 49.1-7; 51.4,5; 60.12; Dn 2.44; 7.15-28; Ob 17-21; Mq 4.1-8; 5.2-5,15; Sf 3.9-10,18,19; Zc 9.10-15; 14.16,17). Sua autoridade real é universal. Essa posição é dada por nomeação divina. O salmista registra a palavra de Jeová: "Eu, porém, constituí o meu Rei sobre o meu santo monte Sião" (Sl 2.6).

> Essa entrega do reino ao Filho do Homem pelo Pai é clara e explicitamente ensinada nessa aliança. Portanto, em consonância, temos a linguagem de Daniel 7.13,14; Isaías 49; Lucas 22.29 e 1.32 etc. A soberania divina assegura o reino a Ele.
>
> Daniel (7.14) diz que "foi-lhe [o Filho do Homem] dado domínio, e glória, e o reino" etc. Lucas (1.32) "Deus, o Senhor, lhe dará o trono de Davi" etc. [...] O próprio Salvador parece referir-se a esse acontecimento na parábola das dez minas (Lc 19.15): "Quando ele voltou, depois de haver tomado posse do reino" etc. [...]
>
> A entrega do reino pelo Pai ao Filho do Homem, mostra [...] que esse reino é algo muito diferente da soberania divina exercida universalmente por Deus. O reino é um desenvolvimento dessa soberania divina, que será exibida por meio do reino, sendo constituída sob forma teocrática, em cuja forma inicial foi separada no governo de duas pessoas (i.e., Deus e Davi), mas é agora auspiciosamente unida —tornando-se então eficaz, irresistível e eterna— em um, i.e., "o Cristo".[3]

O registro do Novo Testamento comprova firmemente o direito de Cristo assumir o reino de Davi. Girdlestone escreve:

> 1. As genealogias contidas em Mateus 1 e em Lucas 3 demonstram de modo suficiente, e em bases independentes, que José era da linhagem de Davi; e tornam provável, se não certo, que, se o trono de Davi fosse restabelecido, José seria a pessoa cuja cabeça seria coroada. Assim, ele é chamado Filho de Davi em Mateus 1.20 e em Lucas 1.27.
>
> 2. Também fica claro em Mateus 1 e em Lucas 1 que José não era literalmente o pai de Jesus, apesar de Maria ser literalmente sua mãe. José, contudo, atuou como seu pai. A criança nasceu sob a proteção de José e cresceu sob a sua guarda [...] José adotou Jesus como filho. Ele é chamado em Lucas 3.23 pai reconhecido [...]
>
> 3. Não se sabe com certeza a que tribo Maria pertencia; mas seu parentesco com Isabel não a impede de ser da tribo de Judá, já que casamentos entre as tribos de Judá e de Levi são registrados desde o tempo de

---

[3] Ibid., I, p. 577.

Arão. As palavras em Lucas 1.32, "Deus, o Senhor, lhe dará o trono de Davi, seu pai", são incoerentes com qualquer outra opinião a não ser a de que Maria era da linhagem de Davi, e nenhuma dificuldade nesse assunto parece ter ocorrido à mente dela [...]

4. Os evangelistas, contudo, nunca discutem a genealogia de Maria. Eles consideram o suficiente estabelecer a linhagem de José (cf. At 2.30; 13.22,23,33; Hb 7.14; Rm 1.3; Ap 5.5; 22.16).

5. Somos levados à conclusão de que a posição do nosso Senhor como Filho de Davi foi estabelecida, humanamente falando, pela ação de José em adotá-lo, e não pela possibilidade de Maria ser descendente de Davi.

A sucessão da linhagem real não se devia de fato ao nascimento, mas a uma designação.[4]

C. *Davi é o regente no milênio*. Existem várias referências que estabelecem a regência de Davi no milênio (Is 55.3,4; Jr 30.9; 33.15,17,20,21; Ez 34.23,24; 37.24,25; Os 3.5; Am 9.11). Não há dúvida de que o Senhor Jesus Cristo reinará no reino teocrático terreno em virtude de ter nascido na linhagem de Davi e de possuir os direitos reais e legais ao trono (Mt 1.1; Lc 1.32,33). A questão em jogo nos trechos citados é se o Senhor Jesus Cristo exercerá governo sobre a Palestina direta ou indiretamente por meio de um regente. Existem várias respostas a essa questão, a qual é fundamental no tratamento do governo milenar.

1. A primeira resposta é que o termo *Davi* é usado *tipologicamente*, em referência a Cristo. Ironside apresenta essa opinião quando diz:

> Não entendo que isso signifique que o próprio Davi será ressuscitado e habitará na terra como rei [...] a implicação é que Aquele que foi o Filho de Davi, o próprio Senhor Jesus Cristo, será o Rei e, dessa maneira, o trono de Davi será restabelecido.[5]

Essa opinião baseia-se no fato de que 1) muitas passagens proféticas prevêem que Cristo sentará no trono de Davi e por isso se presume que qualquer referência ao governo se aplica a Cristo, e 2) o nome de Cristo está intimamente associado ao de Davi na Palavra, de modo que Ele é chamado Filho de Davi e se afirma que Ele se assentará no trono de Davi.

As objeções a essa opinião surgem 1) do fato de que Cristo nunca é chamado de Davi nas Escrituras. Ele é chamado Renovo de Davi (Jr

---

[4] R. B. GIRDLESTONE, *The grammar of prophecy*, p. 73-5.
[5] Harry A. IRONSIDE, *Ezekiel the prophet*, p. 262.

23.5), Filho de Davi (15 vezes), Descendência de Davi (Jo 7.42; Rm 1.3; 2Tm 2.8), Raiz de Davi (Ap 5.5) e Raiz e Geração de Davi (Ap 22.16), mas nunca Davi. 2) O título "meu servo, Davi" é usado repetitivamente para o Davi histórico. 3) Em Oséias 3.5; Ezequiel 37.21-25; 34.24; Jeremias 30.9 e Isaías 55.4, Jeová é claramente diferenciado de Davi. Se Davi fosse uma referência tipológica a Cristo nessas passagens, nenhuma distinção poderia ser feita, nem precisaria ser tão cuidadosamente estabelecida. 4) Existem declarações concernentes a esse príncipe que impedem a aplicação do título a Cristo. Em Ezequiel 45.22, diz-se que o príncipe oferece a si mesmo uma oferta de pecado. Mesmo se esses forem sacrifícios memoriais, como será mostrado, Cristo não poderia oferecer um sacrifício por Seus próprios pecados, visto que Ele não tinha pecado. Em Ezequiel 46.2 o príncipe está comprometido com atos de adoração. Cristo recebe adoração no milênio, mas não se envolve com atos de adoração. Em Ezequiel 46.16 o príncipe tem filhos e divide a herança com eles. Isso não poderia acontecer com Cristo. Por esses motivos parece que o príncipe referido como Davi não poderia ser Cristo.

2. A segunda resposta é que Davi se refere a um *filho literal de Davi* que se assentará no trono de Davi. Essa opinião reconhece que Cristo não poderia fazer tudo o que é declarado a respeito do príncipe e defende que isso será cumprido por um descendente físico de Davi.

> Parece, também, por uma comparação cuidadosa dessa passagem com a última parte da profecia de Ezequiel, que um descendente físico de Davi (chamado "o príncipe") exercerá a regência na terra sobre a nação restaurada, sob a autoridade dAquele cuja cidade-sede será a nova e celestial Jerusalém.[6]

As referências em Jeremias 33.15,17,20,21 indicariam que se espera a vinda de um filho para assumir o cargo.

Existem várias objeções a essa opinião. 1) Nenhum judeu é capaz de remontar sua linhagem familiar depois da destruição de Jerusalém. Ottman escreve:

> Qualquer que seja a crença tradicional de um judeu sobre sua família e sua tribo, nenhum homem pode levantar provas documentais legítimas de que pertence à tribo de Judá e à linhagem de Davi, sendo o herdeiro legal do trono de Davi. Logo, o *único homem vivo* que hoje pode apresentar

[6] Harry A. Ironside, *Notes on the minor prophets*, p. 33.

uma genealogia intacta é Jesus de Nazaré, nascido Rei dos Judeus, crucificado Rei dos Judeus, que voltará como Rei dos Judeus.[7]

2) Se outro deve vir depois de Cristo, deve-se dizer que Cristo não seria o cumprimento completo das promessas de Davi. 3) A interpretação literal demandaria que o nome Davi significasse o que a palavra implica em seu uso normal.

3. A terceira interpretação defende que Davi significa *o Davi histórico*, que vem reger após sua ressurreição na segunda vinda de Cristo. Newell defende esse ponto de vista quando diz:

> Não devemos permitir que nossa mente se confunda quanto a essa situação. Devemos acreditar nas simples palavras de Deus. Davi não é o Filho de Davi. Cristo, como Filho de Davi, será Rei; e Davi, seu pai segundo a carne, será o *príncipe*, durante o milênio.[8]

Existem várias considerações que apóiam essa interpretação. 1) Ela é a mais coerente com o princípio literal de interpretação. 2) Somente Davi poderia ser regente no milênio sem violar as profecias concernentes ao reinado de Davi. 3) Os santos ressurrectos terão posições de responsabilidade no milênio como recompensa (Mt 19.28; Lc 19.12-27). Davi pode ser designado para assumir tal responsabilidade já que ele era "homem segundo o coração de Deus". Concluir-se-ia que, no governo do milênio, Davi será nomeado regente sobre a Palestina e governará sobre a terra como príncipe, ministrando sob a autoridade de Jesus Cristo, o Rei. O príncipe poderá então conduzir a adoração, oferecer sacrifícios, dividir entre sua descendência fiel a terra a ele designada, sem violar sua posição obtida pela ressurreição.

D. *Nobres e governadores reinarão sob Davi*. Na era milenar, Jesus Cristo será o "Rei dos Reis e Senhor dos Senhores" (Ap 19.16). Como tal, Ele é soberano sobre um grande número de governantes subordinados. Sob Davi, a Palestina será governada por esses indivíduos.

> O seu príncipe procederá deles, do meio deles sairá o que há de reinar... (Jr 30.21).

---

[7] Ford C. OTTMAN, *God's oath*, p. 74.
[8] William R. NEWELL, *The revelation*, p. 323.

O governo e os governados no milênio 509

> Eis aí está que reinará um rei com justiça, e em retidão governarão príncipes [Is 32.1].

> ... os meus príncipes nunca mais oprimirão o meu povo; antes, distribuirão a terra à casa de Israel, segundo as suas tribos. Assim diz o SENHOR Deus: Basta, ó príncipes de Israel; afastai a violência e a opressão e praticai juízo e justiça: tirai as vossas desapropriações do meu povo, diz o SENHOR Deus (Ez 45.8,9).

O Novo Testamento revela que a autoridade sobre as doze tribos de Israel será confiada às mãos dos doze discípulos.

> ... vós, os que me seguistes, quando, na regeneração, o Filho do homem se assentar no trono da sua glória, também vos assentareis em doze tronos para julgar as doze tribos de Israel (Mt 19.28).

Isso indicaria que, sob Davi, haverá muitos governadores subordinados, os quais exercerão o poder teocrático e administrarão o governo do milênio.

E. *Muitas autoridades menores governarão*. Haverá ainda uma subdivisão menor de autoridade na administração do governo. A parábola em Lucas 19.12-28 mostra que essa autoridade será atribuída a indivíduos sobre dez cidades e cinco cidades no reino. Eles evidentemente prestarão contas ao líder da tribo, que, por sua vez, subordina-se a Davi, que se subordina ao próprio Rei. Tais posições de autoridade são concedidas como recompensa pela fidelidade. O Antigo Testamento previu isso:

> Eis que o SENHOR Deus virá com poder, e o seu braço dominará; eis que o seu galardão está com ele, e diante dele, a sua recompensa (Is 40.10).

> Assim diz o SENHOR dos Exércitos: Se andares nos meus caminhos, e observares os meus preceitos, também tu julgarás a minha casa e guardarás os meus átrios, e te darei livre acesso entre estes que aqui se encontram [Zc 3.7].

Os que forem levados para o milênio "reinarão com ele por mil anos". Prevê-se que esses ofícios de autoridade serão dados como recompensa.

F. *Serão levantados juízes*. Como os juízes do Antigo Testamento eram apontados divinamente e eram representantes por meio dos quais se administrava o reino teocrático, também os que governarão no milênio terão a mesma caracterização dos juízes, a fim de que se evidencie que sua autoridade é uma demonstração do poder teocrático.

... também tu julgarás minha casa... [Zc 3.7].

Restituir-te-ei os teus juízes, como eram antigamente, os teus conselheiros, como no princípio... [Is 1.26].

G. *A natureza do reino*. Várias características do reino são mencionadas nas Escrituras. 1) Será um reinado *universal*. A autoridade delegada de Cristo, passando por Davi e daí aos doze até os governadores das cidades, como esboçado acima, diz respeito à Palestina. Já que Cristo será "Rei dos Reis e Senhor dos Senhores", esta mesma delegação de autoridade também ocorrerá em outras porções da terra. Não haverá parte da terra que não experimente a autoridade do Rei (Dn 2.35; 7.14,27; Mq 4.1,2; Zc 9.10).

Foi-lhe dado domínio, e glória, e o reino, para que os povos, nações e homens de todas as línguas o servissem; o seu domínio é domínio eterno, que não passará, e o seu reino jamais será destruído.

O reino, e o domínio, e a majestade dos reinos debaixo de todo o céu serão dados ao povo dos santos do Altíssimo; o seu reino será reino eterno, e todos os domínios o servirão e lhe obedecerão (Dn 7.14,27).

2) O reinado terá *justiça e eqüidade inflexível* (Is 11.3-5; 25.2-5; 29.17-21; 30.29-32; 42.13; 49.25,26; 66.14; Dn 2.44; Mq 5.5,6,10-15; Zc 9.3-8).

... não julgará segundo a vista dos seus olhos, nem repreenderá segundo o ouvir dos seus ouvidos; mas julgará com justiça os pobres, e decidirá com eqüidade a favor dos mansos da terra; ferirá a terra com a vara de sua boca e com o sopro dos seus lábios matará o perverso. A justiça será o cinto dos seus lombos, e a fidelidade, o cinto dos seus rins (Is 11.3-5).

3) O reinado será exercido *na plenitude do Espírito*.

Repousará sobre ele o Espírito do Senhor, o Espírito de sabedoria e de entendimento, o Espírito de conselho e de fortaleza, o Espírito de conhecimento e de temor do SENHOR. Deleitar-se-á no temor do SENHOR (Is 11.2,3).

4) O governo será um *governo unificado*. Israel e Judá não mais estarão divididos, nem as nações serão divididas uma contra a outra. O "governo mundial" cobiçado pelos homens em resposta à disputa internacional será realizado (Ez 37.13-28).

Os filhos de Judá e os filhos de Israel se congregarão, e constituirão sobre si uma só cabeça (Os 1.11).

O governo e os governados no milênio 511

5) O governo *tratará sumariamente qualquer manifestação de pecado* (Sl 2.9; 72.1-4; Is 29.20,21; 65.20; 66.24; Zc 14.16-21; Jr 31.29,30). "Ferirá a terra com a vara da sua boca, e com o sopro dos seus lábios matará o perverso" (Is 11.4). Qualquer ato aberto contra a autoridade do Rei será punido com morte física. Parece que capacidade suficiente é dada aos santos por meio da plenitude do Espírito, do conhecimento universal do Senhor, da eliminação de Satanás e da manifestação da presença do Rei para impedi-los de pecar. 6) O reinado será *eterno* (Dn 7.14,27).

II. Os Súditos no Milênio

O reino teocrático terreno, instituído pelo Senhor Jesus Cristo na segunda vinda, incluirá todos os salvos de Israel e também os gentios salvos, que estiverem vivos por ocasião de Seu retorno. As Escrituras deixam bem claro que todos os pecadores serão eliminados antes da instituição do reino (Is 1.19-31; 65.11-16; 66.15-18; Jr 25.27-33; 30.23,24; Ez 11.21; 20.33-44; Mq 5.9-15; Zc 13.9; Ml 3.2-6; 3.18; 4.3). O registro do julgamento das nações (Mt 25.35) revela que apenas os salvos entrarão no reino. A parábola do trigo e do joio (Mt 13.30,31) e a parábola da rede (Mt 13.49,50) mostram que apenas os salvos entrarão no reino. Daniel deixa claro que o reino é dado aos santos:

> Mas os santos do Altíssimo receberão o reino e o possuirão para todo o sempre, de eternidade em eternidade.
> [...] e fez justiça aos santos do Altíssimo; e veio o tempo em que os santos possuíram o reino.
> O reino, e o domínio, e a majestade dos reinos debaixo de todo o céu serão dados ao povo dos santos do Altíssimo; o seu reino será reino eterno, e todos os domínios o servirão e lhe obedecerão (Dn 7.18,22,27).

A. *Israel no milênio*
1. *A restauração de Israel.* Grande parte das profecias do Antigo Testamento trata da reintegração da nação na terra, já que as alianças não poderiam ser cumpridas à parte desse reagrupamento. O reagrupamento associado à segunda vinda é observado nas palavras do Senhor:

> Então, aparecerá no céu o sinal do Filho do homem; todos os povos da terra se lamentarão e verão o Filho do homem vindo sobre as nuvens do céu, com poder e muita glória. E ele enviará os seus anjos, com grande clangor de trombeta, os quais reunirão os seus escolhidos, dos quatro ventos, de uma a outra extremidade dos céus (Mt 24.30,31).

Esse reagrupamento é o principal assunto da mensagem profética, como mostrarão os seguintes trechos:

... e vós [...] sereis colhidos um a um (Is 27.12).

... trarei a tua descendência desde o oriente e a ajuntarei desde o ocidente. Direi ao norte: Entrega; e ao sul: Não retenhas; trazei meus filhos de longe e minhas filhas, das extremidades da terra, a todos os que são chamados pelo meu nome, e os que criei para minha glória, e que formei, e fiz (Is 43.5-7).

E será que, depois de os haver arrancado, tornarei a compadecer-me deles e os farei voltar, cada um à sua herança, cada um à sua terra (Jr 12.15).

... e os farei voltar para esta terra (Jr 24.6).

Sabereis que eu sou o Senhor, quando eu vos der entrada na terra de Israel, na terra que, levantando a mão, jurei dar a vossos pais (Ez 20.42).

Assim diz o Senhor Deus: Quando eu congregar a casa de Israel dentre os povos entre os quais estão espalhados e eu me santificar entre eles, perante as nações, então, habitarão na terra que dei a meu servo, a Jacó. Habitarão nela seguros... (Ez 28.25,26).

Mas eu sou o Senhor, teu Deus, desde a terra do Egito; eu ainda te farei habitar em tendas, como nos dias da festa (Os 12.9).

Eis que, naqueles dias e naquele tempo, em que mudarei a sorte de Judá e de Jerusalém (Jl 3.1).

Mudarei a sorte do meu povo Israel, reedificarão as cidades assoladas, e nelas habitarão, plantarão vinhas e beberão o seu vinho, farão pomares e lhes comerão o fruto. Plantá-los-ei na sua terra, e, dessa terra que lhes dei, já não serão arrancados, diz o Senhor, teu Deus (Am 9.14,15).

Naquele dia, diz o Senhor, congregarei os que coxeiam e recolherei os que foram expulsos e os que eu afligira (Mq 4.6).

Naquele tempo, eu vos farei voltar e vos recolherei; certamente, farei de vós um nome e um louvor entre todos os povos da terra, quando eu vos mudar a sorte diante dos vossos olhos, diz o Senhor (Sf 3.20).

Porque eu os farei voltar da terra do Egito e os congregarei da Assíria; trá-los-ei à terra de Gileade e do Líbano, e não se achará lugar para eles (Zc 10.10).

O governo e os governados no milênio

Assim, essa esperança, tema principal de todas as passagens proféticas, será cumprida na segunda vinda de Cristo.

2. *A regeneração de Israel.* A nação de Israel experimentará uma conversão, que preparará o povo para encontrar o Messias e habitar no Seu reino milenar. Paulo demonstra que essa conversão é realizada na segunda vinda, pois escreve:

> E, assim, todo o Israel será salvo, como está escrito: Virá de Sião o Libertador e ele apartará de Jacó as impiedades. Esta é a minha aliança com eles, quando eu tirar os seus pecados (Rm 11.26,27).

Mais uma vez descobrimos ser esse o tema principal das passagens proféticas. Algumas referências serão suficientes.

> Sião será redimida pelo direito, e os que se arrependem, pela justiça (Is 1.27).

> ... os que ficarem em Jerusalém serão chamados santos... quando o Senhor lavar a imundícia das filhas de Sião e limpar Jerusalém da culpa do sangue do meio dela... (Is 4.3,4).

> Nos seus dias, Judá será salvo, e Israel habitará seguro; será este o seu nome, com que será chamado: Senhor, Justiça Nossa (Jr 23.6).

> Dar-lhes-ei coração para que me conheçam que eu sou o Senhor; eles serão o meu povo, e eu serei o seu Deus; porque se voltarão para mim de todo o seu coração (Jr 24.7).

> Porque esta é a aliança que firmarei com a casa de Israel, depois daqueles dias, diz o Senhor. Na mente, lhes imprimirei as minhas leis, também no coração lhas inscreverei; eu serei o seu Deus, e eles serão o meu povo. Não ensinará jamais cada um ao seu próximo, nem cada um ao seu irmão, dizendo: Conhece ao Senhor, porque todos me conhecerão, desde o menor até ao maior deles, diz o Senhor. Pois perdoarei as suas iniquidades e dos seus pecados jamais me lembrarei (Jr 31.33,34).

> Dar-lhes-ei um só coração, espírito novo porei dentro deles; tirarei da sua carne o coração de pedra e lhes darei coração de carne (Ez 11.19).

> Então, aspergirei água pura sobre vós, e ficareis purificados; de todas as vossas imundícias e de todos os vossos ídolos vos purificarei. Dar-vos-ei coração novo e porei dentro de vós espírito novo; tirarei de vós o coração de pedra e vos darei coração de carne (Ez 36.25,26).

E acontecerá que todo aquele que invocar o nome do SENHOR será salvo; porque, no monte Sião e em Jerusalém, estarão os que forem salvos... (Jl 2.32).

Quem, ó Deus, é semelhante a ti, que perdoas a iniqüidade e te esqueces da transgressão do restante da tua herança? O SENHOR não retém a sua ira para sempre, porque tem prazer na misericórdia. Tornará a ter compaixão de nós; pisará aos pés as nossas iniqüidades e lançará todos os nossos pecados nas profundezas do mar (Mq 7.18,19).

Mas deixarei, no meio de ti, um povo modesto e humilde, que confia em o nome do SENHOR. Os restantes de Israel não cometerão iniqüidade, nem proferirão mentira, e na sua boca não se achará língua enganosa, porque serão apascentados, deitar-se-ão, e não haverá quem os espante (Sf 3.12,13).

Naquele dia, haverá uma fonte aberta para a casa de Davi e para os habitantes de Jerusalém, para remover o pecado e a impureza (Zc 13.1).

Farei passar a terceira parte pelo fogo, e a purificarei como se purifica a prata, e a provarei como se prova o ouro; ela invocará o meu nome, e eu a ouvirei; direi: É meu povo, e ela dirá: O SENHOR é meu Deus (Zc 13.9).

Já que nenhum incrédulo entrará no milênio, o que aguarda a Israel é uma conversão que o preparará para o reino prometido. A segunda vinda testemunhará a conversão da nação, isto é, de toda a nação de Israel, a fim de que as alianças feitas sejam cumpridas na era do reinado do Messias.

3. *Israel como súdito do Messias durante o milênio.* Israel se tornará súdito do governo do Rei (Is 9.6,7; 33.17,22; 44.6; Jr 23.5; Mq 2.13; 4.7; Dn 4.3; 7.14,22,27). Para ser súdito 1) Israel se converterá e será reintegrado à terra, como já foi visto. 2) Israel será reunido como nação (Jr 3.18; 33.14; Ez 20.40; 37.15-22; 39.25; Os 1.11). 3) A nação se unirá mais uma vez a Jeová por meio do casamento (Is 54.1-17; 62.2-5; Os 2.14-23). 4) Israel será exaltado acima dos gentios (Is 14.1,2; 49.22,23; 60.14-17; 61.6,7). 5) Israel será justificado (Is 1.25; 2.4; 44.22-24; 45.17-25; 48.17; 55.7; 57.18,19; 63.16; Jr 31.11; 33.8; 50.20,34; Ez 36.25,26; Os 14.4; Jl 3.21; Mq 7.18,19; Zc 13.9; Ml 3.2,3). 6) A nação será testemunha de Deus durante o milênio (Is 44.8,21; 61.6; 66.21; Jr 16.19-21; Mq 5.7; Sf 3.20; Zc 4.1-7; 4.11-14; 8.23). 7) Israel será embelezado para glorificar Jeová (Is 62.3; Jr 32.41; Os 14.5,6; Sf 3.16,17; Zc 9.16,17).

O governo e os governados no milênio

B. OS GENTIOS NO MILÊNIO

Os aspectos universais da aliança abraâmica, que prometia bênção universal, serão cumpridos naquela era. Os gentios terão um relacionamento com o Rei. 1) A participação dos gentios no milênio é prometida nas passagens proféticas (Is 2.4; 11.12; 16.1-5; 18.1-7; 19.16-25; 23.18; 42.1; 45.14; 49.6;22; 59.16-18; 60.1-14; 61.8,9; 62.2; 66.18,19; Jr 3.17; 16.19-21; 49.6; 49.39; Ez 38.23; Am 9.12; Mq 7.16,17; Sf 2.11; 3.9; Zc 8.20-22; 9.10; 10.11,12; 14.16-19). Tal admissão é essencial para que o domínio do Messias seja universal. 2) Os gentios serão servos de Israel durante essa era (Is 14.1,2; 49.22,23; 60.14; 61.5; Zc 8.22,23). As nações que usurparam a autoridade de Israel em épocas passadas testemunharão aquele povo oprimido ser exaltado e se verão sujeitas a ele no seu reino. 3) Os gentios que estiverem no milênio experimentarão a conversão antes de sua admissão (Is 16.5; 18.7; 19.19-21,25; 23.18; 55.5,6; 56.6-8; 60.3-5; 61.8-9; Jr 3.17; 16.19-21; Am 9.12; Ob 17.21). 4) Eles se submeterão ao Messias (Is 42.1; 49.6; 60.3-5; Ob 21; Zc 8.22,23). A esses gentios é feito o convite: "Vinde, benditos de meu Pai! Entrai na posse do reino que vos está preparado desde a fundação do mundo" (Mt 25.34).

III. JERUSALÉM E A PALESTINA NO MILÊNIO

Como as alianças feitas com Israel garantem a posse da terra, algo plenamente cumprido no milênio, a Palestina e Jerusalém aparecem constantemente nos escritos proféticos.

A. *Jerusalém no milênio.* Podemos esclarecer uma série de fatos pelo estudo das profecias concernentes ao papel de Jerusalém naquela era. 1) Jerusalém se tornará o centro do mundo milenar (Is 2.2-4; Jr 31.6; Mq 4.1; Zc 2.10,11). Pelo fato de o mundo estar sob o domínio do Rei de Israel, o centro da Palestina se tornará o centro de todo o mundo. 2) Jerusalém será o centro do governo do reino (Jr 3.17; 30.16,17; 31.6,23, Ez 43.5,6; Jl 3.17; Mq 4.7; Zc 8.2,3). A cidade que era o centro do governo de Davi se tornará o centro do governo do grande Filho de Davi. 3) A cidade será gloriosa, glorificando Jeová (Is 52.1-12; 60.14-21; 61.3; 62.1-12; 66.10-14; Jr 30.18; 33.16; Jl 3.17; Zc 2.1-13). O Rei estará tão associado a Jerusalém, que a cidade partilhará a Sua glória. 4) A cidade será protegida pelo poder do Rei (Is 14.32; 25.4; 26.1-4; 33.20-24), a fim de jamais precisar temer por sua segurança. 5) A antiga área da cidade será ampliada (Jr 31.38-40; Ez 48.30-35; Zc 14.10). 6) Ela será acessível a todos naqueles dias (Is 35.8,9), de modo que todos os que buscam o Rei encontrarão acolhida dentro de suas muralhas. 7) Jerusalém será o centro de adoração da era milenar (Jr 30.16-21; 31.6,23; Jl 3.17; Zc 8.8,20-23). 8) A cidade durará para sempre (Is 9.7; 33.20,21; 60.15; Jl 3.19-21; Zc 8.4).

B. *A Palestina no milênio*. Um conjunto de fatos essenciais a respeito da terra é apresentado nas profecias. 1) A Palestina se tornará a herança de Israel (Ez 36.8,12; 47.22,23; Zc 8.12). Isso é crucial para o cumprimento das alianças de Israel. 2) A terra será ampliada em comparação com a área anterior (Is 26.15; 33.17; Ob 17-21; Mq 7.14). Pela primeira vez Israel tomará posse de toda a terra prometida a Abraão (Gn 15.18-21). 3) A topografia da terra será alterada (Is 33.10,11; Ez 47.1-12; Jl 3.18; Zc 4.7; 14.4,8,10). Em vez do terreno montanhoso que hoje caracteriza a Palestina, existirá uma grande e fértil planície na segunda vinda do Messias (Zc 14.4), de modo que a Palestina realmente será "bela e sobranceira" (Sl 48.2). Essa nova topografia permite ao rio fluir da cidade de Jerusalém para os dois mares e regar a terra (Ez 47.1-12). 4) Haverá fertilidade e produtividade renovada na terra (Is 29.17; 32.15; 35.1-7; 51.3; 55.13; 62.8,9; Jr 31.27,28; Ez 34.27; 36.29-35; Jl 3.18; Am 9.13). Assim, o que arar o campo alcançará o ceifeiro por causa da produtividade da terra. 5) Haverá chuva abundante (Is 30.23-25; 35.6,7; 41.17,18; 49.10; Ez 34.26; Zc 10.1; Jl 2.23,24). Ao longo de todo o Antigo Testamento a chuva era sinal da bênção e da aprovação de Deus, e a falta de chuva era um sinal do julgamento de Deus. A abundância de chuva na terra será um sinal da bênção de Deus naquele dia. 6) A terra será reconstruída depois de ter sido devastada durante o período da tribulação (Is 32.16-18; 49.19; 61.4,5; Ez 36.33-38; 39.9; Am 9.14,15). As sobras da destruição serão eliminadas, para que a terra esteja novamente limpa. 7) A Palestina será redistribuída dentre as doze tribos de Israel. Em Ezequiel 48.1-29 essa distribuição é esboçada. Nesse capítulo a terra encontra-se dividida em três partes. Na parte norte, a terra é repartida entre as tribos de Dã, Aser, Naftali, Manassés, Efraim, Rúben e Judá (Ez 48.1-7). A terra parece ser dividida por uma linha de leste a oeste por toda a dimensão ampliada da Palestina. Da mesma forma, a porção meridional será distribuída entre Benjamim, Simeão, Issacar, Zebulom e Gade (Ez 48.23-27). Entre as divisões norte e sul, existe uma área conhecida como "região sagrada" (Ez 48.8-20), ou seja, a porção da terra separada para o Senhor. Essa área terá 25 mil canas* de comprimento e largura (Ez 48.8,20) será dividida em uma área de 25 por 10 mil canas para os levitas (Ez 45.5; 48.13,14), e a mesma área para o templo e sacer-

---

* A ARA traz "côvados", uma tradução duvidosa, já que o texto hebraico não tem a palavra específica para côvado nesta passagem. (N. do T.)

dotes (Ez 45.4; 48.10-12) e 25 por 5 mil canas para a cidade (Ez 45.6; 48.15-19). Unger escreve:

> Qual é o comprimento de uma cana em Ezequiel? Essa medida é apresentada como "seis côvados", "um côvado e um palmo* cada" (40.5). "Um côvado é um côvado e um palmo" (43.13). Então o verdadeiro problema é: Qual o comprimento de um côvado especificado em Ezequiel?
> Pesquisas arqueológicas demonstraram que três tipos de côvado eram empregados na Babilônia antiga [...] O menor, de 28 cm ou três palmos, era utilizado em ourivesaria. O segundo, de quatro palmos ou 36 cm, era aplicado em construções, e o terceiro, de cinco palmos ou 45 cm, era usado para medidas de agrimensura. O côvado mais curto de três palmos (um palmo tem cerca de 9 cm), equivalente a 28 cm, é a unidade fundamental básica [...] Como o profeta é bastante específico em relatar a unidade de medida da sua visão em "um côvado e um palmo" (40.5; 43.13), ele, sem dúvida, quer indicar o menor côvado de três palmos como uma medida básica, mais um palmo ou o que é equivalente ao côvado do meio, de 36 cm de comprimento. Com esse cálculo uma cana teria 2,5 m. A região sagrada seria um quadrado espaçoso, de 55 cm de lado, abrangendo cerca de 3 025 km². Essa área seria o centro de todos os interesses do governo e da adoração divina estabelecidos na terra milenar.[9]

Se o côvado maior fosse empregado, isso aumentaria a região sagrada em cerca de 80 km de lado. Isso só poderia ser possível à luz da área mais ampla contida nas fronteiras palestinas no milênio.[10]

---

* Uma palma, a medida da largura da mão de um homem. (N do T.)

[9] Merrill F. UNGER, The temple vision of Ezekiel, *Bibliotheca Sacra*, 105:427-8, Oct. 1948.

[10] Cf. Arno C. GAEBELEIN, *The prophet Ezekiel*, p. 339.

Capítulo 30

A adoração no milênio

A teocracia restaurada é marcada pela adoração ao Senhor Jesus Cristo (Is 12.1-6; 25.1-26.19; 56.7; 61.10,11; 66.23; Jr 33.11,18,21,22; Ez 20.40,41; 40.1-46.24; Zc 6.12-15; 8.20-23; 14.16-21). "E será que [...] virá toda a carne a adorar perante mim, diz o SENHOR" (Is 66.23).

I. O Templo no Milênio

Grande parte da profecia de Ezequiel (40.1-46.24) dedica-se ao templo; sua estrutura, seu sacerdócio, seu ritual e seu ministério. Várias opiniões têm sido apresentadas a respeito dessa importante profecia. Gray esboça as seguintes opiniões:

> Existem cinco interpretações desses capítulos:
> 1) Alguns acham que essas passagens se referem ao templo de Jerusalém antes do cativeiro babilônico, e o propósito é preservar a sua memória. Mas a objeção é que tal memória é desnecessária em razão dos relatos de Reis e de Crônicas; além disso, a menção não é verdadeira porque não está de acordo com o registro dos livros citados.
> 2) Alguns pensam que os capítulos dizem respeito ao templo em Jerusalém depois do retorno dos setenta anos na Babilônia, mas isso não pode ser verdade, porque existem mais contrastes do que semelhanças entre o templo aqui mencionado e aquele.
> 3) Alguns acreditam que os capítulos se referem ao templo ideal que os judeus deveriam ter construído depois dos setenta anos de cativeiro, mas que nunca realizaram. Mas isso rebaixa o caráter da Palavra divina. Por que essa profecia de Ezequiel seria dada se ela nunca viria a ser cumprida?
> 4) Alguns consideram que o templo de Ezequiel simboliza as bênçãos espirituais da igreja no presente. Mas isso é improvável, porque mesmo os que defendem essa teoria não conseguem explicar o simbolismo do

A adoração no milênio

qual estão falando. Além do mais, mesmo como simbolismo, ficam de lado vários aspectos importantes do cristianismo, como a expiação e a intercessão do sumo sacerdote.

5) A última opinião é que temos aqui uma previsão do templo construído na era milenar. Essa parece ser uma seqüência adequada e inteligente às profecias precedentes.[1]

Embora as opiniões de Gray declaradas anteriormente já venham seguidas de contestação, Gaebelein responde às opiniões antiliterais mais completamente. Sobre a perspectiva que vê esses capítulos da profecia de Ezequiel cumpridos no retorno dos judeus da Babilônia, ele escreve:

> O templo que o remanescente construiu não corresponde de maneira nenhuma à magnífica estrutura que Ezequiel observou em sua visão. O fato é que, se esse templo for uma construção literal (como é assegurado), ele nunca foi erguido. Além disso, é expressamente declarado que a glória do Senhor retornou ao templo e Ele ali habitou; a mesma glória que Ezequiel tinha visto partindo do templo e de Jerusalém. Mas a glória não retornou ao segundo templo. Nenhuma nuvem de glória encheu aquela casa. Além disso, não se menciona nenhum sumo sacerdote na adoração do templo descrito por Ezequiel, mas depois do retorno da Babilônia os judeus tiveram sumos sacerdotes novamente. O rio de águas curativas que flui do templo conforme visto por Ezequiel não pode de forma alguma ser aplicado à restauração do cativeiro babilônico.[2]

O mesmo autor rejeita por ser indigna a explicação de que a visão é fruto da imaginação do profeta e contesta a idéia de que o trecho deva ser aplicado simbolicamente à igreja:

> Esse é a mais fraca e, contudo, a mais aceita das explicações. Mas sua teoria não fornece uma exposição do texto; é vaga e rica em aplicações extravagantes, enquanto a maior parte dessa visão não é explicada mesmo no seu significado alegórico, pois ela evidentemente não tem tal significado.[3]

Sua conclusão sobre qual é o método de interpretação dessas palavras é a seguinte:

> A verdadeira interpretação é a literal, que encara os capítulos como uma profecia ainda não realizada, por cumprir-se quando Israel for restaura-

---

[1] James M. GRAY, *Christian worker's commentary*, p. 265-6.
[2] Arno C. GAEBELEIN, *The prophet Ezekiel*, p. 272.
[3] Ibid., p. 272-3.

do pelo Pastor e Sua glória for mais uma vez manifesta em meio ao povo. A grande construção revelada nessa visão profética passará a existir, e tudo será cumprido.[4]

Unger também conclui: "O templo de Ezequiel é um santuário literal e futuro a ser construído na Palestina como esboçado durante o milênio".[5]

O local do templo na terra é claramente apresentado nas Escrituras.

O templo em si será localizado no meio desse quadrado [a região sagrada] (e não na cidade de Jerusalém), sobre uma montanha alta, que será miraculosamente preparada para esse propósito quando o templo for erguido. Esse será o "monte da casa de Jeová", estabelecido no "topo dos montes" e "exaltado acima dos montes", ao qual afluirão todas as nações (Is 2.4; Mq 4.1-4; Ez 37.26). Ezequiel retrata isso no capítulo 37, versículo 27: "O meu tabernáculo estará com ["acima" ou "sobre"] eles...". O profeta vê a magnífica estrutura numa grande elevação que contém majestosa visão de toda a nação ao seu redor.[6]

A. *Os detalhes do templo.* O profeta Ezequiel nos dá inúmeros detalhes a respeito desse templo que se tornará o centro da terra milenar.[7] Os portões e os pátios que cercam o templo são os primeiros a ser descritos (Ez 40.5-47). Toda a área é cercada por um muro (40.5) que o isola daquilo que o profanaria. O pátio exterior é descrito (40.6-27) como o local em que o povo se reúne. Há três portões de acesso ao pátio, um dos quais, construído como todos os outros, é o portão do oriente (40.6-16), uma estrutura de 25 por 50 côvados (40.21), por meio do qual a glória *shekinah* entra no templo (43.1-6), que se mantém fechado (44.2-3). Existe um portão ao norte (40.20,23) e outro ao sul (40.24-27); a entrada de cada um possui sete degraus (40.26), mas o do ocidente não possui degraus (40.24). Anexadas a cada portão existem seis câmaras pequenas, três de cada lado (40.7-10). Ao redor do pátio externo existem trinta câmaras, cinco de cada lado dos portões, organizadas em torno dos muros norte, leste e sul (40.17-19). Antes dessas câmaras há um pavimento (40.17-18) que se estende em torno dos três lados da área.

---

[4] Ibid., p. 273.
[5] Merrill F. UNGER, The temple vision of Ezekiel, *Bibliotheca Sacra*, 105:423. Oct. 1948.
[6] Ibid., 105:428-9.
[7] Cf. Ibid., 106:48-57.

O profeta em seguida descreve o pátio interior (40.28-47), área de cem côvados de cada lado (40.47), onde ministram os sacerdotes. Existem três portões, cada um diretamente oposto aos portões do muro exterior e cem côvados para dentro da muralha externa, por meio dos quais se tem acesso ao pátio interior; um portão fica ao sul (40.28-31), outro a leste e outro ao norte (40.32-37). Chega-se a essa área do pátio interno por oito degraus (40.37), de modo que ele fica elevado em relação ao pátio exterior. Adjacente ao portão norte existem oito mesas para preparação do sacrifício (40.40-43). E, dentro do pátio externo, mas fora do pátio interno, existem câmaras para os sacerdotes ministrantes (40.44-46). O centro dessa área é ocupado por um altar (40.47; 43.13-17) em que os sacrifícios são oferecidos.

Ezequiel descreve então o próprio templo (40.48-41.4). Descreve primeiramente o alpendre ou vestíbulo do templo (40.48,49), que mede 20 por 11 côvados. O vestíbulo tem dois grandes pilares (40.49), e o acesso a ele é feito por uma escada (40.49), de modo que essa área é elevada em relação às outras. Esse vestíbulo conduz para dentro do "templo", onde fica o Lugar Santo, uma área de 40 por 20 côvados (41.2), na qual há uma mesa de madeira (41.22). Além disso, existe a parte interior do templo, o Santo dos Santos, uma câmara de 20 por 20 côvados (41.3-4). Cercando a parede externa do edifício há câmaras, com três andares de altura (41.5-11), trinta câmaras por andar. O uso de tais câmaras não é descrito pelo profeta. O templo é cercado por uma área de 20 a 100 côvados, denominada área separada (41.12-14), que circunda o templo por todos os lados, exceto na parte leste, onde se localiza o vestíbulo. A seguir é descrito o templo propriamente dito (41.15-26). Ele é apainelado com madeira (41.16) e ornamentado com palmeiras e querubins (41.18). Existem duas portas dentro do santuário (41.23-26). É importante notar que em toda a descrição não se faz menção à arca, nem ao propiciatório, ao véu, aos querubins acima do propiciatório ou às tábuas de pedra. O único móvel descrito é a mesa ou altar de madeira (41.22) que corresponde à mesa dos pães da proposição que está perante o Senhor. Uma construção separada também está incluída na área do templo, localizada no lado oeste do claustro (41.12), áreas onde eram preparados os sacrifícios (46.19,20) e áreas nos quatro cantos onde havia um pátio em que se preparavam os sacrifícios para o povo (46.21-24).

A profecia oferece uma extensa descrição do trono (43.7-12), que parece ser o próprio centro de autoridade. A descrição do altar é detalhada (43.12-18), seguida de um relato das ofertas que serão feitas (43.19-27). O ministério dos sacerdotes é esboçado (44.9-31), e todo o ritual de adoração é descrito (45.13-46.18). A visão chega ao clímax com a descrição do rio que flui do santuário (47.1-12; cf. Is 33.20,21; Jl 3.18; Zc 14.8). Esse rio flui do sul do templo através da cidade de Jerusalém e depois se divide, correndo em direção ao mar Morto e ao mar Mediterrâneo, fornecendo vida ao longo das margens.

B. *O propósito do templo.* Unger arrola cinco propósitos que serão realizados no templo. Ele diz que ele é erguido:

1) *Para demonstrar a santidade de Deus.*

[...] [a] infinita santidade da natureza e do governo de Jeová [...] tinha sido ultrajada e questionada pela idolatria e rebelião do povo [...]

Isso provocou a completa exposição, acusação e julgamento da pecaminosa nação de Israel [...] juntamente com os pronunciamentos de juízo sobre as perversas nações vizinhas [...] Isso foi seguido pela demonstração da graça de Deus em restaurar a Si mesmo a nação pródiga [...]

2) *Para prover uma habitação para a glória divina.*

[...] "Este é o lugar do meu trono, e o lugar das plantas dos meus pés, onde habitarei no meio dos filhos de Israel para sempre" (43.7) [...]

3) *Para perpetuar o memorial do sacrifício.*

Não é o sacrifício, é claro, com o propósito de obter salvação, mas o sacrifício comemorativo de uma salvação já plenamente realizada, oferecido na presença da glória revelada de Jeová [...]

4) *Para prover o centro do governo divino.*

Quando a glória divina passa a habitar no templo, a proclamação não se resume ao fato de que o templo é a habitação de Deus e a sede da adoração, mas que é o centro radiante do governo divino. "Este é o lugar do meu trono..." (43.7) [...]

5) *Para prover a vitória sobre a maldição (47.1-12).*

Por baixo do limiar do templo, o profeta vê um rio maravilhoso que flui na direção leste, aumentando seu volume de água refrescante até desaguar em sua plenitude no mar Morto, cujas águas venenosas são curadas [...] Atravessando a corrente dessas águas maravilhosas, o profeta encontra ambas as margens cobertas com enorme quantidade de árvores exuberantes, cujas folhas e frutos são perenes, fornecendo ao mesmo tempo remédio e alimento.[8]

---

[8] Ibid., *106*:57-64.

II. HAVERÁ SACRIFÍCIO LITERAL NO MILÊNIO?

Um dos problemas que acompanham a interpretação literal da apresentação do milênio no Antigo Testamento é o problema da interpretação de trechos como Ezequiel 43.18-46.24; Zacarias 14.16; Isaías 56.6-8; 66.21; Jeremias 33.15-18 e Ezequiel 20.40-41, que ensinam todos a restauração do sacerdócio e a reinstituição do sistema de sacrifícios com sangue durante essa era. A alegada incoerência entre essa interpretação e o ensinamento do Novo Testamento a respeito da obra completa de Cristo, que aboliu o sistema de sacrifício do Antigo Testamento, tem sido usada pelos amilenaristas para reduzir o sistema prémilenarista a um absurdo e confirmar a falácia do método literal de interpretação. Allis crê ter apresentado um obstáculo insuperável aos pré-milenaristas, [9] dizendo:

> ... Sua ênfase no sentido literal e no Antigo Testamento leva quase inevitavelmente a uma doutrina do milênio que o torna definitivamente judeu e representa o retorno da glória do evangelho aos rituais e cerimônias típicos que prepararam o caminho para ele, e, tendo servido àquele propósito necessário, perderam para sempre sua validade e adequação.[10]

O que confronta, então, os pré-milenaristas é a necessidade de conciliar os ensinamentos do Antigo Testamento de que sacrifícios com sangue serão oferecidos no milênio com a doutrina do Novo Testamento da abolição dos sacrifícios do Antigo Testamento por causa do sacrifício de Cristo. Se um literalismo coerente conduz à adoção dos sacrifícios de fato durante o milênio, torna-se necessário explicar por que o sistema deveria ser reinstituído.

A. *A ordem mosaica é restabelecida?* Uma questão com que se defrontam os defensores dos sacrifícios animais durante o milênio é o relacionamento existente entre o antigo sistema mosaico e o sistema operativo durante o milênio. Allis diz:

> O ponto crucial de toda a questão é, sem dúvida, o restabelecimento do ritual levítico de sacrifício. Isso é referido ou inferido várias vezes. Em Ezequiel 46 são mencionados holocaustos e ofertas pelo pecado. São oferecidos novilhos, bodes e carneiros. O sangue será aspergido no altar. Os sacerdotes, que são levitas da descendência de Zadoque, oficiarão os ritu-

---

[9] Oswald T. ALLIS, *Prophecy and the church*, p. 245.
[10] Ibid., p. 248.

ais. Interpretado literalmente, isso significa a restauração do sacerdócio de Arão e do ritual mosaico de sacrifícios essencialmente inalterados.[11]

Ele afirma ainda:

> Já que os retratos do milênio são encontrados por dispensacionalistas nas profecias referentes ao reino no Antigo Testamento e são, conseqüentemente, de caráter judeu, segue-se que a questão do restabelecimento da economia mosaica, suas instituições e ordenanças, deve ser encarada por eles.[12]

Existe grave erro em sua observação e conclusão. A expectativa do reino baseia-se na aliança abraâmica, na aliança davídica e na aliança palestina, mas de forma alguma na aliança mosaica. Insiste-se que as alianças serão cumpridas durante o reino. Contudo, isso não vincula necessariamente a aliança mosaica ao reino. Logo, é falacioso sustentar que, pelo fato de alguém crer no cumprimento das alianças determinativas, também precisa acreditar na restauração da ordem mosaica, que era uma aliança condicional, sem intenção determinativa ou escatológica, mas dada para governar a vida do povo em sua relação com Deus na antiga economia. Uma grande pedra de tropeço que impede a aceitação dos sacrifícios literais no milênio é eliminada pela observação de que, embora haja muitas similaridades entre os sistemas arônico e milenar, existem também entre eles muitas diferenças que tornam impossível sua identidade.

1. Existem certas *semelhanças* entre os sistemas arônico e milenar. No sistema milenar encontramos o centro de adoração num altar (Ez 43.13-17), onde o sangue é aspergido (43.18) e são oferecidos holocaustos, ofertas pelo pecado e pela culpa (40.39). A ordem levítica é restituída, já que os filhos de Zadoque são escolhidos para o ministério sacerdotal (43.19). A oferta de manjares está incorporada ao ritual (42.13). Existem rituais prescritos para a purificação do altar (43.20-27), dos levitas que ministram (44.25-27) e do santuário (45.18). Haverá observação das luas novas e dos sábados (46.1). Sacrifícios serão ofertados diariamente pela manhã (46.13). Heranças perpétuas serão reconhecidas (46.16-18). A Páscoa será novamente observada (45.21-15) e a festa dos tabernáculos torna-se um acontecimento anual (45.25). O ano do jubileu será obser-

---

[11] Ibid., p. 246.
[12] Ibid., p. 245.

vado (46.17). Há semelhanças nos regulamentos dados para governar o modo de vida, o vestuário e o sustento da ordem sacerdotal (44.15-31). O templo no qual esse ministério é executado torna-se novamente o local de onde se manifesta a glória de Jeová (43.4,5). Percebemos então que a forma de adoração no milênio terá grande semelhança com a velha ordem arônica.

O fato de Deus ter instituído uma ordem notadamente parecida com a antiga ordem arônica é um dos melhores argumentos de que o milênio não está sendo cumprido na igreja, composta por gentios e judeus, na presente era. Kelly observa que essa adoração foi particularmente planejada para um Israel redimido. Ele escreve:

> Israel ainda retornará à sua terra e certamente será convertido e abençoado sob a autoridade de Jeová, seu Deus, mas como Israel, não como *cristãos*, no qual se transformam todos os crentes agora, quer gentios, quer judeus. Eles pertencem a Cristo no céu, onde tais diferenças são desconhecidas, e conseqüentemente uma das maiores características do cristianismo é que tais distinções desapareçam enquanto Cristo é o Cabeça celestial, e Seu corpo está sendo formado na terra pelo Espírito Santo enviado do céu. Quando a visão de Ezequiel for cumprida, será o reino de Jeová-Jesus na terra, e a distinção entre Israel e os gentios será novamente retomada, embora para bênção, sob a nova aliança, e não mais para maldição, sob a lei [...] O povo celestial descansa sobre um sacrifício e adentra o santo dos santos, onde Cristo está à direita de Deus. Mas o povo da terra terá um santuário bem como uma terra adaptada, e essas são todas as ordenanças de sua adoração.[13]

O livro de Hebreus afirma que Israel buscou acesso a Deus na antiga economia por meio da ordem ou organização do sacerdócio arônico, mas nós somos levados a Deus por meio de Cristo, uma vez que Ele ministrou numa nova ordem ou organização, o sacerdócio de Melquisedeque. Hebreus 7.15 ressalta particularmente que Cristo veio para ministrar numa nova ordem sacerdotal. As exigências ou os rituais das duas ordens não precisam variar demais para que sejam duas ordens diferentes. Já que ambas as ordens remetem para Cristo, seria de esperar que houvesse semelhanças.

2. Existem muitas *diferenças* básicas entre os sistemas arônico e milenar. O importante não são as similaridades, mas sim as diferenças marcantes entre os dois sistemas. O sistema milenar é caracterizado

[13] William KELLY, *Notes on Ezekiel*, p. 236-7.

por omissões de elementos da ordem arônica que tornam os dois sistemas muito distintos.

a. Primeiramente, existem *mudanças* na ordem milenar. West ressalta essa ênfase na mudança quando diz:

> Existem *mudanças* nas dimensões do templo de modo que ele não é o templo de Salomão, nem o de Zorobabel, nem o de Herodes; mudanças nas medidas do pátio exterior, nos portões, nos muros, nos pisos e na localização do templo; ele está construído sobre um alto monte e até separado da cidade. Os lugares santos não possuem quase nada dos móveis que ficavam no tabernáculo de Moisés ou no templo de Salomão.[14]

Essa mudança no templo físico e em seus ambientes é tão marcante que Ezequiel precisa dar descrições detalhadas a seu respeito.

Uma das maiores mudanças observada relaciona-se aos levitas. Em vários trechos é afirmada a existência de uma ordem levítica (Ez 40.46; 43.19; 44.15-31). Deve-se notar, contudo, que os sacerdotes que servem não são selecionados de toda a linhagem levítica, pois a linhagem como um todo foi posta de lado, graças à sua apostasia, mas vêm dos filhos de Zadoque. O ministério dos levitas é limitado à guarda e à manutenção do templo, e eles são excluídos do ministério sacerdotal, com exceção dos filhos de Zadoque. Grant escreve a respeito de Zadoque:

> Zadoque ocupa um lugar proeminente na história de Israel, tendo sido sumo sacerdote nos reinados de Davi e Salomão. Ele permaneceu fiel a Davi durante a revolta de Absalão e, com Natã, o profeta, abraçou a causa de Salomão quando Adonias tentou conquistar o trono. Davi instruiu Zadoque a ungir o filho de Bate-Seba (1Rs 1.26,32-45). Zadoque então se ergueu como representante do sacerdócio em associação ao rei escolhido por Deus e ao reinado estabelecido por Ele na descendência de Davi —tipo de Cristo.[15]

Devemos observar então que Deus colocou de lado toda a linhagem levítica por causa de sua apostasia e separou a linhagem de Zadoque de dentro da linhagem levítica, designando à sua descendência o importante ministério sacerdotal na era milenar. Caso se confirme que as linhagens tribais sumiram e não existe genealogia para comprovar a

---

[14] Nathaniel WEST, *The thousand years in both testaments*, p. 429-30.
[15] F. W. GRANT, *The numerical Bible*, IV, p. 270.

A adoração no milênio

linhagem de Zadoque, deve-se observar que o Deus que, em Sua infinita sabedoria, pode chamar doze mil de cada tribo de Israel (Ap 7) é capaz de preservar e identificar a linhagem de Zadoque.

b. O sistema milenar também é marcado pela *anulação* de muitos elementos que possuíam lugar preeminente no sistema arônico. West observou com perspicácia que:

> Não existe a arca da aliança, nem o pote de maná, nem a vara de Arão, nem as tábuas da lei, nem querubins, nem propiciatório, nem candelabro de ouro, nem pão da proposição, nem véu, nem Santo dos Santos inacessível onde apenas o sumo sacerdote pode entrar, não existe nem mesmo sumo sacerdote para oferecer propiciação dos pecados ou para interceder pelo povo. Nada disso. Os levitas acabaram como ordem sagrada. O sacerdócio é confinado aos filhos de Zadoque e apenas para um propósito especial. Não há sacrifício da tarde. As medidas do altar de sacrifícios são diferentes das do altar de Moisés, e as próprias ofertas quase não são nomeadas. A preparação para os cantores é diferente do que era antes. As prescrições morais, sociais e civis impostas com grande ênfase por Moisés estão todas ausentes.[16]

Embora sejam mencionadas cinco grandes ofertas existentes sob a ordem arônica, na era milenar essas ofertas têm uma ênfase diferente. O sistema completo não é restaurado. Da mesma forma, embora a Páscoa de Ezequiel seja enfatizada e a Festa dos Tabernáculos seja mencionada (Ez 45.25), omite-se qualquer referência à festa de Pentecostes. Embora partes do sistema arônico sejam vistas no sistema milenar, ele é marcado pela anulação e pela natureza incompleta de muito do que foi observado anteriormente. O próprio centro de todo o sistema levítico girava em torno do dia da Propiciação, com sua aspersão do sangue da propiciação pelo sumo sacerdote sobre o propiciatório. É significativo que todas as partes necessárias desse importante ritual —o sumo sacerdote, a arca e o propiciatório, até mesmo o próprio dia— sejam omitidas do registro. A ausência do que era vital para o sistema levítico mostra que a era milenar não testemunhará o restabelecimento do judaísmo.

c. Existem *acréscimos* ao sistema levítico a ser observados na era milenar. Citemos West novamente:

---

[16] WEST, loc. cit.

A entrada da "Glória" no templo de Ezequiel para habitá-lo para sempre; o rio de água viva que flui, aumentando a partir do altar; os subúrbios, as belas árvores que produzem cura, a nova distribuição da terra de acordo com as doze tribos e as dimensões iguais de seus territórios, a reorganização das tribos, a porção do príncipe e o novo nome da cidade "*Jehovah-Shammah*" provam que o Novo Israel restaurado é um povo convertido, adorando a Deus "em espírito e verdade".[17]

Conforme estabelecida por Deus, a ordem levítica da antiga economia permanece inalterada e fixada para que Israel possa ser confrontado com um quadro da imutável santidade de Deus. A mudança na ordem para a era milenar revela uma ordem totalmente diferente.

Uma das maiores mudanças observada na ordem milenar por vir é a pessoa e o ministério do "príncipe", que, além de prerrogativas reais, tem também prerrogativas sacerdotais. Ezequiel descreve quem é o rei-sacerdote no cargo de sumo sacerdote. A respeito disso Grant escreve:

> ... nós temos "o príncipe", que possui uma posição excepcional e altamente favorável. O seu privilégio é ocupar o portão oriental por onde entra a glória de Jeová. A ele são entregues as ofertas do povo, e por meio dele elas são administradas para fazer provisão do ritual de sacrifício. Não parece que o povo traga o seu sacrifício, mas que o príncipe é quem dá tudo para o ritual prescrito, incluindo o holocausto diário (45.17). Diz-se que o povo vem adorar apenas nas horas em que o príncipe faz suas ofertas, mas o ato de oferecer é dele, com os sacerdotes e levitas agindo em suas respectivas posições. Ele desempenha então um papel representativo a favor do povo na questão de ofertas específicas, embora em todas essas se possa considerar que o povo tenha a sua parte, já que, num primeiro instante, eles apresentam suas ofertas ao príncipe (45.13-17) e se reúnem a ele em adoração quando ele as oferece. Parece também que ele ocupará uma posição de representante de Deus perante o povo, visto que tem o privilégio de comungar com Jeová no portão oriental.[18]

A respeito da pessoa e da obra desse príncipe, o mesmo autor escreve:

> Essa importante personagem, o príncipe, é aparentemente um israelita, não o próprio Cristo; seus filhos são mencionados (46.16) e ele oferece ofertas pelo pecado por si mesmo (45.22). Parece que ele ocupa uma posição representativa, contudo não a mesma que a do sumo sacerdote, de

---

[17] Ibid.
[18] GRANT, op. cit., IV, p. 239.

A adoração no milênio

> quem Ezequiel não fala, nem do rei como conhecido anteriormente em Israel. A ele não são dados privilégios e poderes de qualquer dos dois. Ele parece ocupar um lugar intermediário entre o povo e o sacerdócio, já que se encontra entre o primeiro durante suas ocasiões de adoração (46.10), não entre os sacerdotes, e não tem o privilégio de entrar no pátio interno; todavia, ele se aproxima mais do que o próprio povo, visto que pode adorar no portão oriental que dá para o pátio interno, enquanto o povo adora no pátio exterior, reunido na entrada desse portão (46.2). Mas ele é responsável por suprir as diversas ofertas nas festas, nas luas novas, nos sábados e em todas as solenidades da casa de Israel, e conseqüentemente é o portador e receptor do que o povo oferece nessas ocasiões; dessa forma, o sacerdócio também o procuraria para a provisão necessária à continuidade da adoração nacional (45.13-22). Além disso, ele recebe sua porção especial na terra e tem ordem de não tomar para si nenhuma porção do território do povo... [19]

Deve ser óbvio que tal pessoa, com um ministério tão importante, é excepcional nessa era milenar e não possui correspondente na ordem levítica, representando dessa maneira grande mudança na futura era. Com toda a probabilidade, esse personagem será um representante terreno do ministério de Cristo como rei-sacerdote da ordem de Melquisedeque, talvez Davi ressurrecto, conforme sugerido anteriormente.

O sistema a ser inaugurado na era milenar será uma nova ordem em substituição à ordem levítica, pois existe um número excessivo de mudanças, anulações e adições à antiga ordem para sustentar a afirmação de que, interpretado literalmente, Ezequiel ensina a reinstituição da ordem levítica. Todo o conceito da nova aliança de Jeremias 31 vislumbra uma ordem totalmente nova depois da passagem da antiga.

B. *O propósito dos sacrifícios*. Observam-se vários fatores a respeito dos sacrifícios milenares que os tornam totalmente legítimos.

1. Devemos observar, em primeiro lugar, que os sacrifícios milenares *não estarão relacionados com a questão da expiação*. Eles não serão expiatórios, pois em nenhum lugar se declara que serão oferecidos visando à salvação dos pecados. Allis escreve:

> Eles devem ser expiatórios no mesmo sentido que os sacrifícios descritos em Levítico. Oferecer qualquer outra opinião a respeito significa abrir

[19] Ibid., IV, p. 273.

mão do princípio de interpretação literal da profecia que é fundamental para o dispensacionalismo, e é também admitir que as profecias sobre o reino do Antigo Testamento não entram no Novo Testamento "absolutamente imutáveis". É verdade que eles são apenas "elementos fracos e pobres" quando vistos à luz da cruz, da qual extraem toda a sua eficácia. Mas foram eficazes nos dias de Moisés e de Davi, e não meros memoriais; e no milênio devem ser igualmente eficazes se o sistema de interpretação dispensacionalista for verdadeiro. E isso eles não podem ser, salvo se o ensinamento da epístola aos Hebreus for completamente desprezado.[20]

Existem erros em vários aspectos desse argumento de que esses sacrifícios, logicamente, precisam ser interpretados como expiatórios pelos dispensacionalistas. 1) A insistência do cumprimento literal da aliança davídica não tem como conseqüência necessária o restabelecimento da ordem mosaica, pois elas não estavam relacionadas uma à outra. A aliança davídica era eterna e incondicional, governando o futuro trato de Deus com a nação, enquanto a aliança mosaica era temporal e condicional, governando a relação do homem com Deus. O cumprimento de uma não torna obrigatório o cumprimento da outra, já que a aliança mosaica era vista como temporária. 2) É um erro da doutrina soteriológica ensinar que os sacrifícios pudessem de alguma forma retirar o pecado ou que efetivamente o tenham feito. Isso contradiz o claro ensinamento de Hebreus 10.4, citado pelo próprio Allis: "Porque é impossível que o sangue de touros e de bodes remova pecados". A única maneira de sustentar a opinião de que os sacrifícios serão eficazes no milênio é dizer que eles o foram no Antigo Testamento, e isso é uma clara contradição com todo o Novo Testamento. Que insensatez argumentar que um ritual poderia realizar no futuro o que nunca pôde realizar, ou realizou, ou foi projetado para realizar no passado.

2. Em segundo lugar, os sacrifícios *serão memoriais* quanto ao caráter. Existe um consenso geral entre os pré-milenaristas quanto ao propósito do sistema sacrificial inaugurado na era milenar. Interpretados à luz do Novo Testamento, com ensinamentos baseados na morte de Cristo, eles devem ser memoriais dessa morte. Grant enuncia tal posição claramente:

> [Esse é] o memorial permanente do *sacrifício*, mantido na presença da glória revelada. Não é um sacrifício oferecido com o intuito de obter salvação, mas tendo em vista uma salvação já conquistada... [21]

---

[20] ALLIS, op. cit., p. 247.
[21] GRANT, op. cit., IV, p. 238.

A adoração no milênio

Gaebelein tem a mesma opinião sobre o caráter memorial dos sacrifícios quando escreve:

> Embora os sacrifícios que Israel fazia tivessem significado em perspectiva, os sacrifícios feitos no templo milenar têm um significado em retrospectiva. Quando atualmente o povo de Deus adora da maneira indicada à sua mesa, com pão e vinho como lembrança de Seu amor, há uma retrospectiva. Olhamos para o passado em direção à cruz. Mostramos a sua morte, "até que Ele venha". Quando a volta acontecer, essa festa memorial terminará para sempre. Nunca mais a ceia do Senhor será celebrada depois que os santos de Deus deixarem a terra com o Senhor na Sua glória. Os sacrifícios reiniciados serão o memorial da cruz e de toda a maravilhosa história da redenção de Israel e das nações da terra, durante o reinado de Cristo. E que memorial há de ser! Quão significativos serão esses sacrifícios! Eles trarão uma lembrança viva de tudo o que aconteceu no passado. A retrospectiva produzirá um grande cenário de adoração, louvor e reverência como esta terra jamais viu. Tudo o que a cruz significou e realizou será lembrado, e um grande "Hino de Aleluia" encherá a terra e o céu. Os sacrifícios lembrarão constantemente ao povo Aquele que morreu por Israel, pagou o preço da redenção por toda a criação, cuja glória agora cobre a terra como as águas cobrem o mar.[22]

Adolph Saphir nos deu uma palavra a respeito do paralelo existente entre a ceia do Senhor em sua relação com a morte de Cristo e os sacrifícios memoriais em relação a essa morte:

> ... não poderíamos supor que o que era típico antes da primeira vinda de Cristo, apontando para a grande salvação que estava por vir, possa, durante o reino, comemorar a redenção já realizada?
> Na ceia do Senhor comemoramos a morte de Cristo; repudiamos totalmente a doutrina papal da repetição da oferta de Cristo; não acreditamos em tal renovação do sacrifício, mas obedecemos, agradecidos, ao mandamento que Cristo nos deu de celebrar Sua morte de tal maneira que um memorial externo seja apresentado ao mundo, e um sinal e um selo aparentes e visíveis sejam dados ao participante que crê. Não poderá semelhante plano suceder à ceia do Senhor, que, sabemos, terminará com o Seu retorno? Também é possível que tanto os santos glorificados no céu quanto as nações na terra contemplarão durante o milênio a harmonia completa entre o tipo e a realidade. Mesmo a igreja tem apenas conhecimento superficial dos tesouros da sabedoria nas instituições levíticas e em seus símbolos.[23]

---

[22] GAEBELEIN, op. cit., p. 312-3.
[23] Adolph SAPHIR, *Christ and Israel*, p. 182.

Wale declarou sucintamente a proposição:

> ... o pão e o vinho da ceia do Senhor são, para o crente, símbolos e memoriais físicos e materiais da redenção já adquirida. E esse será o caso com os sacrifícios reinstituídos em Jerusalém; eles serão *comemorativos*, como os sacrifícios antigos se davam em perspectiva. E por que não? Existia alguma virtude nos sacrifícios legais que prenunciavam o sacrifício de Cristo? Nenhuma sequer. Seu único valor e significado derivava do fato de que eles apontavam para Ele. E tal será o valor e significado dos futuros sacrifícios que, conforme Deus declarou, serão oferecidos no futuro templo. Qualquer que seja a dificuldade imaginada pelo leitor quanto à maneira como essa previsão será realizada, é suficiente para nós que Deus assim o disse.[24]

Conclui-se então que esses sacrifícios não são expiatórios, pois nenhum sacrifício jamais executou a completa eliminação dos pecados, mas relembram o perfeito sacrifício dAquele que todos os sacrifícios simbolizavam, o Cordeiro de Deus que tira o pecado do mundo.

C. *Algumas objeções são consideradas*. Existem certas objeções a esse ponto de vista que devem ser consideradas. 1. Alguns insistem em que a reinstituição dos sacrifícios contradiz Hebreus. Trechos como Hebreus 9.26, 7.27 e 9.12 ressaltam que Cristo ofereceu de uma vez por todas um sacrifício aceitável a Deus, o qual não precisa ser repetido. Tal contradição só pode surgir quando alguém deixar de ver a distinção, dispensacionalmente proposta, entre o plano de Deus para igreja e Seu plano para Israel. Unger citou com propriedade a distinção a ser observada:

> Com respeito à suposta contradição entre os ensinamentos da epístola aos Hebreus e a profecia de Ezequiel, pode-se dizer que ela desaparece quando a base e a posição de uma são vistas como totalmente diferentes da base e da posição da outra. Uma tem em vista os membros do corpo de Cristo, a igreja, já que sua redenção está em Cristo. A outra está preocupada com Israel como nação terrena e abraça a Glória de Jeová, que mais uma vez habitará na terra de Canaã. Uma diz respeito ao cristianismo, em que não há judeu nem gentio, mas todos estão em Cristo. A outra lida com o judaísmo restaurado, no qual Israel é abençoado diretamente, e os gentios estão apenas subordinados aos judeus —um estado de coisas em contraste diametral com o cristianismo.

---

[24] Burlington B. Wale, *The closing days of christendom*, p. 485.

[...]
A dificuldade em aceitar o ponto de vista literal-futurístico é a arrogância da cristandade (Rm 11.15-26) em presumir que a queda do judeu é definitiva e o gentio o suplantou para sempre. Quando for compreendida a verdade da convocação de Israel à bênção, a interpretação literal-futurística da profecia de Ezequiel será a explicação normal da visão.[25]

Em referência à igreja, Cristo encontra-se como Aquele que ofereceu completo e eterno sacrifício. A igreja olha somente para Cristo. Tal é o ensinamento de Hebreus. Todavia, ao tratar de Israel em sua futura relação com Cristo, Hebreus 8.8-13 e 10.16 demonstram a expectativa de uma nova aliança. A nova aliança de Jeremias 31 serviu para mostrar que a antiga ordem (mosaica) seria substituída, dada a sua insuficiência, por uma nova ordem. A visão do templo de Ezequiel dá detalhes a respeito da ordem sacerdotal a ser inaugurada por Deus depois do cumprimento da nova aliança com Israel. Tal interpretação está em perfeita harmonia com os ensinamentos do livro de Hebreus.

2. Alguns diriam que os sacrifícios reinstituídos devem ser expiatórios. Esse assunto foi tratado anteriormente, e, a esse respeito, apenas as palavras de Wale já citadas precisam ser mencionadas. Ele diz: "Existia alguma virtude nos sacrifícios legais que prenunciavam o sacrifício de Cristo? Nenhuma sequer. Seu único valor e significado derivava do fato de que eles apontavam para Ele".[26] Tal objeção só pode surgir de uma falsa soteriologia.

3. Alguns afirmam que tal opinião nega Efésios 2.14-16. Algumas vezes levanta-se a objeção de que Deus rompeu para sempre a barreira que separa judeu e gentio, tornando-os um. Essa opinião surge da falta de percepção de que esse é o propósito de Deus para o presente, mas não se relaciona ao plano de Deus para a era milenar. Saphir escreve acertadamente sobre a relação entre os dois:

"O apóstolo Paulo ensina que em Cristo Jesus não há judeu ou gentio; mas vocês estão construindo novamente o muro de separação que foi abolido!" É verdade que, na igreja de Cristo, judeu e gentio são um; é verdade que no reino judeu e gentio terão um só meio de acesso a Deus, uma fonte de perdão e renovação, um Espírito para iluminar, guiar e fortalecer. Mas disso não se conclui de forma alguma que a posição do judeu

[25] UNGER, op. cit., 106:170-1.
[26] WALE, loc. cit.

e do gentio deva ser a mesma, ou que suas *posições distintas* no reino militem contra sua igualdade no Senhor Jesus Cristo. Em Cristo não há macho nem fêmea, todavia homem e mulher possuem posições diferentes, e até mesmo na igreja, apesar de terem privilégios iguais, uma mulher não pode pregar.[27]

As passagens são ininteligíveis até que o leitor possa distinguir claramente o plano de Deus para o povo de Israel do plano para a igreja.

4. Alguns dizem que é geograficamente impossível reinstituir tal adoração. Sustenta-se que é necessário espiritualizar a profecia de Ezequiel, pois o templo e seus arredores excedem em muito as dimensões da antiga área, portanto essa profecia não poderia ser compreendida literalmente. Tal opinião despreza as importantes mudanças geográficas e topográficas previstas por Zacarias:

> Naquele dia, estarão os seus pés sobre o monte das Oliveiras, que está defronte de Jerusalém para o oriente; o monte das Oliveiras será fendido pelo meio, para o oriente e para o ocidente, e haverá um vale muito grande; metade do monte se apartará para o norte, e outra metade, para o sul (Zc 14.4).

Tais mudanças previstas na topografia da Palestina permitem a localização do templo de modo que não seja necessário interpretar de maneira não-literal a profecia de Ezequiel.

5. Alguns defendem que a existência do príncipe de Ezequiel é incoerente com o reinado de Cristo. Caso se sustente que o cumprimento literal da aliança de Davi exige o reinado de Cristo no trono de Davi e isso contradiz a profecia de Ezequiel concernente à pessoa e ao ministério do "príncipe", deve-se observar a afirmação feita de que um indivíduo reina quando ele exerce a autoridade do trono, independentemente do seu relacionamento com o trono físico, que é o emblema da autoridade. Cristo pode cumprir a promessa da aliança de Davi sem estar sentado no trono literal da terra. Gaebelein fala a respeito do príncipe e de sua relação com Cristo:

> ... o príncipe não é idêntico ao Senhor. Quem é ele então? Ele é o vice-regente do Rei, um futuro príncipe da casa de Davi, que representará o Senhor na terra. O trono será estabelecido em Jerusalém. O Senhor Jesus

---

[27] SAPHIR, op. cit. p. 183.

A adoração no milênio

Cristo reinará supremo sobre todos; seu trono está acima da terra na Nova Jerusalém. Ele visitará a terra e manifestará Sua glória como Rei dos Reis e Senhor dos Senhores. Isso talvez aconteça durante as grandes celebrações e festas dos tabernáculos, quando as nações enviarem representantes a Jerusalém para adorar o Rei, o Senhor dos Exércitos (Zc 16.16). No trono de Davi sentará o príncipe de Davi como vice-regente.[28]

Já que as Escrituras revelam que o governo do milênio estará sob a autoridade de Cristo, que será exercida em submissão a Ele por homens escolhidos (Mt 19.28; Mt 25.21 e Lc 19.17), não há conflito em ver o príncipe como vice-regente em submissão a Cristo.

6. Finalmente, muitos rejeitam essa interpretação, dizendo que tal sistema é um retrocesso. Caso se sustente que a instituição de tal sistema é um retrocesso, deve-se observar que Ezequiel reconhece esse sistema (43.1-6) como a maior manifestação da glória de Deus que a terra já presenciou, fora a glória de Deus manifesta em Jesus Cristo. Se o sistema foi planejado por Deus como um memorial de Jesus Cristo, não se pode dizer que ele é um retrocesso aos "elementos fracos e pobres", assim como não se pode dizer que o pão e o vinho sejam memoriais fracos e pobres do corpo quebrantado e do sangue derramado de Cristo.

Toda essa discussão suscita o problema da salvação na era milenar. A opinião aqui apresentada, segundo alguns, diminui a cruz e restringe o seu valor à presente era.[29] Tal alegação não pode ser validada. A nova aliança (Jr 31.31) garante a todos os que entrarem nesse milênio e a todos os que nascerem no milênio e, portanto, necessitarem da salvação: 1) um novo coração (Jr 31.33), 2) o perdão dos pecados (Jr 31.34) e 3) a plenitude do Espírito (Jl 2.28,29). O Novo Testamento esclarece que a nova aliança se baseia no sangue do Senhor Jesus Cristo (Hb 8.6; 10.12-18; Mt 26.28). Logo, pode-se afirmar que a salvação no milênio estará baseada no valor da morte de Cristo e será apropriada pela fé (Hb 11.6), assim como Abraão, pela fé, se apropriou da promessa de Deus e foi justificado (Rm 4.3). A expressão da fé salvadora se diferenciará das expressões exigidas no presente, mas os sacrifícios devem ser vistos como meras expressões de fé e não como meios de salvação.

A visão gloriosa de Ezequiel revela que é impossível localizar seu cumprimento em qualquer templo ou sistema que Israel tenha conhe-

---

[28] GAEBELEIN, op. cit., p. 314-5.
[29] ALLIS, op. cit., p. 249.

cido no passado, mas espera cumprimento futuro após a segunda vinda de Cristo, quando for instituído o milênio. O sistema sacrificial não é um judaísmo reinstituído, mas o estabelecimento de uma nova ordem que tem como propósito a lembrança da obra de Cristo, sobre a qual repousa toda a salvação. O cumprimento literal da profecia de Ezequiel será o meio de glorificação de Deus e a bênção dos homens no milênio.

Capítulo 31

A relação entre os santos vivos e os santos ressurrectos no milênio

Há uma confusão geral, mesmo entre pré-milenaristas, com respeito ao relacionamento durante o milênio entre os santos ressurrectos e transladados da era da igreja, os santos ressurrectos do Antigo Testamento e os santos vivos dentre judeus e gentios. Não há nenhuma descrição quanto às posições que esses vários grupos ocupariam, seus âmbitos de atividade, suas relações com o governo do Rei, com a terra ou de uns com os outros. Reconhece-se que a igreja reinará como a noiva de Cristo. Os santos do Antigo Testamento, concorda-se, ressuscitarão e serão recompensados nessa época. Os judeus salvos, considerados justos no julgamento de Israel, junto com os gentios salvos, declarados justos no julgamento dos gentios na segunda vinda, serão súditos do Rei no milênio. Mas pouco se disse sobre sua relação específica com esse período. Um escritor ridiculariza toda a posição pré-milenarista ao declarar:

> Outra questão [...] brota da afirmação de que, durante o suposto milênio, os santos ressurrectos e arrebatados se mesclarão livremente e negociarão com os que ainda estão nos seus corpos mortais. Presume-se que os santos ressurrectos reinarão na terra e executarão as leis de Cristo durante o milênio. Novamente aqui o pré-milenarista não explica a conciliação de elementos inconciliáveis como santos ressurrectos e pecadores mortais na mesma sociedade [...] O pré-milenarista mistura as duas classes sem considerar que um passou pelo processo de morte e ressurreição e o outro não, e, logo, seus organismos estão adaptados a dois modos diferentes de existência —um material e o outro espiritual. Além disso, o pré-milenarista sugere uma sociedade perfeitamente normal, composta por esses elementos diferentes durante o milênio, e também prevê que durante esse período a população da terra aumentará grandemente. Isso é

surpreendente quando lembramos que, de acordo com o pré-milenarista, a população milenar da terra consistirá no grande número de santos ressurrectos, e que Jesus Cristo afirmou claramente que não haverá casamento nem vida sexual na ressurreição [...] Se os santos ressurrectos são como anjos, como podem imaginar, muito menos afirmar, que durante mil anos eles se misturarão livremente com homens e mulheres ainda nos seus corpos mortais, convivendo sob idênticas condições? O prémilenarismo não soluciona a questão. A Bíblia também não a soluciona, pela simples razão de que não a propõe. Ela não se originou com a Bíblia.[1]

À luz de tais acusações, o problema em vista é uma tentativa de traçar clara distinção quanto ao relacionamento que cada grupo, os santos do Antigo Testamento ressurrectos, os santos da igreja ressurrectos e transladados e os santos vivos entre os judeus e gentios levados para o milênio, tem com o Rei e Seu reino. A tarefa é um tanto difícil, pois o problema não é conciliar as diferentes opiniões dos pré-milenaristas, mas demonstrar o ensinamento das Escrituras num assunto em que os pré-milenaristas geralmente silenciam. Não parece suficiente desconsiderar o problema como se ele não existisse, indicando que, já que nosso Senhor se misturou livremente e sem dificuldades com os discípulos num corpo ressurrecto após a ressurreição, da mesma forma, no milênio, os ressurrectos poderão misturar-se livremente e sem dificuldades com os não-ressurrectos.

I. A Natureza da Esperança do Antigo Testamento

As Escrituras do Antigo Testamento estão repletas de descrições da glória e da bênção que espera os "herdeiros da promessa". Uma expectativa gloriosa foi claramente apresentada como a esperança dos santos. Para mostrar a relação entre os santos do Antigo Testamento e do Novo Testamento, entre os indivíduos ressurrectos e não-ressurrectos, é necessário distinguir certos aspectos das promessas dadas no Antigo Testamento.

A. *Promessas nacionais*. O Antigo Testamento abriga certas promessas à nação de Israel. A grande maioria delas foi feita não para sustentar a esperança de indivíduos, mas como base da confiança e da esperança da nação israelita. Essas promessas baseiam-se nas alianças eternas e incondicionais que Deus firmou com a nação, que encontram seu

---

[1] George L. Murray, *Millennial studies*, p. 91-2.

cumprimento pela própria nação. A aliança abraâmica, como afirmada originariamente em Gênesis 12.1-3 e repetida em Gênesis 13.14-17, 15.1-21 e 17.1-18, ao mesmo tempo que incluía certas promessas individuais a Abraão, preocupava-se com a posteridade da linhagem abraâmica e sua posse da terra prometida. Todas as promessas de aliança subseqüentes são repetições, ampliações e explicações de partes dessa aliança original feita por meio de Abraão com a nação e estabelecem certas promessas e esperanças nacionais.

A aliança davídica, firmada em 2Samuel 7.4-17 e repetida no salmo 89, toma as promessas relativas à descendência na aliança abraâmica original e faz dessa descendência o assunto de uma promessa ampliada, quando um reino, uma casa e um trono são prometidos à descendência. Ao mesmo tempo que essa promessa é feita a Davi e inclui certas bênçãos individuais a ele, o cumprimento dessa promessa é encontrado na nação em si, não em indivíduos pertencentes à nação.

A aliança palestina, firmada pela primeira vez em Deuteronômio 30.1-10, amplia as promessas da aliança abraâmica relativas à terra. Essa é uma promessa de posse e bênção da terra que foi dada à nação como um todo. Deuteronômio 30.6, que diz "O Senhor, teu Deus, circuncidará o teu coração e o coração de tua descendência", mostra claramente que as promessas aqui firmadas eram nacionais.

A nova aliança, firmada em Jeremias 31.31-34, toma as promessas de bênção encontradas na aliança abraâmica original e faz delas tema de ampliação. O Novo Testamento deixa claro que essa promessa será cumprida somente pela conversão da nação na segunda vinda de Cristo.

> E, assim, todo o Israel será salvo, como está escrito: Virá de Sião o Libertador e ele apartará de Jacó as impiedades. Esta é a minha aliança com eles, quando eu tirar os seus pecados (Rm 11.26,27).

Assim, será observado que todas as esperanças de Israel baseavam-se nas quatro alianças determinantes que Deus fez com eles, e essas alianças confirmavam certas esperanças e bênçãos nacionais que exigem a preservação, continuidade e restauração da nação para poderem cumprir-se literalmente.

Chafer observa:

> As Escrituras do Antigo Testamento estão ocupadas em grande parte com o caráter e a glória do governo do Messias, as promessas a Israel de restauração e glória terrena, as bênçãos universais aos gentios e o livramento da própria criação. Há pouco revelado no Antigo Testamento sobre a responsabilidade individual no reino; ela é na verdade uma mensagem à

nação como um todo. Evidentemente os detalhes relativos à responsabilidade individual estavam, na mente do Espírito, reservados para o ensinamento pessoal do Rei, quando o reino estivesse "próximo".[2]

Vemos então que o Antigo Testamento estava ocupado principalmente com as promessas e os planos nacionais, e não com a esperança individual.

B. *Promessas individuais*. É verdade, no entanto, que certas esperanças individuais foram apontadas na economia antiga. Os israelitas receberam a esperança da ressurreição. Isaías 26.19,20; Daniel 12.2,3,13; Oséias 13.14 e Jó 19.25-27 indicam isso. Os israelitas receberam a expectativa do julgamento e da recompensa individual, como testemunhado por passagens como Isaías 40.10; Ezequiel 11.21; 20.33-44; 22.17-22; Daniel 12.3; Zacarias 3.7; 13.9 e Malaquias 3.16-18; 4.1. Os israelitas receberam bênçãos prometidas de novo céu e nova terra em Isaías 65.17,18; 66.22.

Na mente do intérprete literal das Escrituras não há dúvida de que as promessas nacionais de Israel serão cumpridas pela própria nação no milênio, que segue a segunda vinda do Messias. Todas as promessas nacionais têm conteúdo terreno e serão cumpridas na época do reinado terreno do Messias. Com relação às promessas individuais, não há nenhuma afirmação clara quanto ao âmbito em que serão cumpridas. Nas passagens que ensinam ressurreição, julgamento e recompensa individual, essas provisões são descritas como cumpridas na vinda do Messias, mas o Antigo Testamento não esclarece o âmbito da expectativa do indivíduo. Ao comentar Apocalipse 21.1-8, Ottman escreve:

> O novo céu e a nova terra, em que habita a justiça, sucedem à dissolução do antigo, e eles são, sem dúvida, o assunto dessa visão apocalíptica [...]
> Referindo-se à visão, Grant diz: "Essa é declaradamente uma referência à palavra de Isaías: 'Pois eis que eu crio novos céus e nova terra; e não haverá lembranças das cousas passadas, jamais haverá memória delas'. Isso é apenas um relance, pois os profetas do Antigo Testamento não parecem ir além do reino que nós, na verdade, aprendemos a chamar de 'milenar', tendo seus limites para nós definidos dessa maneira. Para Israel, não havia limitação necessária; havia um cenário brilhante diante do qual seus olhos se fixariam, seguros de que o que estivesse além disso só poderia ser bênção adicional...".[3]

---

[2] Lewis Sperry CHAFER, *Systematic theology*, IV, p. 170.
[3] Ford C. OTTMAN, *The unfolding of the ages*, p. 443-4.

A relação entre os santos vivos e os santos ressurrectos no milênio

Somente no Novo Testamento nos é dada uma descrição mais específica da esperança do indivíduo israelita. O autor de Hebreus diz:

> Porque aguardava a cidade que tem fundamentos, da qual Deus é o arquiteto e edificador (Hb 11.10).
>
> Mas tendes chegado ao monte Sião e à cidade do Deus vivo, a Jerusalém celestial, e a incontáveis hostes de anjos, e à universal assembléia e igreja dos primogênitos arrolados nos céus, e a Deus, o Juiz de todos, e aos espíritos dos justos aperfeiçoados (Hb 12.22,23).

Parece então que, enquanto as promessas nacionais seriam cumpridas tanto *na época* quanto *no* milênio, as promessas individuais seriam cumpridas *na época* do milênio, mas não necessariamente *na* terra milenar. As passagens que ensinam ressurreição indicam que a ressurreição de Israel será concluída na segunda vinda de Cristo, mas não afirmam que os indivíduos serão ressuscitados para a terra milenar. As passagens que ensinam julgamento e recompensa individual mostram, da mesma forma, que o julgamento e a recompensa coincidirão com a segunda vinda, mas não afirmam que as recompensas serão gozadas no milênio, mas sim na época do milênio.

Conclui-se, então, com base na consideração das promessas do Antigo Testamento, que as promessas nacionais serão cumpridas na terra, no milênio, mas as promessas individuais de ressurreição serão cumpridas na época do milênio, mas não necessariamente posicionando o indivíduo no milênio propriamente dito.

II. A Natureza do Milênio

Para entender a relação dos santos ressurrectos do Antigo e do Novo Testamento com o milênio, é necessário ter um conceito claro do ensinamento das Escrituras quanto à natureza e ao propósito do milênio. Newell oferece-nos um bom resumo:

> I. O que é o reino de mil anos
> O reino de mil anos é a administração direta do governo divino na terra, durante mil anos, pelo nosso Senhor e Seus santos. Seu centro terreno é Jerusalém e a nação de Israel, apesar de Cristo e Seus santos reinarem em corpos ressurrectos e celestiais na Nova Jerusalém e tomar o lugar agora ocupado pelos anjos (Hb 2.5-8) [...]

II. Objetivo do reino de mil anos
1. *Do ponto de vista de Deus Pai*:
 a. Será a honra terrena e pública do Seu Filho assim como os homens O desonraram nesta terra [...]
 b. Será o cumprimento das promessas de Deus ao Seu Filho e das profecias relativas a Ele, para "dar a Ele o trono *de Davi seu pai*" [...]
 c. É o julgamento divino final do homem pecador na terra antes de ela ser destruída [...]
 d. Será a resposta de Deus (quanto possível antes da *nova* terra) à oração dos Seus santos: "Venha o teu reino, faça-se a tua vontade, assim na terra como no céu".

2. *Do ponto de vista de Cristo*:
 a. Ele recebe, após muita paciência, o reino deste mundo que Ele constantemente "esperou", à direita de Deus [...] E Ele reinará em justiça [...]
 b. Enfim Ele poderá dar aos humildes da terra o lugar e a herança que sempre lhes prometeu!
 c. Ele compartilhará [...] todas as Suas honras com Seus santos!

3. *Do ponto de vista dos santos*:
 a. O milênio leva as três classes de santos [...] e também o Israel terreno a um estado de bênção indescritível! [...]
 b. As próprias mudanças físicas ocorridas na terra [...] revelam um pouco do carinho de Deus para o conforto e a alegria de Seus santos terrenos [...]

4. *Do ponto de vista das nações, dos povos da terra*:
 a. Serão mil anos sob o *cetro de ferro* [...]
 b. Mas finalmente haverá *paz* entre as nações —certamente forçada, mas real [...]
 c. Todas as nações serão obrigadas a subir todo ano para adorar o Rei, Jeová dos Exércitos, e celebrar a festa dos tabernáculos [...]

5. *Do ponto de vista da "criação"*:
 a. [...] "a própria criação será redimida do cativeiro da corrupção, para a liberdade da glória dos filhos de Deus" (Rm 8.21-22).
 b. Na "revelação dos filhos de Deus", na vinda de Cristo de volta à terra, essa salvação será efetuada... [4]

Deveria ser evidente que o milênio é o tempo do cumprimento das bênçãos das alianças nacionais de Israel, quando Deus fará uma apre-

---

[4] William R. NEWELL, *The book of the Revelation*, p. 318-22.

sentação da autoridade absoluta do governo divino por meio do reinado do Messias, quando os homens vivos estarão sujeitos e serão testados pela autoridade do Rei. O milênio é criado por Deus como o teste final da humanidade caída sob as circunstâncias mais ideais, cercada por toda a capacidade de obedecer ao governo do rei, de quem as fontes externas de tentação também serão retiradas, e então se achará e comprovará que o homem é um fracasso mesmo nesse último teste da humanidade caída. Nesse período, quando tal plano for executado, é óbvio que os indivíduos ressurrectos, que não precisam de nenhum teste porque já são justos, nem precisam ser submetidos à autoridade do Rei porque estão completamente sujeitos a Ele, não podem ter lugar digno na terra nessa época. Os que colocam indivíduos ressurrectos na terra para sofrer os rigores do governo do Rei não vêem o propósito de Deus no milênio.

O caráter essencial e o propósito do milênio levam à conclusão de que indivíduos ressurrectos, apesar de participarem do milênio, não estão na terra como súditos do governo do Rei.

III. Os Habitantes da Jerusalém Celeste

Diz-se que a esperança de Abraão estava centralizada na realização da vida numa cidade: "Porque aguardava a cidade que tem fundamentos, da qual Deus é o arquiteto e edificador" (Hb 11.10). Vemos em Hebreus 11.16 que essa era a esperança não só de Abraão, mas também de outros santos do Antigo Testamento: "Mas, agora, aspiram a uma pátria superior, isto é, celestial. Por isso, Deus não se envergonha deles, de ser chamado o seu Deus, porquanto lhes preparou uma cidade". Observa-se que a esperança desses heróis da fé, de acordo com esse versículo, era uma cidade celestial. A mesma cidade celestial é descrita em detalhes em Hebreus 12.22-24, em que é chamada Jerusalém celestial. Em Gálatas 4.26, em que é chamada "Jerusalém lá de cima", Apocalipse 3.12, em que é chamada "cidade do meu Deus [de Cristo]" e "nova Jerusalém", e Apocalipse 21.2, em que é chamada "cidade santa, a nova Jerusalém", e Apocalipse 21.10, em que é chamada "grande e elevada montanha [...] a santa cidade, Jerusalém", ela é vista claramente como o lugar da realização de todas as esperanças dos santos da igreja. Sem dúvida esse é o "lugar" que o nosso Senhor prometeu preparar e ao qual nos levaria após Sua vinda, em João 14.2. Não é um problema, então, identificar a "igreja dos primogênitos" que ocupa essa Jerusalém celestial de acordo com Hebreus 12.23. Kelly escreve:

... os hebreus cristãos são descritos como "igreja dos primogênitos arrolados nos céus". Não é preciso hesitar ao identificar essa companhia celestial. É a igreja de Deus, a respeito da qual ouvimos tanto e que desperta profundo interesse nos Atos dos Apóstolos e em outras Epístolas, como quando o Senhor aqui na terra declarou que ela estava prestes a ser fundada (Mt 16.18), e que o inferno não prevaleceria contra ela. O dia de Pentecostes (que seguiu Sua morte, ressurreição e ascensão) testemunhou a nova visão primeiro. Ela é descrita aqui de acordo com o plano divino da epístola. Isso confirma a separação do agregado daqueles que a compõem, os primogênitos, em vez de figuras familiares de outra parte do corpo de Cristo e do templo de Deus —Sua habitação pelo Espírito.[5]

Não há dúvida de que essa cidade celestial será composta em parte pela igreja, o corpo de Cristo dessa era presente.

Saphir fala de uma maneira que nos faz imaginar que outros redimidos estarão naquela cidade celestial além dos santos dessa era. Ele escreve: "O termo assembléia geral [...] [*panēguris*] implica não somente um grande número, mas o *total*. E essa circunstância, de que *todos* os membros estão juntos, dá à assembléia um caráter de festividade solene e alegre".[6] A questão é : "Quem se alia aos anjos santos e aos santos da igreja para compor o complemento de habitantes daquela cidade celestial?". A resposta está na frase "os espíritos de homens justos aperfeiçoados". Kelly afirma:

> ... Esses são os santos do Antigo Testamento. Eles se relacionavam com Deus antes de a graça operar por meio da justiça para a vida eterna por Jesus Cristo, como o sabemos no evangelho. Quando a fé se apoiava na promessa, eles esperavam O que viria; e eles serão parte abençoada do Seu reino (Ap 20), quando também julgarão o mundo (1Co 6.2). A mesma distinção de "nós" pode ser vista no fim dos versículos finais, 39 e 40, de Hebreus 11; e é incrível, como prova o caso, que eles são mostrados, não como serão, mas como são, "para que eles, sem nós, não fossem aperfeiçoados". Eles não estarão num estado separado quando "aquele dia" chegar; eles serão resssuscitados dentre os mortos na presença de Cristo.[7]

Ottman pergunta:

> Abraão, e esses outros de mesma fé, deixam de encontrar a cidade que eles buscavam? Não, não deixam. "Todos estes morreram na fé, sem ter obtido as promessas; vendo-as, porém, de longe, e saudando-as, e confes-

---

[5] William KELLY, *Exposition of the epistle to the Hebrews*, p. 250.
[6] Adolph SAPHIR, *The epistle to the Hebrews*, II, p. 849-50.
[7] KELLY, op. cit., p. 250-1.

sando que eram estrangeiros e peregrinos sobre a terra. Porque os que falam desse modo manifestam estar procurando uma pátria. E, se, na verdade, se lembrassem daquela de onde saíram, teriam oportunidade de voltar. Mas, agora, aspiram a uma pátria superior, isto é, celestial. Por isso, Deus não se envergonha deles, de ser chamado o seu Deus, porquanto lhes preparou uma cidade" (Hb 11.13-16). Novamente, no fim desse incrível capítulo, é dito: "Ora, todos estes que obtiveram bom testemunho por sua fé não obtiveram, contudo, a concretização da promessa, por haver Deus provido cousa superior a nosso respeito, para que eles, sem nós, não fossem aperfeiçoados" (Hb 11.39,40). Sem *nós*, eles não podem ser aperfeiçoados.[8]

Parece, então, que o autor de Hebreus está dando um retrato da cidade celestial, onde estarão reunidos com Cristo os anjos santos, os santos ressurrectos e transladados da era da igreja e todos os santos ressurrectos do Antigo Testamento e da tribulação.

Essa interpretação encontra apoio em Apocalipse 21.12-14, em que se descrevem as muralhas da "santa Jerusalém". Aqui a ocupação de três partes é indicada, pois o versículo 12 faz referência aos anjos e às doze tribos dos filhos de Israel, e o versículo 14 dá os nomes dos doze apóstolos do Cordeiro. Logo, os anjos, os santos de Israel e do Antigo Testamento e os santos da igreja estão incluídos nessa muralha.

Ao referir-se à morada dos redimidos como uma "cidade", a palavra de Grant é pertinente aqui. Ele escreve:

> A cidade é a expressão da necessidade humana e a provisão para ela. Em meio ao sofrimento e à insegurança, os homens se reúnem para proteção; mas isso é apenas parte do que é sugerido. Há outras necessidades mais universais que isso, como a cooperação, a divisão do trabalho, o resultado da diferença de aptidões pela qual Deus nos tornou mutuamente dependentes. Nossa natureza social é assim encontrada, e aí são formados e reforçados os laços pelos quais o mundo está ligado; enquanto a conexão de mente com mente, de coração com coração, estimula e desenvolve toda faculdade latente [...]
>
> A cidade eterna implica para nós associação, comunhão, relacionamento, plenitude daquilo que sugeria a afirmação primitiva "Não é bom que o homem esteja só", mas, com relação à cidade noiva, que ela é, tem um sentido ainda mais profundo. Aqui, o relacionamento dos santos com Cristo, que como a Lâmpada de glória divina os ilumina, explica tudo adequadamente. "Sozinhos" nunca mais poderemos estar. "Com Ele" toda a nossa humanidade encontrará resposta, satisfação e descanso pleno.[9]

---

[8] OTTMAN, op. cit., p. 446.
[9] F. W. GRANT, *The revelation of Christ*, p. 224-5.

A cidade, então, teria tanta pertinência aos santos do Antigo Testamento quanto aos crentes do Novo.

Podemos concluir assim que é ensinamento constante das Escrituras que o Senhor reunirá para Si na cidade eterna os anjos santos, os santos do Antigo Testamento e os crentes do Novo Testamento, e lá, em corpos ressurrectos e glorificados, eles compartilharão a cidade literal e sua glória, na qual só podem entrar pela ressurreição. Deve-se observar que essa Jerusalém celestial não é o âmbito dos salvos vivos que vão para o milênio, pois eles se ocuparão de reconstruir a Jerusalém terrena como sua capital, mas sim a moradia dos santos ressurrectos durante o milênio. Os viventes cumprirão as promessas nacionais do Antigo Testamento no milênio, enquanto os ressurrectos cumprirão a esperança de uma "cidade que tem fundamentos" durante o milênio.

IV. Um Exame de Passagens Relacionadas

Existem certas passagens que parecem indicar que não haverá grande divisão entre os salvos de Israel e os salvos da era da igreja, mas que eles terão um relacionamento direto uns com os outros no seu estado final.

> Ainda tenho outras ovelhas, não deste aprisco; a mim me convém conduzi-las; elas ouvirão a minha voz; então, haverá um rebanho e um pastor (Jo 10.16).

Essa passagem parece indicar que haverá relação mútua entre todos os salvos porque estão ligados ao mesmo pastor. Todos os redimidos parecem ser considerados unidos num só rebanho sob um só pastor.

> Então, lhe falou Pedro: Eis que nós tudo deixamos e te seguimos: que será, pois, de nós? Jesus lhes respondeu: Em verdade vos digo que vós, os que me seguistes, quando, na regeneração, o Filho do homem se assentar no trono da sua glória, também vos assentareis em doze tronos para julgar as doze tribos de Israel (Mt 19.27,28).

> Ou não sabeis que os santos hão de julgar o mundo? (1Co 6.2).

Essa passagem mostra que os santos incluídos na igreja não estão completamente separados do milênio. Se os santos estão totalmente separados, a única maneira pela qual os Doze poderiam exercer o privilégio prometido seria perder sua posição no corpo de Cristo. Isso implica que haverá uma relação sustentada entre os santos vivos na terra e os santos ressurrectos na Jerusalém celestial. Os santos exercerão o ministério agora destinado aos anjos (Hb 2.5,6).

A relação entre os santos vivos e os santos ressurrectos no milênio 547

> Tinha grande e alta muralha, doze portas, e junto às portas doze anjos, e sobre elas nomes inscritos que são os nomes das doze tribos dos filhos de Israel.
> A muralha da cidade tinha doze fundamentos, e estavam sobre estes os doze nomes dos doze apóstolos do Cordeiro (Ap 21.12,14).

Parece claro que os ocupantes dessa cidade são da época do Antigo Testamento, da época do Novo, bem como anjos salvos.

> Bem-aventurado e santo é aquele que tem parte na primeira ressurreição; sobre esses a segunda morte não tem autoridade; pelo contrário, serão sacerdotes de Deus e de Cristo, e reinarão com eles os mil anos (Ap 20.6).

A primeira ressurreição é composta não apenas pelos santos da igreja, mas por todos os indivíduos, de qualquer era, que foram ressuscitados para a vida eterna. Embora essa ressurreição aconteça em tempos diferentes com grupos diferentes, o resultado é o mesmo em cada caso —a ressurreição para a vida eterna. Os ressurrectos são considerados sacerdotes e reinam com Ele. A primeira ressurreição em Apocalipse 20.6 não pode ser aplicada aos que passaram pela tribulação e logo não estariam incluídos no corpo de Cristo, já que a ressurreição da igreja precede a isso. No entanto, eles estão na primeira ressurreição e reinarão com Cristo. Isso deve significar que todos os que participam da primeira ressurreição têm um destino comum, a Nova Jerusalém, no qual eles serão associados com Cristo no Seu reinado, não importa se são santos do Antigo ou Novo Testamento.

> Disse-lhe o senhor: Muito bem, servo bom e fiel; foste fiel no pouco, sobre o muito te colocarei: entra no gozo do teu senhor (Mt 25.21).

Nessa passagem, que ensina sobre o julgamento e a recompensa de Israel, é importante notar que, ao mesmo tempo que as recompensas são denominadas posições de privilégio e de responsabilidade no milênio, o indivíduo não é colocado no milênio propriamente dito, mas exerce sua autoridade durante o milênio.

> Então ouvi grande voz vinda do trono dizendo: Eis o tabernáculo de Deus com os homens. Deus habitará com eles. Eles serão povos de Deus e Deus mesmo estará com eles (Ap 21.3).

Uma comparação dessa afirmação com a de Ezequiel 37.27, em que Deus prometeu a Israel que o tabernáculo divino estaria entre os homens, e com passagens das Escrituras tais como Isaías 65.19 ou Isaías 25.8, em que Deus prometeu libertação da tristeza, do choro e da morte, mostrará que o que é prometido aqui é o cumprimento da esperança do santo do Antigo Testamento. Embora se possa sustentar que a igreja tem promessas semelhantes, e Apocalipse 21.3 talvez se refira ao cumprimento delas, e não ao cumprimento das promessas de Israel, o paralelismo parece muito significativo para afirmar que Israel não está incluído nessa bênção. Não se pode negar que haverá o cumprimento dessas promessas para Israel na terra no milênio, mas entende-se que o Israel ressurrecto poderá experimentar essas promessas na Jerusalém celestial, junto com os santos da igreja. Devemos observar que a palavra traduzida por "povos" é plural: "eles serão povos de Deus".

> Os que forem sábios, pois, resplandecerão como o fulgor do firmamento; e os que a muitos conduzirem à justiça, como as estrelas, sempre e eternamente (Dn 12.3).

Uma comparação desse versículo com Apocalipse 21.11 e 18, em cujo contexto Israel é mencionado (v. 12), mostraria que a glória refletida de Cristo, a fonte de toda luz, era a esperança do santo do Antigo Testamento. Essa esperança será realizada na cidade celestial na qual o santo do Antigo Testamento terá parte e experimentará o cumprimento dessa promessa.

> Ora, todos estes que obtiveram bom testemunho por sua fé não obtiveram, contudo, a concretização da promessa, por haver Deus provido cousa superior a nosso respeito, para que eles, sem nós, não fossem aperfeiçoados (Hb 11.39,40).

Parece haver aqui a indicação de que Israel não pode ser aperfeiçoado até o corpo de Cristo ser aperfeiçoado. Isso teria significado adicional se o lugar da perfeição dos santos de Israel e o lugar do aperfeiçoamento dos crentes dessa era fosse o mesmo.

Ao argumento de que tal opinião tiraria a herança celestial da igreja ao uni-la com o Israel ressurrecto e trazê-la para uma relação com a terra durante o milênio e a nova terra seguinte, contrapomos a observação de Ottman:

> A igreja deve localizar-se em algum lugar na eternidade e, se Deus decretou fazer do cenário do seu conflito o lugar da sua glória eterna, quem anulará Seu propósito? Uma idéia concreta, como a de que a igreja se liga eternamente à cidade literal que desce do céu, pode ser estigmatizada

A relação entre os santos vivos e os santos ressurrectos no milênio 549

como materialista e sensual, mas é melhor que a névoa vaga que constitui a idéia de eternidade imaginada por tantos. Essa cidade não pode ser o céu, pois ela é descrita descendo dele. O céu não perde nada com a perda da cidade, e a igreja não perde sua herança celestial em sua associação com Ele, que agora veio para encher a terra com a Sua glória.[10]

Ao argumento de que tal opinião esvaziaria o céu e tiraria Deus do Seu lar, podemos deduzir com Newell que

> Várias considerações nos levam à conclusão de que a Nova Jerusalém é um dos lugares de descanso de Deus.
> 1. Imediatamente vemos o novo céu, e a nova terra, e a Nova Jerusalém descendo para a nova terra (21.1,2), lemos "Eis o tabernáculo de Deus com os homens" [...] O objetivo do novo céu e da nova terra é realizar isso —*que Deus terá Seu lar eternamente* na capital da nova criação!
> 2. Nenhuma outra habitação eterna de Deus é vista além da capital da nova criação [...]
> 3. Essa cidade celestial tem a glória de Deus (21.11,23; 22.5) [...]
> 4. Ela também é o *trono* de Deus, e o "serviço" de 22.3, apropriadamente chamado serviço sacerdotal, ou adoração espiritual [...]
> 5. Eles verão sua face [...] Esse, então, deve ser o lugar do descanso de Deus para sempre.
> 6. Só precisamos lembrar que os habitantes na Nova Jerusalém "reinarão pelos séculos dos séculos" (22.5). Isso não poderia ser escrito sobre outros além dos habitantes da capital da nova criação.[11]

A conclusão seria que o Antigo Testamento apresentava uma esperança nacional, que se realizaria completamente no milênio. A esperança do santo individual do Antigo Testamento por uma cidade eterna será realizada pela ressurreição na Jerusalém celestial, onde, sem perder distinção ou identidade, Israel se unirá aos ressurrectos e transladados da era da igreja para compartilhar a glória do Seu reinado para sempre. A natureza do milênio, como o período de teste da humanidade caída sob o governo justo do Rei, impede a participação de indivíduos ressurrectos. Logo, o milênio se preocupará com homens que foram salvos, mas estão vivendo em corpos naturais. A cidade celestial será levada a uma relação com a terra no início do milênio, e talvez seja visível acima da terra. É da cidade celestial que o Filho primogênito de Davi exerce Seu reinado messiânico, no qual a Noiva reina e a partir do qual os santos recompensados do Antigo Testamento exercem autoridade em governo.

---

[10] OTTMAN, op. cit., p. 447.
[11] NEWELL, op. cit., p. 353-4.

Se tal interpretação estiver correta, haveria uma solução para a confusão que surge ao colocar santos ressurrectos na terra para se misturarem livremente com não-ressurrectos durante o milênio. O cumprimento das promessas nacionais de Israel seria realizado não em indivíduos ressurrectos, mas sim no Israel natural salvo que está vivo na segunda vinda. A união dos propósitos redentores de Deus em Cristo seria preservada ao reunir o grupo da primeira ressurreição em um lugar, onde a Noiva compartilharia Seu reinado e Seus servos O serviriam para sempre (Ap 22.3). Tal opinião está em harmonia com as Escrituras e soluciona alguns dos problemas inerentes ao sistema pré-milenar.

…
Sétima Seção

As profecias do estado eterno

Capítulo 32
A preparação para o reino eterno

Embora a Palavra de Deus não ofereça grande quantidade de detalhes a respeito do reino eterno, oferece o suficiente para dar ao filho de Deus plena certeza da esperança gloriosa que o aguarda em sua relação eterna com o Pai e com o Filho. Entre o fim do reino teocrático terreno e a união desse reino com o reino eterno de Deus, ocorrem certos acontecimentos importantes, para que todo vestígio de rebeldia seja exterminado e Deus reine supremo. Neste estudo não são analisadas as áreas amplas das doutrinas do estado eterno, mas a discussão se restringe às questões relacionadas às profecias daquele tempo.

I. A Purificação para o Reino Eterno

Há três acontecimentos previstos nas Escrituras que podem ser vistos como atos purificadores do universo no que diz respeito ao que restou de maldição, para que o reino eterno possa ser plenamente manifesto: 1) a libertação de Satanás e a rebelião satanicamente liderada, 2) a purificação da terra pelo fogo e 3) o julgamento dos pecadores no grande trono branco.

A. *A libertação de Satanás e a rebelião satanicamente liderada.* João retrata um cenário na terra no fim do milênio que abala a imaginação.

> Ele segurou o dragão, a antiga serpente, que é o diabo, Satanás, e o prendeu por mil anos; lançou-o no abismo, fechou-o e pôs selo sobre ele, para que não mais enganasse as nações até se completarem os mil anos. Depois disto, é necessário que ele seja solto pouco tempo.

Quando, porém, se completarem os mil anos, Satanás será solto da sua prisão, e sairá a seduzir as nações que há nos quatro cantos da terra, Gogue e Magogue, a fim de reuni-los para a peleja. O número dessas é como a areia do mar. Marcharam, então, pela superfície da terra e sitiaram o acampamento dos santos e a cidade querida; desceu, porém, fogo do céu e os consumiu (Ap 20.2-3,7-9).

A interpretação dos amilenaristas, desde Agostinho até hoje, tem sido que "pouco tempo" (Ap 20.3) refere-se à era presente.[1] De acordo com essa teoria, Satanás foi preso durante o ministério terreno de Cristo (Lc 10.18), mas deverá ser liberto no fim desta era. Para muitos, "pouco tempo" seria um período extenso, talvez a era inteira. No entanto, Apocalipse 20 revela que a prisão de Satanás não ocorre até a segunda vinda de Cristo e ele continua preso até o final dos mil anos. O "pouco tempo" em que Satanás é libertado é depois de se completar o reino de mil anos, antes da união do reino teocrático com o reino eterno. Apocalipse 20.7 ("Quando, porém, se completarem os mil anos, Satanás será solto da sua prisão") marca claramente o tempo da sua libertação.

O fim para o qual Satanás é solto percebe-se prontamente pela atividade que exercerá na época de sua soltura. Ele sai para seduzir as nações, para liderar uma rebelião contra a teocracia de Deus. Há ainda mais uma tentativa por parte de Satanás de alcançar o objetivo do seu primeiro pecado. A libertação de Satanás é vista nas Escrituras como o teste final que demonstra a corrupção do coração humano. Deus sujeitou a humanidade caída a vários testes no desenvolvimento do Seu plano do reino e da redenção. O homem fracassou em todos eles. Scott diz: "Mas ai! O que é o homem? Ele foi provado e testado sob todas as condições possíveis, de todas as maneiras —sob bondade, governo, lei, graça e agora sob glória".[2] A razão de Satanás ser solto, então, é demonstrar que, mesmo quando testado sob o governo do Rei e da revelação da Sua santidade, o homem é um fracasso. Embora os que entrarem no milênio sejam salvos, não serão plenamente aperfeiçoados. A descendência deles durante o milênio nascerá com a mesma natureza caída de seus pais e conseqüentemente precisará de regeneração. Durante a administração do Rei, na qual Ele governará com "cetro de ferro", será necessária a conformidade externa à Sua lei. A prisão de Satanás, a eliminação das fontes externas de tentação, a plenitude do conhe-

---

[1] O. T. ALLIS, *Prophecy and the church*, p. 3.
[2] Walter SCOTT, *Exposition of the revelation of Jesus Christ*, p. 407.

A preparação para o reino eterno

cimento, a provisão abundante do Rei, todos esses fatores levarão muitos, cujo coração não foi regenerado, a oferecer essa conformidade exterior à lei do Rei. É preciso existir um teste para apurar a verdadeira condição do coração dos que se acham no milênio. Jennings escreve:

> A natureza humana mudou, pelo menos à parte da graça soberana? A mente carnal finalmente fez as pazes com Deus? Será que mil anos de poder e benevolência absoluta, ambos em livre atividade, terminaram com todas as guerras para todo o sempre? Essas questões devem ser marcadas por um teste prático. Permita-se que Satanás seja libertado da prisão. Deixe-se que ele ande novamente nos alegres campos da terra que ele conhecia bem desde há muito. Ele os viu pela última vez cobertos de sangue e inundados com lágrimas, a evidência e os resultados de seu próprio reino; agora ele os vê "rindo em abundância" [...]
> Mas, à medida que, na busca de seus objetivos, ele se afasta de Jerusalém, o centro dessa bênção, esses sinais se enfraquecem; até que, nos mais longínquos "confins da terra", eles cessam completamente, pois ele descobre miríades dos que instintivamente se afastaram do contato próximo com o centro santo e estão prontos para novamente ser seduzidos.[3]

Os resultados desse teste são demonstrados por Ottman, que diz:

> Mesmo tal soberania sobre a terra não muda o coração do homem. Um governo justo, junto com todas as bênçãos associadas, e o gozo completo de um mundo redimido da maldição não ajudam a fazer do homem mais do que ele é naturalmente, e o teste e a prova disso são alcançados pela libertação de Satanás após o término dos mil anos. Mil anos na prisão não causaram nenhuma mudança moral na natureza desse espírito maligno. Ele sai da sua masmorra com o coração cheio do fogo ardente do ódio, que imediatamente se incendeia e acende uma rebelião entre as nações dos quatro cantos da terra.[4]

Os problemas da origem dos exércitos chamados de "Gogue e Magogue" (Ap 20.8) encontra então solução. Para os amilenaristas, que interpretam o reino como totalmente "espiritual", não se concebe nenhuma rebelião desse tipo. Para eles, o fato de uma rebelião prova que não poderia haver um milênio tal como ensinam os pré-milenaristas, pois nesse caso não haveria rebelião na terra. Allis apresenta isso da seguinte maneira:

---

[3] F. C. JENNINGS, *Studies in Revelation*, p. 538.
[4] Ford C. OTTMAN, *The unfolding of the ages*, p. 437.

A questão quanto ao local em que Gogue, cujos exércitos de acordo com Ezequiel foram totalmente destruídos antes do milênio, levantará uma multidão, "o número dessas é como a areia do mar", para atacar "o acampamento dos santos e a cidade querida", tem sido uma pedra de tropeço para os pré-milenaristas, como David Brown demonstrou muitos anos atrás. Os dispensacionalistas podem responder a isso, aparentemente, apenas de uma entre três maneiras: afirmando que uma raça de homens maus aparecerá após o milênio, ou restringindo a extensão do reino milenar a uma pequena parte da terra, ou concluindo que o milênio se assemelhará muito à dispensação presente como uma era em que bem e mal estarão ambos presentes e em luta pelo poder, de modo que o mal, tanto na esfera do reino do Messias quanto fora dele, será mantido em sujeição apenas pelo governo do cetro de ferro do Rei que Se assenta no trono de Davi.[5]

As duas primeiras explicações devem ser rejeitadas. Não há nenhuma evidência bíblica para a criação de uma raça de homens maus após o milênio. O reino de Cristo na terra é apresentado como universal. A terceira explicação está em harmonia com a Palavra de Deus, pois o reino de Cristo sempre é representado como um reino de justiça inflexível, no qual o Rei de fato governa "com cetro de ferro" (Sl 2.9). Mas dentre os não-regenerados daquela época virá a multidão conhecida como "Gogue e Magogue", que sai contra os "acampamentos dos santos", que deve ser a Palestina, e "a cidade querida", que deve ser Jerusalém. Demonstrou-se antes que essa rebelião não pode ser identificada com a invasão de Gogue e Magogue descrita em Ezequiel 38 e 39, mas leva esse nome porque o propósito é idêntico nesses dois movimentos satanicamente motivados: destruir a sede do poder teocrático e os súditos da teocracia.

Todo esse plano é, sabe-se, difícil. A respeito disso Chafer escreve:

> É difícil entender como tal operação será possível com Cristo no trono e em autoridade direta, como descrito em Isaías 11.3-5... Não há solução para esse problema além de uma permissão divina para a consumação do mal no universo. Para o mesmo fim pode-se perguntar por que, sobre o trono do universo, Ele permitiu o mal que Ele mesmo odeia. Quando, à luz do entendimento celestial, um problema for resolvido, o outro também o será.[6]

Com exceção de certo entendimento sobre a profundidade da

---

[5] ALLIS, op. cit., 239-40.
[6] Lewis Sperry CHAFER, *Systematic theology*, v, p. 361.

A preparação para o reino eterno

corrupção humana, é impossível compreender como uma multidão, "o número dessas é como a areia do mar" (Ap 20.8), poderia revoltar-se contra o Senhor Jesus Cristo, quando viveu sob Sua benevolência durante toda a vida. Mas nessa rebelião demonstra-se mais uma vez que Deus é justo quando julga o pecado. E o julgamento se faz na forma de morte física, por meio do derramamento do fogo sobre todos os rebeldes liderados por Satanás (Ap 20.9). Dessa maneira, Deus retira toda a incredulidade do reino teocrático e faz prever sua união com o reino eterno de Deus.

B. *A purificação da criação.* Por causa do pecado de Adão no Éden, Deus colocou uma maldição sobre a terra, quando Ele disse: "Maldita é a terra por tua causa; em fadigas obterás dela o sustento durante os dias de tua vida. Ela produzirá também cardos e abrolhos" (Gn 3.17,18). Torna-se necessário retirar o último vestígio dessa maldição da terra antes da manifestação do reino eterno. Esse acontecimento é descrito por Pedro:

> Virá, entretanto, como ladrão, o dia do Senhor, no qual os céus passarão com estrepitoso estrondo, e os elementos se desfarão abrasados; também a terra e as obras que nela existem serão atingidas. Visto que todas essas cousas hão de ser assim desfeitas, deveis ser tais como os que vivem em santo procedimento e piedade, esperando e apressando a vinda do Dia de Deus, por causa do qual os céus, incendiados, serão desfeitos, e os elementos abrasados se derreterão. Nós, porém, segundo a sua promessa, esperamos novos céus e nova terra, nos quais habita justiça (2Pe 3.10-13).[7]

Tal passamento da terra atual é previsto em várias passagens (Mt 24.35; Hb 1.10-12; Ap 20.11).

Alguns acreditam que a purificação da terra antecede o milênio. De acordo com essa teoria, a purificação acontecerá no início do milênio e eliminará a maldição, de modo que a produtividade será restaurada à terra durante esse período. Há vários fundamentos nos quais se apóia essa teoria.

1) Acredita-se que o "dia do Senhor" (2Pe 3.10), no qual se dá esse acontecimento, é um tempo de juízo e inclui apenas o período que vai do arrebatamento até a instituição do milênio, com os julgamentos que o acompanham. 2) Pelo fato de o fogo ser descrito como um meio de execução da ira divina na segunda vinda (Is 66.15,17; Ez 39.6; Jl 2.1-11; 2Ts 1.7-10), e já que essa purificação é por fogo, sustenta-se que deve

[7] Cf. G. N. H. Peters, *Theocratic kingdom*, II, p. 506-23.

tratar-se do mesmo acontecimento. 3) Isaías 65.17 promete uma nova terra, e isso em relação ao milênio, e logo a purificação acontece após a segunda vinda, mas antes do milênio. Em resposta, pode-se destacar, como demonstrado anteriormente, que 1) o dia do Senhor inclui todo o plano desde o começo do período da tribulação até o novo céu e a nova terra após o milênio. 2) Além disso, o fogo pode ser um meio de visitação divina sem necessariamente ser usado de maneira total num mesmo acontecimento. O fogo é empregado ao longo das Escrituras como um símbolo de julgamento, e, já que esse acontecimento é um juízo contra uma terra amaldiçoada, é cabível considerar que a purificação pelo fogo ocorra quando a terra tiver afastado de si todo vestígio da maldição. 3) E, mais uma vez, já que a terra milenar se funde com o novo céu e a nova terra no fim da era milenar, Isaías pode estar descrevendo a cena milenar à luz da sua habitação eterna, os novos céus e a nova terra, sem afirmar que os novos céus e a nova terra serão cumpridos no começo do milênio, apesar de prelibados a partir desse ponto.

Devemos observar que Pedro não declara que o dia do Senhor começa com a dissolução da terra atual, mas *no* dia do Senhor essa dissolução acontecerá. Sua afirmação é: "Virá, entretanto, como ladrão, o Dia do Senhor; *no qual* [grifo do autor] os céus passarão com estrepitoso estrondo, e os elementos se desfarão abrasados..." (2Pe 3.10). Além disso, Pedro assevera: "Ora, os céus que agora existem e a terra, pela mesma palavra, têm sido entesourados para fogo, estando reservados para o Dia do Juízo e destruição dos homens ímpios" (2Pe 3.7). Nessa afirmação ele parece relacionar a dissolução dos presentes céus e da presente terra à ocasião do juízo e da perdição dos homens ímpios, que, sabemos, com base em Apocalipse 20.11-15, acontecerá no julgamento do grande trono branco após o milênio. Se alguém alegar que isso não pode referir-se à mesma ocasião, já que João diz, "de cuja presença fugiram a terra e o céu" (Ap 20.11) e Pedro diz, "entesourados para fogo, estando reservados para o Dia do Juízo" (2Pe 3.7), é suficiente retorquir dizendo que a afirmação de João ressalta o fato de que o antigo céu e a antiga terra passaram sem indicar o meio pelo qual isso se realiza, enquanto Pedro aponta o meio pelo qual a dissolução acontece. Não há contradição aqui. Conclui-se, assim, que a purificação é o ato de Deus no fim do milênio após a rebelião final contra Sua autoridade, em que a terra, palco da rebelião, é julgada por causa de sua maldição.

C. *O julgamento dos pecadores*. Diante do grande trono branco aparecem todos "os mortos" (Ap 20.12). Os que foram ressuscitados para a vida foram retirados do túmulo mil anos antes (Ap 20.3-6). Os ressuscitados aqui serão julgados para receber a "segunda morte" (Ap 20.14), isto é, a separação eterna do reino de Deus. Esse é o ato final no plano realizado "para que Deus seja tudo em todos" (1Co 15.28). Já que esse plano foi desenvolvido anteriormente, não é necessário repeti-lo aqui. O resumo de Kelly é suficiente:

> Os mortos serão julgados, mas não com base no livro da vida, que não tem nada que ver com julgamento. "E os mortos foram julgados, segundo as suas obras, conforme o que se achava escrito nos livros." Então por que o livro da vida é mencionado? Não porque alguns dos nomes estejam nele escritos, mas para provar que eles não estão. O livro da vida confirmará o que se conclui dos livros. Se os livros proclamam as más obras dos mortos que se apresentam diante do trono, o livro da vida não oferece nenhuma defesa no registro da graça de Deus. As Escrituras não registram nenhum nome sequer entre os julgados. Havia o triste registro dos pecados inegáveis de um lado; e não havia o registro do nome do outro lado. Logo, se os livros ou apenas um livro forem examinados, tudo conspira para declarar a justiça, a justiça solene, mas muito eficaz, da sentença definitiva e irrevogável de Deus. "E, se alguém não foi achado inscrito no livro da vida, esse foi lançado para dentro do lago do fogo." Então o único uso que parece ser feito do livro é negativo e exclusivo. Não que alguns dos julgados (e a cena descrita é somente uma ressurreição para julgamento) estejam inscritos ali: é-nos demonstrado, pelo contrário, que eles *não* se encontram no livro.
>
> Nem o mar nem o mundo invisível poderiam mais esconder seus prisioneiros. "Deu o mar os mortos que nele estavam. A morte e o além entregaram os mortos que neles havia. E foram julgados, um por um, segundo as suas obras."
>
> Novamente, João nos diz que a morte e o além chegam ao fim, personificados como inimigos. "Então, a morte e o inferno foram lançados para dentro do lago do fogo. Esta é a segunda morte, o lago de fogo." Assim, concluiu-se tudo o que diz respeito ao trato do Senhor com corpo e alma, e tudo o que está relacionado a ambos. A raça estará então no estado ressurrecto, tanto para o bem quanto para o mal; e assim deve permanecer para sempre. A morte e o além, que por tanto tempo foram carrascos num mundo em que reinava o pecado, eles mesmos desaparecem onde todos os vestígios de pecado são enviados para sempre. Deus será "tudo em todos".[8]

O propósito de Deus nos julgamentos anteriores ao milênio era ajuntar "do seu reino [terreno] todos os escândalos e os que praticam a iniqüidade" e lançá-los "na fornalha acesa; ali haverá choro e ranger de den-

---

[8] William KELLY, *The revelation expounded*, p. 243-4.

tes" (Mt 13.41,42). O propósito de Deus nos julgamentos do fim do milênio é afastar do reino eterno "todos os escândalos e os que praticam a iniqüidade". Por meio desse julgamento, a soberania absoluta de Deus terá sido então manifesta.

D. *O destino dos perdidos*. O destino dos perdidos é um lugar no lago do fogo (Ap 19.20; 20.10,14,15; 21.8). Esse lago de fogo é descrito como fogo eterno (Mt 25.41; 18.8) e como fogo que não se apaga (Mc 9.43,44,46,48), sublinhando o caráter eterno da retribuição dos perdidos. A esse respeito Chafer observa:

> Ao tentar escrever uma declaração abrangente da doutrina mais solene da Bíblia, o termo *retribuição* é escolhido para substituir a palavra mais familiar *punição*, já que esta implica disciplina e correção, idéia totalmente ausente da verdade que sela o trato divino final com os que estão eternamente perdidos. Reconhece-se que, no seu significado primitivo e amplo, o termo *retribuir* era usado para alguma recompensa, boa ou má. A palavra é usada [...] sobre a doutrina do inferno apenas quando se faz referência à perdição eterna dos *perdidos*.[9]

Com respeito à retribuição dos perdidos, é importante observar que o lago de fogo é *um lugar*, não um estado, apesar de o conceito envolver um estado.

> Como o céu é um *lugar* e não um mero estado mental, da mesma forma os réprobos vão para um lugar. Essa verdade é indicada pelas palavras *hades* (Mt 11.23; 16.18; Lc 10.15; 16.23; Ap 1.18; 20.13,14) e *gehenna* (Mt 5.22,29,30; 10.28; Tg 3.6) —lugar de "tormento" (Lc 16.28). O fato de essa ser uma condição de miséria indescritível é indicado pelos termos figurados usados para relatar seus sofrimentos —"fogo eterno" (Mt 25.41); "onde não lhes morre o verme, nem o fogo se apaga" (Mc 9.44); "lago que arde com fogo e enxofre" (Ap 21.8); "o poço do abismo" (Ap 9.2); "fora, nas trevas", um lugar de "choro e ranger de dentes" (Mt 8.12); "fogo inextinguível" (Lc 3.17); "fornalha acesa" (Mt 13.42); "negridão das trevas" (Jd 13) e "a fumaça do seu tormento sobe pelos séculos dos séculos, e não têm descanso algum, nem de dia nem de noite" (Ap 14.11). Nesses casos uma metáfora não é desculpa para modificar o pensamento que ela expressa; devemos, sim, reconhecer que uma metáfora, nessas passagens, é uma frágil tentativa de declarar em linguagem o que está além do poder de descrição das palavras [...] É bom observar também que quase todas essas expressões saem dos lábios de Cristo. Ele sozinho re-

---

[9] CHAFER, op. cit., IV, p. 429.

velou quase tudo o que se sabe sobre esse lugar de retribuição. É como se nenhum autor humano fosse confiável para pronunciar *tudo* sobre essa terrível verdade.[10]

1. Quatro diferentes palavras são usadas nas Escrituras em referência ao lugar dos mortos até o tempo da ressurreição. Em nenhum caso elas descrevem o estado eterno, mas sim o lugar temporário no qual os mortos aguardam a ressurreição. A primeira é *Sheol*, usada 65 vezes no Antigo Testamento e traduzida por "inferno" 31 vezes (cf. Dt 32.22; Sl 9.17; 18.5; Is 14.9), por "sepultura" 31 (cf. 1Sm 2.6; Jó 7.9; 14.13) e "abismo" três vezes (cf. Nm 16.30,33; Jó 17.16). Essa era a palavra do Antigo Testamento usada em referência à morada dos mortos. Era apresentada não só como um estado de existência, mas como um lugar de existência consciente (Dt 18.11; 1Sm 28.11-15; Is 14.9). Deus era soberano sobre esse lugar (Dt 32.22; Jó 26.6). Ele era visto como temporário, e os justos antecipavam a ressurreição saindo dele para o reino milenar (Jó 14.13,14; 19.25,27; Sl 16.9-11; 17.15; 49.15; 73.24). Sobre a palavra *Sheol*, foi escrito:

> ... alguns fatos se destacam claramente. i.) Observamos que na maioria dos casos *Sheol* é traduzido por "a sepultura". [...] *A sepultura*, então, se destaca como a tradução melhor e mais comum. ii.) Com relação à palavra "abismo", observamos que, em cada um dos três casos em que ela ocorre (Nm 16.30,33 e Jó 17.16), também sugere *a sepultura* tão claramente, que podemos usar essa palavra e descartar "abismo" da nossa consideração como tradução de *Sheol*. iii.) Quanto à tradução "inferno", ela *não* representa *Sheol*, porque, tanto pela definição do dicionário quanto pelo uso coloquial, "inferno" significa o lugar de *punição maior*. *Sheol* não tem esse significado, mas denota *o estado presente de morte*. "A sepultura" é, portanto, uma tradução muito mais apropriada, porque visivelmente nos sugere o que é invisível à mente, ou seja, o estado de morte. Com certeza seria difícil para o leitor do português perceber este último sentido no termo "inferno". iv.) O estudioso descobrirá que "a sepultura", entendida tanto literal quanto figuradamente, cumprirá todas as exigências do termo hebraico *Sheol*: não que *Sheol* signifique tão especificamente UMA sepultura, quanto genericamente A sepultura. A Escritura Sagrada é plenamente suficiente para nos explicar a palavra *Sheol*. v.) Se, na lista de ocorrências, indagarmos quanto à palavra *Sheol*, ela ensinará que: a) Quanto à *direção*, é para baixo. b) Quanto ao *lugar*, é na terra. c) Quanto à *natureza*, descreve o *estado da morte*. Não o ato de morrer, para o qual não temos palavra em português, mas o *estado* ou duração da morte. Os ale-

[10] Ibid., IV, p. 430-1.

mães são mais afortunados, tendo a palavra *sterbend* para o ato de morrer. *Sheol* então significa *o estado da morte*, ou *o estado dos mortos*, do qual *a sepultura* é uma evidência tangível. Ela só está relacionada aos mortos. Pode às vezes ser personificada e representada por uma palavra inventada, "sepulturança", significando o reino ou poder da *sepultura*. d) Quanto à *relação*, ela contrasta com o estado dos vivos; v. Deuteronômio 30.15,19 e 1Samuel 2.6-8. Ela não se relaciona nenhuma vez com os vivos, exceto por contraste. e) Quanto à *associação*, é usada em vínculo com lamentação (Gn 37.34,35), angústia (Gn 42.38; 2Sm 22.6; Sl 18.5; 116.3), medo e terror (Nm 16.27-34); choro (Is 38.3,10,15,20), silêncio (Sl 31.17; 6.5; Ec 9.10), nenhum conhecimento (Ec 9.5,6,10), punição (Nm 16.27-34; 1Rs 2.6,9; Jó 24.19). f) E, finalmente, quanto à *duração*, o reino do *Sheol* ou a sepultura continuará até a ressurreição e terminará somente com ela, que é o seu único escape (v. Os 13.14 etc.; cf. Sl 16.10 com At 2.27,31; 13.35).[11]

2. A segunda palavra para descrever o lugar dos mortos é *Hades*. No Novo Testamento essa palavra praticamente equivale a *Sheol*, traduzida por "inferno" em todos os casos, exceto um (1Co 15.55, em que é traduzida por "morte"). Geralmente essa palavra tem em vista os mortos incrédulos, que estão em agonia, esperando a ressurreição para o grande trono branco. Sobre *Hades* observa-se:

> Se agora as *onze* ocorrências de Hades no Novo Testamento forem cuidadosamente examinadas, serão alcançadas as seguintes conclusões: a) *Hades* está permanentemente ligado à *morte*, mas *nunca à vida*; sempre com pessoas *mortas*, mas nunca com os *vivos*. Todos no *Hades* "NÃO VIVERÃO NOVAMENTE", até serem vivificados dentre os mortos (Ap 20.5). Se eles não "vivem de novo" até depois de serem vivificados, é perfeitamente claro que não podem estar *vivos* agora. Doutra forma, elimina-se a doutrina da ressurreição. b) A palavra do português "inferno" de maneira alguma representa o termo grego *Hades*, como vimos que também não dá uma idéia correta do seu equivalente hebraico, *Sheol*. c) Que *Hades* pode significar só e exatamente o que *Sheol* significa, isto é, o lugar em que se experimenta a "corrupção" (At 2.31; cf. 13.34-37), e do qual a *ressurreição* é o único escape.[12]

Scofield representa muitos que diferenciam a morada dos indivíduos salvos e mortos antes e depois da ressurreição de Cristo. Ele diz:

> 1) *Hades antes da ascensão de Cristo*. A passagem em que a palavra ocorre deixa claro que o Hades estava antigamente dividido em dois, as mora-

---

[11] E. W. BULLINGER, *A critical lexicon and concordance to the English and Greek New Testament*, p. 368-9.
[12] Ibid., p. 369.

das dos salvos e a dos incrédulos, respectivamente. A primeira era chamada "paraíso" e "seio de Abraão". Ambas designações eram talmúdicas, mas foram adotadas por Cristo em Lucas 16.22; 23.43. Os mortos abençoados estavam com Abraão, eram conscientes e estavam "confortados" (Lc 16.25). O ladrão que acreditou estaria, naquele dia, com Cristo no "paraíso". Os incrédulos estavam separados dos salvos por um "grande abismo" fixo (Lc 16.26). O representante dos incrédulos que agora estão no Hades é o homem rico de Lucas 16.19-31. Ele estava vivo, consciente, exercendo todas as suas funções, memória etc., e em agonia.

2) *Hades desde a ascensão de Cristo*. Quanto aos mortos incrédulos, nenhuma mudança de lugar ou condição é revelada nas Escrituras. No julgamento do grande trono branco, o Hades os entregará, eles serão julgados e passarão para o lago do fogo (Ap 20.13,14). Mas houve uma mudança que afetou o paraíso. Paulo foi "arrebatado ao paraíso" (2Co 12.1-4). O paraíso, então, agora está na presença imediata de Deus. Acredita-se que Efésios 4.8-10 indique o tempo da mudança. "Quando ele subiu às alturas, levou cativo o cativeiro." Acrescenta-se imediatamente que antes Ele havia "descido até às regiões inferiores da terra", i.e., a parte do Hades chamada paraíso. Durante a atual era da igreja, os salvos que morrem estão "ausentes do corpo e presentes com o Senhor". Os mortos incrédulos no Hades e os mortos salvos "com o Senhor" esperam a ressurreição (Jó 19.25; 1Co 15.52).[13]

3. A terceira palavra é *Tartaros*, e é usada apenas em 2Pedro 2.4 em relação ao julgamento dos anjos caídos. Ela parece referir-se especificamente à morada eterna dos anjos caídos.

Tartaros [...] não é *Sheol* nem *Hades* [...] aonde todos os homens vão quando morrem. Nem é onde os ímpios são consumidos e destruídos, que é Geena [...] Não é a morada dos homens em nenhuma condição. É usada apenas aqui em relação aos "anjos, os que não guardaram o seu estado original" (v. Jd 6). Ela denota o limite ou a margem desse mundo material. A extremidade desse "ar" inferior —do qual Satanás é "o príncipe" (Ef 2.2) e que as Escrituras descrevem como o hábitat dos "principados das trevas desse mundo" e "espíritos malignos nas regiões celestiais". "*Tartaros* não é apenas o limite dessa criação material, mas é chamado assim por sua frieza."[14]

4. A quarta palavra empregada para a morada dos mortos é *Geena*, usada doze vezes no Novo Testamento (Mt 5.22,29,30; 10.28; 18.9; 23.15,33; Mc 9.43,45,47; Lc 12.5; Tg 3.6). Em cada caso, ela é usada como termo geográfico e tem em vista o estado final dos incrédulos. O julgamento é sugerido e esse é o lugar e o estado resultante. Vos escreve:

[13] C. I. SCOFIELD, *Reference Bible*, p. 1098-9.
[14] BULLINGER, op. cit., p. 370.

No Novo Testamento [...] ela designa o lugar de punição eterna dos incrédulos, geralmente ligada ao julgamento final. É associada ao fogo como a fonte da tormenta. Corpo e alma são lançados ali. Isso não deve ser explicado com base no princípio de que o Novo Testamento fala metaforicamente do estado após a morte em termos corporais; ela sugere a ressurreição. Em várias versões Geena é traduzida por "inferno" [...] O fato de "o vale de Hinom" ter-se tornado a designação técnica para o lugar da punição final ocorreu por dois motivos. Em primeiro lugar, o vale foi o local da adoração idólatra a Moloque, a quem crianças eram imoladas pelo fogo (2Cr 28.3; 33.6). Em segundo lugar, por causa dessas práticas, o local foi profanado pelo rei Josias (2Rs 23.10), e por isso ficou associado na profecia ao julgamento que viria sobre o povo (Jr 7.32). Também o fato de que o lixo da cidade era deixado ali pode ter ajudado a criar o nome que era sinônimo da máxima impureza.[15]

Assim, Geena teria em vista a retribuição no lago do fogo como destino dos incrédulos.

Em Mateus 25.41 o Senhor disse aos incrédulos: "Apartai-vos de mim, malditos, para o fogo eterno, preparado para o diabo e seus anjos". A palavra "preparado" literalmente é "tendo sido preparado", sugerindo que o lago de fogo já existia e espera seus residentes. Essa é a tese de C. T. Schwarze, então da Universidade de Nova Iorque, de que um lugar tal como um lago de fogo é conhecido pela ciência hoje. Ele escreve:

> A palavra *lago* deve conotar certa quantidade de matéria em forma líquida. Logo, se a Escritura é verdadeira, esse fogo eterno está no estado líquido.
> [...]
> [...] uma prova simples das partes das Escrituras que temos discutido *está na existência do fenômeno singular dos céus conhecido como estrelas anãs brancas!* [...] a anã é estrela que, por causa de alguns fatores que aconteceram com ela (não claramente definidos no momento), deveria ser aproximadamente maior cinco mil *vezes* ou mais do que realmente é! A título de ilustração, se aplicássemos essa idéia a um planeta como a Terra, você deveria imaginá-la encolhida até atingir um diâmetro de seiscentos quilômetros [...] em vez dos onze mil quilômetros de diâmetro que ela realmente tem.
> [...]
> Essa enorme densidade... tem muito que ver com nosso assunto [...]

---

[15] Geerhardus Vos, Gehenna, *International standard Bible encyclopedia*, II, p. 1183.

A preparação para o reino eterno

A maioria das pessoas sabe que o sol, nossa estrela mais próxima, é bem quente [...] há um consenso de que a temperatura dentro ou perto do centro das estrelas está entre vinte e cinco milhões e trinta milhões de graus! [...] nessas temperaturas, muito pode acontecer, como a explosão de átomos, o que ajuda a explicar o fenômeno da anã branca [...]
[...]
[...] uma temperatura de trinta milhões de graus poderia explodir átomos [...]
Isso levaria os átomos a perder seus elétrons a despeito de a atração entre núcleos e elétrons ser um octilhão [...] de vezes maior que a atração da gravidade. As partes separadas poderiam então ser compactadas, especialmente sob tamanha pressão [...] Com a atividade constante de raios x, as paredes dos átomos não poderiam ser reformadas; logo, densidades enormes, tais como as encontradas nas anãs, podem ser alcançadas. Agora, observe, por favor, a temperaturas tão altas, toda a matéria estaria sob a forma de gás [...] numa anã branca a pressão é tão grande que os gases ficam comprimidos até atingir a consistência de um líquido, apesar de ainda reagirem às características de gás [...]
[...]
...Antes de tal estrela poder resfriar-se e gradualmente escurecer, ela teria de expandir-se às proporções normais. Isto é, teria de atingir mais de cinco mil vezes seu tamanho atual. Aqui está a dificuldade. Tal expansão causaria enorme calor, que, por sua vez, manteria a estrela totalmente comprimida, e então, *pelo que astrônomos e físicos sabem, as estrelas anãs não podem resfriar-se!* [...] A anã branca, em todo caso, *jamais se extingue.*
[...] permita-me fazer um resumo para demonstrar que a Bíblia, a Palavra de Deus, é cientificamente precisa. Vemos, primeiro, um fogo eterno que não se pode extinguir. Por ser de consistência líquida, ele é, em segundo lugar, um lago de fogo. Em terceiro lugar, ele não pode ser extinguido, pois qualquer material que se extinguisse, tal como a água, teria seus átomos imediatamente despidos de elétrons e seria compactado com o resto. Em quarto lugar, já que os astrônomos têm estudado, e ainda estão estudando, esse estranho fenômeno, é evidente que o lago de fogo *já foi preparado* e agora está pronto. Apesar de não podermos dizer que Deus realmente usará esses lagos de fogo para cumprir Sua Palavra, a resposta aos céticos está nos céus, onde *existem* lagos de fogo... [16]

O corpo ressurrecto dos incrédulos, evidentemente, será de tal caráter que se revelará indestrutível mesmo em meio a tal lago de fogo.

---

[16] C. T. Schwarze, The Bible and science on the everlasting fire, *Bibliotheca Sacra*, 95:105-12, Jan. 1938.

II. A Criação do Novo Céu e da Nova Terra

Após a dissolução do céu e da terra atuais no fim do milênio, Deus criará um novo céu e uma nova terra (Is 65.17; 66.22; 2Pe 3.13; Ap 21.1). Por meio de um ato definido de criação, Deus faz surgir um novo céu e uma nova terra. Como Deus criou os céus e a terra atuais para serem o cenário da sua demonstração teocrática, assim também criará o novo céu e a nova terra para serem o cenário do reino teocrático eterno.

As alianças de Israel garantem ao povo uma terra, uma existência nacional, um reino, um Rei e bênçãos espirituais eternas. Logo, deve haver uma terra eterna, na qual as bênçãos possam ser cumpridas. Transladado da antiga terra, Israel será levado à nova, para ali desfrutar para sempre o que Deus lhes prometeu. Então será eternamente verdadeiro: "Eis o tabernáculo de Deus com os homens. Deus habitará com eles. Eles serão povos de Deus e Deus mesmo estará com eles" (Ap 21.3). A criação do novo céu e da nova terra é o ato preparatório final que antecipa o reino eterno de Deus. Agora é verdade que Deus tem um reino no qual "habita justiça" (2Pe 3.13).

Com relação ao destino eterno dos santos da igreja, devemos observar que está relacionado principalmente a uma Pessoa e não a um lugar. Embora o lugar apareça com importância (Jo 14.3), é encoberto pela Pessoa a cuja presença o crente é transportado.

> E, quando eu for e vos preparar lugar, voltarei e vos receberei *para mim mesmo*, para que, onde eu estou, estejais vós também (Jo 14.3).

> Quando Cristo, que é a nossa vida, se manifestar, então, vós também sereis manifestados *com ele*, em glória (Cl 3.4).

> Porquanto o Senhor mesmo, dada a sua palavra de ordem, ouvida a voz do arcanjo, e ressoada a trombeta de Deus, descerá dos céus, e os mortos em Cristo ressuscitarão primeiro; depois, nós, os vivos, os que ficarmos, seremos arrebatados juntamente com eles, entre nuvens, *para o encontro do Senhor* nos ares, e, assim, estaremos para sempre *com o Senhor* (1Ts 4.16,17).

> Amados, agora, somos filhos de Deus, e ainda não se manifestou o que haveremos de ser. Sabemos que, quando ele se manifestar, seremos semelhantes a ele, porque haveremos de *vê-lo* como ele é (1Jo 3.2) [grifo do autor].

O que se realça em todas as passagens que tratam da esperança gloriosa da igreja é a Pessoa, não o lugar, a que ela é levada.

A preparação para o reino eterno

Já se demonstrou a partir de passagens como Apocalipse 21.3 que o Senhor Jesus Cristo habitará com os homens na nova terra no reino eterno. Já que as Escrituras revelam que a igreja estará com Cristo, conclui-se que a morada eterna da igreja também será na nova terra, na cidade celestial, Nova Jerusalém, preparada especialmente por Deus para os santos. Tal relacionamento seria a resposta da oração do Senhor aos que Deus Lhe concedeu: "Pai, a minha vontade é que onde eu estou, estejam também comigo os que me deste, para que vejam a minha glória que me conferiste" (Jo 17.24). Já que a glória eterna de Cristo será manifestada no reino eterno, no Seu governo eterno, é natural que a igreja esteja presente para contemplar a glorificação de Cristo para sempre.

Capítulo 33
Nova Jerusalém, a cidade celestial

Existem algumas passagens das Escrituras que despertam grande divergência de opinião entre pré-milenaristas dispensacionalistas, como Apocalipse de 21.9 a 22.7. Alguns vêem essa passagem como uma descrição do estado eterno, enquanto outros a consideram uma descrição do milênio. Alguns interpretam a cidade como uma referência à igreja em relação a Cristo, enquanto outros a julgam uma referência a Israel na sua relação com Cristo. Alguns a interpretam como uma cidade literal e outros como uma representação simbólica. Muitas e variadas são as interpretações dadas a essa passagem das Escrituras.

I. Onde Apocalipse de 21.9 a 22.7 Se Encaixa no Panorama Profético?

As principais características das grandes interpretações dessa passagem devem ser examinadas, a fim de estabelecer uma posição harmônica com toda a revelação da Palavra de Deus.

A. *Apocalipse de 21.9 a 22.7 refere-se ao milênio*
A opinião defendida por Darby, Gaebelein, Grant, Ironside, Jennings, Kelly, Pettingill, Seiss, Scott e outros é que, após descrever o estado eterno em Apocalipse 21.1-8, João faz uma recapitulação do milênio, a fim de descrever mais detalhadamente aquele período. Os defensores dessa interpretação apresentam vários argumentos para apoiá-la.

1. *O princípio de retrospectiva no livro de Apocalipse.* Kelly, um dos maiores expoentes da opinião de que essa passagem lida com o milênio, escreve:

Nova Jerusalém, a cidade celestial

> ... o método de Deus nesse livro é fazer retrospectivas. Eu digo isso para mostrar que não estou defendendo uma posição sem precedentes [...] Considere-se, por exemplo, o capítulo 14. Ali temos uma série normal de sete acontecimentos, na qual a queda da Babilônia ocupa o terceiro lugar [...] Babilônia tem ali seu lugar claramente designado [...] Mas, muito depois disso na profecia, quando o Espírito de Deus nos apresenta as sete taças da ira de Deus, temos a Babilônia novamente [...] Nesse caso o Espírito Santo nos levou, no capítulo 14, aos acontecimentos subseqüentes à queda da Babilônia e até a vinda do Senhor em juízo; e depois Ele volta a nos mostrar detalhes sobre a Babilônia e sua ligação com a besta e os reis da terra, nos capítulos 17-18.
>
> Parece-me que isso responde exatamente à questão da ordem dos acontecimentos no capítulo 21.[1]

Em réplica a essa posição, Ottman escreve:

> Essa visão expandida da nova Jerusalém não exige, para sua interpretação, um retorno às condições existentes durante o milênio. O milênio é realmente o tema das profecias do Antigo Testamento, e essas profecias raramente vão além desse período. Existem apenas duas passagens —e ambas em Isaías— que dão uma breve descrição do que se espera além do reino milenar de Cristo [...] Esse é o caráter geral da profecia do Antigo Testamento, que não contempla nada além do reino terreno do Messias. Tal limitação, no entanto, não é encontrada em nenhum lugar no Novo Testamento, e um retorno à terra milenar nessa visão de João seria impróprio e confuso.[2]

Poder-se-ia argumentar também que as duas passagens mencionadas por Kelly não são paralelas, pois na primeira retrospectiva temos um retorno a um acontecimento, mas a segunda seria uma retrospectiva da eternidade de volta ao tempo. Logo, o paralelismo é destruído.

2. *O ministério do anjo das taças*. Muitos escritores concordam com Darby ao identificar essa passagem como milenar por causa do narrador que apresenta os cenários em Apocalipse 17.1 e 21.9. Darby diz:

> Ao comparar o versículo 9 com o capítulo 17.1, você descobrirá essa semelhança, que é um dos sete anjos que têm as sete taças com a descrição da Babilônia, e que um deles também descreve a noiva do Cordeiro, a cidade santa, com toda a profecia a partir do versículo 9 [...]

---

[1] William KELLY, *Lectures on the revelation*, p. 460-1.
[2] Ford C. OTTMAN, *The unfolding of the ages*, p. 458.

O que temos nos capítulos 21.9-27 e 22.1-5 não forma uma continuação, seja histórica, seja profética, do que precede. Essa é uma descrição da Nova Jerusalém, e há muitas circunstâncias que precedem o que está no começo do capítulo. O anjo, da mesma forma, descreve a Babilônia após apresentar sua vitória.[3]

A isso pode-se responder que não há real paralelismo entre a revelação do anjo nas duas passagens. A Babilônia é introduzida em Apocalipse 16.19, e a retrospectiva segue imediatamente nos capítulos 17 e 18. Mas, ao revelar os acontecimentos no fim do capítulo 20, aos quais 21.9-22.5 estariam associados, caso se referissem ao milênio, a eternidade intervém entre a afirmação e a retrospectiva e explicação. Logo, o paralelismo é destruído.

3. *O uso dos nomes dispensacionais*. Kelly tenta provar ainda mais a sua interpretação ao salientar:

> Observamos também que na parte relativa ao milênio (isto é, do versículo 9 do capítulo 21) temos nomes dispensacionais, tais como Senhor Todo-Poderoso e Cordeiro; o que não temos no capítulo 21.1-8, que revela a eternidade, quando Deus será tudo em todos.[4]

Em resposta a isso, pode-se afirmar que esses nomes não são necessariamente dispensacionais em sua conotação. O título *Cordeiro*, conforme aplicado a Cristo, antecede ao tempo, pois é assim usado em 1Pedro 1.19. Ele é usado por João na era da lei em João 1.29. Ele aparece na era da graça em Atos 8.32. É utilizado no período da tribulação em Apocalipse 7.14. *Cordeiro* é um nome eterno dado a Cristo em vista de Seu sacrifício completo e de Sua redenção eterna, e não pode ser limitado a uma era ou povo. O nome *Todo-Poderoso* é usado mais de trinta vezes no livro pré-patriarcal de Jó e, portanto, não pode ser limitado a um povo ou era. Esse nome tomará novo significado por se provar, mediante a destruição do último inimigo, que Deus é Todo-Poderoso.

4. *A cura das nações*. Argumenta-se que a necessidade da cura, como ensinado em Apocalipse 22.2, requer que essa passagem seja vista como milenar. Jennings diz: "A cura é aplicável às conseqüências inevitáveis daquele princípio maligno, o pecado, ainda existente entre nós, tal como existirá, naquela época, entre as nações; compaixão e graça podem suprir essas

---

[3] J. N. Darby, *Notes on the Apocalypse*, p. 149-50.
[4] William Kelly, *The revelation*, p. 460.

Nova Jerusalém, a cidade celestial

conseqüências com cura".[5] E Kelly acrescenta: "... na eternidade as nações não existem dessa maneira; e nenhuma delas terá necessidade de cura nessa época".[6] Scott observa o paralelismo entre essa passagem e Ezequiel 47.12:

> As nações milenares dependem da cidade acima para luz, governo e cura. Tudo isso tem seu equivalente no notável capítulo de Ezequiel 47. "O seu fruto servirá de alimento, e a sua folha, de remédio" (v. 12). Tanto a cena acima (Ap 22) quanto a cena abaixo (Ez 47) são milenares, e ambas existem ao *mesmo* tempo, mas a bênção da primeira transcende infinitamente a da segunda. A árvore da vida sustenta; o rio da vida alegra.[7]

Em resposta a esse raciocínio, Ottman comenta:

> Mas as duas visões não são a mesma. A amplitude da profecia de Ezequiel não se estende além do milênio, enquanto o alcance da de João é a eternidade. A de Ezequiel, no entanto, é um tipo da de Apocalipse [...] Devemos lembrar que o milênio representa o céu apenas tipicamente e, apesar de seus termos descritivos parecerem harmoniosos aqui, não podemos confundir os dois. A cura das nações aqui mencionada não envolve necessariamente um retorno às condições milenares. As nações que existirem no fim dos mil anos do reinado de Cristo precisam de cura para a bênção total e final que será introduzida depois.[8]

Podemos observar ainda que muitas vezes nos profetas a cura é usada em sentido espiritual e não no sentido literal. Logo, a referência a algum pecado específico ou a alguma enfermidade específica que necessita de interpretação milenar não precisa ser inferida.

Ainda podemos observar que havia uma árvore da vida no jardim do Éden para sustentar Adão no seu estado pré-queda. Ali ela não tinha referência ao pecado ou à doença e aqui também não precisa ter.

5. *A existência das nações*. Kelly argumenta extensamente que a menção às nações nessa passagem exige sua referência ao milênio.

> No estado eterno Deus lidará com os homens como indivíduos. Diferenças históricas chegam ao fim. Então não haverá nada como reis e nações [...] se analisarmos a última parte do capítulo, temos de lidar novamente com nações e reis terrenos [...] Quando a eternidade começar, Deus terá

---

[5] F. C. Jennings, *Studies in Revelation*, p. 588.
[6] Kelly, op. cit., p. 488.
[7] Walter Scott, *Exposition of the revelation of Jesus Christ*, p. 440-1.
[8] Ottman, op. cit., p. 472.

acabado de lidar com coisas pertinentes à ordem do mundo —reis e nações, e provisões semelhantes de natureza temporária. Tudo isso implica governo, pois o governo sugere que existe um mal a ser suprimido. Conseqüentemente, o que temos na última parte de nosso capítulo não é a condição eterna, mas um estado prévio... [9]

Em resposta a essa objeção, Ottman escreve:

> Embora a terra seja dissolvida pelo fogo, Israel não deixa de ser o objeto do amor de Deus, mas, como nação, sobrevive a esse julgamento. Isso é perfeitamente evidente a partir da passagem em Isaías que vai além do reino milenar e declara a continuação de Israel em relação ao novo céu e à nova terra (Is 66.22). A idéia de que nenhuma outra nação milenar sobrevive à dissolução da terra é da mesma forma quase inconcebível [...] Logo, elas também terão sua conexão com a nova terra, mas distintamente da igreja e de Israel.[10]

Grande parte do argumento parece basear-se na interpretação da preposição *eis* em Apocalipse 21.26. Kelly, diligente estudioso de grego, afirma: "Não *para dentro dela*, mas *até ela*, para as quais só há uma palavra grega, *eis*".[11] Com essa tradução, ele prova sua teoria de que o cenário de Apocalipse 21.26 é milenar e as nações chegarão *até a* cidade. Ottman insiste na tradução *para dentro dela* e diz:

> Tanto no fim quanto durante o milênio, haverá nações. Não há dificuldade nesse conceito, como também não há problema no fato de elas terem acesso à santa cidade, à qual trarão glória e honra.
> Alford diz: [...] "Se os reis da terra e as nações trazem sua glória e seus tesouros para dentro da cidade, e se ninguém jamais entrará nela que não esteja inscrito no livro da vida, segue-se que esses reis e essas nações estão inscritos no livro da vida [...] Pode haver [...] os que foram salvos por Cristo sem jamais fazer parte da Sua igreja organizada visível".[12]

6. *O ministério dos anjos*. Scott argumenta que isso deve ser milenar porque "Não há ministrações angelicais no cenário da eternidade, e aqui elas são proeminentes".[13] Tal ministério, ele acredita, exige uma interpretação milenar.

---

[9] KELLY, op. cit., p. 459-60.
[10] OTTMAN, op. cit., p. 470.
[11] KELLY, op. cit., p. 481, nota de rodapé.
[12] OTTMAN, op. cit., p. 469.
[13] SCOTT, op. cit., p. 429.

Nova Jerusalém, a cidade celestial

Contra isso podemos afirmar que a descrição do estado eterno oferecida em Apocalipse 21.1-8 é muito breve. É usar o argumento de silêncio concluir que não haverá ministério angelical na eternidade. Em Hebreus 12.22 os anjos são descritos como habitantes da Jerusalém celestial, a cidade do Deus vivo. Não é necessário excluí-los da eternidade por causa do silêncio em Apocalipse 21.1-8.

Tais são os argumentos dos defensores dessa posição e as refutações dadas por seus antagonistas. É interessante notar a observação de Kelly, que, apesar de defender fortemente a posição milenar, afirma: "Mas há certas características nessa passagem que são eternamente verdadeiras".[14]

B. *Apocalipse de 21.9 a 22.7 refere-se ao estado eterno*

A posição defendida por Govett, Larkin, Newell, Ottman e outros é que Apocalipse de 21.1 a 22.7 se refere ao estado eterno. Eles apóiam sua posição em vários argumentos.

1. *O adjetivo "novo" como usado em Apocalipse 21.1,2*. Há três coisas novas mencionadas nesses versículos: um novo céu, uma nova terra e uma nova Jerusalém. Argumenta-se que a nova Jerusalém do versículo 2 e a santa Jerusalém do versículo 10 devem ser a mesma e, já que isso se relaciona ao novo céu e à nova terra, que representam a eternidade no primeiro caso, deve representar posições eternas no segundo também.

A esse argumento pode-se responder que a cidade do versículo 10 é vista no processo de descida, não até a terra, mas para permanecer suspensa acima da terra. Só na eternidade (v. 2) é que se descreve a descida final à terra, quando o novo céu, a nova terra e a nova Jerusalém estarão mutuamente relacionados.

2. *A posição da cidade em Apocalipse 21.10*. Os intérpretes de ambas as posições geralmente concordam em que a cidade vista em Apocalipse 21.10 está suspensa acima da terra. Com base nisso argumenta-se que não poderia tratar-se de um cenário milenar, pois no milênio o Senhor retornará à terra e Seus pés estarão sobre o monte das Oliveiras (Zc 14.4). O Senhor, afirma-se, reinará da Jerusalém terrena, não da Jerusalém celestial. Como essa cidade não está na terra, não pode ser milenar, pois obviamente é o centro da habitação do Cordeiro.

[14] KELLY, op. cit., p. 489.

Em resposta, pode-se dizer que Cristo retornará à terra na segunda vinda e reinará no trono de Davi. O centro dessa autoridade é reconhecido como a Jerusalém terrena. Isso não exige a presença constante de Cristo no trono. Cristo poderá reinar ainda no trono de Davi sobre o reino de Davi, mas fazer da Jerusalém celestial Seu lugar de residência com a Noiva.

3. *As características da cidade são eternas, não milenares.* Defensores da idéia de que essa passagem se refere ao estado eterno indicam várias descrições que atribuem a ela caráter eterno. A cidade contém a "glória de Deus". Os incrédulos não poderiam suportar essa glória, mas seriam derrubados, como aconteceu com Paulo (At 9.3). Ela não possui templo (v. 22), e é claramente previsto em Ezequiel 40-48 que haverá um templo na terra milenar. Não há noite ali (v. 25), e haverá dia e noite no milênio (Is 30.26; 60.19,20). O trono de Deus está ali (22.3). Lá não existe maldição (22.3), o que significa que os efeitos da queda terão sido eliminados. Todos os que estão ali são salvos (21.27) e então devem estar na eternidade, já que nascerão incrédulos durante o milênio. Não há mais morte (21.4) e, já que indivíduos morrerão durante o milênio (Is 65.20), ela deve referir-se ao estado eterno.

A essas observações pode-se responder que Mateus 25.31 indica que Cristo assumirá o "trono de Sua glória" na segunda vinda e certamente ocupará esse trono durante todo o milênio. A ausência do templo não é um argumento decisivo, uma vez que o templo de Ezequiel está na Jerusalém terrena e não haveria necessidade de um templo na Jerusalém celestial, onde está o próprio Cordeiro. Da mesma forma, a ausência de noite não é clara, pois haverá noite na terra milenar, mas não precisa haver na cidade celestial, já que o Cordeiro está lá para dar luz. A maldição poderia referir-se à retirada da maldição sobre a terra por causa do pecado, de modo que a produtividade retornasse ao nível original e o veneno da criação animal e a inimizade entre o homem e os animais pudessem ser removidos (Is 11), e isso não precisa referir-se à remoção final da maldição pela destruição descrita em 2Pedro 3.10. Apenas os salvos poderiam entrar e habitar nessa cidade, mas os incrédulos podem habitar na terra durante o milênio, na sua luz. Tal linha de raciocínio poderia ser usada para demonstrar que essas referências não estão necessariamente restritas à eternidade.

4. *A duração do reinado.* Apocalipse 22.5 declara que os santos reinarão "pelos séculos dos séculos". Quando Apocalipse 20.4 menciona o reinado dos santos que estão no milênio, eles são apresentados reinan-

Nova Jerusalém, a cidade celestial 575

do "com Cristo durante mil anos". Mil anos não é para sempre. E, já que esses santos reinam para sempre, a passagem deve referir-se à eternidade e não ao milênio.

Em resposta a esse argumento pode-se indicar que o reino de Cristo não está limitado a mil anos. Ele reinará para sempre. O reino milenar se funde com o reino eterno, e então os santos são descritos reinando por mil anos apesar de continuarem a reinar pela eternidade.

5. *A existência das nações na eternidade.* Ao defender a posição de que toda essa passagem descreve a eternidade, Newell escreve amplamente sobre a interpretação das "nações" em Apocalipse 21.24-26. Ele afirma:

> No capítulo 21.3, em que lemos que o tabernáculo de Deus finalmente está entre os homens, também lemos que "eles serão povos de Deus" (grego *laoi*). É incrível ver homens esclarecidos traduzindo o plural *laoi*, quase deliberadamente, como se fosse *laos* [...] A Versão Revista [em inglês] [...] traduz verdadeira e claramente "Eles serão *povos* de Deus", e assim nos prepara para evitar a suposição impossível de que 21.9 a 22.5 seja uma passagem que reverte a cenários milenares.
>
> Sabemos com certeza que pelo menos *uma* nação e *uma* descendência, ISRAEL, terá o direito de estar na terra [...] Isaías 66.22 [...] Deus diz que "a descendência e o nome" de Israel *permanecerão* nos céus e na terra, isto é, nessa nova ordem, que começa em Apocalipse 21.1 [...]
>
> Israel é a nação eleita de Deus —eleita não para o passado, nem mesmo por todo o milênio, mas *para sempre*. Porém, se Israel é a nação eleita, pressupõe-se a existência de outras nações!...
>
> Mas o fato de que essa existência *nacional* não cessará é demonstrado claramente pelo versículo 20 [de Sofonias 3]: "Naquele tempo, eu vos farei voltar e vos recolherei; certamente, farei de vós um nome e um louvor entre todos os *povos* (plural!) da terra".
>
> Finalmente, a linguagem dos cinco primeiros versículos do capítulo 22 de Apocalipse, e especialmente dos versículos 4 e 5, é tão eterna em seu caráter quanto qualquer outra coisa no início do capítulo 21. "Nela, estará o trono de Deus e do Cordeiro. Os seus servos o servirão, contemplarão a sua face, e na sua fronte *está* o nome dele [...] e *reinarão pelos séculos dos séculos.*" Por que tais afirmações estariam ligadas a uma passagem que deveria simplesmente retomar e descrever as condições milenares? Isso seria incongruente. Além disso, não é correto, cremos, que as Escrituras voltem depois de o *último julgamento* ser realizado, e de a *nova criação* ser introduzida, aos tempos antes desse último julgamento e da nova criação.[15]

---

[15] William R. NEWELL, *The book of the Revelation*, p. 343-5.

Sobre esse argumento da existência eterna de Israel como nação e a continuidade de outras nações, Kelly escreve:

> ... Em Isaías 65 um novo céu e uma nova terra foram anunciados: mas de maneira muito diferente! Ali a linguagem deve ser considerada num sentido muito restrito [...] é dito sobre o Senhor: "Ele reinará sobre a casa de Jacó para sempre, e o reino não terá fim". Essa é uma esperança do Antigo Testamento, apesar de mencionada no Novo Testamento, e significa, logicamente, que Ele reinará sobre a casa de Jacó enquanto ela existir como tal na terra. Quando a terra desaparecer e Israel não for mais visto como nação, os israelitas serão abençoados, sem dúvida, de maneira diferente e melhor; mas não haverá reinado de Cristo sobre eles como um povo terreno; e então esse reino, ao mesmo tempo que não tem fim enquanto a terra subsiste, deve necessariamente estar limitado à continuidade da terra [...] O Novo Testamento usa a frase total e absolutamente, como um estado sem fim; mas no Antigo Testamento ela está ligada às relações terrenas sobre as quais o Espírito Santo falava naquele momento.[16]

Maior apoio à posição de Newell seria encontrado em Mateus 25.34, em que gentios salvos herdarão um reino preparado para eles desde a fundação do mundo. Já que eles herdam a vida (Mt 25.46), deve ser a vida eterna. Isso indicaria que os indivíduos serão salvos, terão vida eterna e ainda serão distintos de Israel.

Tais são os principais argumentos usados por aqueles que procuram apoiar a opinião de que essa passagem representa eras eternas, e não a era milenar. Observamos que homens de respeito apresentaram fortes argumentos que, por sua vez, foram contestados por homens igualmente respeitáveis de diferente opinião. À luz desses argumentos e contraposições, existe solução para o problema? O exame de algumas das afirmações relativas à nova Jerusalém nos ajudará a chegar a uma conclusão.

C. *Apocalipse de 21.9 a 22.7 refere-se à morada eterna dos santos ressurrectos durante o milênio*

1. *A cidade é uma cidade literal.* Uma consideração importante nesse ponto é se a cidade descrita em Apocalipse 21 e 22 é literal ou mística. Scott representa os que acreditam que se trata de uma cidade mística:

> Solicitamos ao leitor cuidadosa atenção para a distinção entre a nova Jerusalém do Apocalipse, que é a igreja glorificada, e a Jerusalém *celestial*

---
[16] KELLY, op. cit., p. 463-4.

mencionada por Paulo (Hb 12.22). A última, ao contrário da primeira, não se refere ao povo, mas é a cidade do Deus vivo, uma cidade real, a localização de *todos* os santos celestiais. É a mesma mencionada no capítulo anterior, aquela que os santos e patriarcas esperavam (Hb 11.10-16), uma cidade material, construída e preparada pelo próprio Deus, maior e mais vasta do que se pode imaginar. A cidade de Paulo é *material*; a cidade de João é *mística*.[17]

Devemos observar que Scott não oferece nenhuma prova de sua distinção, mas simplesmente faz a afirmação. Há muita evidência para mostrar que essa cidade de Apocalipse 21 e 22 é literal, assim como a de Hebreus 12. Peters oferece um resumo dos argumentos que provam ser essa uma cidade literal.

> 1. Era costume no Oriente, quando um rei entrava na sua capital para reinar dali, ou um príncipe ascendia ao trono, representar isso com a figura de um casamento, i.e., ele estava casado, íntima e permanentemente unido à cidade, ou trono, ou povo. O uso da figura nas Escrituras mostra que não devemos limitá-la, a não ser que seja específica em relação à igreja [...] Isso designa a união permanente de um povo com a terra, como em Isaías 62, em que, na descrição milenar, a terra é chamada "Beulah", ou seja "casada" [...] quando o fim realmente chegar [...] não há nada impróprio, antes é completamente adequado que a união do Rei dos Reis com Sua cidade metropolitana seja designada sob a mesma figura, implicando o relacionamento mais íntimo e permanente. Logo, a figura do casamento, que para muitos é a principal objeção à idéia de uma cidade literal, na verdade serve para indicá-la. 2. Pois a figura em si é explicada na descrição da cidade de maneira tão significativa, e em tamanho contraste com o uso feito dela anteriormente em relação à Jerusalém terrena, que simplesmente não pode ser aplicada a nada além de uma cidade literal. Declara-se expressamente que "o trono de Deus e do Cordeiro" está na cidade. Isso afirma sua posição teocrática como a capital do reino [...] 3. A morada de Deus, o lugar onde Ele colocou Seu tabernáculo entre os homens, sempre assumiu, na antigüidade (como no tabernáculo e no templo), uma forma material [...] antecipando o período em que a humanidade glorificada, unida com o divino [...] habitaria com os homens [...] Essa morada, que era uma tenda e depois se tornou um templo, agora é exibida como cidade, mas ainda denominada "o tabernáculo de Deus" [...] 4. Na descrição da cidade, os santos ou habitantes e os justos são representados como separados e distintos [...] 5. A declaração (Ap 21.22) de que a cidade não possui templo (tal como a Jerusalém terrena) [...] só pode ser atribuída a uma cidade material. 6. A distinção entre os santos e a cida-

---

[17] SCOTT, op. cit., p. 421.

de... é evidenciada por um grande grupo de passagens que falam sobre os patriarcas "procurando uma pátria", sobre todos os crentes aspirarem "a uma pátria superior" e sobre Deus "porquanto lhes preparou uma cidade". 7. Isso corresponde a outro grupo de passagens que descrevem Jerusalém vestindo belos trajes [...] fazendo-se uma cidade gloriosa em virtude do número, da santidade e da felicidade dos seus cidadãos etc. [...] Isaías 54.11,12 e Isaías 60.14-20 [...] 8. Mas o fato de que não há referência aos santos e sim a uma cidade material é percebido quando os santos são representados [...] quando o casamento acontece, como convidados, chamados ou convocados [...] Eles não podem ser, nesse caso, os convidados e a Noiva ao mesmo tempo [...] 9. Permita-se essa ordenação teocrática [...] à luz da glorificação, grandeza e majestade desse Rei [...] deve ser proporcionada uma cidade à altura da Pessoa augusta que nela habita.[18]

Ao falar sobre o caráter literal dessa cidade, Grant escreve:

> Em Hebreus 12 temos um testemunho ainda mais definitivo. Pois ali a "igreja dos primogênitos arrolados nos céus", assim como "os espíritos dos justos aperfeiçoados" —em outras palavras, crentes do Novo Testamento e santos do Antigo Testamento— são mencionados como distintos da "cidade do Deus vivo, a Jerusalém celestial"; isso não permitirá que eles sejam a mesma coisa, embora, por outro lado, seja fácil identificar uma cidade com seus habitantes.[19]

Newell acrescenta a idéia de que a cidade é literal.

> ... por causa da literalidade da sua descrição. Se ouro não quer dizer ouro, nem pérolas —pérolas, nem pedras preciosas— pedras, nem medidas exatas —dimensões reais, então a Bíblia não oferece nada exato nem confiável.[20]

Assim, parece haver ampla evidência para apoiar a opinião de que essa é uma cidade literal.

2. *Os habitantes da cidade*. Newell apresenta a tese de que a nova Jerusalém é "a morada eterna, 'habitação', de Deus — Pai, Filho e Espírito Santo".[21] Ele escreve:

---

[18] G. N. H. PETERS, *Theocratic kingdom*, III, p. 42-6.
[19] F. W. GRANT, *The revelation of Christ*, p. 227.
[20] NEWELL, op. cit., p. 348.
[21] Ibid., p. 352.

Nova Jerusalém, a cidade celestial

Várias considerações nos levam à conclusão de que a Nova Jerusalém é o lugar de moradia eterna de Deus.

1. Imediatamente vemos o novo céu e a nova terra e a Nova Jerusalém que desce à nova terra (21.1,2); lemos: "Eis o tabernáculo de Deus com os homens" [...] O objetivo no novo céu e da nova terra é realizar isso — *que Deus tenha Sua morada eternamente* nessa capital da nova criação!

2. Nenhuma outra morada eterna de Deus é vista além dessa da capital da nova criação [...]

3. Essa cidade celestial tem a glória de Deus (21.11,23; 22.5) [...]

4. Ela também tem o *trono* de Deus e o "serviço" de 22.3, apropriadamente denominado culto sacerdotal, ou adoração espiritual [...]

5. Eles verão a sua face [...] Esse, então, deve ser o lugar da moradia de Deus para sempre.

6. Apenas precisamos lembrar que os habitantes da Nova Jerusalém "reinarão pelos séculos dos séculos" (22.5). Isso não poderia ser escrito sobre ninguém mais, exceto os habitantes da capital da nova criação.[22]

Essa cidade não é apenas a morada de Deus, Pai, Filho e Espírito Santo, mas é também a morada da Sua Noiva, a Esposa do Cordeiro (Ap 21.9). Quando o anjo revelar a glória e a bênção da Noiva, revelará a morada, o lugar da Noiva, com a qual a Noiva se identificará. Essa cidade celestial é prometida como destino da igreja.

> Mas tendes chegado ao monte Sião e à cidade do Deus vivo, a Jerusalém celestial, e a incontáveis hostes de anjos, e à universal assembléia e igreja dos primogênitos arrolados nos céus, e a Deus, o Juiz de todos, e aos espíritos dos justos aperfeiçoados (Hb 12.22,23).

> Ao vencedor, fá-lo-ei coluna no santuário do meu Deus, e daí jamais sairá; gravarei também sobre ele o nome do meu Deus, o nome da cidade do meu Deus, a nova Jerusalém que desce do céu, vinda da parte do meu Deus, e o meu novo nome (Ap 3.12).

Sem dúvida esse é o mesmo lugar que o Senhor tinha em mente quando disse:

> Na casa de meu Pai há muitas moradas. Se assim não fora, eu vo-lo teria dito. Pois vou preparar-vos lugar.
> E, quando eu for e vos preparar lugar, voltarei e vos receberei para mim mesmo, para que, onde eu estou, estejais vós também (Jo 14.2,3).

---

[22] Ibid., p. 353-4.

Na verdade, não temos aqui cidade permanente, mas buscamos a que há de vir (Hb 13.14).

A relação da igreja com essa cidade é indicada ainda quando João menciona os nomes dos doze apóstolos do Cordeiro inscritos na sua muralha (Ap 21.14).

À medida que os habitantes da cidade são contemplados, observa-se que as Escrituras incluem mais que a igreja entre os habitantes. Uma *cidade* é vista como a esperança dos santos do Antigo Testamento. Sobre Abraão foi dito: "Porque aguardava a cidade que tem fundamentos, da qual Deus é o arquiteto e edificador" (Hb 11.10). Ao comparar a Jerusalém terrena à celestial em Gálatas 4, Paulo afirma que, enquanto o judeu esperava no cativeiro a Jerusalém terrena, é oferecida por promessa uma cidade ou morada superior: "Mas a Jerusalém lá de cima é livre, a qual é nossa mãe" (Gl 4.26). Os santos do Antigo Testamento são retratados nas palavras: "Mas tendes chegado ao monte Sião e à cidade do Deus vivo, a Jerusalém celestial [...] aos espíritos dos justos aperfeiçoados" (Hb 12.22,23). Parece então que o autor inclui não só a igreja, mas os redimidos do Antigo Testamento, bem como anjos na companhia dos habitantes da Nova Jerusalém. Jennings observa:

> Mas, já que todos os santos da antigüidade, sejam eles anteriores a qualquer distinção grupal, como Enoque; ou gentios, como Jó; ou judeus, como Abraão, podem ter seu lugar nessa cidade, ela não pode ser considerada caracteristicamente judia.[23]

E, apesar de o termo *nova Jerusalém* não ser estritamente judeu em conceito, vemos que Israel tem sua parte naquela cidade, pois João (Ap 21.12) vê os nomes das doze tribos de Israel, o que indica que os redimidos de Israel têm ali sua porção.

Com base nessa consideração, então, pode-se afirmar que a cidade será habitada por Deus, pela igreja, pelos redimidos de Israel e pelos redimidos de todas as eras, junto com os anjos santos. No entanto, essa cidade parece tirar sua caracterização principal da Noiva que habita ali.

3. *Meios de entrada na cidade*. Será mais fácil solucionar essa questão se observarmos que a igreja só pode entrar naquele lugar que Ele foi preparar para nós por meio do arrebatamento e da ressurreição. Após o trono de julgamento de Cristo e as bodas do Cordeiro, a Noiva será

[23] JENNINGS, op. cit., p. 566.

colocada em sua morada permanente. O arrebatamento e a ressurreição tornam possível a entrada. Israel pode entrar nesse lugar preparado para ele apenas por meio da ressurreição. Já que a ressurreição de Israel acontece na segunda vinda, os salvos de Israel não entrarão na cidade até o arrebatamento e a ressurreição da igreja e sua própria ressurreição. O Israel vivo e os gentios vivos na terra na segunda vinda não entrarão nessa cidade, embora entrem no reino milenar de Cristo. Os salvos do Antigo Testamento, que esperavam essa cidade com fundamentos, entram na cidade por meio da ressurreição. Assim, todos os redimidos que entram nessa cidade o fazem por meio da ressurreição. A cidade se torna então a morada de todos os santos ressurrectos, que entram nela no momento da sua ressurreição.

4. *A relação dessa cidade com o milênio.* Quando a igreja se unir em casamento ao Noivo e estiver instalada no lugar por Ele preparado, jamais será retirada de lá. A igreja entrará no seu estado eterno no arrebatamento. Quando o Senhor retornar com a Sua noiva para reinar, sua morada não ficará vazia por mil anos. Em vez disso, o lugar de morada será transferido do céu para uma posição acima da terra. Logo, João vê a "cidade santa, a nova Jerusalém, que descia do céu, da parte de Deus". Essa morada permanecerá no ar, para dar à terra sua luz, que é o brilho da irradiação do Filho, e então "as nações andarão mediante a sua luz, e os reis da terra lhe trazem a sua glória" (Ap 21.24). Na segunda vinda, a hora da descida da cidade ao ar acima da terra, os santos da igreja serão acompanhados pelos santos do Antigo Testamento, ali vivificados e estabelecidos.

Muitos escritores vêem a cidade como a morada da igreja durante o milênio. Jennings diz:

> ... recuamos mil anos, mesmo das fronteiras da eternidade, para examinar, mais cuidadosamente do que antes, a Noiva, a esposa do Cordeiro e sua relação com a terra durante o milênio.[24]

Na mesma linha, Scott escreve:

> Após uma alusão passageira ao reino milenar de Cristo e a Seus santos celestiais (cap. 20.4-6), somos levados de volta de uma consideração do estado eterno para uma descrição extensa da Noiva, a esposa do Cordeiro, em sua relação milenar com Israel e com o mundo em geral.[25]

---
[24] Ibid., p. 565.
[25] SCOTT, op. cit., p. 429.

Kelly escreve:

> Assim, se tivemos a noiva em relação ao Cordeiro no capítulo 19 e como a santa cidade, Nova Jerusalém, em relação ao estado eterno, o versículo 9 e os versículos seguintes desse capítulo mostram que, durante o intervalo entre as bodas do Cordeiro e o novo céu e a nova terra no estado eterno, ela tem um lugar muito abençoado aos olhos de Deus e dos homens. É a demonstração da igreja durante o milênio.[26]

Ou ainda:

> Todo o registro, desde o versículo 9 do capítulo 21 até o versículo 5 do capítulo 22, inclusive, apresenta a relação da cidade celestial com a terra durante o milênio.[27]

Observamos assim que, apesar de a terra não estar no seu estado eterno, e apesar de ser necessário que o Rei a governe com cetro de ferro e apesar de haver uma rebelião contra a autoridade do Rei (e contra que Luz eles pecarão!), a igreja está no seu estado eterno, gozando da sua comunhão eterna e dos frutos da sua salvação. Dessa cidade celestial ela reinará com Aquele que recebe o título de Rei dos Reis e Senhor dos Senhores. Não é a eternidade, mas a igreja e os redimidos das eras já estarão no seu estado eterno. Cremos que Kelly resume bem o pensamento:

> Lembre-se bem disso, no entanto, que, se olhamos para a cidade celestial em si, ela é eterna. *Fará pouca diferença à cidade se for vista no milênio ou no estado eterno que o sucede.* Há duas descidas da cidade no capítulo 21, uma no início do milênio e outra no começo do estado eterno. O segundo versículo desse capítulo nos dá sua descida quando o estado eterno chegou, e o versículo 10, sua descida para o milênio. A razão, creio eu, é que no fim do milênio o antigo céu e a antiga terra acabam; e naturalmente a cidade desapareceria do cenário da convulsão. Assim, quando a nova terra surgir à nossa vista, a cidade celestial descerá novamente e tomará seu lugar permanente nos novos céus e na nova terra, nos quais habitará a justiça. É necessário afirmar isso; porque, embora *no fim dos mil anos tudo venha a ser mudado, mesmo assim a cidade celestial durará para sempre* [grifo do autor].[28]

---

[26] KELLY, op. cit., p. 462.
[27] Ibid., p. 489.
[28] Ibid., p. 488. Scott diz: [a igreja é vista] "antes do reino (19.7), após o reino (21.2), durante o reino (21.9)". Op. cit., p. 420.

Nova Jerusalém, a cidade celestial

Se alguns se opuserem ao fato de que o Israel ressurrecto não tem parte com a igreja, mas é destinado a permanecer na terra e não num relacionamento íntimo com Cristo e a igreja, devemos fazer algumas observações. 1) A primeira ressurreição incluirá não apenas os que estão em Cristo (1Ts 4.16), mas "os que são de Cristo" (1Co 15.23). 2) O destino dos patriarcas salvos e dos "justos aperfeiçoados" (Hb 12.23) é descrito como sendo a Nova Jerusalém, onde só é possível entrar mediante a ressurreição. 3) Os santos do Antigo Testamento não estão sujeitos à disciplina do Rei. 4) Os santos do Antigo Testamento reinarão no milênio (Ap 20.3), assim como a igreja (Ap 3.21), e poderão reinar da cidade celestial, visto que ela está relacionada com a terra e está na esfera da terra, apesar de não estar na terra. Não haveria restrição que os impedisse de ir e vir quando quisessem.

Logo, conclui-se que, durante o milênio, a cidade celestial entrará num relacionamento com a terra, mesmo que não esteja fixada na terra. Os santos ressurrectos de todas as eras viverão nessa cidade em seu estado eterno e possuirão suas bênçãos eternas, embora isso não aconteça com a situação na terra propriamente dita.

5. *A relação dessa cidade com a eternidade.* Observe novamente a citação anterior de Kelly de que, com relação à cidade ou ao estado do seus habitantes, não haverá nenhuma mudança quando o Filho entregar o reino a Seu Pai e começar a eternidade. O local da cidade pode ser mudado, mas os habitantes não sofrerão mudança. A cidade poderá ser removida durante a purificação da terra (1Pe 3.10) e retornar e ocupar sua morada na nova terra (Ap 21.2), mas não ocorrerá nenhuma mudança dentro dela.

A pesquisa dos argumentos sobre a questão de Apocalipse de 21.9 a 22.5 dizer respeito ao milênio ou ao estado eterno revelou grande divergência de opiniões, apoiadas por argumentos lógicos favoráveis e contrários a ambas as posições. O estudo levou à conclusão de que o erro está em tentar estabelecer uma proposta exclusivamente alternativa. Uma posição intermediária, em que a condição eterna dos ressurrectos durante o milênio é vista na passagem, é sugerida como mais satisfatória. Quando os habitantes da cidade são descritos, devemos observar que estão em seu estado eterno, desfrutando de sua bênção eterna, num relacionamento eterno com Deus, que colocou Seu tabernáculo entre eles. Não haverá nenhuma mudança na sua posição ou relação. Quando os ocupantes da terra são descritos, eles são vistos no milênio. Eles têm um relacionamento estabelecido com a cidade celestial que está acima deles, sob cuja luz eles andam. Sua posição, porém, não é eterna nem imutável, mas sim milenar.

O Senhor prometeu preparar um lugar para os Seus. No arrebatamento e na ressurreição da igreja, os santos dessa era são, após o tribunal de Cristo e das bodas, instalados naquele lugar preparado. Eles são acompanhados pelos santos do Antigo Testamento na sua ressurreição da segunda vinda. Essa morada preparada para a Noiva, em que os santos do Antigo Testamento se estabelecem como servos (Ap 22.3), desce no ar e fica sobre a terra da Palestina no milênio, durante o qual os santos exercem seu direito de reinar. Esses santos estão em condição eterna, e a cidade goza de glória eterna. No fim do milênio, na renovação da terra, a morada é retirada durante a queima, para se estabelecer após a recriação como a ligação entre o novo céu e a nova terra.

II. A Vida na Cidade Eterna

Em nenhum lugar as Escrituras apresentam detalhes da vida no reino eterno de Deus. Às vezes o véu é levantado para mostrar rapidamente essa vida, da qual a nossa experiência atual com Ele é apenas "uma prévia da glória divina".

A. *Uma vida de comunhão com Ele*

Porque, agora, vemos como em espelho, obscuramente; então, veremos face a face (1Co 13.12).

Amados, agora, somos filhos de Deus, e ainda não se manifestou o que haveremos de ser. Sabemos que, quando ele se manifestar, seremos semelhantes a ele, porque haveremos de vê-lo como ele é (1Jo 3.2).

Voltarei e vos receberei para mim mesmo, para que, onde eu estou, estejais vós também (Jo 14.3).

Contemplarão a sua face (Ap 22.4).

B. *Uma vida de descanso*

Então, ouvi uma voz do céu, dizendo: Escreve: Bem-aventurados os mortos que, desde agora, morrem no Senhor. Sim, diz o Espírito, para que descansem das suas fadigas, pois as suas obras os acompanham (Ap 14.13).

C. *Uma vida de total entendimento*

... agora, conheço em parte; então, conhecerei como também sou conhecido (1Co 13.12).

Nova Jerusalém, a cidade celestial

D. Uma vida de santidade

Nela, nunca jamais penetrará cousa alguma contaminada, nem o que pratica abominação e mentira, mas somente os inscritos no livro da vida do Cordeiro (Ap 21.27).

E. Uma vida de alegria

E lhes enxugará dos olhos toda lágrima, e a morte já não existirá, já não haverá luto, nem pranto, nem dor, porque as primeiras cousas passaram (Ap 21.4).

F. Uma vida de serviço

Nunca mais haverá qualquer maldição. Nela, estará o trono de Deus e do Cordeiro. Os seus servos o servirão (Ap 22.3).

G. Uma vida de abundância

Eu, a quem tem sede, darei de graça da fonte da água da vida (Ap 21.6).

H. Uma vida de glória

Porque a nossa leve e momentânea tribulação produz para nós eterno peso de glória, acima de toda comparação (2Co 4.17).

Quando Cristo, que é a nossa vida, se manifestar, então, vós também sereis manifestados com ele, em glória (Cl 3.4).

I. Uma vida de adoração

Depois destas cousas, ouvi no céu uma como grande voz de numerosa multidão, dizendo: Aleluia! A salvação, e a glória, e o poder são do nosso Deus (Ap 19.1).

Depois destas cousas, vi, e eis grande multidão que ninguém podia enumerar, de todas as nações, tribos, povos e línguas, em pé diante do trono e diante do Cordeiro, vestidos de vestiduras brancas, com palmas nas mãos; e clamavam em grande voz, dizendo: Ao nosso Deus, que se assenta no trono, e ao Cordeiro [...] O louvor, e a glória, e a sabedoria, e as ações de graça, e a honra, e o poder, e a força sejam ao nosso Deus, pelos séculos dos séculos. Amém (Ap 7.9-12).

Nenhum indivíduo redimido jamais poderia entender completamente a glória do futuro que lhe está proposto. João resumiu a glória prevista ao dizer: "Sabemos que, quando ele se manifestar, seremos semelhantes a ele" (1Jo 3.2). A glória da nossa esperança é que seremos transformados à Sua semelhança, sem pecado, sem morte, experimentando um perfeito desenvolvimento.

> Oh, Cristo! Ele é a fonte,
> Poço de amor é meu Rei!
> Dos rios da terra eu bebi,
> Mais fundo no céu beberei.
> Ali, como um mar sem limites,
> Crescerá seu imenso amor
> E a glória estará para sempre
> Na terra de nosso Senhor.

Existe o perigo de o redimido ficar tão ocupado com a espera da sua própria experiência de glória, que a glorificação suprema da Trindade se perca. Nossa preocupação com o estado eterno não será com a nossa posição ou glória, mas com o próprio Deus. João escreve: "Seremos semelhantes a ele" (1Jo 3.2). Estaremos totalmente ocupados com Aquele "que nos ama, e, pelo seu sangue, nos libertou dos nossos pecados, e nos constituiu reino, sacerdotes para o seu Deus e Pai" (Ap 1.5-6), dando "o louvor, e a honra, e a glória, e o domínio pelos séculos dos séculos" (Ap 5.13), dizendo "O louvor, e a glória, e a sabedoria, e as ações de graça, e a honra, e o poder, e a força sejam ao nosso Deus, pelos séculos dos séculos. Amém" (Ap 7.12), pois "Digno é o Cordeiro que foi morto de receber o poder, e riqueza, e sabedoria, e força, e honra, e glória e louvor" (Ap 5.12).

> A Noiva não olha suas vestes,
> Mas do Noivo o seu rosto de amor;
> E a glória não brilha aos meus olhos
> Mas a graça do Rei Salvador.
> Não me atrai a coroa que entrega
> Quem por mim sofreu tanta dor,
> O Cordeiro será toda a glória
> Na terra de nosso Senhor.

BIBLIOGRAFIA

A. LIVROS

ABBOTT-SMITH, G. *A manual Greek lexicon of the New Testament*. Edinburgh, T & T Clark, 1937. 512 p.
ALFORD, Henry. *The New Testament*. New York, Harper and Brothers, 1859. 4 v.
ALLIS, Oswald T. *Prophecy and the Church*. Philadelphia, Presbyterian and Reformed, 1945. 339 p.
ANDERSON, Robert. *The coming Prince*. London, Hodder and Stoughton, 1909. 311 p.
ANDREWS, Samuel J. *Christianity and anti-Christianity in their final conflict*. Chicago, The Bible Institute Colportage Association, 1898. 358 p.
ANGUS, Joseph & GREEN, Samuel G. *The Bible handbook*. New York, Fleming H. Revell, s.d. 837 p.
ARMERDING, Carl. *The four and twenty elders*. New York, Loizeaux Brothers, s.d. 11 p.
BARNHOUSE, Donald Grey. *His own received Him not, but...* New York, Fleming H. Revell, 1933. 185 p.
BARON, David. *Israel's inalienable possessions*. London, Morgan and Scott, s.d. 93 p.
BAUMAN, Louis. *Russian events in the light of Bible prophecy*. Philadelphia, The Balkiston, 1942. 191 p.
BERKHOF, Louis. *The kingdom of God*. Grand Rapids, Eerdmans, 1951. 177 p.
____. *Princípios de interpretação bíblica*. São Paulo, JUERP, 1994. 173 p.
____. *The second coming of Christ*. Grand Rapids, Eerdmans, 1953. 102 p.
____. *Teologia sistemática*. São Paulo, LPC, 1990. 791 p.
BEWER, J. A. Obadiah and Joel, in: BRIGGS, Charles Augustus; DRIVER, Samuel Rolles & PLUMMER, Alfred, orgs. *International critical commentary*. New York, Charles Scribner's Sons, 1912. 147 p.
BLACKSTONE, W. E. *Jesus is coming*. New York, Fleming H. Revell, 1932. 252 p.
BOUTFLOWER, Charles. *In and around the book of Daniel*. London, Society for Promoting Christian Knowledge, 1923. 314 p.
BRIGGS, Charles Augustus. *General introduction to the study of Holy Scripture*.

New York, Charles Scribner's Sons, 1899. 688 p.
BRIGHT, John. *The kingdom of God.* New York, Abingdon-Cokesbury Press, 1953. 288 p.
BROCK, A. Clutton. *What is the kingdom of heaven?* New York, Charles Scribner's Sons, 1920. 152 p.
BROOKS, Keith L. *Prophetic questions answered.* Grand Rapids, Zondervan, 1941. 164 p.
BROWN, David. *Christ's second coming: will it be pre-millennial?* New York, Robert Carter and Brothers, 1851. 499 p.
BRUCE, Alexander Balmain. *The kingdom of God.* Edinburgh, T & T Clark, 1904. 361 p.
BULLINGER, E. W. *A critical lexicon and concordance to the English and Greek New Testament.* London, Longmans, Green, & Company, 1924. 999 p.
_____. *The Apocalypse.* London, Eyre & Spottiswoode, s.d. 725 p.
_____. *How to enjoy the Bible.* London, Eyre & Spottiswoode, 1907. 435 p.
BURTON, Alfred H. *Russia's destiny in the light of prophecy.* New York, Gospel Publishing House, 1917. 64 p.
CALVINO, John. *Institutas da religião cristã.* São Paulo, Casa Editora Presbiteriana.
CAMERON, Robert. *Scriptural truth about the Lord's return.* New York, Fleming H. Revell, 1922. 176 p.
CASE, Shirley Jackson. *The millennial hope.* Chicago, The University of Chicago Press, 1918. 253 p.
CHAFER, Lewis Sperry. *The kingdom in history and prophecy.* Chicago, The Bible Institute Colportage Association, 1936. 167 p.
_____. *Must we dismiss the millennium?* Crescent City, Biblical Testimony League, 1921. 32 p.
_____. *Systematic theology.* Dallas, Dallas Seminary Press, 1947. 8 v.
CHAFER, Rollin T. *The science of biblical hermeneutics.* Dallas, Bibliotheca Sacra, 1939. 92 p.
CHALMERS, Thomas M. *Israel in covenant and history.* New York, Author, 1926. 61 p.
COOPER, David L. *The God of Israel.* Los Angeles, The Biblical Research Society, 1945. 164 p.
_____. *Preparing for the world-wide revival.* Los Angeles, The Biblical Research Society, 1938. 62 p.
_____. *When Gog's armies meet the Almighty.* Los Angeles, The Biblical Research Society, 1940. 112 p.
_____. *The world's greatest library graphically illustrated.* Los Angeles, The Biblical Research Society, 1942. 124 p.
DARBY, J. N. *Notes on the Apocalypse.* London, G. Morrish, s.d. 65 p.
_____. *Synopsis of the books of the Bible.* London, G. Morrish, s.d. 5 v.
_____. *Will the saints be in the tribulation?* New York, Loizeaux Brothers, s.d. 16 p.
DAVIDSON, A. B. *Old Testament prophecy.* Edinburgh, T & T Clark, 1903. 507 p.

DEHAAN, M. R. *The Jew and Palestine in prophecy.* Grand Rapids, Zondervan, 1950. 183 p.
DENNETT, Edward. *Daniel the prophet.* London, G. Morrish, 1919. 206 p.
EDWARDS, Thomas Charles. *Commentary on the first epistle to the Corinthians.* London, Hodder and Stoughton, 1897. 491 p.
ELLIOTT, Charles & HARSHA, W. J. *Biblical hermeneutics* (basicamente uma tradução do Manual d'hermeneutique biblique, de J. E. Cellerier). New York, Anson D. F. Randolph & Company, 1881. 282 p.
ENGLISH, E. Schuyler. *Re-thinking the rapture.* Travelers Rest, Southern Bible Book House. 1954. 123 p.
_____. *Studies in the Gospel according to Matthew.* New York, Our Hope, 1943. 516 p.
FAIRBAIRN, Patrick. *Hermeneutical manual.* Edinburgh, T & T Clark, 1858. 480 p.
_____. *Prophecy viewed in respect to its distinctive nature, its special function, and proper interpretation.* Edinburgh, T & T Clark, 1956. 530 p.
_____ *The typology of Scripture.* New York, Funk and Wagnalls Company, 1900. 2 v.
FARRAR, F. W. *History of interpretation.* New York, E. P. Dutton and Company, 1886. 553 p.
FEINBERG, Charles. *Premillennialism or amillennialism?* Grand Rapids, Zondervan, 1936. 250 p.
FROOM, LeRoy Edwin. *The prophetic faith of our fathers.* Washington, Review and Herald, 1954. 4 v.
FROST, Henry W. *The second coming of Christ.* Grand Rapids, Eerdmans, 1934. 251 p.
GAEBELEIN, Arno C. *The annotated Bible.* Wheaton, Van Kampen Press, 1913. 9 v.
_____. *As it was-so shall it be.* New York, Our Hope, 1937. 190 p.
_____. *The Gospel according to Matthew.* Wheaton, Van Kampen Press, 1916. 2 v. em 1.
_____. *Hath God cast away his people?* New York, Gospel Publishing House, 1905. 279 p.
_____. *The prophet Daniel.* New York, Our Hope, 1911. 228 p.
_____. *The prophet Ezekiel.* New York, Our Hope. 1918. 346 p.
_____. *Studies in prophecy.* New York, Our Hope, 1918. 166 p.
GIGOT, Francis E. *General introduction to the study of the Holy Scripture.* New York, Benziger Brothers, 1901. 606 p.
GILBERT, George Holley. *Interpretation of the Bible.* New York: Macmillan, 1908. 308 p.
GIRDLESTONE, R. B. *The grammar of prophecy.* London, Eyre and Spottiswoode, 1901. 192 p.
GOVETT, R. *Entrance into the kingdom.* London, Charles J. Thynne, 1922. 222 p.
GRANT, F. W. *The numerical Bible.* New York, Loizeaux Brothers, 1891. 7 v.
_____. The revelation of Christ. New York, Loizeaux Brothers, s.d. 245 p.
GRATTON GUINESS, H. *The approaching end of the age.* New York, A. C. Armstrong, 1884. 776 p.

_____. *Light for the last days.* London, Hodder and Stoughton, 1886. 673 p.
GRAY, James M. *Christian worker's commentary.* New York, Fleming H. Revell, 1915. 447 p.
_____. *Prophecy and the Lord's return.* New York, Fleming H. Revell, 1917. 119 p.
_____. *A text-book on prophecy.* New York, Fleming H. Revell, 1918. 215 p.
HALDEMAN, I. M. *The history of the doctrine of our Lord's return.* New York, First Baptist Church, s.d. 40 p.
HAMILTON, Floyd. *The basis of millennial faith.* Grand Rapids, Eerdmans, 1942. 160 p.
HAMILTON, Gavin. *Will the church escape the great tribulation?* New York, Loizeaux Brothers, 1941. 79 p.
HARRISON, Norman B. *The end.* Minneappolis, Harrison Service, 1941. 239 p.
HENDRIKSEN, William. *And so all Israel shall be saved.* Grand Rapids, Baker, 1945. 36 p.
_____. *Bible survey.* Grand Rapids, Baker, 1953. 515 p.
HODGE, Charles. *Commentary on Romans.* Philadelphia, H. B. Garner, 1883. 716 p.
HOGG, C. F. & VINE, W. E. *The Church and the tribulation.* London, Pickering and Inglis, s.d. 63 p.
_____. *The epistles of Paul the apostle to the Thessalonians.* Glasgow, Pickering and Inglis, 1914. 307 p.
HORNE, Thomas Hartwell. *An introduction to the critical study and knowledge of the Holy Scriptures.* New York, Robert Carter and Brothers, 1859. 2 v.
HOSPERS, Gerrit H. *The principle of spiritualization.* East Williamson, Author, 1935. 53 p.
IRONSIDE, Henry A. *Expository notes on Ezekiel the prophet.* New York: Loizeaux Brothers, 1949. 336 p.
_____. *Expository notes on the epistles of James and Peter.* New York, Loizeaux Brothers, 1947. 63 p. e 103 p.
_____. *The great parenthesis.* Grand Rapids, Zondervan, 1943. 131 p.
_____. *Lectures on Daniel the prophet.* New York, Loizeaux Brothers, s.d. 253 p.
_____. *Lectures on the book of the Acts.* New York, Loizeaux Brothers, 1943. 651 p.
_____. *Lectures on the Revelation.* New York, Loizeaux Brothers, s.d. 365 p.
_____. *The mysteries of God.* New York, Loizeaux Brothers, 1946. 124 p.
_____. *Not wrath but rapture.* New York, Loizeaux Brothers, s.d. 45 p.
_____. *Notes on the minor prophets.* New York, Loizeaux Brothers, 1950. 464 p.
_____. *What's the answer,* 362 answers to Bible questions. Grand Rapids, Zondervan, 1944. 164 p.
JENNINGS, F. C. *Studies in Revelation.* New York, Loizeaux Brothers, s.d. 632 p.
KEACH, Benjamin. *Tropologia: a key to open Scripture metaphors.* London, William Hill Collingridge, 1858. 1007 p.
KEIL, Carl Friedrich. *Prophecies of Ezekiel.* Edinburgh, T & T Clark, s.d. 2 v.
_____ & DELITZSCH, Franz. *The Pentateuch.* Edinburgh, T & T Clark, 1886. 3 v.
KELLY, William. *Exposition of Isaiah.* London, Robert L. Allen, 1916. 282 p.
_____. *Exposition of the epistle to the Hebrews.* London, Weston, 1905. 272 p.

Bibliografia 591

_____. *Lectures on the book of Daniel*. New York, Loizeaux Brothers, s.d. 270 p.
_____. *Lectures on the gospel of Matthew*. New York, Loizeaux Brothers, s.d. 519 p.
_____. *Lectures on the revelation*. London, G. Morrish, s.d. 502 p.
_____. *Lectures on the second coming of the Lord Jesus Christ*. London, G. Morrish, s.d. 324 p.
_____. *The Lord's prophecy on Olivet in Matthew xxiv. xxi*. London, T. Weston, 1903. 89 p.
_____. *Notes on Ezekiel*. London, G. Morrish, s.d. 273 p.
_____. *Notes on Daniel*. New York, Loizeaux Brothers, s.d. 270 p.
_____. *The revelation expounded*. London, F. E. Race, s.d. 264 p.
_____, org. *The collected writings of J. N. Darby*. London, G. Morrish, s.d. "Prophetical". 4 v.
KROMMINGA, D. H. *The millennium*. Grand Rapids, Eerdmans, 1948. 121 pp.
_____. *The millennium in the church*. Grand Rapids, Eerdman's, 1945. 360 p.
LADD, George E. *Crucial questions about the kingdom of God*. Grand Rapids, Eerdman's, 1952. 193 p.
_____. *The blessed hope*. Grand Rapids, Eerdmans, 1956. 167 p.
LAIDLAW, R. A. *Will the church go through the great tribulation*. New York, Loizeaux Brothers, s.d. 16 p.
LANG, G. H. *The revelation of Jesus Christ*. London, Oliphants, 1945. 420 p.
LANGE, John Peter. *A commentary on the Holy Scriptures: critical, doctrinal and homiletical*. Trad. do alemão, rev., ampl. e org. Phillip Schaff. New York, Scribner, Armstrong and Company, 1872. 10 v. New Testament.
LARKIN, Clarence. *Dispensational truth or God's plan and purpose in the ages*. Philadelphia, Author, 1920. 176 p.
LEUPOLD, H. C. *Exposition of Daniel*. Columbus, Wartburg Press, 1949. 549 p.
LINCOLN, William. *Lectures on the book of Revelation*. New York, Fleming H. Revell, s.d. 254 p.
LINDBERG, Milton B. *Gog all Agog "in the latter days"*. Findlay, Fundamental Truth Publishers, 1939. 32 p.
LOCKHART, Clinton. *Principles of interpretation*. Fort Worth, S. H. Taylor, 1915. 260 p.
MARSH, F. E. *Will the church or any part of it go through the great tribulation*. London, Pickering and Inglis, s.d. 31 p.
MASSELINK, W. *Why thousand years?* Grand Rapids, Eerdmans, 1930. 222 p.
MAURO, Philip. *God's present kingdom*. New York, Fleming H. Revell, 1919. 270 p.
_____. *The gospel of the kingdom*. Boston, Hamilton Brothers, 1928. 256 p.
_____. *The seventy weeks and the great tribulation*. Boston,
Hamilton Brothers, 1923. 283 p.
MAYOR, Joseph B. *The epistle of James*. London, Macmillan and Company, 1897. 256 p.
McCLAIN, Alva J. *Daniel's prophecy of the seventy weeks*. Grand Rapids, Zondervan, 1940. 62 p.
McPHERSON, Norman Spurgeon. *Triumph through tribulacion*. Otego, New York, Author, 1944. 78 pp.

MILLER, Earl. *The kingdom of God and the kingdom of heaven*. Meadville, Pennsylvania, The Author, 1950. 92 pp.

MOORHEAD, William G. *Studies in the book of Revelation*. Pittsburgh, Pennsylvania, United Presbyterian Board of Publication, 1908. 153 pp.

MURRAY, George L. *Millennial studies*. Grand Rapids, Michigan, Baker Book House, 1948. 207 pp.

NEEDHAM, Mrs. George C. *The Antichrist*. New York, Charles C. Cook, s.d. 107 pp.

NEWELL, William R. *The Book of the Revelation*. Chicago, Moody Press, 1935. 405 pp.

_____. *Hebrews verse by verse*. Chicago, Moody Press, 1947. 494 pp.

OEHLER, Gustav Friedrich. *Theology of the Old Testament*. New York, Funk and Wagnalls, 1883. 593 pp.

ORR, James. *The progress of dogma*. Grand Rapids, Michigan, Eerdmans, 1952. 365 pp.

OTTMAN, Ford C. *God's oath*. New York, Our Hope, 1911. 278 pp.

_____. *Imperialism and Christ*. New York, Our Hope, 1912. 317 pp.

_____. *The unfolding of the ages*. New York, Baker and Taylor, 1905. 511 pp.

PEMBER, G. H. *The great prophecies*. London, Hodder and Stoughton, 1881. 378 pp.

PETTINGILL, William. *Bible questions Answered*. Wheaton, Illinois, Van Kampen Press, 1923. 559 pp.

_____. *Israel—Jehovah's covenant people*. Harrisburg, Pennsylvania, Fred Kelker, 1915. 70 pp.

_____. *Simple studies in the Revelation*. Wilmington, Delaware: Just A. Word, Inc., s.d. 132 pp.

PETERS, George N. H. *The theocratic kingdom*. Grand Rapids, Michigan, Kregel Publications, 1952. 3 vols.

PIETERS, Albertus. *The seed of Abraham*. Grand Rapids, Michigan, Eermans, 1941. 161 pp.

PINK, Arthur W. *The Antichrist*. Swengel, Pennsylvania, Bible Truth Depot, 1923. 308 pp.

PLUMMER, Alfred A. *critical and exegetical commentary on the Second Epistle of St. Paul to the Corinthians*. New York, Scribner's Sons, 1915. 404 pp.

PRIDHAM, Arthur. *Notes and reflection on the Epistle to the Hebrews*. London: Yapp, s.d. 434 pp.

_____. *Notes and reflections on the Second Epistle to the Corinthians*. London, James Nisbet and Company, 1869. 375 pp.

RAMM, Bernard. *Protestant biblical interpretation*. Boston, W. A. Wilde Company, 1950. 197 pp.

REESE, Alexander. *The Approaching Advent of Christ*. London, Marshall, Morgan and Scott, s.d. 328 p.

RIDOUT, S. *The person and work of the Holy Spirit*. New York, Loizeaux Brothers, s.d. 224 p.

RIMMER, Harry. *The coming war and the rise of Russia*. Grand Rapids, Eerdmans, 1940. 87 p.

ROBERTS, Alexander & DONALDSON, James. *The ante-Nicene fathers*. New York, Charles Scribner's Sons, 1889. 10 v.

ROBERTSON, Archibald T. *Word pictures in the New Testament*. New York, Harpers, 1930. 6 v.

_____ & PLUMMER, Alfred. *A critical and exegetical commentary on the First Epistle of St. Paul to the Corinthians*. New York, Charles Scribner's Sons, 1911. 424 p.

ROSE, George L. *Tribulation till translation*. Glendale, Rose Publishing Company, 1943. 286 p.

RUTGERS, William H. *Premillennialism in America*. Goes, Holland, Oosterbaan & Le Cointre, 1930. 290 p.

RYRIE, Charles C. *The basis of the premillennial faith*. New York, Loizeaux Brothers, 1953. 160 p.

SALE-HARRISON, L. *Judgment seat of Christ*. New York, Hepzibah House, Sale-Harrison Publications, 1938. 97 p.

_____. *The coming Great Northern Confederacy*. New York, Sale-Harrison Publications, 1918. 102 p.

_____. *The remarkable Jew*. London, Pickering & Inglis, s.d. 222 p.

_____. *The ressurrection of the Old Roman Empire*. Harrisburg, Pennsylvania, The Evangelical Press, s.d. 40 p.

SAPHIR, Adolph. *Christ and Israel*. London, Morgan & Scott, 1911. 227 p.

_____. *The epistle to the Hebrews*. New York, Christian Alliance Publishing Company, s.d. 2 v.

SCHAFF, Phillip. *History of the Christian Church*. New York, Charles Scribner and Company, 1884. 7 v.

SCOFIELD, C. I. *Addresses on prophecy*. New York, A. C. Gaebelein, s.d. 134 p.

_____. *Will the church pass through the great tribulation*. Philadelphia, Philadelphia School of the Bible, 1917. 36 p.

_____, org. *The Scofield reference Bible*. New York, Oxford University Press, 1909. 1362 p.

SCOTT, Walter. *At hand*. London, Pickering and Inglis, s.d. 213 p.

_____. *Exposition of the revelation of Jesus Christ*. London, Pickering and Inglis, s.d. 456 p.

SCROGGIE, W. Graham. *A guide to the gospels*. London, Pickering and Inglis, 1948. 664 p.

_____. *The Lord's return*. London, Pickering and Inglis, s.d. 171 p.

_____. *Prophecy and history*. London, Marshall, Morgan & Scott, s.d. 149 p.

SEISS, Joseph. The Apocalypse. New York, Charles C. Cook, 1900. 3 v.

_____. *Voices from Babylon*. Philadelphia, Porter & Coates, 1879. 391 p.

SHODDE, George H. *Outlines of biblical hermeneutics*. Columbus, Lutheran Book Concern, 1917. 235 p.

SILVER, Jesse Forrest. *The Lord's return*. New York, Fleming H. Revell Company, 1914. 311 p.

SIMS, A. *The coming war and the rise of Russia*. Toronto, Author, 1932. 52 p.

SMITH, Wilbur. *World crises and the prophetic scriptures*. Chicago, Moody Press,

1951. 384 p.

STANTON, Gerald B. *Kept from the hour*. Grand Rapids, Zondervan, 1956, 320 p.

STEINMUELLER, John E. *A companion to Scripture Studies*. New York, Joseph F. Wagner, 1941. 502 p.

STEVENS, W. C. *The book of Daniel*. New York, Fleming R. Revell Company, 1918. 224 p.

_____. *Revelation, the crown-jewel of prophecy*. New York, Christian Alliance Publishing Company, 1928. 2 v.

STROMBECK. J. F. *First the rapture*. Moline, Strombeck Agency, Inc., 1950. 197 p.

STRONG, Augustus Hopkins. *Systematic theology*. Philadelphia, American Baptist Publication Society, 1907. 3 v.

TERRY, Milton S. *Biblical hermeneutics*. New York, Phillips and Hunt, 1883. 781 p.

THAYER, Joseph Henry. *A Greek-English lexicon of the New Testament*. New York, American Book Company, 1889. 727 p.

THIESSEN, Henry C. *Will the church pass through the tribulation?* New York, Loizeaux Brothers, 1941. 63 p.

TREGELLES, S. P. *Remarks on the prophetic visions in the book of Daniel*. London, Samuel Bagster and Sons, 1883. 302 p.

TRENCH, Richard C. *Synonyms of the New Testament*. London, Kegan, Paul, Trench, Trubner and Company, 1906. 384 p.

TROTTER, William. *Essays on prophetic interpretation*. Glasgow, R. L. Allan, s.d. 141 p.

VINCENT, Marvin R. *Word studies in the New Testament*. Grand Rapids, Eerdmans, 1946. 4 v.

VINE, W. E. *First Corinthians*. London, Oliphants, 1951. 237 p.

VOS, Geerhardus. *The pauline eschatology*. Grand Rapids, Eerdmans Publishing Companv, 1952. 365 p.

WALE, Burlington B. *The closing days of Christendom*. London, Partridge, s.d. 546 p.

_____. The way of the kings of the East, in: BRADBURY, John W., org. *Light for the world's darkness*. New York, Loizeaux Brothers, 1944. p. 162-72.

WASHINGTON, Canon M. *The period of judgment and the saved remnant*. London, Thynne, 1919. 45 p.

WAUGH, Thomas. *When Jesus comes*. London, Charles H. Kelly, 1901. 186 p.

WEST, Nathaniel. *The thousand years in both Testaments*. New York, Fleming H. Revell, 1880. 493 p.

WESTCOTT, Brooke Foss. *The epistle to the Hebrews*. London, Mac-millan, 1892. 504 p.

WILKINSON, Samuel Hinds. *"Israel my glory"*. London, Mildmay Mission to the Jews Book Store, 1894. 310 p.

WYNGAARDEN, Martin J. *The future of the kingdom in prophecy and fulfillment*. Grand Rapids, Zondervan, 1934. 211 p.

YOUNG, Edward J. *The prophecy of Daniel*. Grand Rapids, Eerdmans, 1949. 330 p.

B. ARTIGOS DE ENCICLOPÉDIAS

HARNACK, Adolf. Millennium, *The encyclopaedia Britannica*, XV, 495-95.
PRESS, S. D. Kingdom, *International standard Bible encyclopaedia*, III, 1799-1808.
VON ORELLI, C. Prophecy, prophets, *International standard Bible encyclopaedia*, IV, 2459-66.
VOS, Geerhardus. Gehenna, *International standard Bible encyclopaedia*, II, 1183.

C. ARTIGOS PERIÓDICOS

ALDRICH, Roy L. An apologetic for dispensationalism, *Bibliotheca Sacra*, 112:46-54, Jan. 1955.
_____. Anglo-Israelism refuted, *Bibliotheca Sacra*, 93:41-63, Jan. 1936.
ALDRICH, Willard M. The interpretation of Acts 15:13-18, *Bibliotheca Sacra*, 111:317-23, Oct. 1954.
ARMERDING, Carl. Will there be another Elijah? *Bibliotheca Sacra*, 100:89-97, Jan. 1943.
BARNARD, Edward R. How to study prophecy, *Our Hope*, 60:77-85, Aug. 1953.
BENNETCH, John H. The apologetic argument from fulfilled prophecy, *Bibliotheca Sacra*, 93:348-54, July 1936.
CAMPBELL, Donald K. The interpretation of types, *Bibliotheca Sacra*, 112: 248-55, July 1955.
CHAFER, Lewis Sperry. An introduction to the study of prophecy, *Bibliotheca Sacra*, 100: 98-133, Jan. 1943.
Chafer, Rollin Thomas. The boundaries of greater Canaan, *Bibliotheca Sacra*, 95:231-6, Apr. 1938.
EHLERT, Arnold D. A bibliography of dispensationalism, *Bibliotheca Sacra*, 102:95-101, Jan. 1944; 199-209, Apr. 1944; 319-28, July 1944; 447-60, Oct. 1944; 103:84-92, Jan. 1945; 207-19, Apr. 1945; 322-34, July 1945; 455-67, Oct. 1945; 104: 57-67, Jan. 1946.
ELLIOTT, Russell. The Antichrist. *Our Hope*, 54:335-8, Dec. 1947.
_____. The prophetic scriptures and their interpretation, *Our Hope*, 55:161-6, Sept. 1948.
ENGLISH, E. Schuyler. The judgment of the nations, *Our Hope*, 51:561-5, Feb. 1945.
_____. The judgment seat of Christ, *Our Hope*, 51:416-22, Dec. 1944.
_____. The two witnesses, *Our Hope*, 47: 665-75, Apr. 1941.
EVANS, W. Glyn. Will Babylon be restored? *Our Hope*, 107:335-42, July 1950; 481-7, Oct. 1950.
FEREDAY, W. W. Armageddon, *Our Hope*, 47:397-401, Dec. 1940.
FERRIN, Howard W. All Israel shall be saved. *Bibliotheca Sacra*, 112:235-47, July 1955.
FRITCH, Charles T. Biblical typology, *Bibliotheca Sacra*, 104: 87-100, Jan 1946; 214-22, Apr. 1947.

GOVETT, R. One taken and one left, *The Dawn*, 12:515-8, 15 Feb. 1936.

IRONSIDE, Harry A. Setting the stage for the last act of the great world drama, *Our Hope*, 55: 589-97, Apr. 1949; 661-6, May 1949; 722-9, June 1949.

JENNINGS, F. C. The boundaries of the revived Roman Empire. *Our Hope*, 47:386-90, Dec. 1940.

JOHNSON, JR., S. Lewis. The out-resurrection from the dead, *Bibliotheca Sacra*, 110:139-46, Apr. 1953.

KANN, Herbert. The history of Israel's blindness: the mystery of it, *Bibliotheca Sacra*, 94:442-57, Oct. 1937.

KELLOGG, S. H. Premillennialism: its relation to doctrine and practice, *Bibliotheca Sacra*, 99:235-44, Apr. 1942; 364-72, July 1942; 486-99, Oct. 1942; 100:301-8, Apr. 1943.

KOPECKY, Donald W. Salvation in the tribulation, *Bibliotheca Sacra*, 109:266-70, July. 1952; 358-63, Oct. 1952.

LADD, George E. The kingdom of God in the Jewish apocryphal literature, *Bibliotheca Sacra*, 109:55-62, Jan. 1952.

_____. The kingdom of God in I Enoch, *Bibliotheca Sacra*, 110:32--49, Jan. 1953.

MACKENZIE, Herbert. The destruction of Babylon, *Bibliotheca Sacra*, 92:226-32, Apr. 1935; 339-53, July 1935.

MacRae, Allan A. The millennial kingdom of Christ, *Our Hope*, 53:463-80, Feb. 1947.

McCLAIN, Alva J. The greatness of the kingdom, *Bibliotheca Sacra*, 112:11-27, Jan.1955; 107-24, Apr.1955; 209-24, July 1955; 304-10, Oct. 1955.

MITCHELL, John L. The question of millennial sacrifices, *Bibliotheca Sacra*, 110:248-67, July 1953; 342-61, Oct. 1953.

MUNRO, John Ker. The signs of the times, *Bibliotheca Sacra*, 96:224--42, Apr. 1939.

MURPHY, Charles Henry. God and the gentiles, *Bibliotheca Sacra*, 109:364-73, Oct. 1952.

PANTON, D. M. Are we in the great tribulation? *The Dawn*, 12:485--90, 15 Feb. 1936.

PAYNE, Homer Lemuel. Contemporary amillennial literature, *Bibliotheca Sacra*, 106:200-10, Apr. 1949; 342-51, July 1949; 486-92, Oct. 1949; 107:103-8, Jan. 1960.

PIETERS, Albertus. Darbyism vs. the historic Christian faith, *The Calvin Forum*, 2:225-8, May 1936.

RAE, William. The rider on the white horse, *Our Hope*, 54:734-8, June 1948.

_____. The two beasts of Revelation, *Our Hope*, 54:14-8, July 1947.

RAND, James F. Problems in a literal interpretation of the sermon on the mount, *Bibliotheca Sacra*, 112:28-38, Jan. 1955; 125--36, April 1955.

SCHWARZE, C. T. The Bible and science on the everlasting fire, *Bibliotheca Sacra*, 95:105-12, Jan. 1938.

SCOFIELD, C. I. The course and end of the age, *Bibliotheca Sacra*, 108:105-16, Jan.1951.

_____. The last world empire and Armageddon, *Bibliotheca Sacra*,108: 355-62, July 1951.

Bibliografia

_____. The return of Christ in relation to the Church, *Bibliotheca Sacra*, 109:77-89, Jan. 1952.

_____. The return of Christ in relation to the Jews and the earth, *Bibliotheca Sacra*, 108:477-87, Oct. 1951.

_____. The times of the Gentiles, *Bibliotheca Sacra*, 107:343-55, July 1950.

SMITH, Wilbur M. The prophetic literature of colonial America, *Bibliotheca Sacra*, 100:67-82, Jan.1943; 273-88, Apr. 1943.

TENNY, Merrill C. The importance and exegesis of Revelation 20:1-8, *Bibliotheca Sacra*, 111:137-47, Apr. 1954.

THE ANGELS of the seven churches, *Bibliotheca Sacra*, 91:433-41, Oct. 1934.

THIESSEN, Henry C. The place of Israel in the scheme of redemption as set forth in Romans 9-11, *Bibliotheca Sacra*, 98:78-91, Jan. 1941, 203-17, Apr. 1941.

UNGER, Merrill F. Ezekiel's vision of Israel's restoration, *Bibliotheca Sacra*, 106:312-24, July 1949; 432-45, Oct. 1949; 107:51-70, Jan. 1950.

_____. The temple vision of Ezekiel, *Bibliotheca Sacra*, 105:418-42, Oct. 1948; 106:48-64, Jan. 1949; 169-77, Apr. 1949.

WALDEN, J. W. The kingdom of God – its millennial dispensations, *Bibliotheca Sacra*, 102:433-41, Oct. 1945; 103:39-49, Jan. 1946.

WALVOORD, John F. Amillennialism, *Bibliotheca Sacra*, 106:291-302, July 1949; 420-32, Oct. 1949; 107:42-50, Jan. 1950; 154-67, Apr. 1950; 281-90, July 1950; 420-9, Oct. 1950; 108:7-14, Jan. 1951.

_____. The fulfillment of the abrahamic covenant, *Bibliotheca Sacra*, 102:27-36, Jan. 1945.

_____. The fulfillment of the davidic covenant, *Bibliotheca Sacra*, 102:153-66, Apr. 1945.

_____. Is moral progress possible, *Bibliotheca Sacra*, 101:149-63, Apr. 1944.

_____. Is Satan bound? *Bibliotheca Sacra*, 100:497-512, Oct. 1943.

_____. Is the church the Israel of God, *Bibliotheca Sacra*, 101:403-16, Oct. 1944.

_____. Is the seventieth week of Daniel future? *Bibliotheca Sacra*, 101:30-49, Jan.1944.

_____. Israel's blindness, *Bibliotheca Sacra*, 102:282-91, July 1945.

_____. Israel's restoration, *Bibliotheca Sacra*, 102:405-16, Oct. 1945.

_____. The kingdom promised to David, *Bibliotheca Sacra*, 110:97-110, Apr. 1953.

_____. The millennial issue in modern theology, *Bibliotheca Sacra*, 106:34-47, Jan. 1949.

_____. The new covenant with Israel, *Bibliotheca Sacra*, 103:16-27, Jan. 1946.

_____. The new covenant with Israel, *Bibliotheca Sacra*, 110:103-205, July 1953.

_____. New Testament words for the Lord's coming, *Bibliotheca Sacra*, 101:283-9, July 1944.

_____. Postmillennialism, *Bibliotheca Sacra*, 106:149-68, Apr. 1949.

_____. Premillennialism, *Bibliotheca Sacra*, 108:153-66, Apr.1951; 270-81, July 1951; 414-22, Oct. 1951.

_____. Premillennialism and the abrahamic covenant, *Bibliotheca Sacra*, 109:37-46, Jan. 1952; 136-60, Apr. 1952; 217-25, July 1952; 293-303, Oct. 1952.

_____. Premillennialism and the abrahamic covenant, *Bibliotheca Sacra*, 109:37-46, Jan. 1952; 136-60, Apr. 1952; 217-25, July 1952; 293-303, Oct. 1952.

_____. Premillennialism and the church, *Bibliotheca Sacra*, 110:289-98, Oct. 1953; 111:1-10, Jan. 1954; 97-104, Apr. 1954.

_____. Premillennialism and the tribulation, *Bibliotheca Sacra*, 111:193-202, July 1954; 289-301, Oct. 1954; 112:1-10, Jan. 1955; 97-106, Apr. 1955; 193-208, July 1955; 289-303, Oct. 1955.

_____. A review of crucial questions about the kingdom of God, *Bibliotheca Sacra*, 110:1-10, Jan. 1953.

WHITING, Arthur B. The rapture of the Church, Bibliotheca Sacra, 102: 360-72, July 1945; 490-9, Oct. 1945.

D. MATERIAIS NÃO-PUBLICADOS

ALDRICH, Roy L. Facts and theories of prophecy. Dissertação de doutorado não-publicada, Dallas Theological Seminary, Dallas, 1942. 198 p.

EVANS, J. Elwood. The New Testament contribution to Israel's Eschatology. Dissertação de doutorado não-publicada, Dallas Theological Seminary, Dallas, 1946. 223 p.

HARRISON, Everett F. The Christian doctrine of resurrection. Dissertação de doutorado não-publicada, Dallas Theological Seminary, Dallas, 1938. 216 p.

LINCOLN, Charles Fred. The covenants. Dissertação de doutorado não-publicada, Dallas Theological Seminary, Dallas, 1942. 247 p.

McCLAIN, Alva J. The greatness of the kingdom. Apontamentos de sala de aula não-publicados, Grace Theological Seminary, Winona Lake, Indiana, s.d. 31 p.

McGAHEY. John F. The identity of the twenty four elders. Tese de mestrado não-publicada, Dallas Theological Seminary, Dallas, 1954. 61 p.

PRICHARD, Dewitt H. The Last Days. Tese de mestrado não-publicada, Dallas Theological Seminary, Dallas, 1944. 67 p.

WOODRING, Chester. The millennial glory of Christ. Tese de mestrado não-publicada, Dallas Theological Seminary, Dallas, 1950. 154 p.

Índice de Assuntos

Adoração no milênio 518

Aliança abraâmica 95, 486, 538, 539
    argumentos contra seu caráter incondicional 107, 111
    argumentos a favor de seu caráter incondicional 104
    caráter da aliança 103
    celebração oficial por sacrifício 105, 106
    cumprimento parcial 111
    cumprimento passado 119, 120
    elemento condicional da aliança 103
    implicações escatológicas 112
    importância da aliança 99
    interpretação amilenarista da
    descendência de Abraão 119, 120
    disposições da aliança 101
    relação da Igreja com a aliança 117
    relação com a escatologia 100, 101
    relação com outras alianças 100, 101
    relação com a soteriologia 99
    relação com a ressurreição 100

Aliança davídica 127, 486, 539
    Caráter da aliança 130
    caráter incondicional da aliança 130
    cumprimento histórico 139
    cumprimento literal 131
    implicações escatológicas 140
    disposições da aliança 128
    relação com Cristo 137, 138

uso da aliança no Novo Testamento 135, 136

Aliança palestina 123, 487, 539
   caráter da aliança 125, 126
   confirmação da aliança 125
   cumprimento no milênio 516
   implicações escatológicas da aliança 126
   importância da aliança 124
   disposições da aliança 124

Alianças
   aliança abraâmica 95
   aliança davídica 127
   aliança palestina 123
   definição de aliança 97
   definição de aliança condicional 98
   definição de aliança incondicional 98
   eternidade das alianças 99
   natureza das alianças 98
   nova aliança 142
   relacionamento com o milênio 486
   uso bíblico da palavra "aliança" 95

Amilenarismo
   aliança abraâmica 107
   aliança davídica 130
   crescimento do movimento amilenarista 381
   crescimento recente no amilenarismo 399
   descendência de Abraão 115
   efeitos da interpretação amilenarista 401
   importância de Agostinho 393
   nova aliança 144
   perigos do amilenarismo 401, 402
   visão de Agostinho sobre o quiliasmo 394
   visões moderna 399
   razões para sua popularidade 400
   segunda vinda 385

Anticristo 353

Índice de Assuntos

Apocalipse
    cronologia do livro 212

Apokalupsis 183

Apostasia
    na Igreja 181
    na tribulação 237

Armagedom 355
    localização 356
    participantes 357
    tempo em que vai começar 359
    terminado com a volta de Cristo 370

Arrebatamento
    contrastado com a segunda vinda 229
    visão mesotribulacionista 204
    visão do arrebatamento parcial 182
    visão pós-tribulacionista 193
    visão pré-tribulacionista 217

Arrebatamento mesotribulacional 204
    argumento com base na cronologia de Apocalipse 212
    argumento com base na duração da tribulação 209
    argumento com base na eminência 205
    argunto com base na última trombeta 213
    argumento em base nos selos e nas trombetas 207
    argumento a partir na tribulação 206
    bases da posição 204
    definição da visão mesotribulacionista 204

Arrebatamento parcial 182
    definição 184
    dificuldades doutrinárias 184

Babilônia
    identificação 375

Besta 321, 349
    condenação da besta 352

inimigos da besta 343
invasão da Palestina pela besta 368
indivíduo ressuscitado 351
juízo da besta 379
títulos usados nas Escrituras 350

Bodas do Cordeiro 228, 247
local 248
participantes 248

Cento e quarenta e quatro mil 236

Cidade celestial, Nova Jerusalém 568

Concílio de Jerusalém 136

Contraste entre alegoria e tipo 79

Cristo
Nomes e títulos milenares 487, 488

Davi
regente no milênio 506

Descendência de Abraão
definição da descendência de Abraão 113
descendência espiritual 114
descendência natural 113
Israel espiritual 114
visão amilenarista sobre a descendência 115
posse da terra pela descendência 118

Destino dos perdidos 560

Destino dos salvos 566

Detentor de 2Tessalonicenses 2 .... 227, 282

Dia do Senhor 199
fatos do dia 254, 255
extensão do dia 254

Índice de Assuntos

Distinção entre as eras 158

Duas testemunhas 211, 234, 323

Elias 328

Entrega do reino 500

Epiphaneia 183

Eliminação da cegueira de Israel 321

Era
    programa das eras 157
    relação de Cristo com as eras 158
    uso no Novo Testamento 158

Espírito Santo
    relação com o governo do milênio 510
    relação com o milênio 495
    relação com a tribulação 282

Estado eterno 573

Falso profeta 352
    seu julgamento 379

Galardões
    para os santos da Igreja 245
    para Israel 426

Geena 563, 564

Genealogia de Cristo 505

Gentios
    forma final do poder gentílico 336
    julgamento dos gentios 426
    programa profético para os gentios 332
    relação com o milênio 515

Gogue e Magogue 555, 344, 359
    aliados de Gogue 345
    contraste entre Ezequiel e Apocalipse 359
    tempo da invasão da Palestina 359, 360

Governo do milênio 503
    Cristo, o rei 505
    juízes estabelecidos 509
    natureza do reino de Cristo 510
    posição dos discípulos 509

Grande trono branco 433

Hades 562

Homem da iniqüidade 227

Igreja
    bodas do Cordeiro 247
    contrastada com Israel 225
    destino 234
    julgamento 241
    mistério 224
    natureza 222, 223
    relação com os governos 232
    relação com Israel 117
    ressurreição 414

Iminência 226
    visão mesotribulacionista 205
    visão pós-tribulacionista 194
    visão pré-tribulacionista 226

Império Romano
    a besta 349
    forma final do Império 336
    fronteiras do Império Romano 348

Interpretação
    começo da interpretação 44
    história da interpretação 44

Índice de Assuntos

    importância da interpretação 31
    interpretação gramatical 66
    interpretação histórica 65
    método de interpretação do Antigo Testamento 46
    regras para a interpretação do contexto 64
    regras para a interpretação de linguagem figurada 66
    regras para a interpretação de palavras 62
    regras para a interpretação de profecia 73

Interpretação alegórica
    Agostinho 52
    desenvolvimento do método 49
    definição do método 32
    Filo 49, 50
    Orígenes 50
    perigos da alegorização 33
    uso de alegoria no Novo Testamento 34
    uso de alegoria por Paulo 35

Interpretação gramatical
    regras para a interpretação gramatical 66

Interpretação histórica 65

Interpretação literal
    aliança davídica 131
    Calvino 57
    definição do método literal 37
    Ernesti 59
    Escola de Antioquia 52
    evidências a favor do método 37
    linguagem figurada 40
    Lutero 55, 56
    objeções respondidas 41, 42
    princípios de interpretação literal 61
    problemas na aliança davídica 138
    Reforma 54
    relação com as alianças 98, 99
    relação com o pré-milenarismo 29
    relação com o pré-tribulacionismo 217
    relação com a profecia 88, 89

Teodoro 52
Tyndale 55

Israel
    contrastado com a Igreja 225
    juízo de Israel 424
    posição no milênio 511
    promessas individuais 540
    promessas nacionais a Israel 538
    regeneração de Israel 513
    reoferecimento do reino 481
    ressurreição de Israel 418
    restauração de Israel 511
    sujeito ao Messias 514
    tribulação relacionada a Israel 297

João Batista 330, 460

Juízo, julgamento
    da besta e do falso profeta 379
    da segunda vinda 423
    da tribulação 371
    de Babilônia 375
    de Israel 424
    dos anjos caídos 432
    dos gentios 426
    do grande trono branco 433
    do milênio 490

Linguagem figurada 67
    regras para interpretação 70, 71

Mateus 13 166

Milênio (*v. tb.* Reino teocrático) 439
    adoração no milênio 518
    condições no milênio 496
    duração do milênio 499
    Espírito Santo no milênio 495
    glória de Cristo no milênio 488
    governo do milênio 503

Índice de Assuntos

    Jerusalém no milênio 515
    justiça no milênio 491
    natureza no milênio 541
    obediência no milênio 492
    príncipes no milênio 528
    profecias sobre o reino 439
    relação de Cristo com o milênio 487
    relação dos gentios com o milênio 515
    relação de Israel com o milênio 511
    sacrifícios no milênio 523
    santidade no milênio 493
    súditos do milênio 511
    templo no milênio 518
    verdade no milênio 494

Mistério
    Definição de mistério 163, 164
    relação da Igreja com os mistérios 224
    relação com o reino 170

Mulher de Apocalipse 12 306

Nova aliança 142, 487, 539
    caráter da aliança 144
    confirmação da aliança 144
    cumprimento da aliança 145
    implicações escatológicas da aliança 153
    importância da aliança 142
    nações com quem é estabelecida a aliança 145
    ocasião de cumprimento da aliança 142
    visão de Darby 147
    visão de Scofield 148
    visão das duas alianças 149
    provisões da aliança 142
    relação da Igreja com a aliança 147
    sangue da aliança 151
    uso da aliança em Hebreus 150

Nova Jerusalém 543, 568
    descrição da vida ali 584
    habitantes da Nova Jerusalém 578, 579

interpretação literal ou figurada da cidade 577
meios de acesso à cidade 580
relação da cidade com o estado eterno 583
relação da cidade com o reino 581

Novos céus e nova terra 566

Palestina
divisões no milênio 516, 517
invasão pela besta 368
invasão por Gogue e Magogue 359
invasão pelo Rei do Oriente 369
posição no milênio 516

Parábolas
definição 83
interpretação 83, 84

Parábolas de Mateus 13 166
explicadas 172
relação com Apocalipse 2 e 3 179
uso das parábolas pelos pós-tribulacionistas 202

Parousia 182

Pós-milenarismo
ascensão do pós-milenarismo 397
razões para o declínio 399
resumo do pós-milenarismo 398
opinião sobre a segunda vinda 384

Pós-tribulacionismo 193, 194
argumento com base na história 191
argumento com base na promessa de tribulação 195
argumento com base na ressurreição 198
argumento com base no trigo e no joio 202
argumento contra a iminência 194
bases 190
definição 190, 191
passagens problemáticas 187

Povo da aliança 99

Pré-milenarismo 385
    história da doutrina 383
    influência de Agostinho 392
    influência da Reforma 396
    na igreja primitiva 386
    popularidade recente 402
    posição quanto à segunda vinda 385

Presente era 157
    Apocalipse 2 e 3 176
    caráter da era 162
    parábolas de Mateus 13 166
    programa das eras 157
    propósito na presente era 160
    término da era 180
    transcurso da era 166

Pré-tribulacionismo
    argumentos a favor 217
    bases do pré-tribulacionismo 217
    definição da visão 217

Prisão de Satanás 487

Profecia
    característica da profecia 73
    cristologia da profecia 90
    elementos condicionais da profecia 75
    elemento cronológico da profecia 74
    harmonia na profecia 88
    interpretação da profecia 73
    interpretação gramatical da profecia 91
    interpretação histórica da profecia 90
    lei da dupla referência 74
    perspectiva na profecia 89
    regras de interpretação 86
    revelação por meio de parábolas 83
    revelação por meio de símbolos 81
    revelação por meio de sonhos e de êxtases 85
    revelação por meio de tipos 78

Progresso do dogma 192

Purificação da criação 557

Rei do Norte 343
   em Armagedom 357

Rei do Oriente 369, 348

Rei do Sul 348
   em Armagedom 358

Reino eterno
   preparação para o reino 553
   purificação da criação 557
   purificação para o reino 553

Reino teocrático
   anunciado por João Batista 458
   anunciado por Jesus Cristo 460
   apresentação delineada por Mateus 466
   descrito pelos profetas 453
   desenvolvimento em Atos 478
   desenvolvimento no Éden 446
   desenvolvimento sob o governo humano 447
   desenvolvimento sob os juízes 449
   desenvolvimento sob os patriarcas 448
   desenvolvimento sob os profetas 452
   desenvolvimento na presente era 477
   desenvolvimento sob os reis 450
   fusão com o reino eterno 500
   instituído na segunda vinda 482
   oferecido na primeira vinda 457
   oferta legítima 464
   programa no Novo Testamento 457
   reoferecido a Israel 481
   retirada da oferta 472

Relação entre os santos vivos e os
santos ressurrectos no milênio 537

Índice de Assuntos

Remanescente 311, 236

Reoferecimento do reino em Atos 478, 479

Ressurreição
    argumentos pós-tribulacionistas
    baseados na ressurreição 198
    lugar dos santos ressurrectos na ressurreição 537
    ocasião da ressurreição 410
    primeira ressurreição 407
    programa da ressurreição 414
    refutação de uma ressurreição geral 411
    ressurreição de Israel 418

Rússia 343
    em Armagedom 358
    Gogue e Magogue 359

Sacrifícios animais no milênio 523

Salvação na tribulação 286

Satanás
    desafio ao reino eterno 442
    libertação de Satanás 554
    relação com a tribulação 306, 307
    relação com o milênio 487

Segunda vinda 383
    constrastada com o arrebatamento 229
    doutrina na igreja primitiva 386
    exortações práticas com base na doutrina 405
    história da doutrina da segunda vinda 384
    juízos associados à segunda vinda 423
    necessidade da segunda vinda 404
    visão amilenarista sobre a segunda vinda 385
    visão não literal sobre a segunda vinda 384
    visão pós-milenarista sobre a segunda vinda 384
    relação de Armagedom com a segunda vinda 369
    relação das ressurreições com a segunda vinda 407

Selos 371

Septuagésima semana de Daniel
    cumprimento histórico 196
    extensão 219
    explicação da profecia de Daniel 262
    interpretação pós-tribulacionista 196
    natureza da semana 218
    ocasião 262
    programa das setenta semanas 273
    propósito das setenta semanas 220
    relação com os tempos dos gentios 335
    unidade 222

Sheol 561

Símbolos
    definição 81
    interpretação 82

Taças 374

Tartaros 563

Tempos dos gentios 235, 332
    duração dos tempos 333
    transcurso dos tempos 334

Teocracia
    definição da teocracia 444
    desenvolvimento do programa teocrático 445
    necessidade 504

Teologia da aliança 95

Tipo
    contrastado com a alegoria 79
    definição de um tipo 78
    interpretação de tipos 81

Índice de Assuntos

Tribulação
    duração 209
    extensão 219
    juízos da tribulação 371
    natureza da tribulação 218
    ocasião da tribulação 262
    posição mesotribulacionista 204
    posição parcialista 182
    posição pós-tribulacionista 190
    posição pré-tribulacionista 217
    promessa à Igreja 206, 195
    propósito da tribulação 260
    relação da tribulação com a Igreja 274
    relação da tribulação com os gentios 332
    relação da tribulação com Israel 297
    silêncio quanto à tribulação nas epístolas 233

Tribunal de Cristo 228, 241
    definição 241
    juiz 243
    local 243
    objetos 243
    resultados 245
    tempo 242

Trombetas 372

Trono de Davi ocupado por Cristo 508

Última trombeta 213

Últimos dias 365, 180
    negações nos últimos dias 181

Vinte e quatro anciãos 276, 230

Espaço para você anotar suas reflexões sobre escatologia

Espaço para você anotar suas reflexões sobre escatologia

Espaço para você anotar suas reflexões sobre escatologia

Espaço para você anotar suas reflexões sobre escatologia

Espaço para você anotar suas reflexões sobre escatologia

Espaço para você anotar suas reflexões sobre escatologia

Espaço para você anotar suas reflexões sobre escatologia

**Espaço para você anotar suas reflexões
sobre escatologia**

Espaço para você anotar suas reflexões sobre escatologia

Espaço para você anotar suas reflexões sobre escatologia

Espaço para você anotar suas reflexões sobre escatologia